［全訂版］近現代日本経済史

上　巻

谷沢　弘毅

八千代出版

【読者の皆さまへ】

1. 本書（上・下巻、以下省略）に登場する諸先生は、敬称および現在の役職名を省略している場合がある。

2. 本書中には一部、差別とみなされたり現在とは異なったりした表現が使われているが、これはあくまで史料性・時代性等に鑑み使用したものである。

3. 本書の文章・図表類を資料等の作成にあたってご使用になる場合には、かならず本書の出所（頁数、一部加工の有無を含む）を明示していただきたい。

ご利用にあたって

　筆者は2020年に『近現代日本経済史』上下巻を出版したが、本書はその全面改訂版である。すでに前書によって、学生側にたった丁寧な授業運営をするという当初の目的をほぼ達成することができていた。ただし繰り返し使っているうちに、記述の難解な部分、説明の不足した部分、用語・概念の不統一、図表の不完全な部分などが見つかった。それは、筆者の理解力・文章力の見劣りなどによるほか、一部の項目では研究蓄積・解説書の少なさ、資料・データの所在不明などに起因しているが、それらを放置しておくことは危険である。そこで在庫がほぼなくなったのを機に出版社と協議し、前書を全面的に改訂することになった。

　内容の修正をおこなったとはいえ、もちろん初版の『近現代日本の経済発展』（2014年刊行）で採用した執筆上の方針は踏襲されている。すなわち本書のキーコンセプトを、「高校日本史の教科書をベースとしつつそれを発展させた、丁寧な記述で独修のできる概説書」と位置付けている。ここで「高校日本史」と明記したのは、その教育内容に準拠したということではなく、読者の修得知識の水準に配慮したという意味にすぎない。その際に本書の記述スタイルを、複雑な歴史を理解しやすいように、時間軸にそって多分野の項目を盛り込んだ「編年体」流ではなく、時間の前後関係を多少逸しても項目を絞ってその因果関係を重視した「紀伝体」流にしている。

　さらに記述内容で具体的に注意した部分は、以下のとおりである。①対象分野は、産業・企業等の実体経済面だけでなく、金融経済面まで積極的に踏み込むこと、②各現象・各政策の具体的内容や製造方法・製品特性等の産業情報を個的に書き込むこと、③歴史現象の評価にあたっては、特定の学派・集団の考え方に固執せず通説を中心に記述すること、④関連する経済理論にも言及して、因果関係のほか事象・政策の影響や効果まで解説すること、を踏襲した。通史である概説書を作成する際に、これらの内容を重視することはさほど目新しいことではないが、想定した以上に骨の折れる作業であった。しかも改訂するごとにページ数が増えることが一般的だが、本書では前書から1ページも増やしていない。これもかなり厳しい制約条件であった。

　これらの方針等によって、前書と同様に概説書にありがちな無味乾燥で章間の

関連性の弱い記述を、だいぶ避けることができたと思う。また前書で採用した「高校日本史の教科書をベースとしつつそれを発展させた」記述方針が、引き続き受講生に受け入れられるか不安であった。しかし授業をおこなってみると、やはり杞憂であることがわかった。なぜなら現状の高校日本史教育で履修済みの内容でも、再度、数字を使いながら別の視点から丁寧に説明することによって、受講生が大きく頷いていたからである。なによりもそれは筆者の説明を聞いている際の、受講生の眼の輝きに現れていた。授業を通じて他学部の学生と親しくなり、授業時間外に研究室で談笑するようになったこともその副産物であった。

　前書は、すでに大手大学では図書館・研究機関等で数冊収蔵されている場合が目につくほか、一部の大学教員や一般読者は精読して問題点を指摘してくれている。これらは本書が日本経済史の概説書として、だいぶ認知されてきたことを裏付けているように思われる。そして後者の情報が今回の全面改訂にあたっても大いに役に立った。とにかく本書は、あくまで"独修用の概説書"に徹しており、大家が執筆するような内容の濃縮された専門書に近い啓蒙書でも、独自の歴史観にもとづく個性的な教養書でもない。これらは絶対にはずせない初版以来の基本方針であったが、全面改訂にあたってもどうにか堅持することができた。

　最後に著者としては、日本経済史履修者が授業前に本書を独修することで、バランスのとれた歴史を効率良く修得してほしいと願っている。また日本近代史の読み直しを希望する読者にとっても、本書はなんらかのお役に立てるのではないかと確信している。

2024 年 9 月 30 日

谷沢　弘毅

目　　次

ご利用にあたって　　*i*

第1章　近代経済への助走 ・・ 1

(1) 江戸期経済の再評価　　*1*

　　江戸停滞史観の変質　*1*　　　成長パターンと時代区分　*4*

(2) 江戸前期の経済拡大　　*6*

　　耕地開発による人口爆発　*6*　　　元禄・宝永の改鋳　*13*　　　正徳の治　*19*

(3) 江戸中期の経済成熟　　*21*

　　内包的成長の時代　*21*　　　元文の改鋳　*23*　　　南鐐二朱銀の発明　*25*

(4) 幕末期の経済動乱　　*29*

　　インフレ的成長仮説　*29*　　　相次ぐ貨幣改鋳　*31*　　　藩専売制とプロト工業化　*34*

(5) 商業の発展と地域間構造　　*36*

　　海運の航路開発　*36*　　　米市場と問屋制の成立　*39*　　　地域間経済構造の変質　*41*

〈コーヒーブレイク：武士の多様性〉　　*20*

第2章　移行期の通貨問題 ・・ *47*

(1) 江戸期の通貨制度　　*47*

　　三貨制度の概要　*47*　　　計数銀貨の拡大メカニズム　*50*

(2) 開港による経済の混乱　　*54*

　　金貨の大量流出　*54*　　　金貨流出を阻止する政策　*59*　　　幕末貿易の影響　*68*

(3) 通貨制度の暫定的継承　　*71*

　　銀目廃止と大坂金融界の衝撃　*71*　　　太政官札の発行　*73*

(4) 新貨幣・新紙幣の発行　　*77*

　　新貨条例の制定　*77*　　　明治通宝の発行　*82*

(5) 中央集権化に向けた動き　　*85*

　　版籍奉還から廃藩置県へ　*85*　　　藩債・藩札の整理　*88*

〈コーヒーブレイク：明治維新の立役者〉　　*65*

第3章　財政再建の抜本策 ・・ *95*

(1) 江戸期の土地事情　　*95*

　　租税制度の側面　*95*　　　土地制度の側面　*99*

(2) 地租改正の背景　　*103*

　　明治初頭の財政問題　*103*　　　壬申地券を取り巻く動き　*106*

iii

(3) 地租改正の考え方　*110*

　　改正の基本的内容　*110*　　地価の算定方法　*114*　　所有権の確定方法　*120*

(4) 実施過程と影響・評価　*121*

　　地押丈量と地価算定　*122*　　地租の金納システム　*125*　　実施結果と評価　*128*

(5) 秩禄処分の断行　*136*

　　禄制改革の諸段階　*137*　　金禄公債証書の発行　*138*

〈コーヒーブレイク：公図と百年の大計〉　*123*

第4章　未熟な勧業政策 ･･･ *143*

(1) 殖産興業政策の意義　*143*

　　勧業政策の多様性　*143*　　富国強兵の変質　*146*　　過渡的政策の試行　*148*

(2) 本格的政策の変遷　*152*

　　官業中心の工部省期　*152*　　在来産業重視の内務省期　*157*　　官業払下げの農商
　　務省期　*160*

(3) 事業実態と官業払下げ　*164*

　　事業別の収支動向　*164*　　払下げの個別内容　*169*　　殖産興業政策の評価　*173*

(4) 御雇外国人の実像　*176*

　　国別・職種別人数の内訳　*176*　　職種別給与の推移　*178*

(5) 勧業政策の行方　*183*

　　内国勧業博覧会の開催　*183*　　前田正名と町村是運動　*184*

〈コーヒーブレイク：命脈を保った富岡製糸場〉　*156*

第5章　信用制度構築の曲折 ･････････････････････････････････････ *189*

(1) 為替会社と為替会社紙幣　*189*

　　商法司から通商司へ　*189*　　為替会社の業績悪化　*191*

(2) 頓挫した国立銀行の導入　*194*

　　国立銀行条例の制定　*194*　　紙幣還流と金貨流出　*198*

(3) 国立銀行急増と環境整備　*203*

　　国立銀行条例の改正　*203*　　国立銀行条例の再改正　*210*　　銀行条例の公布　*213*

(4) 銀本位制への回帰　*219*

　　金本位制から管理通貨制へ　*219*　　銀本位制への変更　*222*

(5) 周回遅れの金本位制採用　*225*

　　貨幣制度調査会の結論　*225*　　金為替本位制の実施　*228*

〈コーヒーブレイク：国立銀行の系譜〉　*211*

第6章　政策スキームの転換 ‥‥‥‥‥‥‥‥‥‥‥‥‥‥‥‥‥‥‥ 235

(1) 維新政府の残した難問　*235*

1870 年代後半の経済状況　*235*　　西南戦争後のインフレ　*239*

(2) 大隈財政の挫折　*242*

大隈のインフレ対策　*242*　　財政余剰等による紙幣消却　*246*　　外債発行に方針
転換　*249*

(3) 大蔵卿松方正義の登場　*252*

松方の経歴　*253*　　紙幣整理の多様な方法　*256*

(4) 紙幣整理の実態　*262*

紙幣整理の実施結果　*262*　　デフレの影響とその後　*266*

(5) 中央銀行の設立　*272*

日銀設立の背景　*272*　　兌換銀行券の発行開始　*275*　　重層的金融構造の形成
279

〈コーヒーブレイク：両と円を結ぶ時空〉　*274*

第7章　産業化の律動 ‥‥‥‥‥‥‥‥‥‥‥‥‥‥‥‥‥‥‥‥‥‥‥‥ 283

(1) 産業革命の諸相　*283*

産業革命観の変遷　*283*　　日本の産業革命研究　*287*

(2) 企業勃興の前提条件　*291*

産業革命期の確定　*292*　　3 回の起業ブーム　*296*　　各種市場制度の整備　*299*

(3) 松方デフレ直後の第 1 次勃興　*302*

紡績・鉄道・鉱山事業の活発化　*302*　　1890 年恐慌の発生　*305*

(4) 日清戦争と第 2 次勃興　*309*

華夷秩序の終焉　*309*　　日清戦後経営　*312*

(5) 日露戦争と第 3 次勃興　*316*

戦勝感なき大戦　*316*　　日露戦後経営　*320*　　景気循環の特徴　*325*

〈コーヒーブレイク：元祖「地方の時代」〉　*306*

第7章（補論）　近代繊維工業の定着 ‥‥‥‥‥‥‥‥‥‥‥‥‥‥‥‥ 331

(1) 綿業の発展　*331*

2000 錘紡績政策の挫折　*331*　　大阪紡績の成功　*336*　　綿織物業の動向　*341*

(2) 絹業（製糸業）の発展　*345*

フランス向け輸出の急増　*345*　　米国市場への転換　*351*　　製糸金融の仕組み
356

目　　次　*v*

(3) 絹業の製造工程　*359*

養蚕段階　*359*　　製糸段階　*361*　　撚糸段階　*363*

〈コーヒーブレイク：日本のシルクロード〉　*347*

第8章　天佑の経済的帰結 ·· *365*

(1) 第1次大戦の衝撃　*365*

塗り替えられた世界地図　*365*　　対外収支の激変　*367*

(2) 重化学工業の興隆　*374*

海運業と造船業　*374*　　鉄鋼業と電力・化学工業　*377*　　軍艦と工作機械産業
382

(3) 政商から財閥への深化　*388*

財閥の基本形態　*388*　　財閥形成への条件整備　*389*

(4) 地主制の確立と変質　*392*

「寄生地主制」と「地主制」　*392*　　中農標準化の動き　*395*　　米作の長期動向
399

(5) 金融経済の肥大化　*404*

マネー急増と金輸出禁止　*404*　　大正バブルの発生　*407*

〈コーヒーブレイク：近代日常生活の登場〉　*411*

参 考 文 献　*414*

索　　　引　*429*

（下巻の目次）

　下巻は、以下の章立てによって 2025 年 9 月に刊行予定です。なお基本的な章構成に大幅な変更はありませんが、内容等が一部変更になる可能性のある点をご了承ください。本巻と合わせてお読みになると、近代日本の経済発展が体系的に理解できます。

ご利用にあたって

第1章　バブル崩壊に大震災
(1) 危機の時代の始まり
(2) 関東大震災と直後の対策
(3) 震災手形問題の発生
(4) 金融恐慌とその対策
(5) 金融市場の再編整備
〈コーヒーブレイク：最高意思決定機構の変遷〉

第2章　遅れた金本位制復帰
(1) 金本位制の考え方
(2) 金本位制下の政策運営
(3) 金解禁論争の概要
(4) 金解禁の実施と影響
(5) 不均等成長と都市化
〈コーヒーブレイク：テロルの舞台・東京駅〉

第3章　昭和恐慌下の経済運営
(1) 昭和恐慌の概要
(2) 管理通貨制度への急転換
(3) 恐慌下の高橋財政前期
(4) 景気回復に転じた後期
(5) 高橋財政の評価
〈コーヒーブレイク：2人の個性的な「高橋」〉

第4章　戦時統制経済の確立
(1) 転換点の 1936 年
(2) 戦時統制経済の枠組み
(3) 軍需生産の総動員体制
(4) 食糧生産の減退
(5) 1940 年体制論
〈コーヒーブレイク：大艦巨砲主義の敗北〉

第4章（補論）　海を越えた「円」
(1) 円ブロックの形成
(2) ブロック内の通貨制度
(3) 円ブロック経済の実態
〈コーヒーブレイク：政策研究集団の淵源〉

第5章　占領下の経済改革
(1) 戦後改革の基礎
(2) 財閥解体より着手
(3) 企業再編政策へ拡大
(4) 農地改革の徹底実施
(5) 労働改革の変節
〈コーヒーブレイク：マッカーサーと床屋史談〉

第6章　経済復興の本格化
(1) 終戦時の経済状況
(2) 超インフレの鎮静化策
(3) 戦時補償打ち切りの衝撃
(4) 生産体制の再建手順
(5) ドッジ・ラインの断行
〈コーヒーブレイク：財産税の悲劇三題〉

第7章　持続的高成長の出現
(1) 息の長い経済成長
(2) 高成長の発生メカニズム
(3) 賃金・物価・消費の連関
(4) 企業間関係の変質
(5) 行財政部門の制度設計
〈コーヒーブレイク：転用される近世遺産〉

結びに代えて

（注意事項）時代表記法について

　本書では、時代の表記法を基本的には西暦（年号）年月日という形にしている。そこで江戸期に関して年号と西暦の対応関係を表示すると、第1章末尾に掲載した表1‐補のようになる。この表では、年号と西暦の対応関係のほかに将軍の名前も付記しているので、第1・2章の内容を理解する際の助けとしてほしい。このほか時間的経緯が細かに進む場合、例えば関東大震災・金融恐慌の場合（下巻の第1章）などでは、月日（曜日）まで記述することもある。

　ただしこれらの表記法について注意すべき点がある。周知のとおり太陽暦（つまり現行の西暦）は、1872（明治5）年より採用され、それ以前は太陰太陽暦であった。このため太陰太陽暦と太陽暦では、1年間の範囲が異なっており、同一日に関して太陽暦は太陰太陽暦よりも1ヵ月程度遅れている。この問題について本書では、月日の表示を太陰太陽暦のままとした。なぜなら元禄15年12月15日におこった赤穂浪士の討ち入りは、太陽暦で正確に表示するなら1703年1月31日となるが、山鹿流の陣太鼓が正月に鳴ったのではわれわれ日本人の季節感にそぐわないこと、を理由としてあげておこう。また作成年月日の入った史料を論文中で表記する際には、当然のことながら月日まで西暦表記すると異なる史料と錯覚することにもなりかねないから、この点でも月日は修正すべきではない。

　いままでの代表的な文献をみると、吉川弘文館編『国史大辞典』では、この点に関して具体的な説明がない（つまり執筆者に判断を任せている）が、従来の専門書等でも本書のような方法を使用することが多かった。なかには岩波書店編『近代日本総合年表［第4版］』のように、月日まで西暦に書き換えている事例もあるが、このような事例は少数派である。ただしこの方法でも、厳密にいえば太陰太陽暦に特徴的な月である閏月の扱いに関する問題がある。閏月は、約3年に1度の割合で発生し、その年は13ヵ月となるため、決して無視することのできない問題である。このように太陰太陽暦で1年＝13ヵ月になる年が3年に1度来る理由は、太陰太陽暦では1ヵ月＝30日以内であり太陽暦と比べて年間日数が12日程度少ないためである。本書では、先述のとおり月日を太陰太陽暦で表示することとしたため、この問題も閏■月という表示のままとしている。

　もっとも月日を太陰太陽暦のまま使用するのであれば、本来は年号（西暦）月日の順とすべきであるが、経済史の分野では対象期間の年数に注目することが多いため、計算しやすい西暦で表記することが普及している。このため本書で採用した方法は、これらの折衷案ということになる（本書と同様の方法を採用した文書として、成田龍一『近現代日本史と歴史学—書き替えられてきた過去』中公新書、2012年がある。この方式についての注記は同書16頁に掲載）。もちろん歴史研究者のなかには、年月日すべてを西暦で書き換えるべきであるという強硬派もいるが、極端な統一化はかえって内容の理解を妨げることになろう（この主張をした最近の研究論文として、近松鴻二「和暦の西暦表示についての提言」『東京都江戸東京博物館紀要』第1号、2011年3月がある）。

　そのほか同一年内で改元が行われ、その前後で年号が異なる場合も注意が必要となる。この点に対して本書では、原則として改元前の現象は旧年号、改元後の現象は新年号を使用する。この点について『国史大辞典』では、原則として改元前の現象も改元後の新年号を使用しているが、『近代日本総合年表』では改元前が旧年号・改元後が新年号を使用している。このため本書では、岩波方式を採用したことになる。この方式を採用した背景には、改元前後で政治状況が異なるなど、社会経済の動向にも大きく影響する場合があることに配慮したためである。改元前後を区別することで歴史状況が理解しやすくなるだろう。

［全訂版］近現代日本経済史

上　巻

第1章　近代経済への助走

(1) 江戸期経済の再評価

　いま、近代を明治時代から始まるとすれば、それに先行する江戸時代は近代を規定する様々な要因が形成された、近代経済の助走時代と考えることができる。以下では、かかる江戸期経済を把握する基本的な考え方を解説する。

〈江戸停滞史観の変質〉

　江戸時代は、一般的に「近世」と時代区分されるが、この近世とはいかなる時代であろうか？ 近世を加えた4期の時代区分（古代・中世・近世・近代）は、ルネサンスを起源とする伝統的な3期の時代区分（古代・中世・近代）の限界より案出されたものであり、現在では西洋史学でも東洋史学でも適用されている。

　伝統的な3区分法の背後には、「近代という時代がその中世的暗黒を克服して、古代的理想を復興する」という考え方（ルネサンス史観）があり、この考え方は19世紀の西洋で一般化した。さらにスターリンは、生産様式と時代区分を対応させて、「奴隷制→封建制→資本制」という生産様式の変化を「古代→中世→近代」という時代区分に対応させた。

　しかし3区分では歴史上の時代区分としてうまく説明できない過渡的時期がでてきたため、これを近世として4区分に修正した。西洋史上では、近世をルネサンス・宗教改革・大航海時代あたり（15世紀～16世紀前半）から、市民革命・産業革命の時代の前あたり（18世紀後半～19世紀初頭）までを指す。これに対して日本では、西洋史よりも「近世」が古くから用いられていたが、これを現在のような歴史学上の時代区分として使用し始めたのは、日本経済史の先駆者であった京都帝国大学教授の内田銀蔵であるといわれる。

　内田は1903（明治36）年に、西洋史の伝統的な「古代→中世→近代」の三時代区分論では、日本の歴史をうまく捉えられないとして、江戸時代に近世という用語を当てはめた『日本近世史』を出版した[1]。そして現在は、近世をおもに江戸

時代の原型が成立する織田信長の上洛（1568年）から徳川慶喜の大政奉還（1867年）まで、つまり安土桃山時代＋江戸時代とする説が一般的に使用されている。

このような考えにそって、従来（おもに60年代まで）の日本経済史では江戸時代のイメージは暗かった[2]。この悲観説の背景には、近代化を最も早く開始した西欧社会と比較して、その後進性を主張した説が根強くあった。ここで江戸時代観＝停滞社会観の根拠となった後進性の具体的な項目として、以下があげられる。

例えば農民たちは領主から「生かさぬように殺さぬように」扱われ、生存水準ぎりぎりの生活を強いられ、「間引き」、「姥捨て山」といった生活上の悪しき慣行がおこなわれていた。また鎖国により海外文化が途絶して、文化的・経済的遅れが発生しており、江戸期後半にはイギリスで産業革命が発生していたにもかかわらず、その影響を受けなかった。これらの悲観説の背後には、近代以前の社会＝封建社会といった、マルクシズム史観に立つ見方、あるいは経済発展段階説的な決定論史観が、ながらく信奉されていたこともあげられる。

以上の議論では、つねに近世と近代の不連続性が前提とされているが、70年代に入って様子が変わってきた。すなわち商品貨幣経済の発達からみて江戸時代を近代化につながる準備期間として評価する、いわば楽観説にもとづく主張が浮上してきた。その背景として、東アジアの高い成長率から欧米と異なる経済発展が注目されるようになったほか、高度経済成長を経験したことで日本の後進性を見直す機運が高まったこと、経済学における発展論・成長論が展開したこと、QEH（数量経済史）研究会が組織され、積極的に経済史と経済発展論との融合が試みられたことなどがあげられる。

それでは、近世に分類された江戸時代をいかに認識すべきか？ つまり「近代とは異なる、遅れた社会」とみるか、それとも「近代ではないが、近代に移行する新たな動きが発生している（初期近代）社会」とみるべきか？ 今日では、近代の萌芽的要素を多く持つ点に注目し、後者の考え方が徐々に強くなっている。

この考えを検証する前段階として、まず江戸期にほぼ一致する時期の歴史データで日本の発展を欧米・中国と比較してみよう。ここで使用するのは、近年になってイギリス人の経済史家・アンガス・マディソンが独自に推計した、世界主要国の数世紀に及ぶ超長期データである。この極めて興味深いデータを加工した表1-1をみると、まず近世（つまり産業革命期以前）のうち、17世紀日本が人口・実質GDPともかなり高い経済成長をしていたことに注目したい。ただし人口の成

表1-1 世界主要国の人口・経済成長率の比較

①人口の年平均成長率 (単位：%)

	日本	フランス	ドイツ	イタリア	英国	米国	中国
1600-1700	0.38	0.15	▲0.06	0.02	0.33	▲0.40	▲0.15
1700-1820	0.12	0.31	0.42	0.35	0.76	1.94	0.85
1820-1870	0.21	0.42	0.91	0.65	0.79	2.83	▲0.12

②実質GDPの年平均成長率 (単位：%)

	日本	フランス	ドイツ	イタリア	英国	米国	中国
1600-1700	0.47	0.31	0.08	0.02	0.58	▲0.13	▲0.15
1700-1820	0.25	0.50	0.56	0.36	1.02	2.68	0.85
1820-1870	0.41	1.27	2.01	1.24	2.05	4.20	▲0.37

③1人当たり実質GDPの年平均成長率 (単位：%)

	日本	フランス	ドイツ	イタリア	英国	米国	中国
1600-1700	0.09	0.16	0.14	0.00	0.25	0.28	0.00
1700-1820	0.13	0.18	0.14	0.01	0.26	0.73	0.00
1820-1870	0.19	0.85	1.09	0.59	1.26	1.34	▲0.25

(参考) 1人当たり実質GDP (単位：1990年国際ドル)

	日本	フランス	ドイツ	イタリア	英国	米国	中国
1600	520	841	777	1,100	974	400	600
1700	570	986	894	1,100	1,250	527	600
1820	669	1,230	1,058	1,117	1,707	1,257	600
1870	737	1,876	1,821	1,499	3,191	2,445	530

(注) 1. 網ガケ部分は、産業革命を含んだ時期を示す。ちなみに各国の産業革命期は、日本（1886-1907年）、フランス（1830-70年）、ドイツ（1848-70年）、イタリア（1896-1914年）、英国（1760-1830年）、米国（1840-70年）である。

2. イタリアでは、1861年に南北統一によりイタリア王国が成立し、1946年に共和制に移行した。

3. アメリカでは、1776年に独立宣言、1861～65年に南北戦争が発生している。

(資料) 1. 実数は、アンガス・マディソン『経済統計で見る世界経済2000年史』柏書房、2004年の統計表より入手。各データの出所は以下のとおり。

　①人口：同書281頁の表B-10「世界の人口の歴史的推移、20ヵ国と地域、紀元0～1998年」

　②実質GDP：同書308頁の表B-18「世界の実質GDPの歴史的推移、20ヵ国と各地域、紀元0～1998年」。

　③1人当たり実質GDP：同書311頁の表B-21「世界の1人当たり実質GDPの歴史的推移、20ヵ国と各地域、紀元0～1998年」。

2. 年平均成長率は、実数より谷沢が推計。

(補足説明)

本表は、上記のとおりマディソンによる統計集の数値を加工したものだが、同人の死後にその研究を引き継いだ研究者たちが「Maddison Project」として各国推計値の改訂作業をおこなっているほか、日本については高島正憲著『経済成長の日本史―古代から近世の超長期GDP推計　1730-1874』名古屋大学出版会、2017年で新たな推計値が公表されている。しかし後者の推計値には多数の疑問点・改善点が確認できるほか、前者の改訂値もさほど大きな変更とはいえない。とりあえず本書では、すでに多数の研究者が使用している上記の統計集のデータを使用した。このため近年の改訂数値の採用は、評価が定まった後に再録することとしたい。読者は、利用にあたって本表にかかる事情があることを配慮してほしい。なおこれらの詳細については是非、谷沢弘毅『超長期GDP推計―再推計に向けた研究集団の長期戦略』白桃書房、2021年を参照されたい。

第1章　近代経済への助走　3

長率＞実質GDPの成長率であるため、1人当たり実質GDPの成長率は17世紀日本が低くなっていた。

　ところが18世紀になると、日本は人口・実質GDPの成長率とも他国より低下してきたが、その反面、1人当たり実質GDPの成長率はどうにか独・仏並みに維持された。さらに19世紀には明らかに3データとも欧米より低くなったが、当時のアジア最大の強国中国と比べると日本が大きく引き離している。

　以上の国際比較から得られた諸事実のうち、特に17世紀の好調から「江戸停滞史観」がかならずしも適用できないことがわかる。わが国には、鎖国といった制度から導かれる停滞のイメージとまったく異なる世界があった。これが、上記の経済社会の諸制度（つまり幕藩体制）が有効に機能していた結果なのか、それとも他国のような疫病（ペスト等の感染症）や大規模な内戦の発生がなかった結果なのかは不明だが、その原因を探る楽しみをわれわれに与えてくれる興味深い事実であるといえよう。

〈成長パターンと時代区分〉

　江戸時代の経済を把握するアプローチとして、ここではイギリスの経済史家・エリック・ジョーンズが主張した経済成長に関する2つの概念を紹介しよう[3]。この考え方は、もともと宮本又郎・大阪大学名誉教授が著作物のなかで使用したものであるが、江戸期経済を包括的に把握できる優れた考え方であるため、以下では同氏による江戸期経済の考え方を含めて解説する。

　ジョーンズは、経済成長を内包的成長（intensive growth）と外延的成長（extensive growth）という考え方に分類する。前者は、経済構造、制度、所得分布の変化をともなう、1人当たり実質平均所得の上昇を内容とする成長概念であり、後者は総量つまり人口や耕地面積の増大等がもたらす、総産出量と総所得の増大を内容とする成長概念である。これら2つの概念を人間の成長にたとえれば、前者は筋力の増強、後者は身長や体重の増大に該当する。

　現代における経済成長（つまり「近代経済成長」）の考え方は、当然のことながら内包的成長であるが、彼は外延的成長も経済成長の1つであると指摘した。ちなみに近代経済成長とは、①人口が長期にわたって増加し続けること、②その間に1人当たり所得が持続的に上昇すること、の2つの条件を満たした成長のことである。このような考え方の背景には、ジョーンズが経済成長の国際比較を実施し

て、次のような事実を発見したことがある。

　彼は、障害物とりわけ政治的な障害物が取り除かれれば、経済成長はどこでも可能であったほか、産業革命を引き起こした工業化と成長とは同じものではない、つまり工業化は成長の一形態にすぎないと確認していた。そもそも経済の規模が大きくなることは、事業者にとって売上高が大きくなり事業発展の可能性が増すことを意味するから、その規模が急激に大きくなることを成長と定義してもなんら支障はない。1人当たり実質平均所得に固執する必要はないのである。

　このうち外延的成長概念にもとづき実際の経済成長を分析する際には、成長率の要因分解の考え方を導入するのが便利である。以下では乗法と除法の2つの事例を提示しておく。

　　① $Y = P \times X$ のとき、$\dot{Y} = \dot{P} + \dot{X}$

　　② $P = \dfrac{Y}{X}$ のとき、$\dot{P} = \dot{Y} - \dot{X}$

　ここで、$\dot{Y}$ は Y の変化率（つまり成長率）を示しており、これは微分に関するニュートン流の表記法である。読者はやや違和感を持つだろうから、これを高校の数学で習ったライプニッツ流の表記法で書き直せば $\dot{Y} = \dfrac{dY}{dt}$ のことである。経済の実証分析では、しばしば表記の簡明性からこの表記法が根強く使用されているため、ここでもこの慣例にしたがったにすぎない。微積分学優先権論争で敗れたニュートンの亡霊が、経済分野で復活したのは興味深い。利用にあたっては、長さの異なる期間同士を比較することが多いため、1年当たり成長率に修正する必要がある。

　もっともこのままでは分析結果の判断に利用しづらいため、さらに寄与度・寄与率という指標を導入する。いま①の事例で説明すると、

　　1) 寄与度とは、$\dot{Y} = \underbrace{\dot{P}}_{\text{Pの寄与度}} + \underbrace{\dot{X}}_{\text{Xの寄与度}}$

　　2) 寄与率とは、$\dfrac{\dot{Y}}{\dot{Y}} = \underbrace{\dfrac{\dot{P}}{\dot{Y}}}_{\text{Pの寄与率}} + \underbrace{\dfrac{\dot{X}}{\dot{Y}}}_{\text{Xの寄与率}}$

　以上のように寄与度とは各要素の影響力自体を、寄与率は各要素の影響力を相対化した内容を示している。これら2つの指標は適宜、使い分ける必要があるが、概して多期間で比較する際には前に寄与度、同一期間内で比較するには寄与率のほうが利用しやすい。

それでは以上のような分析を実施するために、経済統計の作成体制が整備されていなかった江戸期に、マクロ経済に関するデータを入手できるのだろうか[4]。結論を先に示せば、限られているものの、主要データを入手することは可能である。現在のところ、表1-2のように実収石高、耕地面積、人口のデータを得ることができるほか、村落数（後述）も人口の関連データとして公表されている。

同表のデータは、宮本名誉教授が断片的な情報をもとに苦労して複数年を推計しており、現在のところ長期データとしては唯一のものである。このうち実収石高は、農業部門の産業活動を示しているにすぎないが、当時は米が大きな位置付けにあったため、経済規模（実質GDP）の代理変数として使用することができる。表1-2以外では、金融経済データとして金銀貨流通量が把握されているほか、関連するデータとして広島米価など各種物価の年次別データが整備されている。特に物価データは、江戸期に関して最も整備された指標であり、物価史という独自の研究分野を形成して多数の定量的分析を蓄積している。

とりあえずこれら実物・金融の2種類のデータによって江戸時代の経済を俯瞰すると、図1-1のようになる。本章では、この図にもとづき江戸期経済を江戸前期、江戸中期、幕末期と3区分しておく。この区分は、あくまで宮本名誉教授の主張する経済面からの時代区分であり、通常の歴史学による区分と比べて前期・中期の期間が長くなっている点に注意してほしい。また期間ごとに長さが異なるため、3期間を比較するには年平均成長率（つまり寄与度）とその寄与率を算出する必要がある。この平均成長率のデータは、表1-2の下部で示されている。

以下ではこれらの限られたデータを利用しつつ、江戸時代の経済構造を検討していくこととする。

(2) 江戸前期の経済拡大

ここでは、江戸前期を1603（慶長8）～1716（享保元）年までとして、おもに17世紀の江戸経済の経済構造を各種のデータの動きにそって説明していく。これによって17世紀の高成長の謎を解くことができよう。

〈耕地開発による人口爆発〉

この時期の特徴を一言でいうと、17世紀経済は近世としてみると立派に「成長」していたということになる。表1-2の下部をみるとわかるように、1600～1720年（江戸前期）に人口は年率0.8％、実収石高は年率0.4％であった。これら

表 1-2　江戸時代の主要経済データの推移

(実数)

	実収石高 Y	耕地面積 R	人口 N	土地生産性 Y/R	労働生産性 Y/N	労働集約化 R/N
	千石	千町	万人	石/反	石/人	反/人
1600	19,731	2,065	1,200	0.955	1.644	1.721
1650	23,133	2,354	1,718	0.983	1.347	1.370
1700	30,630	2,841	2,769	1.078	1.106	1.026
1720	32,034	2,927	3,128	1.094	1.024	0.936
1750	34,140	2,991	3,110	1.141	1.098	0.962
1800	37,650	3,032	3,065	1.242	1.228	0.989
1850	41,160	3,170	3,228	1.298	1.275	0.982
1872	46,812	3,234	3,311	1.447	1.414	0.977

(年成長率:%)

1600-1720	0.40	0.29	0.80	0.11	−0.39	−0.51
1720-1800	0.13	0.03	−0.02	0.11	0.15	0.05
1800-1872	0.18	0.05	0.06	0.13	0.12	−0.01
1600-1872	0.32	0.17	0.37	0.15	−0.06	−0.21

(資料) 宮本又郎編『新版　日本経済史』放送大学教育振興会、2008年の28頁の表2-1(宮本推計)を一部、谷沢が修正(なお原データは、速水融・宮本又郎編『日本経済史 1. 経済社会の成立』岩波書店、1988年の44頁の表1-1の(注)を参照のこと)。

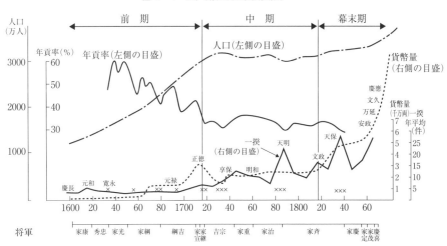

図 1-1　江戸期経済の長期動向

(注) 1. ×印は飢饉の年を示す。
　　2. 年貢率は、幕府直轄領等における米生産量に占める年貢の割合を示す。
(資料) 原朗『日本経済史』放送大学教育振興会、1994年の23頁の図1-2「幕藩制社会の概観」を、谷沢が一部修正した。なお詳しいデータ出所は、同資料を参照のこと。

第1章　近代経済への助走　7

の水準は現在と比べると極めて低いが、表1-1で確認したように、当時の他国と比べて高い成長率であった。そして人口・耕地・実収石高のいずれも、他の時期より高い伸びを達成したことに注目しなければならない。ただし人口の伸び率が実収石高の伸び率よりも高いことで、1人当たり実収石高はマイナス成長となったため、この時期の成長は近代経済成長（内包的成長）ではなく外延的成長とみなすことができる。

　このような高成長が達成できた背景には、徳川政権が安定してきたなかで「大開墾と人口爆発」が発生したことが影響していた。これを確認するために、成長率の寄与率分析でさらに詳しくみてみよう。初めに実物経済のデータを検討する。いま、Yを実収石高、Rを耕地面積、・をその伸び率（変化率）とすれば、以下の式が成立する。

$$Y = R \times \frac{Y}{R} \text{であるから、} \dot{Y} = \dot{R} + \left(\frac{\dot{Y}}{R}\right) \text{となる。}$$

　この式は、実収石高の伸び率を耕地面積の伸び率＋単位耕地面積当たりの実収石高（土地生産性）の伸び率で要因分解することができることを示している。この式を利用すると、表1-2より実収石高の伸びのうち耕地面積の寄与率が72.5%となる[5]。これより耕地面積の拡大が活発におこなわれたこと、つまりフロンティア（＝利用可能な資源）が拡大したことが、外延的成長を達成できた理由となる。

　この背景には、耕地開発に向けて河川改修・溜池築造や干拓などの積極的な土木工事が実施された事実があった。特に1643（寛永20）年前後の大飢饉を契機として、領主は農業を勧めて（勧農）、生産基盤を確保する政策に大きく転換した。このうち河川改修の関連では、関東圏で江戸時代以前（1590年代）より1650年代にかけて利根川東遷事業（河川の付け替えによる改修事業）が進められ、江戸湾沿岸の低湿デルタが穀倉地帯に作り変えられたのが有名である。

　干拓の関連では、湖沼、干潟などで事業が活発化しており、湖沼干拓はおもに東日本で、浅海を開発する海浜干潟の干拓は西日本で実施された。すなわち湖沼の干拓として椿海（現在の千葉県東庄町・旭市・匝瑳市にまたがった湖沼）が、海浜干潟の干拓は備前児島湾（岡山市）、有明海などでおこなわれた。特に椿海は現在、消滅してしまったが、東西3里南北1里半（約51平方キロメートル）の大きさがあった。

　これらの土木事業によって得られた土地では、当然のことながら新田開発や灌

表 1-3　中世以降の新田開発・灌漑工事件数の推移

（単位：件）

		新田開発件数	灌漑工事件数		
			溜池	用水路	合計
中　世	①1550 年以前	—	46	24	70
	②1551～1600 年	14	3	11	14
	小　計	14	49	35	84
近世前期	③1601～1650 年	122	66	55	121
	④1651～1700 年	220	93	121	214
	小　計	342	159	176	335
近世中期	⑤1701～1750 年	103	27	52	79
	⑥1751～1800 年	88	23	31	54
	小　計	191	50	83	133
近世後期	⑦1801～1867 年	450	99	139	238
（参考）近世　合　計		983	308	398	706

（注）この件数は、土木学会編『（明治以前）日本土木史』1936 年の第 2 編「開
　　　墾・干拓・埋立・溜池・灌漑・排水」の附載の年表に登場した事案を集計
　　　した数字である。
（資料）古島敏雄『日本農業技術史』（下巻）時潮社、1949 年の 396 頁の第 1 表よ
　　　り谷沢が作成した。

漑用水工事が進む。このような新田開発等の活発化については、中世以降の主要
な事業件数を集計した表 1-3 を参照してほしい。かならずしも時代区分が一致
していないが、おおよそ近世前期に新田開発や灌漑工事が急速に進んだことがわ
かる。このうち新田開発では、江戸時代に 3 回のブームがあったといわれるが、
当期には 2 つのブームが発生していた。1630～70（寛永～寛文）年代に実施された
第 1 回と 1690～1740（元禄～延享）年代に到来した第 2 回のブームである。

　特に 2 回目の 17 世紀末からは、有力な都市商人が資金を投下して開発する町
人請負新田が各地にみられたほか、代官見立新田・村請新田なども活発化した。
代官見立新田とは、幕府天領の代官が新田開発に適当な土地を見立て、既存の村
や農地や河川に悪影響がないか調査した上で許可した新田である。代官は、この
新田から上がる年貢の 10 分の 1 を手にすることができた。一方、村請新田とは、
農民たちが話し合い、村全体で資金と労力を出し合い開発する新田である。

　これらの新田開発が進むと、農業所得の増大でそこに定住し始めるため人口増
加に繋がる。同時期の人口増加は、それが顕著にみられたため人口爆発と呼ばれ
ており、この影響で新村の増加も著しかった。表 1-4 で村落増加数をみると、
江戸前期にあたる 1645（正保 2）～97（元禄 10）年の増加率が高く、特に東日本で

第 1 章　近代経済への助走　9

表1-4　江戸時代の村落増加の推移

| | 1645年の村落数 A | 1年当たり村落増加率（‰） | | | 1873年の村落数 B | 1645～1873年の増加率：B/A（％） |
		1645～1697年	1697～1830年	1830～1873年		
西日本	25,978	1.5	0.0	2.3	30,976	19.2
東日本	29,481	3.6	0.1	2.3	38,870	31.8
全　国	55,459	2.6	0.1	2.3	69,846	25.9

(注) 1. 西日本は九州・南四国・北四国・山陽・山陰・畿内・その周辺、東日本はその他地域である。
　　 2. 原資料は極めて多くの誤植があったため、原資料を利用した速水融ほか編『日本経済史1. 経済社会の成立』岩波書店、1988年の46頁の表1-3に準拠して修正した。
(資料) 菊地利夫『新田開発』（上巻）古今書院、1958年の138頁の第2表より谷沢が作成。

新村の増加が活発であった。

　他方、実収石高の増加現象のうち、残りの27.5％は土地生産性が寄与している。このように土地生産性が上昇した背景には、肥沃な水田が増加したことと勤勉革命（industrious revolution）が進行したことがあげられる。特に前者の点は、新田のような単なる量的増加ではなく、用水の開鑿で大河下流に安定した用水を確保した土地が増加したほか、地味の向上といった質的な面が増加したことを意味している。このうち用水の開鑿として、例えば箱根用水（水源は芦ノ湖）、見沼代用水（利根川中流より埼玉県東部に分水）などがあげられる。表1-3からわかるように、この時期は用水の開発件数が多かった。これらの用水等の整備によって、湿田の乾田化が進んだほか、深耕も可能となった。

　地味の向上の点では、商品作物生産地で油粕、干鰯などの金肥が利用されるなど肥料の多投がおこってきたほか、そこで赤米（多収穫品種）等の新品種や二毛作が導入されたことも大いに影響した。ちなみに赤米とは、おもに種皮部にタンニン系の赤色色素を含む米である。吸肥力が強く病害虫や気候の変化などの環境変化に強いため、開発された新田で栽培されることが多かった。また二毛作とは、同じ耕地で1年の間に種類の異なる作物を栽培することである。

　このほか備中鍬（深耕用）、千歯扱き（脱穀具）、唐箕・千石籬（選別の調整具）、踏車（揚水具）など、農具の革新によって資本装備率が上昇したこと、宮崎安貞『農業全書』全10巻の出版（1697［元禄9］年）等のような農書が出版され、農業技術が進歩・普及していったことも、土地生産性の増加に寄与した。

次に勤勉革命の影響を検討するためには、もう少し仕掛けを作る必要がある。そのために土地生産性の変化を、以下の式のように書き換えてみよう。いま、Nは人口、$\dfrac{Y}{N}$は1人当たり実収石高（労働生産性）、$\dfrac{R}{N}$は1人当たり耕地面積（労働集約化・土地節約化の指標）を示すため、この式は土地生産性の伸び率が労働生産性の伸び率と労働集約化・土地節約化の伸び率で要因分解できることを示している。それゆえ右辺の両項ともプラスで第1項が第2項よりも大きくなれば、左辺の土地生産性は増加する。また両項ともマイナスで第1項より第2項のマイナスが大きくなっても、土地生産性は増加することになる。

$$\frac{Y}{R} = \frac{\dfrac{Y}{N}}{\dfrac{R}{N}} \text{ であるから、} \left(\frac{\dot{Y}}{R}\right) = \left(\frac{\dot{Y}}{N}\right) - \left(\frac{\dot{R}}{N}\right) \text{ となる。}$$

　表1-2によると、当期に土地生産性が上昇した背後で、労働生産性の減少と土地節約化の減少（つまり労働集約化の進行）が同時に発生したことが確認できる[6]。

　この同時発生は極めて注目すべき現象である。なぜなら労働集約化が進行した理由は、開発による耕地の増加以上に人口増加が激しかったことで理解できるが、歴史の流れに反して労働生産性が減少した理由は勤勉革命が進行したことで説明できるからである。この勤勉革命は、零細化した土地のもとで従来家畜（畜力）を利用しておこなっていた作業を、家族労働者（人力）が代替したことを示している。具体的には労働者数の増加のほか、1人当たり労働時間の延長で達成しており、これによって労働生産性の持続的低下、つまり収穫逓減傾向が発生した。畜力から人力へ移行した背景には、先述のような湿田の乾田化、深耕、二毛作などでは、費用面で畜力より人力のほうが抑えられたことがある。

　もっとも労働生産性の低下は、表1-2からわかるように1720年をボトムとしているから、勤勉革命は江戸前期に大きく進んだ。そして中期以降は人口が減少傾向から増加傾向に転じるなかで労働生産性も増加するなど、勤勉革命は江戸期を通じて一本調子で進んだわけではない。それでも労働生産性は、江戸直前の1600年が明治初頭の1872年よりも高かったため、江戸期を通じて勤勉革命が影響していたことを示している。また歴史上より、資本集約化にもとづき産業革命が発生する以前に労働集約化をともなった勤勉革命が発生した点は注目される。わが国の勤勉な国民性がこの革命を通じて形成された、と主張されることもある。

　勤勉革命は、「単婚小家族（基本的には核家族のこと）の単位で身を粉にして働く

第1章　近代経済への助走　　*11*

ことによって、土地生産性を高める行動が急激に普及していくこと」と説明されることもある。このような勤勉革命・単婚小家族の組み合わせに関する議論は、農業における経営形態の変化と結びつけて論じられることが多い。すなわち新田開発前（16世紀）は複合家族経営であったが、新田開発後（17世紀）は核家族による小規模な農家経営、すなわち小農家族経営へと変化したと指摘される。まず新田開発前には、耕地が増えないため家族が一体となって働くが、隷属的地位に置かれた次三男に生産増の恩恵はあまりなかった。ところが新田開発後には、新田開発で増加した耕地を次三男が取得できるようになった。この状態のもとでは、分割相続と分家の創出が盛んになり世帯規模が縮小して、その成果は自分たちのものとなるため懸命に働くようになった。これがまさに勤勉革命の実態である。

　新田開発後に小農が増大した背景には、農業所得の増大にともなう有配偶率や出生率の上昇があった。これによって人口爆発が引き起こされた。幕府側では、以上のような社会構造の変化が石高制やその基礎となる小農制を揺るがしかねない動きであるとして、1643（寛永20）年に田畑永代売買禁止令、1673（延宝元）年に分地制限令を、基本的な土地法制として出している。ただし後者の法令が発布された背景には、江戸前期とはいえ時代が下っていくと、新田開発が限界にきてフロンティアが消滅しつつあったことも影響していた。けっして江戸前期を通じて、順調に新田開発がおこなわれたわけではなく、新田開発が順調に進んだのは江戸期開始50〜60年ぐらいまでであった。

　次に金融経済面を検討しよう。この時期に長期的な経済成長が達成された背景には、図1-2でわかるようにインフレの長期持続があった。この理由として、①貨幣制度（幣制）の統一によって貨幣経済が進展したこと、②鉱山・土木技術や精錬技術の発達によって金銀の大増産が可能となったこと、③寛永通宝や文銭などの均質貨幣を大量発行したこと、④人口増加によって米需要が増加したことがあげられる。さらに図1-2では、17世紀初頭から半ばすぎまでインフレ傾向が顕著であった点に注目してみたい。同時期には、先述のように新田開発が順調に進んだから、実体経済面でフロンティアの拡大にともなう農家所得の増大が消費需要を喚起したことを、インフレ発生理由に追加してもよいかもしれない。

　ただし①の幣制統一は、江戸時代に入ってすぐに達成されたわけではない。幣制の統一は、金銀貨鋳造開始から約70年を経た寛文期（1661〜73年）にようやく完成した。統一直前には、中国から輸入された宋銭明銭のほか、国内で鋳造され

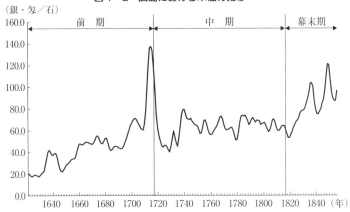

図1-2 広島における米価の推移

(注) 原データは突発的変動が激しいため、トレンドを把握しやすくするように3年反復移動平均法を採用して使用データを作成している。
(資料) 岩橋勝『近世日本物価史の研究』大原新生社、1981年の460-465頁のデータより谷沢が作成。

た鐚銭（粗悪な私鋳銭）など、多種多様な銭貨が数百万貫文という規模で滞留していた。そのため撰銭（取引にあたって悪銭の受取を拒否し、良質な貨幣だけを受け取る行為のこと）が広くおこなわれ、貨幣の円滑な流通を阻害していた。

幕府は、1604（慶長9）年に永楽通宝（明銭）と鐚銭の交換比率を1対4と決めたほか、1608（慶長13）年に永楽銭の基準貨幣としての取扱を中止した。また金1両＝銀50匁＝銭4貫文という交換比率を決め、そのもとで1636（寛永13）年になって、寛永通宝の鋳造を開始した。これらの政策によって幣制統一が達成されたのであり、経済成長が達成された点で幣制統一の効果は極めて大きかった。

また②に関して、特に銀は天文年間（1532～55年）に朝鮮から灰吹法、あるいは南蛮絞りという銀銅の吹き分け技術が輸入されたことで激増した。このため慶長・元和期（1596～1624年）を中心とした約1世紀の間、わが国はボリビア、メキシコと並ぶ世界でも有数の銀産出国となった。この時期における銀産出高の詳細は明らかではないが、17世紀初頭の銀輸出高は年間130～170トンであり、日本を除く世界の年間産銀量400トンの約4割を占めていたといわれる。

〈元禄・宝永の改鋳〉

ところが図1-2を詳しくみると、1660（万治3）年以降になるとインフレがほ

ほ終息に向かった。これは、経済活動の要求する貨幣の追加供給が困難になったためである。その理由として、①金銀鉱山（佐渡など）の産出高が枯渇してきたこと、②慶長小判等の破損が急増してきたこと、③長崎貿易によって海外へ貨幣（特に銀貨）が流出したこと、④ 1664（寛文4）年の金輸出解禁にともない金貨も流出が活発化したこと、があげられる。

このうち①に関して、幕府貨幣が全国に浸透した寛文期（1660年代）ごろから、皮肉にも産出高が大きく減少しており、一部の銀山を除いて大部分が銅山となるか、閉山となった。また③の流出高は、1650年代に増加して1660年ごろにピークとなり、それ以降は減少したものの、18世紀中ごろまで約1世紀近く続いた。この1世紀の間にわが国は、金は4分の1、銀は4分の3が、貿易を通じて海外に流出した。

このため幕府や各藩は、1660年代以降、貨幣不足に対して次のような対策を打ち出した。①幕府がオランダ船による銀輸出を禁止したこと（1668［寛文8］年）。②幕府が御定高仕法によって、オランダ・中国への貿易額を制限したこと（1685［貞享2］年）。③各藩で藩札を発行し始めたこと。④鴻池両替店（善右衛門家）、三井両替店などの両替商が手形取り組み業務（預り手形、振り手形、為替手形）を活発化したこと。このうち③の藩札は、1661（寛文元）年に福井藩で発行したものが最初といわれているが、それ以降は各藩がさかんに発行することとなった。

それにもかかわらず、1680年代ごろより貨幣供給の不足で経済が失速したほか、幕府財政が悪化した。特に幕府財政は、第3代将軍・家光のころから下降線をたどり、第5代綱吉で危機的状況となった。家康死去時には200万両あった江戸城御金蔵の備蓄金銀が、元禄期になるとほとんどなくなった。このため幕府は、1695（元禄8）年と1706〜11（宝永3〜8）年に、勘定奉行・荻原重秀が貨幣改鋳を実施した。この元禄・宝永の改鋳は、わが国初の貨幣改鋳であり、元文と文政の改鋳とともに江戸時代の三大改鋳と呼ばれている。

このうち元禄の改鋳の目的をみると、①貨幣供給量の増加（貨幣不足の解消）による経済活性化。②幕府財政の立て直し。③幕藩体制を支える米価を下支えすることがあげられる。特に③は、米価の低落が幕府財政のみならず武士の生活にも大きな影響を与えるため、目的に追加されたものである。

元禄改鋳の概要は、以下のとおりである。まず改鋳の内容は、表1-5でわかるように品位（含有率）のみを低下させ、量目（重量）は同一のままとした。すな

表1-5 江戸時代の主要な貨幣鋳造(新鋳・改鋳)の概要

時代区分	鋳造時期名	金貨 小判(大判を含む)					金貨 一分金・二朱金ほか					銀貨 秤量銀貨(丁銀・豆板銀)				銀貨 計数銀貨(一分銀・二朱銀ほか)				
		名称	初発年度	量目(匁)	品位(%)金	品位(%)銀	名称	初発年度	量目(匁)	品位(%)金	品位(%)銀	名称	初発年度	品位(%)銀	品位(%)雑	名称	初発年度	量目(匁)	品位(%)銀	品位(%)雑
前期	慶長新鋳	慶長小判 慶長大判	1600 1660	4.76 44.10	84 67	16 33	慶長一分金	1600	1.19	84	16	慶長丁・豆	1601	80	20					
	元禄改鋳	元禄小判 元禄大判	1695 1695	4.76 44.20	57 52	43 45	元禄一分金 元禄二朱金	1695 1697	1.19 0.60	57 56	43 43	元禄丁・豆	1695	64	36					
	宝永改鋳	宝永小判	1710	2.50	84	16	宝永一分金	1710	0.63	84	16	宝永二ツ宝丁・豆 宝永永字丁・豆 宝永三ツ宝丁・豆 宝永四ツ宝丁・豆	1706 1710 1710 1711	50 40 32 20	50 60 68 80					
	正徳・享保改鋳	正徳小判 享保小判 享保大判	1714 1715 1725	4.76 4.76 44.10	84 87 68	16 13 32	正徳一分金 享保一分金	1714 1715	1.19 1.19	84 87	16 13	正徳丁・豆	1714	80	20					
	元文改鋳・明和新鋳	元文小判	1736	3.50	66	34	元文一分金	1736	0.88	66	34	元文丁・豆	1736	46	54	明和五匁銀 明和南鐐二朱銀	1765 1772	5.03 2.75	46 98	54 2
	寛政改鋳															寛政南鐐二朱銀	1800	2.75	98	2
中期	文政改鋳・新鋳	文政小判	1819	3.50	56	44	貞文一分金 文政一分金 文政二朱金 草文二朱金	1818 1819 1824 1828	1.75 0.88 0.38 1.75	56 56 12 49	43 44 87 51	文政丁・豆	1820	36	64	文政南鐐二朱銀 文政南鐐一朱銀	1824 1829	2.00 0.70	98 99	2 1
幕末期	天保改鋳	天保五両判 天保小判	1837 1837	9.00 3.00	84 57	16 43	天保二朱金 天保一分金	1832 1837	0.44 0.75	30 57	70 43	天保丁・豆	1837	26	74	天保一分銀	1837	2.30	99	1
	安政改鋳	安政小判	1859	2.40	57	43	安政二朱金 安政一分金	1856 1859	1.50 0.60	20 57	79 43	安政丁・豆	1859	13	87	嘉永一朱銀 安政二朱銀 安政一分銀	1853 1859 1859	0.50 3.60 2.30	99 85 89	1 15 11
	万延改鋳	万延小判 万延大判	1860 1860	0.88 30.00	57 36	43 63	万延一分金 万延二分金 万延二朱金	1860 1860 1860	0.22 0.80 0.20	57 23 23	43 77 77									

(注) 1. 一分金、二分金、二朱金、一朱金、二分判、一分判、一朱判、二朱判は、同額の銀貨との混乱を避けるために、通常は判を金に言い換えていた。本表でもその使用法を略している。
2. 秤量銀貨の丁・豆は、丁銀・豆板銀の略称である。
3. 品位は、規定品位を採用した（つまり明治政府が実施した再調査結果ではない）。またいずれの貨幣も、金・銀のほかに銅、鉛、イリジウムなどの雑金属が含まれているが、これらの雑金属を金貨は銀に、銀貨は雑に含めている。
(資料) 甲賀宜政『古金銀調査明細録』ほかより合沢が作成。

わち品位を慶長金 84％→元禄金 57％（約 3 分の 2）、慶長銀 80％→元禄銀 64％（約 5 分の 4）へ低下させたことで、供給量は金貨が 1.5 倍 $\left(=\frac{84}{57}\right)$、銀貨が 1.25 $\left(=\frac{80}{64}\right)$ 倍に増えた。このように金銀貨の増加率を変えた背景には、当時における金銀貨の交換比率が金 1 両＝銀 60 匁前後となっていたため、それを当初の水準（金 1 両＝銀 50 匁）に戻すことを意図して、金銀比価を金安銀高に誘導する必要があったからである。このほか改鋳益金をもとに新たに二朱金を鋳造した。

　次に交換（引替え）は、増歩交換方式を採用した。増歩とは、新貨と旧貨の交換にあたって、旧貨を新貨よりも高くみなすことであり、通常は旧貨幣 100 に対する比率で表示される。またその割増分（つまりプレミアム）を打歩と呼ぶ。増歩交換方式は、当初から順調にいったわけではない。例えば金貨の場合は、当初は慶長金 100 両＝元禄金 101 両であったが、不人気で引替えが進まなかった。これではまずい、旧貨はなるべく回収して新貨の原料として鋳潰さなければ、政策の効果は半減する。そのため後に慶長金 100 両＝元禄金 120 両として、増歩を強めたことでようやく引替えが進んだ。

　このような新旧の改鋳・交換比率の差から、幕府は貨幣改鋳にともなって収益を得ることができた。すなわち今回の改鋳収益は、あくまで幕府が回収できた旧金貨に限って計算すると、（量目を変更しないため）理論上では旧貨の 27％ $\left(=\frac{84}{57}-\frac{120}{100}\right)$ に達した。このため資金繰りの厳しい幕府にとって、改鋳は打ち出の小槌のごとくに思えたに違いない。この改鋳収益は当時、出目と呼ばれたが、現在ではシニョリッジ（seignorage）とも呼ばれている。

　市中での通用は、新古金銀のほぼ等価通用、つまり新金銀 1 ＝古金銀 1 の無差別通用であった。ただし今回の改鋳では、金銀貨（特に金貨）の品位が大幅に低下したことにより、良質の慶長金銀が退蔵された。また金銀比価を金安銀高に修正するため銀貨の品位引き下げを金貨より小幅にしたことで、銀貨に対する需要が急増した。このため銀貨の通用比率は、当初は旧銀 100 ＝新銀 102 であったが、後に旧銀 100 ＝新銀 125 に変更された。

　ところで元禄改鋳直後より、再び問題が発生した。それは元禄地震・宝永地震・富士山噴火といった自然災害が相次ぎ、再び幕府財政が逼迫化したことである。このうち元禄地震は 1703（元禄 16）年 11 月 23 日に千葉県野島崎沖を震源として発生したマグニチュード 8.1〜8.4 の大地震であり、死者は 1 万人以上、宝永地震は 1707（宝永 4）年 10 月 4 日に遠州灘沖から紀伊半島沖を震源として発生し

たマグニチュード 8.4〜8.7 の大地震であり、死者 2 万人であったという。また富士山噴火は、1707（宝永 4）年 11〜12 月におこっており、これによって富士山南東斜面に宝永山（標高は 2693 メートル）が誕生した。この噴火によって、江戸市中でも大量の火山灰が降ったことが知られている。

　以上の理由から 1706（宝永 3）年より、再び出目を目的とした貨幣改鋳が実施された。この宝永改鋳の概要を、表 1-5 にもとづきみていこう。まず金貨は、品位を引き上げる代わりに量目を大幅に低下させた。1 両分の含有純金量でみると、慶長小判と比べて約半分に減少した。これは退蔵を防止しつつ流通量を減少させないこと、元禄小判が品位を下げて折れやすかったことを考慮したためである。次に銀貨は、宝永二ッ宝丁・豆板銀から宝四ッ宝丁・豆板銀まで品位を 4 度にわたり 50％→20％へ下げ、銀貨といえないような代物になった。永字丁・豆板銀以降の改鋳は、将軍・家宣の承諾を得ずに荻原の独断で実施された。

　また交換（引替え）は、増歩交換方式を採用しており、慶長小判 100 両＝宝永小判 100 両＋銀 10 匁であった。市中での通用は、等価通用を採用しており、宝永小判 1 両＝元禄小判 1 両となった。そのほか少額取引用に元禄二朱金を新鋳したが、鋳造の過程で荻原や勘定所役人の不正が発覚したこと等から、その後通用停止とした。

　これらの元禄・宝永改鋳によって、様々な影響が現れた。まず貨幣供給量（金銀計）が大幅に増加した。表 1-6 でわかるように、1695（元禄 8）〜1710（宝永 7）年に 85％増加（年平均では約 4％増加）した。これにともない幕府財政の立て直しもできた。すなわち貨幣供給量 85％増のうち、先述のとおり 20〜25％ポイントは旧貨幣見合いの増加分であったから、残りの 55〜60％ポイントが幕府の得た出目分であった。これで幕府は改鋳の旨味を知ることになる。また元禄の改鋳直後には、都市の繁栄、町人文化の興隆がもたらされ、いわゆる元禄文化が発生したほか、米価が回復したことによって、武士の経済状況が改善された。

　これらより元禄改鋳は、大規模なリフレ政策であったといえる。リフレ政策とは、おもに金融緩和政策、時に財政政策を通じて有効需要を創出して景気の回復をはかり、デフレから脱却し緩やかなインフレを誘導しようとする通貨再膨張政策である。リフレが re-inflation（再インフレ）を短縮した用語であることから推測できよう。ただし当初は改鋳金銀がなかなか通用しなかったため、領国貨幣使用禁止令（1695［元禄 8］年）を公布した。これによって領国金銀貨と幕府貨幣との

第 1 章　近代経済への助走　　*17*

表 1-6　江戸時代の金銀貨流通量の推移

(単位：千両)

	金　貨	銀　貨	秤量銀貨	計数銀貨	合　計	年平均増加率(%)
1695（元禄8）年	10,627	3,333	3,333	—	13,960	—
	76	24	24		100	4.2
1710（宝永7）年	15,050	10,755	10,755	—	25,805	
	58	42	42		100	5.3
1714（正徳4）年	13,570	18,120	18,120	—	31,690	
	43	57	57		100	− 1.8
1736（元文元）年	10,838	10,204	10,204	—	21,042	
	52	48	48		100	0.4
1818（文政元）年	19,114	10,141	4,208	5,933	29,255	
	65	35	15	20	100	3.3
1832（天保3）年	23,699	22,165	5,361	16,804	45,864	
	52	48	12	36	100	0.5
1858（安政5）年	28,315	24,438	3,902	20,536	52,753	
	54	46	7	39	100	8.6
1869（明治2）年	74,321	55,904	3,512	52,392	130,225	
	57	43	3	40	100	

(注) 1. 上段は流通量、下段は構成比を示す。
　　 2. 銀貨は金貨換算した金額である。
(資料) 岩橋勝「徳川時代の貨幣数量」梅村又次ほか編『数量経済史論集I　日本経済の発展』日本
　　　経済新聞社、1976年の258頁の第10表より谷沢が作成。

引替えが完了し、三貨制度が完成したことも特筆される。

　もっともその後はこれらの長所を打ち消す大きな問題が発生した。すなわち
1710（宝永7）〜14（正徳4）年になると、銀遣い圏で未曾有の悪性インフレが発生
した。図1-2から明らかなように、この物価上昇は幕末期以上であった。銀遣
い圏でインフレが発生した理由は、銀貨の品位引き下げが小幅にとどまったため、
同地域の対金貨相場が高騰したことが影響していた。さらに改鋳益金による財政
支出の膨張によってインフレ・ギャップが生じたほか、荻原の死亡（1713年）直
後の1714（正徳4）〜16（享保元）年に西日本で凶作が頻発して、米不足という特殊
要因が加わったことで強まった。

　このほか元禄・宝永改鋳では、金銀貨の品位を引き下げたことで良質の慶長金
銀が退蔵されたほか、金銀貨に対する銭貨の相場が高騰して銭貨不足を引き起こ
した。このうち良質貨幣の退蔵は、グレシャムの法則「悪貨は良貨を駆逐する」
が適用できたことを意味する。他方、銭貨不足に対して、荻原は宝永通宝といっ
た品位の劣った銅銭を京都で大量に発行した。

以上のように元禄・宝永の改鋳は、デフレからの脱却、幕府財政の好転といった改鋳効果が得られた。しかしそれを大きく上回る悪性インフレを引き起こしたため、政策としては（特に宝永改鋳の部分は）失敗した。また荻原についても、新井白石が『折たく柴の記』で「荻原は26万両の賄賂を受けていた」などと、政治面の問題点を強調している。ただし一方では、貨幣の品位・量目の低下は「貨幣価値は金銀などの素材価値により裏づけがなければならない」とする金属主義が支配的であった当時、荻原茂秀が「幕府が信用を与えさえすれば貨幣は瓦でも石でも良い」という名目主義を採用したことを意味する。

　これより当時のわが国の通貨制度は、世界的にみて進みすぎていたとの解釈も可能である。この点で荻原は貨幣改鋳という注目すべき金融政策を開発しそれを初めて実施した人物として、近年はその政策能力を評価する主張が現れている[7]。

〈正徳の治〉

　元禄・宝永の改鋳によって発生したインフレを退治すべく実施されたのが正徳の治である。すなわち1714（正徳4）年に、第6代将軍・家宣の遺命を受け継ぎ（第7代将軍・家継のときに）新井白石が正徳の治を実施した。その内容は急激なデフレ政策であり、具体的には①緊縮財政、②貢租の増徴、③海舶互市新例（1715［正徳5］年）の発布、④貨幣の改鋳などで構成されていた。

　このうち①の緊縮財政によって武士や都市商人・職人層の消費支出減が進んだほか、②の貢租の増徴でも農民層の消費支出減が発生するなど、これらの政策によって実体経済の萎縮が進んだ。また③は、金銀が流出しているオランダ船・中国船との貿易量の上限を制限するものであった。さらに④の改鋳は、1714（正徳4）年に実施された。この改鋳の特徴は、慶長古金銀と寸分違わず品位・量目とも上昇させたことである。交換（引替え）は、品位・量目を上昇させたため慶長金とは等価交換方式を採用したが、元禄金・宝永金とは元禄金・宝永金100両＝正徳金51両1分の減歩交換方式を採用した。さらに市中での通用は、慶長古金銀は等価通用（無差別通用）、元禄金・宝永金とは減歩通用としており、新金銀1両＝慶長古金銀1両、元禄金または宝永金2両＝正徳金1両とした。

　それでは正徳の治は成功したのであろうか。改鋳に限ってみると、当初は品位を上昇させたにもかかわらず、世間では正徳小判の品位が慶長小判を下回るという風評がたった。このため1715（正徳5）年に再度、表1-5のように後期慶長小

〈コーヒーブレイク：武士の多様性〉

　われわれは通常、江戸時代の武士を一体的な社会集団と考えがちであるが、同集団が極めて多様な職種で構成されていた点に留意する必要がある。一般的に武士の身分を「士分」というが、この士分は侍と徒士に大別される。

　このうち侍は、本来の武士であり、所領（知行地）を持ち戦のときは馬に乗る者で御目見えの資格（藩主に直接会える資格）を持っている。江戸時代の記録には騎士と表記されたほか、上士とも呼ばれた。一方、徒士は、扶持米（後述）をもらい徒歩で戦うもので、御目見えの資格を持たず、下士、軽輩、無足などとも呼ばれた。つまり江戸時代の士分は、その家格が（かつての）騎馬戦闘するか否かで階級が分かれていたいたほか、①侍は100石以上、徒士はそれ以下、②幕府の旗本は侍、御家人は徒士、③幕府の役所の与力（一代限りの雇用）は、本来は戦のたびに臨時の主従関係を結ぶ武士に由来するため侍、同心は徒士、④郷士（農村部に住む武士）の多くは徒士、であった。

　②のうち旗本は、徳川将軍家の直参家臣団（直臣）のうち知行米（後述）が200石以上で1万石未満の家格で、しかも将軍との御目見の資格を持つ者である（ただしなかには200石以下で御目見の資格を持つ者もいた）。一方、御家人は、旗本と同程度の知行米を持つ直臣だが、御目見以下の者である。このように侍を石高で分類すると、1000石程度以上の者を大身、人持ちと呼ぶことがあり、戦のときは備（戦時に編成された部隊）の侍大将となり、平時は奉行職等を歴任し、抜擢されて側用人や仕置き家老となることもあった。1000石以下の侍は、平侍、平士、馬乗りなどと呼ばれ、足軽はもともと士分には入らなかった。明治に入ると、版籍奉還で上記の武士が士族、足軽が卒族と分類されたが、1872（明治5）年の壬申戸籍では卒族を士族に含め"元武士"とみなされた。このほか若党、中間、小者といった武家奉公人も、後世では元武士に含められることがある。

　次に俸禄の形態をみると、一般的に侍は知行地から得られる米（知行米）の石高であらわされたため、侍を知行取と呼ぶことがある。例えば250石の旗本であれば、250石分の米が採れる領地（知行地）を持っていた侍のことであり、そこで年貢が4割（四ツ免）であれば100石の実収入があることを意味している。このため250石を草高、100石を現高といって区別していた。一方、徒士は、知行地を持たないため幕府の天領・藩領から採れ蔵に納められた米（蔵米または切米・廩米）を毎年、2月（全体の4分の1）、5月（4分の1）、10月（2分の1）の3回支給され、その合計俵数であらわされた。このため徒士を蔵米取（または切米取）と呼んでいた。なお1俵＝3斗5升であるため100俵＝35石として石高に換算した上で、蔵米取と知行取の俸禄を比較できる。いま、年貢率を4公6民と仮定すれば、蔵米取の50俵は知行取の50石に近い俸禄水準となった。

　このほかに蔵米取では、「□俵2人扶持」といった形式で蔵米に扶持米が追加されることが多い。扶持米は、1人当たり1日5合を基準とするため、1年換算では1.8石に相当する。この計算結果と□俵部分の石高換算値を合計すれば、知行取の武士と俸禄を比較することができる。また現金支給部分（給金）と扶持米を組み合わせて支給されることもあり、例えば3両1人扶持は「サンピン」と呼ばれ、最下級の家臣を指していた。いずれにしても米による支給が過半を占めていたため、米を札差に持っていき現金化する必要があり、米価の変動が家計を直撃したため、江戸時代は基本的に米本位制の経済であった。

判と同水準の品位87%の小判（一分金を含む）が発行された。そしてこの改鋳は、第8代・吉宗の時代、すなわち享保年間（1716～36年）に鋳造されたため、品位84%の正徳小判と区別する目的で後年に「享保小判」という名称が付けられたほか、これらの改鋳を「正徳・享保の改鋳」とひとまとめにして呼ぶようになった。

さらに正徳の治は、経済に様々な影響を与えた。第一に、貨幣供給量（金銀計）の減少が発生した。表1-6をみると、1714（正徳4）～1736（元文元）年に33%（年率換算では1.8%）減少している。第二は、この通貨収縮に対応して米価の著しい下落が発生したほか、それによって農民・武士の生活に深刻な影響を与えた。近松門左衛門の「心中物」浄瑠璃は、この状況を活写している。第三は、改鋳損金の発生に加えて有効需要の減少による租税収入の減少によって、幕府財政の悪化をもたらした。要するに、以上のような有効需要の減少と貨幣所得を求めて供給の増加が発生したことで、デフレギャップが拡大して経済は極度の不振となった。吉宗がこの改鋳に賛成していなかったのも容易に理解できよう。

ただし正徳の治を実施した新井白石の評価は、かならずしも確定していない。従来からの白石の評価は、朱子学者または自伝的随筆『折たく柴の記』の著者としての側面が強調されすぎている。しかし経済政策に限ると、インフレの鎮静のために強力なデフレ政策を実施した点で嫌われ者となったが、その後の経済を長期安定化させた点に絞れば有能な政治家であったかもしれない。

（3）江戸中期の経済成熟

次に江戸中期の経済構造について紹介する。この時期は、前期のような高い成長率は達成されなかったが、内部構造が大きく変化してきた。また実体経済のほか金融経済面でも、大きな変化が現れてきたことに注意しなければならない。

〈内包的成長の時代〉

1716（享保元）～1817（文化14）年までの江戸中期は、新井白石のデフレ政策（品位を上昇させる改鋳＋緊縮財政）による経済の萎縮で幕を開けたが、全体を通してみると前期より動きの幅が狭い、落ち着いた経済状況となった。すなわちジョーンズの成長概念を使用するなら、18世紀は人口も耕地面積も増加した17世紀の外延的な経済発展と趣きを異にした、いわば内包的な経済成長があったとみなすことができる。また後述の19世紀を経済的に「動の時代」とするなら、18世紀は「静の時代」であったともいわれている。以下では、実物経済からみていこう。

第1章　近代経済への助走　*21*

まず表1-2によって、1720（享保5）〜1800（寛政12）年における実物経済のデータをみると、人口が若干減少したほか耕地面積もほとんど増えていない。人口が減少した理由は、経済的要因とは別に地球的規模の寒冷期（小氷河期）に入り、わが国でも飢饉が相次いで発生したことが影響している。この時期の代表的な飢饉として、享保の飢饉（1732［享保17］年）と天明の飢饉（1782〜87［天明2〜7］年）があげられる。

　次に耕地面積が増えなかった理由は、フロンティア（つまり開墾可能用地）が枯渇してきたことがあげられる。このため吉宗が1722（享保7）年に、財政再建の一環（つまり享保の改革）として町人請負方式による新田開発を解禁し、年貢米の増収をはかるなどの努力もおこなった。吉宗はこのほかにも、定免法や上げ米の制を採用するなど米に関連した各種の政策を実施したことで、いわゆる「米将軍」と呼ばれた。

　以上のような状況では、経済停滞のイメージが浮かぼう。ただし実収石高の緩やかな増加（年率0.13％）がおこったほか、1人当たり実収石高も上昇傾向にあったから、単純な経済停滞ではない。ここで実収石高の増加を分解すると、土地生産性の寄与率（84.6％）が耕地面積の寄与率（15.4％）よりも大きくなっている。

　土地生産性の増加した理由としては、まず耕地改良工事によって、湿田から乾田への転換がおこなわれた。これによって田畑輪作（稲→菜種→綿→麦）が可能となった。次に、商品作物の奨励によって作物の多様化が進んだことである。例えば、商品作物（綿、菜種、藍、茶、煙草、甘藷、楮、麻、紅花、蔬菜など）を二毛作の裏作として栽培することが盛んになった。適地適作が進んだことで、藍、楮、紅花などの地域特化が進行した。また前期に引き続き農具（備中鍬、踏車、千歯扱きなど）が進歩・普及したほか、干鰯、油粕などの非自然肥料の投入が増加した。以上のように江戸中期は、所与の資源を高度に利用することによって成長の活路を見出したわけであり、このような状況で内包的成長がおこなわれた。

　ところでこの時期の経済発展は、地域別にみると地方経済の成長に支えられた面が大きい。その理由として、まず地方圏で農家女性による木綿生産、酒醸造、油絞り、紙・蠟・塩などの生産が活発化したことがあげられる。また町場のサービス業への出稼ぎや駄賃稼ぎが増加したり、農間余業形態での農村工業、サービス業が発展したりした。

　さらに先進経済地である畿内から地方への、手工業技術や商工業経営のノウハ

ウが移転したことがある。例えば「近江泥棒、伊勢乞食」という言葉が残されているように、近江商人・伊勢商人などの経済活動が目だってきた。この意味は、「近江商人はがめつく働き、伊勢商人は乞食のように出納にうるさい」ということであるが、その背後には地方圏の経済力が強まったことが示唆される。

〈元文の改鋳〉

次は、金融経済の面である。まず、この関連で図1-2の米価データをみると、この時期はおよそ100年間にわたり物価が安定的に推移したことがわかる。ただし詳しくみると、期間初めの享保時代（1716～35年）は、正徳の治にともない物価下落と経済萎縮がおこったほか、これにともない財政悪化が深刻化した。

吉宗は当初、財政立て直しのために改鋳をおこなうことは、元禄改鋳の失敗があったため消極的であり、その代わり倹約令、上げ米の制、定免法など各種の財政再建策を実施した。これらの政策は、一面ではデフレ政策であったため江戸経済が打撃を受けたほか、「諸色高の米価安」と呼ばれたように、米の相対価格の著しい低下を引きおこした。特に「諸色高の米価安」が起こった背景には、米以外の商品［諸色］が贅沢禁止令によって生産量が減少したため、その価格が新田開発で低下した米価よりも大きく上がったことがあげられる。そこで商人に米の買い上げを強制するなど、各種の米価の引き上げ対策を実施した。なぜなら米価の低落は、幕府財政のみならず、武士の生活にも大きな影響を与えるからである。

しかし効果が得られなかったため、吉宗は大岡忠相の発案にもとづき1736（元文元）年に元文改鋳に踏み切った。この金融政策で、やっと経済の萎縮が止まり物価も上昇に転じた。このため元文改鋳は、元禄・宝永、文政の改鋳とともに江戸時代の三大改鋳と呼ばれている。この元文改鋳は、デフレからの脱却を主要な目的としていたが、おおむね以下のような特徴を持っていた。第一に、貨幣供給量の増加（貨幣不足の解消）による経済活性化、いわばリフレ政策である。第二は、幕府財政のみならず武士の生活にも大きな影響を与えるため米価を引き上げること、第三は、増歩交換方式を採用することで、改鋳益金の収得よりも新貨の流通促進に力を入れた。これら3点を総合的に評価すると、元文改鋳の主目的は米価引き上げにあり、この点が元禄改鋳と異なっていた。

いま、元文改鋳の目的（デフレからの脱却）を経済理論で説明しておこう[8]。まず新古典派の貨幣数量説であるI. フィッシャーの交換方程式によると、以下が

第1章　近代経済への助走　　23

成立する。

$$m \cdot v = p \cdot Y \;\;\Rightarrow\;\; p = \frac{mv}{Y}$$

ここで m はマネー量、v は流通速度、p は物価水準、Y は経済規模（実質 GDP）である。このうち流通速度とは、1 年間における経済全体の貨幣需要量（$p \cdot Y$）を満たすために、マネーが何回転する必要があるかを示した数値である。それゆえ各変数を変化率の形に変えて物価上昇率で整理すると以下のように書き換えることができる。

$$\dot{p} = \dot{m} - \dot{Y} + \dot{v}$$

この式によれば、インフレ率はマネーの増加率−経済成長率＋流通速度の変化率で計算できることになる。このうち流通速度は、短期間に大きく変動しないためその変化率（$\dot{v}$）＝0 とすれば、マネー増加率＞経済成長率のようにマネーを供給することによってデフレから脱却できる。物価現象は、貨幣量のほか実態経済の大きさとも密接に関係しているのである。それゆえ物価上昇に転換できた元文改鋳は、この式にもとづくと実体経済の大きさより適切に上回った貨幣供給を達成できた政策であったと評価される。この点をまず政策評価として提起しておく。

次に元文改鋳の概要を見てみよう。まず品位・量目とも低下させた。このうち品位は、表 1-5 のように正徳金 84％→元文金 66％、正徳銀 80％→元文銀 46％へ大きく低下した。交換（引替え）は、増歩交換方式を採用しており、正徳金 100両＝元文小判 165 両、正徳銀 100 ＝元文銀 150 であった。金貨の場合は、品位で27％、量目で 36％増加するから、合計で 63％の増加となる。それゆえ金貨の交換比率は順当なものであった。銀貨の場合は、品位で 74％増加するが、そこから金貨の増量用として利用する場合を差し引くことで交換比率を 50％に落とした。これも順当なところだろう。

さらに市中での通用は、新古金銀の等価通用を採用して、新金銀 1 両＝古金銀1 両の無差別通用とした。このため旧金貨保有者は、新金貨に交換して利用したほうがはるかに有利となった（ただし過去の売買については、一定の割合を上乗せして代金を受け取る期間を暫定的に設定した）。以上のように元文改鋳では、金銀貨の種類を変更せずに品位・量目の調整のみをおこなった。

この元文改鋳によって、以下のような影響が現れてきた。まず表 1-6 より、貨幣流通量（金銀計）が増加したことである。すなわち改鋳（品位・量目の低下）＋

増歩交換で供給量を調整したダブルの政策が奏功して、1736（元文元）年〜1818（文政元）年に39％増加（年率換算では0.4％増加）した。しかも金銀比価は、表2-1（後述）で示すように改鋳前後でもまったく変化しなかった。

物価、特に米価は予想どおり引き上げられ、その後は良好な水準に保たれた。例えば大阪の米価は、改鋳直後の5年間（1736〜40年）で2倍近く上昇したため、武士の経済状況も改善された。そして1740（元文5）〜1820（文政3）年の物価水準は、図1-2のようにおおむね安定傾向に推移した。まさに元文改鋳は、結果として上記の式が適切に機能するように実施されたため、深刻なデフレ下にあった日本経済に干天の慈雨のような恵みを与えた。元文改鋳は、日本経済に好影響をもたらした数少ない改鋳であり、幕府はようやく安定した貨幣制度を構築することに成功した。

なお当期に物価が安定していた要因として、新保博は元文改鋳の影響のほかに、実物経済面と金融面のバランスが維持されたこともあげている。すなわち経済発展に見合った貨幣供給がなされたことと、市場経済が相応に発展していたことである。特に前者の貨幣供給の具体的事例として、幕府による1772（明和9）年の南鐐二朱銀の鋳造、藩札の発行、両替商による信用手段発行システムの一層の拡充がある。これらの背景には、おもに田沼意次の時期より幕府の経済政策が従来の農本主義的政策から重商主義的政策へと大きく舵を切ったことがあげられる。

〈南鐐二朱銀の発明〉

南鐐二朱銀について、少し詳しく説明しておこう。この銀貨は1772（明和9）年、第10代将軍・家治の老中・田沼意次が重商主義的な経済政策の一環として、新鋳した貨幣である。ちなみに南鐐二朱銀の「南鐐」とは、輸入の良質銀であるという意味で使われていたが、実態は元文丁銀・豆板銀を回収して鋳造し直していたにすぎない[9]。

その特徴は、①貨幣単位は、銀貨にもかかわらず「2朱」という金貨の単位を持つ。②品位は、銀98％と高品位である。③市中での通用は、二朱銀8枚＝金1両とした計数貨幣である。なお計数貨幣とは、1枚当たり一定の品位・量目を保持しているため、その枚数を計ることでその交換価値が決められる貨幣のことである[10]。これに対して、使用に際して貴金属としての品位・量目を測ることによってその交換価値を決める貨幣を、秤量貨幣と呼んでいる。ちなみに秤量の

第1章　近代経済への助走　25

秤は「はかり」のことである。

南鐐二朱銀が新鋳された背景には、次のような事情があった。まず幕府における財政収入の増大である。当時は年貢の増徴が困難であったため、どうしても財政収入を増大するためには、出目を目的とした貨幣鋳造が必要であった。次は、金銀比価の変動リスクを回避することであった。すなわち金銀の市場比価での交換がつねに大きく変動するため、この変動リスクを抑える必要があった。それを解決するためには、計数銀貨を発行できる仕組みを考案しなければならなかった。さらに金貨単位の貨幣による貨幣統合である。これは江戸（金遣い）と大坂（銀遣い）の2つの経済圏を安定的に統合したいということである。この事情より南鐐二朱銀の発行は、いわば金貨体系と独立して存在していた銀貨体系が、補助貨幣として金貨体系に統合されることを意味していた。

ところで品位で計算すると、当時流通していた秤量貨幣としての元文丁銀よりも計数貨幣の南鐐二朱銀のほうが、割高に評価（つまり少量でも金貨と同一の価値を有すると）されたため、徐々に南鐐二朱銀が普及していった。いま南鐐二朱銀普及の理由をデータで説明しよう。まず南鐐二朱銀の特徴は、以下のとおりである（なお⑤、⑥の計算理由は、1両＝16朱にもとづいている。この点は、第2章の第1節を参照）。

①重量：2.75匁（なお1匁＝3.75グラム）

②品位：銀97.81％、金0.13％、その他2.06％

③含有純銀量：2.69匁（＝2.75匁×97.81％）

④含有純金量：0.004匁（＝2.75匁×0.13％）

⑤1両分の含有純銀量：21.52匁（＝2.69匁×8枚分）

⑥1両分の含有純金量：0.03匁（＝0.004匁×8枚分）

他方、元文丁銀の特徴は、以下のとおり。

①1両分の重量：67匁（これは当時の実勢相場である）。

②品位：銀45.10％、金0.06％、その他54.84％

③1両分の含有純銀量：30.22匁（＝67匁×45.10％）

④1両分の含有純金量：0.04匁（＝67匁×0.06％）

さらに元文小判の特徴は、以下のとおり。

①重量：3.5匁

②品位：金65.31％、銀34.41％、その他0.28％

③含有純金量：2.29匁（＝3.5匁×65.31％）

④含有純銀量：1.19匁（＝ 3.5匁× 34.11％）

　これらの数字より、金銀比価は以下のように２種類の計算で求めることができる。ちなみに金銀比価という用語に注意してほしい。この用語は通常、金：銀＝1：5といった「比」の形で表記されるが、これは金と銀の経済価値を示したものではなく、同額の経済価値に相当する重量の比率を示しているにすぎない。例えば上記の場合は、金１グラムと同額の経済価値は銀５グラムになることを示す。それゆえ数学的には適切な表記法とはいえないが、これが普及しているため、ここでも便宜的にこの表記法を使用する。

A）南鐐二朱銀で計算した金銀比価は、以下のとおり。いま、１匁当たりの金価格を G、同銀価格を S とすれば、

$$\underbrace{2.29G}_{\text{元文小判の純金額}} + \underbrace{1.19S}_{\text{元文小判1両の純銀額}} = \underbrace{21.52S}_{\text{南鐐二朱銀8枚の純銀額}} + \underbrace{0.03G}_{\text{南鐐二朱銀8枚の純金額}}$$

$$\underbrace{2.26G}_{\text{純金総額}} = \underbrace{20.33S}_{\text{純銀総額}}$$

これより金：銀＝1：9.0

B）元文丁銀で計算した金銀比価は、以下のとおり。

$$\underbrace{2.29G}_{\text{元文小判の純金額}} + \underbrace{1.19S}_{\text{元文小判1両の純銀額}} = \underbrace{30.22S}_{\text{元文丁銀8枚の純銀額}} + \underbrace{0.04G}_{\text{元文丁銀8枚の純金額}}$$

$$\underbrace{2.25G}_{\text{純金総額}} = \underbrace{29.03S}_{\text{純銀総額}}$$

これより金：銀＝1：12.9

　以上のように、南鐐二朱銀の登場によって金銀比価の二重構造が発生した。そして南鐐二朱銀の経済的価値に関して、以下のようなまったく正反対の２つの考え方が提起された。第一の考え方は、「小判１両と交換できる純銀量は、南鐐二朱銀21.52匁、丁銀30.22匁であるため、南鐐二朱銀のほうが量目が少ないから経済的価値は低い」、いわば南鐐二朱銀の悪貨説である。いままで量目を計って銀貨を使用していた商人（あるいは銀建てで活動していた大坂圏の人間）からすると、この考えは馴染みやすいものであろう。これに対して、第二の考え方は「金銀比価でみると、南鐐二朱銀のほうが銀を割高に評価するため、経済的価値は高い」、つまり南鐐二朱銀の良貨説である。こちらは新しい考えであり、発想を転換しなければ、なかなか納得できないと思われる。

　案の定、民衆は当初、悪貨説にもとづき考えていたが、その後は幕府による各種の優遇措置が実施されて良貨説のように考えたため、南鐐二朱銀が自律的に普

第1章　近代経済への助走　　27

及していった。また悪貨説のように考えても、「悪貨が良貨を駆逐する」グレシャムの法則が適用でき、二朱銀が普及していったといえる。ちなみに上記の優遇措置として、以下の2つがおこなわれた。第一は、両替商および商人に対する優遇措置であり、例えば「売上四分、買上八分」と呼ばれた。これは両替商に対して、南鐐二朱銀を売るとき買手に1両当たり銀4分を与え、反対に南鐐二朱銀を買上げるときは売り手から銀八分を徴収するものである。第二は、商人に対する優遇措置であり、南鐐二朱銀による貸付の場合に江戸では1万両、大坂では4万両を限度として、3年間にかぎり無利子、無担保とした。

　南鐐二朱銀の登場は、当時の経済にいかなる影響を与えたのであろうか？　まず短期的には、その流通がおもに江戸を中心とした金建て経済圏に限定されていたため、天明期には丁銀の不足も手伝い同圏域で金安銀高を引き起こした。このため1788（天明8）年に、幕府は寛政の改革の一環として南鐐二朱銀の鋳造を中断し、代わりに丁銀の増鋳をおこなうことで相場を回復させたほか、1800（寛政12）年に再び寛政南鐐二朱銀を鋳造した。

　他方、長期的には、南鐐二朱銀の登場で以下のような影響があった。第一には、貨幣供給を増加させたことを特筆しなければならない。なぜなら丁銀を回収して改鋳することで、丁銀以上に貨幣を増やすことができたためである。第二は、この改鋳益金が発生したことによって、幕府財政を改善させた。第三は、金相場の調節である。つまり金貨系貨幣である二朱銀と秤量銀貨との割合を調整することで金相場を調整することができた。最後は、銀貨の計数貨幣化を促進させた。南鐐二朱銀の鋳造のために大量の丁銀が鋳潰され、1830年代には銀貨の約9割が計数貨幣となった。

　以上より、南鐐二朱銀を総合評価するなら、以下のようになる。すなわち金銀銭の3本建ての複雑な貨幣制度から金本位制への方向性を示したほか、見方によっては南鐐二朱銀の登場によって事実上、「両」金貨本位制が成立したといえる。それゆえ南鐐二朱銀の鋳造は、貨幣史上の重要なイノベーションであったともいわれ、田沼意次＝賄賂政治家というマイナスのイメージを事務処理能力の高い政治家へと変える業績であった。

　ちなみに賄賂政治家という評価は、株仲間に対する冥加金を徴収したことに起因するが、これは辻善之助『田沼時代』1917（大正6）年の刊行で定着したといわれる。人物の歴史評価は一度定着すると、なかなか変更できないものである。と

はいえ田沼は、幕府直営の専売制度（座）、蝦夷地の開発計画、新田開発（印旛沼、手賀沼）、貿易の活性化等も実施していたから、少なくとも経済政策の実務家であったことは否定できないだろう。

(4) 幕末期の経済動乱

中期と異なり、再び大きな変化が現れてきたのが幕末期である。この時期には、幕府財政が破綻しつつあるなかで、開港が物価面などに大きな影響を与えた点で、特に明治初頭と密接な関係を持つこととなった。

〈インフレ的成長仮説〉

江戸時代最後の時期は、1818（文政元）～67（慶應3）年までの幕末期である。この時期は、高率のインフレをともなった「動の時代」であり、江戸中期（18世紀）が「静の時代」であるのと対照的である。また近代経済成長の開始を意味しているわけではないが、近代へつながる胎動の始まった時期とも考えることができる。

この時期の特徴を、初めに実物経済のデータで検討しておこう。表1-2より再び人口が増加に転じたほか、耕地面積・実収石高の伸び率も18世紀（江戸中期）より高いことが確認できる。これらの基礎データをみるかぎり、幕末期には再び外延的成長の時代に振り戻した兆候が現れている。とはいえさほど大きな増加率でないほか、1800（寛政12）～1872（明治5）年の実収石高が増加した原因をみると、土地生産性の寄与率（72.2%）が耕地面積の寄与率（27.8%）よりも大きかったことが注目される。この点では、幕末期は前期に引き続き内包的成長の時代であったともいえよう。

このように当期は、両方の成長形態が現れ判断をつけづらいが、少なくともこの時期は明治以降に発生する近代的な経済成長の端緒がすでに発生していたという解釈に繋がる可能性を示唆している。ここで土地生産性の寄与率が高かった理由として、以下の理由があげられる。①河川工事、用水路開鑿、溜池造成などが再び活発化（表1-3を参照）、②品種の多様化と選択、③肥料の多投、④金肥の導入。これらの努力は、表1-2の土地生産性の伸び率に結実している。一方、耕地面積の寄与率が低かった理由は、新田の増加が17世紀ほど活発ではなかったためである。

ただし新田開発の努力がおこなわれなかったわけではない。むしろ表1-3の新田開発件数が再び増加したように、江戸期の3回の新田開発ブームのうち3回

第1章　近代経済への助走　　*29*

目のブームが、18世紀末から19世紀半ば（寛政～安政期）に発生していた。近世初期の新田開発は中河川の山地から平坦地にかけての台地であったが、その後の治水技術の向上にともなって、当期の新田開発は大河川下流の沖積平野へも移行していた。また村請新田や百姓寄合新田など農民の資金による開発が多くなった。

　このほか当期には、農業のみならず非農業生産が増加したことにも注目すべきである。西川俊作の推計によると、1840年代の長州における農業対非農業の比率は、付加価値ベースで65対35であった。ここでの非農業とは製紙、製塩、酒造、木綿織などの農村工業であり、予想外に非農業化していた[11]。

　さらに幕末の開港にともなう影響も重要である。貿易開始後に発生した輸出超過によって、国内では以下の問題が発生した。第一に、生糸などの品薄と物価騰貴が発生した。これは、いままで一寒村にすぎなかった横浜に商人が集まったことで発生したものである。第二は、従来の流通機構が変質した。すなわちいままでの江戸問屋を軸とした流通機構が、在郷商人（新興商人）が生産地で商品を買い占め、それを横浜に直接送る方法に変化した。これらに対して、幕府は1860（万延元）年閏3月に五品江戸廻送令を発布した。内容は、雑穀、水油（灯明用の菜種油）、蠟、呉服、生糸の5品をまず江戸の問屋へ送らせ、そこでの需要を優先した後に横浜へ送るようにすることで、物価の沈静化と流通機構の再建を図ることであった。しかしこの政策はかならずしも効果を上げていなかった。

　次に金融経済面を検討しよう。図1-2の広島米価の動きから推測できるように、19世紀（正確には文政期以降）には持続的なインフレが発生してきた。このインフレは、相次ぐ貨幣改鋳（1818［文政元］年以降）、天保の飢饉（1833～39［天保4～10］年）、開港による輸出超過（1859［安政6］年以降）を主要な理由として発生した。さらに諸藩でも、さかんに藩札を発行したことがあげられる。このようなインフレのもとで、商人層はこれを商機と捉えて商業活動を活発化させるなど、持続的成長がおこってきた。この現象は、16世紀初頭よりヨーロッパで新大陸からの大量の銀流入にともなって大幅な物価上昇が1世紀以上持続したという世界史上の現象になぞらえて、「価格革命」と呼ばれている。

　このインフレをともなった持続的成長に関して、新保博は「インフレ的成長仮説」を提示している。この仮説に反論している研究者もいるが、この時期の経済状況を説明する主要な仮説であるため、これを紹介しておこう[12]。インフレ的成長仮説とは、そもそも「改鋳→幕府財政収入の増加→財政支出の増加・貨幣発

行量の増加→有効需要の増加→物価の上昇」という連鎖でこの時期の経済成長が達成された、という主張である。この流れのなかで、財政支出という実物の乗数効果＋貨幣供給の増加という資産効果によって、総需要曲線が上方にシフトして物価と消費量が同時に上昇した。

　つまり単なる物価上昇ではなく、有効需要の拡大を通じて経済発展に刺激を与えインフレ的成長を開始させたという点が、この仮説の重要な主張である。幕末の急激なインフレは、需要側に対する不平等化をもたらしたことは事実であろう。しかしそれ以上に、供給側に対して生産量の増加・賃金率の抑制による利潤の増大を通じて、設備投資を活発化させるといった影響を与えた点に注目する必要がある。

　このようなインフレ的成長が開始された理由として、新保は3つの要因を提示している。第一は、地方圏で工業と交易が発展していたこと。つまり各藩の国産奨励（藩専売制）による「地方の時代」（＝地方経済の活性化）が到来していたこと。第二は、1818〜29（文政元〜12）年、1837（天保8）年、1860（万延元）年に、相次いで貨幣改鋳が実施され貨幣供給量が増加したこと。第三に、幕府の財政支出が増加したこと。すなわち中央政府としての支出増のほか第11代将軍・家斉の放漫支出などで、財政バランスが急速に悪化したことをあげている。

　以上のうち第二の関連では、「19世紀は貨幣改鋳の時代」といわれる。このような貨幣改鋳の目的は、有効な課税システムを欠くなど財政収入拡大策が不十分なもとで、収入増を達成することにあった。

〈相次ぐ貨幣改鋳〉

　いま、この時期に実施された代表的な貨幣改鋳を紹介しておこう。まず文政改鋳が、1818（文政元）年より実施された。幕府は表向きの理由として、貨幣の損耗（瑕金・折銀・焼銀・錆銀など）が目立ってきたことをあげていた。しかし実際には、幕府財政を改善するため巨額の改鋳益金（出目）を獲得する必要があったほか、商業経済の発展にともなう貨幣需要の増大があった[13]。

　その実施者は、第11代将軍・家斉と老中・水野忠成（沼津藩主）のコンビである。家斉は、歴代将軍では最長の50年間将軍職についていたが、その前半は寛政の改革等で緊縮政策をとっていたものの、後半には50余人の子供の婚礼費用等がかさんで財政を逼迫させた。一方、水野忠成は、この家斉後半期の始まった

第1章　近代経済への助走　*31*

1817（文化14）年に老中に就任して、田沼意次以上の激しい賄賂政治をおこなったことで有名である。この両人によって実施された貨幣改鋳は、経済を活性化して化政文化を演出した。

文政改鋳の概要について解説しておく。この改鋳は、表1-5のように1818〜32（文政元〜天保3）年の15年間にわたって、新鋳3回（真文二分金、一朱金、一朱銀）、改鋳5回（小判、草文二分金、天保二朱金、丁・豆、二朱銀）に及び、品位・量目とも全面的に低下させる大規模なものであった。しかも小額貨幣の多発が目立っていた。

まず改鋳では、二朱銀が2.75匁→2.00匁に減少したほか、小判は量目を落とさない代わり品位を66％→56％に落とした。このように小判は品位を極端に落とさなかったが、その理由はそれ以上落とすと耐久性が急速に低下する恐れがあったためである。これによって文政小判は、江戸期の小判では最低の品位となった。他方、新鋳では、真文二分金、一朱金、一朱銀がいずれも既存貨幣の同価値分と比べて量目が減少した。しかも一朱金は、品位がわずか12％であったため、以後は作られなかった。次にその交換は、等価交換方式を採用して文政金100両＝元文金100両であったため、増歩交換方式よりも大きな改鋳益金が発生した。市中での通用は、等価通用（無差別通用）を採用している。

この文政改鋳によって、貨幣供給量（金銀計）が増加した。すなわち表1-6より、1818（文政元）〜32（天保3）年に貨幣供給量は57％増加した。通貨供給量の増加は、もちろんインフレを発生させた。また経済主体別にみると、幕府財政は550万両の改鋳益を手に入れ大きく改善した。商人（＝町人）たちは、フィッシャーの交換方程式から推測すると経済成長によって実質所得を増加させた。なぜなら、物価上昇率25％、マネー増加率57％であるため、マネー流通速度が変化しないと仮定すれば、経済成長率は32％と推測できるからである。

反対に米を収入の柱としていた武士階級は、米価の伸びがその他物価よりも低く抑えられたため、その生活水準は低下していった。これは米が中級財に近い性格であったため、一般物価水準ほどの需要増加が見込めなかったためである。これが元文改鋳のときとは大きく異なる点であった。このように「価格革命」の影響は、分配面では階層・財の性質等によって大きく異なっていた。また支出面では、経済活動を活発化させた都市部の商人たちによって、「化政文化」と呼ばれる庶民文化の花が開いた。

次に天保の改鋳についてもみてみよう。この改鋳は、第12代将軍・家慶の

1837（天保 8）年に老中・水野忠邦（浜松藩主）によっておこなわれたが、その目的は 2 つあった。第一は、1830 年代（特に 1833［天保 3］年と 1836［天保 7］年）に発生した天保の飢饉によって、幕府財政が再び危機的状況となったことである。この飢饉は、享保・天明とともに江戸三大飢饉と呼ばれるほど、厳しい飢饉であった。このため改鋳益金を捻出するため、表 1-5 のように天保小判の量目は文政改鋳時より 0.5 匁減少させた。第二は、文政改鋳で濫造された小額金銀貨の整理・統合である。具体的には、二朱銀、一朱金、二分金、一朱銀が廃止され、新たに天保一分銀が新鋳された。そして天保一分銀は、表 1-5 のようにそれまでの明和・文政南鐐二朱銀より 1 両相当で比べるとだいぶ軽くなった。

　要するに天保の改鋳は、改鋳益金で財政再建をおこなう一方、過去の濫造された貨幣の整理もしたいという、かなり欲張った目的を抱えていた。このため天保改鋳の実施は、当然のことながら図 1-2 のようにインフレを持続させた。もっともこの改鋳の目的は、その数年後に実施された天保の改革（1841～44［天保 12～15］年）で大きく変更される。すなわち改革の争点は、財政緊縮と綱紀粛正となったため、同改革では倹約令や上知令が出された。そして物価騰貴の原因を、当時は株仲間が商品流通を独占しているためと考え、物価抑制のために 1841（天保 12）年 12 月に株仲間解散令や物価引き下げ令のほか棄捐令が施行された。

　これらの政策によって、一時的にデフレに転じた。しかしその後 1856・59・60（安政 3・6、万延元）年にも立て続けに改鋳が実施され、再びインフレに戻っている。それらの改鋳目的は、金貨の海外流出と関連していたが、これについては次章で詳しく説明する。ここでは改鋳益金の取得とはまったく異なる理由であったことだけを強調しておこう。

　最後に、江戸時代全般を通じた問題を考えてみたい。それは「江戸時代を通じて武士階級が貧しくなった理由は何か？」という問題である。この問題に対する答えは、おおむね以下のようになろう。まず江戸時代を通じて実施された貨幣改鋳や産業政策等によって、マネーの伸び率が実質経済成長率を上回ったため、結果としてインフレをともなった経済成長が達成された（もちろん背後には、フィッシャーの交換方程式が機能していた）。特にこの成長が強まる江戸後期になると、生活水準が上がり米以外の需要が増大していった。それでも長期トレンドとしては、中級財になった米の価格が工産物価格よりも伸びていた（つまり相対価格が上昇していた）が、実質所得の取り分は非農業分野が増大していった（なお相対価格のデータは、

第 1 章　近代経済への助走　　*33*

新保博『近世の物価と経済発展』より入手)。さらに図1-1のように年貢率が低下した
ことも加わり、武士層の実質所得の伸び率は低い水準に抑えられた。

　武士の貧困は、幕藩体制の基盤となっていた米本位制（あるいは米を中心とした重
農主義）の宿命であった。それでも幕府財政の収支を均衡させ貨幣改鋳（物価）を
適切にコントロールしていれば、このような問題を緩和することができたが、そ
れはかならずしも成功しなかった。江戸時代の経済政策は、幕府財政の再建、武
士の生活水準の向上、一般物価水準の安定という3つの目標のもとで、トリレン
マが発生していた。そして歴史的には、経済政策の考え方が重農主義から重商主
義への転換過程にあったということができる。

〈藩専売制とプロト工業化〉

　ところで江戸期を通じて、産業はいかに発展していったのだろうか。また発展
にあたっていかなる特徴があったのだろうか。統計データの整備されていなかっ
た時代で、これらの問題に答えることは容易ではない。

　そこで鬼頭宏は、『毛吹草』と『明治7年府県物産表』という2つの資料に掲
載された文字情報をもとに、これらの問題に対する若干の情報を提供した。興味
深い分析事例であるため以下で紹介しよう。前者は京都の旅宿業者・松江重頼が、
江戸前期に相当する1638（正保2）年に刊行した俳諧手引書であるが、その巻第4
には江戸前期における諸国の特産品が掲載されている。後者は、1873・74（明治
6・7）両年に実施された府県別の特産品を1875（明治8）年に刊行した政府の統計
集であり、幕末期の産業構造を色濃く残している。両資料の情報を比較すると、
A）工産物の生産が全国的に拡大し、工業生産の割合が高まったこと、B）農産
物・工業物ともに産地が大きく変わったこと、が明らかになった。

　A）の点では、清酒・醤油・木綿・生糸に代表される畿内に集中していた工産
物が、全国に広がったことを指摘する。例えば生糸は、古くは近畿や中国地方に
集中していたが、明治初期には①陸奥（南部）・出羽（南部）、②上州・武蔵・信濃
（北部）、③甲斐・信濃（南部）・飛騨の3地域に集中してみられるようになった。
このように産地が拡大した背景には、1685（貞享2）年に幕府によって生糸の輸入
制限が実施されたため、西陣などの機業の先進地へ国内の生糸が供給され始めた
こと、18世紀中期以降は西陣の技術が関東の桐生・伊勢崎等に導入され新興機
業地帯が形成されたこと、19世紀になると奥州で商人の前貸資金を農家に貸与

して製糸をおこなう問屋制家内工業が盛んになったほか、信州諏訪地方で農村商人による農家の生糸取引が始められたことがあった。

次にB）の点は、需要の増大で良質な素材が求められるにしたがって、気候・地味のほか原料コスト・労働コストの差によって適地適作が進んだことを意味する。例えば衣料品関連についてみると、綿作・綿織・藍（染料）は畿内・尾西（尾西市、一宮市、津島市を中心とした尾張西部地方）・瀬戸内海地方、養蚕・生糸・絹織・紅花（染料）は信州・甲州・上州から東北南部といった地域が主要産地になった。これらの地域では、産地間競争が進んで製品の供給価格が低下したほか、地域内でも生産者・商人・藩など主体間による競争も激しくなった。このうち藩では、18世紀末（寛政期）あたりから比較優位にある物産の生産・流通から得られる利益を独占するために、相次いで専売制を導入していった。

藩専売制そのものは、すでに1620年代（寛永期）より仙台藩の塩・米、金澤藩の塩、福井藩の紙、松江藩の鉄などがあったが、18世紀初頭から始まった西南雄藩を中心とした藩政改革のなかで、藩財政の再建にとって専売制が極めて効果的であると認識され、各藩は積極的に導入するようになった。例えば長州藩では、1762（宝暦12）年に撫育局（撫育とは、産業を大事に育てるといった意味）の統括のもとで、生蠟・塩・木材・布木綿・藍・菜種・鯨油などの物産を専売制とした。熊本藩では、宝暦の改革のなかで城下町の特権商人との連携のもとで櫨・楮などを専売とし、藩収入の柱とした。このほか阿波藩の藍などでも、専売制の事例としてしばしば引き合いに出される。

以上のような産業発展については、工業化（または近代）社会以前の工業化という意味のプロト工業化と呼ばれる考え方と比べられることが多い。この「プロト」とは、プロトタイプといった使い方があるように、「最初の」「原始の」といった接頭語であり、プロト工業化は「原基的工業化」と和訳される。本格的な工業化である産業革命の前段階の工業化という意味である。そもそもプロト工業化とは、アメリカの経済史家・フランクリン・メンデルスがフランドル地方を事例として1970年代初頭に提唱した歴史概念であり、前近代の農村では工業化の進行と人口密度・家族形成が密接な関係を持っていたことを示した考え方である。

工業は従来、産業革命期に都市部で発生したと考えられてきたが、メンデルスは農村でも工業化（＝農村工業化）が発生しており、しかもこれが本格的な工業化との関連で重要な役割を果たしたと指摘した。すなわち①農村内に、農閑期の余

剰労働力で営まれる麻織物業といった工業（むしろ非農業）が立地した。②同工業では域外市場向けに低価格品の生産がおこなわれた。③そして農村内にとどまった若者が、同工業部門に低賃金で就業し、しかも結婚して家族を養うことで人口が持続的に増加していった。④他方、この隣接地域では商業的農業に特化した地域が形成され、プロト工業地域への食糧供給がなされることで、全体として分業体制が形成された。⑤さらに同工業によって資本蓄積等が進み、本格的な工場制工業が勃興してくることとなった。以上のように同理論では、工業化を人口成長・家族形成と関連させて説明し、農業地域と工業地域との地域間分業に注目していることを特徴とする。

　それではわが国でも、プロト工業化が発生したのであろうか。たしかに日本でも開港以前、西日本では綿業、東日本では絹業を中心とし域外流通を目的とした農村工業が広範にみられた。日本の状況にプロト工業化論が当てはまるかどうかについて、斎藤修は以下のように指摘している。日本では、工業化は小農生産のもとで農家副業として維持されたほか、人口成長が農村工業の盛んな地域で特に高いということはなく、穀物生産が人口成長の主要因であった。このためわが国ではプロト工業化論とは違う道筋を辿った。

　その理由として、繊維産業である農村工業に従事したのがおもに女性であったこと、もともと西欧に比較して女性の初婚年齢が低かったが、この時期に西欧とは違って初婚年齢の上昇が認められたことがあげられる。このためわが国では、農村工業化がおこっても地域内で農業・非農業に経営が分離せず、持続的な人口増加は発生しなかった。わが国では、プロト工業化と異なる工業化が発生したというべきかもしれない[14]。

(5) 商業の発展と地域間構造

　商業がいかに発展していったのかを、海運航路の開拓や問屋制度の進化にしたがって解説したうえで、あわせて江戸期を通じて地域間（経済）構造がいかに変化していったかを説明していく。

〈海運の航路開発〉

　江戸期には、小額貨幣（南鐐二朱銀等）が発行され、庶民の生活がますます貨幣経済に依存するようになった。さらに米納年貢制のもとで、年貢米を恒常的に大坂で販売することにより貨幣を獲得する、徳川期独自の経済システムがあった。

しかもこの制度が、畿内市場の優位性を確保するとともに海運の発達をもたらし、海運の発達が商業の発展や地域間構造を変化させた点に注目する必要がある。ちなみに米納年貢制は太閤検地によって開始され、寛文・延宝期（1661〜81年）ごろまで円滑に機能していた。そのもとで米輸送（これを廻米という）が2つのルートでおこなわれることで、近世初期（17世紀前半）の上方都市へは、全国的規模での領主米の集中が達成された。

　2つのルートとは、北国米ルートと西国米ルートである。まず北国米ルートは、日本海運で越前国敦賀・若狭国小浜へ荷揚げし、陸路と琵琶湖水運を経て大津・京都方面へ向かうルートである。東北・北陸諸藩が活用しており、加賀藩・秋田藩などはこのルートを16世紀末より利用していた。一方、西国米ルートは、九州・四国方面から瀬戸内海運によって大坂市場へ向かうルートであり、中国・四国・九州諸藩からの輸送ルートであった。福岡藩では17世紀初頭よりこのルートを利用していた。このほか上方と江戸の間の輸送ルートとなった南海路なども、廻米のルートとして活用されていた。

　さらに17世紀後半には、東廻り海運・西廻り海運のような海路の開拓もあった。このうち東廻り海運は、阿武隈川河口の荒浜から房総半島に向かい、さらに相模三崎または伊豆下田へ入り、西南風を待って直接江戸湾に入る航路であり、1671（寛文11）年に江戸の初期豪商・河村瑞賢によって開拓された。それ以前は、年貢米を奥州から江戸へ輸送するために、利根川河口の銚子で川船に積み換えてそこから江戸へ運んでいた。そのためこの海路は房総半島沖の難所を切り抜けたことで可能となった。また西廻り海運は、出羽酒田から日本海沿岸を回り、瀬戸内海・紀州沖・遠州灘を経て江戸に入る航路であり、1672（寛文12）年に同じく河村瑞賢によって開拓された。東廻り海運よりも危険性が低かった。

　ただし一説には、東廻り海運は1655（明暦元）年に、西廻り海運は1624〜44（寛永期）年には始まっていたという主張もある。このため河村瑞賢は、海路を開拓したのではなく、寄港地の便を踏査し航路を確かめたうえで関連諸施設を設置するなど、海運機構を整備したと考えるべきかもしれない。そして18世紀後半に尾張国知多半島を拠点として海運集団・内海船が台頭したり、18世紀末ごろから日本海で北前船が活躍したりするなど、江戸期を通じて各地で海路の開拓が積極的におこなわれた。

　これらの海運の発展を可能とした理由として、造船技術の発達があったことも

第1章　近代経済への助走　　37

見逃せない。すなわち中世より江戸前期（17世紀末）までは、羽賀瀬船・北国船が日本海側で活躍していた。いずれも堅牢であったほか、船底が平らなため浅い川湊への入港は容易だが、帆走性能が劣り多数の人力でカバーしていたため経済

図1-3　近世船舶（和船）の概要

（A）羽賀瀬船

（B）弁才船

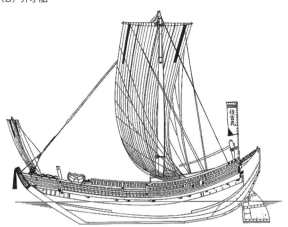

(注) 1. 羽賀瀬船は、積載量がおよそ900石までであるため千石船よりも小型であった。
　　 2. 弁才船（千石船）の場合は、全長29メートル、幅7.5メートル、15人乗りで、積載重量約150トンであった。
(資料)　(A) 石井謙治『和船Ⅱ』法政大学出版局、1995年の150頁。
　　　　(B) 船の科学館所蔵。
　　　　なお(注)の内容は、和船建造技術を後世に伝える会編『とやまの海と船』より入手した。

性に欠けた。羽賀瀬船の羽賀瀬とは、図1-3（A）のように「横に面積の広い帆が、鳥が羽を広げたような感じ」から命名された。また北国船は羽賀瀬船より大型だが、基本的な構造は同じであった。

しかし18世紀以降になると、図1-3（B）のような弁才船が海運の主力を担うようになった。弁才船とは、いわゆる千石船（米の積載量が1000石［重量で150トン］の船）と呼ばれた船であり、菱垣廻船・樽廻船・北前船は、いずれも弁才船の一種であった[15]。この船は、羽賀瀬船よりも帆走性能に優れ横風走行や逆風走行が可能であったほか、船内轆轤の装備により操帆作業や重量物の揚げ下ろし作業が軽減されるなど、経済性が向上した。そして弁才船のなかでも樽廻船は、荷役が早く酒以外のものも上積み荷物として安く輸送した。そのため当初は菱垣廻船が大半を占めていたが、19世紀以降は樽廻船が圧倒的に優位となった。

これらの海運航路の整備・造船技術の向上によって、17世紀後半に全国的規模での商品流通が活発化したほか、中央市場としての大坂の経済的地位が大幅に上昇した。

〈米市場と問屋制の成立〉

航路の開発を活発化させた米市場の動向について、大坂の米市場の変遷から説明を始めよう。各藩では当初、大量の年貢米を販売するにあたって初期豪商に依存していた。これが、いわゆる初期豪商依存方式と呼ばれた方式である。

しかしこの方式は、管理が行き届かず効率性も悪かったため、17世紀前半には西日本の諸藩から領主による一括輸送・取引方式が採用され始めた。領内では、港湾や輸送ルートの整備から米の品質・俵こしらえまでをおこない、大坂では蔵屋敷を設置して専門の官吏を置くほか、輸送・商品取引・金融の専門業務を蔵屋敷関係商人に任せた。蔵屋敷では、新興商人層である蔵元・掛屋が登用された。蔵元とは、蔵物（年貢米や特産物）の取引にたずさわる商人であり、掛屋とは蔵米販売代金を収納・保管し、大名の必要なときにそれを為替により国元や江戸藩邸に送金するほか、資金の一時的不足分を融通する貸金業もおこなう商人であった。

17世紀後半になると、払米事務の効率的管理のために蔵元が複数あった体制から単独の体制へと移行した。また貸付金とその担保となる蔵物を一元的に管理するために、蔵元が掛屋を兼任するようになる。さらに蔵屋敷周辺に米市が自然発生的におこった。米市では、現物・米手形・米切手を売買していたが、複数あ

第1章　近代経済への助走　　39

った米市のうち北浜で立てられた北浜米市は代表例であり、これは明暦期（1655～58年）に現れ、元禄期（1688～1704年）には米取引所の原型を整えた。

これらの動きに対して大坂町奉行は当初、米市を厳重に禁止していた。しかしこの流れを止めることは難しかったほか、享保期（1716～36年）に江戸町人から米会所を設立する願いが出されたこと、米価が他商品よりも低落したことで米価を引き揚げる必要が生じた等から、ここに至って米市場が容認された。

ちなみに大坂米市場の規模を、17世紀後半以降における数字で確認しておこう。まず江戸期を通じて100～180万石前後の年貢米が大坂に集中していた。これを地域別にみると、九州・中国・四国が約70％、東北・北陸が約25％となり、西日本の割合が圧倒的に大きかった。また総生産量（石高）のうち大坂廻米（大坂市場に移送される米）の数量の割合は、各藩とも石高の15～18％であった。この水準が領国経済にとってどの程度の大きさを占めるかをみておく。そこでいま、藩の貢租収入を石高の40～50％とすれば、貢租収入の30～40％が大坂に登せられていたから、藩財政にとって大坂米市場への依存度はかなり高いことがわかる。

米以外の商品でも流通の活発化がおこったため、商業の展開構造が変化してきた。このような変化を中世との比較でみると、以下のようになる。まず中世に存在していた定期市が姿を消し、町場での店舗商業が一般化した。また問屋・仲買・小売といった業態の分化が現れてきた。例えば問屋に関してみると、17世紀後半に至って国問屋から専業問屋へ、荷受問屋から仕入問屋への移行がおこってきた。

国問屋とは特定の領国における多種の物品を一手に扱う薩摩国問屋、土佐国問屋といった国名を冠した問屋であり、専業問屋とは全国に配給網を持つ商品ごと（生魚、塩乾魚、茶、八百屋物、薪、鰹節など）の問屋である。また荷受問屋とは、地方荷主から送られた委託貨物を保管し販売するなど、委託手数料や蔵敷料を主要な収益とする問屋である。仕入問屋とは、地方からの物資を買い取って自己の計算で仲買・小売へ売却する問屋のことである。

以上のような動きは、商品流通の発展を背景として、商業から金融業、運輸業が分化してきたことを意味している。特に運輸業では、1694（元禄7）年に江戸と大坂でそれぞれ十組問屋が廻船問屋の連合組合として結成される動きがおこった。前者は、江戸－大坂間の下り物を扱う積荷問屋が、廻船と積荷とをその指揮下において積荷の処分、難船の処理、その他の共同海商を管理するほか、一般の運送をもおこなった。

初めは、塗物店組、釘店組、内店組（絹布・太物・繰綿・小間物・雛人形）、通町組（小間物諸色問屋仲間）、綿店組、表店組（畳表問屋仲間）、川岸組（水油問屋仲間）、紙店組（紙・蠟燭）、薬種店組、酒店組と、商品別に10組で構成されていたのでこの名称が付いたが、その後は24組、65組となったが引き続き十組問屋と呼ばれた。

　これらの変化にともない中心的な商人も、領主階級の需要を満たす初期豪商のような特権商人から大衆需要に応える新興商人に移行してきた。この背景には、鎖国制度によって海外貿易が縮小したこと、流通の発達により投機的な商業機会が減ったこと、領主による各種規制が強まったことなどがあげられる。企業規模の変化に注目してみると、江戸後半期には都市部で大店が確立してきた。代表的な事例として、三井、鴻池、大丸などの大規模な呉服商や両替商があげられる。

　これらの大規模店では、複雑な経営業務を管理するためのシステムが発達したほか、新規採用から昇進、配置、従業員福利、退職などの労務管理に関する規則を制定していた。また当主が番頭へ経営権を移譲したほか、地方進出の近江商人は現地資本と合弁事業をおこなうこともあった。このような経営管理手法は、野田や銚子（醤油業）、阿波（藍商人）でも広く導入されるようになった。さらに19世紀に入ると、地方の時代へ移行したのにともない、18世紀の都市商人から在郷商人へと主役が代わってくる。

〈地域間経済構造の変質〉

　商業の発展は、必然的に地域間経済構造の変化を誘発していった。この地域間構造の特徴を、時代を前期と後期に分けて考えてみよう。この区分は宮本又郎がおこなった概念整理に依拠しており、あくまで象徴的な構造を時間的な順序関係のもとで示しているにすぎない。このため厳密な時代区分を意味するものではないが、江戸期の地域経済における相互依存関係の変化を象徴している。

　江戸前期の地域間構造は、図1-4の（A）のように「コア・サテライト構造」と命名されている。すなわちここでの主要セクターは、地方領国、大坂および畿内、江戸の３つであり、大坂および畿内は手工業生産に優位、地方領国は米を中心とした農産物生産に優位、江戸は供給の後背地を持たない大消費都市であった。そして地域間の経済構造は、大坂や江戸を核として地方領国が商品流通で放射状に結ばれており、領国経済は限られたマーケットであるため、たがいに独立的に存在していた。つまり大坂をコア（核）、江戸をサブコア（副核）、地方領国をサテ

第1章　近代経済への助走　　*41*

ライト（衛星）とした構造となっていた。もちろん地方領国間の取引がまったく存在しなかったわけではないが、このような単純化もあながち間違いではない。

ちなみに全国の物資集散地である大坂における移出入の内訳を、1714（正徳4）年の時点でみておこう[16]。まず移入は銀換算で29万貫であり、そのうち14％が米、その他として菜種、材木、干鰯、白木綿、紙、掛木（薪のこと）、銅、木綿、煙草、砂糖、大豆、塩、小麦などであった。他方、移出は10万貫となっており、そのうち27％が菜種油であったが、以下では縞木綿（縞柄を織り出した平織りの木綿地）、長崎向け銅、白木綿（漂白した木綿の生地）、綿実油、古着、繰綿（実綿から種子を除いた未精製の綿で、木綿織物や布団綿の原料）、醤油、鉄道具類、油粕（肥料として利用する菜種油等の絞りカス）、塗物道具類、小間物、ごま油、焼物、酒などであった。要するに江戸前期の大坂では、原料・食料を移入して加工品を移出する、加工貿易型の流通形態が形成されていた。大坂における加工技術の圧倒的優位性が、このような形態を支えていた。

ところが江戸後期になると、地域間構造は図1-4の（B）のような「ネットワーク構造」と呼ばれる形態に変化してきた。これは畿内以外の地域で新たな産地が形成されてきたことを意味している。例えば最大の消費市場であった江戸では、18世紀後半に江戸地廻り経済圏が形成されてくるなど、中央市場としての機能が高まってきた。このためそれまで大坂等に大きく依存していた繰綿、木綿、醤油などが大きく減少した。このうち木綿は青梅、川越、埴生（現在の羽生市）、八王子、結城、真岡、八日市場（匝瑳市）、桐生などが新しい産地となり、醤油では銚子、野田で醤油醸造業が発達していったことが影響している。このような江戸周辺で生産された物産は「地廻りもの」と呼ばれて、畿内等から移入された物産の「下りもの」と区別されるようになった。

他方、地方領国では、米・工業原料（菜種・綿など）・特産物（藍・畳表・紅花など）などの地域が形成されるなど、生産の地域特化や農村工業の展開が進んできた。このため地方の地主・富農の商人化などによって地方圏の資本蓄積が進む、いわゆる「地方の時代」を迎えた。このような地方圏の農村工業の台頭によって、畿内でも製品の特化が進んでいる。これらの動きにともない、流通構造でも地方領国から大坂・江戸への手工業品の流れなど、従来と逆方向の動きが生じたほか、地方経済のノット（結び目）としての地方的中核市場が登場してきた。代表例として、赤間ヶ関（現在の下関）、兵庫、名古屋、酒田などがあげられる。

図1-4 江戸前・後期の地域間経済構造

(A) 江戸前期：コア・サテライト構造

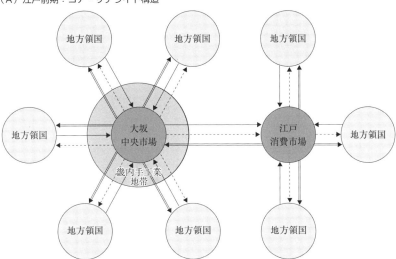

(B) 江戸後期：ネットワーク構造

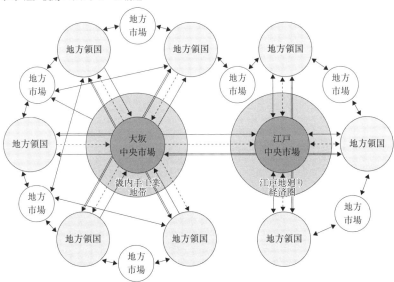

(注) ——米など農産物----手工業品＝＝幕府貨幣，表記は(A)，(B)とも同じ，ただし(B)での地方領国間および地方領国―地方市場間での◀━▶は，——，----，＝＝の3本線の合成である。

(資料) 江戸前期は，宮本又郎・上村雅洋「徳川経済の循環構造」速水融ほか編『日本経済史1．経済社会の成立』岩波書店，1988年の282頁の図6-3，江戸後期は同論文の285頁の図6-4。

以上のように地方領国と中央市場、地方領国間では網の目のように複雑に結ばれた、生産・流通のネットワーク構造が形成されるようになった。

註

(1) 詳しくは、坂本賞三「江戸時代を「近世」ということ」日本歴史学会編『日本歴史』第769巻、2012年6月の105頁を参照。なお文献によっては、近世を初めて使用した研究者を、京都帝大教授の内藤湖南（戦前を代表する東洋学者）であるとするものもある。ただし上記文献の107頁では、modernを明治時代には「近世」、大正期以降は「近代」と訳していたと指摘しているため、話はそう簡単ではなさそうである。この点は、柳父章『翻訳語成立事情』岩波新書、1982年も参照のこと。

(2) 以下のような江戸期経済の悲観説から楽観説への変化については、速水融「近世日本の経済発展」『経済研究』第30巻第1号、1979年の主張にもとづいている。

(3) 内包的・外延的成長は、E. ジョーンズ（天野雅敏ほか訳）『経済成長の世界史』名古屋大学出版会、2006年を参照のこと。ただしこれらの概念を使用した江戸期の経済分析は、基本的に宮本又郎編『新版　日本経済史』放送大学教育振興会、2008年の第2章に多くを依拠している。おそらく現在の各種文献に示された分析アプローチのなかで、同氏の考え方が最も優れたものであろう。

(4) 実は、幕府の帳簿類や調査史料類は、1868（慶應4）年の江戸城明け渡しに際して全部焼却されたといわれている。ただし勝海舟編『吹塵録』には一部のデータが掲載されているが、幕府財政のほか主要なマクロデータを入手することは極めて困難である。

(5) このような要因分解はあくまで恒等式の分解にすぎないため、この方法でつねに因果関係を説明できるわけではない。この事例では、$R \to Y$ という因果関係のみが成立するため利用した。このほか $\dot{Y} = \dot{N} + \left(\dfrac{\dot{Y}}{N} \right)$ の事例も考えられるが、この場合には $N \to Y$ のほか $Y \to N$ の因果関係も考えられるため、適切な分析とはいえない。なお表1-2の成長率は $\dfrac{\Delta Y}{\Delta t}$ で計算しているため、厳密には第1節で説明した $\dot{Y} \left(= \dfrac{dY}{dt} \right)$ とは一致しない。このため表1-2のデータを使用して寄与度を計算しても、右辺と左辺では若干の誤差が生じるが、基本的にはこの誤差を無視して議論を進めて問題ない。以上の考えは、高校数学Ⅱにおける微分の基礎的な知識があれば、容易に理解できるはずである。

(6) 宮本又郎は、速水融・宮本又郎編『経済社会の成立』岩波書店、1988年で「本当に17世紀の経済発展は、人口も耕地も増加するが、1人当たり生産が低下するというパターンのものだったのであろうか。1人当たりの生産が減り続けて同時に、社会全体の人口が長期的に増加し続けるのだろうか。（中略）1人当たり生産高が増加していたと考えるほうが自然である。──つまり表の「実収石高」は成長率を過小評価していることになる」（49-50頁）として、表1-2のデータの信頼性が低いと指摘する。しかしこのデータは、しかるべき資料にもとづき厳密に推計されたものであり軽々と否定することはできないから、宮本のように生産性の低下傾向を簡単に上昇傾向に変更することはいかがなものであろうか。また前近代では、労働生産性が低下することはそれほどおかしな話ではないため、本書では労働生産性は江戸前期にあくまで低下していたとみなした。

(7) さらに近年は、荻原重秀の経済政策自体も見直しの動きがある。例えば、村井淳志『勘定奉行荻原重秀の生涯』集英社新書、2007年、大石慎三郎『江戸転換期の群像』東京新聞出版局、1982年、堺屋太一『峠の群像』（上・中・下巻）日本放送出版協会、1981・82年などがあげられる。ただしこれらは物価上昇を適切に評価していない（村井本の122-125頁では元禄改鋳しか物価上昇を検討していない）等の問題点があるため、かならずしも首肯できるものではない。

(8) 以下の説明は、飯田泰之『歴史が教えるマネーの理論』ダイヤモンド社、2007年の152–153頁に依拠している。

(9) もっとも輸入の銀が使われていなかったわけではない。すなわち1763（宝暦13）年に清商王履海とむこう20年間に年300貫の銀輸入契約を、1764（明和元）年に崔景山と100貫の銀輸入契約を、それぞれ結んでいたからである（この情報は、竹中靖一・作道洋太郎編『図説日本経済史』学文社、1988年の84頁より入手）。しかしこれらの銀の輸入量は明和南鐐二朱銀の鋳造量全体（ただし品位98％、量目2.7匁、総額384万両と仮定）の4％弱にすぎなかったから、ほとんどが丁銀を鋳潰して作っていたことがわかる。

(10) なお表1–5からわかるように、明和期には南鐐二朱銀の直前に明和五匁銀が鋳造されており、この貨幣が江戸時代で最初の計数銀貨であった。すなわち同貨幣は、1765（明和2）年に勘定吟味役の川井久敬の発案によって、量目5匁3厘、品位は銀46％で鋳造された長方形の銀貨である。幕府は、金1両＝五匁銀12枚で通用するとしていたが、当時の実勢レート（金1両＝銀62～65匁）と乖離していたため、市中ではほとんど使用されなかった。しかしこの失敗がもととなり、同じ川井によって発案された南鐐二朱銀の成功につながったといわれているため、以下では南鐐二朱銀のみを説明する。

(11) 速水融・宮本又郎編『経済社会の成立』岩波書店、1988年の63頁では、製紙、製塩、酒造、木綿織などを「プロト工業」と呼んでいるが、これは不適切な使用法である。なぜならば「プロト工業」はあくまで、「プロト工業化」を推進した産業を示すべきであるためであるが、後述のとおり当時の工業化はプロト工業化ではないという意見が大半を占めているからである。このため従来より使用されている「農村工業」、「農家副業」等を使用すべきである。

(12) インフレ的成長仮説は、新保博『近世の物価と経済発展―前工業化社会への数量的接近』東洋経済新報社、1978年の323頁を参照。この仮説はその後、斎藤修・梅村又次らによって批判されており、その概要については新保博・斎藤修編『近代成長の胎動』岩波書店、1989年の82–87頁に紹介されている。

(13) この点は、三島四郎・作道洋太郎『貨幣―歴史と鑑賞』創元新書、1963年の82頁を参照。

(14) なお鬼頭宏『文明としての江戸システム』講談社学術文庫、2010年では、しばしばプロト工業化がわが国でも発生していたことを窺わせる記述がある（例えば、168、211、243、246頁など）。しかし鬼頭自身も、プロト工業化の中心的事項である結婚の促進・人口増加が日本では確認できないと認めているため（186頁）、実態としてプロト工業化は発生しなかったとみるべきである。もしこれらの農村工業化をたんにプロト工業化と言い換えているだけなら、プロト工業に関する議論はすでに戦前におこなわれた厳マニュ論争（290頁参照）の焼き直しにすぎないことになろう。

(15) 菱垣廻船とは、両舷に菱組の格子を組んだ弁才船の一種である。1619（元和5）年に泉州堺の商人が廻船を借り受け、大坂より江戸へ廻送したのが始まりであった。樽廻船は、酒樽等を積み荷とした弁才船の一種であり、寛文年間（1661～72年）に伊丹酒造家の援助により酒荷等を江戸に廻送したのが始まりである。さらに北前船の由来は、北国船（後述）のことを上方方面で呼んだという説もある。

(16) この正徳4年における大坂移出入商品の情報は、鬼頭『江戸システム』209–210頁より入手した。ただし同資料の詳細な解説は、大石慎三郎「「正徳四年大阪移出入商品表」について」『学習院大学経済論集』第3巻第1号、1966年がある。

第1章　近代経済への助走　　45

表1-補　江戸時代の年号一覧と経済区分

元　号	読み方	西　暦	将軍の名前	経済区分
江戸時代の始まり 慶長8年2月		1603年〜	1603 ①家康 1603	
慶長	ケイチョウ	1596〜1615	1605	
元和	ゲンナまたはゲンワ	1615〜1624	②秀忠	
寛永	カンエイ	1624〜1644	1623	
正保	ショウホウ	1644〜1648	③家光	
慶安	ケイアン	1648〜1652	1651	
承応	ジョウオウ	1652〜1655		
明暦	メイレキまたはメイリャク	1655〜1658	④家綱	江戸前期
万治	マンジ	1658〜1661		
寛文	カンブン	1661〜1673		
延宝	エンポウ	1673〜1681	1680	
天和	テンナ	1681〜1684		
貞享	ジョウキョウ	1684〜1688	⑤綱吉	
元禄	ゲンロク	1688〜1704		
宝永	ホウエイ	1704〜1711	1709 ⑥家宣	
正徳	ショウトク	1711〜1716	1712 ⑦家継 1716	1716
享保	キョウホウまたはキョウホ	1716〜1736	1716	
元文	ゲンブン	1736〜1741	⑧吉宗	
寛保	カンホウ	1741〜1744		
延享	エンキョウ	1744〜1748	1745	
寛延	カンエン	1748〜1751	⑨家重	
宝暦	ホウリャクまたはホウレキ	1751〜1764	1760	江戸中期
明和	メイワ	1764〜1772	⑩家治	
安永	アンエイ	1772〜1781		
天明	テンメイ	1781〜1789	1786	
寛政	カンセイ	1789〜1801		
享和	キョウワ	1801〜1804	⑪家斉	
文化	ブンカ	1804〜1818	1817	
文政	ブンセイ	1818〜1830		
天保	テンポウ	1830〜1844	1837	
弘化	コウカ	1844〜1848	⑫家慶	
嘉永	カエイ	1848〜1854	1853 ⑬家定	
安政	アンセイ	1854〜1860	1858	幕末期
万延	マンエン	1860〜1861		
文久	ブンキュウ	1861〜1864	⑭家茂	
元治	ゲンジ	1864〜1865		
慶應	ケイオウ	1865〜1868	1866 ⑮慶喜	
江戸時代の終わり 慶應4年9月		〜1868	1869	1868
	年号の総計：36			

（注）1. 将軍名前の頭に付く番号は就任順位を示す。
　　　2. 年号と西暦の対応関係については、本書 viii 頁（注意事項）も参照のこと。
（資料）谷沢が作成。ただし経済区分は、宮本又郎編『新版　日本経済史』放送大学教育振興会、2008年の第2章に典拠した。

第2章　移行期の通貨問題

（1）江戸期の通貨制度

　本章では、幕末期に混乱した通貨制度が維新後にいかに立て直されたのかを紹介する。本節では、その第一弾として江戸時代の通貨制度である三貨制度の概要と、同制度が江戸時代を通じて変質した過程を説明する。

〈三貨制度の概要〉

　通貨とは、流通貨幣から派生した用語であり、素材価値を持たなくてもその名目価値だけで決済手段として通用する貨幣（紙幣も含む）のことである。

　わが国では、10 世紀の半ばに皇朝十二銭の製造が中止されて以降は通貨が製造されなかったため、約 600 年間にわたって永楽通宝などの中国銅銭が輸入され続けた。しかし 1600（慶長5）年より金銀貨の鋳造を開始したほか、5 年遅れで銅貨（慶長通宝）の鋳造も始まったことで、全国的な貨幣制度（これを略して「幣制」という）が整備された[1]。さらに 17 世紀末（元禄ごろ）までに寛永通宝が農村まで行き渡ったことで、三貨制度と呼ばれた通貨制度が確立した。

　三貨制度とは、金貨・銀貨・銭貨の三貨を正貨と定め、紙幣は発行しない通貨制度のことである。ここで正貨とは、貨幣単位の価値を貴金属の一定量に結び付けた本位制度において、その基準となった貨幣（本位貨幣）を意味する。なお江戸時代には、このほかに藩札なども通貨として流通していたが、これは全国的な制度ではないため第 3 節で若干説明するにとどめる。

　まず金貨は、金に銀または錫を混ぜた合金であり、楕円形の大判・小判や方形の一分金・二分金・一朱金・二朱金などがあった。このように概して定形であり、表には「一両」「一分」などの通用金額を示していた。次に銀貨は、銀に銅あるいは錫を混ぜた合金であるが、後述のように天保一分銀などでは若干の金も含まれていた。当初は、海鼠形の丁銀、ボタン形の豆板銀（小玉銀）の 2 種類であり、いずれも形状・重さが定められず通用金額が表示されていなかったが、明和期以

降は、「以南鐐八片換小判一両」（南鐐二朱銀8枚で小判1両と交換する）と表示された、方形銀貨が急速に普及していった。

銭貨は、銅に錫を混ぜた銅銭、銅と亜鉛を混ぜた真鍮銭、鉄銭、鉛銭などであり、種類ごとに形状・重さが異なっていた。すなわち江戸初頭には、永楽通宝とビタの2種類があった。永楽通宝は銭貨として輸入されており、幕府が初めて製造した慶長通宝とともに銅銭であった。一方、ビタとは、鉛銭・かたなし銭（つまり形状不全銭）・へらい銭・新銭（新しい民間国産銭）以外の銭貨で、材質はバラエティに富んでいた。中世の鐚銭とは概念が異なる点に注意してほしい。しかしその後は、寛永通宝、天保通宝などの銅銭が大半となった。

ちなみに三貨の製造場所も紹介しておく。まず金貨は、金座で製造されており、その所在地は江戸本町1丁目（現在の日銀本店の所在地）であったが、元禄年間には京都二条東洞院付近に金座出張所が設置された。銀貨は銀座で作られており、当初は京都（二条下ル、押小路下ル、御池下ル、姉小路下ル）と駿河（静岡市葵区両替町1・2丁目）に設置されていたが、1612（慶長17）年に江戸京橋南（現在の中央区銀座2丁目）に、1800（寛政12）年に蛎殻町（現在の日本橋人形町）に移転した。さらに銭貨は銭座で造られており、当初は江戸（現在の浅草橋、芝綱縄手〈新銭座〉）と近江（現在の大津市坂本）にあったが、その後は全国30数ヵ所に拡大した。

そして各貨幣とも、鋳造された貨幣であり、現在のような圧造（いわゆるプレス製造）された貨幣ではなかったため、耐久性に劣っていた。それゆえ損耗の激しい貨幣は、撰銭と称して除外したり、打歩（プレミアム）付きで通常の貨幣に混ぜて使われたりすることが一般的であった。

次に各貨幣の通貨単位とその交換比率をみておこう。まず金貨の通貨単位は、1601（慶長6）年に両・分・朱という単位が制定され、それらが以下のような四進法で換算されていた[2]（ただし1両以上は、両による十進法を採用）。つまり金貨は計数貨幣（額面で使用価値が決まっているため、個数で総価値を把握できる貨幣）であった。

①1両 = 4分

②1分 = 4朱

銀貨では、貫、匁、分、厘が使用された。これらが重量の単位であることからわかるように、基本的には貴金属としての量目（重量のこと）・品位を検査してその交換価値を決めた秤量貨幣（重量・品位で総価値を把握できる貨幣）である。分という字が金貨・銀貨とも使用されているが、金貨では「ぶ」、銀貨では「ふん」ま

たは「ぷん」と呼び分けられているのは、まさにこの理由からである。相互の単位の換算は以下のとおりである。

① 1 貫 = 1000 匁
② 1 匁 = 10 分
③ 1 分 = 10 厘

このうち 1 匁 = 3.75 グラムであり、現在の 5 円硬貨の重さに相当する。それゆえ 1 両に相当する 50 匁（ただし 1609 年の公定相場）は約 190 グラムとなる。また丁銀は、量目がおおよそ 43 匁（約 161.25 グラム）前後で不均一であったため、量目を正確に測って使われる代表的な秤量貨幣であった。そして江戸初頭には、金 1 両 = 銀 50 匁という交換比率が決められた。もっとも明和期以降は、金貨の単位である分・朱を表示した計数貨幣としての方形銀貨が作られたことにも注目しておきたい。

さらに銭貨では、貫文、文が使用された。すなわち銭貨は、基本的に計数貨幣として 1 文単位で製造され、その計算方法は十進法を採用していた。さらに藁で作った緡という紐に銭貨 1000 個を通した金額を 1 貫文としたため、1 貫文 = 1000 文となる。ここで貫文の「貫」とは、先述のようにもともと重量単位として使用されていたため、それと混同しないようにしてほしい。

以上の三貨を用途別にみると、金と銀は大口通用、銭は小口支払に利用されたため、小判は大名・上級武士や富裕な商人は手にすることができるが、百姓や中小商人はほとんど縁のない貨幣であった。このため「これ小判たった一晩居てくれろ」といった、庶民が詠んだ古川柳が残っている。

三貨とも、幕府が貨幣鋳造権を独占して無制限通用を強制していたため、特定の地域内で同一の通貨を継続して使用するなら大きな問題はおこらない。このため実際の価格表示方法は、関東は金貨、関西は銀貨でおこなわれており、例えば関西では「米 1 俵は銀□匁」と表示していた。これを称して「関東の金遣い、関西の銀遣い」（つまり関東の金建て、関西の銀建て）といった。このように三貨がそれぞれ独立した通貨価値を持った本位貨幣として流通していたため、この状況を「金銀銭三本位制」と呼ぶこともある。

最後に三貨の交換比率を説明する。この比率は、1608・1609（慶長 13・14）年に施行された法によって、(a) 慶長金 1 両 = 慶長銀 50 匁 = 永楽通宝 1 貫文 = ビタ 4 貫文となった。これらの法律では、あわせて最終的には (b) 永楽通宝の通

用を停止する、（c）ビタの使用を禁止することも決められている。

　このうち（a）の交換比率は、1636（寛永13）年に寛永通宝の製造が始まったため、金貨1両＝寛永通宝4貫文＝ビタ4貫文となった。ただし関東・関西間の取引のように、異なる地域間で取引がおこなわれる場合には、その時々の需給関係により交換比率が変動せざるをえない。このため上記の公定相場は、江戸期を通じて8回も変更された。このうち代表的な3回を上げれば、以下のとおりである。

　① 1609（慶長14）年の相場：金1両＝銀50匁＝銭4貫文

　② 1700（元禄13）年の相場：金1両＝銀60匁＝銭4貫文

　③ 1842（天保13）年の相場：金1両＝銀60匁＝銭6貫500文

　取引の現場では、様々な貨幣が流通しているためこのような相場はあくまで一応の目安にすぎず、両替商が実勢価格にもとづき金銀の交換比率を決める必要があった。そのような事情があったとはいえ、上記のように時代が下るにつれて銀貨・銭貨が金貨より割安となっていったことがわかる。

　さらに（b）に関しても注意が必要である。金貨の価格表示を使用していた関東では、朱と文（1朱＝250文）との間の通貨単位がなかったため、畑租などの金納にあたっては微少数の計算ができなかった。このため永楽通宝の使用停止後も、引き続き永楽通宝の「永」という字を使って、「永□文」という架空の貨幣単位が使用された（この事例は表3-1を参照）。ここでは従来どおり金1両＝永1000文という換算率（これを「永銭勘定」と呼ぶ）であったため、永1文＝4文となった。なお実際に金銀貨と銭貨を交換する際には、一般的に手数料分を差し引くため、100文以下では96を掛けた金額（つまり1両＝3840文）としていた。

　このように江戸時代の通貨制度は複雑かつ人為的であった。

〈計数銀貨の拡大メカニズム〉

　ところで第1章の第3節で説明したように、銀貨は南鐐二朱銀の登場以来、計数銀貨として金貨体系に組み入れられていき、貨幣の価値が貴金属としての価値（つまり秤量貨幣としての価値）から乖離していった。そのもとで幕末期（天保の経済危機時）には、天保小判と計数貨幣の性格を有する天保一分銀の間で、1両＝4分という公定相場が成立していた。以下ではこの交換比率が浸透していった理由を、数字で具体的に説明しておこう（ちなみに最初の計数銀貨である南鐐二朱銀が登場した当時の金銀比価の二重構造は、第1章の第3節で説明済み）。

50

まず天保小判の特徴は、以下のとおり（なお重量、品位とも表1-5の原数字を利用）。

①重量：3匁

②品位：金56.77%、銀42.86%、その他0.37%

③含有純金量：1.70匁（＝3匁×56.77%）

④含有純銀量：1.29匁（＝3匁×42.86%）

一方、天保一分銀の特徴は、以下のとおり。

①重量：2.3匁

②品位：金0.21%、銀98.86%、その他0.93%

③含有純銀量：2.27匁（＝2.3匁×98.86%）

④含有純金量：0.005匁（＝2.3匁×0.21%）

⑤1両分の含有純銀量：9.10匁（＝2.27匁×4分）

⑥1両分の含有純金量：0.02匁（＝0.005匁×4分）

このため天保一分銀で計算した金銀比価は、以下のとおり。いま、1匁当たりの純金価格をG、同じく純銀価格をSとすれば、

$$\underbrace{1.70G}_{\text{天保小判1両の純金額}} + \underbrace{1.29S}_{\text{天保小判1両の純銀額}} = \underbrace{9.10S}_{\text{天保一分銀4分の純銀額}} + \underbrace{0.02G}_{\text{天保一分銀4分の純金額}}$$

$$\underbrace{1.68G}_{\text{純金総額}} = \underbrace{7.81S}_{\text{純銀総額}}$$

これより金：銀＝1：4.65となる。

次に天保小判1両＝天保丁銀72匁という実勢相場が形成されていたため、天保丁銀の特徴は以下のとおりである。

①重量：72匁

②品位：金0.04%、銀26.05%、その他73.91%

③含有純銀量：18.76匁（＝72匁×26.05%）

④含有純金量：0.03匁（＝72匁×0.04%）。

このため天保丁銀で計算した金銀比価は、以下のように計算できる。いま、1匁当たりの純金価格をG、同じく純銀価格をSとすれば、

$$\underbrace{1.70G}_{\text{天保小判1両の純金額}} + \underbrace{1.29S}_{\text{天保小判1両の純銀額}} = \underbrace{18.76S}_{\text{天保丁銀72匁の純銀額}} + \underbrace{0.03G}_{\text{大保丁銀72匁の純金額}}$$

$$\underbrace{1.67G}_{\text{純金総額}} = \underbrace{17.47S}_{\text{純銀総額}}$$

これより金：銀＝1：10.46となる。

以上の2つの金銀比価の数字から判断すると、天保一分銀は幕府が強制通用力

を付与したことによって、実質価値の約2倍の名目価値を持っていた。いわば一分銀を持っていたほうが、お得となっていた。このような金銀比価の二重構造は、南鐐二朱銀が創鋳された時期より開始され幕末まで継続した、江戸時代後期の貨幣制度の大きな特徴である。このように貨幣の素材としての価値と切り離して、幕府の権威のもとで流通価値が決められていたことは、当時の世界標準と比較して「進み過ぎていた」点に注目しなければならない。あわせて江戸期に地金銀の売買に関する自由市場が形成されていなかったほか、金銀貨・地金銀の輸出入が規制された管理貿易体制がおこなわれていた点も、忘れることはできない。

　ちなみに金銀比価の二重構造の推移は、表2-1のようになる。この表のうち金銀比価の二重構造の乖離度③は、1855（安政2）年までは一貫して拡大していったが、1856（安政3）年からは一転して解消した。これらの背景には、1855年までは文政・天保の貨幣改鋳による計数銀貨の量目低下によって②の金銀比価が低下していった。そのもとで1856年からは、天保・安政の貨幣改鋳によって丁銀（秤量銀貨）の品位が低下して①の金銀比価が低下したことが影響している。この

表2-1　金銀比価の二重構造の推移

期　　　間	金貨：秤量銀貨における金銀比価　①	金貨：計数銀貨における金銀比価　②	計数銀貨と秤量銀貨における純銀価値の乖離度（倍）③
1609-1694年	1： 9.8	—	—
1695-1709年	1：11.0	—	—
1710-1713年	1：14.0 a	—	—
	1： 5.6 b	—	—
1714-1735年	1：11.5	—	—
1736-1771年	1：11.5	—	—
1772-1817年	1：11.5	1： 8.8	1.3
1818-1836年	1：10.2	1： 7.2	1.4
1837-1855年	1： 8.4	1： 4.5	1.9
1856-1859年	1： 5.0	1： 5.1	1.0

（注）1. ①、②は各貨幣より計算した、純金と同一価値（金額）の場合の、純金に対する含有純銀量の比率である。このため右辺の数値が小さいほど、金に対する銀の価値が大きいことを示す。
　　　2. ①のaは宝永二ッ宝丁銀の場合、bは宝永四ッ宝丁銀の場合を示す。両丁銀の概要は、表1-5を参照のこと。
　　　3. ③は、①の右辺÷②の右辺で計算した。この銀貨に関する数値は、幕府の強制通用力を付与した価値に対する実勢相場にもとづく価値の倍率であり、1855年までは数値が大きいほど強制通用力が相対的に強いことを示す。

（資料）『近代成長の胎動』岩波書店、1989年の28頁を、谷沢が一部修正。

表 2-2　貨幣総額（金貨換算）の金銀貨別構成比の推移

年　　末	貨幣総額 （千両）	（構成比：%）		
		金　貨	秤量銀貨	計数銀貨
1695（元禄 8）年	13,960	76.1	23.9	—
1710（宝永 7）年	25,805	58.3	41.7	—
1714（正徳 4）年	31,690	42.8	57.2	—
1736（元文元）年	21,042	51.5	48.5	—
1818（文政元）年	29,255	65.3	14.4	20.3
1832（天保 3）年	45,864	51.7	11.7	36.6
1858（安政 5）年	52,750	53.7	7.4	38.9
1869（明治 2）年	130,224	57.1	2.7	40.2

（資料）岩橋勝「徳川時代の貨幣数量」梅村又次ほか編『日本経済の発展』
　　　　［数量経済史論集 1］日本経済新聞社の 258 頁の第 10 表を、谷沢が
　　　　一部修正した。

ように③は、複雑な要素が絡み合って急速に解消していった。このような動きにともなって、後述のように世界の金銀比価との間に大きな乖離をもたらすこととなった点は無視できない。

　さらに金銀貨に占める秤量銀貨の比率が低下していったことも見逃せない。表2-2によると、秤量銀貨の構成比は 1736（元文元）年には 49% あったが、1869（明治 2）年段階では 2.7% にすぎなくなった。秤量銀貨の比率が低下していった理由は、以下のとおりである。①金貨の補助貨幣として、計数銀貨（二朱銀・一分銀）を新鋳したこと。つまり幕府が計数銀貨の価値を保証したこと。②計数貨幣の材料として、秤量銀貨を鋳潰したこと。③幕府財政の改善を目的として、金銀貨の改鋳（改悪）を繰り返して品位を低下させていったため、民衆が使用にあたって幕府が保証しない秤量銀貨を忌避した（つまり貨幣需要が低下した）こと。

　もちろんこれらの理由は、銀高に誘導する理由であるほか、海外の金銀比価と乖離する理由でもある。とにかく江戸幕府が、260 年超の統治のなかで一貫して貨幣鋳造権を掌握していた事実は、政治経済が弱体化していった事実と相反するため、意外な感じを持つものであろう。

　このような秤量貨幣の低下（つまり計数銀貨の普及）は、維新政府によって公布された新たな貨幣法規（正式には新貨条例）による "円" の導入をスムーズにする上で、非常に重要な役割を担っていた[3]。なぜなら、三貨の計算・両替が従来よりも格段に単純化されたほか、貨幣の決済単位としての機能を素材価値と切り離して考えることができたためである。つまり計数銀貨の普及は、一方では複雑な通

第 2 章　移行期の通貨問題　　53

貨制度を「金」で統一化していくことを意味していたが、他方では近代的な貨幣観を導入しやすくする環境整備の役割を負っていたとみなすこともできよう。

(2) 開港による経済の混乱

開港のインパクトについては、第1章の第4節で物価上昇面を若干指摘したが、そのほかにも極めて多様な変化が生じた。以下では、内外の通貨制度の違いから金貨が海外へ大量流出した点と、その対策および貿易内容に限って解説しておく。

〈金貨の大量流出〉

ここでは前章の幕末期の「インフレ的成長」のなかで若干紹介した内容を、さらに詳しく説明する。話の出発点は、1858（安政5）年6月に締結された日米修好通商条約である。この条約は有名な不平等条約であるが、同様の条約はオランダ（同年8月）、イギリス（同年8月）、ロシア（同年8月）、フランス（同年10月）の4ヵ国とも結ばれた。そのためこれらを合わせて、安政五ヵ国条約とも呼ばれている。

これらの条約では、様々な取り決めがおこなわれたが、そのなかでも当時の経済状況に大きな影響を与える内容が決められた[4]。すなわち同条約第5条1項（いわゆる貨幣条項）で示された、内外貨幣の交換方法に関する原則である。この原則は通常、「同種同量の原則」と呼ばれているが、同一種類の貨幣は品位の差にかかわらず量目にもとづいて交換される、という内容を示している。また第5条4項では、邦貨の輸出が可能であることも明記された[5]。異なる国同士の貨幣を厳密に交換するためには、すでに第1章の改鋳で具体的に示したように、重量のほか品位を考慮しなければならないから、ずいぶん荒っぽい議論である。

このような議論の背景には、アメリカ側からみて日本の通貨制度が複雑すぎ、それゆえ商取引ごとに両替商が必要となる煩わしさがあった。このためそれらを回避するには、いっそのこと重量のみを考慮すればよいとの主張が出てきた。双方の主張の溝が埋められない状況で、アメリカ側総領事のタウンゼント・ハリスに、日本側全権の岩瀬忠震、井上清直（いずれも幕臣）が押し通されてしまった。

この原則がもっとも問題となるのは貿易であった。当時、日本では貿易用（主に中国等のアジア貿易）の通貨として洋銀が使用されていたため、貿易をおこなうには天保一分銀を洋銀に替える必要があった。この洋銀とは、もともと幕末から明治初期にかけて日本に流入した外国製の銀貨のことであるが、特に断りがない場合にはスペインが1497年以後にメキシコ（当初はスペイン領）を中心とするスペ

図2-1 洋銀（メキシコドル）の概要（実物大）

(注) 1. 直径は38ミリメートルである。
2. 洋銀は、上記のメキシコドル以外にも中南米諸国で鋳造され貿易取引で使用された各種銀貨を総称した名称である。

イン系の中南米諸国で鋳造し、国際決済で長く用いられてきた銀貨を指している。一般的には、図2-1のような量目が414～417グレーン（約27グラム）の8レアル銀貨を指す場合が多い[6]。ここで1グレーン（grain：gr）＝約64.80ミリグラムである。

なおアメリカでも、洋銀が1ドル銀貨（つまり法貨）として採用されていたため、洋銀のことをメキシコ・ドル銀貨とも表現された。ただし日常的には、ドル銀貨を略して「ドロ銀」と呼ぶことが多かった。余談になるが、アメリカが金本位制を採用したのは1873（明治6）年であり、開港時は金銀複本位制であったため、同国の本位制度上でも洋銀は重要な通貨であった（アメリカの金本位制採用は図5-9を参照）。

洋銀の特徴は以下のとおりである。これを一言でいうと、「素材価値は低いが重量のある銀貨」であった。ドロ銀といわれた、もう1つの理由が見受けられる（ただし同様の理由から、後述の安政一分銀、安政二朱銀もドロ銀と揶揄されていた）。

①重量：26.83グラム（414グレーン）
②品位：銀90％、その他10％
③含有純銀量：24.15グラム（＝26.83グラム×90％）

同種同量の原則によると、洋銀と天保一分銀との交換比率は、洋銀100枚＝天保一分銀311枚（すなわち洋銀1ドル≒天保一分銀3枚）となった。なぜなら天保一分銀の重量は8.63グラム（＝2.30匁×3.75）であるため、上記の枚数は以下の式で計算されるからである。

第2章 移行期の通貨問題 55

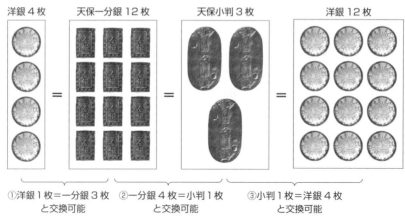

図 2-2 金貨流出のメカニズム

①洋銀1枚＝一分銀3枚と交換可能　②一分銀4枚＝小判1枚と交換可能　③小判1枚＝洋銀4枚と交換可能

(資料) 谷沢が作成。

　洋銀の重量 26.83 グラム × 100 枚 ÷ 天保一分銀の重量 8.63 グラム
　　= 310.89 枚

これが問題の始まりであった。なぜなら当時の金銀比価は、先述のとおり日本国内は金：銀＝1：5であるのに、国際的には金：銀＝1：15であったため、海外と比べて国内で金安銀高となっていた。このような状況は現在では考えられないが、鎖国による内外金融市場の遮断によって成立していた。それゆえ開国（1859年6月の横浜・長崎開港）すると、外国商人によって大量の金貨が国内から流出し、反対に洋銀が流入した。このような金貨流出は、以下の手続きによって発生した。合わせて図2-2も参照してほしい。

　①日本国内で、同種同量の原則にもとづき洋銀4ドルを一分銀12分に換える。
　②この一分銀12分を、国内で公定相場（1両＝4分）にもとづき小判3両に換える。
　③この小判3両を、海外の金銀比価にもとづき海外（おもに上海・香港）で販売することにより洋銀12ドルに換える。なぜなら海外では、地金としての1両を洋銀4ドルに換算しているからである。

　以上の取引を1年間に何度も繰り返せば、大量の金貨が流出することになる。当時は、このような金融行動を5〜6回繰り返すことができたという。なお、①

において「洋銀4ドルを一分銀12分に換算」する理由は、以下のとおり。まず洋銀4ドルの重量は、107.32グラム（＝26.83グラム×4）である。これに対して天保一分銀12分の重量は、103.56グラム（＝8.63グラム×12）となる。ゆえに洋銀4ドル≒天保一分銀12分である。また③において「1両を洋銀4ドルに換算」する理由は、次のとおり。天保小判1両の含有純金量は6.38グラム、含有純銀量は4.82グラムである。洋銀4ドルの含有純銀量は、96.60グラム（＝24.15グラム×4ドル）となる。ここで、1グラム当たりの金価格をG、同じく銀価格をSとすれば、

$$\underbrace{6.38G}_{\text{天保小判1両の純金額}} + \underbrace{4.82S}_{\text{天保小判1両の純銀額}} = \underbrace{96.60S}_{\text{洋銀4ドルの純銀額}}$$

$$\underbrace{6.38G}_{\text{純金総額}} = \underbrace{91.78S}_{\text{純銀総額}}$$

これより金：銀＝1：14.39となる。この比率は、当時の国際的な金銀比価にほぼ一致する比率であるから、③の取引が成立する。以上の一連の取引によって、元手が約3倍になった。このような取引を現在では裁定取引（あるいは「鞘取り」）と呼んでいるが、さしずめ「幕末のマネーゲーム」現象が発生していた。

　このときの状況を、イギリスの初代駐日総領事・R. オールコックはその著書『大君の都』のなかで、以下のように記述している。「かれら（貿易商）は、とつじょとして富くじで2万ポンドの賞金が当たってわめき暴れる狂乱状態になり、（中略）入港したアメリカのフリゲート型艦が、これと同じ流行病にとりつかれた。一士官は、ただちに退職して一隻の船を借り、会社を設立した。また同艦の他の士官の大半は、税関の好意で無制限に一分銀を供給されることを知って、使節〔新見豊前守正興〕をアメリカへつれてゆく任務などはそっちのけのありさまで、銀を金に換える有利な取引に大わらわであった」[7]（丸カッコ内は筆者、角カッコ内は岩波文庫）。

　引用文のうち「使節をアメリカへつれてゆく任務」の使節とは、万延元年遣米使節のことであるから、時期的にこの話は横浜港出発前の1859（安政6）年9月頃であろう。もちろん「同艦」とは、迎船となった海軍フリゲート艦・ポーハタン号のことである。一般的に条約は批准書に調印した後、当事国間で交換することで効力が発生するが、その交換がすでに1859（安政6）年7月に行われていたため、上記のような行動を士官たちがとったわけである。以上の話は金貨に限定されるわけではなく、このほかに良質な一分銀が粗悪な洋銀と交換されて海外に

第2章　移行期の通貨問題　　57

流出することもあったため、大量の金銀貨が海外に流出していった。

　このような不平等条約に対して、日本側は条約締結前にいかに反論していたかを紹介しておこう。実は、日本側はすでに日米修好通商条約を締結する4年前、1854（安政元）年に当時の外国奉行・水野忠徳（旗本）は、交換比率として1ドル＝1分を主張していた。この主張の根拠として、まず当時の代表的な金貨である20ドル金貨と天保小判を比べると、品位は同90.00％、56.77％、重量は同33.40グラム、11.24グラムであった。このため含有純金量でみると20ドル金貨1枚＝天保小判5枚となるから、おおよそ1両＝4ドルである。そして1両＝4分であるから、4ドル＝4分、すなわち1ドル＝1分になると主張した。

　しかしこの提案に対してアメリカ側のハリスは、一分銀と洋銀の交換は重量で大きな差が発生するため不適当であるとみなし、日本側は同種同量の原則で押し切られた。当時のアメリカは、金銀複本位制（正確には跛行金本位制）を採用していたものの、わが国の通貨交換方法を組み込んだ考え方が世界基準とかけ離れていたため、納得することはできなかった。ただしその2年後の1856（安政3）年には、幕府は増大する両替需要と金高への誘導に対応するため、条約締結前にもかかわらず早々に最低品位の安政二分金を発行した。

　金貨の海外流出量はかならずしも確定しておらず、複数の推計値がある。例えば戦前には、阪谷芳郎の1億円（約2000万両）、山崎覚次郎の1万両があったが、戦後は三上隆三の80万両、日銀による「1年間（1859～60年）に合計50万両（当時の金貨流通高の約1～2％）」、石井寛治による「せいぜい10万両台」、杉山伸也の「10万両強」が提示されている[8]。ちなみにイギリス商人・トーマス・グラバーも、最初はこの方法で資本を蓄積したという。このように大きな推計差があるが、現在ではどちらかというと石井・杉山らの10万両程度とみなされているが、もしそうだとすれば表1-6で示されているように、当時の金貨流通量（1858年の2832万両）のわずか0.3％にすぎない。これではほとんど影響がなかったことになるが、はたしてこの推計値は妥当であろうか。

　筆者は、詳細な検討をおこなっていないものの、違和感を覚えざるをえない。なぜなら当時の庶民の日記をみると、江戸の町名主・斎藤月岑は1859（安政6）年7月4日付で、武蔵国南小曽木村（現在の東京都青梅市）の世話役・市川某は1860（万延元）年正月10日付で、越後国北五百川村（新潟県三条市）の豪農・藤田某は同年2月11日付で、それぞれ「小判買い」が現れていたことを記録してい

たからである。これらの小判買いは、図2-2の③の交換をおこなうため海外に輸送することを目的として、集められたものであった。短期間とはいえ急激な利ザヤ稼ぎの動きが、庶民の間で広範囲に発生していたことを示す有力な証拠であった[9]。これらの事情を考慮すれば、再推計をおこなう必要があろう。

最後に、この金貨流出を幕府の通貨政策のなかで位置付けると、以下のように考えることができる。まず金貨流出のベースになっていた国内での銀価格の割高政策は、金銀の産出量の枯渇、幕府財政の窮乏化、鎖国による閉鎖経済のもとで、経済成長に見合って貨幣を供給するために選択された。また、それをおこなえるだけ通貨制度が世界的に進んでおり、庶民もそれを受け入れていた。このため既存の金銀資源を水増しさせる改鋳政策は、多くの制約条件が存在していたもとでは、極めて優れた通貨政策であった。しかしその代償として、海外の金銀比価との乖離をもたらした点で、改鋳政策は麻薬のような政策であった。いずれは破綻する運命を背負った政策であり、永久に続けられる政策ではない。

このように考えると、金貨流出はおこるべくしておこった現象であるといえよう。また金銀比価の国内外格差は、その後もしばしばわが国経済の攪乱要因となり、特に明治前半期はこれに苦しむこととなった。この点は強調しておかなければならない。

〈金貨流出を阻止する政策〉

幕府は、金貨の流出を阻止するために、国内の金銀比価を国際的な水準に是正する政策が必要となった。この問題を解決するためには、改鋳等の方法によって現状よりも金高銀安傾向に金銀比価を修正しなければならない。

その政策メニューの可能性を示したのが、図2-3である。この図は、右上の枠で囲った状態（金銀比価を、議論しやすいように1：4と仮定している点に注意のこと）からスタートして、あくまで金貨の品位・量目を固定して銀貨のみを変化させた政策メニューを、数値計算によって示している。変更方法を大別すると、I銀貨の品位を変える政策、II銀貨の量目を変える政策、III金・銀貨の交換比率を変える政策に分けられる。IとIIが貨幣の改新鋳にともなう措置であり、IIIはそれをおこなわないときの措置である。それゆえ問題としている金高銀安方向に誘導するための政策メニューは、変更後A、変更後C、変更後Eの3つが考えられる。これで採用すべき具体的な政策のイメージをつかむことができたはずである。

第2章　移行期の通貨問題　59

図2-3 金銀比価を変更させる政策メニュー（ただし銀貨のみを変更させる場合の数値例）

Ⅰ．銀貨の品位を変える政策

変更後A
銀貨の品位を上げた ⇒ 1：5（金高銀安）
ときの金銀比価

変更前
現状の金銀比価 ⇒ 1：4

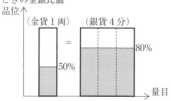

変更後B
銀貨の品位を下げた ⇒ 1：2（金安銀高）
ときの金銀比価

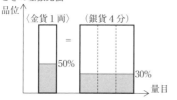

Ⅱ．銀貨の量目（重量）を変える政策

変更後C
銀貨の量目を増やした ⇒ 1：5（金高銀安）
ときの金銀比価

Ⅲ．金・銀貨の交換比率を変える政策

変更後E
交換比率を変えた ⇒ 1：7（金高銀安）
ときの金銀比価　　　　　　　　　増歩通用

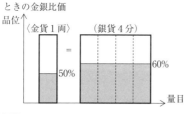

変更後D
銀貨の量目を減らした ⇒ 1：2（金安銀高）
ときの金銀比価

変更後F
交換比率を変えた ⇒ 1：3（金安銀高）
ときの金銀比価　　　　　　　　　減歩通用

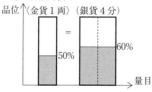
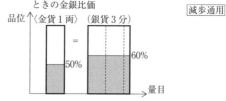

（注）1. 本図は、あくまで仮想の数値計算であるため、かならずしも実態を反映していないので注意のこと。例えば、現実には金貨には純銀が含まれているが、ここではこの事実を無視している。
　　　2. 説明を単純にするため、金貨の品位・重量は固定した。このため、もし金貨の重量を減少（増加）させれば金高（金安）となり、金貨の品位を上げれ（下げれ）ば金安（金高）となる。
　　　3. 金銀比価の計算にあたっては、小数点以下を四捨五入した。

もっとも以上の説明は、あくまで銀貨のみを変更させていたにすぎないから、これを金貨も変更させるように拡張すると、金銀貨とも採用可能な政策は以下のように整理することができる（ちなみに読者は、図2-3で金貨を変更する場合を考えてみてほしい）。

①現状の交換比率を固定したまま、品位を変化させる改鋳・新鋳政策。
②現状の交換比率を固定したまま、量目を変化させる改鋳・新鋳政策。
③現状の品位・量目を固定したまま、交換比率を変更する政策。
④品位・量目・交換比率のうち、2つ以上の項目を変化させる政策。

　このうち①の政策では、さらにA）銀貨の品位を上昇させるか、B）金貨の品位を低下させる2つの政策が考えられる。同様に②の場合には、A）銀貨の量目を増大させるか、B）金貨の量目を低下させる政策が想定される。それでは実際には、これらの政策メニューのいずれを採用したのであろうか？　以下では実際に幕府が採用した政策を、表1-5の改鋳実績にそって具体的に説明していこう。その際には表1-5を参照してほしい。

　まず1859（安政6）年6月5日の神奈川・長崎開港に先立ち、5月25日より金高に誘導するために天保小判1両＝一分銀5枚の増歩通用を実施した。この措置は③に相当するが、もちろんこの程度の措置では焼け石に水であった。次に6月1日より、洋銀との交換用（つまり貿易取引用）として文政南鐐二朱銀の量目を2倍弱（ただし品位は若干低下）に引き上げる改鋳をおこない安政二朱銀を発行した。

図2-4　幕府の開始した両替方法（1859年6月2日～23日）

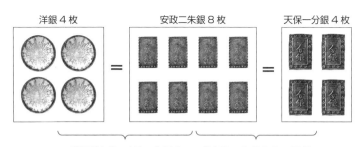

（資料）谷沢が作成。

第2章　移行期の通貨問題　　61

この二朱銀は、図2-4の①のように開港場内でしか使用できないため、この金額相当を国内で使用するには、同図の②のように量目のはるかに劣る天保一分銀と開港場内で再度両替する必要があった。このような二朱銀を造ることによって、結果的には5年前に水野忠徳が金貨の流出を防ぐため提案した、1ドル＝1分という交換比率を実現することができた。さらに1ドル＝1分を実現する新銀貨を造るためには大量の銀が必要となるが、そのような銀はもはや国内に存在しなかったため、貿易取引に限った安政二朱銀を作った。

　このような措置は、②-A）に相当していたが、それにしても同種同量の原則を突き崩すために考え出した、苦肉の策であった。しかもこの二朱銀の鋳造に合わせて、国内の金銀比価を海外と同水準に修正するために、新たに安政小判・安政一分金も発行された(10)。いずれも天保小判、天保一分金より量目を減らした②-B）にあたる措置である。

　6月2日より洋銀と安政二朱銀との交換が開始されたが、アメリカ側では安政二朱銀の使用によって、せっかく稼いだ銀貨の量目がほぼ3分の1に減少（安政二朱銀2枚［27.0g］→天保一分銀1枚［8.6g］）させられた。当然のことながらアメリカ側のハリス、オールコック等は条約違反であると激しく抗議して、外国商人もこの二朱銀の受取りを拒否したため、安政二朱銀は22日間しか通用しなかった（安政小判も4ヵ月間しか通用しなかった）。このような経緯から1ドル＝3分の交換比率に戻り、前述のような大量の金貨流出となった。

　もっともこうなると洋銀との交換によって一分銀が不足するため、同年8月より洋銀を鋳潰して急遽、洋銀と同品位の安政一分銀が作られた。また同年11月には、納税にあたり洋銀の使用を許可したり、同年12月には洋銀に直接刻印した「改三分定銀」を流通させたりした。いずれも金貨流出の過程で国内に大量に流入した洋銀を活用した措置である。特に改三分定銀は、国内に流入した洋銀の表面に「改三分定」（「洋銀を改めて三分銀と定める」という意味）の極印を打つことで、暫定的に一分銀の不足をカバーしたものであった。ただし当時は外国貨幣が実態よりも低く評価される傾向があり、この貨幣も両替が拒否される事態となったため、翌年5月に鋳造打切りとなった。

　このままでは事態は収束できない。そこで幕府は、翌60（万延元）年1月に直増通用令を実施した。この内容は、先述のように小判漁りをおこなっていた民衆の行動を阻止することを目的として、同月22日より小判の値増し通用をすると

いうものである。この値増し通用とは、貨幣価値を増加させて通用させることであり、手持ち小判のうち天保小判１両＝３両１分２朱、安政小判１両＝２両２分３朱に引き上げられた。一夜にしていままでの１両が２～３両に化ける極めて大胆な政策であり、民衆は所有する旧小判を両替するため、両替商に殺到して大混乱となったという。この直増通用令は、金高に誘導するために実施した措置であり、もちろん③の方法に該当する。

　さらに同年４月には、アメリカとの交渉にもとづき金高に誘導するために安政小判の量目を約１／３にした万延小判、安政一分金の量目を約１／３にした万延一分金をつくったほか、改鋳益金を目的として安政二分金の量目を約１／２にした万延二分金と天保二朱金の量目を約１／２にした万延二朱金を、合わせて鋳造した（詳しくは、表1-5を参照）。このうち万延小判は、幕府が鋳造した最小かつ最後の小判であるため、通称「雛小判」、「新小判」などと呼ばれた。ちなみに雛とは、「小さい」という意味の接頭語である。また万延二分金・二朱金は、１両換算でみた含有純金量が最低の金貨であった[11]。ここまで来ると、打てる手はすべて打ったという状況である。

　これら一連の改鋳は万延改鋳と呼ばれているが、いずれも②-B）の方法を採用した政策であった。これらの改鋳によって、1859（安政6）年６月より発生した金貨の流出が、ようやく11ヵ月ぶりに止められた。万延改鋳の事業規模は、総額5000万両以上といわれており、この規模は1858（安政5）年における金貨流通量を３倍にした金額（8495万両）の６割に相当する大規模なものであった。ここで金貨流通量を３倍にした理由は、改鋳直前の金貨流通高を値増し通用して改鋳後の金額に換算したためである。そして万延改鋳の大半は、横須賀製鉄所の建設費を調達する目的で発行された万延二分金であった。

　以上の説明を表にまとめたものが、表2-3である。この表からもっとも重点的に実施された政策は、金貨の量目を引き下げることであることがわかる。他方、金銀貨とも品位の変化（①の方法）は採用されなかった。その理由は、すでに金貨の品位を下げ過ぎていたり、銀貨の品位を上げ過ぎていたりしたため、調整の余地が限られていたからである。このほか大量に入手した洋銀を改鋳に利用できたことは、通貨主権上からはいわば廃物利用のようなものであった。

　このような改鋳政策によって金の流出は阻止できたが、そのかわり貨幣流通量は約３倍に著増した。銀建て経済であった大坂の地位低下がおこったほか、その

表2-3　金貨流出の防止策の概要

方　法		金　貨	銀　貨
貨幣改鋳	①品位を変更	B) 下げる 　安政二分金（58） （その後は、下げすぎで ほとんど実施せず（64））	A) 上げる 　— （すでに最高の品位（64））
	②量目を変更	B) 減らす 　安政小判（62） 　安政一分金（62） 　万延小判（63） 　万延一分金（63） 　万延二分金（63） 　万延二朱金（63）	A) 増やす 　安政二朱銀（62）
③交換（通用）比率 を変更		一晩たつと金貨の価値が急増 　天保小判の増歩通用（61） 　天保小判・安政小判の直増通用令（62）	
（参考）一分銀の 不足対策		流入した洋銀を利用した銀貨鋳造 　洋銀を鋳潰して同品位の安政一分銀を鋳造（62） 　洋銀を改三分定銀に改造（62）	

（注）表のカッコ内は、本書の掲載頁数を示す。
（資料）谷沢が作成。

　大坂でも卸売物価が1860～67（万延元～慶應3）年で3倍になるなど物価が高騰した。また幕府は莫大な改鋳益金を手に入れることとなり、これを幕府財政支出の増加に使ったことがさらにインフレを加速した。

　インフレの激化にともない、所得分配構造も変化してきた。賃金労働者・零細農民・都市細民・下級武士は実質所得が低下したが、事業経営者の所得は利潤インフレを享受したため上昇した。ただし都市部の大両替商は、貸付資産の目減りで多数倒産した。第1章で説明した価格革命の発生である。そしてこの現象にともない、賃金労働者・零細農民・都市細民・下級武士による打ちこわし・百姓一揆・世直し運動が頻発して社会的に不安定化し、徳川幕府の崩壊が加速された。

　以上のように万延改鋳は極めて荒っぽい政策だったが、貨幣条項を実質的に空文化（失効）することにとりあえず成功した。この政策に代わる政策はなかったことも事実であるが、そのかわり激しいインフレやそれにともなう所得の不平等化・社会不安といった強い副作用をもたらした。なお日米修好通商条約は、日清戦争勝利後の1899（明治32）年7月に、日米通商航海条約が発効したことでよう

〈コーヒーブレイク：明治維新の立役者〉

　前章に引き続き、武士に関する話。ここでは明治維新における武士階級の役割についてみておこう。いま幕末・維新時の主要指導者 60 人を選び、彼らの出身階級をみると、表2-補のようになる。一見すると武士階級が多数を占めているが、そのなかには石高の不明な者も多くいる。このため明確な判断を下すことは難しいが、石高 100 石に満たない下層（つまり低所得階層）が多数含まれていた。また石高の不明な場合にも、公表を差し控えたいなど、どちらかというと下層の可能性が強いため、これらの事情を考慮すると指導者に分類される集団の多くが、実は下層武士階級で占められていたことがわかる。また武士では次三男で養子にいったものも多い。

　例えば、近代日本の指導者として最も立身出世した山県有朋は、長州藩の中間という出自であった。中間とは、武士の使用人で名字帯刀を許されず、戦時には小荷駄隊として輸送などを担当、平時には雑務を担当した低い身分であった。山県は「慎重・陰険、また強い権勢欲で一貫した生涯であった」[20] と評価されているが、このような強烈な個性の背景には本人の出自が影響していたのかもしれない。また大隈重信は上士、福沢諭吉は下士出身の武士であったことは、彼らが設立した大学のイメージと正反対であり興味深い。特に福沢が「門閥制度は親の敵で御座る」（『福翁自伝』）と記述した背景には、下層出身としての家計の苦しさがあった可能性を否定できない。

　このほか土佐藩では、（旧長宗我部の家臣であった）大量の武士を新田開発等を条件として「郷士」という名称で武士に採りたてたため、侍と郷士との間で極めて大きな待遇の差別があった。郷士とは、もともと江戸期に入って武士の身分のまま農業に従事した者や、武士の待遇を受けていた農民のことであった。彼らは、武士身分と同じく藩・幕府に士分として登録され、苗字帯刀の特権も与えられた。土佐藩の郷士の事例として、武市半平太、中岡慎太郎、坂本龍馬、岩崎弥太郎が有名である。このためその懐柔策として、武市のような郷士の一部を「白札」という侍待遇としていた。このような階層構造ゆえに、藩の力が弱まった幕末には多くの郷士が尊王攘夷運動に傾いたといわれる。彼らが生まれた背景には、江戸後期になるにつれて武士階級の家計が苦しくなり、旗本・御家人などの権利を婿養子や養子をとることにして、その家系を「株」の形で農民らに売買したことがあった。仙台藩のように、これらの価格一覧表を作成する藩までででてきた。

　このように下層集団は、当時の江戸幕府システムを破壊する際の原動力になっていた。彼らは、世襲制のもとで新たな職業に就くこともできない反面、その独自の生活洋式を強制させられたという点で、「飼い殺し」状態にあった。それゆえ坂野潤治・大野健一『明治維新― 1858-1881』講談社現代新書、2010 年のなかで、「なぜ武士たちが自らの地位の拠り所である封建制度や身分制度を破壊するような革命（＝明治維新）を強行したのか、という疑問がわいてくる」（33 頁。カッコ内は谷沢）と記述された主張は、当時の身分制度の実情から乖離した疑問であった。なぜなら江戸幕府システムは武士階級に限っても、すでに修正できないほど破綻していたからだ。それにもかかわらず、そのシステムに代わる新たなシステムが発見できなかったほか、幕府に代わる強力な集団がなかなか現れなかった。それゆえ列強からの圧力のもとでは、このシステムを破壊することで次の展開に期待するしかないと判断して明治維新を断行した、と考えることが素直であろう。

表 2-補　幕末・維新期の主要指導者の概要（生年順）

番号	氏名	明治元年の年齢	生年	没年	業績	出身階級 出自	石高	所得階層
1	中根雪江（靫負　ゆきえ）	61	1807	1877	政治学者	福井藩士、春嶽の側用人。	?	?
2	島津斉彬（なりあきら）	—	1809	1858	薩摩藩主	薩摩藩主、島津斉興の長男。	77万800石	最上層
3	横井小楠	59	1809	1869	儒学者、政治家（維新十傑の1人）	肥後藩士、横井時直の次男。	150石	中層
4	緒方洪庵	—	1810	1863	蘭学者、蘭方医（適塾）	足守藩士、緒方瀬左衛門の三男。	?	下層
5	佐久間象山	—	1811	1864	兵法家、法学者、儒者	松代藩士、兵学者、思想家。佐久間国善の長男。	5両5人扶持	最上層
6	鍋島直正（閑叟）	54	1814	1871	政治家（明治初頭の譲定）	佐賀藩主、鍋島斉直の十七男。	35万7000石	?
7	内田政鳳（まさかぜ）	53	1815	1893	官僚	官僚	?	?
8	吉田東洋	—	1816	1862	政治家	土佐藩士、吉田正清（馬廻格）の四男。	200石	上層
9	島津久光	51	1817	1887	薩摩藩の最高権力者	事実上の薩摩藩主、島津斉興の五男。	77万800石	最上層
10	大久保忠寛（一翁）	51	1817	1888	審書調所頭取、駿府時頭奉行、京都町奉行ののち、明治官僚	旗本。大久保忠尚の子。	500石	上層
11	長谷部甚平	50	1818	1873	福井藩寺社町奉行	福井藩士	?	?
12	伊達宗城（むねなり）	50	1818	1892	政治家	宇和島藩主、伊達宗紀の養子。	10万石	最上層
13	長井雅楽（うた）	47	1819	1863	開明論者	長州藩士、長井泰憲の長男。長州藩の直目付。	?	?
14	村田氏寿	—	1821	1899	政治家、官僚	松平慶永の命で将軍継嗣問題で活躍。	?	中層
15	海舟	45	1823	1899	官僚	旗本、勝小吉（小普請組）の子。	41石	下層
16	大村益次郎	44	1824	1869	洋学者、兵学者（維新十傑の1人）	村医、村田孝益の長男。	150石	中層
17	岩倉具視	43	1825	1883	政治家（維新十傑の1人）	公卿、堀河康親の第二子、岩倉具慶の嗣子。	150石	最上層
18	山内豊信（容堂）	41	1827	1872	政治家（王政復古時の譲定）	土佐藩主、山内南家の分家の長男。	24万石	最上層
19	西郷隆盛	41	1827	1877	政治家（維新三傑の1人）	薩摩藩士、西郷吉兵衛隆盛の長子。	47石	下層
20	岩下方平（みちひら）	41	1827	1900	政治家	薩摩藩士、岩下百之進の長男。その後岩下道格の養子。	?	上層
21	税所篤（さいしょ　あつし）	41	1827	1910	官僚	薩摩藩士、税所篤倫の次男。	?	?
22	伊地知正治	40	1828	1886	軍略家	薩摩藩士、伊地知季平の次男。	?	?
23	松平慶永（春嶽）	40	1828	1890	政治家（王政復古時の譲定）	福井藩主、田安徳川斉匡の八男。	32万石	最上層
24	吉井友実	40	1828	1891	官僚	薩摩藩士、吉井友昌の長男。	?	?
25	岡島種臣	40	1828	1905	政治家	佐賀藩士、国学者の子。	30石	下層
26	武市（たけち）半平太（瑞山　ずいざん）	—	1829	1865	政治家	土佐藩郷士（白札）。	?	下層
27	由利公正	39	1829	1909	政治家、実業家	福井藩士、三岡義知の嫡男。	100石	中層
28	吉田松陰	—	1830	1859	尊王思想家	長州藩士、杉百合之助の次男だが、後に吉田大助の養子。	57石	中層
29	大久保利通	38	1830	1878	政治家（維新三傑の1人）	薩摩藩士、大久保利世（御小姓与）の長男。	45石	下層
30	大木喬任	36	1832	1899	官僚	佐賀藩士、大木知喬の長男。	?	下層
31	海江田信義	36	1832	1906	政治家	薩摩藩士、有村兼善の次男。	?	下層

32　木戸孝允	35	1833	1877	政治家（維新三傑の1人）	長州藩士、藩医の長男だが後に桂家の養子。	150石	中層
33　広沢真臣	34	1834	1871	政治家（維新十傑の1人）	柏村安利の四男だが、波多野直忠の婚養子となる。	?	下層
34　毛利恭助（完次郎）	34	1834	?	侍従、静岡県参事	佐賀藩士、毛利吉盛の長男。	?	?
35　江藤新平	34	1834	1874	政治家（維新十傑の1人）	佐賀藩士、江藤胤光（手明鑓）の長男。	?	下層
36　岩崎弥太郎	34	1834	1885	実業家、三菱財閥の創始者	土佐の地下浪人の子。後に郷士株を買い戻す。	—	下層
37　福沢諭吉	34	1834	1901	啓蒙思想家、慶應義塾の創立者	中津藩士、福沢百助の次男。	13石2人扶持	下層
38　前原一誠	34	1834	1876	政治家（維新十傑の1人）	長州藩士、佐世彦七（大組）の長男だが、前原氏を相続。	47石	下層
39　坂本龍馬	—	1835	1867	志士	土佐郷士、坂本八平の次男（末子）。	?	?
40　小松帯刀（たてわき）（清廉）（きよかど）	33	1835	1870	政治家（維新の十傑の1人）	薩摩藩士。肝付兼善（5500石）の四男として生まれ、吉利領主・小松清猷（2600石）の跡目となる。	5500石	最上層
41　五代友厚	33	1835	1885	関西の実業家	薩摩藩士、五代秀尭（記録奉行）の次男。	?	中層
42　井上馨	33	1835	1915	政治家・実業家	長州藩士、井上光亨（大組）の次男。	100石	中層
43　福岡孝弟（たかちか）	33	1835	1919	政治家	土佐藩士、福岡孝順の次男。	180石	上層
44　松方正義	33	1835	1924	政治家	薩摩藩士、松方正恭の四男。	?	下層
45　川村純義	32	1836	1904	海軍軍人、政治家	薩摩藩士、川村与十郎の四男。	?	?
46　三条実美	31	1837	1891	政治家	公卿、三条実万の子。	472石	上層
47　谷干城	31	1837	1911	陸軍軍人、政治家	土佐藩士、谷万七の四男で、父は小姓組格。	?	上層
48　板垣退助	31	1837	1919	政治家	土佐藩士、乾正成（馬廻格）の嫡男。	300石	上層
49　樺山資紀	31	1837	1922	海軍軍人、政治家	薩摩藩士、橋口与三次の三男で、樺山四郎左衛門の養子となる。	?	下層
50　中岡慎太郎	—	1838	1867	陸援隊志士	土佐藩郷士（庄屋身分）。	?	下層
51　後藤象二郎	30	1838	1897	政治家	土佐藩士。	150石	下層
52　大隈重信	30	1838	1922	早稲田大学の創立者	佐賀藩士、石火矢頭人（砲術長）を務める。	300石	上層
53　山県有朋	30	1838	1922	政治家、陸軍軍人	長州藩士、ただし中間。山県有稔の長男。	?	下層
54　小室信夫	29	1839	1898	実業家	家禄（丹後縮緬販売・回漕業）の子。	—	—
55　黒田清隆	28	1840	1900	政治家	薩摩藩士、黒田清行の長男。	4石	下層
56　伊藤博文	27	1841	1909	政治家	長州藩士の家に生まれ、後に足軽伊藤弥右衛門の養子。	?	下層
57　大山巌	26	1842	1916	陸軍軍人	薩摩藩士の次男。	?	下層
58　陸奥宗光	24	1844	1897	官僚、外交官、政治家	紀州藩士、父はもと勘定奉行であったが、政争に敗れて失脚。	?	下層
59　古沢滋（迂郎）	21	1847	1911	官僚、政治家、文芸者	土佐藩士。	?	?
60　矢野文雄（龍渓）	18	1850	1931	政治家、文芸者	佐伯藩士、矢野光儀（郡奉行・町奉行）の長男。	?	中層

（注）1. 維新の三傑・十傑は、いずれも山脇之人『維新元勲十傑論』1884年のなかで、佐幕・明治維新に反しながら志士のうち、幕臣以外の10人（3人）を指す。つまり彼らは、小御所会議を経て王政復古の大号令を達成した、新政府発足時の中心人物である。なお上表では三傑は十傑にも該当する。

2. 武士階級の所得階層は、上層は200石以上、中層は50〜200石、下層は50石未満とした。なお諸大名・公卿の石高は、谷沢が役職等から判断した。

（資料）人選は、坂野潤治・大野健一『明治維新 1858〜1881』講談社現代新書、2010年の34-35頁を利用したが、谷沢は4、16、33、38、57番を追加した。なお石高が不明で所得階層が明示されている場合は、維新史料編纂会編『華族譜要』1929年より入手した。

やく失効したため、この後 30 年以上にわたってわが国を苦しめることとなった。

〈幕末貿易の影響〉

開港にともなう影響の最後として、貿易動向についてもみておこう。開港直後の貿易は、通商条約によってすべて居留地内に限られていたため、居留地貿易と呼ばれている。同貿易の取引形態は、徐々に整えられていき、最終的には輸出品は「生産者→売込商→外商（外国人商人）」、輸入品は「外商→引取商→国内問屋」というルートとなった。

外商が取引相手とするのは一部の内商（日本人商人）に限られていた。また外商は、資金面や販路等で内商に対して圧倒的な優位にあり、外商取扱比率は 1880（明治 13）年には輸出 84％、輸入 93％に達していた。このため代表的な外商であるジャーディン・マセソン商会は、生糸の売込商に前貸しをしたり、居留地内に茶の再製工場を設立したりした（同社の商活動は石井寛治『近代日本とイギリス資本—ジャーディン＝マセソン商会を中心に』を参照）。このような取引形態は、基本的には 1899（明治 32）年の条約改正までであったが、それ以後も永く残存した。

次に貿易動向をみてみよう。表 2-4 からわかるように、開港直後は意外なことに輸出入とも急速に拡大して、しかも貿易黒字となった。そして 1867（慶應 3）年以降に、ようやく貿易赤字に転じた。またその内訳は、表 2-5 で示されているように、輸出品は生糸、茶、蚕卵紙で 80％以上を占め、輸入品は綿糸、綿織物、毛織物、砂糖、武器類が中心であった。このため一次産品を輸出して工業製品を輸入する、典型的な後進国型の貿易構造となっていた。開港直後に貿易黒字が達成できた理由は、イギリス向けの生糸輸出やアメリカ向けの緑茶輸出が低価格によって急増したためだが、その後は「粗製濫造」による品質低下などによって輸出が行き詰まり、維新直前の 1867（慶應 3）年に至って貿易赤字へ転落した。

貿易の開始は、諸商品の相対価格比を変化させることで、産業構造の変化を引き起こした。例えば、綿糸や綿織物では機械制製品の大量輸入によって大きな打撃を受けた。世にいう「ウェスタン・インパクト（西洋の衝撃）」の発生である。特に綿糸は壊滅的打撃を受け、土地を手放し賃労働者化した農民が多数でるなど、いわゆる資本の原始的蓄積（資金の蓄積と賃労働者の蓄積のこと。詳しくは第 7 章の第 1節を参照）が進行した。これに対して綿織物は、品質、用途が異なるため、打撃は一部の産地に限定された。このように綿関連の製品は、品目によって異なる影

表 2-4　幕末の輸出入額の推移

（単位：千ドル）

	輸出額	輸入額	貿易収支
1859（安政 6 ）年	891	603	288
1860（万延元）年	4,713	1,659	3,054
1861（文久元）年	3,787	2,365	1,422
1862（文久 2 ）年	7,918	4,215	3,703
1863（文久 3 ）年	12,208	6,199	6,009
1864（元治元）年	10,572	8,102	2,470
1865（慶應元）年	18,490	15,144	3,346
1866（慶應 2 ）年	16,617	15,771	846
1867（慶應 3 ）年	12,124	21,673	− 9,549

（資料）横浜市編『横浜市史』第 2 巻、1959 年の 548 頁。

表 2-5　幕末の主要品目別輸出入額の概要

（単位：千ドル、％）

輸　　出					輸　　入				
主要品目	1865（慶應元）年	構成比	1867（慶應3）年	構成比	主要品目	1865（慶應元）年	構成比	1867（慶應3）年	構成比
生　糸	14,843	80.3	5,599	46.2	綿　糸	875	6.2	1,351	8.5
蚕卵紙	727	3.9	2,303	19.0	綿織物	4,308	30.6	4,398	27.6
茶	1,935	10.5	2,006	16.5	毛織物	6,701	47.6	3,184	20.0
銅	—	—	62	0.5	金　属	527	3.7	209	1.3
木　蠟	51	0.3	123	1.0	武　器	1,067	7.6	1,619	10.1
樟　脳	33	0.2	97	0.8	綿　花	1	0.0	757	4.7
石　炭	13	0.1	263	2.2	砂　糖	208	1.5	1,661	10.4
乾　魚	95	0.5	300	2.5	米	—	—	788	4.9
その他	794	4.3	1,371	11.3	その他	389	2.8	1,986	12.4
合　計	18,491	100.0	12,124	100.0	合　計	14,077	100.0	15,952	100.0

（注）1. 毛織物には綿毛交織物を、生糸には繭を、それぞれ含む。
　　　2. 輸入合計は、両年とも表 2-4 の金額と一致していないが、その理由は不明である。
（資料）杉山伸也「国債環境と外国貿易」梅村又次・山本有造編『開港と維新』（日本経済史 3 ）岩波書店、1989 年の 195 頁。

響が現れていたが、価格面では表 2-6 でわかるように開港直後の 1859 年に、木綿糸、白木綿で一時的に輸入品による価格引き下げが発生した。

　一方、絹糸や秩父絹（絹織物）では、ヨーロッパの生産が不振で大量に輸出されたため、国内需要に回す量が不足した。このため 1859・60 年頃に価格が一時的に急上昇する、輸出インフレが発生した。以上のような輸出インフレに対して、幕府が 1860（安政7）年に五品江戸廻送令を発布したことで 1861・62（文久元・2）年に各製品の値上げが鎮静化した。しかしそれは一時的な動きにすぎず、1863

表 2-6　諸物価の前年比の推移（大坂）

（単位：％）

	金相場	米	大豆	繰り綿	木綿糸	白木綿	絹糸	秩父絹
1855（安政2）年	2.4	-15.7	-16.6	-13.9	0.6	2.6	-6.9	-1.5
1856（安政3）年	1.8	0.1	-7.3	-3.1	16.7	13.6	-3.4	4.3
1857（安政4）年	1.6	14.8	-4.1	13.8	-3.3	14.9	2.8	14.3
1858（安政5）年	1.9	31.0	4.6	20.2	0.0	-13.6	5.6	56.5
1859（安政6）年	0.7	-1.0	24.2	5.5	-5.0	-1.5	21.1	28.1
1860（万延元）年	0.0	26.0	64.4	15.6	15.1	14.5	35.7	2.4
1861（文久元）年	-0.8	-1.8	12.0	25.9	3.9	-4.7	2.5	15.0
1862（文久2）年	3.1	-1.9	-19.2	-4.5	16.4	4.3	0.5	7.2
1863（文久3）年	12.8	11.3	9.8	6.3	40.1	42.1	31.6	15.4
1864（元治元）年	6.0	23.1	38.4	45.3	43.7	43.4	47.6	42.9
1865（慶應元）年	12.8	72.1	43.2	59.0	41.2	34.9	21.0	-1.3

（注）　1. 日米修好通商条約の締結にともなう神奈川・長崎の開港が 1859 年 6 月であったため、開港の影響は
　　　　おおよそ 1859 年以降に現れている。
　　　2. 五品江戸廻送令は、1860 年閏 3 月に公布されている。

（資料）　三和良一ほか編『近現代日本経済史要覧［補訂版］』東京大学出版会、2010 年の 48 頁の 1.19 表より
　　　　谷沢が作成。ただし 1861・62 年の米は同資料にデータが掲載されていなかったため、武田晴人
　　　　「「両」制度の崩壊」『貨幣の歴史学』2011 年の 41 頁の図表 2 より入手した。

（文久3）年からは各品目とも急激なインフレ傾向に変わった。この背景には、幕末期の盛んな貨幣改鋳によって幕府財政が急膨張していたことも影響している。米や大豆の価格上昇はその影響であろう。

　生糸価格の急上昇で、長野、山梨、群馬などの養蚕・製糸業が発展したほか、横浜では産地とリンクした新しいタイプの貿易商人（生糸売込商）が現れてきた。そのかわり原料糸不足から、西陣・桐生などの絹織物産地では機屋の休業が相次いだ。さらに生糸生産地の長野・山梨と輸出地の横浜を結ぶ八王子街道などが、絹の輸送経路として「日本のシルクロード」と呼ばれた（第7章［補論］の〈コーヒーブレイク〉を参照）。また奥州・上州の生糸は、利根川や江戸川の舟運を使って江戸に輸送され、江戸糸問屋の荷改めを受けた後に和船で江戸から神奈川（現在の横浜）に輸送されたため、「水上のシルクロード」と呼ばれることもあった。このように開港が新たな流通ルートを形成する誘因となった事例もあげられる。

　このように開港・貿易の開始は、相対価格の変化、原始的蓄積の進行、新たな流通ルートの形成、新興商人の勃興など多様な影響を与えており、まさにわが国が閉鎖経済から開放経済へ転換する際の痛みをともなった経済変化をもたらした。そのほか当時の国際関係に目を転じると、幕府がフランスから借款を受ける計画等を持っていたため、フランスの半植民地となる大きな危険性を孕んでいたと指

摘されることもある。

「半植民地」とは、名目上は独立国でありながら、実質的には他国の勢力に圧倒されて植民地と同様の状態にある地域のことである。実際には貿易が居留地内に限定（居留地体制）されて半植民地になる可能性は低かったが、難しい経済運営を強いられていたことが推測されよう。

(3) 通貨制度の暫定的継承

それでは混乱した通貨制度をいかに立て直したのか？　明治政府の取らざるをえなかった厳しい道筋を、明治初頭の通貨制度の混乱状況、旧制度（銀目）の廃止、新紙幣（太政官札）の暫定的な発行といった流れにそって説明していこう。

〈銀目廃止と大坂金融界の衝撃〉

明治初頭の混乱としては、複雑な幕府金銀貨、藩札の乱発、偽造金貨・紙幣の横行の３つがあげられる。このうち最初の「複雑」という意味は、多種多様な貨幣が混在していたことと、それらの大半が実質価値の相場で取引されていたことを意味している。新政府は、通貨制度の抜本的な整備・統一に着手する資金的・時間的な余裕がないなかで、1868（慶應4）年2月にとりあえず旧幕府幣制の踏襲を宣言した。また1868（慶應4）年閏4月には、貨幣発行機関である貨幣司を大坂に設立して旧幕時代の貨幣を引き続き鋳造したほか、金銀の純分量を基準として各種金銀貨の交換比率を公定した。しかしこれらの措置は、複雑な通貨制度の微調整にすぎなかった。

さらに維新政府は、煩雑な価格表示（東日本が金遣い、西日本が銀遣い）を一本化することに着手した。1868（慶應4）年5月に、維新政府は銀目廃止令を公布した。これは銀目停止ともいうが、価格表示として使用していた銀建て（銀目）を使用禁止にすること、言い換えるとすべての定価を金建て表示に統一することであった。この銀目廃止は、2つの目的があったといわれる。1つは、大坂の両替商が発行する大量の銀目手形が、政府の計画する太政官札（後述）の流通を阻害するおそれがあったため、銀目手形の絶滅を狙ったことである。いわば「金札流通促進説」である。もう1つは、関東の金遣い、関西の銀遣いの弊害（一国二制度）を廃止し、金建て表示の計数貨幣による全国統一の推進を狙ったというものである。これは「貨幣制度統一説」ともいえる目的である。

ここで銀目手形とは、預り手形と振手形に大別される。まず預り手形とは、両

第2章　移行期の通貨問題　71

替商が商人からの預り銀に対して、自己の責任において発行した手形であり、現在の預金証書または銀貨の保管証に相当する。この手形は第三者への譲渡が可能であるため、事実上の貨幣として流通していた。一方、振手形とは、両替商に当座勘定を持つ商人が取引先などに対して両替商を名宛人（つまり支払人）として振り出した手形のことである。それゆえ、もし名宛人と取引のある両替商に手形を持参すれば、その両替商は振出人の預金残高の範囲内で取引先に支払った。これは現在の小切手に相当する。この振手形は、商人が自己の資本を超えて発行することができたので、その発行は一種の信用創造機能を有しており、商人が手形を乱発して回収不能となることがあった。

　銀目廃止令の具体的内容は、A）丁銀・豆板銀を使用停止とする、B）計算単位としての銀目（匁）を廃止する（つまり銀建て取引の廃止）、C）銀目貸借（すなわち銀目表示された借用証書）を金建てまたは銭に換算して書き直す、D）通用停止の丁銀・豆板銀を新貨と交換する、というものである。このうちA）とD）は大した問題ではなかった。なぜなら、近世後期には丁銀・豆板銀はほとんど使用されていなかったためだ。この点は、表2-2の秤量銀貨の構成比の表で確認することができる。またD）は、いずれ将来の課題になるにすぎないほか、そもそも丁銀と豆板銀がほとんど使用されていない。

　これに対してB）とC）が問題であった。B）は、大坂の金融界で使用されていた銀目手形が使用できなくなるから、大問題であった。さらにC）にもとづき債務額を書き換えると、債権・債務者間で争いの原因となる。なぜなら当時、急激な金高銀安傾向が進んでいたため、C）にもとづいて現時点の相場で債務を書き換えると、過去の債務を大幅に減額できる。つまり旧藩債務の切り捨てとなったため、藩は安堵し大坂豪商は青くなったと推測されるからである。このため債務を書き換える際の相場は、なかなか決まらなかったが、最終的には政府が金1両＝銀219匁4分9厘、銭1貫文＝銀17匁4分8厘に決めた。

　大坂では当時、商取引の99％で銀目手形が使用されていたほか、それらの決済はすべて両替商間のネットワークでおこなわれていた。このような手形による取引は、江戸ではほとんどおこなわれなかったため、銀目廃止令は大坂経済のみに大きな影響を与えた。ちなみに大坂で銀目手形が発達した理由は、秤量銀貨が鑑定・秤量面で取引コストが高かったため、商人間の大口取引の決済手段として不向きであった。また幕府によって計数銀貨が普及していくなかで、銀目の商習

慣を維持していく必要があったからである。銀目廃止令によって、銀目手形を持った多数の商人が同手形が銀目廃止にともない無効になると誤解して、両替商に金貨との交換を求めて殺到した。このため大坂金融界はパニックとなり、蔵元、両替などを営む豪商が没落し既存の信用制度が破壊された。

このように銀目廃止は、240年以上続いた三貨制度が実質的に廃止され金建てに統一できたほか、両替商金融とは異なった土壌の上に、近代的銀行制度が形成される契機を作ったという点で評価できる。しかしその反面、新政府が自らの手でその金蔵を爆破した愚挙であったといった評価があるほか、大坂の地盤沈下に手を貸したともいわれている。

〈太政官札の発行〉

動き出した新政府にとって、財源を確保するために一刻も早く貨幣を造る必要がある。そこで造られた最初の紙幣が太政官札という政府紙幣であった[12]。すなわち1868（慶應4）年5月、議政官上局の参与（財政金融政策担当）・由利公正（ただしこの時は三岡八郎と名乗る）の建議にもとづき、太政官札を発行した。

ちなみに当時の中央官制は太政官制（七官制）であり、議政官とは立法府のことであるため、由利の立場は立法部門における金融財政関連の実質的な法律制定者であった。行政部門における財政部局を所轄したのは、会計官という組織（現在の財務省に相当）であったから、本来は関与する立場になかった。しかし実際には、由利の主導で財政・金融政策が実行されていたため、あえてこの時期の経済政策を「由利財政」と呼んでいる。

かつて福井藩士であった由利は、藩札を発行した経験を持つため、藩札を念頭に置いて太政官札の発行をおこなった。由利が太政官札を発行しようと考えた理由として、①国庫（特に軍備用資金）の窮乏を補填すること、②殖産興業の資金不足を解消すること、③三貨制度廃止後の新たな通貨制度を確立すること、があげられる。このうち①、②に関連して、江戸幕府から引き継いだ明治政府の財政部門は驚くほど脆弱であり、その状態で戊辰戦争をおこなっていた[13]。

由利は、両替商に対して300万両の会計基立金（一種の国債）を販売したほか、当面の財政資金を調達するため、当初は太政官札3000万両の発行を計画していた。そして長期的にみて、財政を健全化するためには殖産興業以外に方法はないと考えた。そのため太政官札の発行総額の一部を、各藩に殖産興業用として貸し

第2章　移行期の通貨問題　　73

付けることとした。

　太政官札の発行総額は、最終的には4800万両に達した（詳しくは、表3-2を参照）。いま、太政官札の使途（発行理由別金額）をみると、諸藩への貸付分（殖産興業向け貸付）が1100万両余、京阪等の商法会所を経由した貸付分（おもに証書担保、一部は米穀・銅・菜種等を担保とした殖産興業向け貸付）が656万両、会計官出納司を経由した分（主として財政不足向け貸付）が3000万両余であった。このうち会計官は、出納、用度、駅逓、営繕、貨幣、租税、鉱山、商法の8司を管轄していたため、出納司を経由した分とは、いわゆる地方交付税交付金に近い支出とみなして差支えない。このように政府は、殖産興業向けとして約4割の太政官札を諸藩へ貸し付けていたが、その大半は財政窮乏をしのぐための消費的経費として使用され、返済されることはなかった。

　いま、太政官札の発行概要を紹介しておこう。まず発行主体は政府（つまり政府紙幣）であり、通用期間を13年間に限定した不換紙幣であった。貨幣単位は銀目廃止をおこなっていたため金建てのみであり、表2-7のように全部で5種類（10両札、5両札、1両札、1分札、1朱札）あったが、大半は10両札と5両札の高額紙幣であった。発行期間は、1868（慶應4）年5月〜69（明治2）年5月の1年間にすぎなかったが、発行総額は上記のとおり4800万両となった。なお財政資金を調達しなければならない状況のなかで急遽、発行した紙幣のため、体裁は藩札を踏襲した縦型で材料には丈夫な越前和紙を使用したが、印刷には初めて腐食凹版（エッチング）が導入された。従来の藩札は通用が藩領内に限られていたから、もちろん太政官札は初めての全国通用紙幣であった。

　さらに太政官札の表側には「金□両、太政官会計局」と印刷されていたため、しばしば「太政官金札」または「金札」と呼ばれた（なお金札と呼ばれた政府紙幣は、太政官札のほかに翌年に発行された民部省札がある）。銀目廃止のもとで金表示せざるをえなかったとはいえ、もともと江戸時代に発行されていた藩札のうち幕府貨幣の金貨と兌換することを原則としたものが金札と呼ばれていたから、不換紙幣の太政官札等を金札と呼んだことに対して、民衆は違和感を持ったはずである。他方、裏側には、「慶應戊辰発行、通用十三年限」と、通用期限をあえて明記している。

　ところで当時は、旧幕藩時代の藩札、洋銀などが流通していたため、太政官札が新たに加わったことで、いわば混合流通の状態となった。ただし太政官札の大半が高額紙幣であったうえに、銅銭が欠乏状態にあったため、庶民の日常取引に

表 2-7　明治維新以降の主要紙幣の概要（日本銀行兌換券の発行開始時まで）

紙幣名	券　種	発行開始時期	通用停止時期
〈政府紙幣〉			
太政官札	10両札	K4.5	M8.5
	5両札	同	同
	1両札	同	M11.6
	1分札	同	同
	1朱札	同	同
民部省札	2分札	M2.10	M11.6
	1分札	同	同
	2朱札	同	同
	1朱札	同	同
大蔵省兌換証券	10円券	M4.10	M8.5
	5円券	同	同
開拓使兌換証券	10円券	M5.1	M8.5
	5円券	同	同
	1円券	同	同
	50銭券	同	M6.12
	20銭券	同	同
	10銭券	同	同
明治通宝（新紙幣）	100円券	M5.8	M32.12
	50円券	同	同
	10円券	M5.6	同
	5円券	同	同
	2円券	同	同
	1円券	M5.2	同
	半円券	同	同
	20銭券	同	同
	10銭券	同	M20.6
改造紙幣（神宮皇后札）	10円券	M16.9	M32.12
	5円券	M15.7	同
	1円券	M14.2	同
	50銭券	M16.6	同
	20銭券	M16.2	同

上記の紙幣は、おもに第2章で説明する

紙幣名	券　種	発行開始時期	通用停止時期
〈為替会社紙幣〉			
東京為替会社紙幣	3匁7分5厘（銀券）	M2.7	M3.12
	25両（金券）	同	M7.2
	1両（同）	M2.10	同
大阪為替会社紙幣	100両（金券）	M2.9	M6.11
	50両（同）	同	同
	10両（同）	同	同
	5両（同）	同	同
	1両（同）	M2.9	M3.8
	1貫文（銭券）	同	同
	500文（同）	同	同
	200文（同）	M2.9	同
	100文（同）	同	同
横浜為替会社紙幣	25両（金券）	M2.10	M7.1
	1両（同）	同	同
	100弗（洋銀券）	M3.4	M7.7
	10弗（同）	同	同
	1000弗（新洋銀券）	M5.7	M8.5
	500弗（同）	同	同
	100弗（同）	同	同
	50弗（同）	同	同
	20弗（同）	同	同
	10弗（同）	同	同
	5弗（同）	同	同
〈国立銀行紙幣〉			
デザインは各銀行とも同一だが新旧2種あり	20円券	M6.8	M32.12
	10円券	同	同
	5円券	同	同
	2円券	同	同
	1円券	同	同
	1円券（新券）	M10.12	同
	5円券（同）	M11.7	同
〈日本銀行券〉			
日本銀行兌換銀券	旧10円券	M18.5	S14.3
	旧100円券	M18.9	同
	旧1円券	同	（現在有効）
	旧5円券	M19.1	S14.3
日本銀行（金）兌換券	甲5円券	M32.4	同
	甲10円券	M32.10	同
	甲100円券	M33.12	同

上記の紙幣は、おもに第5章で説明する

（注）1. 為替会社紙幣は、上記のほかに西京為替会社紙幣、神戸為替会社紙幣、新潟為替会社紙幣、大津為替会社紙幣、敦賀為替会社紙幣があった。また券種のカッコ内の金券・銀券・銭券・洋銀券・新洋銀券は、各紙幣をこれらの貨幣に兌換できる兌換券であることを示す。
　　　2. 日本銀行兌換銀券と日本銀行兌換券は、いずれも主要な紙幣のみ掲載した。
　　　3. 発行開始時期・通用停止時期で、Kは慶應、Mは明治、Sは昭和の略称であり、小数点以下は月名を示す。

（資料）『国史大辞典』第7巻の71-72頁の「明治以降紙幣一覧」より谷沢が作成。

第2章　移行期の通貨問題　　75

著しい不便が生じてきた。このため小額貨幣の不足を補うために、表2-7のように民部省札、大蔵省兌換証券、開拓使証券を発行させた。すなわち民部省札が1869・70（明治2・3）年に4種類、大蔵省兌換証券が1871（明治4）年に3種類、開拓使兌換証券が1872（明治5）年に6種類と、相次いで発行された。

太政官札の発行直後に、表2-7のように為替会社によって紙幣が発行されたため、上記の政府紙幣が発行されるまでに、若干の時間的なズレが生じている（為替会社紙幣については、第5章の第1節に譲る）。また大蔵省・開拓使兌換証券は、後述の新貨条例（円の使用を決定）の公布後に発行されたため単位が円となっている。さらにこれらの紙幣は、正金（二分金）との兌換が保証された兌換紙幣であったため、流通力が強かったものの開港場では兌換請求が多額に上り、発行後5ヵ月で総発行高の2割が回収された。

太政官札は当初、国民の不慣れと新政府の信用不足のため、円滑に流通せず流通価値が額面金額を大きく下回った。流通は大混乱を繰り返し、インフレを引き起こしたため、1868（慶應4）年6月に太政官札の正貨引換や打歩（プレミアム）の禁止を布告したが、効果はなかった。むしろ政府が租税上納に太政官札を使用すべきと布告したため、外国人が安い太政官札を買い集めて関税の納税に使用した。このため1868（慶應4）年5月には、太政官札の大阪における交換比率が正金100両＝太政官札112〜115両となった。しかたなく政府は、正金100両＝太政官札120両として、太政官札の時価通用を認めた。

しかし流通が進まないまま下落が続いたため、1869（明治2）年3月以降は商店の破産や官吏の困窮が引き起こされるなど、経済の混乱に拍車がかかった。ちなみに同年3月下旬は正金100両＝太政官札166両になった。このため同年4月には、政府が商品の売買に正貨の使用を禁じる布告を出した。さらに翌5月には、政府が太政官札の扱いを以下のように変更することを公約した。まず太政官札の通用期間を13年間から5年間に短縮し、その間に新貨幣を鋳造して太政官札と交換することとした（つまり太政官札の兌換紙幣化）。もし期限になっても交換未済の場合には、1年につき6％の利子を支払うが、その代わり額面通用とした。

それでも同年6月初旬には正金100両＝太政官札185両と多額の打歩がつき、太政官札の流通価値は引き続き低下した。しかしその後はその政策効果が現れて、比較的円滑に流通するようになった。それどころか1870（明治3）年初頭には、正金100両＝太政官札99両と、正金以上に価格が上昇する珍現象がおこった。

これにともなって、1870（明治3）年10月より太政官札の偽札が流通し始め、流通が再び滞るようになった。このため1871（明治3）年3月に贋札改所を設置して偽札の取締をおこなったほか、後述のように1872（明治5）年2月より太政官札をドイツで印刷した精巧な新紙幣（明治通宝）と交換し始めた。これによって市中より贋札を排除することができた。

　このように太政官札は当初、きわめて危険な状態にあったが、最終的には信用が回復して比較的円滑に流通した。このため太政官札は、幣制統一の基礎を作ったほか、政府の財政窮乏を打開し、各藩県に企業資金を散布するなど、一時的ではあったが効果を上げることができたという評価もある。ただし流通し始めても、銀紙格差が完全になくなったわけではない（表6-2を参照）。また当初約束していた新貨幣との交換は実行されず、代わりに明治通宝（新紙幣）との交換が実施され、この明治通宝も長期にわたって不換紙幣のままであった点は、問題を先送りしたにすぎない。ようやく明治通宝の銀貨兌換が開始されたのは、1886（明治19）年1月である。全体としては、やはり多くの問題を残したといえる。

　このほか太政官札を発行した由利財政についても、殖産興業用の資金として諸藩に貸し出した点は、発行額の膨張と紙幣価値の下落に拍車をかけた。また畿内で太政官札と引換えに正金を藩庫へ持ち去る動きをもたらしたため、藩財政を補強することで集権化を遅らせる効果しかもたらさなかった。由利財政は、かならずしも高い評価を得ているわけではなかった。

(4) 新貨幣・新紙幣の発行

　由利公正は1869（明治2）年3月に、太政官札の流通難等に対する批判が高まったなか、就任後1年にも満たないで辞任した。この後、大蔵卿が大久保利通になってようやく新しい通貨制度のもとで新貨幣と新紙幣が発行できた。

〈新貨条例の制定〉

　由利公正が辞任した後2年間に大蔵卿は、松平慶永（福井藩主）、伊達宗城（宇和島藩主）、大木喬任（肥前藩士）と次々に入れ替わった。そして大久保大蔵卿の時期、1871（明治4）年5月に会計副知事に就任していた大隈重信の主導で、政府は新貨条例を布告した。これは貨幣（通貨）制度に関する法律であるが、実体としては本位貨幣としての硬貨を念頭に置いた法律である。先述のように同年7月に実施された廃藩置県の2ヵ月前にこの条例が布告されたことから、政府がいかに

第2章　移行期の通貨問題　*77*

通貨制度の再構築を重視していたかが理解できよう。なお、1875（明治8）年6月には、その名称を貨幣条例と変更したが、以下では新貨条例に統一しておく。

　ここで新貨条例の制定理由を、改めて確認しておく。まず商品経済を展開させ対外的にも信任を得るためには、混合流通による貨幣の混乱や偽造貨幣をただし、純正画一の貨幣を造る必要があった。混合流通とは当時、様々な種類の貨幣が流通していたことを意味する。すなわち政府紙幣では太政官札、民部省札、大蔵省兌換証券、開拓使証券など、旧幕時代の貨幣では古金銀貨（小判、丁銀など）、藩札、洋銀などがあげられる。古金銀貨を除くと、いずれも無価値の不換紙幣である。それゆえ先述のとおり、政府が新貨幣を鋳造して太政官札と交換する公約をしていた。偽造貨幣については、江戸時代以来、硬貨の鋳造技術が未熟であったため偽造貨幣が多く出回り、貿易決済に利用されたために諸外国からの苦情が殺到していた。大隈は、特に苦情の多かった二分金を急いで回収した。

　さらに純正画一の貨幣を作るにあたっては、複雑な貨幣の単位を統一しなければならなかった。すなわち江戸時代より、一部で4進法（1両＝4分、1分＝4朱）が使用されるなど、10進法に慣れた外国人には理解しづらい複雑な単位を使用していた。また信用される通貨制度を確立するためには、金銀いずれかの本位制を導入する必要があったことも忘れることができない。この本位制については当初、政府は銀本位制を考えていた。この背景には、幕末以来、大量の金が流出して金準備が不足していたこと、横浜では多くのアジア諸国と洋銀によって貿易をおこなっていたことがあげられる。

　新たに制定された新貨条例の概要は、以下のとおりである。初めに貨幣単位を両・分・朱から円・銭・厘に変更する。つまり「円」の誕生である（もっとも円は、すでに18世紀初頭には中国東南沿岸で用いられていたため、正確にはわが国における「円」の初使用というべきであろう）。計算方法には、新たに10進法を採用する。例えば1円＝100銭、1銭＝10厘となった。そして金貨を本位貨幣、銀貨と銅貨を補助貨幣とすることで、金本位制（正確には金貨本位制）を採用した。特に1円金貨を本位貨幣の基本とし、その含有純金量を1.5グラム（当時の重量単位では4分）とする。

　このほか在来貨幣との交換比率を旧貨1両＝1円としたほか、当分の間、貿易上の利便性を図るために貿易専用の1円銀貨を鋳造し、開港場で無制限通用させるようにした。当銀貨は、表面に「1圓」と表記されているため、洋銀に対比して「円銀」（正確には旧円銀）と呼ばれた。ただし新金貨との交換比率は、円銀100

円＝新金貨 101 円とした。これら金銀貨は近代洋式製法による円形の打刻貨幣（つまり圧造で作られた貨幣）であり、従来の鋳物と比べて耐久力が格段に高まった。それらは、1871（明治4）年4月に開業した大阪の造幣寮において、トーマス・グラバーの斡旋により香港のイギリス造幣局から買い取った中古機械で製造された。

このうち円や 10 進法の採用は、計算しやすくなるなど使い勝手が格段に良くなったことを意味する。本位貨幣である新金貨は5種類（20 円金貨、10 円金貨、5 円金貨、2 円金貨、1 円金貨）であり、補助貨幣である新貨幣は8種類（50 銭銀貨、20 銭銀貨、10 銭銀貨、5 銭銀貨、2 銭銅貨、1 銭銅貨、半銭銅貨、1 厘銅貨）となった。

特に1円金貨の特徴は、重量は 1.67 グラム、品位は金 90%、銅 10%、含有純金量は 1.5 グラム（＝ 1.67 グラム × 90%）であった[14]。ちなみにこの純金量は、アメリカ1ドル金貨の純金量に相当する。これは、貨幣制度調査のために岩倉遣外使節団出発の前年（1870［明治3］年）秋に渡米した伊藤博文からの建議によって、あえて一致させたものである。この決定は、すでに銀本位制で決定していた政府の政策を覆すこととなったが、両から円へのスムーズな移行にとって、非常に重要な意味を持つものであった。

ところで当時の基本通貨は、幕末の金貨流出を契機として大量に発行された万延二分金であった。ちなみにその特徴は、表1-5で明らかなように重量は 0.8 匁（＝ 3.0 グラム）、品位は金 22.82%・銀 76.80%、含有純金量は 0.6846 グラム（＝ 3.0 グラム × 22.82%）であった。いま、万延二分金2枚＝1両であるため、1両に相当する純金量は 1.37 グラムとなり、これは1円金貨の含有純金量よりやや少ない。それゆえ純金量がやや少ない万延二分金を、新金貨や1ドル金貨と等価交換できるのはありがたかったはずである。つまり新金貨には、万延二分金といった旧貨幣と交換させるインセンティブが備わっていた。

また円銀 100 円＝新金貨 101 円という交換比率は、円という名称を使っているのに複数の貨幣間で金額が一致しないという、不思議な考え方である。その円銀の特徴は、重量は 26.96 グラム（416 グレーン）、品位は銀 90%、銅 10% であった。それゆえ洋銀と比較すると、品位、重量ともほぼ同一（ただし厳密には、品位は同一だが、重量は洋銀［414 グレーン］よりやや重い）となるなど、よく考えられていた。この交換比率を採用すると、金銀比価は金：銀＝1：16.01 となり、この金銀比価は当時の海外における水準とほぼ一致していた。

いま、この金銀比価が導かれる理由を示しておくと、以下のとおりである。ま

ず新金貨の含有純金量は 1.50 グラム（＝ 1.67 グラム × 90％）、円銀の含有純銀量は
24.26 グラム（＝ 26.96 グラム × 90％）となる。いま、新貨条例によって円銀 100 円
＝新金貨 101 円であるから、以下の等式が成立する。

　　　純銀 24.26 グラム × 100 ＝純金 1.50 グラム × 101

　　　純銀 2426 グラム＝純金 151.5 グラム

　　　これより　　金：銀＝ 1：16.01

　新貨条例は、1 円＝ 1 両という新旧通貨単位を読み替えるだけで、1 円＝ 1 ド
ルという新通貨体系にスムーズに移行できたため、極めてわかりやすい内容であ
った。ただし貨幣の鋳造高は当初予定していたよりも大幅に下回った。理由は貨
幣素材が不足していたほか、その造幣能力が不十分であったためである。

　このため金銀貨に代わる支払手段として、政府紙幣や国立銀行紙幣（後述）な
どを大量に発行するなど、純正画一の貨幣を造る目的は達成できなかった。さら
に太政官札に関する 1869（明治 2）年 5 月の公約「新貨幣を鋳造して太政官札と
交換する」は反古にされた。また先進国よりも先に金本位制を制定したが、円銀
をあえて鋳造するなど、実質的には金銀貨併用に修正せざるをえなかった点も、
その後に大きな影響を与えることになった。

　ここで両から円へとスムーズに移行できた理由を、さらに数字で説明しておこ
う[15]。まず当時は、先述のとおり二分金 2 枚とほぼ同価値の 1 円金貨（純金 1.5 グ
ラム）を鋳造したことで、1 両がアメリカ・1 ドル金貨と等価であるとみなされて
いた。つまり、

　　　二分金 2 枚＝ 1 両＝ 1 円金貨＝ 1 ドル金貨

　さらにタイミングよく、1 円金貨＝洋銀 1 枚と定めることができた。なぜなら
洋銀の含有純銀量 24.1 グラム、1 円金貨の含有純金量 1.5 グラムであったから、
金銀比価は金：銀＝ 1：16.07 となり、先述の円銀と 1 円金貨の金銀比価にほぼ
一致したからである。もっとも初めに 1 円金貨＝ 1 ドル金貨、円銀 1 枚＝洋銀 1
枚と決めていたから、このような結果となるのは、ある程度予想できた話である。

　いま、以上の交換レートを前提として、両体系から円体系へのスムーズな移行
を図 2-5 にもとづき、具体的な取引形態別に説明しておく。まず国内取引や自
宅現金の場合（I）を考えてみよう。もし国内取引で、旧金貨 1 両分（万延二分金
2 枚）を入手したときは、すでに説明したように純金含有量でみて旧金貨 1 両の
ままよりも新金貨 1 円に交換したほうがお得となる。つまり両から円への一方向

図2-5 新貨条例にともなう両から円へのスムーズな移行

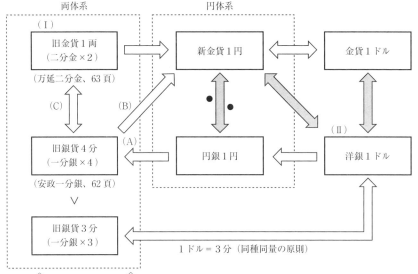

(注) 1. ⇕ は双方向の等価交換、⇑ は実質的に一方向の不等価交換を示す。
2. ⇕ は、海外の金銀比価＝1：16と同一であることを示す。
3. ● ●は、ほぼ同一の交換比率を示す。
4. 詳細は、本書の78-80頁を参照。万延二分金、安政一分銀はカッコ内の頁を参照。
(上図の補足説明)
(A) 一分銀4枚の純銀量（30.71g）は円銀1枚のそれ（24.64g）よりも多いため、実質的には不等価交換である。
(B) 安政一分銀と新金貨の金銀比価＝1：20.5で、海外以上に金高銀安であるため、実質的には不等価交換となる。
(C) 安政一分銀と万延二分金の金銀比価＝1：18.9で、海外以上に金高銀安であるため一方向の不等価交換でよいはずだが、旧幕時代の貨幣制度が残存している状況では双方向の等価交換となる。
(資料) 谷沢が作成。

の矢印の動きがおこり、両体系から円体系へのシフトが発生する。これは自宅に旧金貨1両を持っている場合も同じことである。

一方、海外取引の場合（Ⅱ）には、初めに決済通貨である洋銀を入手する。いま洋銀1ドルを入手した場合には、これを新金貨に変えるには4つの経路が考えられる。第一は直接に新金貨1円と交換する場合、第二は円銀1円に変え、それを新金貨1円に変える場合、第三は金貨1ドルと変え、それを新金貨1円に変える場合である。ちなみにこれらの交換で達成される金銀比価は、ほぼ海外の金銀比価と同一の1：16となっている（ただし厳密にいうと、第二の方法では重量面から円銀への一方向の動きとなる）。

しかし第四の方法として、洋銀1ドルを同種同量の原則にもとづき両体系の一

分銀3分（安政一分銀3枚）に変えると、この3分では旧金貨1両は得られない[16]。なぜなら1両＝4分であったから、洋銀1ドルからは旧金貨4分の3両、または新金貨4分の3円を得るにすぎないからである。もっとも円銀1円に変えた第二の場合でも、それを旧銀貨4分に変えるなら（つまり（A）を通過するなら）、（B）か（C）を経由して新金貨1円に、一方向か双方向の経路を通るはずである。

　これら4通りの交換からわかるように、海外取引で洋銀を入手したときは新金貨に直接交換しておいたほうがお得であるため、常識的に考えれば両体系を維持するメリットは無い。これが両から円へスムーズに移行した理由であった。

　以上のように、新貨条例による金本位制のもとで極めてシンプルな交換比率を採用できるなど、大きな混乱も引き起こさないで「円の誕生」を演出できた。両から円への転換をスムーズに実施できた点で、通貨政策の第一段階としては成功したといえる。その根底には江戸期幣制との連続性に深く配慮した選択が存在していた。そしてこのような金本位制の採用は、新政府の若きリーダーたちによるナショナリズムの発露とも考えられる。特にこれを実施した大隈重信は、経済政策に関する自信を深めることとなっただろう。

　ただしまったく問題がなかったわけではない。第5章の図5-9でわかるように、当時のアジア貿易の決済通貨は最大の貿易国中国が銀本位制を採用していたため銀貨であり、金本位制の採用は時期尚早であった（事実、この後に銀本位制に変更された）。さらに貨幣の供給量不足から引き続き政府紙幣を大量発行させたほか、古金銀が使い続けられたため、通貨価値の安定という点では不十分であった。

〈明治通宝の発行〉

　ところで1869（明治2）年5月に結ばれた太政官札の兌換紙幣化の約束にもかかわらず、その後も逼迫した財政事情によって新貨幣の鋳造が進まなかった。新貨幣との交換は困難であったため、とりあえず代わりの紙幣を発行しておきたいという要請がでてきた。また太政官札の偽札が流通していたため、偽造の不可能な精巧な紙幣を発行する必要がでてきた。そのほか今後も予想される財政赤字の補填のためにも、太政官札に代わる新たな紙幣を発行しなければならないという要請があった。もはや一刻も猶予が与えられない状況になっていたのである。

　以上のような目的を持って、とりあえず円を単位として登場した新紙幣が明治通宝であった。政府は、1870（明治3）年より新紙幣としての明治通宝を印刷し始

め、翌 71（明治4）年 12 月には同紙幣を政府紙幣と交換することを布告した。これにもとづき 1872（明治5）年 2 月より、明治通宝と太政官札との交換を開始した。当紙幣に対する政府の期待は高かった。

　ところで明治通宝は、一般的に「新紙幣」という名称で呼ばれている。その背景には「新しい紙幣を発行しなければならない」という明治政府の強い決意が感じられる。また明治改元後に鋳造された一朱銀、一分銀、二分銀も「明治通宝」という銭文が使われていたため、それらと区別する意味もあった。しかし新紙幣という普通名詞を固有名詞として使用するのは、混乱を招く可能性があるため、本書では貨幣商と同様に「明治通宝」と呼ぶ。

　明治通宝は、日銀設立以前に政府紙幣として発行されたが、国内では紙幣の印刷技術が未熟であったため、実際の印刷はドイツのドンドルフ社に委託した。このため当時は、「ゲルマン札」とか「ドイツ紙幣」と呼ばれた。表 2-7 でわかるように、全部で 9 種類（100 円、50 円、10 円、5 円、2 円、1 円、半円、20 銭、10 銭）製造された。1871（明治4）年 12 月末までに日本に到着し、その後に「明治通宝」の文字を日本で押捺して使用に供された。不換紙幣であったほか、太政官札と新貨幣との交換を認めないため、当初の「太政官札の兌換紙幣化」公約を反古にした点は無視できない。

　その代わり、旧貨幣・紙幣（藩札・太政官札等）を新貨幣・明治通宝等へ引き換えることは可能とした。ちなみに引換えの具体的な基準は、両単位の政府紙幣（太政官札・民部省札）は金 1 両＝ 1 円で明治通宝に交換したほか、古金銀貨では品位等を基準として定められた引換価格で新貨幣に交換した。また藩札・府県札は廃藩置県時の発行高、引換準備高にもとづき定められた価格で明治通宝や小額貨幣に交換し、寛永通宝などの銅製の旧銭貨は（銅貨が不足していたため）一文銭 10 枚で 1 銭と読み替えた。

　ただし明治通宝は、紙質が悪く損傷・変色しやすかったほか、額面が異なっても同一のデザイン・大きさであり、額面は金額の文字と紙の色によって区別していた。このため流通が進むにつれて、低額券を高額券に偽造する事件が多発したため、1881（明治14）年 2 月以降は防贋対策を施した、いわゆる「改造紙幣」に改刷された。

　この防贋対策とは、表 2-7 で確認できるように神功皇后の肖像画を紙面に加えたことである。わが国の紙幣で肖像画を入れたのはこの紙幣が初めてであった

第 2 章　移行期の通貨問題　*83*

が、その顔は御雇外国人の画家・エドアルド・キヨッソーネ（イタリア人）に委嘱されたため、日本人離れしたものであった（そのほか全国紙幣で横長の形状となったのも、この紙幣が最初であった）。すでに1874（明治7）年より、ドイツから原版を取り寄せて、東京の紙幣寮構内の工場で印刷を開始していたため、このような対応が可能であった。

　明治通宝は、不換紙幣であったにもかかわらず比較的順調に受け入れられ、しかも太政官札を回収できた点では所期の目的を達成した。それゆえ明治通宝は、赤字財政の補填用として濫発され、西南戦争（1877［明治10］年2～9月）の戦費の大半も明治通宝の発行で賄われた。他方、旧紙幣等の交換作業は、1872（明治5）年に開始され、1879（明治12）年6月末までにほぼ完了した。それによって太政官札の発行高の95％が明治通宝で回収（つまり交換）され、政府紙幣はほぼ明治通宝に統一された。また1870年代末までは、古金銀貨や藩札の整理・回収による通貨収縮のために、明治通宝が濫発されたにもかかわらずインフレは発生しなかった。しかし西南戦争の戦費調達のため同紙幣が増刷されて、1878～81（明治11～14）年になると高率のインフレが発生した。

　明治通宝の流通が無難に受け入れられた理由は、国民が旧藩札などの死蔵されていた紙幣類が整理できることを好意的に受け取ったほか、廃藩置県によって政府の財政基盤が安定化したこと、太政官札以降に発行されていた不換紙幣に慣れてきたことがあげられる。ただしあくまで不換紙幣であり、兌換紙幣（当初の国立銀行券・日銀券）の発行までの時間稼ぎをする、代役として登場したにすぎない。ちなみに国立銀行条例が、明治通宝の発行後数ヵ月しかたっていない同年の1872（明治5）年11月に制定されたことを考えると、すでに明治通宝を発行する段階では、国立銀行の設立を想定していたはずである。それでもこの時期に不換紙幣を発行したことは、よほど事態が逼迫していたといえよう。

　ただし表2-7でわかるように、太政官札・為替会社紙幣等が1878（明治11）年までに通用が停止されたのに対して、明治通宝は国立銀行紙幣とともに1899（明治32）年にようやく通用停止となるなど、かなり遅くまで通用していた。この事実から、明治通宝が当時の通貨政策のなかできわめて重要であったが、他方ではその回収・消却が非常に困難で厄介な存在であったことがわかる。これはまた政府紙幣の紙幣整理がきわめて困難であったことを示している（明治通宝の位置づけは、図5-11とその関連文章も参照）。

（5）中央集権化に向けた動き

いよいよ明治政府の始動に向けた基盤整備として、政治権力を中央集権化させるための廃藩置県を実施することとなった。そして政府が藩の作った既往の債務を引き継ぐことになったが、特に藩債・藩札の整理が大きな問題であった。

〈版籍奉還から廃藩置県へ〉

維新政府にとっては、大名の領国支配権の否定と中央集権体制の樹立が最大の政治課題であったが、直轄地・直轄軍を持っていなかったため、実体は討幕派等（特に西南雄藩）の連合体にすぎなかった。ちなみに1842（天保13）年時点では、皇室領は全国石高総数の1％以下であった。

このため木戸孝允（長州）、大久保利通（薩摩）、後藤象二郎（土佐）が協議を重ねた結果、版（版図の版であり、諸藩主の領地という意味）と籍（戸籍の籍であり、領民という意味）を天皇に返上する「版籍奉還」が必要との結論に達した。これを受けて1869（明治2）年正月に、薩長土肥の4藩主が連署して版籍奉還の建白書を提出した。これを契機として他の藩も続々と同書を提出したほか、建白書未提出の藩に対して奉還を命じたことで、同年6月に版籍奉還が達成された。

版籍奉還の主目的は、大名による藩統治を形式的に否定することに加えて、従来の藩財政を藩政と知事家政に分離することであった。まず藩政とはいわば地方財政部分であり、知事家政とは知事個人の家計部分のことである。これらの目的を達成するために多様な政策が実施されたが、前者の関連では旧藩主を改めて知藩事に任命し、後者の関連では旧藩収入（現石）の1／10を知藩事の家禄（知事家政分）として支給した。残り9／10が藩政用となり、その1割（つまり9分）は軍事費とされ、その半分を海軍費として上納することとなった。

なお前者の関連では、当然ながら地方統治制度についても言及しておかなければならない。すでに1868（慶應4）年閏4月の政体書によって、地方官（いわば地方自治組織）は府藩県三治制とすることになっていた。このうち府と県は旧幕府の直轄領であり、特に府は東京・京都・大阪のほか開港地が指定され、府は知府事、県は知県事が統治したのに対して、藩は知藩事となった旧藩主が従来どおり統治することとした。この延長線上で版籍奉還が実施されたため、版籍奉還は上記のとおり藩統治を形式的に否定したにすぎなかった。とはいえ1870（明治3）年9月に布告された藩制によって、15万石以上を大藩、5万石以上を中藩、5万石未満を小藩に分類したうえで、藩の画一化を進める措置もおこなわれた。これらの

第2章　移行期の通貨問題　　*85*

措置によって、全国で 361 の藩が成立した。

　他方、後者の措置によって藩政と知事家政が分離されたが、旧藩主にとっては
いままでも旧藩収入の大半を家臣に支給していたため実質的な損害はなかった。
むしろ幕末・維新期の動乱のなかで藩士による藩主への忠誠心が低下していたほ
か、戊辰戦争の戦費捻出によって藩財政も悪化していたため、その区別が明確化
できたことは藩主にとって悪くない取引であった。また藩士に対しては、上士の
禄高が大幅に減額（例えば、800 石以上 1000 石未満では 65 石へ）のうえ蔵米支給とな
るなど、版籍奉還にともなって数次にわたる、いわゆる「禄制改革」が実施され
た。このほか藩士の重要ポストに関する人事は、政府の承認を得ることとなり、
藩政に対する政府の管理が一段と強化された。これらの措置に対応して、同年 7
月には中央政府で二官六省制が定められている。

　もっとも版籍奉還では、藩の形態が存続されたため、年貢徴収権が全国の 2 割
超にすぎない天領等の直轄地だけに及んだにすぎず、その他は旧藩主の手中にあ
った。また農民一揆や公家・浪士による反政府運動などが発生していたなか、政
府は直属の軍隊を持っていなかったため、それらを鎮圧することができなかった。
なぜなら戊辰戦争が終結した瞬間に官軍（おもに薩摩・長州・土佐藩軍で構成）は解体
して、各藩にもどってしまい、それぞれの藩主の支配下に帰属したからである。
これらの問題点のうち直属の軍隊に関して、1871（明治 4）年 2 月に政府は薩長土
の 3 藩に命じて兵を出させて約 6000 人の親兵を造った。とはいえ政府では、集
権化をより一層進める再度の改革が避けて通れない課題となった。

　このような動きのなかで、西郷隆盛・従道、大久保利通、大山巌（薩摩）、木戸
孝允、山県有朋、井上馨（長州）らが廃藩の決意を固め、これを受けて 1871（明
治 4）年 7 月に廃藩置県の詔が出された。これに激怒した島津久光は、抗議とし
て自邸の庭で一晩中花火を打ち上げたという有名な話がある。廃藩置県の主要措
置として、地方統治制度が府と県で構成された府県二治制となったほか、従来の
知藩事が廃止され新たに県令が中央政府によって任命され、解職された知藩事
（旧藩主層）は東京府貫属（つまり東京府に戸籍・現住所を移すこと）を命じられた。ま
た藩が廃止されたことで、政府が家臣に対する新たな統一的な家禄支給者となっ
たため、秩禄処分が実行可能となる環境が整った。これらの各措置によって、中
央集権体制が実質的に樹立された。

　以上のように、版籍奉還は藩主の領国支配権を形式的に否定したにすぎないの

に対して、廃藩置県はその支配権を実質的に否定した。それゆえ廃藩置県は、政治上では「第二の明治維新」とも呼ばれている。ただこの中央集権化は、薩長出身者によって進められたため、その後は藩閥政府が促進されたことが弊害としてあげられる。とはいえ廃藩置県の成功によって、中央政府に対抗する強力な地域団体がなくなったほか、従来は出身藩と中央政府にまたがっていた政府官僚の地位が安定してきた。そして版籍奉還時の361藩は、廃藩置県直後に3府302県、翌72年2月には3府72県、さらに1876（明治9）年1月に3府35県に減少するなど、地方制度の整備が進んできた。

　その一方で、政府は廃藩置県の補償として藩債と藩札の償還を肩代わりしたほか、新たに家禄の支給を開始せざるをえなくなった。新貨条例が同年の5月に公布されていたから、新たな通貨制度を確実に定着させるためにも廃藩置県は必要であった。その代わりこれらを引き継いだ政府の財政負担はかなり大きなものとなり、特に家禄は、財政支出の約3割を占めていた。財政支出の負担が大きかった。さらにこの時期には、年貢の徴収権が中央政府に移ったとはいえ、徴税機構が未整備であったほか、米納であったため歳入が米価に大きく左右された。

　このため1872（明治5）年の第5期歳入は、米価の下落によって一時的に大幅な欠損となり、これを1800万円弱の紙幣発行（おもに明治通宝）で乗り越えざるをえなかった。これらの抜本的な改善のためには、地租改正・秩禄処分といった財政改革を待つ以外に方法はなかったから、廃藩置県は道半ばの改革にすぎなかった。この点は、次章で詳述していく。

　最後に、廃藩置県との関連で留守政府について言及しておく。廃藩置県直後の1871（明治4）年11月より翌々年の1873（明治6）年9月にかけて、岩倉遣外使節団が結成されて中央政府は活動停止状態となった。この点でも、廃藩置県はとりあえず明治初頭における1つの区切りであったことが理解できよう。とはいえ未だ多数の問題を抱えているなか、政府要人46人（出発時）が2年間も国を離れたことは、条約改正等の喫緊の課題があったとはいえ思いきった行動であった。

　このため同時期の中央政府の運営は、残留者で構成されたいわゆる留守政府に任された。ちなみにその主要メンバーは、太政大臣の三条実美を筆頭として、西郷隆盛・井上馨・大隈重信・板垣退助・後藤象二郎・大木喬任らであった。ただしすべての問題を留守政府のみで処理することは危険であるため、使節団の出発前に各省の大輔（現代の事務次官に相当）以上の政府高官18人が、「大臣参議及各省

卿大輔約定書」という取極文書を締結した。

ここでは第6款で、「内地ノ事務ハ大使帰国ノ上大ニ改正スル目的ナレハ、其内可成丈ケ新規ノ改正ヲ要スヘカラス（以下省略）」とし、留守政府の独断で政治が実行されないよう歯止めをかけていた。その一方で第7款では、「廃藩置県ノ処置ハ内地政務ノ統一ニ帰セシムヘキ基ナレハ、条理ヲ遂テ順次其実効ヲ挙ケ、改正ノ地歩ヲナサシムヘシ」として、廃藩置県関連の事務処理は留守政府のみで実行できるとした。この点も廃藩置県の関連では見逃せない重要事項であった。

〈藩債・藩札の整理〉

明治政府による藩債務（＝藩債と藩札）の処理は、中央集権化にとって不可欠な問題であったほか、混乱した通貨制度を再構築するためにも重要な問題であった。

すでに各藩は、債務を自主的に整理減額していたが、1875（明治8）年10月時点の政府引受時でも、藩債が7813万円、藩札が2494万円となり、合計で1億307万円に達していた。ちなみに芝原拓自は、これら藩債務の藩収租高に対する比率は廃藩時に340.2%、1875年10月の政府引き継ぎ時に183.7%、とかなり高かったと推計している[17]。これらの数字から、いかに藩財政が破綻していたかが理解できよう。このため知藩事にしてみると、廃藩時には実質的に倒産会社のオーナー社長の座に居座る必要性がなかったわけである。このような事情を前提とした上で、以下では個別に説明していく。

藩債の処理にあたっては、まず申告にもとづいて藩債額を把握した上で、一定の基準にしたがって政府の償還額と償還方法を決める必要がある。これら一連の措置は、留守政府の事務として開始された。すなわち1871（明治4）年11月より債権者からの藩債額の申告が開始され、再三の延期をともないつつ1875（明治8）年10月に藩債額が確定した。内国債に限ってみると、政府は権利関係と発生時期より、古債、その他債務、旧債、新債、公債に5分類した。

まず古債は1843（天保14）年以前の古い藩債、その他債務は幕債・私債・債券返上・空債・棄債・宿債・立借滞利、旧債は1844（弘化元）年から1867（慶應3）年までに借り入れた藩債、新債は1868（明治元）年から1872（明治5）年までに借り入れた藩債である。さらに公債は、即償債、租税債、官金債に分類した[18]。

これらの藩債額の内訳は、表2-8のとおりである。全体の95%が内国債、残り5%が外国債であった。このうち外国債は、戊辰戦争前後の時期に輸入した軍

表 2-8　藩債一覧表（1875［明治 8］年 10 月段階）

(単位：千円)

種　類		藩数	藩債額 A	構成比 (%)	削除額 B	削除率 (B÷A) (%)
内国債	古債（藩債）	206	12,026	15.4		
	幕　債	131	2,658	3.4		
	私　債	24	2,372	3.0		
	債券返上	57	501	0.6		
	空　債	17	483	0.6	同　左	100.0
	棄　債	254	14,977	19.2		
	宿　債	23	2,501	3.2		
	古債滞利	207	3,747	4.8		
	古債等小計	271	39,265	50.3	39,266	100.0
	旧債（藩債）	228	11,221	14.4	9,425	84.0
	新債（藩債）	246	12,820	16.4		
	即償還	50	708	0.9	10,876	20.9
	租税債	202	3,680	4.7		
	官金債	250	6,436	8.2		
	その他小計	276	34,865	44.6	20,301	58.2
	合　計	277	74,130	94.9	59,567	80.4
外国債	公　債	34	2,801	3.6		
	私　債	22	887	1.1	314	7.8
	減　高	28	314	0.4		
	合　計	37	4,002	5.1	314	7.8
総　計		277	78,132	100.0	59,881	76.6

(注) 1. 削除額とは、債務の削減額を示す。
　　　2. 藩数は、該当する債務を持つ藩の実数を示す。
(資料) 大蔵省編『藩債輯録』1877 年（本書では『明治前期財政経済史料集成』
　　　　第 9 巻を利用）の 139 頁の「藩債一覧表」と、高橋亀吉『日本近代経済
　　　　形成史』第 2 巻の 85 頁の表 2 をもとに谷沢が作成。

艦・汽船・武器のほか米・機械類などの輸入品の未払い分等であった。そして償還のために引き継ぐ「公債」と非承認・棄却する「削除」（削は削るという意味）に二分する。基本的な考え方は、古債とその他債務は全部棄却、それ以外は時価評価をおこなうというものであった。ちなみに経済評論家・高橋亀吉は、両替商安田商店の評価に準拠して推計した結果、内国債の 8 割余が切り捨てられていたと指摘した[19]。

　さらに藩債の償還方法は、1873（明治 6）年 3 月に実施された布告にもとづき、債権者に対して現金支払いではなく公債証書を引き渡すこととした。そして同月に公表された新旧公債証書発行条例によって、古債等は棄却されたが、旧債は無利息 50 年賦で償還され、新債等は四分利付、3 ヵ年据置の 25 年賦で償還される

第 2 章　移行期の通貨問題　　89

こととなった（なお政府が引き継いだ債務のうち一部は、現金で支払われていた）。

　一方、藩札では、その整理方法を説明する前に藩札の概要を解説しておかなければならない。本章の最初で江戸期の幣制として藩札も重要であることを指摘したが、そもそも藩札とは「大名領国における基本通貨として機能することを期待されて藩政府により発行され、多くの場合、金・銀・銭貨という正貨との兌換により価値が保証された紙幣」である。

　室町時代末から江戸時代初期にかけて流通した私札を原型としているが、特に江戸期には1661（寛文元）年の福井藩で開始され、西日本を中心とした諸藩で広く流通していた。そして藩札は、藩にとってれっきとした負債であったことを認識しておく必要がある。これは現在、日本銀行の貸借対照表で紙幣発行額が「発行銀行券」という勘定科目で負債に分類されていることからも理解できよう。

　藩札が発行された背景には、以下の理由がある。第一は、三貨制度では金属貨幣の供給が需要に対して非伸縮的かつ非効率的であった（短期的需給調整）。第二は、地域別にみて三都周辺では金・銀・銭貨が比較的に潤沢であったが、その他の領国では通貨が不足しがちであった（構造的通貨不足）。第三に、実収石高が少なかったり、米以外に現金収入がなかったりしたため、藩財政が窮迫して通貨不足に直面せざるをえなかった（藩財政窮迫）。第四は、藩士または農民の困窮を救済するためである（領民救済）。

　以上の事情のもとで、おもに小額取引に適した貨幣として藩札を導入せざるをえなかった。その形態としては、一般的に縦15〜16センチメートル、横4〜5センチメートルの短冊型であり、耐久性が求められて厚さ1ミリメートルの厚手の和紙が使われた。表面には額面金額や札元となった商人の名前、裏面には発行時期や引替所名等が記載されたほか、偽造防止のために透かしや色紙が採用された。しかも額面金額の表示単位を基準として、金札・銀札・銭札などに分けられた。

　その流通形態は、専一流通と混合流通の2つに大別できる。前者は、領民に対しては保有正貨と藩札との交換を義務付け、藩札のみを藩内の通貨とする場合であり、このため藩士への禄、給料等から藩政府への年貢等の支払いすべてを藩札とする。これに対して後者は、正貨と並んで藩札が併用される場合である。このため専一流通では、正貨が藩政府に一元管理されるため、藩札は兌換準備分以外を財政赤字の補填や債務返済用として利用できる。いわば藩にとって極めて都合のよい形態であるが、濫発を防ぐための財政規律が求められる。

他方、混合流通では、藩札を初めから藩財政の赤字補塡用に限定して使う場合が多かったが、正貨との交換比率が変動するために発行規律が求められる。一般的には専一流通の方針が採用される傾向が強かったといわれたが、実態としては正貨との混合流通がおこなわれていたらしい。この事実は、藩権力による強制通用力の賦与だけでは、藩札が通貨として機能しえなかったことを意味している。

　いま、藩札の発行状況を時間を追ってみておこう。先述のとおり藩札は1661（寛文元）年の福井藩が最初に発行したが、その後は1707（宝永4）年に幕府が藩札発行禁止措置を発令するまで、近畿以西の西日本の諸藩を中心に50余藩で発行された。この時期には、幕府は各藩からの発行申し出どおりに認める姿勢をとっていた。そして第1章で説明したように、1714（正徳4）年から始まった正徳・享保の改鋳にともない発行を禁止していたが、デフレ現象が強まったことからリフレ政策の一環として、1730（享保15）年に再び藩札の発行を容認することにしたため、発行した藩数が増大していった。

　もっとも1730年の解禁後は、幕府は発行に関する監督を強めて、1755（宝暦5）年に金札の通用禁止、1759（宝暦9）年に銀札の新規発行の禁止と通用期限満了後の金・銭札の通用禁止、1774（安永3）年に発行の途絶えた藩による藩札債発行の禁止などの措置を実施した。これら規制強化の理由として、地域経済にとって藩札が不可欠の通貨となっていくにしたがい、当然のことながら領民は藩札の価値に極めて敏感になっていった。そして物価が騰貴（つまり藩札の価値が低落）すると、正貨との交換を求めて発行所（札所）に殺到する一種の取付騒ぎ、いわゆる「札騒動」や兌換停止等がしばしば発生したことがあげられる。また金札の発行を禁止した背景には、三貨制度の中心貨幣である金貨に対する信認を確保しておく必要があったためではないかと指摘されている。

　さらに19世紀になると、藩政府の側でも発行ノウハウが蓄積されてくる。そのなかで領外に物産を移出して正貨を獲得するための藩専売制の振興に向け、前貸し資金として、藩札を積極的に活用するようになった。藩札の供給が信用創造をともなった成長資金として使われるようになり、明らかに1つのイノベーションであったと評価されるようになった。現代流にいえば、いわばベンチャービジネスに対するリスクマネーの供給に近い使用方法であったといえよう。これは藩札が発行された5番目の理由である。

　明治になると、藩財政の窮乏化のなかで引き続き藩札を発行していた。しかし

1869（明治2）年に増札を禁じられたほか、1871（明治4）年には廃藩置県にともない租税上納以外は流通を禁じられた。それにもかかわらず1871（明治4）年までの短期間に34藩が藩札を初発していた。このような状況のなか、廃藩置県時の1871年の廃藩置県の際に実施された調査によると、藩札を発行していたのは244藩・14代官所・9旗本領に及んだ。つまり全体の8割の藩が藩札を発行していたことになる。また金・銀・銭札別の内訳をみると、西日本の銀遣いや幕府による金札発行の抑制策などで銀札が大半を占めていた。

　最後に、明治政府が実施した藩札の処置方法を説明しよう。具体的には藩札の所有者（つまり債権者）に対して、藩札を新貨幣と交換する作業が必要となるが、このためには藩債と同様に債務の確定、交換価格の決定、新貨幣との交換作業といった複数の問題を解決していかなければならない。このうち債務の確定では、廃藩置県時の1871（明治4）年7月時点で4036万円あったが、それを政府が引き継ぐ債務額として1875（明治8）年10月に、2494万円に圧縮した。このため政府が切り捨てた債務の比率（切捨て率）は38％であり、これを発行時期別にみると、明治に入って発行された藩札の大半は特に高かった[20]。ただし大商人の多い藩債よりも、庶民の多い藩札のほうが切捨て率は低く抑えられた。

　交換価値の決定方法は、基本的には1869（明治2）年7月14日における当該地域の金銀銭相場とすることが採用された。新貨との交換作業は新紙幣・明治通宝との交換が1872（明治5）年8月から、新銅貨との交換が1874（明治7）年1月から開始された。そして1876（明治9）年11月に流通が停止されたうえ、1879（明治12）年7月に、藩札の交換作業が終了した。

註

(1) もっとも慶長通宝は、模鋳銭に近いものが多く、幕府が一元的に鋳造したものとはみなせないという指摘が多い。

(2) 金貨の交換単位のことを「金目」と表記する文献（例えば、梅村又次・山本有造「概説一八六〇―八五年」梅村・山本編『開港と維新』岩波書店、1989年の41頁）がある。しかし岩橋勝は、これは誤用であり正式な使用法は「金建て」であると指摘している。詳しくは、岩橋勝「銀目」『日本歴史大事典』第1巻、小学館、2000年の958頁を参照のこと。

(3) ちなみに貨幣の機能は以下のとおり（詳しくは、竹田陽介『金融論』新世社、2005年の12-21頁を参照）。A）交換手段＝支払として受け入れられるもの。B）決済単位＝価格を表示したり、負債を記録したりするために人々が用いる尺度となるもの。C）価値貯蔵手段＝購買力を現在から将来に持ち越すために人々が使うもの。

(4) 貨幣条項以外に、日米修好通商条約の主要な内容は以下のとおり。①条約港5港の開港：神奈川・長崎（1859［安政6］年6月）、箱館（1855［安政2］年3月）、新潟（1859［安政6］年12月）、兵庫（1862［文久2］年11月）。②領事裁判権をアメリカに認める。③江戸・大坂の開市：江戸（1861［文久元］年12月）、大坂（1862［文久2］年11月）。④自由貿易。⑤関税はあらかじめ両国で協議（協定税率。関税自主権がない状態）。⑥アメリカへの片務的最恵国待遇。

(5) 邦貨の輸出は当初、禁じられていた。すなわち幕府は、交渉の過程で外貨と邦貨の交換を禁止する代わりとして、外貨の国内通用を提案した。これに対してハリスは、いきなり外貨を国内通用することは困難であると主張したため、その代替案として幕府が通貨交換を1年間に限定するほか、邦貨の輸出を認めることを提示したことによる。

(6) レアルは、スペインで使用されていた通貨単位であるが、現在はブラジルの通貨単位となっている。このようにポルトガルの植民地であったブラジルでスペインの通貨単位が使用されている理由は、そもそもレアルがポルトガルの開拓者によって使用され始め、それが後にスペインでも使用されるようになったためである。

(7) オールコック『大君の都』岩波文庫、上巻、1962年の409-410頁。

(8) これらの推計値は、阪谷芳郎「貨幣史上の大珍事」（三）『国家学会雑誌』第4巻42号。山崎覚次郎『貨幣銀行問題一斑』1940年の260頁。三上隆三『円の誕生』講談社学術文庫、2011年の163頁。石井寛治『日本経済史［第2版］』東京大学出版会、1991年の99頁。杉山伸也『日本経済史—近世〜現代』岩波書店、2012年の145頁による。このほかに、石井孝『幕末開港期経済史研究』有隣堂、1987年では10万両（121頁）であるが、藤野正三郎『日本のマネーサプライ』勁草書房、1994年では、858万両という巨額の推計値（47頁）を提示している。

(9) これらの情報は、佐藤誠朗『幕末維新の民衆世界』岩波新書、1994年の30-32頁に依る。なお杉山『日本経済史』の144-145頁では、「このような金銀比価の相違を利用した（金貨）流出が可能であったのは、一分銀が大量に供給された1859（安政6）年9月中旬から開港場への一分銀の移送量が制限される10月末までのわずか約1ヵ月半にすぎなかった」（カッコ内は谷沢）と記述している。この主張は、本書で提示した当時の庶民の日記の記述と大きく異なっている点を指摘しておこう。

(10) いま、安政小判・安政一分金に関して、安政二朱銀8枚＝安政小判1両（または安政一分金4枚）を前提として、表1-5の量目・品位で金銀比価を計算すると、金：銀＝1：17.9となる。このほか安政期には、表1-5で示されているように一分銀、丁銀・豆板銀も造られていた。まず安政一分銀は、一分銀が払底状態となったため、8月13日より急遽造られた。ただし先行して鋳造した安政二朱銀と同額での純銀量が不一致となる（例えば表1-5で計算すると、安政二朱銀の1両分の純銀量は24.48匁、安政一分銀の1両分の純銀量は8.19匁）が、安政二朱銀は使用が開港場内に限定されていたため、幕府は市中で使用する安政一分銀との間で問題は発生しないと考えていた。次に安政丁銀・豆板銀は、安政二朱銀を製造する際の銀を調達するために造られたが、実際には安政二朱銀の製造が停止された後の12月末に製造を開始したという。表1-5で安政丁銀・豆板銀の品位が極端に低い理由は、このような事情を反映していた。

(11) このため大倉健彦は、「極限すれば、万延二分判は金色をした銀貨であるということさえできる」ほか、「開港後の幕府財政が、（中略）改鋳益金なくしては幕府財政がまったく成り立たなくなっていた」と指摘している。これらの点は、前者が大倉健彦「洋銀流入と幕府財政」神木哲男・松浦昭編『近代移行期における経済発展』同文舘出版、1987年の248頁、後者が同論文の250頁による。

(12) 太政官とは、立法・行政・司法をすべて統括する最高権力機関であった。構成メンバーは、（明治元年は不明だが）明治2年の2官6省体制では、左大臣1人・右大臣1

人・大納言3人・参議3人の8人であった。なお大蔵卿（つまり大蔵省）は、1869（明治2）年9月に設置された。

(13) 戊辰戦争とは、1868・69（明治元・2）年に発生した幕府軍対新政府軍の内戦であり、鳥羽・伏見の戦い、上野戦争（江戸開城）、東北戦争、函館戦争などを合わせた総称である。その名称は、1868年の干支が戊辰であるため付けられた。

(14) 新貨条例では、「新貨幣品位量目表」において「一円金貨の量目は四分四厘三毛六八、品位は金九銅一」と明記している。ここで1匁＝10分＝100厘＝1000毛＝3.75グラムであるから、四分四厘三毛六八＝1.6638グラムであり、これに品位90％を掛けると1.4974グラム（≒1.5グラム）となる。

(15) 以下の説明にあたっては、日本銀行編『貨幣の散歩道』第42話を参照した。

(16) 当時は市中で、両単位の貨幣である一分銀が大量に出回っていた。なぜなら天保の改鋳によって大量に造られた天保一分銀（通称は古一分）のほか、金貨流出の過程で国内に流入した洋銀を原料として造られた安政一分銀（通称は新一分）、1868・69（明治元・2）年に同一重量で鋳造された貨幣司一分銀（通称は川常）も流通していたからである。このためここでの一分銀とは、これら3種の一分銀を想定しているが、そのなかでも貨幣司一分銀が大半を占めていた。3種とも量目は2.3匁（8.62グラム）で同一であった。

(17) 芝原拓自『世界史のなかの明治維新』岩波書店、1977年の135頁。ちなみに同書では、藩収租高を3430万円と仮定して計算している。

(18) 内国債のうち、幕債は「東京其他各地奉行代官等管理スル所ノ幕府ノ金ヲ借ルモノ」、私債は「旧藩士ノ請ヲ充シ其藩債内ニ於テ私償セシムルモノ」、空債は「証券ヲ偽造シ或ハ名有テ実ナク事都テ詐詭ニ属スルモノ」、棄債は「辛未［明治4］年公布期限中債主届出ヲ失誤スルモノ［等］」、宿債は「維新ノ際一旦減家ノ諸藩再興前ニ係ル借金及ヒ当時藩列ノ諸家藩列前ノ借用［額］」、即償債は「士族卒へ頒与ノ賞秩ヲ抵当トセル借金、或ハ北海道開拓費不足、或ハ知藩事家禄ノ内版籍奉還後ヨリ辛未［明治4］年十月ニ至ル間ノ交附不足或ハ各地為替会社ヘノ借財等ノ内ニ於テ一時現金ヲ以テ償還セルモノ」、租税債は「辛未［明治4］年貢租ヲ以テ石高借ヲ償納シ、或ハ（海陸）軍資金ヲ上納シ、或ハ先納遺払或ハ藩債ヲ擅ニ消却シ、或ハ堤防営繕費エ充テタル者等一時切符金ヲ下行シ、更ニ上納シテ以テ租税ノ欠額ヲ補填セシムルモノ」、官金債は「石高貸附或ハ故県貸附ヲ借ルモノ」である。いずれの定義も『藩債輯録』（本書では大内兵衛・土屋喬雄編『明治前期財政経済史料集成』第9巻、改造社、1933年を利用）の138頁の「凡例」によるが、引用文中の角カッコ内は筆者が補足した。

(19) 高橋亀吉『日本近代経済形成史』第2巻、東洋経済新報社、1968年の84-85頁。

(20) もっとも山口和雄は、幕末維新期の発行残高を九千数百万円と推計しているため、切捨て率は73％以上であったと主張している（この点は、山口和雄「藩札史研究序説」東京大学経済学部編『経済学論集』第31巻第4号、1966年1月の1-31頁を参照）。ただし鹿野嘉昭は、この推計は過大推計であると指摘している（鹿野嘉昭『藩札の経済学』東洋経済新報社、2011年の182-185頁を参照）。

第**3**章　財政再建の抜本策

(1) 江戸期の土地事情

　新政府は、赤字財政から脱却するため財政再建（地租改正と秩禄処分）に着手しなければならなかった。まず地租改正以前の土地事情として、江戸時代の租税制度と土地制度（土地の所有・使用方法等に関する制度）の概要を説明しておく。

〈租税制度の側面〉

　地租改正は「明治初期におこなわれた土地・租税制度の改革」と位置付けられるため、江戸時代の租税制度を年貢諸役（旧貢租、以下年貢と呼ぶ）の視点でみてみよう。年貢とは、1年ごとに領民が納める租税のことである。この年貢の大半を支払う農民は、地主・自作農民などで構成された高持百姓のことであり、いわゆる本百姓とも呼ばれる。また年貢は、田のほか畑や屋敷地も、検地にもとづき1石当たり玄米米価で計算した石高で評価し、それを課税標準として徴税した。石高にもとづかない各種の貢租も広い意味で年貢と呼んでいた。

　このような年貢の概要を示したのが、表3-1である。この表によると、広義の年貢は本途物成（＝本年貢）、小物成（＝小年貢）、課役の3つに分類される。本途物成は、検地を受けて石高が付けられた高請地（検地帳に登録された田、畑、屋敷地）に賦課された租税であり、小物成は石高が付けられていない高外地（山野河海）の面積・用益に対する課税、漆・茶などの特産物に対する課税、商工業の営業税（運上）・免許税（冥加）などである。特に小物成は、藩ごとに極めて多彩な雑税として普及しており、1875（明治8）年2月に小物成系統の諸税が全廃されたとき、日本全国で1553種の雑税があった。さらに課役とは、高請地の石高を課税標準として実施された付加税に相当するものであり、幕府領での高掛三役、藩・旗本領での高掛物のほか、口米・口永（口銭）などで構成される。

　以上のように、江戸時代の年貢は多様な租税で構成されていた。また納税方法も米納（あるいは現物納）のほかに金納が進んでおり、けっして米納だけであった

95

表3-1　江戸時代における年貢諸役の概要

主要な税目	施行地域		納税方法		特　徴	課税方法の具体例
	幕府領	藩・旗本領	米納または現物収納	金納		
本途物成					検地の対象地域(高請地)に係る租税	4公6民など
					本年貢と呼ばれ、その課税標準は村高	
田方物成	●	●	●		米に対する租税であり、納税方法は金納（石代納）もある	
畑方物成	●	●		●	米以外の商品作物に対する租税であり、納税方法は現物納もある	関東地方では畑永法、段取法等で決めた。1段当たり永120文
屋敷地年貢	●	●		●	耕地ではないが、畑方物成に準じて石盛×面積で架空計算する	福山藩は石盛が「上畑」並み
小物成					検地の対象外地域(高外地)に係る雑税	
					小年貢と呼ばれ、その課税標準は村高以外のものである	
山林・原野・河海等に対する課税					これは最も狭義の小物成の範囲	
山年貢	●	●		●	山林の面積に対する租税	⎫ 当初は、1町歩当たり3～4升の米納
野年貢	●	●		●	原野の面積に対する租税	⎬
野手米	●	●	●		原野の用益権に対する租税。現物で納税	⎭
池役	●	●		●	湖沼の用益権に対する租税	
河岸役	●	●		●	河岸の用益権に対する租税	
茶年貢	●	●	●		茶畑の面積に対する租税。現物で収納	
商工業やその他の営業に対する課税					現在の営業税・免許税に相当する定納小物成（毎年納めるもの）のほか、浮役（期限付きの課税）がある	
水車運上	●	●		●	⎫	⎫ 愛媛県の製塩業では売上高の2%超
市場運上	●	●		●	⎬ 運上とは、売上等に一定の税率を掛けた租税名称	⎬
問屋運上	●	●		●	⎭	⎭
質屋冥加永	●	●		●	質屋より徴収した浮役	
					冥加とは、免許を得て営業するため特定の金額を支払う献金	
鍛冶永	●	●		●		
鯨分一	●	●		●	鯨を捕獲し落札した場合に徴収した浮役	鯨の落札価格の5（20分の1）～66%（3分の2）
					分一とは、入札等で得られた収益に何分の一を掛けたことに由来する租税形態	
課　役					本途物成を本税とした場合、付加税とみなされる租税(つまり村高が課税標準となる)	
高掛三役					幕府領で実施された代表的な付加税	
					災害時には免租されることもある	
御蔵前入用	●			●	幕府米蔵の諸入用に充当される	村高百石につき金1分（永250文）
御伝馬宿入用	●		●		五街道の問屋・本陣の給米や宿駅の費用に充当される	村高百石につき米6升
六尺給米	●		●		江戸城内の雑人夫に与えられる給米	村高百石につき米2升
高掛物					藩・旗本領で実施された代表的な付加税	
夫　米		●	●		夫役（ぶやく）の代わりに上納された米。夫役とは本来、労役の提供を指す	村高1石につき米1斗4升～2斗5升
夫　銭（金）		●		●	夫役の代わりに上納された金銭	同　上
荏・大豆・糠藁代		●	●			
口　米	●	●	●		幕府領では代官所の経費に、藩・旗本領では藩の諸経費に充当される（ただし年貢を米納した場合の付加税）	村高1石につき米2升8合5勺7才
口　永（口銭）	●	●		●	同　上（ただし年貢を金納した場合の付加税）	貢（年貢）永100文につき3文
町・村入用	●	●		●	町・村の役人給や用水費用等に充当される	支出費目ごとに各世帯一定額（割掛け）を決定

(注) 1. 上表は、おおむね江戸中期以降の状況を示す。ただし地域によって異なるほか、街道沿いでは「助郷」が実質的に租税化され、村高に応じて徴収されていた点に留意のこと。
　　 2. 課税方法は、情報の入手できるものだけ記述している。

(資料) 古島敏雄『近世経済史の基礎過程』岩波書店、1979年。児玉幸多『近世農民生活史』吉川弘文館、2006年。『地方凡例録』第5巻上（小物成）、地方史研究協議会編『地方史研究必携』岩波全書、1952年などより谷沢が作成。

わけではない。ちなみに天保年間（1830〜44年）には、年貢収入に占める米納の割合は4割前後であったといわれている。ただし江戸時代を通じて、石高を基準とした課税方法を採用し続けたことは変わりない。

石高の計算方法は、面積に石盛という一定の計数を掛けることでおこなっていた。このうち石盛とは、石高を定めるための単位面積当たりの標準収穫高（つまり標準的な土地生産性）を表し、田畑を上・中・下・下々などの等級に分類して定めていた。その石単位で表示した制度を石高制というが、米の採れない用地からも年貢を徴収するため、米以外の農作物や海産物の生産量も米の生産量に換算されて表示された。さらに屋敷地は、実際には非生産用の土地であるが、その石盛を何らかの方法で上畑並みと決めることで石高を算出していた[1]。さらにこの石高が決まれば、当時の米価水準にもとづき1石当たりの貨幣価値が導かれ、この貨幣価値にしたがって屋敷地分の金納額が算出できるわけである。

このように石という単位は、実質的には「納税能力」を表す単位として使用されたが、田租などに限ってみると度量衡としての意味で使用されていた。そこでこの1石の大きさを具体的に解説しておこう。1石とは、以下のような関係式で把握される容積単位である。

①1石 = 10斗 = 100升 = 1000合（なお米俵で換算すると、1石 = 2.5俵となる）。

②1石 = 180リットル = 0.18立方メートル（これは1辺が約56センチメートルの立方体となる）。

ここで、①は尺貫法で表示し、②は現在の計量法で表示している。このうち①の斗は木製の酒樽1個分の容量であり、升は日本酒の1升ビンを思い浮かべればよい。そして1石 = 1000合から判断して、1石は大人1人が1年間に食べる米の量に相当する。なぜなら1000合÷365日 = 2.7合／日で、大人1人が1食分としてほぼ1合を食べる計算になるから、その分量は十分に納得いく数字である。この生産量を兵士たちに与える報酬とみなせば、石高×年貢率の数字と同じ人数だけの兵士を養えることになる。つまり石高は、戦国大名にとって財力だけではなく兵力をも意味した。

このように武士の所領からの収入や俸禄を表す場合も石高が用いられたため、石高は「石高知行制」と称されることがある。ちなみに知行制とは、戦国大名が家臣に土地（これを知行地と呼ぶ）を給付することで成立する領有体系のことだが、石高知行制では土地の代わりに石高を与えることで成立する領有体系である。

第3章　財政再建の抜本策　97

さらに1石は、以下のような分野の度量衡とも密接に関連していた点に注目してほしい。すなわち面積でみると、1石とは1反（約10アール）でとれる米の生産量であった。この反とは、1反 = 300坪 = 10畝 = 0.1町（≒約0.1ヘクタール）で示される面積の単位である。これは、そもそも大化の改新（645年）のときに、米1石を生産する面積を1反と定めたからという。また金額の面では、当初はおおよそ金1両に相当すると考えられていたほか、重量の面では米1石は約150キロとみなすことができた。このように石高は、その大きさを聞くだけでその領地面積・農民数から武士階級の懐具合まで容易に推測できる、極めて便利な計算単位であった。このため「高をくくる」、「高が知れている」という慣用句の「高」とは、いずれもこの石高に関する「わかりやすさ」に由来している。

　ところで石高は、当然ながら生産性が変化すれば連動して変化するはずだが、一般的に新開地以外は江戸時代初めの検地石高を幕末まで踏襲した。その背景には、石高が親藩・譜代・外様といった将軍家との親近度、領地・居城の規模、官位、幕府の賦役等と密接に結びついていたため、石高を変更するとこれらの格式を変更しなければならず、極めて手間がかかったからである[2]。このため対外的な藩の格式を反映した検地石高である表高のほか、対内的な藩財政の基礎資料として利用する実際の生産量である内高（または裏高、草高ともいう）といった、2つの数字を使い分ける大名もいた。この場合に表高は変化しないが、内高は時代とともに変化している。

　そのほか石高には、以下のような分類もあった。持高（所有している耕作地から得られた生産量）、作高（実際に生産に使用した耕作地から得られた生産量）、貸高（貸した耕作地から得られた生産量）、借高（借りている耕作地から得られた生産量）である。これらは各耕作地によって生産された生産量を示すが、土地生産性が同一と仮定すれば、作高 = 持高 − 貸高 + 借高という関係式が成立する。

　このような石高にもとづく年貢は、第一に武士の給料源・生活源としての目的と、第二にそれ以外の部分は市場で売買（つまり換金）して財政収入を得るという目的の、2つの目的を同時に達成する租税制度として位置付けられた。これらの年貢の徴収方法は、2種類あった。四公六民と村請制である。まず四公六民とは、生産量に一定の比率を掛ける方法であり、この場合には4割を年貢とし、残り6割を手許に置くことができた。他方、村請制とは、村単位で年貢を納入する連帯責任制であり、それを確実に実行するために五人組が組織された。つまり領主に

とっては、村全体の石高のみが重要でありそれを取りこぼしなく徴収するための仕組みを作ったのであり、それゆえ村高という概念も登場した。

　年貢の徴収にあたっては、次のような様々な問題点が発生していた。すなわち制度が複雑かつ領国ごとに異なり、全国的に統一されていないため、税負担の公平性が保たれていなかった。また現物納であるため、運搬費・保管費・売却経費などの徴税コストがかかったほか、米価等の変動によって歳入額が変動した。特に徴税コストについては、明治政府がおこなった調査では年貢全体の15〜20％に及ぶという推計があった。また不作のときには、減免慣行をおこなっていたため、大幅に減少して予算編成が困難となっていた。さらに年貢の課税対象となる石高（評価高）が一定であったため、図1-1のように時代が下るにしたがい新田開発の活発化・収穫高の増加とともに獲りそびれが多くなった。

　一方、都市部では、宅地の地租に相当する租税・地子（じし）が屋敷の間口に応じて賦課される建前（これを小間割と呼ぶ）であった。しかし実際には、三都（江戸、京都、大坂）など多くの町で、民有地に対して免除されており、このような措置を地子免除（または地子免許）と呼んでいた。さらに武家地と寺社地は、いずれも幕府拝領地等であったため、売買等が禁止されていたほか地租の負担もなかった。このように明治以前より農民に対しては厳しい納税が課せられていたが、都市商人・武士・寺社等にはなんらかの理由で納税が抑えられており、課税負担の著しい不公平が存在していた。

〈土地制度の側面〉

　次に江戸期の土地制度では、領主の土地支配権すなわち公法的支配権としての「知行権」と、現在の所有権に相当する私法的支配権としての「所持権」が明確に区別されていた。いわば一つの土地に二つの権利が共存する二重構造となっていた。このうち知行権は、知行制で説明したとおりである。それゆえ以下では、所持権に関わる法的規制に限って、郷村部（地方または在方（じかた・ざいかた））と都市部（町方（まちかた））に分けて説明する。

　まず郷村部では、1643（寛永20）年3月に田畑永代売買禁止令が出された。この法令は、当時一般的におこなわれていた田畑の売買のうち、永代売（土地の所持権を期限を定めずに売り渡すこと）は禁止するが、年季売と本銭返売（いずれも一定期間に限って売却するが、期間満了後は所持権が戻ること）はおこなってもよいという内容で

第3章　財政再建の抜本策　99

あった。つまり田畑の売買を禁止して富農への土地集中と本百姓の没落を防ぐほか、年貢米を確保することを目的としていた。

　その30年後の1673（寛文13）年6月には、分地制限令が出された。この法律は、田畑永代売買禁止令とならぶ基本的な土地法令であり、そこでは農民に10石以下の分地をおこなわせないようにした。この背景には、いまだ新田開発が活発であったものの、徐々にその開発余力が低下していたため、一度分地を許すと世代を経るにしたがい耕地縮小につながったからである。いわば小農体制の維持のためにこの法律が制定された。

　1695（元禄8）年6月には、質地取扱の覚が施行された。この当時は、田畑永代売買禁止令で許可されていた年季売と本銭返売が「質入れ」という名称で総称され、困窮農民が永代売の代わりに質入れをおこないだした。この質入れを認めると、結果的には永代売と同じように田畑が売買されたことになる。これを阻止するために、借金の返済期限の満了のたびに質入れ証文を書き換えさせることとした。もちろんこのような手続きは、時間の経過とともにその権利関係が複雑になったから、それを整理するために質地取扱の覚という、おもに12条で構成された指導文書が必要となった。同文書は、土地制度史上で「封建的土地所有から近代的土地所有に移る起点となった重要法令」と評価されている。

　さらに1722（享保7）年4月には、質流地禁止令が出された。この法令は、今後は質流れを禁止したほか、既存の質入地の債務について種々の方法で減額したり、質流地でも元金返済をすれば請け戻しできるようにした。この法令は、質地取扱の覚と同様に田畑永代売買禁止令が質流れで有名無実化したことを防ぐために出された。ただし質地騒動などの混乱が生じたため1723（享保8）年8月に撤回され、田畑永代売買禁止令も1744（延享元）年5月には事実上撤回された（田畑永代売買禁止令の正式な廃止は、1872［明治5］年）。

　以上のように農村部では、江戸期を通じて困窮農民の金銭債務が増大し、その担保としての農地に金融面からの法的規制がたびたび加えられた。また農地を巡る権利関係も複雑化した。そのほか領主層があまり知行地内に居住しておらず、農民による独自慣行や共同管理なども導入されていた点に留意する必要がある。

　他方、都市部では、農村部のような土地の所有等に関する特有の法律はなかったが、その使用面では独自の方法が採られていた。例えば江戸（御府内と定めた朱引き内側）をみてみると、その面積はほぼ戦前における東京市の旧15区に相当し

図3-1 江戸の土地利用の概要（明暦の大火後）

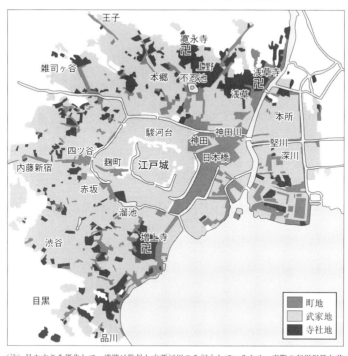

（注）見やすさを優先して、道路は除外し主要河川のみ記入しているため、実際の利用形態と若干異なる点に注意のこと。
（資料）各種資料等より谷沢が作成。

ていたが、そこでは武家地・町地・寺社地というように階層別に住み分けがおこなわれていた。このような特徴は、図3-1のように明暦の大火（1657［明暦3］年1月）後に明確になったものであり、それが明治初頭まで維持された。

ちなみに1869（明治2）年の「土地利用状況調査」によれば、武家地が約1170万坪（約70％）、町地が約270万坪（約15％）、寺社地が約270万坪（約15％）であり、大半の土地は幕府と大名等が所有していた。また享保期以降の江戸は、人口が100万人で世界一であったが、このうち約60万人が町地に住んでいたため、町地の人口密度は6.7万人／km^{2}に達していた。現在、全国の自治体で最も人口密度の高い東京都豊島区2.2万人／km^{2}の3倍であるから、当時は極めて狭い地域に町人が押し込められていた。

このうち武家地は、現在の霞が関、大手町、麹町、駿河台、本郷などに集中し

第3章　財政再建の抜本策　101

ており、大名の事務所・邸宅（藩邸）や幕臣（旗本・御家人）の邸宅などとして利用されていた。これらの用地は、その入手別では賜邸、受領地、拝借地などいろいろの種類があったが、基本的には知行地と同様に売買が禁止されており、いずれの管理も目付がおこなっていた。なお1928（昭和3）年刊行の『大東京繁昌記、山手編』では、有島生馬の「山の手麹町」のなかに、以下のような記述がある。

「番町に軒並といってよかった旗本屋敷で、今日残存しているものは実に数えるほどしかなくなって終った。（関東大）震災当時の業火は三日に亙って殆ど番町の半分を灰燼として終ったから」(3)（傍点、カッコ内は筆者）。番町とは、皇居の千鳥ヶ淵に隣接した千代田区一番町～六番町までの、現在では東京でもトップクラスの高地価地域である。もっとも以上の地名のほとんどは、江戸時代には幕府からの借地に相当したため付けられておらず、1872（明治5）年にようやく付けられた。

町地は、町人・工人（職人のこと）の居住地区であり、日本橋、神田、深川など下町に集中していた。さらに町地は、入手経緯より沽券地、草創地、拝領地、被下地、預ケ地、上納地、拝借地、助成地、某屋敷などに分かれていた。このうち沽券地と草創地には、私有地としての権利（つまり自由に売買する権利）が認められていたため、管理は所有者がおこなっていた。

他方、それら以外の土地は、売買できないほか質入禁止などの規制が付いているため、町奉行が管理していた。なお町奉行は、町地内の主に司法権を実行した組織であり、いわゆる「江戸八百八町」という常套句はおもに町奉行の管理する町地内の町数を指す。ただし実際の町数は、1662（寛文2）年に674町、1713（正徳3）年に933町、1744（延亨元）年に1678町と急増したから、この表現は使用にあたって注意しなければならない。

ここで沽券地は、「沽券」（沽は「売る」という意味）で売買される土地のことであり、最も一般的かつ完全な私有地であった。つまり沽券とは、江戸市中の町地に関する売買契約書であり、町役人、五人組の立会いのもとで土地の売買がおこなわれた際に作成された。この沽券には、土地の明細の他に売買代金も記載されているため、所有権を確定するほか土地の価値を証明する土地権利証としても機能した。余談ながら、この沽券の性格にもとづいて「沽券に関わる」（＝プライドにかかわる）、「沽券が下がる」（＝人の値打ちが下がる）といった慣用句が生まれた。また草創地は、昔から居付地主としてそこに居住するか、自ら開墾してこれを所有する私有地であり、もし売買がおこなわれれば沽券地となる。

最後に、寺社地は寺社自らが使用していた土地であり、上野寛永寺、芝増上寺、浅草寺などに集中していた。また入手方法が御朱印地や拝領地であったがゆえに、それらの管理は寺社奉行がおこなっていた。

以上の点から、町地で地代店賃を徴収する不動産経営がおこなわれていた事実はあるが、全般的にみると不動産に対する私有（＝所有権）意識は低かった。

(2) 地租改正の背景

地租改正の議論は、明治初頭の財政問題の一環として把握する必要がある。以下では、維新政府がいかなる問題を抱えてスタートしたのか、またその問題の解決に向けて地租改正がいかに位置付けられてきたのかを紹介する。

〈明治初頭の財政問題〉

維新政府のスタート時（1867［慶應3］年12月の王政復古時）には、有栖川宮熾仁親王を総裁（首班）として、皇族・旧藩主5名（島津忠義［薩摩］、山内豊信[4]［土佐］、徳川慶勝［尾張］、松平慶永[5]［越前］、浅野茂勲［安芸］）を議定（閣僚）とした連合政権が組織された。

新政府は、その発足直後に京都に金穀出納所（いわば大蔵省の前身にあたる組織）を設置して、福井藩士・三岡八郎（後の由利公正）がこの取扱方に就任した。三岡は、福井藩を訪れた横井小楠（熊本藩士）の殖産興業策に触発されて、横井から財政学を学んだ。その後、藩主・松平慶永から財政手腕を評されて抜擢され、藩札発行と専売制を結合した殖産興業政策で窮乏した藩財政を再建した。新政府での大抜擢の背景には、坂本龍馬がこのような実績を高く評価し、新政府の財政担当として三岡を後藤象二郎（表2–補を参照）に強く推挙したことが、最近発見された龍馬の書状草稿によって明らかとなった。

初めに明治初期の財政状態を確認しておこう。まず歳入面をみておく。王政復古直後には、課税対象地域が皇室領3万石と新政府に移行された幕府の直轄領等（約800万石）のみであった。このため領主領有地全体（約4700万石）の17%程度にすぎず、しかも地租以外に中核的な収入源がなかった[6]。また年貢率が幕末期の動乱で低下し、特に1868・69（明治元・2）年には、混乱のなかで旧年貢がほとんど徴収できなかった。他方、幕府の直轄地以外では、廃藩置県までは年貢徴収権が各藩主に握られていたから、そもそも歳入として期待できなかった。

これではとても歳出全体を租税収入で賄うことはできず、その不足分は太政官

表 3-2　一般会計歳入（決算額）の推移

(単位：万円)

時代区分	会計年度別		総額	租税		公債および借入金	官業および官有財産収入	その他の歳入	紙幣発行
	名称	対象年月			地租				
王政復古期	第1期	慶應3年12月～明治元年12月	3,309 / 100	316	201 / 6	473 ①	5	2,515	2,404 ⑤
版籍奉還期	第2期	明治2年1月～同年9月	3,444 / 100	440	336 / 10	91 ②	8	2,905	2,396
	第3期	明治2年10月～3年9月	2,096 / 100	932	822 / 39	48 ③	11	674	535 ⑥
	第4期	明治3年10月～4年9月	2,214 / 100	1,285	1,134 / 51	—	33	896	215
廃藩置県期	第5期	明治4年10月～5年12月	5,045 / 100	2,185	2,005 / 40	—	44	2,816	1,783 ⑦
	第6期	明治6年1月～同年12月	8,551 / 100	6,501	6,060 / 71	1,083 ④	423	543	—
	第7期	明治7年1月～同年12月	7,345	6,530	5,941		310	505	—
	第8期	明治8年1月～同年6月	8,632	7,653	6,772		483	497	—
	1875(明治8)年度	明治8年7月～9年6月	6,948	5,919	5,034		332	696	—
	1876(明治9)年度	明治9年7月～10年6月	5,948	5,173	4,302		370	405	—
	1877(明治10)年度	明治10年7月～11年6月	5,234 / 100	4,792	3,945 / 75		165	276	—

(注)　1. 新貨条例公布前の1868（明治元）～70（明治3）年については、1両＝1円で換算した。
　　　2. 租税は、地租、関税、酒税の合計である。
　　　3. 総額と地租の下部の数字は、構成比を示す。
　　　4. 官業および官有財産収入は、専売局益金（専売納付金のこと）、官業益金、政府資産整理収入の合計である。
　　　5. ①は、三井、小野などの両替商からの借入金384万円と、外国商社からの借入金89万円。
　　　6. ②は、三井、小野などの両替商からの借入金81万円と、外国商社からの借入金10万円。
　　　7. ③、④はすべて外債である。
　　　8. ⑤はすべて太政官札の発行高である（内訳は、10両札2033万両、5両札597万両、1両札1548万両、1分札516万両、1朱札105万両）。
　　　9. ⑥はすべて民部省札の発行高である（内訳は、2分札368万両、1分札241万両、2朱札109万両、1朱札32万両）。
　　　10. ⑦は、明治通宝853万円、大蔵省兌換証券680万円、開拓使兌換証券250万円の発行高。
(資料)　日本銀行統計局編『明治以降本邦主要経済統計』同局、1966年の130-136頁、164頁より谷沢が作成。なお詳細は、東洋経済新報社編『明治大正財政詳覧』（1975年復刻）を参照のこと。

札・明治通宝などの政府紙幣や外債の発行、三井・鴻池などの豪商からの借入金に頼らざるをえなかった。このため表3-2の一般会計歳入の内訳をみると、第1期には一般会計歳入総額に占める地租の割合は、わずかに6％にすぎなかった。これが版籍奉還期になると4割程度に上昇し、さらに廃藩置県期には課税徴収権を政府が握ったことで、地租改正事業に着手する直前の第6期でも7割程度に引

き上げられた。ただし相変わらず地租以外の収入が見当たらないため、とにかく歳入を増やすには地租を改正する以外に方法はなかった。

さらに地租の問題点として、地租総額のうち郡村耕宅地からの地租が約96％を占めていたこと（言い換えると、都市部の土地は非課税であった）、年貢率が全国的に統一されていなかったこと、依然として現物のまま徴収されていたことがあげられる。また全府県の貢米（こうまい）は両替商の三井・小野・島田組が取り扱い、それを換金して政府に収納（いわゆる貢米荷為替）していたため、収納が遅れて年度内の支出に弾力的に対応できないほか、豊凶によって変動して予算編成を困難にしていた。

いま、表3-3によって、第8期すなわち1875（明治8）年1～6月における諸税の収納状況を示しておく。この表には、地租のほかにその他の税収が含まれているが、大半が地租の納税状況を示しているとみて差支えない。この表より、新貨条例が施行され数年がたっていたにもかかわらず、税金の支払貨幣が旧幕時代の一分銀、一朱銀や現物の米など多種である。また翌年6月時点でも前年の納税額が全体の9割超であること、極めて少額であるとはいえ5年前に課税された税金がようやく納められるなど、多くの問題を抱えていた。

税金の収納に関連して、1870（明治3）年7月に田では米納、畑では石代納（金納のこと）を布達したが、なかなかこの原則が守られなかった。米納では、米の外に糯（もち）、籾（もみ）、大小麦、大小豆、荏[7]、菜種、塩が現物納されていたが、ようやく

表3-3　第8期（明治8年1～6月期）に収納した諸税現収入の年度別内訳

	金（円）	1円銀（円）	一分銀（個）	一朱銀（個）	米（石）	洋銀（円）	（参考）金額換算値（円）	構成比（％）
1870（明治3）年延納額	346						346	0.0
1871（明治4）年延納額	205,427				19,162		228,421	0.4
1872（明治5）年延納額	423,794				20,984		448,975	0.9
1873（明治6）年延納額	384,992				1,114		386,329	0.8
1874（明治7）年延納額	47,097,952	669	254,655	486	1,726,581	5,996	49,227,474	96.0
1875（明治8）年1～6月収入額	611,994	904	1,255,880	328		22,557	886,651	1.7
合　計	48,724,508	1,573	1,510,535	814	1,767,841	28,553	—	—
（参考）金額換算値（円）	48,724,508	1,573	377,634	49	2,121,409	28,553	51,253,726	100.0
同上、構成比（％）	95.1	0.0	0.7	0.0	4.1	0.1	100.0	—

（注）1. 単位未満の計数は切り捨てたので、内訳の計は合計とかならずしも一致しない。
　　　2. 米の合計は、原表には1737882とあるが、ここでは『大隈文書』のミスプリントとみて再計算の上訂正した。
　　　3. 金額換算にあたっては、一分銀＝0.25円、一朱銀＝0.06円、米1石＝1.2円とし、合計数量を掛けた。
（資料）中村隆英「創業期財政政策の発展」梅村又次ほか編『松方財政と殖産興業政策』東京大学出版会、1983年の61頁の表2-1の一部を、谷沢が修正した（ただし原資料は、『大隈文書』第3巻の258-260頁より作成）。

第3章　財政再建の抜本策　　105

1875（明治8）年になって米一本に整理された。このような状況であったから、当時の政府がいかに財政運営上で苦慮していたか容易に理解できよう。

　他方、同時期の歳出面では、華士族に対する家禄・賞典禄が全体の3割を占めており、極めて硬直的な財政運営を強いられていた（家禄・賞典禄の内容については後に詳述する）。また薩長土から約6000人の藩士が親兵（政府直轄軍）として移籍されたため、これを賄うための歳出も新たに発生していた。このため財政上の重要課題を整理すると以下のようになる。

　まず歳入では、なんといっても地税（旧年貢）の強化が必要であった。なぜなら、地租は当時の歳入の大半を占めていたが、他の収入手段がないほか、収入の分散化には時間がかかるため、地租に頼らざるをえなかったからである。政府収入として最もポピュラーな所得税が導入されたのは、1887（明治20）年であった。他方、歳出では、秩禄の処分で歳出を圧縮する必要があった。いわば旧武士階級にただ飯を食わせるほどの余裕はなかった。以上より地租改正と秩禄処分は、維新（財政）変革の二大事業であるとの認識に至っていた。

〈壬申地券を取り巻く動き〉

　新政府は発足当初、年貢制度を引き継いでいたため、依然として農民の負担が重かった一方、都市部（東京）では商人の税負担が軽かった。このような事情から、この時期には農民による「年貢軽減要求」がおこり、図3-2のように極めて多数の農民騒擾（百姓一揆）がおこっていた。このため民部・大蔵両省などでは、財源の確保にあたって農民と商人等の間の著しい課税負担の不均衡を是正する必要があると認識していた。カナダの外交官・E. H. ノーマンは、『日本における近代国家の成立』において「地租改正は軽率な急場の間に合わせではなくて、永いあいだ政府の最も練達の人びとが心血をそそいだ改革であった」[8]と指摘している。地租改正は、まさに明治初頭における最重要の政治課題であった。

　政府の土地政策として、まず1868（慶應4）年4月に一部の例外を除き家臣から町人に至るまで、徳川家から拝領しているすべての土地を政府に上知（じょうち＝返上）するよう申し付けた。その上で1868（明治元）年12月には、農民および町人の土地所有を許可する行政官布告が出されている。この段階では、武家地は上知、町地は一部を除いて私有を認める方針となった。このうち武家地の上知に関しては、東京中の大名屋敷も一定の条件のもとに返上することを求めたが、

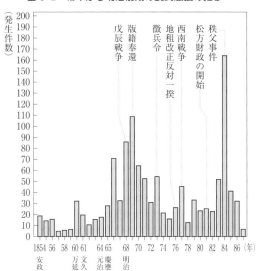

図 3-2 幕末から明治前期の農民騒擾の推移

（資料）青木虹二『百姓一揆総合年表』三一書房、1971 年。同『明治農民騒擾の年次的研究』新生社、1967 年等より谷沢が作成。

返上にあたり代金や替地を手に入れた藩もあるなど、藩ごとに差が見られた。

しかし翌年には政府は上知命令を中止し、以降は土地の払い下げが実施されるようになった。これらの事情があったため、明治初頭には東京の武家地が空き地になり荒廃したほか、江戸の人口もピークの天保期の 130 万人から一挙に 78 万人と 6 割に激減した。ちなみにこのような事情を説明するため再び番町に関して、陣内秀信『東京の空間人類学』（1985 年刊）の次の一節を紹介しよう。

「明治になると、大名屋敷同様、番町の旗本屋敷もその多くは上地された。その後、当時の輸出品の中心である生糸と茶の生産のため一時桑畑や茶畑に転じたが、この政策が失敗に終わると、新政府は武家地の荒廃を防ぐため屋敷の取り払いをやめて、むしろそのまま新政府官吏の官邸として貸与し、さらに明治四年 (1871) には、安い価格で払い下げた。こうして、一時荒廃しかけた番町も、再び高級官吏や華族の住む屋敷町として蘇り、長屋門の並ぶ荘重な町並みをしばらく持ち続けたのである」[9]。

東京の高級住宅地・番町に桑畑や茶畑があるなどいまでは考えられないことだ。しかしこれは 1869（明治 2）年 3 月に出された武家地開墾の方針にしたがって実

第 3 章　財政再建の抜本策　　107

施された、桑茶政策の結果であった。嘘のような本当の話であるが、これらの政策によって土地所有が民衆に意識されるとともに、これら収公された土地がその後、主要な官公庁や公的施設の用地に転用されていった。それゆえ都内にある公共用地の大半は、政府にとって実質的に無償取得である。

　1870（明治3）年6月には、中央政府の官僚（公議所副議長）・神田孝平が「田租改革建議」と題する文書で自説を主張した[10]。これは、土地売買を解禁して売買価額を申告させ、それを地価額とする。また故意に低い申告額の場合には、他人から入札する方法も導入する。その地価額を新たに作成した地券（沽券）に記入し、その価格に一定の税率を掛けて課税額を計算し、貨幣で納税させる法律（後の沽券税法）を導入すべきとの主張である。この案は、貢租制度の変革を土地制度の変革と結び付けた点で極めて斬新な内容であった。

　ところで現在、実務上で採用されている地価の算定方法は、大別して原価法、取引事例比較法、収益還元法の3つがある。このうち原価法とは、例えば森林のなかの別荘地のように、対象の不動産を仮にもう一度造成した場合にいくらになるか、という視点で原価（このような原価を「再調達原価」と呼ぶ）を算出する方法である。これに対して取引事例比較法とは、周辺の取引事例をもとに地価を算出する方法、収益還元法とは毎期の収益をベースとして地価を算出する方法であった。これらの方法に照らして判断すると、沽券価格による地価の算定方法は取引事例比較法の一種と考えられる。

　しかし神田の主張は、藩体制が解体されないなかでは実行不可能であったが、1871（明治4）年7月に廃藩置県が達成できたことで、にわかに動きがでてきた。すなわち同年頃から、大蔵省は「地券税法」の検討を始めた。この背景には、廃藩置県が達成されたことで全国的に同一の基準で税額を決める必要が出てきたからである。このため租税頭・松方正義は、地券税法の考えに従って大蔵卿輔に『地租改正意見』を上申した。これらの考えにもとづき、太政官は1871（明治4）年12月に「東京府下従来武家地町地ノ称有之候……一般地券発行地租上納」を東京府に布告した。それにより1872（明治5）年1月には大蔵省から東京府に「地券発行地租収納規則」が布達されたことで、東京府下の市街地で地券（市街地券）が発行されることとなった。

　この市街地券は、これまで地子免除とされていた土地に対する私的所有が認められたことを意味していた。また無税であった町地を対象とした地券であるため、

これによって本格的に都市部の土地への課税が開始された。1872（明治5）年後半における東京の市街地では、市街地券に地価税率1.0％を乗じて地租の賦課を実現した。当初は2.0％を想定していたが、東京が衰退していたことを考慮して引き下げられた措置であった（もっともこの時期には、東京府以外では旧貢租が引き続き徴収されていた点に注目のこと）。この動きは他地域にも広がり、市街地券にもとづき1.0％の地租を収納した都市もでてきた。

　他方、同じ時期に農地・山林・原野等では、それらが売買されるごとに郡村地券が発行されるようになった。この地券が発行された背景には、1871（明治4）年9月に大蔵卿・大久保利通と大蔵大輔・井上馨による「地所売買放禁分一収税法施設之儀」が正院に提出され、これにそって同月には「田畑作付勝手」（大蔵省達第47号）を布告して農民による田畑勝手作を許可した。

　この措置によって、まず土地の使用権に対する領主的規制が廃止された。さらに1872（明治5）年2月に、太政官が「田畑永代売買ノ解禁」（太政官布告第50号）、同年8月に太政官が「地代店賃諸奉公人給金ノ事」（太政官布告第240号）を制定するなど、徐々に権利が整備されていった。ちなみにこの郡村地券は、施行された1872年の干支が壬申であることから、壬申地券と呼ばれるようになった。

　壬申地券には、地番（土地の識別番号）を付けた所在地、地目（田畑、山林などの使用形態）、地積（面積のこと）、所有者名、売買価格などが記載された。壬申地券は、土地所有権の公認、租税の金納制という点では、それなりに実現する方向性が定まったと評価することができる。ただし租税負担の公平と地価の決定という点には大きな問題が残った。特に地価の決定では、実質的に取引事例比較法を採用していたため、売買事例が少なく適正な地価を決定できない場合が圧倒的に多かった。また売買価格が入手できても、旧来の貢租が大きく作徳米（農家収入）が少ない土地は地価が低く、反対に貢租が低く作徳米が多い土地では地価が高くなった。

　このように同じ収穫量の土地でも、貢租の高低によって売買価格が異なる地域差があったまま売買価格を記載していた。したがって壬申地券の交付は、地租の賦課という面よりも所有者の確認として意味が強く、一部の府県を除くと急速には進まなかった。このため壬申地券の交付実績は、対象地区数のおおむね3分の1程度にすぎなかった。

　この問題点を解決するためには、土地の生産力＝収益にしたがって地価を定める必要性がでてきた。このような収益力をベースとした考え方は、すでに1872

（明治5）年4月に、神奈川県令・陸奥宗光が太政官に上申した「田租改正建議」のなかで提唱されていた。すなわち同書類では、「是迄ノ上中下田ノ称ヲ混同シ、唯其土地ノ良否肥瘠ニ就テ其価ヲ出サシムヘシ。其価貴ケレハ地税必ラス重シ。之ニ反シテ其地肥瘠ナレハ田価必ス卑シ。田価卑ケレハ地税必ス軽シ。」と記述している。このように地価の算定方法として、収益還元法に通じる考えが主張されたことは注目すべき点である。

　この考えは、その後の地租改正における地価の決定方法に直接的に反映された。また陸奥案では、廃藩置県後に提出されたため、地租率が全国一律とされていた点も優れていた。このように陸奥案は神田案よりも優れていたが、実施の仕方が封建体制の検地のようになると、農民の反抗を引き起こすおそれがあった。とはいえ繰り返すが、地租改正が実施されるまでに神田の取引事例比較法から陸奥の収益還元法へ、地価の算定方法に関する考え方が大きく変化していた。

　余談ながら、陸奥は条約改正に辣腕を振るった外交家として有名であるが、それ以前には上記の提案が認められて、神奈川県令後の1872（明治5）年に大蔵省租税寮改正局長（つまり地租改正事務の総責任者）に就任していた経歴はあまり知られていない。外交家として活躍したのは、1886（明治19）年に外務省に出仕した後の話である。同人は、カミソリと呼ばれるほど頭の切れた人物であるが、政治手腕を持っていたほか経済知識も豊富であったことがわかる。われわれは、明治の政治家の多面性を知ることができよう。

（3）地租改正の考え方

　地租改正の議論は、特に土地の経済価値（地価）をいかに把握するかという点において、バブル経済の理解にもつながる重要な問題であった。以下では地価の算定方法を中心として、地租改正の基本的考え方を解説する。

〈改正の基本的内容〉

　壬申地券の交付に問題を抱えるなか、その後も地租改正に関する法案の作成作業が続けられたが、政府部内では大蔵省租税寮によって沽券税法が作成される一方で、新たに分一税法が作成されるといった反動的な動きがあり、なかなか方向性が定まらなかった（分一税法とは、旧貢租を領主層に払い下げて同階層の地主への転化の道を開いた税制）。

　しかし1873（明治6）年に入ると、地租改正法案の草案が完成し、それが同年4

月より地方官会同（会同とは会合のこと）で審議・修正されて、各種法案が完成した。そして同年7月に、地租改正法の本文（「地価の3%を地租とする」旨の1ヵ条のみで作成された太政官布告第272号）[11]と、別紙の地租改正条例（改正事業の基本的内容を定めた法律）、地租改正施行規則（条例の基本的内容を解説した規則）、「地方官心得書」（改正事業の直接的な実施機関である府県での具体的作業内容を定めた文書）を一括して制定した。この地方官とは、府県の長である府知事・県令を指している。

　このように極めて重要な経済問題が、1873年に入って一挙に解決に向かって動き出した。その背景には、いわゆる留守政府が同年9月に解散（つまり岩倉使節団が帰国）したため、その前にどうしても解決の目鼻を付けておかなければならなかったためと推測される。すなわち各省大輔以上の政府高官が、留守中には大規模な改革をおこなわないこと、ただし廃藩置県の後始末については速やかにおこなうこと、といった内容の取極書を出発前に締結していた。そのような取決めがあったからこそ、留守政府の期間中に思い切った改革をおこなおうと、同政府首脳（三条実美、西郷隆盛、井上馨、大隈重信、板垣退助たち）は認識していたに違いない。このため参議・大隈が中心となって、時間が迫っているなかどうにか地租改正法をまとめ上げた。

　ただし当事業の実務面を担当したのは、おもに松方正義のグループであった点にも注目しておきたい。周知のとおり大隈は、1881（明治14）年10月に政府から追放されるが、この当時はまだその事件前であり、大隈は有能な松方を使いこなすことができていた。そして地租改正事務局（後述）の総裁は、大久保の暗殺後に大隈が引き継いでいたため、同年6月に地租改正事業の完了報告を太政大臣・三条実美あてに提出することができた。とはいえその事業報告書は、大隈の後任として大蔵卿に就任した松方正義によって、翌82（明治15）年2月に三条に提出された。地租改正という大事業において、どうしても大隈の業績が薄く感じられるのは、このような歴史の流れが影響しているのだろう。

　地租改正の目的は、たんに財政上より安定した財源を機動的に確保すること以外に、各地で異なっていた税率を公平にすることも重要であった。特に、都市部で実質的に徴収されていなかった土地関連税を徴収することが、政策上から求められた。政府は、このような問題を抱えながら1874（明治7）年より地租改正作業を開始した。ちなみに地租改正によって発行された地券を、壬申地券と区別して改正地券と呼んだほか、先行して実施された壬申地券は、地租改正の過程で改

第3章　財政再建の抜本策　　111

正地券に書き換えられた。

とはいえ注意しなければならないのは、市街地の改正作業は郡村地（つまり耕宅地）より遅れたことである。すなわち翌75（明治8）年8月の太政官布告によって市街地への地租を地価の1%から3%へ引き上げ、翌76（明治9）年3月に市街地租改正調査細目を布達して調査方法を指示したことである。このように市街地の作業が遅れた理由は、そもそも市街地の地租額が微少であり、財政改革にほとんど寄与しないという事実を指摘しておかなければならない。

地租改正の基本的な手順は、次のとおりである。①地押丈量（＝土地測量）をする、②一筆（土地の売買単位）ごとに地価を算定する、③土地所有者を確定して同人に地券を交付する、④地価に一定比率（地租率）を掛けて地租とする、⑤地租は金納とする。

このうち①に関連して、地租改正の対象となる土地について説明しておこう。

表3-4　地租改正で採用した地所区分

官民有地別	賦課等の有無			該　当　地　所
	地券の発行	地租の賦課	地方税の賦課	
官有地 第一種	×	×	×	皇宮地（皇居離宮）・神地（伊勢神宮・山稜・官国幣社・府県社・非民有社地）
第二種	○	×	×	皇族賜地・官用地（官院省使寮・府藩県本支庁・裁判所・警視庁・陸海軍本営営）
第三種	×	×	×	山林・原野・河海・湖沼・道路・田畑・屋敷等の非民有地 鉄道路線敷地・電信架線柱敷地・燈明台敷地・各所の旧跡 　各所の旧跡名区および公園等の非民有地 人民所有の権利喪失地 行刑場 市街郡村に属する掲示場敷地 耕地涵養に設ける溜池・溝渠で民有の証のないもの
第四種	×	×	○	寺院・大中小学校・説教場・病院・貧院等の非民有地 各地方庁にて賦金をもって建設する伝習所・女工教場および病院・貧院等
民有地 第一種	○	○	○	人民各所有の地（耕地・宅地・市街宅地・藍田・山林・原野等） 人民数人あるいは1村あるいは数村所有の地（学校・病院・郷倉・牧場・社寺等の非官有地）
第二種	○	×	×	郷村社寺・潰地（堤敷・道敷・川敷・用悪水路等）・墳墓地

（資料）佐々木寛司『地租改正―近代日本への土地改革』中公新書、1989年の78頁の第6表より谷沢が一部修正。

全国の多様な土地をできるだけ包括的に調べる必要があるため、政府は表3-4のようにすべての土地を官有地4種、民有地2種に分類した。さらに地券を発行するか否か、地租・地方税を賦課するか否かといった基準で分類して、地租改正の中心を民有地第一種とした。測量された土地には地番が付けられた上で図面が作成された。また②の地価算出方法として、基本的には収益還元法を採用した。この関連では、1874（明治7）年5月に地価を5年ごとに再調査することが定められた点も付言しておこう。これは、後述のとおり収益還元法そのものに関わる問題点であったが、この件も後々政府を悩ませることとなった。
　さらに③に関して、改正地券の実物は図3-3を参照してほしい。この図から確認できるように、地券では一筆ごとに所在地、地目、地積、所有者、地価、地租が明記された。もっとも地番ごとに地券を発行したのでは、膨大な数の地券を作成しなければならない。相当な手間がかかる。このため改正地券の発行は、1889（明治22）年3月に制定された土地台帳規則によって土地台帳への記載にともなって廃止された。

図3-3　改正地券の概要

（注）1. 実寸は、252mm×325mm（縮尺2分の1）である。
　　　2. この地券の対象地は富山県高岡市であるが、1880（明治13）年当時は富山県・福井県が石川県に含まれていたため、石川県の発行となっている。
　　　3. 中心部に地租が2つ書いてあるのは、1877（明治10）年に減租して税率が3％から2.5％になったことを示している。
（資料）谷沢の所有。

ただし地租そのものは戦前期を通じて実施され続けた。すなわち 1931（昭和 6）年 3 月に地租法が公布され、課税標準が地価から賃貸価格に変更された。しかし地租は継続して施行され、1950（昭和 25）年 7 月に公布された固定資産税によってようやく廃止された。この事実からわかるように、地租はわが国にとって極めて長期間にわたり安定的に実施された租税制度であった。

〈地価の算定方法〉

　次に、地租改正で最も重要な地価の算定方法について説明する。現在でも地価を適正に算定することは難しく、政府統計でも 4 種類の地価が公表されているため、しばしば「地価は 1 物 4 価である」と揶揄されている[12]。この背景には、土地がそもそも同一特性をもって大量に販売されるものでないという財の異質性のほか、政府内における地価の利用目的が異なるため同統計の作成目的も異なることがあげられる。これらの地価は原価法や取引事例比較法をベースに作成されているが、地租改正のみが収益還元法（正確には直接還元法）を利用した。

　このようにいまから 140 年以上前に実施された地租改正で、独自の方法が採用された事実は驚くべきことであった。おそらく欧米の事情に通暁した人物が、当時すでに欧米で知られていたその基本的な考え方を陸奥らに教示したと推測されるが、わが国の政府が柔軟かつ合理的な発想を持っていたことを初めに強調しておきたい。なお現在の大学における日本経済史の教科書では、いずれの本でも収益還元法という名称が使用されていない[13]。これは意外なことであるが、維新政府の地租改正に対する考え方を適切に評価するためにも、この用語は是非とも使用すべきと筆者は考えている。

収益還元法の考え方

　前置きはこのぐらいにして、地租改正で使用された収益還元法の具体的な考え方を説明しよう。収益還元法では、「土地は摩耗しないため、将来にわたって収益を生み出す資産である」という考えに依拠しつつ、毎期受け取る収益の現在価値を合計した金額を土地資産の価値（＝地価）とみなしている。現在価値という用語は、日常では聞きなれないかもしれないが、将来の特定時点で発生する価値（つまり収入や支出等）を、現在に割り戻して評価した場合の価値のことを指している。それゆえ特定時点における収益の現在価値は、経済的にみて地価と等価であるとみなせる。

いま、α_t を t 年後の収益（この場合には地代や賃料など。以下同様）、a_t を α_t の現在価値、r を現在割引率とすれば、各期の α_t と a_t の間には、以下の式が成立している。ここで現在割引率として一般的には利子率が利用されている。なぜなら現在の 100 円を預金または貸付して 1 年後に 105 円になるとすれば、その利子率（年 5%）が 1 年後の価値を現在の価値に割り戻す割引率、とみなせるからである。

$$\alpha_1 = a_1(1+r)$$
$$\alpha_2 = a_2(1+r) \times (1+r)$$
$$\alpha_3 = a_3(1+r) \times (1+r) \times (1+r)$$
$$\vdots$$

それゆえ、a_t についての式に書き換えれば、

$$a_1 = \frac{\alpha_1}{(1+r)}$$

$$a_2 = \frac{\alpha_2}{(1+r)^2}$$

$$a_3 = \frac{\alpha_3}{(1+r)^3}$$

$$\vdots$$

ここで、a_t の総計を地価 A、α_t を各期一定（つまり α）とすれば、上記の「地価は、毎期受け取る収益の現在価値を合計した金額」という定義より、A は以下のように書くことができる（ちなみに α_t を一定と仮定する理由として、土地の賃貸契約書によって地代が一定額に決められている場合を想定すればよい）。

$$A = \frac{\alpha}{1+r} + \frac{\alpha}{(1+r)^2} + \frac{\alpha}{(1+r)^3} + \cdots\cdots + \frac{\alpha}{(1+r)^n} \cdots\cdots$$

上記の式は、初項 $\dfrac{\alpha}{1+r}$、公比 $\dfrac{1}{1+r}$ の無限等比級数の和となっているため、無限等比級数の和の公式を利用して、以下のように書き換えられる[14]。

$$A = \frac{初項}{1-公比} = \frac{\dfrac{\alpha}{1+r}}{1-\dfrac{1}{1+r}} = \frac{\alpha}{r}$$

この方法は、売買事例が入手できない場合でも収入と利子率さえあれば計算できる単純さを備えている。ただしその反面、将来の収益がインフレ・デフレ等によって変動するため、一定期間ごとに地価を見直す必要がある。また収益の過大

評価、利子率の過小評価によって、地価の水増し計算ができる短所も持っている。この点に関して、実はバブルの時期に金融機関では上記の利子率や地代の数字を恣意的に修正して、地価を過大推計することで、担保評価額の水増し、過剰融資をおこなったことが知られている。このように現代の不動産取引などでも、資産評価法として安易に利用される方法であることに注意しておきたい。

ちなみにこの方法で推計した理論上の地価（理論地価）と実際の地価を比べて、後者が前者を大きく上回った場合には経済のバブル化が進んでいると判断することができる。例えば、『平成5年版　経済白書』でこの考え方が採用されている[15]。同書に掲載されている図3-4の（注）1.では、土地の収益指標として『県民経済計算年報』の県民総支出を事務所総床面積で割った数字、現在割引率として代表的な貸出金利である長期プライムレートを採用し、若干の統計処理を施した上で理論地価を推計したことが示されている。

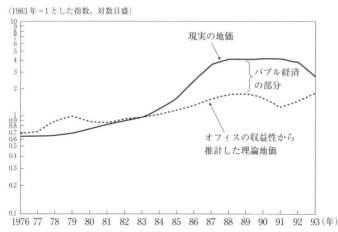

図3-4　東京都の商業地における理論地価と現実の地価の推移

（注）1. オフィスの収益性の推計にあたっては、各年の1月1日の属する年度（93年は92年度）の名目都府県総支出を各年1月1日の事務所総床面積（ストック）で除し、83年を100として指数化している。なお、91年度および92年度の都府県民総支出は、名目国民総支出の伸び率と同じとして、東京都の93年の事務所床面積は、増加率を92年の増加率と同じとしてそれぞれ算出した。
2. 理論地価は、上記の方法によって求めた収益性を、各年1月1日の長期プライムレートで除したもの（1983年を1として指数化）。
3. 現実の地価は、地価公示価格（83年を1として指数化）。ただし、地価公示価格は、「投機的取引事例の排除」による「正常な価格」を表しているものであるため、地価高騰期におけるバブルを含んだ実際の取引価格と理論地価は、本図よりも大きな乖離を示しているものと考えられる。

（資料）『平成5年版、経済白書』の131-132頁の第2-2-4図（なお原資料は、国土庁『地価公示』、経済企画庁『県民経済計算年報』、課税資料等である）。

上記の式を単純に適用したわけではないが、基本的な考え方は踏襲している。この推計データと地価公示価格で代理した実際の地価を比べると、東京都では1980年代後半から両データが急激に乖離しつつあり、この時期にバブルが発生していたことが確認できる。読者は、百数十年前の方法が現在でも利用できることに驚きを禁じえないだろう。

　なお、収益還元法は、地価の推計以外にも償還期限のない永久利付債券（例えば、イギリスが過去に南海泡沫事件後と第1次大戦時に発行したコンソール国債）の市場価値を計算する際にも使用されているなど、応用範囲は広い。

自作農地の場合：第1則

　実際の地価の算定は、土地の使用形態（自作農地・小作農地・市街地）別に異なってくるはずである。この考えにもとづき、「地方官心得書」の第12章では「検査例」と呼んで、自作農地に適用される第1則と小作農地に適用される第2則に分けて、具体的な数字によって説明している。そこで、これらを順に説明していこう。まず自作農地の場合には、自らが耕作している土地であるため、以下の式で算出できる。

　　　自作農地の地価＝（収穫－種籾・肥料代－地租－村入用）÷利子率

である。ここで右辺のカッコ内が収益を示しており、そのうち村入用とは地方税のことである。次に損益構造を体系的に把握するために、「地方官心得書」で提示された数値にもとづき説明する。そこでは以下の式が示されている。

$$x = (y - 0.15y - 0.03x - 0.01x) \div 0.06$$

　自作農地の地価はx、収穫はy、種籾・肥料代は収穫の15%、地租は地価の3%、村入用は地価の1%、利子率は6%としていた。この式では、種籾・肥料代、利子率が過小評価であるため、結果として地価（x）が過大評価されていた。この式より$x = 8.5y$となるために、地価は収穫の8.5年分に相当する。

　いま、自作農地の地租の算定方法は地価の3%であるため、両辺に0.03を掛ければ、

$$0.03x = 0.255y$$

　これより地租は収穫の4分の1となる。さらに村入用も含めた税金の総額は、

$$0.03x + 0.01x = 0.255y + 0.085y = 0.34y$$

であるから、税金の総額は収穫の3分の1となる。実務上では、この比率にもと

づき税収を決めていたと推測される。

小作農地の場合：第２則

　一方、小作農地の場合には、他人に貸して小作料を徴収している土地であるため、

　　　小作農地の地価 ＝ （小作料 － 地租 － 村入用） ÷ 利子率

となる。自作農地の場合と同様に、右辺のカッコ内が貸主の収益に相当する。再び「地方官心得書」によると、具体的な損益構造にもとづく地価は以下の式のようになる。

$$x = (0.68y - 0.03x - 0.01x) \div 0.04$$

　ここで小作農地の地価は x、$0.68y$ は小作料、0.04 は利子率を示す。ただし現実と比べて、小作料は過大評価、利子率は過小評価であり、いずれも現実離れした大きさである。特に利子率では、小作地の利子率が自作地よりも低くなっているが、そもそも利子率は市場（または政策）で決められるから各農家で一致しないのは不自然である。

　このように自作農地に高い利子率を適用する理由は、自家労働を市場価値で評価し直したためといわれる[16]。しかしこのような事情を考慮すること自体は差支えないが、それを利子率に初めから含めてしまうことは、やはり問題があるといえよう。結局、この式より $x = 8.5y$ となるため、地価は収穫の 8.5 年分に相当する。これは自作農地と帳尻をあわせた数字にすぎない。

　小作農地の税金（自作地の場合と同額の $0.34y$）は地主が支払うため、地主の手許には、

$$0.68y - 0.34y = 0.34y$$

となり、小作料の半分は税金で持って行かれた。また小作人の手許には、

$$y - 0.68y = 0.32y$$

　それゆえ小作農地に関して、地主の収入 $0.34y$、小作人の収入 $0.32y$、国＋地方の税収 ＝ $0.34y$、となり、地主・小作人・国が収穫高のほぼ３分の１ずつとなる。自作農地と同様に、実務上ではこれらの比率にもとづき税収が決められていた可能性が高い。

市街地の場合

　地租の大半が農地から得られていたため、従来は市街地の地租については研究が進んでいなかったが、近年に至ってその内容が解明されつつある[17]。市街地の地価算定方法は、「市街地租改正調査細目」で示されている。それによると市街地でも、基本的には農地の場合と同様に収益還元法を採用している。

　まず議論のスタートとして、地力という概念を設定する。この地力とは、宅地1筆を表坪（表通に面した敷地部分）・裏坪（通りに面していない敷地部分）・角表坪（通りに面した角の敷地）などの形状にしたがって数片に分割し、それぞれに対して商業の盛衰、運搬の便否などを斟酌して推計した、1坪当たり1ヵ月間に稼ぐことができる地代収入のことである。

　この地力の決定にあたっては、土地の形状や面積を勘案しながら「地位等級表」よりこの地力に該当する特定の等級を選び出す。さらにその等級の数値から、当該土地の平均的な収入を示す中点地力を求める（具体的な計算方法は省略する）。「地位等級表」とは、東京府内のすべての市街地を、日本橋安針町（現在の日本橋室町1丁目と本町1丁目）の魚市場の角地を30円の最高値として、以下183等級まで区分した、かなり詳細な地力の等級表である。詳細というより異常な細かさといったほうが適切かもしれない。

　最後に、以下のように中点地力より年間の地代収入総額を出し、さらに純収益を計算した上で、それをもとに収益還元方式によって地価を算出する。

　　市街地の地価＝（坪数×中点地力×12ヵ月－地租－区入費）÷利子率

　ここで区入費とは地方税のことである。そして東京府地租改正科の説明資料によると、以下のような具体的な計算方法が提示されている[18]。

$$x = (\alpha \times \beta \times 12 - 0.03x - 0.01x) \div 0.04$$

　ここで、市街地の地価はx、1ヵ月当たりの中点地力はα、坪数はβ、地租は地価の3%、区入費は地価の1%、利子率は4%を示す。農地と同様に利子率が過小評価であるため、結果として地価（x）が過大評価となる。この式は$x = 12\alpha\beta \times 12.5$と整理できるため、地価は地代収入（$12\alpha\beta$）の12.5年分に相当し、地租は地代収入の37.5%になる。

　ところで地価の数式は、$x = \alpha\beta \times 150$と書き換えることができるため、実務担当者は当初より地価を1ヵ月当たり地代収入の150倍とするように決めており、これにあわせて利子率等の数字を逆算した。実務上では、この簡単な数式で地租

第3章　財政再建の抜本策　　*119*

が処理されていた。また地代収入に対する租税合計の比率は、以下の式より50％となった。

$$\begin{array}{l}\text{市街地の地代収入に}\\\text{対する租税合計の比率}\end{array} = (150\,\alpha\beta \times 0.04) \div 12\,\alpha\beta = 50\%$$

このような市街地の租税比率は、小作農地（小作料）の場合と同水準であった点に注目しておきたい。いずれにしてもこれらの比率にもとづき、農地の場合と同様の考え方で税額が決められていた。

〈所有権の確定方法〉

江戸期を通じて土地の権利関係は複雑化していった。そのもとで土地所有者を確定するにあたってそれが困難な場合にも、強制的に所有者を確定した。このように土地とその所有者を結び付ける考え方を、「一地一主の原則」と呼んでいた[19]。この原則は、各筆の土地には単一の所有者が確定されることを意味する。

ただしそこには共有も含まれるため、厳密には拡大解釈した考え方であるが、要するに納税者を確定するために基本的には個人所有の確立を目指すものであった。この原則にしたがって、従来の不分明な関係にあった土地の権利が強引に整理された。例えば、永小作地では地主が所有者、質流地では質取主が所有者、入会慣行の土地では所有権を確定できない大半の場合に国が所有者とされたほか、割地制度の土地では割替が廃止され、その時点の耕作者が所有者とされた。

このうち永小作地とは、永小作権（他人の土地を、使用期限を定めず無制限に小作する権利）の設定された土地のことである。もともと江戸期には、年季を定めずに土地を無制限に小作させる慣行があり、その際に地主はみだりに小作地を引き上げることができなかった一方、小作人はこの永小作権を自由に売却・譲渡・相続・質入・書入の対象とすることができた（つまり物権であった）。このように小作人の立場が強く、土地の権利関係は一地両主的となっていた。そして明治初頭には、小作地の約2割が永小作地であったという。しかし地租改正では、永小作地で地主のみに所有権を与え、小作人から上記の権利を取り上げてしまったため、小作人は用益権者の地位に転落した（ただしその後、1898［明治31］年の明治民法で永小作権が認められるようになった）。

次に質流地とは、金銭貸借にともない発生した利息に相当する所定の小作料を支払えなくなった質入地のことである。質入れ地とは、江戸期には一般的に質入

地で請戻し慣行が定着していたほか、なかには返済期限を決めていない場合（無年季）があったため、たとえ質流地のようにみえても厳密には質入れ農民が所有権を持っている可能性が高かった。それが地租改正では、この質流地に関して質取主を所有者とみなしたほか、長期にわたって質地関係にある土地（つまり質流れになる以前の質入地）も事実上質流れ状態になっていたとみなして、質取主を所有権者とみなした。

　また入会慣行とは、入会地を管理するルールのことである。この入会地とは、村や部落などの村落共同体で総有した土地であり、おもに薪炭・用材・肥料用の落葉を採取した山林である「入会山」と、まぐさや屋根を葺くカヤなどを採取した原野・川原である「草刈場」の2種類に大別される。さらに割地制度とは、農民の耕作地を一定年限ごとに交換する江戸時代の土地慣行であり、地割制度とも呼ばれた。新田や水害を受けた土地などでは、場所によっては生産力が不安定になることが多くみられるため、この制度を導入することで農民の年貢負担を長期にわたって均等化することができた。

　これらの土地は改正時期の所有者で固定されたため、各地でトラブルを発生させた。例えば、入会山の関連では、官民有区分処分によって民有地に確定された小繋山（岩手県一戸町）で、引き続き地域住民が入会として利用した状況で、1910年代に入って小繋事件が発生した事例が有名である。

　ところで地租を年貢と比較した際に、年貢は物納であったといわれるが、表3-1のように石代納といい貨幣で納入することもあった。すなわち享保年間（1716〜35年）には、畑方物成や小物成などを中心として全貢租量のうち3割前後が石代納であり、時代が下るにつれてこの割合が増加した。石代納には、例えば三分一銀納といって田畑年貢の3分の1を銀納、残りの3分の2は米納する制度が上方で採用されているなど、地域によって多様な形態が存在していた。同制度が拡大していった理由として、田畑比率が高いといった土地特性のほかに、商品経済の発達で貨幣経済が浸透していったこと等があげられる。

　以上のような変則的な事例もみられたが、全般的に政府としては年貢と比べて地租のほうが毎年、安定的に租税を確保できるようになった点で優れているが、農民にとっては年貢と変わらず、むしろ悪化した点もあった。

（4）実施過程と影響・評価

　地租改正を実施するにあたっては、地価の算定以外にも実施現場では特有の問題が多数発生した。以下では地押丈量と地租の金納を中心に、現場でおこった問題とその解決策について紹介した上で、地租改正の評価についても触れておこう。

〈地押丈量と地価算定〉

　まず地押丈量では、村人自身がおこなうこととされたが、正確な測量技術を持った者はいなかった。このため県が、測量に従事する人々（技術者）に対して技術講習会を実施し、その技術者を各村が自らの負担で雇うこととした。ただし実際の測量では作業人数が足りないため、技術者のほかに地区単位で補助人夫が割り当てられ、同人には1日当たり一定額の手当てが支給された。もちろん丈量をおこなう時期は、農繁期にはとても不可能であるため、一部では農閑期の冬場におこなったところがあるなど、おおむね農作業の障碍にならないように配慮された。

　測量方法としては、間竿と間縄を使った十字法（けんざお）（けんなわ）が採用されることが多かったが、それよりも正確な三斜法を使用することもあった。実施にあたって政府は1875（明治8）年6月に1間＝6尺（約1.82メートル）とした六尺一歩竿の使用と300歩（坪）＝1反とした測量単位を定め、隠田畑や縄伸びなどの隠匿・脱漏を許さない厳格な方針でおこなった。いわば度量衡の統一である。もっとも竿に関しては、地方によっては太閤検地以来の6尺3寸（中検と呼ぶ、約1.91メートル）や、さらに古い6尺5寸（古検と呼ぶ、約1.97メートル）が使われたといわれる。ちなみに1尺＝30.3センチメートル、1寸＝3.03センチメートルであるため、1尺＝10寸となる。畳が3尺×6尺であることから、これらの長さは直感的に理解できよう。

　地押丈量では重要な問題が多数発生した。例えば田の長さを計測する際に、畦（あぜ）（水田と水田の境に水田の中の泥土を盛って、水が外に漏れないようにしたもの）の中心ではなく縁から測られたりして、地籍（土地の面積）が実際よりも小さめに記録されることもあった。これを「縄伸び」という。厳密におこなわれた再調査の結果によると、2割程度の縄伸びが報告されている。さらに所有権の確定にあたっては、先述のとおり全国的に質入地が質取主の所有とされたことで、個人間で多数のトラブルが発生したほか、これにともない町村間の境界でも紛争が発生した。

　政府は「旧貢租額の維持」を目指していたため、結果的には理想とされる地租を農民等に押し付けることとなった。このような実施方法を「押付反米」（おしつけたんまい）と呼んでいる。実際の作業では、①財政支出に見合うように財政収入を決定、②財政収

〈コーヒーブレイク：公図と百年の大計〉

　土地の所有・課税情報は当初、土地所有者が改正地券で保有したほか、戸長役場でも地券台帳に記録して管理された。しかし1886（明治19）年に登記法が公布されると、戸長役場の業務は治安裁判所に引き継がれた。同所では、土地台帳規則にもとづき土地情報を土地台帳に書き込むほか、その附属資料として土地の図面を保管した。これにより地券の発行は中止された。裁判所の業務は登記所（つまり法務局）が現在行っており、全国の登記所には2008年4月現在、不動産登記法第14条の規定にもとづき、所在地や形状・面積等が記された図面が約668.7万枚備え付けられている。

　これらの図面は、同法第14条1項にもとづく「登記所備付地図」（いわゆる14条地図）383.7万枚と、同法第14条4項にもとづく「地図に準ずる図面」285.0万枚に大別される。そして後者の図面を、一般的に「公図」と呼んでいる。このように14条地図が登記所備え付けの図面総数に占める割合は約57%にすぎず、残りの土地では近代的な測量技術にもとづく正確な地図が作成されていない。ここで14条地図は、さらに国土調査法（1951［昭和26］年制定）にもとづき自治体が実施した地籍調査にもとづく地図（いわゆる「地籍図」）332万枚、土地改良図等51万枚、法務局作成地図0.7万枚に分かれており、地籍図が全体の87%を占めている。一方、公図は、明治前期に旧土地台帳施行細則第2条にもとづき作成された図面（旧土地台帳附属地図）204万枚、土地改良図等81万枚に分類され、とくに旧土地台帳附属地図は全体の72%に達している。いずれの図面も、測量技術の未熟さから実態を正確に反映していない。

　このように公図は、地租改正の際に土地所有者等が役人の指導を受けながら作った地引絵図をもとに作られたが、正確にいうと地引絵図以外のものもある。すなわち1874（明治7）年に内務省地理寮が主管して実施された地籍編成事業による地籍図、1885（明治18）年に大蔵省主税局が主管して実施された地押更正調査による更正図も含まれているなど、実際には数種類の図面がもとになっている。そして地押更正調査の終了を踏まえて1889（明治22）年3月に土地台帳規則が制定され地籍編成事業が開始されたが、それは10年以上続けられたものの最終的には取りやめとなった。要するに、公図が不正確である理由は、明治期に実施された複数の事業が未完成であったほか、本文で記したように明治政府が地租改正にあたり1間を6尺と定めたが、地方によっては6尺3寸やさらに古い6尺5寸が使われたところがあり、また田の長さも畦の中心ではなく縁から計測され、縄伸びが発生したりしたことがあげられる。これら過去の事業の失敗をカバーした国土調査法による正確な地籍調査は、その進捗率が50%にすぎず、地域別にみるとDID（人口集中地区）が23%、非DIDが51%で、都市部の事業が遅れている。

　14条地図は、融資の担保物件となった土地の状態を確認するため活用されるほか、大事な相続財産の証拠資料となるなど、不動産取引のみならず各種取引にとって極めて重要な役割を負っている。狭い国土で、土地が重要な実物資産となっているため、できるだけ早く地籍調査が完了することが望まれるが、いつになったら事業が完了するのだろうか。地租改正というと大昔の話のように思われるが、意外に身近なところで生活と密接に結びついていることに驚かされる。地租改正が極めて短期間に達成できたものの、同事業を百年の大計とは位置付けなかったため、その代価は非常に高いものについている。

入のうち地租で調達する金額を決定、③地租総額を府県別に分割、④府県別総額を郡別・村別に分割、⑤村別総額を一筆ごとに分割、といった手順で具体的に地価が算定された。いわば政府の事情にもとづいて上から決められていた。特に①と②に関して、大蔵省から正院に提出された地租改正法の説明書類中には、地価の3%を地租とする理由として「地租改正ノ始先ツ旧来ノ歳入ヲ減セサルヲ目的ト」[20] すると明記されていた。

　以上の押付反米によって、様々な現象が発生した。例えば、実際には年々の収穫の半分ぐらいしか現物で地主に支払われなかったため、0.68 よりもかなり少ない。他方、税金は収穫の評価額の0.34倍を支払わなければならなかったため、地主の取り分は計算よりも少なかった。また小作人は、収穫の半分ぐらいが手許に残ったが、そのなかから生産に必要な経費を支払わなければならなかったため、自由に使える金は旧幕時代と変わらなかった。しかも事業の実施過程で、収穫の多寡を反映していると考えられていた小作料が、実は年貢量・地主との血縁関係・米の豊凶等によって変動するほか、口頭での約束が多かったため、収穫量の把握（ひいては地価算定）の材料にはならないことがわかった。

　特に地価算定は当初、第1則、第2則という非現実的な数値例を示していたが、最終的には小作地であっても第1則を適用することに決めた。なぜなら現実の小作料が収穫高の68%以下であることが多いため、第2則を適用して実際の小作料を代入すると、地価が第1則よりも低く算定された。そのため第2則のままでは、旧貢租より10%以上の減収になることが予想されたからである。

　このような問題があったとはいえ、短期間におこなわれた作業結果は地引帳（丈量帳）、地引絵図（いわゆる地籍図）にまとめられた。当時の農村にとって、この丈量は難事業であったがゆえに、その完成を祝って全国の神社では地租改正の絵馬が奉納されることが多かった。この点は、高校の教科書に掲載されていた写真を思い出してほしい。この難事業によって、改正後の土地面積は改正前より大幅に増加した。

　ちなみに現在、全国の登記所には約600万枚の図面が備え付けられているが、その半分近くは公図と呼ばれる図面である。この公図は地租改正の際の地引絵図等をもとに作られたものであるため、形状・面積が対象地域と厳密には一致していないことが多々ある。このため今でもしばしば、土地に関連した重大なトラブルを引き起こしているのである（この点は本章の「コーヒーブレイク」も参照）。

なお上記の問題に対して、地租改正法規上では規定がなかったため、府県が自主的に品格（数量と品質）を表す等級方式を採用し始めた。そこで1875（明治8）年7月に、地租改正事務局が詳細な規定「地租改正条例細目」を作成・公布し、そのなかで地位等級方式として同方式が全国画一的に採用されるようになった。

　地租率は当初、地券の交付が完了した後に決める予定であった。しかし地券発行が難航することが予想されたため急遽前倒しして、1873（明治6）年7月に公布した地租改正法のなかで3％と公表した。さらに地租の納税額は、江戸時代の年貢の負担額よりも大きくなった場合も多かったほか、低米価のもとで過去の高米価も含めて平均した地価を基準に地租を計算することとなった。

　このため1876（明治9）年末に、和歌山、石川、山梨、山口、静岡、茨城、三重、愛知、岐阜、堺（現在の奈良）等の各県で、大規模な地租改正反対一揆や地租軽減嘆願運動が多発した。このうち同年11月の真壁暴動（茨城県真壁郡を中心とした一揆）や同年12月の伊勢暴動（「三重大一揆」ともいう）が有名であり、特に伊勢暴動は隣接の愛知・岐阜・堺県へ波及した。これら反対運動の中心人物として、地域住民の指導層が関与していた。例えば、伊勢暴動の一環である愛知県春日井郡の一揆では、村最大の地主かつ区長であった林金兵衛が関与し、福井でも7郡で地主・豪農層が指導的役割を演じていた。地租改正が、いかに住民の同意を採り付けずに強行されたかが理解できよう。ただし図3-2からわかるように、幕末から明治前期にかけては様々な理由で農民一揆が頻発していたため、地租改正の一揆が飛び抜けて多かったというわけではない。

　1877（明治10）年1月、政府は反対一揆や士族叛乱を受けて、地租率を地価の3.0％から2.5％へ、地方税率（村入用）を地価の1.0％から0.5％へと引き下げる措置を実施した。このように一揆によって地租率が引き下げられたため、農民による「竹槍でドンと突き出す二分五厘」という有名な流行り歌が創られた。とはいえ地租改正事業は、1874（明治7）年度以降7年間で徐々に府県別に完成していき、それにともない旧租から地租へ切り替えられた。そして地租収入は、表3-2のように1876年度以降は地租率の低下によって減少した（なお表3-2で、第6〜8期の地租が6000万円前後と高水準にあるのは、廃藩置県の影響がようやく現れてきたことを示す）。

〈地租の金納システム〉

　地租の金納に関しても様々な問題があった。すなわち金納しろといわれても、

素人に米が売れたわけではないほか、地方で米穀市場が整備されていたわけでもない。そこで米の換金にあたって三井・三菱や各地の国立・私立銀行が、「納税資金為替取組」（または「貢米荷為替取扱」ともいう）という方法で、下層農民に対して高利貸的金融をおこなった。

　例えば、開業直後の三井銀行は 1876（明治9）年 10 月より、愛知など 8 県において納税資金為替取組を開始した。もともと三井組は、廃藩置県後より三井・小野・島田組が全府県の貢米を取り扱い、それを換金して政府に収納していたため、地租金納化は同組にとって当然おこなうべき業務であった。しかも 1877〜79（明治10〜12）年には、華士族の国立銀行設立ブームが発生して国立銀行紙幣の供給を開始したから、この地租金納システムはこれらの金融システムの整備と歩調を合わせて、タイミング良く実施された事業であったことがわかる。先述の E. H. ノーマンが指摘したように、まさに「永いあいだ政府の最も練達の人びとが心血をそそいだ改革」に相違なかった。

　いま、図 3-5 にしたがって、このシステムを三井銀行が扱った事例にしたがって順番に説明すると、以下のとおりである(21)。ここでは設立直後の三井物産が集配面、三井銀行が金融面を分担しており、当時としては非常に効率の良いシステムであったと考えられる。煩わしい金融取引であるが、その全体的な流れを把握してほしい。

①まず農民が区戸長に米を移動する。この行為は、以後の経済行為を区戸長に一任したことを意味しており、実質的には各農民と区戸長の間に代理委託関係が形成されていることになる。

②区戸長は、三井物産の派出人（つまり出張人）に米を預ける。

③物産の派出人は、その米を抵当として三井銀行の支店から資金を借りるために、物産の手形を三井銀行支店に振り出す。

④三井銀行支店は、物産の派出人に対して同行手形を振り出す。

⑤物産の派出人は、この金額（銀行手形）を区戸長に渡す。

⑥区戸長は、県庁にこの銀行手形で地租を支払う。なお厳密には、三井銀行支店の銀行手形は一度、各農民に手渡されるが、それを再び区戸長に提出することで県庁へ支払われたため、ここではその動きを省略している。

⑦県庁は、この銀行手形を三井銀行支店に預ける。

⑧三井銀行支店は、この銀行手形を同行本店に送付する。

図 3-5　貢米荷為替による地租金納システムの概要

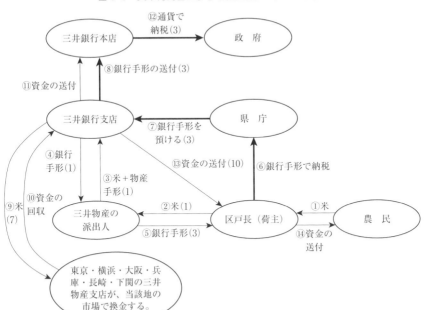

(注) 1. 太い矢印は、地租の納税ルートを示す。
　　 2. 矢印上の文字の最後のカッコは、「荷為替規則」の条文番号を示す。
　　 3. ③の抵当とした米は、物産側が倉庫に保管する（第6条）。
(資料) 岡田俊平「明治初期における荷為替金融」成城大学経済学部編『経済研究』第8・9合併号、1958年9月と、三井銀行編『三井銀行八十年史』同行、1957年の91-93頁より、谷沢が作成。

⑨三井銀行支店は、抵当として入手した米を送り状を添えて、東京・横浜・大阪・兵庫（神戸）・長崎・下関の三井物産支店に送り、そこの米穀市場で売却（つまり換金）する。

⑩物産支店は、三井銀行支店に向けて米の売却資金を送付する。いわば自らが振り出した③の物産手形を回収するために、支払期限が来る前に実施した措置である。

⑪さらに三井銀行支店は、同行本店に向けてこの売却資金を送付する。

⑫三井銀行本店は、政府に対して通貨（つまり紙幣）によって税金を支払う。

⑬三井銀行支店に送付された米売却資金は、区戸長に手形で送付される。

⑭この手形資金は、さらに区戸長から各農民へ送付する。

なお、以上のうち①、②、⑤、⑥、⑬、⑭で登場する区戸長とは、システム開

始当時の地方統治制度において府県の下部機構として位置付けられた、大区小区制における役職を示す。地租改正では、これらの人々が事業における末端の取りまとめ役であったため、金納化にあたっても責任者となった。

ここで大区小区制は、1871（明治4）年4月の戸籍法にもとづき、数個の町村を集めて小区、数個の小区を集めて大区、数個の大区を集めて府県、という行政単位として形成された。そして旧幕時代の町村役人に代わって、町村に用掛、小区に戸長、大区に区長という代表者を置き、特に区戸長は官選で決められ府県令の指揮下で、戸籍・徴兵などの行政事務を遂行することを主要な業務とした。もっとも先述のとおり、地租改正反対一揆が各地で発生したため、地方統治制度は1878（明治11）年7月に公布された三新法のもとで大区小区制から郡区町村制へと変更され、上記の区戸長による業務は郡長・区長・戸長が引き継いだ。

要するに、このシステムは三井銀行が手形を振り出すことで政府への地租の金納を請負うほか、三井物産が米穀の輸送および売買をおこなうなど、三井組のなかで役割分担していた。そして農民の納税や生活資金の取得を一括して代行するものであった。紙幣の価値が弱かった当時には、このような銀行・物産が振り出した手形は、紙幣に代わる重要な役割を担っていたといえよう（1880年代前半の紙幣の価値については、表6-2の（参考）を参照）。しかも⑬、⑭の資金は、県下平均時価の6割ないし7割で割り引かれていた。この点は、収穫期における米価の低落と端境期における高騰を両極とした、米の販売価格の実態をうまく利用したシステムであった。この延長線上では、「三井・三菱といった政商に恰好の資本蓄積の基盤を提供した」という評価もある。

ただし政府側からみると、このシステムでも財政支出の実行に見合った機動的な収入の調達は困難である、という大きな問題を抱えていたことを付言しておく。

〈実施結果と評価〉

最後に、地租改正作業の結果をまとめておこう。この難事業は、1874〜80（明治7〜13）年の7年間にわたって、総額3710万円余を投入して進められた。このうち実施期間は、これほどの大事業であれば現代でさえ最低10年以上かかったはずであるが、わずか7年にすぎなかった点は注目される。

短期間で完了した背景には、政府主導で強引に実施されたことが影響していた。もっとも当事業の具体的方針は、1875（明治8）年8月に正院でようやく決まった

ため、地租改正法の公布から2年間は決められなかった。この間は大蔵省租税寮が事業を担当しており、府県を指導・推進する十分な体制が確立していなかった。それにもかかわらず府県側では、旧租税の運用上の問題点を解消する必要が強かったため、山口県のように1872（明治5）年から改正作業を実施して地租改正法の公布以前に完了していた府県も一部にあった。このような事情を考慮したとしても、その手間の多さ等のわりには短期間であった。

　その事務局は、上記のとおり当初は大蔵省租税寮内に設置された改正局が一切を担当し、その局長には陸奥宗光が就いた。陸奥が就任したことは適任であろう。ただし1875（明治8）年3月に内務省と大蔵省の共同所管事業となったほか、新たに地租改正事務局が設置された。このように地租改正事務局が別途設立された理由は、その作業量が当初予定していたものをはるかに超える状況となってきたほか、内務省が設立され両省にまたがる事業となったことがあげられる。

　同事務局の幹部には、総裁に大久保利通（内務卿）、御用掛に大隈重信（大蔵卿）、三等出仕（実質的な局長）に松方正義（大蔵少輔兼租税頭）が就任した。短期間で事業が実施できた背景には、実務家として有能な松方の存在が極めて大きかったことに注目しておく必要があろう。

　次に事業概要は、表3-5に示されている。この表は改正前（1873年）と改正後（1880年）の反別（面積）と地租を用途別に比較したものである。改正後における反別（改正された土地）の総面積は1248万2000町歩、同地価総額は16億4876万4000円、地租総額は地租率3.0％（地価2.5％＋地方税0.5％）であるため4946万3000円となった。改正前と比べると、反別は3倍以上に大幅な増加となったにもかかわらず、地租は押付反米をおこなったため改正前と比べて6％程度の減収にすぎなかった。反別の大幅増加は、おもに山林原野が急増したことが影響している。

　地租改正というと田畑が中心であったと考えがちであるが、実際には新たなターゲットは山林原野の計測であった。ただし地租総額の地域別内訳は、96％が郡村耕宅地、4％が市街地の宅地（『都市と地租改正』の7頁）であったため、依然として農村部の負担が重かった。とはいえ実際の税負担額を示す反当たり地租をみると、全国計では133.7銭から39.6銭へと大きく低下しており、農民の税負担が大きく減ったことも事実である。

　ここで府県別の動向を表3-6でみてみよう。まず反別の増加率では、石川が

表 3-5　地租改正前後の租税対象地の内訳

		田　畑	宅地・市街宅地	田畑・宅地等	塩　田	山林原野	荒　地	開墾鍬下地	総　計
面　積 (1000 町)	地租改正前			3,257	4	453	187	15	3,916
	地租改正後	4,493	349	4,842	7	7,475	114	44	12,482
	差し引き			1,585	3	7,022	−73	29	8,566
租　税 (1000 円)	地租改正前			52,180	26	161	1	0	52,368
	地租改正後	44,623	4,037	48,660	61	742	0	0	49,463
	差し引き			−3,520	35	581	−1	0	−2,905

(注) 1. 上記の表は、表3-6と同様に地租改正の対象地を網羅しているはずだが、なぜか宅地または商業地などの分類が含まれていない。ただし本文でも言及したように、宅地等は数%にすぎないから考慮しなくても問題なかろう。
2. 開墾鍬下地は、開墾中の土地を示す。
(資料)「地租改正報告書」大内兵衛・土屋喬雄編『明治前期財政経済史料』第7巻、1979年の81頁の表より谷沢が作成。

極端に高いが、これは誤植の可能性が高い。そこで石川を除外すれば、長崎・岐阜・広島・島根・長野・岩手・静岡の7県が5倍を超える一方、青森・埼玉・大阪・和歌山・山口・福岡・熊本の7県では2倍を下回るなど、府県で大きなばらつきが発生している。このばらつきは、江戸時代に長い時間をかけて実施された新田開発等に関する捕捉率の高低（つまり藩側が農民の耕作地を把握しきれていない状況）を反映していたのではないかと推測させる。また戊辰戦争で賊軍側になった東北各県の数字がさほど大きくないが、官軍側の鹿児島・山口は若干手加減されているように感じられる。

　さらに地租の増加率をみると、北東日本が1.1倍、南西日本が0.9倍となり、北東日本で反別が抑えられていたのに高くなっている。その理由として、東北地方や関東地方では旧幕時代にいわゆる「安石代」と呼ばれる貢租負担の比較的軽い慣習が存在し、それが地租改正によって修正されたことが指摘されている。これらの情報から判断すると、事業実施にあたっては府県単位で地租の負担額を割り振った押付反米が色濃く影響していたといえよう。反当たり地租について、その府県別バラつきの程度を変動係数でみると、改正前が0.736に対して改正後は0.808と、かえって増加している。つまり税負担の地域別の公平性という点に限ってみると、地租改正はかならずしも成功したとはいえない。

　この地租改正によって、いかなる影響がでたのであろうか。これを経済主体別にみておく。まず政府部門では、徴税コスト（現物を換金する必要）の減少、納税

表 3-6　地租改正の事業概要（1873 年と 1880 年の比較）

単　位	反　別			改正後の地価額	改正後の反当たり地価額③	地　租			反当たり地租	
	① 改正前	② 改正後	反別の増加率(②/①)			④ 改正前	⑤ 改正後	地租の増加率(⑤/④)	改正前(④/①)	改正後(⑤/②)
	1000町	1000町	倍	1000円	円/反	1000円	1000円	倍	銭/反	銭/反
青　森	133	213	1.6	18,232	8.6	527	547	1.0	39.7	25.7
岩　手	116	661	5.7	20,253	3.1	500	608	1.2	43.1	9.2
宮　城	122	282	2.3	23,429	8.3	612	703	1.1	50.2	25.0
秋　田	82	288	3.5	27,336	9.5	841	820	1.0	102.3	28.5
山　形	91	275	3.0	34,142	12.4	1,186	1,024	0.9	130.0	37.2
福　島	160	340	2.1	41,016	12.1	1,158	1,230	1.1	72.5	36.2
茨　城	159	320	2.0	44,548	13.9	1,392	1,336	1.0	87.4	41.7
栃　木	114	294	2.6	30,446	10.4	814	913	1.1	71.6	31.1
群　馬	94	234	2.5	31,344	13.4	826	940	1.1	87.6	40.2
埼　玉	158	266	1.7	57,524	21.6	1,400	1,726	1.2	88.5	64.9
千　葉	160	322	2.0	51,139	15.9	1,809	1,534	0.8	112.9	47.7
東　京	32	41	1.3	21,611	53.2	360	648	1.8	113.6	159.6
神奈川	113	259	2.3	30,175	11.6	834	905	1.1	73.6	34.9
新　潟	168	466	2.8	65,401	14.0	1,692	1,962	1.2	100.5	42.1
山　梨	36	112	3.2	16,737	14.9	486	502	1.0	136.5	44.7
長　野	88	509	5.8	39,717	7.8	1,144	1,192	1.0	130.1	23.4
静　岡	87	490	5.6	47,256	9.7	1,310	1,418	1.1	150.8	29.0
石　川*1	1	352	403.8	65,101	18.5	2,564	1,953	0.8	29,383.9	55.4
福　井	44	112	2.5	25,393	22.7	830	762	0.9	187.4	68.0
岐　阜	71	673	9.5	42,199	6.3	1,214	1,266	1.0	172.0	18.8
愛　知	113	255	2.3	70,596	27.6	2,100	2,118	1.0	185.5	82.9
三　重	70	341	4.9	57,269	16.8	1,908	1,718	0.9	272.6	50.5
滋　賀	67	213	3.2	48,017	22.6	1,634	1,441	0.9	242.2	67.8
京　都	53	176	3.3	30,428	17.3	985	913	0.9	186.9	52.0
大　阪*2	96	122	1.3	83,441	68.4	2,748	2,503	0.9	285.6	205.1
兵　庫	121	545	4.5	81,357	14.9	2,800	2,441	0.9	230.5	44.8
和歌山	38	50	1.3	30,696	60.9	1,080	921	0.9	283.0	182.6
島　根*3	96	624	6.5	49,759	8.0	1,526	1,493	1.0	159.5	23.9
岡　山	95	434	4.6	59,232	13.6	1,663	1,777	1.1	174.9	40.9
広　島	75	528	7.1	51,336	9.7	1,517	1,540	1.0	202.5	29.2
山　口	169	242	1.4	23,040	9.5	810	691	0.9	47.9	28.5
徳　島	110	238	2.2	24,358	10.2	784	731	0.9	71.5	30.7
愛　媛*4	123	483	3.9	59,007	12.2	2,042	1,770	0.9	165.4	36.7
高　知	123	387	3.1	23,593	6.1	1,099	708	0.6	89.0	18.3
福　岡	152	203	1.3	56,666	27.9	2,305	1,700	0.7	152.0	83.7
長　崎*5	26	302	11.5	47,896	15.8	1,829	1,437	0.8	697.3	47.5
熊　本	107	200	1.9	41,106	20.5	1,511	1,233	0.8	140.8	61.5
大　分	92	191	2.1	28,466	14.9	1,008	854	0.9	109.1	44.7
鹿児島*6	158	440	2.8	49,504	11.2	1,521	1,485	1.0	96.0	33.7
3府36県計	3,916	12,482	3.2	1,648,764	13.2	52,368	49,463	0.9	133.7	39.6
変動係数	0.389	0.501	—	0.411	0.808	0.451	0.411	—	0.736	0.808
北東日本	1,914	5,370	2.8	600,306	11.2	16,890	18,009	1.1	88.3	33.5
南西日本	2,002	6,760	3.4	983,358	14.5	32,915	29,501	0.9	164.4	43.6

(注)　1. 原資料には対象時期が明記されていないが、府県の存在等から作成時期は1881年、改正前は1873年、改正後は1880年とみなした。ただしこのように推測しても、1873年の地租総額が表3-2の数字と一致しない点に留意されたい。
2. ＊1に富山（独立は1883年5月）、＊2に奈良（同1887年11月）、＊3に鳥取（同1881年9月）、＊4に香川（同1888年12月）、＊5に佐賀（同1883年5月）、＊6に宮崎（同1883年5月）を含んでいる。
3. 北海道は1877（明治10）年より、沖縄は1903（明治36）年より、それぞれ地租が導入されたため、上表には掲載されていない。
4. 地租改正事業の対象用地は、おもに民有地の第一種（田畑、宅地、山林・原野、荒地）と第二種（郷村社地、墳墓地）に分類されるが、第二種は地租が賦課されないため、上表では第一種のみを集計対象とした。
5. 地租は、原資料では「地価の3.0％が地租」と表記されていたが、本表ではその数字を地租2.5％、地方税0.5％とみなした。
6. 変動係数より下の数値は、いずれも石川県の改正前の反別データが誤植と考えられるため、同県を除外して計算した。
7. 反当たり地租の数字は、単位の変更等にともないデータの桁数を調整しているため、計算式で算出した数字と一致しない。
8. 点線の上が北東日本、下が南西日本と分類した。

(資料)　「地租改正報告書」大内兵衛・土屋喬雄編『明治前期財政経済史料集成』第7巻、1963年の81-120頁の表より谷沢が作成。

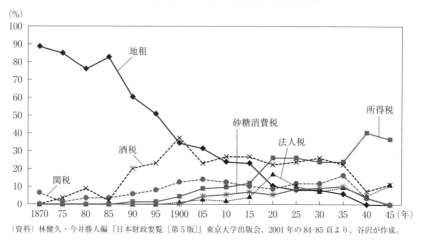

図 3-6 国税収入総額に占める主要税収の割合の推移

(資料) 林健久・今井勝人編『日本財政要覧［第5版］』東京大学出版会、2001年の84-85頁より、谷沢が作成。

額の変動が少ない等によって地租が税収の柱となり、財政的基礎が確立した。これによって予算を早く実行できるようになった。ちなみに図3-6によって国租税収入総額に占める主要税収の割合をみると、事業完了（1881年）直後の1885（明治18）年には80％に達しており、地租は政府にとって中核的な税制となった。

ただしこれは、財政支出に見合った十分な収入が確保されたことを意味するわけではない。すなわち改正直後の財政収入では地租以外の収入源がなかったことを示しているにすぎない。さらに地租は物価・収入に連動しない固定的な租税のために、景気変動で大きな影響を受け（つまりインフレ期に実質的な減税、デフレ期に実質的な増徴）、政府として機動的な財政運営をおこないづらい問題があった。

一方、地主・自作農にとっては、実質的には税負担が減らなかった。いま農業生産額に占める地租・小作料・農家収入の割合を示した図3-7をみると、地租の割合は地租改正前（Ⅰ）に48％であったが、改正直後（Ⅲ）には22％となり、改正前の半分以下になった。その代わり小作料は10％から36％に増加したほか、同図の下部で示した納税後収益に占める小作料の割合は、19％から46％に増えた。これらの傾向は、改正10年後（Ⅳ）には松方財政の実施にともない一層進んでいた。そのほか小作農の取り分は若干減少した。

この背景には、地組改正で納税単位が村単位から個人単位へ変更（つまり共同体の解体が進行）したなか、地主が米を換金して現金で納税しなければならなかった。

132

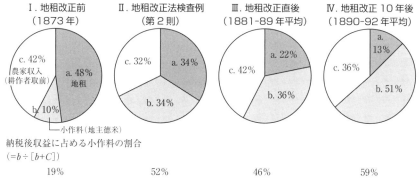

図 3-7　米生産額に占める地租・小作料・農家収入の割合の推移

（資料）丹羽邦男「地租改正と秩禄処分」家永三郎他編『岩波講座日本歴史』第15巻（近代2）岩波書店、1963年の145頁の第4・3表より谷沢が作成。

つまり領主が負担していた徴税コストを地主が負担することになり、そのもとで地主・小作関係（＝地主制）は地租改正前よりもかえって強化された。松方財政によって小規模の自作農や豪農が多数没落したため、この傾向はさらに強まった。

もっとも地租改正の完了時（1881年）が西南戦争後のインフレ時に重なったため、地主にとっては実質的な減税となった（この時期のインフレは図5-4を参照）。これは政府収入の激減をもたらし、結果的には財政赤字を増やしたほか、この赤字が円安を引き起こしたことで貿易赤字を増加させた面もあった。赤字が正貨流出を引き起こし、銀紙格差を拡大させることにもなった。このため五代友厚のように、「地租改正金納の変革は、今を以てこれを見れば、明治政府が財政上の大失錯と云わざるを得ず」と言わしめ、地租米納論を主張する者もあらわれた[22]。

地主にとっては、好都合な税金であった面に注目しておくべきだが、これはあくまで一時的な影響にすぎない。その後は松方デフレ期に突入して実質増税となったから、これをことさら強調すべきではない。とはいえ図3-7で、地租改正10年後（Ⅳ）には農業生産額に占める地租の割合が13％に低下した反面、納税後利益に占める小作料の割合が59％に急増しているため、地主・小作関係は地租改正直後よりさらに強化された。これらの事実は、地租改正が長期的にみて政府よりも地主にメリットがあったことを意味している。

さらに商人・高利貸では、強力な寄生地主に転化するものが続出し、これで近世の質地地主制から寄生地主制へ移行することとなった。これは、地租改正にあ

第3章　財政再建の抜本策　133

たって一般に地主（つまり土地所有者）と思われていた質入者や永小作人に地券が渡されず、代わりに資金の提供者であった高利貸や商人へ地券が渡されたためである。ただしこの時期の地主制の進行は、地租改正の完了直後に引き続き松方デフレが発生したため、この影響も加わっている点に注意すべきである。いずれにしても地主制の程度を象徴する小作地率（全耕地ベース）は、地租改正前の1871（明治4）年の37％から、改正直後の1903（明治36）年の44.5％へと上昇した。

ただしこれらの人々が寄生地主に転化した要因は、地租改正のほかに1873（明治6）年1月に地所質入書入規則、8月に動産不動産書入金穀貸借規則が制定され、身代限りによって質入・書入に対する借金取立を認めたことが影響している。ちなみに身代限りとは、「無担保の債務を弁済するために、公権力の命令により債務者の財産を没収し、それを債務弁済に充当すること」である。要するに身代限りとは、財産差し押さえのことである。また質入とは「金銭の借入に際して、借主が地券と土地を両方とも貸主に引き渡すこと」、書入とは「同様の場合に、地券のみを貸主に引き渡し、土地は引き続き使用できること」である。そして江戸時代には地券がなかったため、書入は借金証文に抵当物件を書き入れるだけで、引き続き使用できたことから、その名が付いた。

このため表3-7によって身代限りの処分人数を地租改正前後で比較すると、改正前より改正後に1人当たりの負債総額が増大して、高利貸や金融機関への土地集積が進行した。ここでは、負債総額の規模が大きい階層ほど、処分人数の増加率が大きくなっていることで確認できる。同様の動きを岡山県に限ってみてみると、表3-8のように納税を開始した1882（明治15）年ごろから貸付額・公売処分・身代限りのいずれも急増している。特に（参考）貸付人数に占める身代限り人数の割合が、1881年の1.0‰から1883年の3.6‰へ急増したのが目立つ。この背景には、地租改正直後に松方デフレが発生したことも影響しているだろう。

このほか村社会では、「一地一主」原則による所有権認定、入会地の処分、村請制の廃止によって、共同体の解体が進んだ。また都市部の商人の地租負担は、壬申地券では軽減されていたが、改正地券では農民と同水準となり均衡が図られたといった影響も無視できない。

最後は、地租改正の評価について。これに対しては、極めて多様な評価がなされている。まず近代的土地所有権を確立したほか、その確立が貸付地主（寄生地主）制の展開をもたらしたこと、地租の金納が農民を商品経済に巻き込み、農民

表 3-7　身代限りの処分人数の推移（全国）

(単位：人、%)

年　次	総　数	負債額 20円未満	同 50 円 未満	同 100 円 未満	同 500 円 未満	同 500 円 以上	不　明
1877～81 年 （地租改正前）	51,059 100.0	14,782 29.0	8,024 15.7	5,188 10.2	5,061 9.9	1,672 3.3	16,332 32.0
1882～86 年 （地租改正後）	85,424 100.0	10,199 11.9	16,520 19.3	13,328 15.6	15,800 18.5	5,096 6.0	24,481 28.7
変化率（倍）	1.7	0.7	2.1	2.6	3.1	3.0	1.5

(注) 上段は人数、下段は構成比を示す。
(資料)「貨幣制度調査会報告」『明治前期財政経済史料集成』第 12 巻の 235 頁、および『日本金融史資料』第
　　　16 巻の 773 頁より谷沢が作成。

表 3-8　岡山県における土地家屋抵当の破綻状況の推移

(単位：円、人、‰)

	土地家屋抵当（貸付額）		公売処分		身代限り		(参考)
	金　額	人　数	金　額	人　数	金　額	人　数	身代限り 人数÷貸 付人数 (‰)
1879	2,881,300	63,577	105	9	5,699	52	0.8
1880	4,123,940	78,023	259	24	2,916	54	0.7
1881	5,322,164	86,470	1,798	40	5,132	84	1.0
1882	6,097,271	107,574	7,481	106	22,342	199	1.8
1883	7,072,120	137,008	21,414	520	58,811	493	3.6

(資料) パウル・マイエット（斎藤鉄太郎ほか訳）『農業保険論』集成社、1890 年の 82-83 頁より谷沢が作成。

　層分解を促進させ所得格差が拡大した。そのほか明治国家の財政的基礎を確立さ
せた租税改革であったこと、帝国議会の選挙権が直接国税（地租＋所得税）15 円以
上となったため、地主階級が政治に直接参画する道を開いたこと、度量衡制度を
統一したことも、しばしば指摘されている。
　ただし山田盛太郎（講座派）は、地租を地価の 3％とすると農民の負担が幕藩期
と変わらないため、地租改正を近代社会半封建制論の根拠とした。そして前近代
の領主的土地所有が完全には解体できない不十分な制度変革であり、これが戦前
日本の経済構造を特徴づけているとした。ここで「半封建制」とは、とりあえず
経済社会環境は近代に移行しているが、制度や仕組み、理念等の点では未だ近代
に成りきっていない状態のことである。地租改正に関しては、前近代の領主的土
地所有が完全には解体できない不十分な制度変革であり、これが戦前日本の経済

構造を特徴付けているとした。

　もっとも猪俣津南雄（労農派）らのように、この地主制は資本蓄積の進展とともに解消していく、前近代性（いわゆる封建遺制）の特徴を持った制度にすぎないとの指摘もある。そのほか明治国家の財政的基礎を確立させた租税改革であったこと、帝国議会の選挙権が直接国税（地租＋所得税）15円以上となったため、地主階級が政治に直接参画する道を開いたことも、しばしば指摘されている。

　なお先述のとおり地租は戦前を通じて実施されたが、そのうち1931（昭和6）年の地租法施行までの約50年間、課税標準としての地価は、ほとんど変更されなかった（ただし地租率は、日清・日露戦争時に数回引き上げられている）。この事実は、地価の改正作業が国民の根強い反対でいかに困難であったかを示しているといえよう。この関連では、地租改正条例の第6条のなかに「地租ハ則チ地価百分ノ一ニモ可相定ノ処」と、いずれ1％まで引き下げるという文言が入っていた点にも注目しなければならない。この文言があるかぎり、地租引上げが非常に困難であるほか、むしろ引き下げをおこなわなければならないため、どうしても上記文言を削除する必要があった。さらに先述のように、5年ごとに地価を見直して、この新地価で地租を算定する煩わしい作業も必要であった。

　これらの理由から、1880（明治13）年は地価の修正時期に該当していたが、同年には米価が高騰して農民の実質的な負担が軽減されていたため、5年間の地価・地租の据置を決めた。しかしその後は一転して松方デフレ下で米価暴落が続いたため、約束の1885（明治18）年に地価の再調査を実施することが困難と予想された（以上の米価動向は、図5-4を参照）。これを回避すべく前年の1884（明治17）年3月に、大蔵卿・松方は地租条例を公布して地価と地租率を固定した。このような地価・地租率の固定化は、図3-6のように国税に占める地租の割合を低下させたほか、図3-7の1885（明治18）年のように農業生産額に占める地租の割合も低下させることとなった。

(5) 秩禄処分の断行

　地租改正とともに、秩禄処分は維新期財政の2大改革であった。この歳出削減策は、地租改正の数年前に秩禄の整理に目鼻が付いたことで成功したものであった。話は前後するが、以下では秩禄処分を多様な視点から紹介しよう。

〈禄制改革の諸段階〉

　地租改正法の制定によって近代的土地所有権が確立したことは、裏を返せば領主・武士階級の土地領有制を完全に廃止したことを意味する。

　すでに 1873（明治6）年 1 月に、徴兵令が太政官布告として制定され士族の常職を解いていたから、この徴兵令と地租改正の実施によって武士の存立意義がなくなり、禄制を存続させる根拠がなくなった。さらに明治六年の政変によって、士族の支持を取り付けていた西郷隆盛が失脚したほか、秩禄処分を実施する直前の 1876（明治9）年 3 月には廃刀令を布告して武装解除することで、予想される武装蜂起にも対処していた。秩禄処分は、大久保独裁政権（1873〜78 年）のもとで実に巧妙に実施された政策であった。

　秩禄処分とは、維新政府が旧領主・公家・武上に対して支給した家禄と賞典禄（これらを総称して秩禄と呼ぶ）を廃止して、代わりに金禄公債を交付した措置のことである。このように秩禄処分は通常、この公債交付のことを指すが、本節では秩禄処分に至る経過も重視するため、段階的に実施された「禄制改革」も含めて説明していく。

　まず家禄とは、版籍奉還にあたって政府が華族や士族および卒に対して与えた世襲性の俸禄である。それゆえ江戸時代の武士が得ていた一般的な俸禄のことではない点に注意してほしい。政府は家禄に関する法令「禄制」を定め、家禄を蔵米（現物の米。詳細は第 1 章の〈コーヒーブレイク〉を参照）で支給した上で、その支給額も 800 石以上 1000 石未満で 65 石にするなど、大幅に減額した。他方、賞典禄とは、政府が戊辰戦争の軍功、王政復古の勲功に対して与えた俸禄であり、支給期間によって永世禄、終身禄および年限禄の 3 種に分類された。これらの俸禄の財源として 100 万石が計上され、それらが上記の軍功者等に石高で分配された。ただし実際の支給にあたって 1 石（＝ 10 斗）当たり実米 2 斗 5 升と換算されたため、手許に入った俸禄は大幅に目減りした。

　以上のように新しい時代に入ったとはいえ、士族は相変わらず禄を食むことで新たな主君＝新政府に忠義を尽くす状況が続いていた。しかしすでに幕末段階から困窮士族が増加していたため、この忠義は揺るがざるをえなかった。このため幕府はこれら士族に対して救済事業などを実施してきた。そして維新期になると、旧幕時代と比べて俸禄が大幅に減ったため、政府は家禄や賞典禄を与えつつ各種の士族授産事業をおこなった。例えば、開墾・移民の奨励策として、民部省開墾

第 3 章　財政再建の抜本策　　*137*

局による開墾奨励（安積疏水など）、北海道開拓使による北海道への移住・屯田兵制の導入、殖産興業資金の貸付などが実施された。

　ただしこれら授産事業の多くは、かならずしも成功したとはいえなかった。なぜなら政府歳出の3割が秩禄となって国家財政を圧迫していたため、救済用の事業資金が不足していたからである。ちなみに維新時点で人口の約6％を占めた旧武士階級が版籍奉還と同時に士族となり、その多くが官吏の地位を占めたままであった。それゆえ財政問題の根本解決のためには、秩禄制度自体を廃止する以外に方法はなかった。

　段階的に実施された禄制改革を、具体的にみていこう。まず廃藩置県（1871［明治4］年）前には、すでに政府の指示により各藩が禄制改革の一環として家禄削減を独自に実施していた。これは特に、戊辰戦争で賊藩となった藩で目立っていた。さらに1873（明治6）年12月には、木戸孝允の強硬な主張にもとづき家禄税・家禄奉還制を併用して、支給した家禄を再度国庫に吸い上げる方策も実施した。すなわち家禄への累進的な課税（家禄税）を実施したほか、秩禄奉還の法を制定した上で家禄100石未満の下級武士に限定して、家禄を奉還する場合には家禄6年分を公債（年利8％）・現金を半々で一時金として交付した。ちなみにこの公債は「秩禄公債証書」と呼ばれたものであり、後述の金禄公債証書とは別物であることに注意してほしい。

　以上の措置によって、1873〜75（明治6〜8）年に家禄支給額・受給士族人員とも約20％削減した。このように金禄公債の発行・配布以前に、様々な禄制改革が実施されていた事実にもっと注目しなければならない。

〈金禄公債証書の発行〉

　さらに1875（明治8）年9月には、家禄・賞典禄の支給方法が現石（米支給）から金禄（つまり現金支給）へと転換された。この措置は、地租改正の進展で政府収入の大部分が金納化したため、それに合わせて家禄・賞典禄も金禄へ転換する必要があった。なぜなら現石のままだと、米価が上昇しつつあった当時は年別の石代で換算することで、最終的に巨大な財政赤字を発生させることになったからである。そして翌76（明治9）年3月に廃刀令を制定した上で、いよいよ同年8月に金禄公債証書発行条例が公布され、大蔵卿・大隈重信は金禄公債（一種の手切れ金）の支給を断行した。つまり秩禄処分の完成である。

その概要は表3-9のようになる。支給対象者は華士族計31.4万人、支給総額は1億7464万円、1人当たり公債金額（公債への換算年数）は家禄の5〜14年分であった。証書の利率は5分〜1割（つまり5〜10%）、償還方法は5年据え置き、6年目から毎年抽選で償還し、30年間で全部償還するというものであった。金禄高階層別にみると、公債への換算年数と利率は高禄者ほど低く、低禄者ほど多くするなど、下層に厚く、上層に薄くしていた。今流の言葉でいえば、垂直の公平性が採用されている。

　ただし最も厚く支給された下級士族の平均公債額415円でさえ、年間29円5銭（1日約8銭）の利子収入しか生まず、まったく生活を維持できなかった。もちろん秩禄処分が行われた当時、新たに官吏・公吏や軍人等の職業に就いた士族もいたが、それらを考慮しても士族のうち生計を保ち得たのは約4割弱であった。1883（明治16）年の士族のうち、①官公吏と軍人13.8%、②府県議会の被選挙権を持つ（地租10円以上の）者8.5%、③選挙権を持つ（地租5円以上の）者15.3%にすぎなかったため、残りの6割以上が不安定な就業を強いられた。

　それでは秩禄処分で得た一時金は、いかに運用されたのであろうか。しばしば指摘されているように、「士族の商法」と呼ばれるような、不慣れな商売に手を

表3-9　秩禄処分の金禄高階級別の実態

金禄高	推定石高	公債の種類		金利の対旧収入比率 (%)	公債受取人員 (人、百分比)	公債総発行額 (円、百分比)	1人当たり発行額 (円)
		利　子	年　限				
1000円以上	220石以上	5分	5.00 — 7.50	38 — 44	519 0.2	31,413,586 18.0	60,527
100円以上	22石以上	6分	7.75 — 11.00	46 — 74	15,377 4.9	25,038,957 14.3	1,628
10円以上	2.2石以上	7分	11.50 — 14.00	88 — 98	262,317 83.7	108,838,013 62.3	415
売買家禄		1割	10.00	100	35,304 11.3	9,347,657 5.4	265
合　　計				―	313,517 100.0	174,638,215 100.0	557

（注）1. 公債の年限とは、支給する公債額を定めるために金禄高に乗ずる年数のこと。
　　　2. 金利の対旧収入比率とは、禄税差引後の金禄手取高（金禄公債取得前の手取り収入）に対する金利取得額（金禄公債取得後の収入）の比率のことである。
　　　3. 金禄高のうち売買家禄とは、鹿児島県が92%を占め、しかも同県庁発行金禄公債の64%を占める。
（資料）丹羽邦男「地租改正と秩禄処分」家永三郎ほか編『岩波講座　日本歴史』第15巻（近代2）、1962年の175頁の第4・8表を谷沢が一部修正（ただし原資料は、丹羽邦男『明治維新の土地変革』御茶の水書房、1962年の232-233頁、および『秩禄処分参考書』『明治前期財政経済史料集成』第8巻）。

第3章　財政再建の抜本策　　139

出して失敗するものが続出した。ただし堅実な運用をおこなった事例もある。例えば、下層の加賀藩士・猪山家の幕末維新を記述した磯田道史『武士の家計簿』によると、猪山家の家禄は現米45.247石（約135円）であり、早々に家禄奉還をおこなっていた[23]。奉還時点（明治7年末）での運用方法は、①農地を購入して地代を得る（利回り：7.5%、リスク：小）。②借家を購入して家賃を得る（13%、中→小）。③銀行類似会社に預金して利息を得る（15%、大→中）。④親戚知人に貸して利子を得る（20%、甚大）が考えられた。現在から考えるといずれも高率の投資であるが、運用利回りとリスクを総合的に評価して、最終的には②を中心として③を加えるという、堅実な方法を選択した。この事例は、むしろ少数派であった。

　もっとも、たとえ食いつないだとしても、その後のインフレによって金禄公債の実質的価値が目減りしたため、士族の生活は一層厳しくなった。このため当初は公債証書の売買・譲渡が禁じられていたが、1878（明治11）年より解禁され、公債証書を売却して現金化する士族が続出した。困窮した下級士族の不満は、1876（明治9）年10月に敬神党の反乱（熊本）、秋月の乱（福岡）、萩の乱（山口）として爆発し、そして1877（明治10）年2〜9月の西南戦争（鹿児島）へ拡大した。これらの内乱は、最終的には鎮圧されたものの、一時は内政の不安定要因として極めて危険な状況となった。

　ただし秩禄処分によって、華士族の一部が金利生活者に変質したほか、政府の財政収支が改善される効果もあった。旧大名・上級公卿（華族）は、多額の金融資産保有者に転化し、その後は工業化の資本提供者になった。このような状況は、金禄公債の「資本転化」と呼ばれている。秩禄処分で支給された資金は、結果としてその後の国立銀行設立や工業化の原資として活用され、例えば1880（明治13）年の全国銀行株金総額の約42%が華族の所有となっていた。さらに武士身分の清算を完了したため、その後の政策運営がおこないやすくなった。

　最後に、大隈の財政手腕についても付言しておく。従来より大隈の財政手腕が松方正義のそれよりも見劣りする、としばしば指摘されている。しかし新貨条例（第2章）、地租改正・秩禄処分（本章）、国立銀行条例の改正（第5章）と、財政金融制度の再建に大きな足跡を残したことは無視できない。また第2章でも指摘したように、維新より大隈が財政の実力者になるまでの5年間に、松平慶永、伊達宗城、大木喬任、大久保利通（後半は井上馨が代理）と5人の大蔵卿が入れ換わったのに対して、大隈財政期は10年間に及んでいた。

これらの事実から判断すれば、けっして大隈の財政手腕を低くみることはできないほか、松方の偉業は大隈による財政基盤の確立ゆえに達成できたと考えることもできる。大隈の政策手腕に対する評価は、第6章で引き続き検討していこう。

註

(1) 飯沼二郎『石高制の研究』ミネルヴァ書房、1974年の16頁を参照。ただしこの数字は、あくまで全国平均値である。江戸近郊の天領（現在の杉並区内にあった馬橋村）では、1674（延宝2）年における屋敷地の1反当たり金納額（永230文）は上畑（永119文）の約2倍の水準であった。地域によって屋敷地の金納額は大きく変わるのかもしれない。この情報は、土方苔『江戸時代の江戸の税制と明治六年地租改正法施行』税務経理協会、2004年の17頁による。

(2) このため江戸期を通じて検地がおこなわれなかったかというと、そうではない。幕府の検地は、慶長、寛永・慶安、寛文・延宝、元禄の時期に実施されていたが、18世紀に入ると幕府による大掛かりな検地は実施されなくなった。もちろん藩単位では、年貢増徴に向けてしばしば検地が実施されていた。

(3) 有島生馬「山の手麹町」島崎藤村ほか著『大東京繁昌記　山手篇』平凡社ライブラリー、1999年（ただし初版は1928年に春秋社より出版）の92頁。

(4) 山内豊信は、土佐藩主であり豊信は諱である。ただし隠居後は容堂と号したため、むしろこの名前のほうが有名である。

(5) 松平慶永は、越前福井藩主であり慶永は諱である。生涯を通じて春嶽と号したため、こちらのほうが有名である。

(6) 幕府直轄領の割合に関する数字は、古島敏雄「商品流通の発展と領主経済」岩波講座『日本歴史』（近世4）、1975年の57頁に掲載されている天保年間の数字より計算した。なお原データは、勝海舟編『吹塵録』第5冊である。

(7) 荏とはエゴマのことである。その油は荏の油と呼ばれて、油紙、番傘などの塗料用として用いられた。

(8) E. H. ノーマン（大窪愿二訳）『日本における近代国家の成立』岩波文庫、1993年の218頁。

(9) 陣内秀信『東京の空間人類学』ちくま学芸文庫、1992年の74頁。

(10) 実は、神田による地租改正の提案は、すでに1869（明治2）年4月に公議所に「田地売買許可ノ議」として提案されているが、その内容が「田租改革建議」で一層詳細となったため、本章では「田地売買許可ノ議」は紹介しなかった。その内容は福島正夫『地租改正の研究［増訂版］』有斐閣、1970年の46–49頁を参照してほしい。また神田の所属した公議所とは、1869（明治2）年3〜7月に開設されていた、明治初期における議会である。議長を秋月種樹（高鍋）、議長代行を森有礼（薩摩）、副議長を神田孝平（旧幕臣）が勤めていたが、実体は立法機関や立法上の諮問機関ではなく、政府に対する建議機関であったとみなされている。公議所の組織は、1869（明治2）年9月に集議院が引き継いだ。

(11) 地租改正法の正式名称は、「地租改正に関する布告」であり、その全文は「今般地租改正ニ付旧来田畑貢納ノ法ハ悉皆相廃シ更ニ地券調査相済次第土地ノ代価ニ随ヒ百分ノ三ヲ以テ地租ト可相定旨被仰出候条改正ノ旨趣別紙条例ノ通可相心得且従前官庁並郡村入費等地所ニ課シ取立来候分ハ総テ地価ニ賦課可致尤其金高ハ本税金ノ三ケ一ヨリ超過スヘカラス候此旨布告候事」（『法令全書　明治六年』の403頁）である。

(12) 詳しくは、谷沢弘毅『コア・テキスト　経済統計』新世社、2006年の95–96頁を参照。

(13) 大学の教科書では、収益還元法に代えて以下のような用語が使用されている。例えば、石井寛治『日本経済史［第2版］』東京大学出版会、1991年では「土地収益の資本還元

の方式」(117頁)、三和良一『概説日本経済史　近現代［第2版］』東京大学出版会、2002年では「土地収益の資本還元計算方式」(37頁)、宮本又郎編『新版　日本経済史』放送大学教育振興会、2008年では「粗収入を利子率6%で資本還元する方式」(45頁)、杉山伸也『日本経済史―近世～現代』岩波書店、2012年では「利潤を年利6%で資本還元して算出」(181頁)など、いずれも資本還元という名称を使用している。ただしこの方法の趣旨からすると、現在価値に還元する（つまり割り引く）ことをあえて資本と関係させる必要はないため、本書ではこの用語を使用しなかった。また『資本論』第3部第6篇第37章の一部分に関して、長谷部文雄訳『日本評論社版』1946年の第11巻では「資本化された地代が土地価格または土地価値としてあらわれる」(22頁、傍点は筆者)と訳されていたが、大内兵衛・細川嘉六監訳『大月書店版』1968年の第3巻第2分冊では「資本還元された地代が土地価格または土地価値として表わされ」(806頁、傍点は筆者)と変更されている。このため「資本還元」用語の発明者は、戦後日本のマルクス経済学者であったと推測されるが、収益還元法自体は『資本論』の記述から推測してすでに1860年代に欧米で広く知られていた方法といえよう。

(14)　無限等比級数を利用した考え方は、おそらく経済学部の学生ならマクロ経済学における乗数効果のところで勉強する内容であるため、なじみ深いはずである。ちなみに高校の数学では、無限等比級数を数学Ⅲで学修している。

(15)　詳しくは、『平成5年版　経済白書』の131-132頁の第2-2-4図を参照のこと。

(16)　この説明は、三和『概説日本経済史』の38頁の表3-2の注に記述されている。なお、筆者は、「地方官心得書」(大内兵衛・土屋喬雄『明治前期財政経済史料集成』第7巻、1979年の328-329頁)でこの説明部分を見つけ出すことができなかったが、とりあえず記述しておいた。

(17)　以下の市街地の地租改正に関する情報は、滝島功『都市と地租改正』吉川弘文館、2003年の119-129頁を参照した。

(18)　この情報は、滝島『都市と地租改正』の129頁に掲載されているため、筆者がその情報にもとづき作成したものである。

(19)　「一地一主の原則」は、福島正夫『地租改正』吉川弘文館、1968年の103頁や三和良一『概説日本経済史　近現代［第2版］』東京大学出版会、2002年の38頁（ただし「一地一主主義」と表現）で使用されているが、おそらくこの用語は太閤検地の「一地一作の原則」を意識して戦後、造られた用語ではないかと思われる。ただし、この用語は、共有も含めて解釈しているためか、専門書ではほとんど使用されていない。

(20)　この情報は、丹羽邦男『明治維新の土地変革』御茶の水書房、1962年の377頁より入手した。

(21)　以下の説明は、岡田俊平「明治初期における荷為替金融」成城大学経済学部編『経済研究』第8・9合併号、1958年9月の218-219頁に掲載されている「荷為替規則」と三井銀行編『三井銀行八十年史』同行、1957年の91-93頁などより、谷沢が推測した。

(22)　以上の点は、坂野潤治『日本近代史』ちくま新書、2012年の163-164頁を参照した。なお引用文の原資料は、日本経営史研究所編『五代友厚伝記資料』第4巻、東洋経済新報社、1974年の159頁である。

(23)　以下の内容は、磯田道史『武士の家計簿―「加賀藩御算用者」の幕末維新』新潮新書、2003年の199-203頁を参照のこと。このほか松村敏「武士の近代―1890年代を中心とした金沢士族」『商経論叢』第45巻第4号、2010年も、同様に士族層の転職状況を分析しているので参照のこと。

第**4**章　未熟な勧業政策

(1) 殖産興業政策の意義

　低開発国であったわが国は、欧米列強による植民地化を回避するため急激な工業化を達成しなければならなかった。本節では、殖産興業政策と呼ばれた勧業政策の基本戦略を、当時の国際情勢や旧幕時代の藩政策との関連で解説する。

〈勧業政策の多様性〉

　低開発国における工業化戦略としては、輸入代替工業化と輸出志向工業化という2つの戦略を提示する必要がある。

　このうち輸入代替工業化は、1950年代から60年代前半まで多くの国で実施された政策であり、従来輸入に依存していた財を国産化することである。一方、輸出志向工業化は、1960年代後半より導入され始めた政策であり、初めから海外の大規模な市場を想定した輸出振興を目指す工業化である。いずれの政策をとるにしても、輸入に対する高率関税、外資導入、国有化、既存企業に対する低利融資など、様々な政策メニューが想定されるが、少なくとも輸出志向では海外の需要動向に注目し、輸入代替は国内の需要動向に注目する点が異なる。

　以上の工業化戦略に則して考えると、明治初期における大半の機械工業と紡績業では輸入代替工業化が採用されたのに対して、製糸業は開港当初より貿易黒字を達成していたという点で、数少ない輸出志向工業化の事例であった。それゆえ本章で扱う殖産興業政策も、おおむね輸入代替工業化の一形態であったとみなすことができる。そして殖産興業政策は、明治前半期におこなわれた勧業政策であるが、説明を始める前にいくつかの注意事項を確認しておきたい。

　第一は、対象時期である。後進国日本で、政府が中心となって近代産業を立ち上げることは極めて自然な話であるが、この殖産興業には従来より2つの考え方がある。すなわち同政策は、狭義では明治政府による新産業の育成政策を指すが、広義では明治政府以前の段階（つまり江戸時代の幕府・各藩など）による新産業の育

成政策も含めて使用することがある。本書では、高校日本史の教科書で使用される定義と同じように、狭義の意味で殖産興業（あるいは殖産興業政策）という用語を使用する。ただし幕末期の話をまったく無視するわけにはいかないため、幕末期からの産業政策は「過渡的政策」（または暫定的政策）と位置付け、狭義の政策である「本格的政策」と分けてその概要を説明する。

第二は、対象事業の範囲である。これを事業内容よりみると、①中央政府による官営事業、②中央政府による民間企業への貸付事業、③地方政府による府県勧業事業、の3点に集約化できる。これらを総予算（1867年12月～86年3月の合計）に占める割合でみると、表4-1のように①が約55%（貸付金＋準備金＋府県勧業費を除いた構成比）、②が44%（貸付金と準備金の構成比）、③が0.8%となり、①が最も大きい。高校の教科書では、①のみに限定した記述がおこなわれており、②についてはいっさい言及されていない。しかし②は、現代の公共投資予算における非真水部分に相当し景気浮揚効果は期待できないが、勧業政策上では①と同様に重要な政策のはずである。これを考慮しないと、金額が大きいだけに場合によっては実態を見誤る可能性がある。

さらに第三は対象業種について。業種別にみると、(a) 当初は官営であっても後に民間企業が参入した非軍事関連業種（紡績、鉱山、造船ほか）と、(b) 戦艦・大砲の製造、電信の敷設等のような一貫して政府の直営で継続された社会インフラ関連業種の2種類が考えられる。特に (b) のうち軍事関連事業所には、事業所名に「工廠」という名称が付加される。高校教科書では、おおむね (a) の事例が殖産興業として取り上げられるが、この場合も両業種に目配りしていないと、政策の全体像を見誤る可能性がある。

以上より殖産興業政策が極めて多様な形態で実施された政策であった点を、見落とすわけにはいかない。ただし記述量の制約もあるため、われわれは①-(a)を中心に説明していくが、場合によっては適宜、関連する情報を追加的に説明する。最後に、殖産興業政策が必要となった時代背景を確認しておこう。その理由として、以下のような2つの点があげられる。

第一に、欧米列強の植民地化を防ぐためには、軍事力とその基盤となる工業生産力を高めなければならないという、外からの要請であった。いわば「富国強兵とセットとなった殖産興業」という政策課題の捉え方である。第二は、資金や時間の制約によって民間の力では困難であり、国自体が直接的に実施することが急

表 4-1　殖産興業関係資金の内訳

（単位：千円、%）

				工部省期 1867年12月〜 73年12月	内務省期 1874年1月〜 80年6月	農商務省期 1880年7月〜 86年3月	合　計	構成比
中央財政	常用部	経常歳出	工部省　A	1,406	11,291	2,704	15,401	7.4
			内務省　B	0	2,734	391	3,125	1.5
			農商務省　C	0	0	4,933	4,933	2.4
			開拓使	2,554	12,037	3,543	18,134	8.7
			営業資本欠額補塡	0	448	404	852	0.4
			計	3,960	26,510	11,975	42,445	20.3
		臨時歳出	官営事業諸費　D	15,793	13,452	23,692	52,937	25.3
			開拓事業費	4,071	560	0	4,631	2.2
			貸付金	25,914	6,850	148	32,912	15.7
			勧業資本（府県へ）	455	228	0	683	0.3
			会社補助金	0	1,116	356	1,472	0.7
			計	46,233	22,206	24,196	92,635	44.2
	別途金		準備金	0	9,790	48,474	58,264	27.8
			起業基金	0	1,610	10,683	12,293	5.9
			中山道鉄道公債支出	0	0	299	299	0.1
			勧業資本金・委託金	0	0	1,842	1,842	0.9
			計	0	11,400	61,298	72,698	34.7
地方財政			府県勧業費		257	1,387	1,644	0.8
	合　　計			50,193	60,373	98,856	209,422	100.0
	（うち A + B + C + D）			17,199	27,477	31,720	76,396	36.5

（注）　1. 期間は、殖産興業の3期間に合わせつつほぼ6年ごとにしたが、対象期間を合わせるために工部省段階には同省設立以前の会計年度（第1期〜3期）を含む。
　　　2. 官営事業諸費とは、鉱山・電信・灯台・製鉄所・鉄道費、汽車運輸費、船舶買入修繕費、炭坑処分費、金銀精製費、興業費、営業資本、勧業費＝富岡製糸場、博覧会費。
　　　3. 開拓事業費とは、利根川・信濃川開鑿費、帰農資金、開拓使取扱貸出金、北海道屯田費。
　　　4. 貸付金は、救助貸、石高貸、勧業貸である。
　　　5. 会社補助金とは、三菱会社貸下金、東京為替会社、日本鉄道会社への貸出・補助。
　　　6. 勧業資本は府県交付金に使用され、勧業資本金・委託金は士族授産に使われた。
　　　7. 準備金とは、1877年7月（第5次準備金規則改正）以降の分であり、それ以前の支出は含まれていない。なお農商務省段階での増加は、大半が横浜正金銀行に対する輸入荷為替資金用の貸付である。
（資料）　石塚裕道『日本資本主義成立史研究』吉川弘文館、1973年の130-131頁（ただし原資料は、『明治財政史』、『歳入出決算報告書』、『帝国統計年鑑』など）より谷沢が作成。

務であるという、内からの要請である。つまり国家権力による「上から」の資本主義化政策という意義付けである。もちろんこれらの背後には、輸出の増加と国内物価の安定を想定していたが、殖産興業政策は常にこの2つの要請に支えられて実施されてきた。

第4章　未熟な勧業政策　　*145*

〈富国強兵の変質〉

　ここで殖産興業を必要とした2つの理由のうち第一の対外的な要請を、幕末期における国別の紛争の関連でみておく。まず米国関連では、1854（嘉永7）年3月に日米和親条約が締結され、1858（安政5）年6月には日米修好通商条約も締結された。その3年後、1860（万延元）年3月には、修好通商条約の批准書を交換するために幕臣・岩瀬忠震（1818［文政元］～1861［文久元］年）を代表とする万延元年遣米使節が派遣された。このために使用された船が有名な咸臨丸であり、この使節団のもう1つの目的が同種同量の原則を撤回することであった。

　さらに1863（文久3）年5月には長州藩が米国商船を砲撃した下関事件、翌64（文久4）年8月には同じく長州藩が英・仏・蘭・米と戦った四国連合艦隊下関砲撃事件（いわゆる馬関戦争）が、相次いで発生した[1]。下関事件と下関砲撃事件はいずれも敗けたため、強大な軍事力を背景として賠償金が4ヵ国計で300万ドルと法外な金額（実質的な損害額はせいぜい数万ドル）となった。そのうち150万ドルを江戸幕府が、150万ドルを明治政府が、支払うこととなった。

　次に英国関係でも、毎年のように事件が発生していた。1854（嘉永7）年10月に日英和親条約の締結、1861（文久元）年5月に元水戸藩士が英国公使館を襲撃した第1次東禅寺事件（東禅寺は江戸高輪所在）、1862（文久2）年5月に松本藩士が英国公使館を再襲撃した第2次東禅寺事件、1862（文久2）年8月に横浜鶴見で、薩摩藩の行列に乱入したイギリス人を殺傷した生麦事件、1863（文久3）年7月に生麦事件の解決を迫り、イギリスが鹿児島湾で戦闘を繰り広げた薩英戦争、1864（文久4）年8月に四国連合艦隊下関砲撃事件（前出）、1865（慶應元）年9月には英・仏・蘭・米が強圧的な開港要求をおこなった兵庫開港要求事件が発生した。

　この関連では幕府は、第2次東禅寺事件の賠償として1万ポンド、生麦事件の賠償として10万ポンド、合計11万ポンドをイギリスに支払った。このため最後の兵庫開港要求事件は、下関砲撃事件等の賠償金を減額することと引き換えに、安政五ヵ国条約の勅許（孝明天皇の承認）と兵庫港の早期開港を迫った事件である。幕府は苦しい財政事情のなか、この要求には応じなかった。このほかロシアとの関係では、1853（嘉永6）年にロシア戦艦ポサドニック号が対馬を占拠する事件が発生している。

　さらに当時の清国の状況もみておこう。1840・41（天保11・12）年にアヘン戦争（清と英の戦争）、1842（天保13）年8月には南京条約の締結によって、香港島の

割譲、賠償金2100万ドルなどが支払われた。1856（安政3）年10月には、清の官憲が英船籍の中国船アロー号に臨検し、清人船員12人を拘束したアロー号事件が勃発した。

これを契機として、1856（安政3）年6月～60（万延元）年8月に清と英・仏連合軍によるアロー戦争が発生した。この戦いで清が負けたため、1860（万延元）年10・11月には天津の開港、英に対して九竜半島の南部を割譲することなどを柱とする北京条約が締結され、清の半植民地化が決定された。このほか清の北部（アムール川流域）は、1858年のアイグン条約、1860年の北京条約によってロシアに領有された。わが国の開港前より清に対し、諸外国が様々な圧力を加えていた。

これら多数の事件・戦争を経験・見聞することで、日本は軍事力の圧倒的劣位を知らされ、このままだとインドのような完全植民地か、清国のような半植民地になる可能性があることを認識させられた。これを回避するためには、どうしても工業化が必要という共通認識が生まれることとなった。この国際情勢に対処すべく、すでに幕府やいくつかの藩では欧米の技術による造船所、製鉄所、鉱山などが建設されていた。

もっとも以上のような海外情勢は、いわゆる当時の「富国強兵」というイデオロギーに結び付いたことは事実だが、話はそれほど単純ではない。なぜなら上記のような幕末期と明治期にかけての富国強兵は、意味が異なるからである。すなわち幕末期の富国強兵は、各藩が特産物を欧米に輸出して軍艦・大砲・鉄砲などを輸入することを意味していた。いわば輸出志向工業化をしつつ欧米列強との戦いを意識していた。

ところが戊辰戦争が終息し、岩倉遣外使節団が帰国したころには、その意味が大きく異なってきた。なぜなら大久保利通が輸入代替工業化としての「富国」（＝殖産興業）の重要性を意識した一方で、留守政府を切り盛りした西郷隆盛は親兵の代表者として、ロシア・中国・台湾・朝鮮等との領土問題を解決するために「強兵」を強く主張したからである。征韓論はまさにこの種の議論であった。それゆえ大久保と西郷は、同じ薩摩閥であるにもかかわらず路線上で対立を引き起こしたが、それも1874（明治7）年5月に大久保が台湾出兵を断行したことで再び、富国強兵として合体することとなった。

さらに1877（明治10）年の西南戦争で西郷軍が鎮圧されたことによって、大久保率いる富国派が全盛時代を迎える。しかしそれも、同戦争後のインフレや大久

保の暗殺によって終わりを迎える。要するに、海外情勢ばかりでなく国内の政治経済情勢によって、富国強兵とその具体的政策となる殖産興業策は徐々に変質していった。

〈過渡的政策の試行〉

　殖産興業は通常、明治維新後の工部省、内務省、農商務省などの諸官庁によって開始されたと解説されているが、これらの官庁が開設される以前（すなわち1870［明治3］年以前）にも、図4-1のように過渡的政策として実施されていた。

　これは維新政府のスタート以前から、国内外の騒然とした政治経済状況のなかで幕営・藩営工場等によって実質的な殖産興業政策がすでに始められ、新政府はそれを継承（官収）したことを意味している。政府は、廃藩置県前の極めて厳し

図4-1　殖産興業政策の主要担当組織の推移

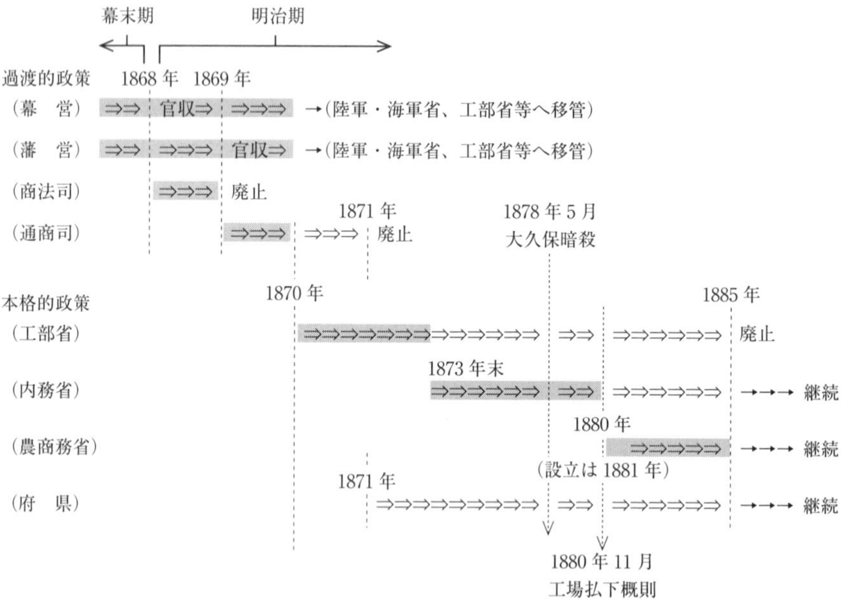

（注）1.⇒は殖産興業政策が実施されている期間、→は同政策が実施されていない期間（ただし組織は存続している期間）を示す。
　　　2.▒▒▒は殖産興業政策の主要担当部署となっていた期間を示す。
　　　3.商法司は会計官（後の大蔵省）、通商司は大蔵省→民部省→大蔵省と所管が替わった。
（資料）谷沢が作成。

い財政状況のなか、その良否はともかく前政権の遺産を有効に活用していくことを至上命題とされた。しかも単に近代工業を育成するのではなく、差し迫る欧米の軍事力に十分対抗できるような、軍事産業の育成といった視点が大きな位置を占めていた。とはいえ育成以前に、外国資本家が直接投資の許可を求めて押し寄せてきたことに対処した面があることも、指摘しておかなければならない。

　1875（明治8）年時点における全国の主要な官営工場・鉱山は、表4-2に示されている。まず幕営工場では、1868（明治元）年に関口製作所（東京文京区関口に所在）を初めとして、官収によって軍事工業の建設や鉱山開発が開始され、それら

表 4-2　幕藩営工場・鉱山の官業移管の概要

移管年次	名　　称	明治以前 旧の所管 （創業藩）	官業移管後の所管
1868 年	関口製作所	幕　府	軍務官兵器司（陸軍省）
	石川島造船所	〃	駅逓局（海軍省）
	浦賀造船所	〃	閉　鎖
	横須賀製鉄所	〃	神奈川府裁判所（海軍省）
	横浜製鉄所	〃	〃（大蔵省）
	長崎製鉄所	〃	長崎府（工部省）
	生野鉱山	〃	鉱山司（工部省）
1869 年	滝ノ神火薬製造所	薩摩藩	兵部省軍務局（陸軍省）
	敷根火薬製造所	〃	兵部省軍務局（海軍省）
	佐渡鉱山	幕　府	鉱山司（工部省）
	小坂鉱山	南部藩	
1870 年	弾薬製造所	和歌山藩	兵部省造営司（陸軍省）
1871 年	鹿児島集成館	薩摩藩	兵部省造営司（海軍省）
	加州製鉄所	加賀藩	工部省（農商務省）
	萩鋳造所	長州藩	兵部省（陸軍省）
1873 年	三池鉱山	柳川三池藩	工部省
	大葛（おおくぞ）鉱山	秋田藩	〃
1874 年	高島鉱山	佐賀藩	〃
	釜石鉱山	南部藩	〃
1875 年	院内鉱山	秋田藩	〃
	阿仁鉱山	〃	〃

（注）　1. 官業移管後の所管のカッコ内は、後に移管された役所を示す。ただし工部省から別の役所に移管された事例は記入していない。
　　　　2. 生野鉱山・佐渡鉱山の「官営移管後の所管」における鉱山司とは、工部省内の鉱山司とは異なる組織である点に注意のこと。
　　　　3. 加州製鉄所は、加賀藩営の七尾造船工場が経営不振となったため、加賀藩士らによって設立された金澤県商社がその機械類を譲り受けて神戸市内に設立した造船所である。
（資料）小山弘健『日本軍事工業の史的分析』御茶の水書房、1972 年の 65-66 頁、石塚裕道『日本資本主義成立史研究』吉川弘文館、1973 年の 156-157 頁、小林正彬『日本の工業化と官業払下げ』東洋経済新報社、1977 年の 53 頁などから谷沢が作成。

の工場は民部省（後の工部省）や兵部省（後の陸海軍省）の所管となった。

　一方、藩営工場は、版籍奉還のおこなわれた1869（明治2）年に薩摩藩の滝ノ神火薬製造所が最初に官収されたが、盛んに実施されるようになったのは廃藩置県がおこなわれた1871（明治4）年からであった。廃藩置県がいかに旧藩主の力を弱めるのに大きな力を発揮したのかがうかがわれる。業種別にみると秋田藩・南部藩や西南雄藩が開発した鉱山が大半を占めていた。工場では、薩摩藩の滝ノ神火薬製造所や鹿児島集成館のように、島津斉彬が諸外国との紛争以前から積極的に実施した洋式産業の育成による工場群が含まれている。

　これら官収事業場の建設やその技術導入は、近世の高度な教育の普及や在来技術の蓄積のもとで、ほとんど自前でなされた。これは注目すべきことである。その背景には、全国に分布する鉄砲鍛冶、機大工、船大工などの存在がそれらを可能とした。その反面、官収後は各省が独自政策にもとづき運営したほか全国に分布していたため、新政府が経営内容を一元的に統括することは容易ではなかったと思われる。閉鎖された工場が浦賀造船所1ヵ所しかなかったことは、この状況を示唆しているのかもしれない。

　さらに官収された幕営工場は、その後に極めて多様な動きをしていた。ちなみに代表的な事例を示すと、以下のような経緯をたどっていた。

　　①（幕営）長崎製鉄所→（官営）長崎造船所→その後、（民営）三菱長崎造船所・三菱重工長崎造船所へ。

　　②（幕営）関口製作所→（官営）東京砲兵工廠→その後、大阪砲兵工廠と合併し、陸軍造兵廠火工廠、同東京工廠→戦後は廃止（跡地は後楽園スタジアムに売却）。

　　③（幕営）横須賀製鉄所→（官営）横須賀造船所→海軍省直轄へ→その後、横須賀海軍工廠、同→戦後は在日米海軍横須賀基地（第7艦隊所属）の一施設。

　　④（幕営）石川島造船所→（官営）石川島造船所→その後、（民営）石川島平野造船所→石川島播磨重工業へ。

　ここで②や③などで確認できる工廠とは、軍隊直属の軍需工場（英：Arsenal）であり、武器・弾薬をはじめとする軍需品を開発・製造・修理・貯蔵・支給するための施設であった。ちなみに「廠」は建物という意味であるが、これらの工場は軍事機密を保持するために、どうしても民間に移管することが難しかった。一方、①、④のような造船所の一部は、重要な工場であったにもかかわらず、早い

時期から払下げされて民間に移管（民営）された。結果として民間の活力に委ねられたわけである。

　ところでこれらの官収事業場のほかに、明治初頭には地域内の大商人によって殖産・貿易振興機関が新たに設立され、そこで殖産興業向け資金の貸付・商品販売をおこなっていた点も、殖産興業政策の特徴としてあげられる。まず1868（慶應4）年閏4月に、従来の株仲間を解散して冥加金徴収を廃止する代わりに新たに商法司という中央機関を会計官のなかに設置し、その実務を担当する組織として各地に、地域内の大商人によって商法会所が設置された。商法会所では、太政官札を商人・生産者に勧業資金として貸し付け、この生産物を元金償還として一手に商法会所に集めて国内外に販売した。また重要な輸出品であった生糸・蚕種を独占的に外国商人に売り渡し、洋銀を獲得する機能もあった。

　要するに商法司・商法会所は、全国的な商品流通網を政府が掌握・統制しようとするものであった。これらの組織は、参与・会計事務掛の三岡八郎（由利公正）がかつて福井藩の再建のためにおこなった専売方式（興産紙幣・物産総会所）を、そのまま全国的規模で実施したものである。しかしその運営は、太政官札の流通難に加えて、商法会所の運営が従来の国産会所・産物役所のように諸藩（実際は豪商）に握られて、政府が商品流通を中央集権的に統制できないため失敗し、翌69（明治2）年に廃止された。

　このため同年2月には、通商司、通商会社、為替会社が開設された（通商司、通商会社、為替会社の関係については、図5-1を参照）。これらの組織は、三岡失脚後に実質的な会計官（つまり財政責任者）となった大隈重信の意向のもとで、伊藤博文・井上馨が中心となって設置したものである。このうち通商司は、独占的に外国貿易をおこないつつ、国内商業・金融政策を実施した役所、通商会社は通商司の政策を遂行するために設立された半官半民の通商貿易機関であった。さらに為替会社は、通商会社やその傘下の商社に対して、太政官札等によって商業資金を融資する金融機関として設置された。

　この通商司政策は、豪商たちを通商会社を中心とした全国的な商品流通機構に組み入れ、商法司でおこなわれた諸藩による物流支配権を否定した点では評価できるが、為替会社で多額の回収不能債権を出したことで、失敗に終わった。

　以上のように、殖産・貿易振興機関による殖産興業政策は、江戸時代に実施された国産会所と同じ方式によって、全国的商品流通機構を再編しようとする産業

統制方式であった。この国産会所とは、領内の物産に関して、まず貸付をして生産を促進させ、次に藩の管理のもとで集荷し、さらに他国に移出して金銀貨を獲得することを目的とした組織である。それゆえこの時期の殖産興業政策は、勧業資金の貸付という手段を通じて、全国の商品流通機構に介入・統制しようとする、いわば「流通主義的な殖産興業政策」であった。しかもその原資として、太政官札4800万両のうち1789万両余（全体の37%）が諸藩や豪商農に貸し出された事実も忘れることができない。

　このように当期における殖産興業政策は、その後の本格的な政策に結びつける過渡期であったが、幕営工場は前政権の遺産として相応の役割を果たした。一方、太政官札による資金供給は、藩政府が各領内に太政官札を通用させる強制力を持っていなかったほか、もともと産業振興に向けた貸付は素人商売であったから実質的には無駄であった。そのなかで早めに政策を中止したのは、適切な判断であったといえよう。

（2）本格的政策の変遷

　商法司・通商司による流通主義的な殖産興業が失敗したあと、政府は同政策を推進する中央官庁を設立して本格的な官営事業に乗り出した。以下では同時期の政策を、工部省期、内務省期、農商務省期の3期間に区分して説明していく。

〈官業中心の工部省期〉

　当期は、おもに工部省が中心となって政策を実施していた時期であり、1870～73（明治3～6）年までである。すなわち1870（明治3）年10月に工部省が設置され、次に内務省が設置されるまでの期間に相当する。この時期は、政府要人が岩倉遣外使節団により欧米の産業・工場を見聞して帰国する以前であるため、いわば手探りで政策を実施していた時期である。いずれも官営方式を採用して各在来産業の改良を無視したまま、不統一で無原則的な欧米生産技術が移植された。

　なお図4-1からわかるように、政府が本格的に殖産興業政策を実施していた時期は、ほぼ工部省が存在していた1870～85（明治3～18）年の15年間であると考えたほうが適切である。それにもかかわらず3期間に分類し、しかも工部省期をその一部とする理由は、中心的な政策を作成し同予算を最大限獲得したという意味でリーダーシップをとった中央官庁によって時期区分したほうが、政策の特徴を理解しやすいからにすぎない。この点は初めに注意してほしい。

工部省は、イギリスからの要請にもとづき初期官営事業を統括する管理センターとしての役割を担うために、伊藤博文を初代工部卿として設置された。初めに工部省設置の事情を設置直前の状況から説明しておこう。まず当時の太政官制度は二官六省制であったが、この制度は 1869（明治 2）年 2 月に導入され、神祇官が復活して太政官よりも上位に置かれていた。

　同年 7 月に、太政官のもとに民部省・大蔵省・兵部省・刑部省・宮内省・外務省が設置された。しかし殖産興業政策を管理・運営する専門官庁が存在しなかった。また当時は、民部省は国内行政を管轄するために設置され財政・租税を担当していたのに対して、大蔵省は国有財産の管理や官営工房としての役割にすぎなかった。いわば役所の格としては、民部省のほうが大蔵省よりも上であり、しかも民部省には（後に工部省への移管を予定していた）土木司・鉱山司・鉄道掛・伝信機（後に電信機と改名）掛・灯明台掛・横須賀製鉄所掛の 6 掛が設置されていた[2]。

　このような状況のなか、かねてより内政に関しては漸進論と急進論の 2 派による抗争があった。漸進論は、大久保利通、広沢真臣（長州）、副島種臣（肥前）、佐々木高行（土佐）ら参議のほか民部省の大木喬任（肥前）、吉井友実（薩摩）などの大久保派が唱え、急進論は木戸孝允のほか、大蔵省の大隈重信、伊藤博文、井上馨らの開明派が唱えていた。そして 1869（明治 2）年 8 月に、大隈の建議により民部省は大蔵省と合併され民部大蔵省となった。

　このため 1870（明治 3）年以降は、上記の抗争が同省内で活発化し、それゆえ再び「民蔵分離問題」がおこった。ちなみに第 2 章の第 4 節で説明した民部省札は、この時期に発行された政府紙幣である。これを受けて 1870（明治 3）年 12 月に、漸進派が民部省と大蔵省を分離して開明派を大蔵省に追いやったほか、その後に民部省から鉱山、製鉄所、灯明台、鉄道、伝信機の 5 掛を移管・独立する形で、殖産興業政策の専門組織としての工部省が設立された。また土木司は、遅れて民部省より分離した。工部省の設置は、以上のような政権抗争のなかで達成されたものであった。

　工部省の設置後は、先述のとおり伊藤が初代の工部卿に就任したものの、当初は旧佐賀藩系の出身者が実権を掌握していた。このため何かと問題が多かったが、その後は旧長州藩系に移ったことでようやく伊藤の思いどおりに動かすことのできる組織となった。それにもかかわらず、民部省が再び 1871（明治 4）年 7 月に大蔵省に合併される省庁再編がおこったため（いわゆる“大大蔵省”の誕生）、その

第 4 章　未熟な勧業政策　　153

流れのなかで工部省は 1885（明治18）年 12 月に廃止された。このように工部省は、わずか 15 年間しか存続しない短命な役所であった。とりあえず以下では、1872（明治5）年 1 月制定の「工部省事務章程」に掲載されている工部省の設置目的を、重要な内容なのでその全文を提示しておこう。

　「工部は工業に関する一切の事務を総管す。其綱領左の如し。

　一．工学を開明する事（①）。

　一．百工を褒勧し工産を繁富せしむる事（②）。

　一．礦鉱一切の山物を主宰す。故に諸礦山を管轄する事（③）。

　一．鉄道電信灯台礁標等を建築修繕する事（④）。

　一．船艦を製造修理する事（⑤）。

　一．諸般の製造に供する銅鉄鉛類を錬製鋳造し、及び各種の器械を製造する事（⑥）。

　一．海陸を計測する事（⑦）。」

　これらの条文のうち、①の「工学開明」と②の「百工褒勧」の 2 つが、工部省の役割を示す有名な熟語として知られている。このうち「工学開明」は工業知識（技術）を究明することであり、「百工褒勧」は民業を奨励するという意味である。そしてこれらの条文を公表した直後の 1871（明治4）年 8 月の組織（10 寮 1 司）に対比させると、①は工学寮、②は勧工寮となる。

　ここで工学寮は、欧米の工業技術を確立するのに必要な人材を養成するための組織であり、1873（明治5）年には工学校（後の工部大学校）を設置した。また勧工寮は、化学・器械工業・新技術の進展を促すことを目的として、製錬所・製糸場・活字印刷などを運営していた。そのほかの条文は、③が鉱山寮、④が鉄道寮、電信寮、燈台寮、製作寮、土木寮、⑤が造船寮、⑥が製鉄寮、⑦が測量司に相当するなど、工部省はまさに工業全般を網羅する広範な役割を担っていた。

　以上の広範な業務は、あくまで同省の一般的な業務を規定したものであるが、工部省の主要な目的を要約すると、A）外国人技術者の招聘（いわゆる御雇外国人）、B）最新機械・技術の導入、C）技術者の養成（いわば専門職化）であった（このうち A）の御雇外国人については本章の第 4 節で詳述する）。ちなみに当期以降も工部省は存続しており、1877（明治10）年 1 月の組織改編によって鉱山局、燈台局、鉄道局、電信局、営繕局、工作局の 6 部局に集約化された。このうち工作とは造船・セメント・硝子工場などの各種工場を意味している。いま工部省が全期間（1870

［明治3］年閏10月～1885［明治18］年12月）を通じて支出した総資金額（興業費＋営業費＋欠損費補償）に占める事業別の投資額の割合をみると、鉱山（総資金の37％）、鉄道（33％）、工場（15％）などとなり、鉄道と鉱山で大半を占めていた。

　まず鉄道に対する政策の特徴として、外国資本による国内鉄道投資を禁止したことがあげられる。この理由は、後述の高島炭坑が外国資本によって開発され、日本の権益を害することとなった事例が影響している。ちなみにかなり後の事例であるが、中国内でロシアによって敷設された東清鉄道の事例（1897年）は、外国資本に依存した鉄道建設がもたらした失敗事例であったため、わが国ではそれを早くから意識していたといえよう。

　そのもとで1872（明治5）年9月に、新橋―横浜間の鉄道が開通し、その後は商品取引の活発化、軍事輸送網の整備が進んでいった。この投資資金の調達にあたって、1870（明治3）年にオリエンタルバンクを通じて、外債100万ポンドを募集した。担保として海関税収入と鉄道収益を押さえられたほか、利率9％と高率を強いられるなど、当時の日本は後進国として不利な立場を強いられた。それにもかかわらず1874（明治7）年5月には、大阪―神戸間の鉄道が開通するなど、国内の基盤整備が急速に進められた。

　次に鉱山に対する政策の特徴をみよう。まず旧幕藩営から引き継いだ佐渡（金銀）、生野（銀）、三池（石炭）、釜石（鉄）、阿仁（銅）、院内（銀）などの有力な10数鉱山を官営で操業した。また鉱山心得（1872［明治5］年3月）と日本坑法（1873［明治6］年7月）にもとづいて、鉱物を土地所有から分離して政府の専有とした「鉱山王有制」と、日本人にのみ鉱山の試掘・鉱区の借区を認める「本国人主義」を採用した[3]。

　本国人主義を採用した背景には、旧幕時代に高島炭坑が佐賀藩とグラバー商会との共同開発により運営されていたが、グラバー商会の破産後にその経営権をオランダ貿易会社が引き継ぎ、外国人によって鉱山採掘権が所有される可能性がでてきたためである。このほか上記の2つの通達によって、民間への借区をおこなう場合にも借区期間を15年に限定して鉱山経営の安定を保証していなかった。

　さらに工作関連では、赤羽工作分局（機械製作）、深川工作分局（セメント・レンガ製造）、品川硝子製造所が設立されるなど、西洋式の近代技術を官営模範工場によって移植・定着させる政策が実施された。ただし繊維関連の事業所については、工部省以外の役所で所管された。すなわち世界遺産に登録された富岡製糸場は、

〈コーヒーブレイク：命脈を保った富岡製糸場〉

　殖産興業政策（または官営工場）の代名詞である富岡製糸場（群馬県富岡市）は、わが国初の本格的な器械製糸工場である。表4-5でわかるように、第3段階で三井に払い下げられたが、一言でいうと流転の歴史を歩んだ近代工場であった。まず1872（明治5）年10月に官営模範工場として、フランス人ポール・ブリューナの指導のもとで、フランス式の洋式製糸器械300台で操業を開始した。この時期の女工は士族の子女が多く、信濃松代藩の横田（和田）英は、『富岡日記』を残したことで有名である。その後1876（明治9）年には、外国人指導者が帰国したため、日本人だけで操業することとなった。1893（明治26）年には、器械製糸の普及と技術者育成という当初の目的が果たされたため、官営工場の払下げの主旨により三井家に払い下げられた。

　しかしここではわずか10年間しか操業されず、1902（明治35）年には横浜の大手生糸売込問屋・原合名に譲渡された（原合名については、第7章［補論］を参照）。この時期には、御法川式繰糸機によって高品質生糸を生産し、1938（昭和13）年に（株）富岡製糸所として独立した。翌1939（昭和14）年には、原合名が片倉製糸紡績（株）［現、片倉工業（株）］に合併されたため、その後は戦後に至っても引き続き同社の工場として操業した。ただし生糸値段の低迷などで、1987（昭和62）年3月ついにその操業を停止した。一般の企業なら、使命を終えた工場は売却または取り潰しをおこなうものであるが、その後も場内のほとんどの建物は大切に保存されていた。ただしその維持費が経営上で負担になるため、2005（平成17）年9月に地元富岡市に寄贈された。

　同施設は、木の骨組みで壁には煉瓦を積み上げた「木骨煉瓦造り」という様式で建築されており、そこでは日本と西洋の建築技術を見事に融合させている。このような建築史上の特徴もあるため、2005（平成17）年に国史跡に、2006（平成18）年には1875（明治8）年以前の建造物が国の重要文化財に指定された。さらにユネスコによって、他の産業文化財とともに「富岡製糸場と絹産業遺産群」として、2014（平成26）年6月に世界遺産リストに登録された。同工場は、その流転の歴史にもかかわらず日本の近代化を象徴した工場遺跡として、日本人の心に長くとどまることとなろう。われわれはこの建物をみることによって、原点に立ち戻って工業化のために努力した先人の苦労をしのぶことができる。また厳しい事業環境のなか、操業停止後も富岡市に寄贈するまで固定資産税等、総額18億円を支払って文化遺産を守りつづけた、片倉工業の企業努力にも敬意を表したい。

　蛇足ながら、片倉製糸紡績（株）は1920（大正9）年3月に設立されその本社機能を東京に移転したのを機に、1922（大正11）年に東京京橋に近代的な堂々たる本社ビルを建設した。当時はすでに代表的な製糸企業として日本経済を絹の輸出で支えた先兵になっていたほか、片倉一族による代表的な地方財閥を形成していたから、それにふさわしい偉容であった（なお片倉製糸については、第7章の第2節も参照）。ちなみに日本橋にある三井本社ビル（現在は三井不動産本社等が入居）は、1929（昭和4）年3月に竣工したから、近代的な財閥本社ビルの走りでもあった。筆者は若い頃に近隣で勤務した経験があるため、この立派な本社ビルが今でも瞼に焼き付いている。関東大震災でもほとんど無傷であったが、老朽化のために惜しまれつつ2009年に解体された。このビルも富岡製糸場と同様に、一部でも残せなかったのであろうか。この点は残念でならない。

民部省庶務司のもとで 1872（明治 5）年 10 月に操業を開始したが、民部省の廃止にともなって、その後は大蔵省勧業司→同勧業寮→同勧農寮と所管が変わった。さらに、もともと維新以前に薩摩藩が殖産興業を推進するために設置した堺紡績所（後述）も、維新後は同様の部署で所管されるなど、すべての官営工場が工部省で統一的に所管されたわけではない。

　以上のように工部省期の政策は、政府による官営事業が中心であったため、財政危機と貿易赤字を生んだほか、入超が金銀の流出を生じこれが物価騰貴をもたらすなど、経済の悪循環を引き起こした。また輸入された各種製品によって、在来産業の破壊が進んでいった。このため財政担当者と大久保の双方から、民業重視の路線が打ち出されたほか、このような民間重視への転換が後の本格的な産業革命へ進む転機となった。

〈在来産業重視の内務省期〉

　この時期は、内務省が中心となって政策をおこなった時期であり、1873 年末〜80（明治 6 年末〜13）年までである。すなわち 1873（明治 6）年 11 月、大久保利通らが内務省を設置し、大久保が内務省・大蔵省・工部省の 3 省を掌握して「大久保独裁体制（＝大久保政権）」を確立し、殖産興業策が実施された時期である。

　ただし正確には、（岩倉具視がサポートした）大久保独裁体制は、1878（明治 11）年 5 月に大久保が千代田区紀尾井坂で暗殺（享年 47 歳）され 4 年半で終わったため、大久保の死後も 1 年以上が当期間に含まれている。この独裁政権は、明治前期の極めて激動の時代としては相応の事業を成し遂げることのできた期間であるとみなすことができる。とはいえ当期の大蔵卿には、表 6-3 で確認できるように大隈重信が継続して就任していたため政策の一貫性は保てたはずだが、大久保の存命中と死後ではその政策が若干異なったと推測できる。

　内務省の設置によって、内務卿は大久保、大蔵卿は大隈、工部卿は伊藤博文が就任し、全体を大久保が掌握する体制が整った。このため設置当初の内務省は、大蔵・司法・文部 3 省の所管事項を除く内政全般に及ぶ大きな権限を持っており、大久保の強大な権力ゆえに出現した巨大官庁であった。以上の経緯から、大久保利通は「日本官僚制の父」といわれている。また大久保は、身長 175〜78 センチの大男であり、寡黙で他を圧倒する威厳を持ち、しかも冷静な理論家でもあった。このため面と向かって大久保に意見できる人間は少なかったという。このような

第 4 章　未熟な勧業政策　　*157*

性格ゆえに、これらの組織変革を成し遂げることができたのかもしれない。

　大久保独裁体制が形成された背景には、1873（明治6）年の政変によって西郷隆盛の朝鮮使節派遣問題に勝ったことがある。そして西郷の征韓派に賛同したのが板垣退助、大隈らであり、反対したのが大久保利通、伊藤博文らであった。このため明治六年の政変で西郷が下野したことで、大久保が一挙に政府内部を掌握し、自らが内務卿として近代化政策を強力に推進することになった。大久保が形成した内務・工部・大蔵各省よりなる三省体制のもとで、明治国家の目指す「富国強兵」「殖産興業」の政策課題が本格的に具体化する条件が整った。

　ところで大久保は、独裁体制を形成する直前に1871〜73（明治4〜6）年に岩倉遣外使節団の一員として欧米の事例を収集してきたにもかかわらず、農業のほか機械工業のなかでは紡織工業を重視すべきと主張した。この点は注目すべきことである。この理由は、イギリスの綿製品が流入して正貨流出が激化するなど貿易不均衡が発生していたため、輸入防遏・輸出振興の見地から在来産業（農牧業と農産物加工業）の育成が重要であると考えたからである。このため工部省時代のような工業一辺倒ではなく、内務省勧業寮（後の勧農寮）を中心とした事業や、山林の保存、海外への直輸出の促進がおこなわれた。

　具体的にみると、内務省の直営事業では、輸入防遏を実現するために、農牧業と農産物加工業が中心的な位置を占めており、そのなかでも主要な輸入品であった綿糸・砂糖・毛織物の輸入代替化に力が注がれた。また従来のような機械的な欧米生産技術の直輸入方式を修正して、民業振興への関心が高まって、広範囲な民間育成策が次々と実施された。なお上記の直輸出とは、外商の手を経ないで日本商社が直接おこなう輸出のことである。このため現代の直輸出（自国の売手が商社等を仲介させないで、海外の買手に直接に輸出すること）とは、意味が異なる点に注意しなければならない。

　次に政策の具体的な内容を紹介する。第一に、工部省事業の縮小・転換がおこった。例えば、鉄道事業を縮小した反面、釜石鉱山の操業開始や三池炭鉱の採炭の本格化がおこなわれた。第二は、内務省直営事業が開始された。すなわち内藤新宿試験場での内外品種農作物の栽培、大蔵省から富岡製糸場・堺紡績所を引き継いだほか、新たに新町屑糸紡績所[4]・千住製絨所[5]・愛知紡績所・広島紡績所・紋鼈製糖所[6]といった、いわゆる模範工場を設立した。

　第三は、財政資金の民間部門への貸付が活発化した。表4-1の「貸付金」と

「準備金」の部分が、その貸付資金に該当する。第四は、第1回内国博覧会を1877（明治10）年8～11月に政府が上野公園で開催したことである。同年2～9月には西南戦争がおこっていたため、時期的には思い切った政策であった。このほか直接的な政策ではないが、国立銀行（1876年の国立銀行条例の改正以降）等による銀行間・本支店間での荷為替・その他諸手形によって商品流通が円滑になったことも、殖産興業を促進させる効果があったはずである。

このうち第二の愛知紡績所と広島紡績所は、1878（明治11）年に2000錘のミュール紡績機2基をイギリスから輸入して設置した事業所であった。さらに紡績所の関連では、イギリスから輸入した2000錘規模のミュール紡績機10基を1880（明治13）年10月に希望者に無利息10年賦で払い下げた。この政策によって設立された10の民間事業所を「十基紡」と呼んでいる。

また第三の「貸付金」の関連では、渋谷紡績所、姫路紡績所、岡山紡績所、桑原紡績所、宮城紡績会社、名古屋紡績会社に対して事業資金が投入された。いずれも2000錘のミュール紡績機で事業をスタートしたため、この政策を「2000錘紡績政策」と呼んでいる。これらの設備は、当時としてはすでに小規模であったから、事業としての安定性よりも民間企業による事業拡大の「呼び水」として期待されたにすぎなかった（2000錘紡績政策の対象事業所は、表7補-1を参照）。

そのほか資金面の特徴として、1878（明治11）年5月に起業公債を1250万円（実収は1000万円）発行したことにも触れておこう。この公債発行で得た資金は、表4-1の起業基金として組み入れられた。この月は、大久保の暗殺された月でもあったが、財政面で非常に苦しいなか、殖産興業にできるだけ資金を回すという強い意思が窺える。この点は、大久保が西南戦争の終わった直後に「兵馬騒擾の時代から内治を整い民産を殖する時代になった」[7] ことを公約したことでも推測できる。

しかし現実には、財政面において地租改正事業の遂行に向け地租率を2.5％に減らし約1000万円の減収になっていたほか、西南戦争の戦費4200万円が加わっていた。さらに同年より政府紙幣の消却を開始し、同年は717万円（表6-4を参照）も実施していたため、殖産興業に回す資金はとても捻出できなかった。これでは殖産興業が成功するとは思えないし、同時に着手し始めた紙幣整理も中途半端なものとならざるをえない。

以上のように、工部省期では工部省による官営事業一辺倒であったが、内務省

第4章　未熟な勧業政策　159

期では大久保政権のもとで、内務省（在来産業・勧農の奨励）、工部省（近代産業の移植）、大蔵省（産業振興資金の貸付）という、3省による役割分担のもとで多様な殖産興業政策が実施された。けっして内務省のみが殖産興業を担っていたわけではない。しかもこの時期は、前期で採用された欧化主義政策に対する批判・反省の上に立って、政策の軌道修正がおこなわれた時期であった。

　それでは、これらの政策はいかなる結果をもたらしたのであろうか。実は、3省による殖産興業政策の多くが大幅な赤字となり、特に内務省直営の農牧部門や工部省直営の製鉄・工作部門はほとんど失敗に終わった。例えば、2000錘紡績政策の対象事業所では、開業後から不振となった事業所が多かったほか、その後軌道に乗った事業所でも火災や過大投資等によって、経営面で失敗したところが大半であった（経営状況については、表7補-1が詳しい）。また1880（明治13）年にかけて、西南戦争にともなう激しいインフレが発生したため、貸付金利の急騰により産業資本の形成を阻害したり、財政難を深刻化させたりした。

　さらに大久保亡き後は、大蔵卿・大隈重信、開拓長官・黒田清隆、大阪財界人・五代友厚（薩摩出身）の3人によって殖産興業政策が担われていたが、このような集団指導体制も事業に大きな影響を与えていた。なぜならこの直後の1881（明治14）年7月頃に発生した開拓使官有物払下げ事件は、開拓長官の黒田が満期を迎えた開拓使官有物を五代らの設立した関西貿易社に、破格の条件で払い下げていた。この情報を大隈が新聞社にリークしたことで発覚したといわれており、集団指導体制がかならずしも一枚岩ではなかったことが窺える[8]。またしても政策はうまくいかなかった。

〈官業払下げの農商務省期〉

　この時期は、おもに農商務省によって政策が実施された時期であり、1880〜85（明治13〜18）年にあたる。いままでの政策を大幅に縮小し、特に「払下げ」という荒療治を実施した時期である。

　なお当期間は本来、農商務省の設置された1881（明治14）年からとすべきだが、前年11月に当期の特徴である「工場払下概則」が制定され政策変更が実施されていたため、あえて80年からとしている。この事実は、緊縮財政に転換した松方財政期（1881［明治14］年10月より開始）以前に、すでに縮小方針が決められていたことを意味する。つまり「松方財政によって殖産興業政策が転換された」とい

う一般の認識と異なる点で、重要な事実である。もちろん 1878（明治 11）年 5 月に大久保が暗殺されたことも、政策変更に大きく影響している。

　話のスタートとして、当期の期初の状況をみておく。この時期には、官業事業に欠損が累積し、政府主導の模範勧奨方式による産業育成が予期した成果を収めなかったほか、府県勧業行政を指導していた地方官庁からも、殖産興業政策に対する批判が寄せられていた。このため政府は、1881（明治 14）年 4 月に農商務省を設置して、この問題に対処しようとした。

　この組織は、おもに現在の農林水産省と経済産業省の機能をあわせた役所である。この役所が設置された直接の契機は、大隈重信・伊藤博文の連署による建議にあったが、そのほか当時は大隈財政末期にあり財政整理の要請にそって勧業機構の縮小措置が求められていたことがあげられる。このため農商務省は、内務省の山林局・勧農局・博物局（いわば勧業部門）、大蔵省の商務局（いわば勧商部門）、工部省の鉱山事務・工作事務といった既存部門を引き継いで設置された。

　このような政策変更は、時期的には明治十四年の政変とそれにともなう大隈財政から松方財政への変更と時期的に近いため、松方が大隈の方針を変更したと受け取られがちである。しかし実態は、すでにこの政策変更を大隈自身が認識していた。なぜならば明治十四年の政変が 10 月であるのに対して、殖産興業の政策変更が前年の 80（明治 13）年、農商務省の設置が 81（明治 14）年 4 月であった事実から、納得できるはずである。つまり大隈自身が、殖産興業策を継続することの困難を認識していた。そして大隈は、伊藤博文とともに作成した「財政更革ノ議」によって、その経済政策の方向を大きく転換した。

　とはいっても明治十四年の政変は、憲法制定・国会開設問題、開拓使官有物払下げ問題、財政問題といった複数の問題に関して、大隈派（大隈のほか、福沢諭吉、矢野文雄［太政官大書記官兼統計院幹事］、小野梓［会計院少書記官］ら）と薩長派が意見対立したことで発生した[9]。このため同政変により、大隈が参議を罷免された一方、松方が参議兼大蔵卿となることで薩長藩閥政権が確立するなど、大隈主導による殖産興業策の中身が大幅に変更されたことは疑いえない。

　次に政策の特徴についてみてみよう。まず政変の遠因となった開拓使官有物払下げについては、最終的には明治天皇によって中止するように命じられたが、当期の初期段階ではかならずしも払下げ方針が明確に実行されたわけではなかった。ただし 1884（明治 17）年以降は、政策に関しておもに以下の 4 点の特徴が現れて

第 4 章　未熟な勧業政策　*161*

きた。第一は勧業に対する直接誘導から間接助成の方針へ切り替えられたこと、第二は官業払下げつまり官営事業の売却と官営方針の放棄が積極化したこと、第三は老農の活動を組織化した農談会・共進会が全国的に開催されたこと（豪農商に対する支援策）、第四は在来産業の小生産者や商人を組織して同業組合を設立させたこと（生産・流通面の改良）である。

　このうち第一の政策手法に関する点では、直接誘導としての政府による財政資金（貸付金）の民間撒布が大幅に縮減して多数の豪農商が没落したことを意味する。このため表4-1のように民間に対する貸付金は大幅に減少した。ただし準備金は激増しているが、これは横浜正金銀行の輸入荷為替資金用の貸付金であり、民間に対する間接的な資金にすぎない（この準備金については、第6章の第3節で詳述する）。第二の官業払下げの積極化は、第一における準備金の激増とも密接に関連しているが、紙幣整理の原資として財政黒字を出さなければならなかった理由が大きく影響している。この関連では、1886（明治19）年に2000錘紡績政策が中止されたのも、同様の理由による官営方針の放棄であった。

　第三の老農とは、おもに農書にもとづいて在来農学を研究し、これに自らの体験を加えて高い農業技術を身につけた農業指導者であり、いわば篤農家とも呼ばれた。江戸時代にも土地生産性を上昇させるような様々な工夫がおこなわれていたため、その背後にはおそらく老農がいたはずであり、明治になって初めて登場した集団ではなかろう。その根拠として、農学者大蔵永常の『老農茶話』1804（文化元）年という本があるなど、幕末期にはすでに老農という用語が使用されていたことを指摘しておく。

　ちなみに当時は、「明治の三老農」と呼ばれる代表的な老農がいた。群馬県の船津伝次平、奈良県の中村直三、香川県の奈良専二らであり、そのほか福岡県の林遠里、秋田県の石川理紀之助も、しばしば人口に膾炙した。老農らによって集約・収斂された在来農法の集大成は、「明治農法」と呼ばれ、全国に普及していった（明治農法は第8章の第4節を参照）。

　老農の関連では、農談会についても説明しておく。農談会とは、明治10年代に各地の農村で自然発生的に生まれた、農事改良を目的とした私的組織や会議のことである。精農家・篤農家が中心となり、農作物の品種の改良・交換、栽培法の改善、視察など、情報交換のために開催・設置された。最初の農談会は、1878（明治11）年に開催された愛知県北設楽郡のもの、あるいは愛媛県のものといわれ

るが、開催の地域範囲は郡単位が多く、参加人員の規模は 20～50 名であった。

　1878（明治11）年 1 月～1882（明治15）年 11 月までの 5 年間に開催された農談会は 200 回に及び、その話題は一般物産、穀菜、果樹、山林、養蚕、製茶、製麻、菜種、茶、煙草、製紙、製糖、牧畜、病虫害防除、選種、種子貯蔵、種子交換、苗代、農機具、耕耘法（田畑を耕すための方法）、施肥法、米俵改良など、多岐にわたった。その名称は、勧業会、勧業演説会、農談会、小集会、農事会、農会集談会、種子交換会、養蚕・木綿・製茶等会話、講習会話などと呼ばれた。

　ところで民間のほか政府による農談会もあり、例えば 1879（明治12）年に横浜で開催された生糸繭製茶共進会のときの第 1 回茶事集談会、1880（明治13）年に大阪で開催された綿糖共進会のときの綿集談会・砂糖集談会、1881（明治14）年に東京で開催された第 2 回内国博覧会のときの農談会、などが実施された。このような政府系の農談会に近い催し物として、共進会についても説明しておく。

　共進会とは、各地方の代表的な物産や技術を一堂に集め、一般の観覧に供するとともに、生産者、販売者に優劣を競わせて品質改良、産業振興を図る目的の催しであった。1879（明治12）年に横浜で開かれた製茶共進会、生糸繭共進会が最初であり、その後は生糸、茶、織物などを中心に各地で開催された。われわれはとりあえず農商務省設立の前年 1880 年を当期の始点としたが、以上のような動きから推測すると、すでに 1870 年代末には農業中心の産業振興が十分に意識されていたことを確認することができる。そのほか当時の老農と関連した農政は、江戸期の報徳仕法の流れを汲む、報徳社の農村更生運動とも結びついていた。

　最後に、第四の同業組合については以下の事情があった。1872（明治5）年の株仲間廃止令によって、多数の農民等が商業をおこなうようになったため、当時の市場で乱造・乱売が激しくなった。このため市場の混乱阻止や取引の適正化を目的として、1878（明治11）年 8 月に大阪商法会議所によって組合の設立が認められ、さらに 1884（明治17）年 11 月に農商務省が「同業組合準則」を府県に通達し、株仲間に代わる新たな組合（準則組合）の設立を促した。この準則では、同一地域内の 3 分の 2 以上の賛成によって同業者の加入義務が課されたが、非加入者に対する制裁措置がなかったため、実効が上がらなかった。

　ただし同業組合の検査機能は、1897（明治30）年 4 月に輸出品を対象とした重要輸出品同業組合法、1900（明治33）年 3 月に内地向け品まで対象を拡大した重要物産同業組合法が各制定され強化されていった。これら両法律は、殖産興業期

第 4 章　未熟な勧業政策　　163

の後の話であるが、関連するためここで付言しておく。

　以上のように当期の殖産興業政策では、官営事業に対する直接的な支援策は実施されなくなったが、その代わり共進会や同業組合のような産業育成策が実施された。ちなみに民間企業の育成は、1886（明治19）年より始まる産業革命を待たなければならなかった。

（3）事業実態と官業払下げ

　松方財政のもとで殖産興業政策は縮小が決定されると、その方針にしたがって官営事業の払下げと移管が活発化したほか、工部省の廃止が決定された。以下では、殖産事業の経営内容と払下げの基本的な考え方について説明していこう。

〈事業別の収支動向〉

　払下げの理由は、経営面で官業特有の不能率があり、採算上は赤字事業が多かったほか、財政逼迫のもとでこれら事業が重荷になったことがあげられる。

　前者に関して、官営事業全体の経営状況を示した表4-3をみてみよう。この表では、殖産興業の実施された期間の一部を示しているにすぎないが、大方の傾向が読みとれるはずである。なお特定時点に収益と欠損が同時に計上されているが、これは収益の発生した事業と欠損の発生した事業が同時に存在していることを意味している。いま殖産興業政策の対象業種を暫定的に工部・内務・農商務省の所管事業とみなしたうえで、官営事業の収益動向をみておく。

　まず官営事業の総計では、純収益（収益−欠損）がプラスであるものの、投資総額よりも少ないため投資に見合った収益を上げていない。ただし当時の会計処理では、収益を作業収入から営業費を引いた残余として把握していたほか、費用として減価償却費や資本利子などを含めていなかった[(10)]。このため収益を正確に判断できないが、それでも上記の特徴は概ね想定できるものであろう。

　純収益を個別にみると、多くの事業で収益と欠損が同時に発生していることが確認できる。この事実は、事業所別にみると一部の事業所では事業が軌道に乗って収益が発生していたものの、他方ではまったく軌道に乗らない事業があったことを示している。一般的に、官営事業はすべて失敗であったかのようなイメージがあるが、業種別・事業所別にみるとかならずしもそうではなかった。

　事業別にみると、投資全体の7割弱が3省による殖産興業関連の事業となっている。まず殖産興業関連では、工作・製作などで恒常的に欠損が発生しており、

表4-3　官営事業の省別・事業別の経営状況（内務省・農商務省期）

（単位：千円）

省名	事業名	費目	内務省期			農商務省期					1877～84年計	構成比(%)
			1877年	1878年	1879年	1880年	1881年	1882年	1883年	1884年		
工部省	鉱山	投資	218	235	487	969	961	327	237	125	3,559	21.7
		収益	150	56	238	392	300	276	97	233	1,742	}9.6
		欠損	-21	-85	—	-39	—	-204	-40	—	-389	
	鉄道	投資	28	75	454	729	1,101	1,116	1,337	402	5,241	32.0
		収益	384	457	699	889	1,127	914	934	751	6,154	}43.9
		欠損	—	—	—	—	—	—	—	—	—	
	電信	投資	194	129	165	109	128	102	83	95	1,004	6.1
		収益	—	19	139	215	264	91	73	61	862	5.8
		欠損	-49	—	—	—	—	—	—	—	-49	
	工作	投資	84	116	152	187	6	27	78	95	744	4.5
		収益	6	1	5	5	15	1	17	7	57	}-2.0
		欠損	-23	-15	-38	-34	-28	-200	—	—	-338	
	採油	投資	—	—	—	14	6	—	—	—	20	0.1
		収益	—	—	—	1	0	0	1	0	2	}0.0
		欠損	—	—	—	—	—	—	—	—	—	
内務省・農商務省	牧畜・山林	投資	44	48	32	—	—	—	—	—	124	0.8
		収益	—	—	24	—	—	—	—	—	24	}-0.4
		欠損	-21	-36	-31	—	—	—	—	—	-87	
	製作	投資	193	40	157	180	8	7	96	67	747	4.6
		収益	5	3	8	31	16	65	4	52	184	0.3
		欠損	-29	-2	-69	-23	—	-17	—	—	-141	
大蔵省	印刷	投資	40	—	—	2	29	—	—	—	72	0.4
		収益	271	102	142	41	—	—	—	—	557	4.0
		欠損	—	—	—	—	—	—	—	—	—	
	造幣	投資	0	50	47	3	—	—	—	—	100	0.6
		収益	834	910	506	487	385	463	398	376	4,360	}31.1
		欠損	—	—	—	—	—	—	—	—	—	
海軍省	石炭	投資	—	—	—	2	—	—	—	—	2	0.0
		収益	—	1	5	—	2	4	6	6	25	}0.2
		欠損	—	—	—	—	—	—	—	—	—	
	造船	投資	—	16	42	106	91	132	131	35	554	3.4
		収益	—	51	36	25	—	1	41	657	825	}5.9
		欠損	—	—	—	—	—	—	—	—	—	
	火薬	投資	—	—	17	142	155	117	73	—	504	3.1
		収益	—	—	—	—	—	—	—	—	—	}0.0
		欠損	—	—	—	—	—	—	—	—	—	
陸軍省	兵器	投資	—	—	290	123	40	173	192	360	1,178	7.2
		収益	—	—	—	—	1	—	—	0	1	}0.0
		欠損	—	—	—	—	—	—	—	—	—	
北海道事業（含鉄道）		投資	—	17	112	668	726	392	150	89	2,154	13.1
		収益	—	27	—	12	24	13	3	0	79	}0.3
		欠損	—	—	-29	—	—	0	—	—	-30	
総　　計		投資	800	709	1,877	2,580	2,846	2,001	2,234	1,183	16,385	100.0
		収益	1,651	1,599	1,828	2,104	2,147	1,828	1,575	2,144	14,876	}100.0
		欠損	-143	-140	-168	-95	-28	-241	-40	—	-852	
造幣を除く合計		投資	800	659	1,830	2,577	2,846	2,001	2,234	1,183	16,285	99.4
		収益	817	689	1,322	1,617	1,762	1,365	1,177	1,768	10,516	68.9
		欠損	-143	-140	-168	-95	-28	-241	-40	—	-852	
殖産興業担当省の合計（工部・内務・農商務）		投資	761	643	1,447	2,188	2,204	1,579	1,831	784	11,439	69.8
		収益	545	536	1,113	1,533	1,722	1,348	1,126	1,104	9,025	}57.2
		欠損	-143	—	-138	-96	—	-421	-40	—	-1,004	

（注）　1. 工部省のうち、鉱山は佐渡、生野、三池、院内、阿仁、釜石、小坂、中小坂、油戸の各鉱山であり、工作とは長崎・兵庫造船所、品川硝子、赤羽・深川工作分局を示す。

　　　　2. 内務省・農商務省のうち、牧畜・山林は内務省の下総牧羊場、製作は内務・農商務省の千住製絨所、新町紡績、愛知・広島紡績、紋鼈製糖所などである。

　　　　3. 海軍省のうち、造船は横須賀造船所、火薬は三田村火薬製造所である。

　　　　4. 陸軍省のうち、兵器は東京・大阪砲兵工廠である。

　　　　5. 構成比の上段は投資総計に占める割合、下段は純収益（＝収益－欠損）の総計に占める割合を示す。

　　　　6. 投資額とは国庫支出における興業費科目＋起業基金＋中山道公債支出額の合計、収益とは国庫に益金として収納された金額、欠損とは国庫から支出された営業資本欠損補填金である。

　　　　7. 上表では、作業条例によって各事業所の会計がとりあえず整備された1877年以降を採用したため、かならずしも政策の全体を検討できるわけではないが、おおまかな傾向は把握できよう。なお一部の数値が誤植と思われるが、原資料のままとした。

（資料）　永井秀夫「殖産興業政策論―官営事業を中心として」『北海道大学文学部紀要』第10号、1961年の148-149頁の表をもとに谷沢作成（原資料は、『明治財政史』第3巻、各年版『歳入出決算書』、『新撰北海道史』第7巻である）。

特に 1882（明治 15）年には鉱山と工作で大きな欠損が発生した。この事実によって払下げの議論に弾みがついたことが推測される。ただし公益事業である鉄道と電信では、フリーライダーを排除して欠損を出さないように使用者負担の料金（切符や電話料金）を設定できるため、純収益が投資に近い水準に収まっている。

　他方、殖産興業ではない大蔵省所管の印刷と造幣は、少ない投資で大きな収益を上げられる事業の性格上より、欠損も発生していない。特に造幣事業は、1873（明治 6）年より金本位制を採用し始めたことから、投資効率の高い事業であった（金本位制については、第 5 章の第 4 節を参照）。その一方で、北海道事業はまったく純収益を獲得できない不採算事業である。以上より官営事業の純収益の内訳をみると、殖産興業関連が全体の 6 割弱にすぎず、非殖産興業が 4 割超（特に造幣事業が 3 割）を占めている。つまり非殖産興業事業が、収益面で殖産興業の非効率性をカバーしていることがわかる。

　さらに事業所別にみると、表 4-4 のようになる。投資額を上回る利益が発生したか否かを把握するため、損益額から投資額を引いた「差し引き」金額に注目すると、工作部門で赤字、鉄道部門で黒字となり、際立った対比を示している。ただし鉄道部門にもかかわらず敦賀―大垣鉄道が赤字であるのは、開業後 4 年を超えているにすぎず、初期投資を回収できていないためである。一方、事業計でみて赤字であった鉱山部門は、釜石・阿仁の両鉱山で大きな赤字となったため、その他の佐渡・三池・生野の各鉱山が黒字であっても全体として赤字となった。

　もちろん同表の損益額は、資本収支や減価償却を考慮していないため、厳密な意味での収益を反映しているわけではないが、それでも全体的な傾向を確認することができよう。事業所ごとに投資効率に大きな違いが発生していたことに注目すべきである。

　それでは殖産興業が軌道に乗らなかった理由は何であろうか。この点に関して、灯台技師であった御雇イギリス人・R. H. ブラントンは、イギリス帰国後に発表した著作のなかで、外国人のモラールの低さと官吏の汚職を指摘している。そこでは「（外国人のモラールの低さについて）勝手に職場を放棄したり、政府の命令に従わなかったり、また職務の怠慢や泥酔その他の非行が御雇外国人の間で頻々と起こって、政府の悩みの種となった。これとは反対に、実際の知識のない無能な陛下の官僚や、自尊心ばかり強く狡猾で収賄に熱心な腐敗した下役人は、高潔な外国人にとってはこんな輩と仕事を共にするのは特別に腹立たしいことであっ

表 4-4　工部省所管事業の事業所別経営状況（1877〜1885 年度の合計）

(単位：千円)

	投資額（A）	損益額（B）	差し引き（B-A）	事業廃止年度
佐渡鉱山	172	465	293	1884 年度
生野鉱山	59	172	114	1884 年度
三池鉱山	305	426	121	
阿仁鉱山	1,145	25	− 1,120	1884 年度
院内鉱山	476	25	− 451	1884 年度
小坂鉱山	99	96	− 3	1884 年度
釜石鉱山	1,233	− 271	− 1,504	1883 年度
中小坂鉱山	106	− 17	− 123	1881 年度
東京─横浜鉄道	28	2,143	2,115	1884 年度
大津─神戸鉄道	1,085	3,952	2,867	
敦賀─大垣鉄道	2,898	59	− 2,839	1884 年度
東京─前橋鉄道	56	0	− 56	1881 年度
高崎─上田／大垣─半田鉄道	300	0	− 300	
電信局	725	813	88	1884 年度
赤羽工作分局	38	− 54	− 91	1882 年度
赤羽工作附属木具塗物場	0	− 3	− 3	
深川工作分局・白煉瓦製造所	49	− 15	− 64	1882 年度
品川硝子製造所	117	− 159	− 276	1883 年度
兵庫造船所	364	− 20	− 384	
長崎造船所	233	− 166	− 399	1884 年度
石油鑿井場	20	0	− 20	1881 年度
油戸鉱山	49	31	− 18	1883 年度
合　計	9,556	7,503	− 2,053	─

(注) 1. 投資額は、「常用金支弁」のうち決算高（＝本費元受＋増額元受－残高返納－翌年へ越高）であるため、表 4-5 の投下資本より少額となる。
　　 2. 損益額は、「営業収支」のうち作業収入から営業費を控除した金額であり、資本収支を含まない売上総利益に近似した金額である。
　　 3. 事業廃止年度とは、払下げ等を想定した事業中止のほか他省所管事業への移管を含む。

(資料)『工部省沿革報告』のうち投資額が 444-452 頁、損益額が同 481-492 頁の数値より谷沢が作成。

た」[11]（カッコ内は谷沢が補足。以下同様）と感情的に記している。

　さらに官吏の汚職については、「この頃（1868 年頃）、日本の官営事業に浸透した大がかりな汚職の構造は、私が思うに、臭いものには蓋をしておきたいという願望に外ならない。技師の承認がなければ支払が出来ないようなシステムがあれば経理の操作や公金の横領は防げただろう。しかし、この方法は官営の事業で個人の懐を肥やした連中たちの願望には添わなかった。だから、支払は私の承認があるなしに拘わらず勝手に行われたのである」[12]。このため官業の事業運営では、レント・シーキング（Rent seeking）によって資源の浪費が発生していたと推測される[13]。このような汚職の背後には、たんに事業運営が個人の裁量に任せられ

第 4 章　未熟な勧業政策　　167

る部分が多かったという事実のほかに、御雇外国人の給与が日本人と比べて極端に高かったことも影響していたと思われる。

ブラントンの滞在期間は、1868（慶應4）年8月〜76（明治9）年3月であったから、ほぼ殖産興業期の大半を経験していた。また彼はこの著作の目的を「読者に、日本人の物の考え方や、行動の仕方を知ってもらうためであり、（中略）ありのままに叙述するのが最も正しい方法であると考えたのである」と記述している。そのなかで外国人のモラールの低さと官吏の汚職が事業不振の最大の要因であったという指摘は、十分な説得力があるように思われる。

日本側でも、大久保利通が1876（明治9）年に出した行政改革建言書で、御雇外国人に関して以下のように述べている(14)。「彼外人タルヤ固ヨリ会計ノ有余、不足ヲ顧ミルノ理ナキノミナラス、皆彼ノ研究シタル技倆ヲ試サント欲シ、開明ノ強国ニ行フ処ノモノヲ以テ模範トシ、是ガ建築ヲ起シ事業ヲ成シ、恣ニ意ヲ達シタルモノニシテ、（以下省略）」。要するに大久保は、御雇外国人が資金の不足を考慮せずに自分の興味ある技術のみ導入したがる、無分別な行動をとっていると指摘している。外国人すべてが以上のような行動をとったわけではなかろうが、不適切な行動をとった者が多数いたことが推測される。

外国人の技量（業績）についても紹介しておこう。これについて尾高煌之助が、当時の代表的な外国人技術者251人の個別情報を整理している。このような情報はほとんど入手できず非常に貴重であるため、その重要部分だけ紹介しておこう。その分析によると、「とりわけ優秀な人材が来日したと判断されるケースは、官業では全体の8.3％にのぼるのに対して、民間部門ではわずか3.2％にすぎない。逆に、明らかな失敗例は、官業では2.6％にとどまるのに民間では6.3％にのぼっている」という(15)。

もちろん文字情報を数量化する際にどうしても分析者の癖が入るため、慎重に評価する必要があるが、「とりわけ優秀」や「明らかな失敗例」が1割に満たない点では、大半の外国人は平均的であったことを推測させ、納得できる結果かもしれない。しかも「とりわけ優秀」─「明らかな失敗例」の割合をみると、官業5.7％、民間マイナス3.1％となるため、官業（つまり殖産興業）での外国人の技量が民間のそれよりも高かった可能性がある。これは尾高が指摘しているように、ときの政府が情報ルートや政治・外交ルートを活用して適材を求める努力をしていた結果からかもしれない。いずれにしてももう少し追加の情報が欲しい。

〈払下げの個別内容〉

払下げ手続きに関しては、開拓使官有物払下げ事件の天皇による裁許が1880 (明治13) 年10月に下りた直後、翌11月に工場払下概則が制定され明確化した。

概則は、第1条で「左ノ条件ニ適応シ且之ヲ承認スル者ハ議論ノ上工場一ヶ所若クハ数ヶ所ヲ払下クル事ヲ得ヘシ。一. 数人合資ノ会社若クハ一人ニシテ必要ノ資本金ヲ出スノ力アルコト。一. 各工場営業資本金ハ必ス払下ケノ際一時ニ上納シ且興業費ハ該工場ノ種類営業ノ難易等ヲ斟酌シ年賦上納ノ事」と明記された。ここでは、財政的見地から官業への投資資金の回収を意図して、払下げ条件が厳しく設定されていた。また第2条で、「払下ケ約条ノ要領ヲ挙示シテ広ク公告シ(中略) 若シ他ノ請願人アルトキハ共ニ払下ケ約条按ヲ取纏メ所管ノ省使長官ノ意見ヲ具シテ太政官ニ稟議スヘシ」と明記され、入札制度を導入していた。

しかしこの概則のもとでは、条件が厳しすぎてほとんど払下げが進まなかった。このため1884 (明治17) 年10月、払下げを活発化させるために工場払下概則を廃止し、「今後工場等ヲ払イ下ゲスルトキハ其時々方策ヲ具シテ稟議ス」ることに改めた。つまりケース・バイ・ケースの判断をもって払下げ条件を緩和したため、その後は払下げが急速に進んだ。このような法令整備に対応するような形で、1885 (明治18) 年12月に工部省は歴史的な使命を終えて廃省となった。1884年はまさに殖産興業政策の転換点であった。そしてその直後から、民間企業の設立ブームをともなったわが国の産業革命が、タイミング良く発生したことも合わせて指摘しておこう。

以上のような動きから判断すると、官業払下げは第1段階 (1880年11月〜1884年6月)、第2段階 (1884年7月〜1888年4月)、第3段階 (1888年4月以降) と、3段階に時期区分することができる[16]。このうち第1段階は、払下げ条件がかなり厳しかったもとで、資力がありさえすれば払受人がたんなる商人でもよかったため、払下げはほとんど進まなかった。このように払下げ条件が厳しかった理由は、国庫資金の回収を狙っていたためである。これに対して第2段階には、払下げ条件を緩和して事業の継続可能な者を払受人に指名したほか、黒字の見込める鉱山等の払下げにも踏み込んだ。黒字の見込める事業まで払下げをおこなった背景には、紙幣整理が効果を表し始めて財政的に明るい見通しが立ってきたほか、民間企業も多数設立されてきたことがあげられる。

さらに第3段階では、払下げ対象がさらに黒字模範事業に拡大したが、大半の

物件で年賦期間がなくなったため、売却先が資金余力のある政商に絞られてきた。このように黒字模範事業へ払下げ対象を拡大した背景には、圧倒的な資本力を持った政商を育成し、産業体系を再編する意図があった。また高価な払下げが増えたため、第2段階で中断していた入札制度を復活するなど、再び払下げ条件が厳しくなってきた。

いま、払下げの特徴を、表4-5によってみてみよう。まず払下げ対象は、すべての事業としたわけではなく、軍工廠、鉄道、電信事業を除いていた。特に軍工廠は重要な工場と位置付けられ、払い下げられなかった点に注目すべきである。払下げ業種を時間的流れでみると、当初は鉱山＋窯業類だが、その後は造船・紡績等＋優良鉱山へ拡大した。払受人は大半がいわゆる政商であり、その払下げ価額は投下資本に比べてはるかに安いが、財産評価額との比較ではむしろ高かったほか、支払方法は大半が20年以上の長期年賦であった。このうち払下げ価額は、財産評価額に貯蔵品＝原料代分をプラスした金額として査定しており、（この数字は極端な操作はできないため）比較的に実態に近い金額と推測される。

もっとも1890年代には、紡績業でさえ減価償却費を計上した企業がまれであった事実を考慮すると、上記の判断は割り引いて考える必要がある。さらに返済期間が20年以上である点は、現代の金融実務上から判断してかなり優遇していたと考えるべきだろう。なぜなら通常の製造設備の耐用年数が10年程度であることを前提とすれば、常識的に考えれば（最長の場合でも）この耐用年数に近い返済期間とすべきであるためである。

このほか表4-6で主要な官業の払下げ条件をみてみると、造船、化学、繊維などの近代工場が払い下げられる場合には貸与段階を設けて事業の継続可能性を打診し、1〜2年を経過した後に払受人へ譲渡するという慎重な手順を踏んでいた。しかも即納と年賦を組み合わせたほか、年賦部分に関しても5年の据置期間を設ける場合があるなど、あくまで資金回収のみが目的でないことが確認できる。

以上のように、払下げ条件は結果的に政商たちに有利であったため、このような入札方法の改革を主張する動きもあった。例えば、森有礼文部大臣は、払下げ前に貸与した兵庫造船所の事例など、これまでの払下げに弊害が多いのはその方法が不完全なためであると考え、1886（明治19）年に独自の「官有物払下方法」を提出した。そこでは、第一に払下げ物品の「実価」を評価して、あらかじめ払下げの最低価格を定めること、第二に入札者を一定の資格を持つ者に限定するこ

表 4-5　官業払下げの概要

（単位：万円）

払下げ段階①	払下げ時期①	払下げ決定閣・同大臣②	物件名③	所在地	創業年次④	官営直前の事業形態	官営開始時期	投下資本額（1885年末）④	財産評価額（1885年6月末）⑤	払下げ額⑥	払下げ倍率⑥/⑤	年賦期間⑦	払受人⑧	後の所属会社⑨
第1段階	1874年11月	大隈重信	高島炭坑	長崎県長崎市	1695	佐賀藩と外資の共同経営	1874	39.4	—	55.0	—	7ヵ年	後藤象二郎	三菱鉱業
第2段階	1882年6月	松方正義	広島紡績所	広島県広島市安芸区	—	—	1879	5.4	—	1.3	—	—	広島綿糸紡績会社	貝塚紡績／白勢鉱業
	1884年1月	同	油戸炭坑	山形県鶴岡市	—	—	1879	4.9	1.7	2.8	164.7	13ヵ年	白勢成照	三菱鉱業
	1884年7月	同	中小坂鉄山	群馬県甘楽郡下仁田町	1873	—	1877	8.6	2.4	2.5	104.2	20ヵ年	坂本弥八ほか	廃止
	同	同	深川セメント	東京都江東区	—	民営	1874①	10.2	6.8	6.2	108.8	25ヵ年	浅野総一郎	浅野セメント
	1884年9月	同	梨本村白煉化	静岡県賀茂郡河津町	1867	—	1873①	—		1.2	142.7	25ヵ年	稲葉来蔵	品川白煉瓦
	1884年10月	同	小坂鉱山	秋田県鹿角市	—	南部藩営	1873	54.7	19.2	27.4	142.7	25ヵ年	久原庄三郎	同和鉱業
	1884年12月	同	院内銀山	秋田県湯沢市	1606	秋田県営	1874	70.3	7.2	7.5	104.2	29ヵ年	古河市兵衛	古河鉱業
	1885年3月	同	阿仁銅山	秋田県北秋田市（旧阿仁町）	1637	秋田県営	1875	167.3	24.1	33.8	140.2	24ヵ年	古河市兵衛	古河鉱業
	1885年5月	同	品川硝子	東京都品川区	1873	民営	1876	29.4	6.6	8.0	121.2	55ヵ年	西村勝三・磯部栄一	古河鉱業
	1885年6月	同	大葛・真金金山	秋田県大館市	1532	秋田県営	1873	5.8	9.9	11.7	—	—	阿部潜	古河鉱業
	1886年11月	同	愛知紡績所	愛知県名古屋市	—	—	1881	13.9	—	2.7	—	—	篠田直方	1896年焼失
	1886年6月	同	札幌麦酒醸造所	北海道札幌市	—	—	1876	—	2.7	14.1	—	—	大倉喜八郎	札幌ビール
	1887年5月	同	新町紡績所	群馬県多野郡新町	—	官営	1875	113.1	45.9	45.9	100.0	—	三井	鐘淵紡績
	1887年6月	同	長崎造船所	長崎県長崎市	1857	官営	1868	81.6	32.0	18.8	58.8	20ヵ年	三菱	三菱造船
	1887年12月	同	兵庫造船所	兵庫県神戸市中央区	1869	民営	1872	237.7	73.3	1.3	1.8	—	川崎正蔵	川崎造船
	1887年12月	同	釜石鉱山	岩手県釜石市	1857	官営	1874	—	—	3.4	—	—	田中長兵衛	日鉄鉱業
	1888年1月	同	播州葡萄園	東京都渋谷区三田	—	—	1880	—	—	0.5	—	—	宇都宮ほか	東京機械製作所
第3段階	1888年8月	同	三池炭坑	福岡県大牟田市	1721	三潴県営	1873	75.7	44.9	459.0	1022.3	15ヵ年	佐々木八郎	三井鉱山
	1889年11月	同	幌内炭鉱・鉄道	北海道三笠市	—	—	1879	229.2	35.2	35.2	—	15ヵ年	北海道炭礦鉄道	北海道炭礦汽船
	1890年3月	渡辺国武	紋鼈製糖所	北海道伊達市	—	—	1870	31.0	0.1	0.1	—	—	伊達邦成	1896年解散
	1893年9月	同	富岡製糸場	群馬県富岡市	1872	官営	1872	—	—	4.3	—	—	三井	片倉工業
	1896年9月	同	佐渡金山	新潟県佐渡市	1601	官営	1868	141.9	44.5	173.0	122.5	—	三菱	三菱鉱業
	1896年9月	松方正義	生野銀山	兵庫県朝来市	1542	官営	1868	176.1	96.7				三菱	三菱鉱業

（注）
1. 操業年次より右側の項目の一は、未掲載（つまり不明カッコ）を示す。
2. 投下資本額は、興業費と工部省補修額の合計である。1885年6月末現在。財産評価額は、土地・建物、設備代のみで、この他に在庫品代がある。払下げ額は土地・建物・設備代による。
3. 払下げ段階の時期区分は、小林『日本の工業化と官業払下げ』の138-139頁の表5-1による。

（資料）①、③、④、⑤、⑥、⑧は小林正彬『日本の工業化と官業払下げ』東洋経済新報社、1977年の266頁の第1表。（ただし原資料は「工部省沿革報告」、「明治前期財政経済史料集成」第17巻。「明治前期勧農事績輯録』上、絹川太一『本邦綿糸紡績史』下）『日本の工業化と官業払下げ』138-139頁。②は浜野潔ほか『日本経済史』慶應義塾大学出版会、2009年の73頁の表5-1。⑦と⑨は塚谷ほか。⑨は官業化と官業払下げ『官業払下げ』138-139頁、法規分類大全。その他の情報は谷沢が個別資料より収集した。

表 4-6　おもな官業の払下げ・貸与条件の概要

(単位：円)

段階別	事業所名	払下げ価格	支払条件		貸与条件など
			即納額	残額の支払条件	
―	高島炭鉱	550,000	200,000	350,000 は 1875 年より 7 ヵ年賦、利息 6 朱	―
第 1 段階	油戸炭鉱	27,943	3,000	6,943 は 1884 年中に支払い 18,000 は 13 ヵ年賦	―
第 2 段階	摂綿篤製造所	61,741	0	25 ヵ年賦	払下げ以前に貸与(貸与料は純益の 10 分の 5)
	深川白煉化石製造所	12,121	0	25 ヵ年賦	同　上
	小坂銀山	273,659	0	生産設備(200,000)は1885 年より 25 ヵ年賦	―
			0	半製錬鉱物等(73,659)は1884 年より 16 ヵ年賦	
	院内銀山	108,977	2,500	生産設備(72,500)は 5 ヵ年据置で、1890 年より無利息 24 ヵ年賦	―
			0	貯蔵物品等(33,977)は 1890 年より 10 ヵ年賦	
	阿仁銅山	337,766	10,000	生産設備(240,000)は 5 ヵ年据置で、1890 年より無利息 24 ヵ年賦	―
			0	貯蔵物品等(87,766)は 1890 年より 10 ヵ年賦	
	品川硝子製造所	79,950	0	1890 年より 55 ヵ年賦	払下げ以前に貸与(貸与料は純益の 10 分の 2)
	長崎造船所	459,000	103,017	355,983 は 50 ヵ年賦 1 割利引計算	払下げ以前に貸与(貸与料は製品貯蔵代価 80,000 を 20 ヵ年賦とした金額) 即納額のうち 12,000 は、払下げ決定前の貸与時の 3 年間で納付済みの金額。その残りは払下げ時に即納。

(注) 1. 摂綿篤製造所とは「セメント製造所」と読み、1873 年に東京深川に設立されたが、84 年浅野総一郎が買収して匿名組合・浅野工場となった。
　　 2. 年賦の場合の利息は、不明なものが多い。

(資料) 小林正彬『日本の工業化と官業払下げ』東洋経済新報社、1977 年の143 頁の表 5-4 より谷沢が作成(ただし原資料は、『明治前期財政経済史料集成』第 17 巻などである)。

と、が提起された。

　このような事情のなか政府は、1888 (明治 21) 年 3 月に森案より厳しい条件を備えた「三池礦山払下規則」を制定し、同年 5 月には大蔵大臣・松方正義が厳しい内容を含んだ払下規則 (全 14 条) を公示している。そして同年 8 月に実施された三池炭鉱の払下げを始めとして、第 3 段階の払下げがおこなわれるようになった。とはいえ三池炭鉱の払下げに関して、表 4-5 で示されている払受人・佐々木八郎はまったく無名の通訳であり、単なる三井の代理人 (つまり三井への名義貸

し）にすぎなかった。三池炭鉱は当時の日本では最大級の炭鉱であり、官業のなかでも例外的に高収益を記録した優良物件であったから、三井色を排除して入札を有利にするように、三井側が意識的に参加させた人物である。

このような政府の官業払下げ政策は、歴史上からみると近代的企業家の誕生、政商の財閥への転化に大きな力を貸すことになった。前者に関しては、第1次企業勃興期（1886〜89年）に時期的に一致しており、タイミングとして極めて適切であった。また後者については、前期的特権政商資本が国家権力を媒介にして産業資本に転化し、同時に巨大な財閥へと成長する端緒をつかんだ。いわば「民間部門の初期投資を圧縮させる産業導入政策」とも評価することができよう。

ただし従来より、開拓使官有物払下げ事件を連想しつつ、不当に安く払い下げたという評価が定着しているが、この見方はかならずしも正しいと言い切れない。なぜなら表4-5のなかで、資産評価額が低いことを考慮すれば、大幅に安かったとはいえないからである（もちろん当主張は不正の存在を否定するものではない）。

さらに現代の政府のように、一度設置した政府系企業をその使命が終わったにもかかわらず延命させていることと比べると、払下げという事実をもっと評価すべきかもしれない。このように官業払下げの評価にあたっては、政商との関連のみならず政府の経済行動という視点を加味する必要があろう。

〈殖産興業政策の評価〉

ところで殖産興業政策全体に対する評価については、日本人と外国人で分かれている。初めに日本人研究者の評価は、消極的評価から積極的評価まで多様である。まず消極的な評価としては、欧米の生産技術や経済制度の性急な導入・移植の方式をとったため、全体としては試行錯誤の過程をたどり、かならずしも期待された成果が上がったわけではない。あるいは殖産興業政策による近代産業の創出は、直接的という点ではさほど成功したとはいいがたいといった意見があげられる。それゆえ官営工場が、「文明開化」のシンボル的役割を果たしたにすぎないといった見方も提示されている。

しかしこれらと異なる意見も多い。例えば殖産興業は、産業近代化のリスクと初期コストを政府が負担したり、官業事業は払下げというパイプを通じて民間産業勃興の基礎となったりした点で評価されている。つまり1890（明治23）年以降おこる紡績・鉱業部門の企業勃興にとって、資金調達や技術者などの環境・条件

第4章　未熟な勧業政策　173

整備の基礎を提供したといった意見や、官営工場で技術訓練を受けた人々が、技術伝習に大きな役割を果たしたという意見が見出される。これらの意見の背後には、途上国にとって工業化を達成することの難しさを十分に考慮していることが考えられる。

　また小林正彬は、『日本の工業化と官業払下げ』のなかで、「(工業化は) 一方的に政府が旗を振り、資金をばらまくだけでは果たせるものではない」ため、「わが国においては、ある程度独力で発展している企業を捉えて政府は援助をおこなう。独力で発展してきた企業は政府の援助から逃れられないというのが、当時の状況であった。『政商』はこうして政府に捉えられた」[17]と指摘している。この記述のみでは、殖産興業政策が成功したかどうかを判断することはできないが、その後に産業革命が発生して政商たちが財閥へと発展していった事実から、小林の主張の延長線上には政策として成功したという評価もみえてくる。

　一方、外国人研究者の評価として、ここではトマス・C・スミス『明治維新と工業発展』(1955年) の主張を紹介しておこう。彼はまず官営企業の評価として、「官営企業が存在しなかったならば、日本における近代工業の開始は1880年以降まで遅れたであろうし、おそらく悲惨な結果がもたらされたであろう。官営企業が民間経済部分の発達を妨げたと論ずることはできない。政府は工業への民間投資を誘発するため、たゆみなく努力したのである」[18]と指摘する。

　そして官業払下げに関しては、「(官業払下げは、財政的理由から実施されたのであり、けっして陰謀や政党の発生によっていたわけではない。) 払下げが低廉な価格と寛大な条件を持って実施されたとしても、それは特定の少数者を豊かにするためではなく、政府にはそれ以外、より多額の貨幣を獲得する方法がなかったからである」[19] (カッコ内は著者による補足) と評価した。ちなみにこの陰謀とは、明治十四年の政変の原因となった開拓使官有物払下げ事件のことであり、政党の発生とは大隈重信による立憲改進党の設立のことだろう。

　このほか経済発展論の視点からみると、後進国になるほど先進国が開発した技術や資本を利用することによって急速な工業化が可能となることを、ガーシェンクロンは「後発性の利益」と命名した。その工業化を進めるためには、強力な制度的手段 (または政府による政策) が必要になる。この視点から考えると、後進国として工業化を達成できた日本では、政府による殖産興業政策がそれなりに機能したと評価できるはずである。

表4-7　官営鉱山の貴金属産出量

(単位：匁、%)

鉱山名	産出期間	金		銀	
		産出量	構成比	産出量	構成比
佐　渡	1868 年？月〜85 年 6 月	228,778	40.5	7,594,010	37.7
生　野	1869 年10月〜85 年 6 月	273,865	48.4	3,370,113	16.8
小　坂	1870 年10月〜84 年 9 月	20,419	3.6	4,544,989	22.6
島　根	1872 年10月〜74 年12月	0	0.0	0	0.0
大　葛	1873 年 1 月〜77 年 6 月	15,687	2.8	975	0.0
阿　仁	1875 年 7 月〜85 年 4 月	2,253	0.4	1,142,762	5.7
院　内	1875 年 7 月〜85 年 1 月	24,418	4.3	3,464,997	17.2
合　計	—	565,420	100.0	20,117,846	100.0

(注) 原資料ではオンス（ヤード・ポンド法の質量の単位）で表示されていたため、1 オンス＝
7.5599 匁で匁に変換した。

(資料) 高村直助「官営鉱山と貨幣原料」鈴木淳編『工部省とその時代』山川出版社、2002 年の
180 頁の表 1 より谷沢が作成。

表4-8　造幣局領収金銀と官営鉱山産出金銀の推移

(単位：匁、%)

	金			銀		
	造幣局領収金	官営鉱山金産	構成比	造幣局領収銀	官営鉱山銀産	構成比
1871(明治 4)年度	1,485,296	47,343	3.2	41,389,295	834,164	2.0
1872(明治 5)年度	11,080,371	18,943	0.2	15,992,400	437,519	2.7
1873(明治 6)年度	8,043,910	26,176	0.3	19,277,307	846,066	4.4
1874(明治 7)年度	1,396,680	9,712	0.7	16,933,812	378,083	2.2
1875(明治 8)年度	528,541	54,118	10.2	16,900,489	1,413,043	8.4
1876(明治 9)年度	474,893	49,238	10.4	39,266,771	1,523,585	3.9
1877(明治10)年度	162,379	87,433	53.8	26,897,134	2,020,730	7.5
1878(明治11)年度	210,260	53,522	25.5	14,906,512	1,579,003	10.6
1879(明治12)年度	212,369	50,231	23.7	24,201,068	1,286,863	5.3
1880(明治13)年度	225,418	53,925	23.9	36,732,713	1,574,482	4.3
1881(明治14)年度	352,119	48,084	13.7	30,264,107	2,264,652	7.5
1882(明治15)年度	195,835	44,157	22.5	29,092,544	2,395,906	8.2
1883(明治16)年度	231,219	39,111	16.9	23,367,916	1,350,015	5.8
1884(明治17)年度	364,248	35,227	9.7	46,986,324	1,246,836	2.7
合　計	24,963,538	617,220	2.5	382,208,392	19,150,947	5.0

(注) 1. 1871 年度は 1868 年 1 月〜71 年 9 月、1872 年は 1871 年 10 月〜72 年 11 月の合計である。

2. 1871 年の銀領収には 70 年分を含む。

3. 1871〜74 年は、新貨条例による新貨幣の鋳造・発行から旧金銀貨の通用停止までの時期で、いわば新旧金銀貨
の切り替え時期。

4. 1875〜80 年は、貿易の入超にともなって金銀の海外流出が続く時期。

5. 1881〜84 年は、松方財政の展開にともなって商品貿易が出超に転じ金銀貨の流出額が減少してきたため、金銀
貨発行高が上向いてきた時期。

6. 1 匁 = 0.13228 オンスである。

(資料) 高村直助「官営鉱山と貨幣原料」の 180-181 頁の表 2 より谷沢が作成。

第 4 章　未熟な勧業政策

もっとも多様な業種を含む殖産興業政策を、ひとまとめにして論じるには限界がある。そこで高村直助がおこなった官営鉱山の事例分析をここで紹介しておく。官営鉱山は、表4-3で示したように、巨額の投資をしたわりにはそれに見合った収益を上げられなかった代表例である。このため事業内容を個別に検討することは重要な作業である。

　まず表4-7によって官営鉱山の貴金属産出量をみると、金の産出量は佐渡・生野の2鉱山に、銀の産出量は佐渡・小坂・院内・生野の4鉱山に集中していた。次に表4-8によって貨幣原料に占める官営鉱山の割合をみると、年度計では金貨の3%、銀貨の5%にすぎず、原料としてはほとんど評価できない。年度別にみると、新貨幣の鋳造開始期には貨幣原料として旧金銀貨等が使用され、金銀鉱山の生産量は非常に低かった。しかし1875～80年に正貨が流出するなかでは、金貨が1877年度に54%、銀貨が1878年度に11%になり、特に官営鉱山の金は正貨の流通維持のために重要な役割を果たした。

　しばしば第一国立銀行（のちの第一銀行）の朝鮮支店が1878（明治11）年6月に開業した後は、同行を経由して朝鮮から金を吸収していたと指摘される(20)（なお第一銀行が朝鮮に進出した経緯については、下巻の第4章［補論］を参照）。ただし先述のとおり政府首脳にとっては、かならず領収できる官営鉱山の金銀が造幣事業上で重要な意味を持っていたのである。

　もともと造幣事業は、表4-3で確認したように経営効率が高かったこともあり、例外的に殖産興業政策が成功した業種であった。このため表4-3の鉱山と造幣を合算してみると、投資365.9万円、収益610.2万円、欠損マイナス38.9万円となり、全体として投資効率の高い事業であったことが確認できる。このように業種によっても、政策評価は大きく異なっている。

(4) 御雇外国人の実像

　いままでの話は、おもに政府による事業内容であったが、視点を変えて事業に直接・間接に関係した者の立場から殖産興業の内容をみることもできる。以下では、この関連で技術指導をおこなった御雇外国人の実態を紹介しよう。

〈国別・職種別人数の内訳〉

　近代工業技術の多くは、イギリスに起源を持ち世界に伝播したが、地理的に遠く、人種・言語・生活習慣などのまったく異なる日本への移転とその成功は、極

めてまれな現象であった。それを可能とした1つの仕組みが、工部省の政策として導入された御雇外国人である。

ただし御雇外国人と呼ばれる人々のなかには、殖産興業に従事した技術者・知識人のほかに、高等教育の教員、官僚等として勤務した特殊技能者も多数いたほか、官業以外に民間事業に従事することもあった。このため殖産興業に限定した話ではないが、ここでは植村正治の研究にもとづき彼らの実態を紹介しよう[21]。

まず官営事業に限って御雇外国人の年次別人数をみると、1870年代にピークを迎えたあと、80年代に入って急激に減少していったことが知られている（データは省略）。そこで表4-9によって国籍別総人数（1865～1890［慶應元～明治13］年の合計）の特徴をみると、イギリス人が全体の41％、以下、アメリカ人、フランス人、中国人、ドイツ人、オランダ人の順となっていた。このほかインド、ポルトガル、ハワイ、ペナン、モーリシャスなど、現在の途上国がわずかだが含まれており、極めて多国籍となっていた。これらは、「殖産興業は欧米人から学んだ」という固定観念を払拭する事実であろう。

また平均雇用年数が平均3年にすぎない点も、先端技術を習得する期間として

表4-9　御雇外国人の国籍別総人数・雇用年数（1865～1890年）

国　籍	総人数 (人)	構成比 (％)	平均雇用 年数 (年)	国　籍	総人数 (人)	構成比 (％)	平均雇用 年数 (年)
イギリス	1,127	41.9	3.41	インド	6	0.2	0.85
アメリカ	414	15.4	3.20	スイス	5	0.2	3.47
フランス	333	12.4	3.64	ジャヴァ	2	0.1	1.00
中　国	250	9.3	1.19	ノルウェー	2	0.1	0.92
ドイツ	215	8.0	3.88	ハワイ	2	0.1	0.33
オランダ	99	3.7	3.82	ペルー	1	0.0	5.58
フィリピン	79	2.9	0.88	フィンランド	1	0.0	3.67
オーストリア	28	1.0	2.60	ペナン	1	0.0	1.00
デンマーク	23	0.9	1.42	モーリシャス	1	0.0	1.00
イタリア	19	0.7	3.54	マレー	1	0.0	0.08
ロシア	13	0.5	1.89	朝　鮮	1	0.0	0.17
スウェーデン	10	0.4	1.42	不　明	42	1.6	2.25
ポルトガル	8	0.3	2.42				
ベルギー	7	0.3	1.10	合　計	2,690	100.0	3.09

（資料）植村正治「明治前期お雇い外国人の給与」『流通科学大学論集―流通・経営編』第21巻第1号（2008）の4頁の表1（原資料は、三枝博音ほか『近代日本産業技術の西欧化』東洋経済新報社、1960年とユネスコ東アジア文化研究センター編『資料御雇外国人』小学館、1975年である）。

第4章　未熟な勧業政策　*177*

は予想外の短さである（ただし初期には雇用年数が長いなど、赴任時期によって雇用年数が異なる可能性はある）。上位5ヵ国のうちでは3年以上が大半であるが、中国が唯一1.19年とかなり短くなっている。中国人が多く就いた職業は、製茶・紅茶製造、水夫・火夫、料理人などであるため、これらの職業の特徴であったかもしれない（なお火夫とは、蒸気機関を運転するために必要なボイラーの火を扱う缶焚きのこと）。

　次に総人数の国籍別・雇用先別構成比をみると、表4-10のように雇用先別では政府（45％）、民間（39％）、軍（10％）、地方庁（5％）の順であり、民間が意外に多い。このため御雇外国人という呼び名ではなく"助っ人外国人"としなければ、実態を見誤る可能性がある。国別にみると、イギリスは工部省（43％）、アメリカは民間（55％）、フランスは海軍省（30％）、ドイツは文部省（31％）、フィリピンは工部省（87％）であり、この5ヵ国は政府関係が多かった。これに対して民間が多かったのはオランダ（49％）、中国（78％）であった。

　一方、雇用先を国籍別にみると、イギリス人が最も多い省庁は工部省（72％）、大蔵省（41％）、地方庁（40％）、文部省（27％）、内務省（26％）であり、アメリカ人が最多の組織は開拓使（62％）、外務省（47％）であり、フランス人が最も多いのは司法省（40％）、軍（58％）、ドイツ人が最多は太政官（75％）、内閣（67％）、農商務省（59％）であった。つまりイギリスから工業技術、財政・行政知識、アメリカから農業技術、外交知識、フランスから法律知識（民法等）、軍事技術、ドイツから統治知識を収集したためといえよう。

　さらに職種別総人数（実人数）の特徴を、表4-11でみてみよう。この表で、技術者は体系的な知識を有しており、技能工はルーチン化された作業工程を効率的に処理する技能を有する点で区別している。さらに技術方とは、「〜師」「〜方」という肩書の御雇外国人であり、技術者と技能工の中間に位置する職種である。全体の職種別の構成比は、技能工（37％）、教師（22％）、技術者（14％）が大手3職種であった。また国籍別に職種の構成比をみると、欧米人は技能工・教師・技術者、アジア人は技能工・火夫・水夫に、それぞれ偏っている。アジア人は単純作業の職種に就いていることが確認できる。

〈職種別給与の推移〉

　次に職種別平均給与（円建て）の平均水準をみておこう。ちなみに給与の支払い形態は、1870（明治3）年から1885（明治18）年までは銀貨（円銀または洋銀）で

表 4-10 御雇外国人の国籍別・雇用先別総人数の構成比 (1865～1890年)

	総人数(人)	構成比	国別にみた雇用先別構成比 (%)							雇用先別にみた国籍別構成比 (%)						
			イギリス	アメリカ	フランス	ドイツ	オランダ	中国	フィリピン	イギリス	アメリカ	フランス	ドイツ	オランダ	中国	フィリピン
工部省	673	25.1	43.4	1.5	14.4	9.5	1.0	5.3	87.3	72.5	0.9	7.1	3.0	0.1	1.9	10.3
文部省	252	9.4	6.0	15.5	8.9	31.0	8.7	1.8		26.7	25.3	11.7	26.2	3.4	1.8	
大蔵省	65	2.4	2.4	2.7	4.4	1.4	1.0	0.2		40.8	16.9	22.3	4.6	1.5	0.8	
内務省	76	2.8	1.8	3.3	0.9	9.2	9.7	1.6		26.3	17.8	3.9	25.7	12.5	5.3	
開拓使	76	2.8	0.3	11.4	0.3	2.0	2.0	4.9		3.9	61.6	1.3	5.6	2.6	15.8	
農商務省	24	0.9	0.0	1.2		6.6	2.0	1.2		1.4	21.0		58.7	4.2	12.6	
外務省	23	0.8	0.4	2.5	0.3	0.9	1.0			17.8	46.7	4.4	8.9	4.4		
司法省	20	0.8	0.4	0.4	2.4		3.1	1.2		21.5	9.1	39.7		14.9	14.9	
左院	2	0.1	0.1		0.3					50.0		50.0				
内閣	3	0.1		0.2		0.9					33.3		66.7			
太政官	1	0.0		0.1		0.5					25.0		75.0			
政府・正院	6	0.2		0.2	0.6						16.7	33.3				
政府小計	1,220	45.6	54.8	39.0	32.5	62.0	27.6	16.4	87.3	50.5	13.2	8.8	10.8	2.2	3.3	5.7
地方庁	139	5.2	5.0	5.0	2.9	7.8	18.0	5.9		40.1	14.8	6.8	12.0	12.7	10.5	
海軍省	200	7.5	7.5	0.8	29.6	2.3	2.0			42.2	1.8	49.1	2.5	1.0		
陸軍省	71	2.6		0.2	18.6	0.5	2.0				1.4	87.2	1.4	2.8		
兵部省	8	0.3	0.1	0.4	0.6		1.9			19.1	19.1	25.5		23.4		
軍小計	279	10.4	7.6	1.5	48.8	2.8	6.0			30.8	2.2	58.1	2.2	2.1		
民間	1,040	38.9	32.6	54.6	15.9	27.4	48.5	77.7	12.7	35.3	21.6	5.0	5.6	4.6	18.2	1.0
合計	2,678	100.0	100.0	100.0	100.0	100.0	100.0	100.0	100.0	42.0	15.4	12.4	8.0	3.7	9.1	3.0

(注) 雇用先別総人数合計欄を除く。雇用先別総人数合計欄は、7ヶ国以外の御雇外国人も含む。
(資料) 植村正治「明治前期お雇い外国人の給与」の9頁の表4-1より各欄作成。

表4-11　御雇外国人の職種別人数と平均月給（1865～1890年）

	人数 （人）	構成比 （%）	国籍別人数（人）		平均月給 （円）	国籍別月給（円）	
			欧米人	アジア人		欧米人	アジア人
技術者	380	14.1	379	1	312.6	313.3	35.0
技能工	992	36.9	800	192	113.3	133.9	27.2
技術方	242	9.0	231	11	210.3	218.3	41.2
教　師	585	21.7	572	13	205.7	208.4	86.7
医　師	55	2.0	53	2	332.7	345.3	0.0
事務職	189	7.0	171	18	251.9	271.8	62.2
雑　役	21	0.8	11	10	22.1	27.7	16.0
水　夫	94	3.5	41	53	52.4	80.6	30.6
火　夫	42	1.6	1	41	25.6	80.0	24.3
不　明	90	3.3	87	3	96.8	98.8	37.2
合　計	2,690	100.0	2,346	344	177.9	199.3	31.8

(注) 1. 人数は実人数を示す。なおイギリス人とそれ以外の合計人数はほぼ半々である。
　　2. 平均月給と欧米人の平均月給は、原論文の表5の人数と表7の月給より加重平均で算
　　　 出した。このため平均月給は、原論文の数値（表5）と若干のズレが生じた点に注意
　　　 のこと。
　　3. 技術者、技能工、技術方の定義は、本文を参照。
(資料) 植村正治「明治前期お雇い外国人の給与」の12頁の表5と16頁の表7より谷沢が作
　　　 成。

受け取っていたが、1871（明治19）年以降は紙幣で受け取っていたため、いずれ
も円換算をした数字でみていく。

　まず表4-11で平均月給をみると、医師・技術者が300円を超えており、次に
事務職・技術方・教師が200円台となっている。国籍別に比較すると、欧米人は
アジア人よりも6倍以上の高水準となっている。この給与水準を国内の同一職種
で比較してみると、技能工に関して欧米人と日本人では6～13倍の開き、アジア
人と日本人では1.1～4.8倍の開きがあった。またノルウェー国内の紡績会社にお
けるイギリス人職工の給与と比較すると、日本の御雇外国人のほうが1.5～2.3倍
高かった。要するに日本は、欧米人技能者にとり魅力的な労働市場に映っていた。

　もっとも高給であるほど、経費を圧縮する要請が強まり日本人技術者による技
術導入が急がれる。表4-9で示した平均雇用年数3年という事実は、このよう
な事情を反映していたと考えられる。外国人側からみても、一財産を築けば東洋
のはずれから脱出したかったかもしれない。その跡を、御雇外国人が主導する事
業に付設された各種実習学校（長崎海軍伝習所、横須賀造船所黌舎、電信修技学校など）、
工部大学校（1877［明治10］年設立）等の高等教育機関、海外留学などで新技術を

学んだ者が埋め合わせた。これらの各集団が収得した技術内容には差があるが、少なくとも日本人技術者の育成が進んだことで1880年代後半の産業革命のなかで、御雇外国人を日本人技術者に代替する動きが急速に活発化していった。

そこで職種別平均月給（円建て）の推移を図4-2（A）でみると、欧米平均・技能工（欧米）とも1870年代初頭まで上昇傾向にあったが、それ以降は緩やかに低下傾向となった。しかし1880年代前半から再び上昇に転じており、特に80年代

図4-2　職種別月給の推移

(A) 円建て月給の推移

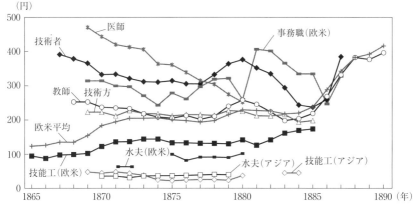

（資料）植村正治「明治前期お雇い外国人の給与」の16頁の図9。

(B) ポンド建て月給の推移

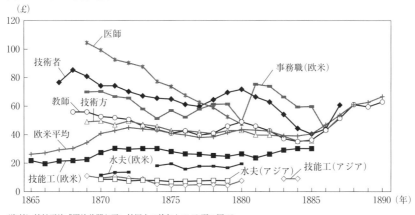

（資料）植村正治「明治前期お雇い外国人の給与」の19頁の図12。

第4章　未熟な勧業政策　*181*

後半に大幅に上昇している。また高月給職種（医師、技術者、事務職、教師）では、1876（明治9）年までは低下が確認されたが、それ以降は医師を除いて上昇に転じており、欧米平均よりも上昇時期が早く訪れている。医師の給与動向が他の職種と若干異なる背景には、海外留学や医学教育の充実によって急速に医師数が増加していったことと関連しているかもしれない。他方、代表的な低月給職種である技能工・水夫では、アジア人・欧米人ともあまり変化していない。

これら職種別給与の動きのうち、高月給職種の多くで1880年代後半から給与が大幅に上昇している点に注目しなければならない。当時は、すでに官業払下げが大きく進んでいたため官業関連の外国人が影響していた可能性は低い。むしろ時期的に産業革命が進行しつつあったことと関連があるかもしれない。すなわち産業革命の進行とともに、工学系の技術教育が重要となったほか、民間部門において新規技術の導入にともないそれを運転・補修する要員の需要が増大したことで、全体数を減らしつつも優秀な人材が選別され、外国人の給与が上昇したのかもしれない。もしそうなら、当時の御雇外国人の技術力の評価も従来以上に高まるかもしれない。この点は今後の検討項目であろう。

ところで上記のとおり給与が（銀貨・紙幣にかかわりなく）円建てで支払われていたため、それを母国に送金する際には為替レートの影響を受けざるをえない。そこで銀貨1円と銀1オンス当たりポンドの交換比率を利用して、給与をあえてポンド建てで計算してみた。まず為替レートの動きを確認しておくと、1865〜72年が安定期、1873〜79年が急落期（つまり円安・ポンド高）、1880〜84年が小康期、1885〜90年の再下落期（円安・ポンド高）となった。次にポンド建て給与を図4-2（B）でみると、同（A）と類似した動きとなっている。ただし詳しくみると、1880年代前半までは（A）よりも低下のスピードが大きかった（つまり給与の目減りが激しかった）が、1880年代後半には上昇のスピードが小さかった（つまり給与の伸びが低かった）ことがわかる。

御雇外国人は、殖産興業政策の中止のほか円建て給与の下落と為替レートの円安傾向というマイナス要因が加わり、1880年代にはもはや日本にとどまることにうま味を感じなくなったと推測される。とはいえそのなかでも1880年代後半に発生した給与の上昇は、御雇外国人にとっての慈雨であった。

(5) 勧業政策の行方

　殖産興業という用語は、明治の一時期のみを指していると思われがちだが、このような産業振興の動きはその後も形を変えて継続されていった。その代表的な流れとして、以下では内国勧業博覧会と町村是運動という２つを紹介したい。

〈内国勧業博覧会の開催〉

　既述のとおり農商民は、農談会・共進会といった情報交換会を積極的に活用していたが、国民全体としてみると博覧会が新しい文明の成果や他国の文化を人々に伝える啓蒙的な役割を果たすことになった点を忘れることができない。

　博覧会という言葉は、一説には博覧強記を語源として明治に入ってわが国で作られた新語であるといわれるが、すでに福沢諭吉『西洋事情』初編（1866 [慶應2] 年刊）には、「西洋の大都会には（中略）各々其国の名産便利の器械、古物奇品を集め万国の人に示すことあり。之を博覧会と称す」という記述がある。実際には、1871（明治4）年に京都の西本願寺で開催された京都博覧会（京都博覧会社主催）が国内最初の博覧会といわれており、同博覧会は以後も京都御苑などを会場におこなわれた。

　ただし内国博覧会ブームを殖産興業政策の流れに沿って説明するなら、おもに第２期の内務省期に開始されたことが重要であろう。この背景には、この時期に在来産業の見直しがおこなわれ、その成果の発表場所として博覧会を活用したためである。東京では 1877（明治10）年８〜11 月に、上野公園で政府主催による第１回内国勧業博覧会が開催された。同年には、２〜９月までの８ヵ月間に渡り西南戦争がおこり、国内が騒然としていたにもかかわらず博覧会を強行したことから、主宰者である内務卿・大久保利通がいかに博覧会を重視していたか理解できよう。

　ここに出品された製糸器械のガラ紡は、好評を博したことで以後全国に普及していき、明治・大正期の製糸興隆の礎を築いた（ガラ紡は第７章 [補論] の第１節を参照）。ガラ紡は、当時の内務省が主導した殖産興業政策を象徴する、輝かしい成果であった。内国勧業博覧会はその後、1881（明治14）年と 1890（明治23）年に上野公園、1895（明治28）年に京都、1903（明治36）年に大阪と、４回開催された。豊田佐吉が第１・２回に出品された西洋織機をみて自動織機の研究を進める決意を固めたように、博覧会が多くの産業人に最新情報と将来への期待を提供した。

　なお第５回の大阪での博覧会は初めて海外からの出品を許し、事実上、日本で初めての万国博覧会となった。上野公園では、その後も 1907（明治40）年に東京

第４章　未熟な勧業政策　　*183*

勧業博覧会、1914（大正3）年に東京大正博覧会、1922（大正11）年に平和記念東京博覧会と、東京府主催の大規模な博覧会が続いた。このように明治・大正の博覧会場はほとんどが東京か京都だったが、大阪・名古屋・仙台や日本統治下の朝鮮と台湾でも、博覧会が開かれた。特に海外では、日本統治の成果を示すことを目的として1915（大正4）年に京城府（現ソウル特別市）で始政五年記念朝鮮物産共進会が、1929（昭和4）年に同じく京城府で朝鮮博覧会が、1935（昭和10）年には台北で始政四十周年記念台湾博覧会が開催された。

　ちなみに清川雪彦は、博覧会・共進会（博覧会等）の社会経済制度としての意義を定量的に分析している（清川「殖産興業政策としての博覧会・共進会の意義」）。その論文によると、博覧会等が工業化の初期段階において先進技術の模倣や適応化、在来産業の品質改善や技術改良を促進する、極めて大きな役割を負っていたことを強調している。また博覧会等の制度が急速に全国各地へ普及・伝播して、そのイニシアティヴが国から地方政府や民間の手に移ったほか、同業組合や農会を組織するのに貢献したのみならず、逆にこれらの組織が博覧会等を積極的に組織することがあった。そして時期的には明治前期よりも後期（特に明治20年代と40年代）、地域的には東日本よりも西日本において、積極的に展開したことを確認した。

　このように明治から大正にかけて、様々な博覧会が東京を中心に開催された。明治生まれの人々が遠い日を思い出すときには、記憶の片隅にかならず博覧会という遊園地に類似した華やかな情景が浮かんでいたにちがいない。

〈前田正名と町村是運動〉

　ところで殖産興業政策の中止後、同様の政策がまったく実施されなかったわけではない。この政策を強力に実施した代表的人物として、前田正名（1850［嘉永3］年～1921［大正10］年）があげられる。前田は、官僚として殖産興業政策を調査・立案したほか、下野した後も実践した人物として知られ、「布衣の農相」と呼ばれた。ちなみに布衣とは、幕府の典礼・儀式に旗本下位の者が着用する、無紋（紋様・地紋のない生地）の粗末な衣服であり、ここから転じて、「無位無冠」の農相、「野にある」農相といった意味で使われていた。

　まず経歴からみておこう。彼は、1850（嘉永3）年4月に薩摩藩の貧しい漢方医の六男として鹿児島に生まれた。内務省勧農局に出仕し、1869年（明治2）年にはパリへ留学したが、1876（明治9）年に帰国して内務省御用掛となり、翌年に

は三田育種場（ブドウ栽培）を開設した。1878（明治11）年にはパリ万国博覧会事務館長に就任して再びパリに赴任するなど、その後もフランスに数回赴任した。1881（明治14）年に大蔵省・農商務省の大書記官になり、国内産業の実情を調査して、殖産興業のために報告書『興業意見』全30巻を完成させた。1888（明治21）年6月には、山梨県知事となり、道路整備や河川改修、甲州葡萄の普及などの殖産政策を推進した。

　さらに1890（明治23）年2月には農商務次官となるが、農商務相・陸奥宗光と対立して下野した。同年9月に貴族院議員となったが、その後は元老院議官を務めた。なお表4-5にあるように、前田は1888（明治21）年3月に播州葡萄園の払下げを受けるなど、終生、地方産業の振興策としてブドウ栽培およびワイン製造に並々ならぬ情熱を傾けた。

　前田の主要業績である『興業意見』は当初、松方デフレ期の1887（明治17）年に作成され、疲弊した地方経済の立て直しを目的とした産業振興計画に相当する報告書を目指していた。すなわち地方において、在来産業のなかから輸出向け重点部門を選別し、この産業を強力に保護育成して、生産物の輸出を増進する。そしてその収益を他産業部門に漸次投入し、全体の国力を向上させるというシナリオを描いた地方産業近代化策であった。また生産流通過程への政府介入の切り札として、日本興業銀行を設置し、農商務省がこの主導権を持つべきと主張していた。

　しかしこれらの政策は、（意外にも）移植大工業の振興を主張する大蔵省松方派に反対されて、前田は職を奪われた。このため定本（完成本）では興業銀行構想はすべて削除されるなど、当たりさわりのない産業白書的な内容に修正された。農商務省を去った前田は、個人的に地方産業の振興運動に傾注していく。それらの基礎調査の推進方式として国是・県是・郡是・町村是といった階層的な調査・計画書の作成を提唱した。

　それを具体的に実施した人物として、田中慶介や森恒太郎があげられる。このうち田中は前田が『興業意見』を作成していたときの部下であり、森はその考えを受け継いだ愛媛県余土村（現松山市の一部）の村長であった。森は以下のように町村是を説明している。

　「町村是とは、統計並に沿革調査に依り、町村の過去現在に於ける現象及び変化を明かにし、其結論を以て具体的に、将来執る可き方針を定むるにあり」。そして「町村内に於ける現象は悉く之を実査せざるを得ず。假令一個人の財力乃至

第4章　未熟な勧業政策　　*185*

生活状態に至るまで漏らす所なく調査せざれば、其目的を達すべからず」として、統計の作成を重視していた。同計画書は、統計制度が整備されていない時代の産物としては画期的なものであった。

とはいえ町村是は、単なる統計書というわけではない。「是」という言葉が示すように、町村の現況と将来像を示した指針として作成された。このため森恒太郎は、『町村是』が「統計調査、沿革調査、将来の仮定」の3要素で成立していると指摘している。このうち将来の仮定とは、「将来如何にして此町村を施設運営す可きか、其方法を規定せざるべからず。之を町村施設の方針となす。若し此方針定まる所なくんば、町村の施設も朝令暮改、従って町村自治を発展せしめ、町村民の幸福を増進するを得ず。(中略) 将来の方針は全く統計並びに沿革調査の結論たるに過ぎざるなり」としている。余土村是では、「要領」という項目で、地域の実情に即した具体的な経済政策が記述されている。

ただし町村是の作成が本格化してきた1900年代後半になると、地方改良運動が普及していったため、町村是の具体的内容も変質していく。地方改良運動とは、日露戦争後に荒廃した地方社会と市町村の、改良・再建を目指す官製運動のことであり、内務省を中心として遂行された。その背景には、日本は日露戦争によって列強の地位を手に入れたが、戦時財政のもとで行われた増税などによって地方財政は破綻寸前に追い込まれ、地方の疲弊・荒廃ぶりは深刻となった。そこで1908 (明治41) 年10月に出された戊申詔書のもとで、地方、特に市町村財政の立て直しと財政基盤の整備、人員育成を進め、合わせて国民教化の推進を図った運動である。

このような運動のもとで、町村是は類型化・均一化して短期間で作成されるようになったほか、生産増加を第一目標として地域特性に注目しないなど、当初の目的から大きく乖離していくようになった。このため柳田國男は、「村是調査書には一の模型がありまして、而も疑を抱く者自身が集まって討議した決議録では無く、一種製図師のような専門家が村々を頼まれてあるき、又は監督庁から様式を示して算盤と筆とかで空欄に記入させたやうなものが多い (以下省略)」[22]といった批判をしている。

以上より町村是を無条件に評価することは危険であるが、それでも地域を見つめるという視点は育まれていったはずである。町村是はその後、昭和初期まで実施されていたから、前田正名が地方産業の振興に向けて蒔いた一つの種が育って

いったとみなせる。

註

(1) 下関事件と四国連合艦隊下関砲撃事件は、いままで様々な名称が付けられてきた。特に下関砲撃事件は、かつて「馬関事件」、「下関戦争」などと呼ばれたほか、両事件を合わせて「下関戦争」と呼ばれることもあったので、使用にあたっては留意されたい。

(2) 灯明台とは、江戸時代より設置されるようになった日本式の灯台のことである。

(3) ちなみに鉱山心得の条文（該当部分のみ）は、「一．外国人ヘ借金ノ引当ニ請負鉱山ノ稼方ヲ譲ルコト八決テ不相成候事、一．鉱山ニ西洋器械ヲ据付或ハ西洋技術方ヲ雇入ルヽ時ハ前以テ当省ノ許可ヲ受クヘシ但シ雇入レ西洋人ハ技術方ニ限ルヘキ事」。また日本坑法の条文（該当部分のみ）は、「第四　日本ノ民籍タル者ニ非レハ試掘ヲ作シ坑区ヲ借リ坑物ヲ採製スル事業ノ本主或ハ組合人ト成ルコトヲ得ス若シコレヲ犯ス者ハ其業ニ属スル所有物ヲ官ニ没シテ其ヲ禁止スヘシ」である。

(4) 新町屑糸紡績所（現在はクラシエフーズ（株）新町工場の敷地内）は、群馬県多野郡新町（現在は高崎市新町）に立地した屑糸紡績の工場である。ちなみに屑糸とは生糸をとった後の繭をつぶしてできた糸のことであり、新町屑糸紡績所で作った絹糸は大衆的な伊勢崎銘仙などに、富岡製糸場の絹糸は高級な桐生織物に、それぞれ使用された。なお絹糸を撚ることは、通常は製糸と呼ばれているが、屑糸は名前のとおり繊維の長さが通常（約1200メートル）よりも短いために、綿・羊毛・麻などの短繊維と同様に紡績に分類され、一般に「絹糸紡績」と呼ばれた。この関連では、第7章（補論）の註（1）も参照のこと。

(5) 製絨所とは、軍服、邏卒（警察官）・郵便夫・鉄道員などの制服・外套・帽子などの毛織物（ラシャ）製造所という意味である。それら衣類の輸入による外貨減少を抑えるために、千住製絨所が現在の荒川区南千住6丁目に設立された。戦前期は繊維・被服産業の発展に大いに貢献し、終戦後は民間企業に払い下げられたが、業績不振により1960年に操業を停止した。その後跡地には東京スタジアムが建設されたが、現在はそれも取り壊され、荒川区が運営する荒川総合スポーツセンターとなっている。なお同所への原料（羊毛）供給のために、下総牧羊場（現在、成田市三里塚地区の空港地区の一部）が開場された。

(6) 紋鼈製糖所は、北海道伊達市館山地区（現在の北海道糖業（株）道南製糖所の敷地内）にある、甜菜（ビート）糖専門の製糖会社であった。なお伊達市は、1900年に伊達村に変更される以前の地名を紋鼈としていた。

(7) 坂野潤治『近代日本の出発』新人物文庫、2010年の42頁。

(8) 開拓使官有物払下げ事件については、坂野『近代日本の出発』の90-92頁が詳しい。なおこの事件の発生が自由民権運動の活発化する契機となったため、政治的にも無視できない事件であった。

(9) ちなみに明治十四年の政変に関して、複数の原因を詳述しておこう。まず自由民権運動が盛り上がるなかで憲法制定論議が高まり、政府内でも君主大権を残すビスマルク憲法（プロイセン）かイギリス型の議院内閣制の憲法とするかで争われた。そして前者を支持する伊藤博文と井上毅に対して、後者を支持する大隈重信とブレーンの福沢諭吉・慶應義塾門下生が意見対立した。次に国会開設については、在野の民権家を中心として国会を開くべきであるという楽観論にもとづく大隈派と、それに慎重な薩長派が対立した。また紙幣整理問題に関して、緊縮財政による不換紙幣の整理は困難であるため、むしろ国会を開設して増税を認めさせ、合わせて殖産興業政策を継続すべきであるという大隈派に対して、あくまで緊縮財政によって紙幣整理をおこなうべきという薩長派が反目した。さらに政変の遠因として、1881（明治14）年7月末に「東京横浜毎日新聞」及び

「郵便報知新聞」のスクープによって、開拓使長官の黒田清隆（薩摩）が同郷の政商・五代友厚に不当に安い値段で官有物の払下げをおこなうこと（開拓使官有物払下げ事件）が明るみにでて、政府への批判が一層の盛り上がりをみせたことがあげられる。大隈にしてみれば、同事件は薩長派の不手際を自分のせいにさせられたため、詰め腹を切らされた以外のなにものでもなかったはずである。

(10) 高橋誠『明治財政史研究』青木書店、1963年の44頁。

(11) R. H. ブラントン（徳力真太郎訳）『お雇い外人の見た近代日本』講談社学術文庫、1986年の168-169頁。この著作の原著タイトルは、『ある国家の目覚め。日本の国際社会加入についての叙述と、その国民性についての個人的体験記』であり、その著述の目的については上記訳書の269頁を参照した。なおブラントンは、犬吠埼、羽田、石廊崎、御前崎、潮岬、佐多岬など、現在の主要な灯台を建設した以外に、横浜市内では日本大通りの設計・施工、吉田橋（鉄橋）の架設、築港計画・水道計画の作成など様々な事業をおこなった。このため横浜公園には、その功績を顕彰してブラントンの胸像が設置されている。

(12) ブラントン『お雇い外人の見た近代日本』の172頁。

(13) レント・シーキングとは、適正な参入が妨げられて超過利潤（レント）が生まれるような行動であり、例えばロビー活動や政治活動、汚職などが該当する。

(14) ブラントン『お雇い外人の見た近代日本』の6頁。

(15) 尾高煌之助『職人の世界・工場の世界』リブロポート、1993年の89-90頁。なお尾高が使用した原資料は、三枝博音・野崎茂・佐々木峻『近代日本産業技術の西欧化』東洋経済新報社、1960年に掲載されている個人情報である。

(16) この時代区分は、小林正彬『日本の工業化と官業払下げ―政府と企業』東洋経済新報社、1977年の第5章「官業払下げの実施過程」による。ほぼ同様の考えは、浅田毅衛「明治期殖産興業政策の終局と日本資本主義の確立」『明大商学論叢』第79巻第1・2号の192頁でも採用されている。

(17) 小林『日本の工業化と官業払下げ』の364-365頁。

(18) トマス・T・スミス（杉山和雄訳）『明治維新と工業発展』東京大学出版会、1971年（原著は1955年）の102頁。

(19) トマス・スミス『明治維新と工業発展』の194頁。

(20) 第一国立銀行を経由した朝鮮からの金吸収が実質的に銀本位制を補完する機能を有していた点は、村上勝彦「植民地」大石嘉一郎編『日本産業革命の研究』（下巻）東京大学出版会、1975年の259頁を参照のこと。

(21) 植村正治「明治前期お雇い外国人の給与」『流通科学大学論集―流通・経営編』第21巻第1号、2008年。なお植村の分析対象とした御雇外国人数は2936人であるが、工部省の御雇外国人数は1868～76（明治元～9）年までで580人であったから、かならずしも以下の内容が殖産興業政策の実態を正確に反映するわけではないことに注意されたい。

(22) 柳田國男『時代ト農政』聚精堂、1910年の22頁。このため有田博之ほか「「町村是」における計画理念と技術」『農村計画学会誌』Vol. 33, No. 3（387頁）では、農村計画としての重要性が低下したとみなしている。たしかに農村計画の視点では、そのように評価できようが、経済史からはこれらの時期の町村是には世帯資産・収支など貴重な統計データが掲載されているため、それを使用した分析は可能である。町村是がこのような特性を持った資料である点は無視することができない。

第5章　信用制度構築の曲折

(1) 為替会社と為替会社紙幣

　本章では、再び金融問題に戻ってみる。維新当初の新政府は、貨幣の量と質を適切にコントロールする、健全な信用制度を確立する問題を抱えていた。このうち量の面では貨幣を適切に供給・仲介する銀行制度を、質の面では金銀で通貨の価値を支える本位制度が求められた。まずは銀行制度の動きから説明しよう。

〈商法司から通商司へ〉

　政府は当初、銀行に相当する組織として商法会所や為替会社といった新組織を設立した。しかし結果的にはうまく機能しなかったため、新たに国立銀行制度の導入に切り替えた。以下では、国立銀行設置まで数年の出来事を説明する。

　1868（慶應4）年閏4月、政府は三岡八郎（後の由利公正）の建議にもとづき、会計官の一部署として商法司を設置した。商法司は、国内商業の振興・掌握を目的とした中央機関であり、そのもとで各地に設立された商法会所が実際の業務を処理していた。特に商法会所は、旧来の株仲間を強制的に再編して設置するなど、商法会所の業務は江戸期における国産会所のそれと基本的には同一であった。

　商法会所は、商業をおこして租税収入を増加させること目的としていたため、政府は商法会所に対して1万石につき1万両の割合（つまり石高割）で資金を貸し付け、商法会所はそれを商工業者に貸し付ける。それを正金で返済させることとし、総額656万両の太政官札が貸し付けられた。

　しかし同政策は失敗した。なぜなら太政官札の流通難が発生したほか、旧都市特権商人等から商業統制・市場独占に批判が集まったこと、各地の商法会所が連携して業務をおこなえなかったこと等から、商品流通の掌握が困難になったためである。このためこれらの機関は、1869（明治2）年3月に廃止されたが、その1ヵ月前に早くも政府は大隈重信のもとで伊藤博文と井上馨が中心となって、産業・貿易の振興を目的とした新たな組織を作ることを検討した。そして貨幣流通

と通商貿易を管理し、両替商・商社の設立および海運業・保険業の創設を進めることを目的として、同月に商法司に代えて通商司を設立した。

通商司の管理下で、通商会社と為替会社を全国8都市(東京、大阪、京都、横浜、神戸、大津、新潟、敦賀)に各1社ずつ設立した。通商会社と為替会社を取り巻く業務関係は、図5-1を参照してほしい。このうち通商会社の目的は、地方の商社を統括して商品の委託販売の斡旋、為替会社の資金融通の仲介などの業務をおこなうことであり、為替会社の目的は通商会社を中心として再編成される全国的商品流通機構に、資金面の支援をすることであった。

また市中商社、地方商社は、いずれも旧株仲間や諸藩の御用掛商人を主体として組織された。このように商法司と通商司の政策は、その殖産興業的性格ではほぼ一致していたが、通商司のほうがその手段が多様化したほか、特に為替会社が

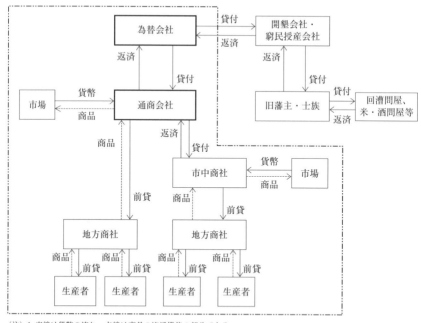

図5-1 通商司政策の概要(各地の為替会社・通商会社を中心に)

(注) 1. 実線は貨幣の流れ、点線は商品の流通機能の部分である。
    2. 二点鎖線内の部分が、本来の殖産興業政策の目的に沿った業務内容である。

(資料) 二点鎖線内は山本弘文「初期殖産政策の展開」大石慎三郎ほか『日本経済史論』御茶の水書房、1967年の360頁の第3図、それ以外は『三井銀行八十年史』同行、1957年の50頁の文章を参考に、谷沢が作成。

190

新たに設置されたことが大きな相違点である。

　ここで為替会社の具体的な業務内容を紹介しておく。そもそも為替とは、為替手形や小切手、郵便為替、銀行振込など、現金以外の方法によって金銭を決済する方法の総称である。遠隔地への送金手段として、現金を直接送付するリスクを回避するために用いられ、特に輸出入をする際に使用する外国為替が有名である。主要業務は預金・貸出・為替・両替等であり、特に貸出は最も重要な業務として、政府の保護を受けていた。

　さらに紙幣の発行業務をおこなっていた点も特筆される。この紙幣は「為替会社紙幣」または「為替札」と呼ばれ、表2-7でわかるように金券、銀券、銭券、洋銀券の4種類があった。このうち金券と洋銀券が兌換券であり、特に洋銀券は横浜為替会社のみが発行した貿易用のドル紙幣である。以上のように為替会社は、実質的にわが国最初の近代銀行であり、英語標記では「バンク」と名乗った。

　為替会社は一種の株式会社組織であり、その事業資金の原資は身元金、諸預り金、政府貸下げ金、為替会社紙幣の発行であった[1]。まず身元金は、出資金に相当する金額であり、社中（つまり株主）となった三井・小野などの大商人や地方の豪商から正貨で調達した。この身元金に対しては、月1歩の利息と利益配当を受ける権利が付与されていた。諸預り金は、出資者（社中）以外からの要求払預金であり、一部の富商らの蓄積資金であった。金額は身元金を若干上回る程度であり、さほど大きくはない。以上2つの資金（つまり自己資金）が過小であったため、政府が巨額の太政官札を貸し付けた。これが政府貸下げ金であるが、これらの資金でも賄いきれないため、さらに多額の為替会社紙幣が発行された。

　以上のような事業資金の調達方法から判断して、為替会社の実質的な目的は太政官札のサポート役と貨幣（紙幣）の供給であったことがわかる。すなわち太政官札のサポート役とは、政府が貸付資金の不足資金として太政官札を貸し付ける（つまり為替会社の貸付を経由する）ことによって、信用力の劣っていた太政官札の流通性を向上させるという意味である。他方、貨幣供給とは、為替会社紙幣を太政官札に代わる支払手段として広く機能させることにより、貨幣供給量を増やすことを示していた。

〈為替会社の業績悪化〉

　次に、為替会社の経営内容についてみてみよう。これは会社ごとにやや異なる

が、平均的には以下のとおりである。

　まず貸付事業では、本来は図5-1の2点鎖線で囲まれたように、通商会社への貸付を通じて生産者の事業資金として使われるはずであった。しかし実際には、2点鎖線外の部分で示されるように開墾会社・窮民授産会社に対して優先的に貸し出され、その資金は旧藩主や士族を経て藩内の回漕問屋、米・酒問屋などに転貸されることが多かった（ただし開墾会社・窮民授産会社といった藩財政への直接的な貸付自体は、正規の貸付として認められていた）。この開墾会社・窮民授産会社は、いずれも1869（明治2）年に設立された組織であり、旧藩主や士族がそこから資金を借りるときは賞典米、賞典賜金、収納米、物産等を担保として提供していた。要するに廃藩置県の前であり、政府による藩行政の監督が不十分であったため、このような想定外の資金ルートが形成された。

　紙幣発行面では、設立直後には兌換準備高に関する規程がなかったため、通貨発行益の獲得を狙いとして為替会社紙幣が過剰発行され、その発行高は1年以内で500万両超となった。このため政府は、兌換要求に十分に応えられない危険性があるとして、紙幣発行高を制限する目的で身元金（正貨保有高）を基準とした兌換準備率による発行限度額規制を導入し、数回の基準変更後に1871（明治4）年春には兌換準備率100％を義務付けた。ちなみに、兌換準備率＝$\dfrac{\text{正貨残高}}{\text{兌換紙幣発行高}}$×100で計算する指標のことである。以上のような動きの背景には、1871（明治4）年5月に新貨条例が公布され、そこで円の価値を一定品位の金貨の重量にしたがって決めたことがある。このような政策変更にそって、従来の緩やかな監督から厳格な監視へと方針を転換したものと推測される。

　その直後の1871（明治4）年7月に、政府が廃藩置県を断行し藩の指導力が低下したことにともない、諸藩の物産等の流通を把握するという通商・為替会社の地位も低下した。このため為替会社の貸付が一気に不良債権化し、各社の業績は急激に悪化したことから、1871（明治4）年7月に通商司は廃止され、その後は国立銀行を設立してそこで紙幣を発行する方針に転換された。それゆえ為替会社に対しては、A）1872（明治5）年11月に公布された国立銀行条例第20条にもとづき国立銀行へ転換、B）私立銀行（旧国立銀行以外の民間銀行、詳しくは表5-3の（注）を参照）への転換、C）事業清算、といった3つの選択肢が提示された。

　そこで各社の財務内容をみると、表5-1のように大阪・西京・神戸はいずれも損失金（不良債権額）が身元金を大きく上回り、差し引きAのように債務超過

表 5-1 1873（明治 6）年の各為替会社の財務状況

（単位：円）

	身元金①	損失金②	差し引き A（①−②）	政府貸下げ金③	差し引き B（①−②＋③）
東京為替会社	948,500	390,400	558,100	216,500	774,600
東京商社	137,000	609,800	− 472,800	472,800	0
横浜為替会社	187,000	147,000	40,000	110,000	150,000
西京為替会社	238,500	372,200	− 133,700	} 525,400	} 100
大阪為替会社	466,500	750,000	− 283,500		
神戸為替会社	118,000	226,100	− 108,100		
合　計	2,095,500	2,495,500	− 400,000	1,324,700	924,700

（注）1. 東京商社は東京為替会社の関連会社である東京通商会社（元貿易会社）のことであり、西京為替会社の「西京」とは京都の呼称である。
　　　2. 身元金は出資金、損失金は不良債権（正確には償却資産）である。
　　　3. 政府貸下げ金には、1873 年 8 月以降に貸し下げられた分も含んでいる。
（資料）『日本金融史資料』第 2 巻、1955 年の附録 98 頁の「三府二港両会社処分ノ儀ニ付　明治六年七月廿四日伺」より谷沢が作成。

状態であったほか、三井・小野が経営していた東京はどうにか利益がでていたが、その関連会社である東京商社（通商会社）は債務超過の状態であった。このため維新政府は、1873（明治6）年3月に各会社を清算する方針を打ち出したほか、同年8月には債務整理に利用するために政府貸下げ金を各会社に提供することを決定した。これによって差し引き B のように、各社とも債務を整理することができた。

　債務超過のままで会社整理をすると、その超過分は出資者が引き継ぐこととなり、今後の彼らの事業（とくに国立銀行の運営など）が危なくなる。このため公的資金の投入は、それを回避するために実施されたと思われる。とにかく事業整理によって、西京・大阪・神戸の為替会社と東京商社は会社を清算することとなった。さらに債務超過を免れた会社のうち、横浜為替会社は第二国立銀行として再出発するため事業を継続したが、東京為替会社は出資者である三井・小野が別途設立した第一国立銀行の営業をすでに開始していたため解散した。

　為替会社による紙幣の発行業務が中止された後は、表2-7で確認できるように政府内部で大蔵省兌換証券、開拓使兌換証券、明治通宝といった紙幣（政府紙幣）が、再び発行されるようになった。それにともない為替会社紙幣は、各会社の身元金を取り崩したり、政府が1両＝1円で明治通宝に交換したりして回収された。なお大蔵省兌換証券、開拓使兌換証券には「兌換」という名称がついているが、新貨幣の鋳造が間に合わないために財政収入の赤字補塡を目的として、為

第5章　信用制度構築の曲折　　193

換座三井組に発行させた紙幣であった。このような状況では、為替会社の失敗によって、通貨制度は振り出しに戻ったといえよう。

　産業振興と通貨供給という2つの目的を同時に達成させようとした、欲張った政策は見事失敗した。まさに二兎を追う者は一兎をも得ず、である。為替会社の失敗原因については、様々な要因があげられている。政府の保護があまりに手厚く、活動が不活発であったこと、半官半民的な性格であるため経営者としての自覚が欠如していたこと、銀行業務に関して無知識・無経験であったこと、そもそも流通主義的な殖産興業政策には限界があったことなどである。

　このため為替会社設置の評価についても、全般的には消極的な評価が多い[2]。すなわち為替会社は徳川時代の両替商金融から近代的信用制度としての国立銀行への媒介項として位置付けられること、為替会社は先進国の企業組織・銀行業務・資金運用方法の何たるかを一般に知らしめ、私立銀行の創設に刺激を与える効果を持ったことは否定しえないことなどである。

(2) 頓挫した国立銀行の導入

　為替会社による紙幣発行が失敗したことで、いよいよ本格的な銀行を設立せざるをえなくなった。しかし銀行を軌道に乗せる過程で再び金貨の流出が発生するなど、大きな犠牲をともなった。この多難な近代銀行業の曙を紹介していく。

〈国立銀行条例の制定〉

　明治初頭の通貨（金融）制度は、大きな問題を抱えていた。すなわち市中では大量の太政官札等が流通していたほか、為替会社では兌換紙幣の発行がうまくいかなかったし、明治通宝で太政官札の回収をおこなったが、明治通宝も不換紙幣であるため通貨の安定を得るまでには至らなかった。

　このため国内では、金融が閉塞状態にあり産業が発展できないほか、海外からも兌換紙幣の発行という要求が強く出て、外交問題となっていた。特に最後の外交問題の背景には、国内の外国商人が納税する際に政府が金銀貨で納税するように求めていたことがあげられる。すなわち当時、政府紙幣の流通価値が低下していたため、外国商人が販売代金の政府紙幣を金銀貨に交換する際に、大幅なキャピタル・ロスを被っていた。

　このような状況で、兌換銀行券を発行するため民間銀行を新たに設立しようという考えがおこってきた。なぜ政府や中央銀行でなく民間銀行が、兌換紙幣を発

行することになったのか。その理由として、紙幣発行は政府の仕事の範囲外であること、政府は民間会社に同業務を委託して、それを監督することがよいこと、政府が直接紙幣の発行をおこなうと、財政規律が緩んで不換紙幣を出すことにもなりかねないこと、と考えられていたためである。

　政府は新銀行に対して、①異なる通貨単位・交換比率で流通している太政官札等の不換紙幣を回収・消却、②統一された円表示・交換比率を備えた兌換紙幣を発行、といった業務をおこなわせるべきであると考えた。これによって金融が疎通（塞がっているものが滞りなく通じること）して、将来的には産業を振興することができるようになると想定していた。このような民間銀行の設置は、特に伊藤博文が岩倉遣外使節団出発の前年に、アメリカ視察をおこなった上で金本位制（つまり新貨条例）とともに熱心に建議したことで、いわゆる国立銀行という形で実現した。以下、その具体的な経緯を説明する。

　伊藤が国立銀行を導入するにあたって注目したのが、アメリカの国法銀行制度（National Banking System）であった。アメリカでは当時、南北戦争時に連邦政府が戦費調達のために濫発した不換紙幣「グリーン・バックス」を整理するために、民間人により公債証書を基金として各地に多数のナショナル・バンクが設立され、兌換紙幣の発行と不換紙幣の回収のために極めて効率的に活躍していた。わが国の国立銀行は、これをモデルとして導入されたのである。

　国法銀行とは、「連邦法（つまり国法）に準拠して設立された民間銀行」という意味であり、それを国立銀行と呼ぶと「国の資金を投入して設立された国営銀行」と誤解されてしまう。わが国の国立銀行は、純然たる民間銀行であるため名称として不適切であるが、現在に至るまで修正されずに使用されている。これは、国立銀行条例の起草・立案にあたった大蔵権大丞・渋沢栄一（後に第一国立銀行の初代総監役）が誤訳したものであるといわれる（なお大蔵権大丞は、いまでいう本省の課長クラスの役職である）。

　1872（明治5）年11月、大蔵卿・大久保利通が国立銀行条例を公布した。ただしこの時期は留守政府期であったため、大久保のほか同条例を強く主張した伊藤博文も同使節団の一員として海外にいた。このため同条例の骨子は、実質的に前年11月の施設団出発時に決められ、すべての関係者が集まって条例を十分に検討する時間的な余裕はなく、留守を預かっていた大蔵大輔（大蔵次官に相当）・大隈重信が実務の責任者であった。

第5章　信用制度構築の曲折　　195

この条例によると、国立銀行は資本金5万円以上の株式会社（つまり有限責任）として、発券業務のほか通常の銀行業務（預金、貸付、為替など）ができる仕組みであった。次に資本金の60％は政府紙幣で、残り40％は正貨（1円金貨）で払い込むこととした。このうち払い込まれた政府紙幣は、6分利付金札引換公債を大蔵省から購入するために使用される。それを再び大蔵省に抵当として預け入れ、その見返りに同額の兌換銀行紙幣を下付されることとした。ここで金札引換公債とは、太政官札、民部省札および明治通宝を回収するために起債された国債であり、1873（明治6）年3月に発布された金札引換公債証書発行条例にもとづいて発行された。一方、正貨は兌換準備用として充当された。

図5-2　国立銀行の設立から国立銀行券の発行までの手続き（数値例）

①政府紙幣100万円で国立銀行を設立する。　　（単位：円）

資　産		負債・資本	
現　金 （政府紙幣）	1,000,000	資本金	1,000,000

②政府紙幣60万円を大蔵省に差し出して金札引換公債証書を受け取り、残り40万円は金貨として兌換準備に充てる。

資　産		負債・資本	
公債証書	600,000	資本金	1,000,000
現　金 （金　貨）	400,000		

③金札引換公債証書を政府へ預託して、政府より60万円の国立銀行券を受け取る。公債証書は抵当として差し出したものであるため、この段階では貸借対照表には変化なし。

④貸出により、国立銀行券10万円を発行。

資　産		負債・資本	
公債証書	600,000	銀行券	100,000
現　金 （金　貨）	400,000	資本金	1,000,000
貸　出	100,000		

（資料）基本的には、『日本銀行百年史』（第1巻）同行、1982年の23頁によるが、谷沢が一部を修正した。

以上のような国立銀行の設立から銀行券の発行までの一連の手続きを、貸借対照表の記帳にしたがって図示すると図5-2のようになる[3]。この図から明らかなように、政府紙幣で払い込んだ現金であえて金札引換公債を買い入れた上で再度、大蔵省に預託することで国立銀行紙幣を受け取るという煩雑な手続きをとっている。このような手続きをおこなった理由として、以下の2点が考えられる。

第一は、国立銀行の資本金（つまり元手）が最終的には金貨と引き換えられることによって、その紙幣がいわば兌換紙幣と同様の信用力の高い紙幣であることを保証することである。第二は、高い収益性を確保して国立銀行の設立を容易にすることである。すなわち国立銀行の利益率は当初、1割以上見込めたため、次々と設立されると考えられていた。なぜなら金札引換公債に年6分の利子が付き、同額の貸出では年1割の利子が予想されたほか、その他の諸預り金等からも利益が見込めたためである。ちなみに金札引換公債と貸出の利子収益のみで利益率（いわば自己資本利益率）を計算すると、以下のように9.6%になる[4]。

$$予想された利益率 = \frac{60 \times 0.06 + 60 \times 0.1}{100} \times 100 = 9.6\%$$

以上より国立銀行紙幣は、念願の正貨兌換を目的とした兌換銀行券となり、これにより通貨価値が安定すると期待された。ここにわが国は、念願だった兌換紙幣の発行と金本位制の2つを達成する下地ができあがった。そして第一国立銀行が1873（明治6）年7月に開業し、同行への国立銀行紙幣発行の布達が同年8月であったため、金本位制の実質的な開始時期は1873年であった。

なお高校教科書では通常、金本位制は1897（明治30）年の貨幣法によって導入されたとしている[5]。しかし新貨条例ですでに「本位金貨」を定めていたほか、その後に後述のような国立銀行紙幣を使った金貨流出が発生したため、国立銀行紙幣の発行で実質的に金本位制が採用されたとみなすべきである。ちなみに主要国の金本位制の導入状況を確認すると、おおむね1873年が多数を占めているため、わが国の導入時期は先進国並みに早かった（この点は後掲の図5-9を参照）。

国立銀行紙幣（兌換銀行券）は、表2-7のように20円券、10円券、5円券、2円券、1円券の5種類であった。これらの紙幣は、一括してアメリカの印刷会社に委託製造された。このためデザイン面では、アメリカのナショナル・バンク紙幣に酷似して各行とも同じデザインであったほか、銀行名のみが日本に移送後に赤色で追加印刷された。図5-3では、第一国立銀行の10円券をあげておいた。

図5-3 東京第一国立銀行紙幣（10円券）の概要（表側）

(注) 1. 実寸は、80mm×190mm である。
2. ①の部分には、「此紙幣の引当として日本政府の公債証書を東京大蔵省の出納寮に預候也」と記述されている。
3. ②には「武蔵／東京／第一国立銀行」と日本で印刷され、②以外はアメリカで印刷された。
4. ③の部分には、「此紙幣を持参の人へは何時たりとも拾圓相渡可申候也」と記述されている。この文言のある紙幣を旧国立銀行券と呼ぶ。
5. 頭取の小野善助に二重線が引いてあるのは、小野組が倒産して同人が頭取を退任したためである。
(資料) 谷沢が作成。

　その表側に、金札引換公債を預託して下付されたことや、貨幣との兌換が可能なことが明記されている。また東京と東亰(とうきょう)が混ざっているのも興味深い。

　なお"銀行"の名称は、国立銀行条例第22条によって国立銀行以外には使用できなくなった（ただしこの規制は、1876［明治9］年の条例改正で解除された）。そもそもわが国では、江戸時代の「両替商」が銀行に近い商売であったが、銀行業務をおこなう組織ではなかったため、明治時代に入って大蔵省がバンクを銀行と訳すことに決めた。すでに中国では、銀本位制のもとで銀を取引し両替にも応ずる銀行という業種があったほか、「行」は漢語で店（屋）を意味していたことが、その理由である。わが国では、銀行は文明開化の時代になって使い始められた名称なのである。余談であるが、先述の為替会社ではなく第一国立銀行が、わが国初の商業銀行かつ株式会社であったという見方もある。

〈紙幣還流と金貨流出〉

　ところが、いざ国立銀行条例が公布されてみると、予想もしていなかった事態が発生した。4つの銀行が設立されただけであり、それ以降は国立銀行の設立数が増えなかったのである。そのもとで銀行紙幣は当初、順調に流通したが、その後国立銀行紙幣が銀行内に還流して紙幣が流通しなくなった。このため1874（明

治7)年7月以降は流通高が急減して、1876（明治9）年6月には銀行紙幣がほとんど市中から消えたほか、兌換用の金貨が海外へ流出した。

ちなみに1872～76（明治5～9）年度中における金銀流出高は、累計2297万円の多額に上ったため、大隈財政期の大きな経済問題となった。この通貨不足は、図5-4のように米価の下落を促した。この図が対数目盛であることを考慮すると、その下落の大きさが理解できよう。せっかく国立銀行を作ったのに、かえって通貨供給量を減らしてデフレ傾向を発生させてしまった。この下落は地租改正反対の農民一揆の一因にもなった。

これらの現象を順に説明していこう。まず4つの銀行とは、東京第一国立銀行（資本金の大半は三井組＋小野組が出資）[6]、横浜第二国立銀行（横浜為替会社を転換した銀行であり、後の横浜銀行につながる）、新潟第四国立銀行（現在の第四銀行）、大阪第五国立銀行（その後、浪速銀行［旧大阪第三十二銀行］に合併された）であった。ちなみに各行の開業年月の順番は番号とは異なっており、第一が1873（明治6）年8月、第二が1874（明治7）年8月、第四が1874（明治7）年3月、第五が1873（明治6）年12月であった。

なお第三国立銀行はこの時点では設立されなかった。なぜなら同行を鴻池善右

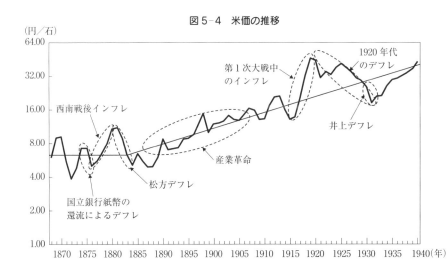

図5-4　米価の推移

（注）1. 本表は東京深川の正米市場における正米の1石当たり暦年平均価格（ただし1868～1911年は内地玄米の上中下米の平均価格、1912年以降は中米標準相場）を示す。
　　　2. 縦軸の目盛が対数目盛である点に注意すること。
（資料）加用信文監修『改訂日本農業基礎統計』農林統計協会、1977年の546頁より谷沢が作成。

衛門（両替商）らが出資して大阪で設立する予定であったが、第1回の株主総会が紛糾して最終的に解散したからである（ただし国立銀行条例の改正直後の1876［明治9］年12月に、この免許を譲り受けて東京で第三国立銀行［安田銀行の前身］が設立されたため、欠番となったわけではない）。このように銀行数が増えなかった理由は、資本金の40%を正貨で出資しなければならなかったことが、当時の経済状況では資産家にとって厳しい条件であったことがあげられる。いわば設立のハードルが高かった。

次に、国立銀行紙幣が同銀行内に還流して紙幣が流通しなくなった点は、以下のような海外要因が大きく影響していた。すなわち1873（明治6）年ごろから世界的な銀価格の低落と金価格の高騰が発生して、国内と海外の金銀比価に大幅な乖離が生じてきた。海外における金銀比価は、幕末・維新直後までは金：銀＝1：15で安定していたが、1871（明治4）年には金：銀＝1：15.6、1876（明治9）年には金：銀＝1：17.9となるなど、徐々に金高銀安傾向に進んでいた。

金高銀安傾向の理由は、1860年代以降にアメリカ・メキシコで産銀量が急増したことにより銀相場が下落したことや、1870年代に入ってドイツを手始めに欧米主要国が一斉に銀本位制または金銀複本位制から金本位制への移行を進め、金の不足が深刻化したことがあげられる。特に各国が一斉に金本位制に移行した背景には、金本位制を採用していたイギリスとの経済関係（近代化技術の導入や資本関係）を強化することが不可欠であったこと、しかもロンドンが国際貿易のネットワークの中心となっていたこと、金本位制の普及とともに銀価格が低下していき、銀本位制や金銀複本位制を維持することが困難になったことがあげられる。

このような金高銀安傾向は、以下の各取引を経て洋銀の流入と金貨の海外流出を同時に引き起こした。

①横浜開港地内で、銀貨（洋銀）を国立銀行紙幣に換える。その際に、同地域内で民間によって売買・成立していた洋銀相場にしたがって交換される。

②当該国立銀行で兌換請求して、同紙幣を正貨（新金貨）に換える。

③同金貨を海外に持ち出し、再び銀貨（洋銀）に換える。

これは幕末の金貨流出と同じように、国内外の貨幣の交換比率の差から発生した悪夢であった。①〜③の手順によって元手の1.12倍（$=\frac{18}{16}$）だけ増やすことができた。これによって、国立銀行の金庫から金貨が消えて、市中に供給したはずの銀行紙幣が戻ってきた。国立銀行は莫大な損失をこうむり、国立銀行数は増加しなかった。

当時、租税頭（そぜいのかみ）であった松方正義は、このような状況を「内ニ紙幣アリ、外ニ墨銀（ぼくぎん）アリ」（1875［明治8］年9月「通貨流出ヲ防止スルノ建議」）と表現した。ここで「内ニ紙幣」とは国立銀行内に紙幣が還流したことを、「外ニ墨銀」とは国立銀行外（つまり市中）に洋銀が多く流通したことを示している[7]。洋銀を墨銀と呼ぶ理由は、洋銀＝メキシコ・ドル銀貨であり、そのメキシコの漢字表記が墨西哥（めきしこ）であるからである。

　この問題を解決するため、読者はいかなる政策を想定するだろうか。おそらく抜本的な改革案として、第2章の幕末期における金貨流出の防止策を思い浮かべたに違いない。そこでは、品位・重量・交換比率を調整して内外の金銀比価を一致させていたから、今回も同様のことをおこなえばよいはずである。いくつかの政策が考えられるはずだが、大隈が採用した政策は意外なものであった。

　1875（明治8）年2月に、金貨流出・洋銀流入の対抗措置として、アメリカ貿易ドル（Trade Dollar）銀貨と重量を同一とした新しい貿易専用の1円銀貨（つまり円銀よりも増量した銀貨）を鋳造したのである。この銀貨は、表面に「貿易銀」と表記されていたため、一般的には従来の円銀と区別するために、固有名詞として「貿易銀」と呼ばれた（それゆえ円銀と貿易銀を合わせて、「貿易用銀貨」と呼ばれる）。

　この政策の意味を考えるにあたっては、いまだ同種同量の原則が採用されていた時代であることを思い出してほしい。貿易銀を鋳造した理由として、以下のような考えがあった。すなわち洋銀が流入し金貨が流出する理由は、すでに流通している円銀よりも洋銀が好まれるからである。このように洋銀が好まれる理由は、洋銀が円銀よりも重量でやや勝っているためである。たしかに当時のアジアの貿易市場では、洋銀よりも重量で勝っていたアメリカ貿易ドル銀貨が勢力を伸ばしていた。それならば、いっそのことアメリカ貿易ドル銀貨と同一重量の新銀貨を造れば、国内市場で受け入れられて洋銀の流入が阻止できるほか、清国・インド等まで進出させることも可能である、といった野心的な計画さえ持っていた。

　この政策は、はたして成功したのであろうか。結論を先取りすると、政策上の効果はほとんど上がらなかった。その理由を以下で説明しよう。まず新たに造られた貿易銀（1円銀貨）の特徴は、重量は27.22グラム（420グレーン）、品位は銀90％、銅10％となった。これに対してアメリカ貿易ドル銀貨は、重量は27.22グラム（420グレーン）、品位は銀90.3％、銅9.7％であった。この場合の法定比価は、以下のように計算できる（1874［明治7］年までの法定比価は、第2章の第5節で説明済

第5章

第5章　信用制度構築の曲折　　201

み）。

①貿易銀の含有純銀量＝24.50グラム（＝27.22グラム×90％）。

②新金貨の含有純金量＝1.50グラム（＝1.67グラム×90％）。

③1875（明治8）年には、貿易銀100円＝新金貨101円であったから、①、②より以下の等式が成立する。

純金1.50グラム×101＝純銀24.50グラム×100

これより、金：銀＝1：16.17

さらに1876（明治9）年3月には、金高銀安に誘導するために金銀貨の公定交換比率を変更して、貿易銀100円＝新金貨100円にした。この場合の金銀比価は、以下のように計算することができる。

④ここでは貿易銀100円＝新金貨100円と変更したため、①、②より以下の等式が成立する。

純金1.50グラム×100＝純銀24.50グラム×100

これより、金：銀＝1：16.33

大隈は、以上の政策によって銀貨を少し増量するとともに交換比率を改善させることで、法定比価を若干変更したにすぎなかった。

いずれにしても表5-2で示されているように、貿易銀の新発行や金銀貨の交換比率を若干修正しても、世界の市場比価と比べるといまだ焼け石に水の状態で

表5-2　金銀比価の推移

	ロンドン	日 本		法定比価の計算根拠となる金銀貨の交換比率	通貨制度の種類
		市場比価	法定比価		
1871(明治4)年	15.57	15.55	16.01	銀貨100円＝金貨101円	金本位制
1872(明治5)年	15.63	15.55	16.01		
1873(明治6)年	15.92	15.55	16.01		
1874(明治7)年	16.17	15.48	16.01		
1875(明治8)年	16.59	15.85	16.17		
1876(明治9)年	17.88	16.82	16.33	銀貨1円＝金貨1円	管理通貨制
1877(明治10)年	17.22	16.42	16.33		
1878(明治11)年	17.94	17.03	16.17		
1879(明治12)年	18.40	17.87	16.17		
1880(明治13)年	18.05	17.22	16.17		

（注）日本の法定比価は、1875〜77年は貿易銀、それ以外の年次は旧新円銀で計算している。

（資料）三上隆三『円の誕生―近代貨幣制度の成立』講談社学術文庫、2011年の335頁の第9表を、谷沢が一部修正。

あった。法定比価を変更する効果はほとんど見込めず、引き続き金貨は流出・退蔵された。ちなみに1872～76（明治5～9）年の5年間に、新貨幣2297万円（金貨2127万円、円銀147万円、貿易銀23万円）が海外に流出した。この金額は、明治初頭の政府一般会計支出に匹敵する大きさであった。市場で流通する通貨は不足したままであり、これが大隈財政期の大きな経済問題となった。

　以上のように、国立銀行は金貨流出・経営不振が原因で4行しか設立されず、国立銀行条例は完全な失敗に終わった。もちろん金貨流出は、国立銀行による金兌換紙幣の発行が世界的な銀安金高が始まった時期と一致してしまった不幸な結果である。政策のタイミングが悪かったといえなくもないが、やはり世界の経済情勢を読み違えたために発生した経済失策との批判は免れない。しかもこの背景には、新貨条例による金本位制の導入がアジアのなかで早すぎた、という問題点があることを忘れることはできない。

(3) 国立銀行急増と環境整備

　銀行制度を定着させるには、様々な仕掛けが必要であった。この節では、前半で法改正により国立銀行の設立を活発化させた話を解説し、後半ではその国立銀行と既存の金融機関を一括して監督する銀行条例を新たに公布した経緯や同条例が金融業界に与えた影響等を説明する。

〈国立銀行条例の改正〉

　さらに条例施行後に、国立銀行の経営に関連して大きな問題が浮上した。それは第一国立銀行の経営危機である。

　同行は、三井・小野組の共同出資で1873（明治6）年6月に、資本金244万円で創立し、創立直後は官金（つまり租税等）為替の取り扱いを許可されていた。このためその資金を元手に事業や投機をおこなっていたが、大蔵省が官金取扱の規則を整備する一環として、1874（明治7）年10月に抵当増額令を発布した。この法令によって同年11月に小野組が破産したため、同行もやむをえず小野組出資分100万円を減資して資本金を150万円とした。さらに1875（明治8）年には、金貨流出にともなって紙幣発行が不可能となった。このため政府は、1876（明治9）年3月に出納寮内に設置した納金局で現金を直接出納する体制を作り、同行から官金取扱の特権を回収したため、同行は主要な事業を失って経営危機が表面化した。

第5章　信用制度構築の曲折　　203

以上のように第一国立銀行では、減資（大口出資者の倒産）→紙幣発行の停止→官金為替取扱の引上げと、開業直後３年間に「三大厄難」（『第一銀行五十年小史』の「序」３頁）に遭遇していた。同行の経営危機を放置すると、せっかく定着し始めた国立銀行制度を破綻させかねないため、是非とも解決しなければならない。つまり当時は、もっと国立銀行を増やして銀行紙幣を増発したい、しかも金貨流出の防止・第一国立銀行等の経営再建対策も必要であるといった状況にあった。

　このため急遽、国立銀行条例の改正問題が浮上した。特に銀行紙幣を増発する背景には、目先のデフレ効果を回避するだけでなく地租金納化に対応する必要があった。地租改正を確実に実施するためには、国立銀行を増設して通貨供給体制を確立することが前提条件となっており、一刻の猶予も許されない。この点で長期的視点に立つと、地租金納化問題が最も重要であったかもしれない。

　1876（明治9）年8月に、大蔵卿・大隈重信による国立銀行条例の改正が実施された。大隈は、これらの目的のために兌換制度の早期樹立をあきらめて不換紙幣の発行に戻り、その代わり紙幣供給量の増大を優先させた。そして銀行の設置にあたっては、秩禄処分で支給された巨額の金禄公債（1876［明治9］年9月以降に発行）を利用する方法を考え出した。これは金禄公債価格を維持することで士族の窮乏を防止するほか、反政府運動を抑えることになり政治上からも重要であった。

　これを実施しやすくするために、1876（明治9）年8月1日に国立銀行条例を改正し、同年8月5日に金禄公債証書発行条例を公布するなど、これら2つの条例をほぼ同時に実施した。そのほか金禄公債が利用しやすいように、1878（明治11）年に金禄公債の売買・抵当入が解禁されるなど、国立銀行設置に向けて巧妙な仕掛けを造った。

　要するに、金貨流出の根本原因である金銀比価の調整をおこなわずに、たんに不換紙幣化させることで国立銀行の増設と金貨流出の防止を達成する、暫定的な解決法を選んだのである。抜本的な金銀比価の調整は、松方正義による貨幣法の制定まで待たなければならなかった。

　銀行設立・紙幣発行の手順は、次のように変更された。まず資本金の80％は、金禄公債を大蔵省に抵当として預託し、同額の銀行紙幣を発行する。残りの資本金の20％は、明治通宝などの政府紙幣で調達して、それを引換準備とした[8]。実際の手続き面では、銀行側が金禄公債を政府の指定相場価額で買い入れることで資本金の払込がおこなわれた。要するに資本金の8割を現物出資することで株

券が支給され、それに配当が支払われる仕組みとなった。

　この法改正によって、金貨との兌換を停止して正貨準備なしで銀行が設立できるようになり、預託公債と同額（つまり資本金の8割）まで紙幣を発行できることになった。このような制度変更にともなって、発行準備率は改正前67％（＝$\frac{40}{60}$）から改正後25％（＝$\frac{20}{80}$）へと大幅に低下した。このように金禄公債を活用することとしたため、金札引換公債を発行して政府紙幣を回収する作業は一時的に中止することとなった。準備率が改正前に67％と極めて高い水準であったとはいえ、それからいっきに25％に落とし、しかも不換紙幣となった点は金融行政にとって大幅な譲歩であった。なぜなら兌換停止や準備率の低下は、国立銀行紙幣の質の低下を意味するからである。

　ただしその代わり、準備率を引き下げたことによって、信用創造のメカニズムにもとづき通貨供給量を増やす効果が高まったことも指摘しなければならない。いま国立銀行数や地域住民の預金総額が一定であると仮定するなら、準備率が67％の場合と比べて25％の場合には、最終的には通貨供給量が2.7倍（≒0.67÷0.25）も増えるからである[9]。また予想される利益率がさらに増加したほか、「銀行」の名称を私立銀行でも使用できるようにしたことも、銀行制度の浸透にプラスの効果があったはずである。

　なお第十五国立銀行は、国立銀行条例の改正後に設立されたため、その10円券は初めから不換紙幣であった。それにもかかわらず紙幣の表側には、銀行に持ち込めば金貨と兌換できることが明記されていた。これは、アメリカの印刷会社が保有する原版を修正する時間や資金を省いたからである。翌77（明治10）年1月より紙幣局（元紙幣寮）で発行された5円券と1円券の小額紙幣2種類（いわゆる「新国立銀行券」と呼ばれ、わが国最初の洋式紙幣）では、この兌換文言が削除された。

　いずれにしても法律で不換紙幣であることが明記されたため、使用上では問題はないが、やや違和感を覚えよう。ちなみにこのような兌換紙幣→不換紙幣へ、または不換紙幣→兌換紙幣へといった制度変更にともなう紙幣上の文面の変更は、その後の紙幣でもおこなわれない場合があったことに注意されたい。

　この国立銀行条例の改正によって、表5-3のように1877〜79（明治10〜12）年に、華士族の銀行設立ブームが発生した。また銀行の名称が使えるようになったため、三井も国立銀行条例の改正に先立ち、1876（明治9）年3月に大蔵省より設立許可を得た。そして同年7月に三井銀行が設立されたほか、その他の私立銀行

表5-3　主要金融機関の年次別推移

(単位：行・店、千円)

年　末	国立銀行			私立銀行			銀行類似会社		
	行数	資本金	1行当たり資本金	行数	資本金	1行当たり資本金	店数	資本金	1店当たり資本金
1876(明治 9)年	5	2,350	470	1	2,000	2,000	?	?	?
1877(明治 10)年	26	22,986	884	1	2,000	2,000	?	?	?
1878(明治 11)年	95	33,596	354	1	2,000	2,000	?	?	?
1879(明治 12)年	151	40,616	269	10	3,290	329	?	?	?
1880(明治 13)年	151	43,041	285	39	6,280	161	120	1,211	10
1881(明治 14)年	148	44,886	303	90	10,447	116	369	5,894	16
1882(明治 15)年	143	44,206	309	176	17,152	97	438	7,958	18
1883(明治 16)年	141	44,386	315	207	20,487	99	573	12,071	21
1884(明治 17)年	140	44,536	318	214	19,421	91	741	15,142	20
1885(明治 18)年	139	44,456	320	218	18,752	86	744	15,397	21
1886(明治 19)年	136	44,416	327	220	17,959	82	748	15,391	21
1887(明治 20)年	136	45,838	337	221	18,896	86	741	15,117	20
1888(明治 21)年	135	46,877	347	211	16,761	79	713	14,454	20
1889(明治 22)年	134	47,681	356	218	17,472	80	695	14,421	21
1890(明治 23)年	134	48,644	363	217	18,976	87	702	14,512	21
1891(明治 24)年	134	48,701	363	252	19,796	79	678	13,827	20
1892(明治 25)年	133	48,325	363	270	22,856	85	680	13,944	21
1893(明治 26)年	133	48,416	364	545	30,583	56	以後は統計年鑑に掲載なし		
1894(明治 27)年	133	48,816	367	700	37,380	53			
1895(明治 28)年	133	48,951	368	792	49,807	63			
1896(明治 29)年	121	44,761	370	1,005	87,899	87			
1897(明治 30)年	58	13,630	235	1,223	147,812	121			
1898(明治 31)年	4	390	98	1,444	189,439	131			

(注) 1. 上記の国立・私立銀行以外に、銀行として貯蓄銀行（1893 年以降）と横浜正金銀行（1880 年以降）がある。
　　　2. 国立銀行で1876 年が5 行なのは、先行して設立された4 行（第一、第二、第四、第五）に、条例改正後に設立された第三が加わったためである。
　　　3. 国立銀行で1879・80 年が153 行でない理由は、すでに2 行が他行に合併されたためである（詳細は、『第2 回日本帝国統計年鑑』の318 頁を参照）。
　　　4. 私立銀行で1876～78 年までは、1876（明治9 ）年7 月に開業した三井銀行を示す。当時は、国立銀行条例によって、私立銀行は銀行を名乗ることはできなかったが、国立銀行が4 行しか設立されなかったため、結果的に改正を余儀なくされ許可された。その後は、銀行類似会社が私立銀行に改称する場合があった。
　　　5. 銀行類似会社は、「為替、両替、貸付、預り金等の金融業務を営む（民間）会社」（『日本帝国統計年鑑』の定義）といわれるが、私立銀行との相違点はかならずしも明確ではない。このため朝倉は、私立銀行は比較的大きな金融業、銀行類似会社は比較的小規模な金融業と考えている。
　　　6. 銀行類似会社は、1893（明治26）年に施行された銀行条例によって、私立銀行に発展するか消滅していった。このため同年以降は、『日本帝国統計年鑑』に掲載されていない。
　　　7. 点線は以下のような政策の動きを示す。1876 年8 月に国立銀行条例の改正、1883 年5 月に国立銀行条例の再改正、1893 年7 月に銀行条例の施行。
　　　8. 網掛部分は、松方デフレ期を示す。
(資料) 国立銀行と私立銀行は日本銀行編『明治以降本邦主要経済統計』の196-199 頁、銀行類似会社は統計院編『日本帝国統計年鑑』第1 ～14 回より谷沢が作成。

も徐々に設立されるようになった。国立銀行等の叢生によって、銀行間・本支店間での荷為替その他諸手形の取り組みを通じて、国立銀行等が新旧の商品流通を円滑化する機能を着実に果たすようになった。

　また通貨供給量が大幅に増えたほか、金貨の流出を阻止することができた（なお通貨供給量の増大に関しては、表6-2も参照）。これらの点では、条例の改正は適切に機能したといえる。ただし不換紙幣の発行が継続され「不換紙幣の整理」という当初の目的は放棄された。さらに西南戦争の軍需物資を調達する過程でインフレが発生したことが加わり、通貨問題は本質的に未解決のままであった。

　いま、国立銀行の設立ブームの特徴をみておこう。第一に、資本金の飛び抜けて巨大な第十五国立銀行が誕生した。同行は、華族銀行と呼ばれたように旧領主層の遊休資金で設立されたため、全国立銀行の資本金総計の47％を占めるほどの規模になっていた。しかし大部分の銀行は、資本金20万円以下の小銀行であったため、第十五国立銀行のみが異質の銀行であった。

　第二に資本金の内訳をみると、表5-4の（A）のように1880年段階では華士族が74.2％だが、第十五銀行を除くと56.1％であった。金禄公債を活用したわりには、華士族の割合は低かった。これは、設立主体の情報をまとめた同表（B）でも、商人ないし商人と地主によって設立された銀行が、総数48行のうち25行を占めていたことからも確認できる。第三に、同表（A）の1880年と1896年を比較すると、華士族の割合が低下する反面、平民の割合は増加している。以上より国立銀行を支えたのはあくまで平民であり、華士族による国立銀行への投資の意義は実態よりも過大に評価されていた。

　それでは、このような条例改正（あるいはそれによって設立された国立銀行の増加）をいかに評価すべきであろうか。初めにこの改正は、直接的には通貨量の増加と金貨流出を防ぐために採られた緊急避難的な措置であった。ただし結果としては様々な効果を達成したことを強調しておこう。具体的な銀行紙幣等の流れを示した図5-5を、以下のように説明することができる。

　①政府が華士族に対して金禄公債を交付する。

　②華士族は、この金禄公債を元手（出資）として国立銀行を設立する。

　③ただし華士族は、金禄公債の一部を商工業者などに転売する。

　④商工業者は、この金禄公債を国立銀行の出資金とする。

　⑤国立銀行は、これらの金禄公債を大蔵省に預託する。

第5章　信用制度構築の曲折　　*207*

表5-4 国立銀行の設立主体

(A) 株資本金の族籍別所有構成比 (単位:%)

	1880年		1896年	
	全国立銀行	第十五銀行を除く国立銀行	全国立銀行	第十五銀行を除く国立銀行
華士族	74.2	56.1	60.6	34.4
華　族	43.2	3.2	41.5	2.7
士　族	31.0	52.9	19.1	31.7
平　民	25.6	43.9	39.4	65.9
農	4.0	6.9	4.7	7.8
工	0.1	0.2	0.1	0.2
商	20.4	34.8	21.1	35.5
雑	1.1	2.0	13.5	22.4
合　計	99.8	100.0	100.0	100.3

(注) 1. 第十五銀行の株主は、すべて華族と仮定して計算している。
　　　2. 合計の数字は、原資料のままとした。
(資料) 寺西重郎『戦前期日本の金融システム』の171頁の表2-1-8を谷沢が
　　　　一部修正(ただし原資料は朝倉孝吉『明治前期日本金融構造史』の120-
　　　　121頁)。

(B) 設立主体のわかる48行の内訳

設　立　主　体	銀行数
商人ないし商人と地主によって設立されたもの	25
士族と商人の共同とみられるもの	6
士族によるもの	8
士族銀行と言われながらデータ的に確認できないもの	4
士族によって設立されたがその後商人経営に移行したもの	4
華族銀行(第十五銀行)	1
合　計	48

(資料) 寺西重郎『戦前期日本の金融システム』の171頁の本文より谷沢が作成(ただ
　　　　し原資料は、『日本の経済発展と金融』岩波書店、1982年)。

⑥大蔵省はその見返りとして、国立銀行に銀行券を支給する。

⑦この国立銀行券を、国立銀行は市中の商工業者に事業用資金として貸し付
ける。

⑧商工業者は、地租等の租税を国立銀行券で政府に支払う。

⑨国立銀行は、農民に対して米の換金等で得られた資金を返済する。

⑩農民・商工業者等は、通常の商業活動をおこなう。

図5-5 国立銀行を中心とした通貨の循環（国立銀行条例の改正後）

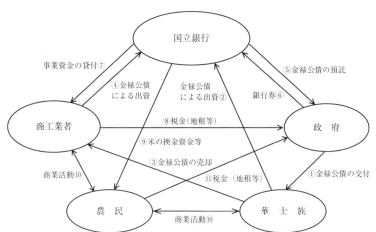

（注）1. 上図は、主要な作用のみを描いているにすぎない。
2. ⑦米の換金資金等は、詳しくは図3-5を参照のこと。
（資料）谷沢が作成。

⑪農民は、地租等の税金を国立銀行券で政府に支払う。

以上のように国立銀行条例の改正は、紙屑同然であった金禄公債を国立銀行の出資金として貨幣に転化させたことによって、士族の不満を抑えることができた。ただし寺西重郎のように、公債価格の維持にはさほど効果がなかったほか、高禄の華士族以外は銀行資本家に転化できなかったという意見もある。

国立銀行は、農民が地租を金納する際にそれを代行したことによって、地租を政府の歳入として確実に確保できた。つまり国立銀行は、財政を安定化させる役割を負った。さらに商人・地主・華士族の蓄積資金が、国立銀行を経由して旺盛な資金需要を持っていた農業や在来産業に供給されて、紙幣が社会で好循環する仕組みが完成した。結局のところメリットを享受できなかったのは、高額の地租を負担させられた農民だけであった。

このほか長期的には、国立銀行は株式会社知識の普及に寄与するなど、その後の企業勃興ブームへと結びつく情報の提供に貢献した。その経営内容は、多くの銀行で比較的着実な営業方針を持続しつつ、後年いずれも預金銀行になるなど、一方に続出した私立銀行とともに、金融界をリードする中心的組織となった。そして国立銀行が全国に分散して立地したため、商品生産や流通の発展に一定の役

割を果たした点も忘れることができない。もちろん国立銀行は、不換紙幣の増刷によって西南戦争後のインフレを助長する原因ともなったが、総じてみると近代化初期において重要な役割を担ったというべきであろう。

〈国立銀行条例の再改正〉

紙幣供給は、とりあえず条例改正による国立銀行券の発行で一息ついたが、いつまでも不換紙幣を国立銀行で発行し続けるわけにはいかない。早く不換紙幣の発行を中止しなければならない。そのためには、おもに3つの手続きが必要となる。いわば3段階の銀行政策を考えていた。

第一段階は新たな国立銀行の認可打ち切り、第二段階は既存の国立銀行の普通銀行化、第三段階は普通銀行に関する統一的法制（すなわち紙幣発行中止後の銀行法規）の公布である。このうち第一段階は行政手続きで処理することができるが、第二段階は国立銀行条例の改正が必要となり、さらに第三段階は新法の制定が必要となる。以下ではこれらの諸手続きを個別にみていく。

まず認可打ち切りは、1879（明治12）年11月に京都第百五十三銀行で認可が打ち切りとなった。これは行政手続きを実行したにすぎない。打切りの理由は、資本金総額が4000万円、紙幣発行総額が3442万円、の各予定額を超えたためであるといわれる[10]。国立銀行の認可打ち切り以降は、表5-3のように銀行類似会社または私立銀行の設立が急増した。

ちなみに銀行類似会社とは、『日本帝国統計年鑑』によると「（国立銀行条例の基準を満たさずに）為替、両替、貸金、預り金等の金融業務を営む（民間の地方金融）会社」（ただしカッコ内は筆者が補足）である。このため物品販売あるいは生産事業も兼営していた可能性があるが、中心的業務は事業で得た資金を貸し付ける貸金会社であった[11]。設立者は地主や士族など多様であるが、大半は商人地主であり、開港場を除くと養蚕、茶、米穀などの主要農産物地域に多く立地していた。これは、農家、商家などへ消費金融、地租納入代金、肥料代金などの生産資金を貸し付け、その代償として土地を担保にとっていたためである。

一方、私立銀行は、上記統計書に定義が記載されていない。ただし、おそらく同様の業務をおこなう銀行類似会社よりも規模が大きな貸金会社と考えられる。ここで1行当たりの資本金を比較してみると、国立銀行が最も大きく、私立銀行はその3割弱、銀行類似会社は1割弱となっている。

〈コーヒーブレイク：国立銀行の系譜〉

　国立銀行という名前の私立銀行が全国にできて 140 年近く経つが、「旧国立銀行のなかで、現在まで存続している最古の銀行はどこでしょう」という質問をしたとき、読者はいかに答えるだろうか。実は、この質問に答えることはなかなか難しい。なぜなら創業という点でいえば横浜銀行であるが、現在もその名称が無傷のまま残っている銀行という点では第四銀行であるからだ。もちろんこれら以外の答えも可能である。

　このうち横浜銀行は、以下のような歴史を有している。第七十四国立銀行と横浜貯蓄銀行が第 1 次大戦後の銀行動揺で破綻したため、その整理銀行として横浜興信銀行が 1920（大正 9）年に設立され、そこに横浜為替会社（1869［明治 2］年設立）を母体として 1874（明治 7）年 8 月に開業した、旧第二国立銀行（当時の正式名称は第二銀行）が合流した。その後も破綻銀行等が合併されたため、現行の名称となったのは 1957（昭和 32）年である。このため同行の創業は 1869 年で「最古の銀行を継承している」ことになるが、当然のことながら設立は 1957 年となる。また第四銀行は 1874（明治 7）年 3 月開業の第四国立銀行のことであり、ほぼ無傷のまま現在まで存続している。

　さらに「最古の国立銀行を継承している」という意味なら、みずほ銀行であろう。なぜなら同行の設立メンバーである第一勧業銀行は、旧第一銀行すなわち第一国立銀行（1873 年 7 月開業）の継承銀行であるからだ。要するに条件を細かに賦与すれば様々な答えが可能であり、それゆえにこれら 3 行のどれを答えても正しいといえるかもしれない。国立銀行時代のナンバーを残した銀行は現在、全部で 6 行（すなわち第四のほか、十六［岐阜県］、十八［長崎］、七十七［宮城］、百五［三重］、百十四［香川］）残っている。これらの銀行も過去に合併を繰り返している場合が多いが、それでも明治初頭からあった行名を現在まで掲げる銀行は、それだけで地域を代表した名門企業といえよう。

　ただし長野市にある八十二銀行は、旧国立銀行のように思えるが実は昭和恐慌時に第十九銀行と第六十三銀行が合併してできた新銀行である。たんなる数字の足し算にすぎない。もともとあった第八十二銀行は、東京に本店を置いていたが、存続期間は 1896・97（明治 29・30）年にすぎなかった。また三重県四日市市には三十三銀行もある。これは地銀の三重銀行に第二地銀（つまり旧相互銀行）が母体となって 1989（平成元）年にできた第三銀行が、2021 年に経営統合した銀行である。ちなみに旧国立銀行の第三銀行は、1876（明治 9）年に設立され、1897（明治 30）年に上記の第八十二銀行を合併したが、金融恐慌時に保善銀行（現在のみずほ銀行の設立メンバーである旧富士銀行の前身）に合併された。このほか大垣共立銀行（第百二十九国立銀行が母体）のように、名称を完全に変更した銀行もあるため、古い・新しいを行名に国立銀行の名残である数字を掲げているかどうかだけで決めることはできない。

　このように旧国立銀行の大半が、現在でも地方銀行として地域金融市場で中核的な役割を果たしていることは驚きである。「企業の寿命は 30 年」といった俗説があるが、そのなかで銀行業界はかなり長寿の企業が多い業界といえよう。その背景には、同業界が他業界よりも慎重な経営をしているからといえるかもしれないが、他面では「金融システムは破綻させられない」といった業界の特殊性、指定金融機関といった保護行政など、政府による手厚い産業政策に起因する理由も否定できないだろう（なお金本位制のメカニズムについては、下巻の第 2 章の第 1 節で詳述する）。

次の普通銀行化は、1883（明治16）年5月に大蔵卿・松方正義による国立銀行条例の再改正（＝大改正）で実施された。つまり国立銀行条例の改正までが大隈財政の業績であり、同条例の再改正からが松方財政として実施された措置となる。条例再改正の目的は、いずれ唯一の発券銀行とする予定の日銀をすでに設立済みであったから、発券業務を取り上げることで国立銀行の普通銀行化を達成することであった。このほかにインフレを助長した国立銀行紙幣（不換紙幣）を整理する、いわゆる紙幣整理も視野に入れた改正であった。なぜなら紙幣整理を実施するには、性格の異なる国立銀行紙幣と政府紙幣を分けて慎重におこなう必要があり、そのためには紙幣ごとに具体的手順を決めなければならないからである。

　条例再改正の概要をみると、第一に国立銀行としての営業年限を開業免状下付時（＝開業時）から20年間とし、その後は普通銀行として業務を継続できるが、紙幣の発行は認めないこと、第二にその営業期間内に国立銀行紙幣を全額消却（＝紙幣を廃棄）することとその消却方法を明示すること。第三に国立銀行紙幣の通貨への引換え請求があれば、日銀で引換えをおこなうこと、が明記された。

　条例再改正によって、国立銀行はなんらかの対応を迫られることとなったが、大半は小規模のまま普通銀行として存続することを選択した。すなわち国立銀行153行の整理内訳をみると、普通銀行に転換したのは122行（全体の79.7％）、満期解散（20年を経過して廃業）8行（5.2％）、満期までに閉店（20年を経ずに廃業）7行（4.6％）、他行に吸収合併16行（10.5％）であった。普通銀行へ転換した旧国立銀行は、例えば東京第一国立銀行が第一銀行に名称を変更したように、大半は「所在地名」と「国立」という部分を削除して再スタートを切った。一部には新潟第四国立銀行のように、新潟銀行といった地域名に変更したものもある。大半の国立銀行は、1878・79（明治11・12）年に設立されたため、開業後20年に近づいた1897（明治30）年以降、表5-3のように国立銀行数は急減していった。

　この時期は、紙幣整理にともなう財政緊縮によって深刻な大不況（松方デフレ）へ突入していた後だが、そのなかでマネーの供給量を減らす普通銀行化は厳しい状況が予想された。しかし条例再改正は、通貨制度を抜本的に統一するためには避けて通れなかった政策、つまり当初から想定されていた政策であった。そして以下で述べる日銀の設立（1882［明治15］年10月）とタイミングが合った点で、まずまずの評価が与えられるのではないかと思われる。

〈銀行条例の公布〉

　さらに第三段階として、多様な普通銀行を取り締まる法律を新たに作成する必要がある。なぜなら私立銀行等は、一切の法的規制がないまま増加傾向にあったため、旧国立銀行といっしょに規制しなければならないからである。ただしこれらの多様な金融機関を包括的に監督する法律を作ることは、容易なことではなかった。そこでこの理由を説明する前に、1870・80年代における金融業界の特徴から示しておこう。このためには「預金銀行」という概念がキーワードとなる。当時は、この預金銀行に移行する大きな構造変化が業界内におこっていた。

　まず政府紙幣等の整理方法に目途が付いたため、1882（明治15）年10月に唯一の発券銀行である日銀が開業され、1885（明治18）年5月になって日銀券の発行が開始された（紙幣整理方法については、第6章の第3節を参照）。このような動きにともなって1900年前後には、人々が銀行に預金するようになり、銀行はその預金を原資として貸し付けるようになった。このような銀行のことを、いわゆる預金銀行と呼んでいたが、当時はこのような形態になりつつあったとはいえ、預金の比率はまだまだ低い水準にあった。

　そこで預金銀行となる前後の銀行経営の特徴をまとめると、以下のようになる。まず預金銀行になる前段階では、国民にとって預金はリスクが高く、銀行は十分に信認されていなかった。それゆえ自ら監視できる株式のほうが、安全な資産であった。このため銀行側では、貸付原資を資本金と借入（日本銀行信用・政府資金を含む）に依存していた鞘取銀行（後述）であったほか、貸付方法からみると不動産等を担保として設備・運転資金を貸し付ける、旧来の金貸会社にすぎなかった。

　しかし国立銀行が本格的に稼働して、徐々に預金が増えていくと預金が貸付原資となっていく。つまり鞘取銀行的色彩が薄れて預金銀行化が進んでいった。預金銀行化が進んでいった事実は、図5-6のように民間非金融部門の金融資産総額に占める預貯金の割合が増加して、1890年代末に現金の割合と逆転したことで確認できる。ちなみにこの時期は、この図から明らかなように企業設立ブームが3度到来して日本の産業革命が発生した時期にも相当していたから、銀行が金融面から旺盛な企業活動を支援したことを示唆している。

　また貸付残高を預金残高で割った比率を預貸率と呼んでおり、その比率が低いと資金の余裕度が高いことを示す。図5-7の預貸率は、1900年代に大きく低下して預金銀行化が顕著となった。このような預金銀行の色彩が強まることで、

第5章　信用制度構築の曲折　　213

図5-6 民間非金融部門の金融資産総額に占める各種資産の割合の推移

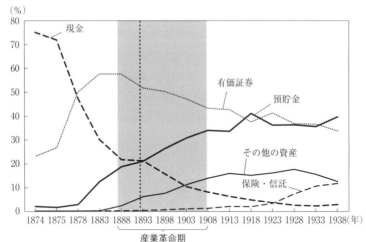

(注) 1. 金融資産総額には、企業間信用が除外されている。
　　 2. 縦の点線は、銀行条例の施行時点（1893年7月）を示す。
(資料) 寺西重郎『日本の経済発展と金融』岩波書店、1982年の5頁より谷沢が作成。

図5-7 普通銀行の預貸率の推移

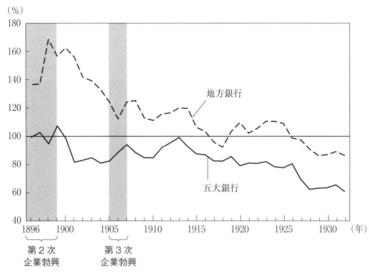

(注) 1. 五大銀行とは三井・三菱・住友・第一・安田銀行。地方銀行は、1901年に1862行で最大数。
　　 2. 預貸率とは、貸出金÷総預金で計算した。
(資料) 後藤新一『日本の金融統計』東洋経済新報社、1970年の91-93頁、95-97頁より谷沢が作成。

「近代的金融制度の中核」が形成されてきた。

さらに預金銀行化の過程における銀行業務の変化を、商業金融面と産業金融面に分けてみてみよう。まず商業金融面（つまり運転資金、日常資金の面）では、手形交換所が大阪で1879（明治12）年、東京で1887（明治20）年に設立された。これで銀行間の手形の受取勘定と支払勘定を相殺して差金決済できるため、手形にもとづく経済取引の普及によって金融の効率性が増した。

そして1880年代前半までに、コルレスポンデンス契約（略称：コルレス契約）による為替手形網が形成された[12]。この為替手形網とは、各銀行の支店を自行の支店として利用し合い、異なる銀行間での決済を可能にすることであり、いわゆる代理店契約を意味している。為替手形の導入にともない当座預金口座の開設が進んだことで、図5-6のように現金の割合が低下していった。さらに1882（明治15）年10月に開業した日銀は、国内主要都市の支店網を通じて国内の金利を平準化する機能を持っていた。これらの環境整備によって、国内金融市場が商業金融網によって急速に統合されていった。また為替手形の導入にともない当座預金口座の開設が進み、図5-6のように現金の割合が低下していった。

一方、産業金融面（つまり設備投資資金の面）では、業種によってその形態が異なっていた。まず最大の輸出産業であった製糸業では、間接金融（銀行からの借入）に依存しており、この種の銀行として横浜正金銀行や横浜所在の第一、第二、第七十二国立銀行が有名であった。これに対して紡績業・鉄道業では、証券市場における株式や社債の発行といった直接金融に依存しており、銀行からの借り入れはさほど多くはなかった。これは莫大な固定費用が必要となるため、銀行借入では到底賄いきれないからである。ちなみに1878（明治11）年に東京株式取引所と大阪株式取引所が設立され、市場取引とともに場外取引（店頭取引）が活発化しており、紡績株と鉄道株がさかんに売買された。

このような有価証券投資の活発化が、図5-6の現金の割合を低下させていった。また株式市場の開設にともなって、1889～90（明治22～23）年には最初の株式バブルの発生と崩壊がおこった。その背後で銀行は、株式を担保としてさらに株式投資向け資金を融資する株式担保金融を実施することで、バブルの後押しをして産業金融面で大きな影響を与えていた。さらに日銀は、バブル崩壊後の金融危機に対処するため、1890（明治23）年5月より市中銀行に対して株式担保品付手形割引（日銀貸出）を開始していた。

第5章　信用制度構築の曲折　　215

このような状況のなか、1890（明治23）年8月に銀行条例が公布された（施行は1893［明治26］年7月）。これはちょうどバブル崩壊が始まりだした時期に相当する。銀行条例が制定された理由は、第一に1883（明治16）年に国立銀行の処分が決定して、普通銀行の重要性が増したこと、第二に1890（明治23）年恐慌により、銀行業界の動揺が大きかったこと、第三に1870（明治10）年代より増加している私立銀行・銀行類似会社も、いっしょに規制しなければならないといった要請があったことである。ちなみに銀行条例の主要な内容をみると、以下のとおりである。

①銀行の定義（第1条）：公に開いた店舗において、割引、為替、預金、貸付を併せ為すもので、それらをおこなえばその名称にかかわらずその組織が銀行であること。

②設立認可（第2条）：銀行を設立するものは、地方長官を経て大蔵大臣に許可を得るべきこと。

③業務の監督（第3条）：半年ごとに営業報告書を蔵相に提出すること。

④貸出の制限（第5条）：1人または1社に対する貸付・割引高は払込資本金の10分の1以下とすること。

なお、この法令とまったく同時期に、大蔵省の銀行分業構想にもとづいて貯蓄銀行条例も制定されたため、民間銀行は普通銀行と貯蓄銀行の二本立てとなった。この貯蓄銀行を設立した背景には、人民の勤倹節約・生計の安全を図る公益機関を作る必要があるほか、そのような組織は普通銀行よりも厳格に管理すべきであったが、経営的には不健全であったことがあげられる。

銀行条例は、各種金融機関に大きな影響を与えた。まず国立銀行は、表5-3のように多数の銀行が開業後20年を迎えた1897（明治30）年に58行となり、翌98（明治31）年にはわずか4行のみとなった。先述のとおり、大半の国立銀行が普通銀行（表5-3では私立銀行）に転換された。

他方、銀行類似会社は、国立銀行の認可打切り以降に急増して、1886（明治19）年にピークとなったが、それ以後は緩やかに減少し始めた。特に1889～90（明治22～23）年の株式バブル期以前にすでに減少傾向に入っており、それが銀行条例の施行によって消滅するか銀行に合併するかになった。これらの事実は、銀行条例の施行以前に政府が銀行類似会社の整理・合理化を進めるアナウンスメント効果を発揮したことを示唆している。

表5-3によると、『日本帝国統計年鑑』では1893（明治26）年より銀行類似会

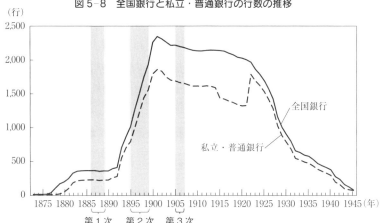

図5-8 全国銀行と私立・普通銀行の行数の推移

(注) 1. 全国銀行とは、国立銀行、私立・普通銀行、貯蓄銀行、特殊銀行(横浜正金銀行・日本勧業銀行・農工銀行・台湾銀行・北海道拓殖銀行・日本興業銀行・朝鮮銀行)を対象とする。
2. 私立・普通銀行とは、1892年までが私立銀行、1893年以降が普通銀行という区分をしている。
(資料) 日本銀行編『明治以降本邦主要経済統計』の194-195頁と198-200頁より谷沢が作成。

社という分類が消滅している。1892年と93年の数字から推測すると、1892年の銀行類似会社680行のうち、半数が私立銀行へ組織変更し、残りの半数が組織を閉鎖したと推測される。このような構造変化にともない、従来の私立銀行は普通銀行と名称を変更した点も付記しておきたい。

以上より私立銀行の行数は、1890年代前半より銀行類似会社から私立銀行への改組で増加し、1890年代後半には旧国立銀行分も加わるなど、一貫して増加した。このため1901(明治34)年には、図5-8のように全国銀行(普通銀行に貯蓄銀行等を加えたもの、普通銀行は私立銀行の名称変更)数が2358行で歴史上最多になった。この図で網ガケ部分は産業革命を示しているため、このような資金需要の旺盛な時期にマネー(通貨)を供給するシステムが、タイミングよく形成されたことがわかる。

銀行条例は、産業として定着し始めた銀行に対して基本的な行動指針を提示した点では、極めて重要な措置であった。また1895(明治28)年には、日清戦争下の資金需要の増大に対応して銀行条例の第5条(貸出の制限)を廃止している。ただし商法の施行が遅れたため、1890年恐慌のなかで公布され、実施時期が遅れたのは問題である。また銀行の乱立に対して、大蔵当局は1896(明治29)年4月

第5章 信用制度構築の曲折 217

に銀行合併法を公布して小銀行の合同を促したが、この法律の施行では期待した効果は発揮されなかった。

このように多数の銀行が乱立するなかで、日々の資金過不足を最終的に調整し合う市場として、1902（明治35）年ごろよりコール市場が自然発生的に形成された。ちなみにこの当時のコール取引は、無担保でおこなわれていた（有担保取引が導入されたのは、1927［昭和2］年の金融恐慌後である）。

ここで1900（明治33）年ごろの銀行業界の構造を確認しておく。まず、本店のみで支店を持たない弱小銀行が多数存在する一方、五大銀行（ビッグ5）が存在していた。五大銀行とは、三井、三菱、住友、安田、第一の財閥系銀行のことである。また全般的に、資本金・積立金などの自己資本に対する預金の比率が低かったため、いわゆる鞘取銀行が多かった[13]。鞘取銀行とは、資金需要が高まったときに手持ちの資金（＝預金）が潤沢でないため、日銀の貸し出しに依存して利鞘を稼ぐことを利益の源泉とする銀行のことである。自己資本に対する預金の比率は、有力銀行で2.5倍、地方銀行で1〜2倍にすぎなかった。

ただし金本位制の採用（1897年）を契機として、日銀が鞘取銀行を解消する方針を打ち出した。そして徐々に貸付金利を引き上げて市中金利との差をなくしたため、その後は銀行による預金獲得が積極化して鞘取取引が減少したほか、規模間格差が拡大していった。すなわち19世紀末から20世紀初頭にかけては、図5-7のように地方銀行で預貸率が低下し、銀行の性質が「鞘取銀行から預金銀行へ」変質していった。しかも預金を集められる大手銀行と集められない中小銀行との間で、規模間格差が拡大していった。

さらにわが国の私立銀行は、導入当初より商業銀行ではなく「機関銀行」が多かったことも特徴である。機関銀行とは、地方名望家がその社会的信用によって預金を集めて設立した弱小銀行に典型的にあらわれていたため、脆弱銀行の代名詞であった[14]。その資金を自分自身や関係者の事業に貸し出すため、不良貸付をおこなうことが多く、不況下では資金の回収が困難になった。以上より粉飾決算がおこなわれやすく、ひとたび恐慌に見舞われると企業とともに倒産した。銀行条例の第5条で貸出の制限を実施した背景には、このような理由があった。

このような状況のなか、1910（明治43）年1月には日本興業銀行・横浜正金銀行と都市銀行（大都市に本店を置き全国的な営業基盤を持つ大規模な銀行）13行が国債引受シンジケート団を結成した。このシンジケート団は、国債や有価証券を共同で

引き受けることによって、発行条件の諮問や引受手数料など国債発行業務における特権を認められた。いわば 1910 年には、都市銀行と地方銀行の分化が完了し、新たな規模間格差が拡大した。ちなみに資金運用面から都市銀行と地方有力銀行を比較すると、都市銀行では産業金融の比重が高く、大銀行にもかかわらず機関銀行が多かったのに対して、地方有力銀行では商業金融の比重が高く、多数の取引先を持ち機関銀行的性格は弱かった。

(4) 銀本位制への回帰

ところで通貨制度を確立するためには、銀行制度の確立とともに本位制度を確立することも重要な課題であった。そこで本節では、本位制度の動向を新貨条例、兌換銀行条例といった関連法規の施行経緯にそって説明していく。

〈金本位制から管理通貨制へ〉

本位制度とは、一国の貨幣制度の根幹を成す基準を特定の貴金属に定め、その金属の一定の品位と量目によって製造された貨幣（すなわち本位貨幣）に無制限通用力を与えた制度のことである。現実には、紙幣と金銀貨が混在して流通しているため、紙幣が本位貨幣と兌換可能であるか否かといった“紙幣の兌換性”を基準として、本位制度の有無を確定していく。1871（明治4）年5月に大隈によって新貨条例が制定され、その上で翌72年に国立銀行条例を公布し、それを受けて1873（明治6）年7月に第一国立銀行が開業したことで、金本位制が本格的に稼働し始めた[15]。

もっとも金本位制の導入が開始されたとはいえ、当時の貿易事情のもとではこれを継続することは難しかった。なぜなら明治初頭には、アジアとの貿易では依然として洋銀が使用されていたほか、新貨条例で銀貨を補助貨幣とみなしていた事情もあり、貿易専用の銀貨を発行する必要があった。そして図 5-9 でわかるように、アジア最大の貿易国中国が 16 世紀後半より一貫して銀本位制を採用していたほか、周辺国も決済通貨として銀貨を必要としていたからである。

そこで 1871（明治4）年5月に、新貨条例の施行と同時に貿易専用の1円銀貨（円銀）を鋳造し、貿易用の銀貨の供給量を増やした。このように円銀は、導入当初は補助貨幣であったが、貿易決済における銀貨の優位性を反映して、徐々に国内取引でも利用されることが多くなった。以上のように制度として金本位制が導入されたとはいえ、実質的には当初から金銀貨の使用を強いられた点では、金本

位制は当時の実情にそぐわなかった。

　しかも金本位制にとってマイナスとなる経済環境が進んできた。それは、1873（明治6）年頃より、既述のとおりわが国の法定比価が海外のそれと大きく乖離してきたことにともない、流通し始めた国立銀行紙幣を介して洋銀の流入・金貨の流出が進んだことである。政府は洋銀流入・金貨流出の対抗措置として、1875（明治8）年2月に法定比価を市場比価に合わせるように、アメリカ貿易ドル銀貨と重量を同一（420グレーン）とした新しい1円銀貨（貿易銀）を鋳造した。

　このように貿易銀を新鋳した背景には、政府が貿易ドル銀貨との重量差によって紙幣還流・金貨流出が発生したと考えていたことがある。新銀貨の鋳造等にともなって、1875（明治8）年6月には法律の名称を、新貨条例から貨幣条例へ変更している（なお本書では、慣例により引き続き新貨条例という名称を使用する）。

　しかし貿易銀の鋳造でも、法定比価を変更する効果はまったく見込めず、引き続き金貨は流出・退蔵され、市場で流通する通貨は政府紙幣のみとなった。このため表5-2のように、1876（明治9）年3月に公定交換比率を銀貨1円＝金貨1円と少しだけ金高に変更したが、この変更でも海外の金銀比価には一致せず、引き続き金貨流出が続いた。この金貨流出は、既述のとおり1876（明治9）年8月に国立銀行条例を改正して、国立銀行紙幣を不換紙幣化することでやっと阻止できた。

　この措置によって金本位制は停止され、図5-9のように管理通貨制に移行していった。せっかく先進国並みの早さで金本位制を導入したものの、結果的には時期尚早であり、スタートライン（つまり管理通貨制）に戻ってしまった。制度が実体になじまなかったのである。とはいえ不換紙幣のみでは通貨価値が不安定であるため、1878（明治11）年5月には、新貨条例を改正して、大蔵卿・大隈の考えにもとづき貿易銀の国内での無制限通用、つまり金貨と同じ本位貨幣の扱いを認めた[16]。

　ちなみに大隈が貿易銀の国内無制限通用を考えた背景には、紙幣価値の低下・銀貨価格の高騰を抑制するためには銀貨の供給量を増やさねばならず、そのためには貿易銀も国内流通させる必要があった。すなわち貿易用のみに限定して特殊な銀貨を別途使用するのではなく、いっそのこと貿易用の銀貨までも国内無制限通用することで、インフレを抑制することができる、と考えたことによる。

　しかしこの政策でかえって良質な貿易銀の退蔵がおこり市場から姿を消したた

図 5-9　主要国における金本位制の導入・停止・回復・崩壊動向

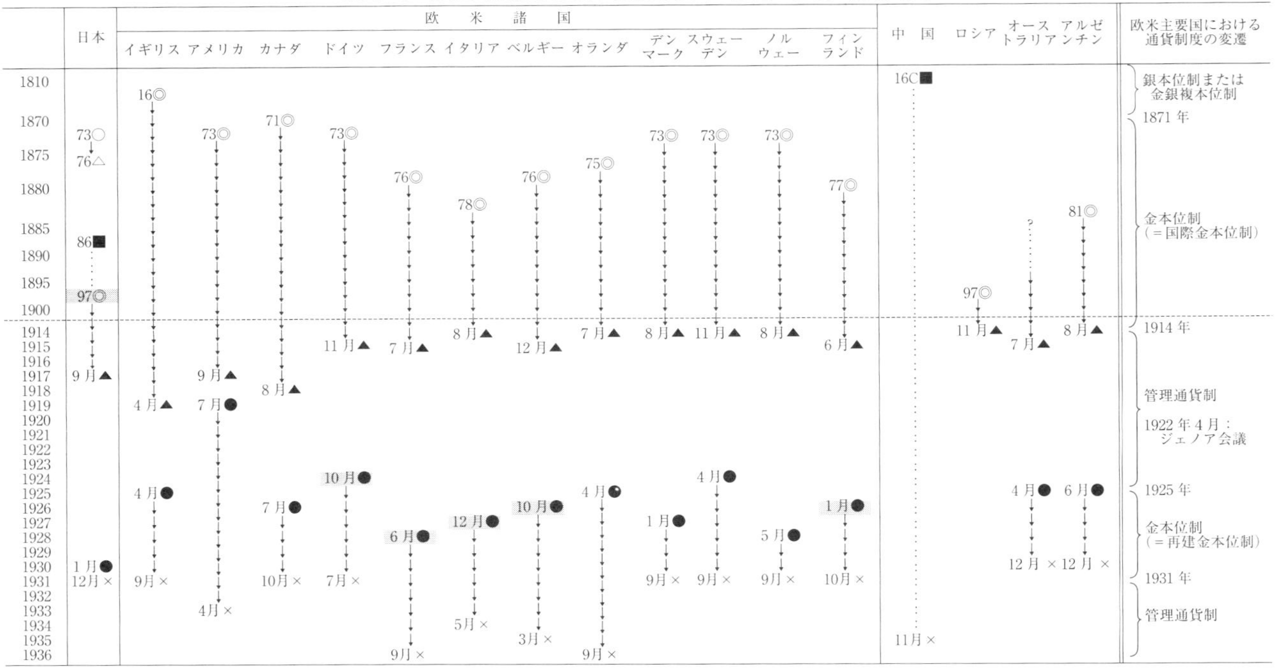

欧米主要国における通貨制度の変遷

- 銀本位制または金銀複本位制
- 1871 年
- 金本位制（＝国際金本位制）
- 1914 年
- 管理通貨制
- 1922 年 4 月：ジェノア会議
- 1925 年
- 金本位制（＝再建金本位制）
- 1931 年
- 管理通貨制

第 5 章

(注) 1. 日本については、◎は金本位制の導入（第一回国立銀行の発行［1873年］）、△は国立銀行条例の改正［1876年］にともなう不換紙幣化（つまり管理通貨化）、■は銀本位制への変更）、●は金本位制または金銀複本位制、×は金本位制の禁止（金再禁輸）を示す。なお中国において■は、16世紀以降に銀本位制であったことを示す。
2. 日本・中国以外では、いずれも◎は金本位制への導入、■は銀本位制の期間、○は導入、×は前提後、▲は停止、●は回復、×は停止を示す。ただし回復時には紙ガケをした国は平価切り下げ国を示す。イギリスは1919年4月に停止後、同年8月に復帰し、さらに20年12月に再停止した（なお1914年8月時点で事実上の金本位制）。
3. 日本・中国以外の導入年次は不明である。イギリスは1914年8月に国債切り下げ国を示す。
4. 停止状態：導入年次の情報は、高橋泰蔵・代表編『体系 金融大辞典』東洋経済新報社、1966年の末尾『世界貨幣・金融・文献年表』、館龍一郎編『金融辞典』東洋経済新報社、1994年の付録年表、三和良一・三和元編『近現代日本経済史要覧』補訂版 東京大学出版会、2010年の114頁および4.61表より各国の77-78頁の「金本位制」項目および同巻末尾の「金融年表」、三和良一・三和元『近現代日本経済史要覧』補訂版、東京大学出版会、2010年の4.61表より各自が作成。

第 5 章　信用制度構築の曲折　221

め、1878（明治11）年11月に貿易銀の発行を中止し、再び旧円銀を発行し始めた。この再発行された円銀（新円銀）によって、法定比価は表5-2のように1877（明治10）年の16.33から78（明治11）年の16.17へと、逆にわずかばかり銀高方向に変更されてしまった（なお1877［明治10］年までの動きは第2節を参照）。

　いま、この法定比価の変化を数字で説明すると、以下のようになる。まず1円金貨では、重量は1.67グラム、品位は金90%、銅10%であるため、含有純金量は1.50グラム（＝1.67グラム×90%）であった。これに対して円銀では、重量は26.96グラム（416グレーン）、品位は銀90%、銅10%であるため、含有純銀量は24.26グラム（＝26.96グラム×90%）であった。当時の交換レートは新円銀1円＝新金貨1円であったから、純金1.50グラム＝純銀24.26グラムとなり、これから金：銀＝1：16.17とやや銀が割高に戻った。

　その後、1879（明治12）年9月には、新円銀を「貿易1円銀」と称し、洋銀と並価通用させている。これによって新旧の貿易用の銀貨すべてが、洋銀と同様に国内外で通用するようになった（なお洋銀は、1879年以前にすでに国内で流通しており、法規上つまり納税上も使用されていた）。いままで説明した3種の貿易用銀貨の推移は、図5-11（後掲）を参照してほしい。

　これら一連の措置がおこなわれるなか、依然として金貨の割安が解消されないため、金貨が退蔵あるいは国外流出されていた。さらに国内経済では、徐々に紙幣の減価が進んで銀紙の開きが拡大していった。このような銀紙格差が拡大した根本原因は、財政当局が世界経済に開放された日本経済に適応した紙幣価値の抜本的な対策を依然として発見できないことにあった（この銀紙格差は図6-1を参照）。

〈銀本位制への変更〉

　さらに明治十四年の政変によって大蔵卿が大隈から松方に代わると、徐々に紙幣価値も安定してきた。そのもとで管理通貨制から銀本位制へ変更されることになった。すなわち松方が大蔵卿に就任した翌年、1882（明治15）年10月に中央銀行として日本銀行が開業した。日銀は当初、ひたすら国立銀行紙幣の消却（紙幣整理）に没頭してこの作業に2年弱かかったが、これが一段落した1884（明治17）年5月に紙幣価値も安定してやっと「兌換銀行券条例」を公布した。

　この条例により、名実ともに日銀が唯一の発券銀行となったほか、銀本位制を採用することが確定した（なお日銀の設立経緯については、第6章の第4節で詳述する）。

ただしあくまで銀本位制の根拠法は新貨条例であり、兌換銀行券条例は兌換の対象貨幣が銀貨になったことを定めた条例である。これは、兌換銀行券条例に1円＝純銀□グラムという内容が掲載されていないことから理解できよう。

このため兌換銀行券条例を具体的にみると、第1条では日銀が唯一の兌換銀行券の発券銀行となるほか、その兌換銀行券は銀貨と引き換えることができた。これを受けて第2条では、日銀は兌換引換えのために相当の銀貨を保有することが明記された。これらの条文によって、わが国では銀本位制が正式に採用されたのである。1885（明治18）年5月には、日銀が兌換銀券の発行を開始した。

このときの紙幣は、表2-7で確認できるように100円券、10円券、5円券、1円券の4種類である。いずれも大黒天とネズミの図案が刷られているため、「大黒札」と呼ばれた。余談ながら、この大黒札は現在でも使用可能な最古の紙幣である。その表側の中央部分には、「日本銀行兌換銀券」と表示され、例えば10円券なら「此券引かへに銀貨拾圓相渡可申候也」という説明文が印刷された。

もっともこの紙幣は、強度を増すためにコンニャクの粉が混ぜられたことで、皮肉にもネズミの食害を引き起こすこととなった。このため1889（明治22）年5月より、藤原鎌足等を図案とした「改造兌換銀券」が新たに発行された。現在、わが国は世界的にみて紙幣の印刷技術がトップクラスにあるが、その草創期には苦労の連続であったことがわかろう。

松方自身は当時、金本位制（金貨兌換）を理想としていたが、当時の日本で銀貨が蓄積していたこと、アジア貿易（特に中国貿易）で銀貨が使用されていたことより、まず銀本位制を実施しその後に金本位制へ移行させる予定であった。その考えにもとづき1886（明治19）年1月に、政府からの要請にもとづき政府紙幣（明治通宝）を銀貨と兌換し始めた。この時期は、図5-9のようにイギリスを中心とした国際金本位制が確立して世界貿易が拡大していた。このような時代背景のなか、わが国はあえてその動きに反して銀本位制を採用した。やっとのことで導入した銀本位制は当初、順調に進んでいた。

しかし数年を経たころから、再び変更せざるをえなくなった。すなわち1890（明治23）年代になると、世界的な銀価の低下によって金銀比価が金高銀安傾向に大きく変化してきたのである。図5-10の点線で示されているように、特に1892・93（明治25・26）年にこの傾向が顕著となった。いま、金銀比価の長期的動向をみると、1876（明治9）年に金：銀＝1：17.9、1881（明治14）年に金：銀＝

第5章　信用制度構築の曲折　　223

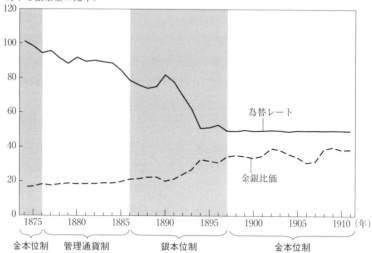

図5-10 為替レートと海外の金銀比価の推移

(資料)為替レートは、日本銀行編『明治以降本邦主要経済統計』、金銀比価は1874～97年が『明治財政史』第11巻の537-559頁、1898年以降が『金融事項参考書』(大正5年調)の863-865頁より谷沢が作成。

1：18.2、1886（明治19）年に金：銀＝1：20.8、1892（明治25）年に金：銀＝1：23.7、1896（明治29）年に金：銀＝1：30.7となっていた。いままでの金高銀安傾向とは比較にならない急激な動きが、1890年代の短期間に発生した。

このように金高が急速に進んだ理由は、1880～90年代に国際金本位制のもとで世界経済が順調に拡大していったため、欧米主要国で兌換準備用金の需要が増大し、反対に銀の需要が減少したことがあげられる。このような世界的な金高銀安傾向は、図5-10のように銀本位制を採用しているわが国の為替レートを下落（円安傾向）させた。この円安傾向は、すでに産業革命が開始されたなかで輸出競争力を強めることにより経済を拡大させる効果があった。しかし反面では国内物価が上昇して輸入インフレが発生したほか、外債の募集や返済を困難にさせる悪影響をもたらした。

このため今後とも産業革命が安定的に継続するかどうかは、この金高銀安問題をいかに解決するかにかかっていた。政府は難しい経済運営を強いられたのである。日本は銀価下落の悪影響を除去するために、欧米先進国の大勢にしたがい価

格の安定した金本位制に移行するのが望ましいという意見が多くなった。しかも銀本位制・金銀複本位制では、以下のような問題があった。

まず銀本位制では、銀の価格変動が物価全般の変動よりも大きいため、本位通貨としての的確性に欠ける。また金銀複本位制では、固定化した金銀比価を保持しなければならなかったため、金銀の法定比価と市場比価のバランスが崩れると市場価格の高額な貨幣が退蔵される可能性が高いなど、両貨の調整がほとんど不可能であった。例えば、法定比価が金：銀＝1：10、市場比価が1：20の場合には、市場では銀地金を貨幣に鋳造して法定価格で金貨と交換する。この入手した金貨を鋳つぶして金地金にすれば、市場価格の半値で金を取得できる。こうして金貨は退蔵されて、銀貨だけが流通することとなる。つまり法定価格が市場価格よりも割安な貨幣が退蔵され、割高な貨幣のみが流通する。

一方、金本位制下では、中央銀行が紙幣発行権を独占しているため、金本位制とは銀行紙幣の発行が金準備にもとづくこと（つまり金兌換が維持されること）を意味していた。このような金本位制が、すでに欧米で採用されていたため、これらの金本位制を導入した国の通貨は金という共通尺度にもとづき、実質的な固定相場制を採用していることになる。このように金本位制の採用は、通貨の安定という貿易上のメリットが享受できた。

しかも金本位制の採用は、将来的にもメリットがあった。繰り返しになるが、当時の日本では物価水準の上昇を抑制できることのほか、外債募集に向けて有利となることがあげられる。さらに主要な輸出産業である紡績業でも、棉花の輸入先を銀本位制の中国から金本位制のアメリカに転換しつつあったことや、今後も軍備・機械の購入を金本位制採用国（つまり欧米先進国）に依存すること、が予想されていた。このように日本では将来的にも金本位制が有利となる要因があった。

(5) 周回遅れの金本位制採用

どのような経済制度でも、いつまでもそれを維持し続けることはできない。わが国の銀本位制も、国際経済環境の変化によってわずか10年で金本位制へ変更せざるをえなくなった。この動きを貨幣制度調査会の議論にしたがって紹介する。

〈貨幣制度調査会の結論〉

松方自身は、大蔵卿就任（1881［明治14］年10月）以前にすでに金本位制の優位を確信し、その採用を考え始めていた。その背景には、同時期の訪仏（1878［明治

11］年3~12月）中に金銀複本位制のラテン同盟が崩壊し始めたのを目撃して、近い将来に主要国が金本位制を採用するようになると予測していたことがある（ちなみにラテン通貨同盟の解散は、1880［明治13］年）。しかし当時のわが国では、金の蓄積が皆無に等しかったほか、世論が銀本位制や金銀複本位制に好意的であったため、同人は金本位制を提言しなかった。

　これらの幣制改革の必要性を検討するために、1893（明治26）年10月に、第2次伊藤内閣のもとで蔵相・渡辺国武の提案にもとづき、貨幣制度調査会が設置された（当時の政権・財政責任者については、表6-3を参照）。ちなみに渡辺国武（1846~1919［弘化3~大正8］年）は、長野県の出身であったが早くから大久保利通（薩摩閥）に認められたほか、元大蔵官僚の松方正義（薩摩閥）の下で同人が期待した後輩であった。この調査会が設置された背景には、当時は初期議会の時期で政府と衆議院が対立状態にあったことが大きく影響していたと推測される。

　同調査会では、まず5人で構成される特別委員会でこの問題を検討させて、甲結論と乙結論という2つの結論が併記された報告書を作成した。それを1895（明治28）年3月に20人で構成される同調査会に提出して検討がおこなわれた。このような委員会方式で政策を決定することに加え、その報告書で対立する結論が併記されることは、極めて日本的なコンセンサスの取り方である。

　ここで2つの結論の内容をみておこう。まず甲結論とは、現状の銀本位制を支持すべきという楽観論にもとづいた結論である。支持者は、金井延（法科大学教授、経済学者）、園田孝吉（横浜正金銀行頭取）、田口卯吉（経済学者、衆議院議員）であり、その支持理由は銀本位制では銀の減価にともなう物価騰貴が経済活動を活発にするほか、輸出価格の下落が輸出増大につながるというものであった。

　他方、乙結論とは、銀本位制に対する悲観論にもとづき金本位制を支持すべきという結論であり、支持者は阪谷芳郎（大蔵省主計官）と添田寿一（大蔵省参事官、阪谷と同期）であった。その支持理由は、銀本位制では、輸出の増大→銀の流入→通貨量の増大→国内物価の上昇→輸出価格の上昇→輸出の不振になるほか、通貨量の増大に端を発して輸入が増大していく。このため結果として輸入超過が発生するから、銀本位制を継続すべきではないというシナリオであった。

　いずれにしても金本位制に移行するためには、金鉱山の金採掘量を増産するか、もしそれができなければ輸出によって外貨を稼いで、兌換準備を積み増ししなければならない。残念ながら当時のわが国では、いずれも期待できない状況であっ

た。しかしこの報告書の審議中に、願ってもない出来事がおこった。日清戦争の終結とその講和条約（下関条約）である。特に 1895（明治 28）年 4 月の下関条約において、日清戦争の巨額賠償金（2 億 3000 万両）を得ることが決定した[17]。

巨額賠償金の内訳は、軍事賠償金 2 億両と遼東半島還付の報奨金 3000 万両である。松方の発案によって、清がこの金額を 3 年分割によりイギリス・ポンド金貨で支払ったため、日本はこれをイングランド銀行に預託した。ちなみにこの賠償金額は、日本円に換算すると 3 億 6400 万円余であり、当時の国家予算 8000 万円の 4 倍強に相当した。この金の一部が準備金に繰り入れられ、金本位制の正貨準備として使われた。

これを受けて、1895（明治 28）年 6 月の調査会の第 6 回総会で特別委員会の結論を検討した結果、最終的には出席者 15 人のうち賛成 8 人、反対 7 人の僅差で、改革の必要性つまり金本位制の導入が決定された。これは阪谷らの大蔵官僚が、強引に調査会の結論を金本位制の方向に導いたためであり、賛成 8 人の内訳は金本位制支持 6 人、金銀複本位制支持 2 人にすぎなかった。このため報告書中にあるデータと記述の間には多くの不整合がみられたが、とりあえず同調査会は 1895（明治 28）年 7 月に、蔵相に就任していた松方に最終報告書を提出した。

この時期は、政治的にみると初期議会の時期を終えて政府と両院の提携がおこなわれるようになった時期であるほか、経済的には先述のように日清戦争の賠償金を取得できた時期でもある。わが国経済にとっては、まったく千載一遇のチャンスとしかいいようのない、タイミングの良さであった。もっとも第 1 次松方内閣の時期には、第 2・第 3 議会でかなり審議がこじれ、松方は「泥鰌」（酸欠状態の鰌）などと酷評された。このためその実務能力が高かったと単純に評価することはできないが、松方の強運が引き寄せた結果であったことは事実だろう。

1897（明治 30）年 3 月に、第 2 次松方内閣において首相兼蔵相に就任していた松方は、満を持して貨幣法を公布した。この法律は、新貨条例に代わって新たに制定された金本位制の根拠法であり、同法の公布が金本位制への実質的な移行を意味した（これにともない新貨条例は、同年 10 月に廃止）。なお銀本位制の変更措置が新貨条例を改廃せずにおこなわれたのに、今回の金本位制への移行では貨幣法という新法規を制定した点が異なっている。この理由は、後述のとおり金平価を半分に切り下げる内容をともなっており、法律改正が必要であったためである。最後に、もう一度貨幣法の制定目的をまとめると、金本位制へ復帰することによっ

てわが国の通貨価値を金高銀安傾向に調整させ、為替レート・物価を安定させるほか、外債の募集や返済を容易にすることであった。

〈金為替本位制の実施〉

ところで金本位制を実施するには、賠償金をイギリスから移送しなければならない。しかしイギリス側が、これをイギリスに置いたままとすることを強く要求した。このため正貨準備の80％弱を在外正貨の形でロンドンに置き、国内の金保有はわずか20％強にとどまる異常な状況でスタートした。

ここでの在外正貨とは、海外にある正貨（外国金貨＋金地金）のほかに、海外で保管しているイギリス大蔵省証券、イギリス国庫証券、横浜正金銀行ロンドン支店を含めた銀行への通知預金（ポンド建て）など、多様な為替関連の金融資産が含まれていた。それら日清戦争の賠償金は、正金銀行ロンドン支店が扱っていた。このように日本の金本位制は、手許に金貨・金地金等を貯蔵した制度ではなく、イギリスに保管した在外正貨を準備とした制度であった。このため正確には、「金為替本位制」としても異質な制度であった[18]。

初めに金為替本位制の根拠法となる、貨幣法の概要をみておこう。まず第2条で、1円は純金2分（すなわち750ミリグラム）に相当することを明示しており、これが最も重要な部分である[19]。この条文は、新貨条例で定められた金平価（1円＝純金1500ミリグラム）を2分の1に切り下げたほか、1ドル＝2円時代の到来を意味する。このため第15条では、旧金貨は額面金額の2倍で通用することとしたほか、第16条では旧1円銀貨は金貨1円相当として引き換えられた。なお旧金銀貨とは、新貨条例にもとづく金銀貨（特に銀貨とは円銀、貿易銀）のことである。

さらに第7条では、本位貨幣に金貨、補助貨幣に銀貨とその他貨幣としたほか、金貨は無制限通用とした。新たに鋳造された金貨は、20円金貨、10円金貨、5円金貨の3種類であり[20]、補助貨幣は50銭銀貨、20銭銀貨、10銭銀貨、5銭白銅貨、1銭青銅貨、5厘青銅貨の6種類であった[21]。

それでは、なぜ第2条において金平価を2分の1に切り下げたのであろうか。その理由は、以下のとおりである。まず（実勢）金銀比価は、新貨条例当時には金：銀＝1：16であったが、金本位制移行時には金：銀＝1：32に変化していた。それゆえ銀の価格はちょうど半額に低下したわけであり、法律上の金銀比価を修正しないままだと再び金貨が国外に流出することとなる。この実勢水準に銀の価

格を調整するには、金平価を1円＝1500ミリグラムから1円＝750ミリグラムへと切り下げ、そのもとで本位貨幣であった旧1円銀貨と等価とみなせばよい。以上のような金銀比価の変更を目的とした政策については、第2章の第2節でおこなった②－B）の事例を適用すればよいことが理解できよう。

　貨幣法の公布を経て、1897（明治30）年3月には兌換銀行券条例の改正を公布した（施行は同年10月）。そして1899（明治32）年4月に、上記条例の改正にもとづき、日銀は兌換券の発行を開始した。この一連の手続きによって、銀行紙幣を銀兌換から金兌換に変更することが完了したわけである。そして1899（明治32）年4月に、上記条例の改正にもとづき、日銀は兌換券の発行を開始した。このため兌換券の中央部分には、10円券なら「此券引換ニ金貨拾圓相渡可申候也」<ruby>（あいわたしもうすべくそうろうなり）</ruby>といった説明文が記載されている。

　新たに発行された紙幣は、表2-7のように5円券、10円券、100円券の3種類であった。従来の兌換銀券は、そのまま使用され続けたため、兌換すべき本位貨幣が存在しない兌換券が存在し続けた。なお1899（明治32）年12月には、政府紙幣と国立銀行紙幣の通用が停止され、それ以降の紙幣は日銀券に統一された。

　以上のように金本位制（貨幣法）は、紙幣整理の完了と同時に導入が可能となった。金本位制の導入にともなって、金本位国間で事実上の固定相場制となり、為替レートが安定する。わが国でも、このときより金輸出禁止が実施された1917（大正6）年9月までの間、為替レートは図5-10のように安定的に推移した。いままで金銀比価と対照的に動いていた為替レートが、まったく金銀比価と連動せずに固定されたことが確認できる。

　これにともなって国内物価が安定し、商工業の着実な成長基盤を形成した。また海外での借り換え（1897年に、大蔵省預金部保有の国債4300万円をロンドンで売却）や起債（1899年に、ポンド建て外債1000万ポンドを発行）が行われた。特に、日露戦時外債の発行が可能となったことは大きな成果であり、この外債を利用して安定的な財政計画を編成できた。さらに図5-10のように1900年代に金銀比価の大幅な変動があったが、そのリスクを防ぐことができた点も無視できない。その代わり日清戦争を契機とした軍事関係の積極的な支出によって財政支出が大きくなったほか、輸入が増大していった。このため当初の予想に反して、貿易収支の輸入超過が長期にわたって定着した。政府は新たな悩みを抱え込むこととなった。

　このように金本位制の導入は、為替・物価の安定や外債発行がしやすくなった

第5章　信用制度構築の曲折　　229

図5-11 通貨の目まぐるしい改廃

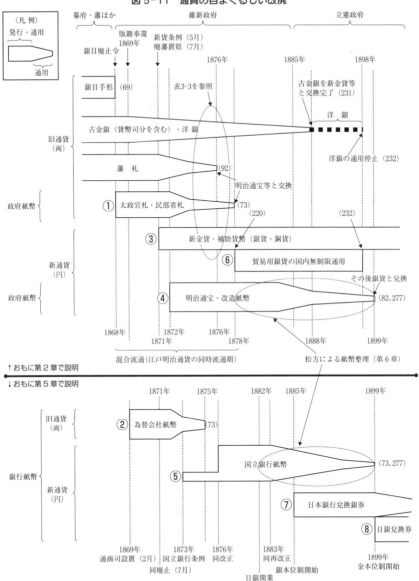

(注) 1. 発行・通用期間左端の①〜⑧は発行順番、通用期間右端のカッコ内は本書の説明頁を示す。
    2. 古金銀は、1874（明治7）年の太政官布告第93号によって日常の商取引での使用が禁止され、1875年12月末までに新金貨等と交換することとされたが、実際には同期限を過ぎても通貨として使用され続けた。
    3. 新貨条例にもとづく補助貨幣としての銀貨（10銭〜50銭）は、1898年以降も貨幣法にもとづき発行されている。
(資料) 谷沢が作成。

反面、貿易赤字体質が定着するなど、功罪相半ばした。ただし金本位制の採用は、日本の金融制度の国際舞台（事実上はロンドン）へのデビューとなり、注目された。例えば『バンカーズ・マガジン』は、わが国での金本位の採用を「日本貨幣の軽業」と賞賛した。

ただし、主要国と比べると明らかに移行時期が遅かった。導入時期を図5-9にもとづいて判断するなら、1886（明治19）年の政府紙幣と銀貨の兌換開始時点で金本位制を導入するようなスケジュールが良かったのではなかろうか。86年に金本位制を導入していれば、1890年代に入って発生した急激な銀価格低落の影響を回避できたはずである。この点では、金本位制の導入が周回遅れであったという感は否めない。

最後に、第2章と本章で説明した通貨の改廃に関して、各通貨の通用期限を整理した図5-11を示しておく。この図では、各通貨の左端の番号が初出順番を示しているが、これより明治前半には様々な通貨が入れ替わり市場に導入され、幣制が落ち着かなかったことがわかる。しかも日銀兌換銀券が発行される直前まで古金銀・洋銀や貿易用銀貨が国内では重要な通貨として使用されていた。以下では、特に後者について補足説明をしておこう。

この背景には、明治初頭に政府は混合流通を一刻も早く解消するほか、新金貨等の原料確保のためにも、古金銀の回収を急いでいた。そのため1874（明治7）年9月の太政官布告第93号では、通常の商取引上での使用を禁じるものの、納税用には使用を許可することとしたほか、1875（明治8）年12月末までに新金貨等と交換することが通達された。このような中途半端な使用ルールが国民に混乱をもたらすことは必然であった。

当時は、不換紙幣が流通の大半を占めていたほか、西南戦争後には激しインフレが発生したこと、その後の紙幣整理によってマネーの絶対量も減少していた（つまりデフレになった）。これらの理由から、価値貯蔵手段としても古金銀が使い続けられたほか、繰り返し交換期限が延長された。しかし紙幣整理が一段落して日銀から兌換銀券が発行できる目途がたったため、7回目の通達で1888（明治21）年12月末を期限として、ようやく古金銀の通用を禁止することができた[22]。

このほか洋銀と貿易用銀貨も、銀本位制から金本位制に切り替わる1898（明治31）年4月になってようやく通用を禁止できるなど、古金銀と同様に使い続けられていた。当初の期限からみると、20年以上という長い年限が過ぎていた。併

せてそれ以前には、紙幣整理の対象であった明治通宝・改造紙幣を、管理通貨制のなかで不可欠の紙幣として利用せざるをえなかったことを指摘しておきたい。

　これらの事情から、通貨安定に向けた本位制への道筋が実に困難であったことがわかるが、反面では旧幕時代の古金銀等が大量に残存しており、それらが本位制の確立という目的に向けて有効に活用されていた点に注目する必要があろう。

註

(1) 解説書のなかには、為替会社がわが国最初の株式会社であると記述するものがある。たしかに各出資者に対して、番号・名前を記した為替手形（一種の株券）が交付されたが、その額面は等額でないほか、譲渡の際には事前に役員の承認を得なければならなかった。また資本金額や有限責任制も明示されていなかったため、近代の株式会社とはいえなかったと判断すべきであろう。詳細は、山本弘文「初期殖産政策の展開」大石慎三郎ほか『日本経済史論』御茶の水書房、1967年の360-361頁を参照のこと。

(2) ただし寺西重郎は、「通商司が設立された当初は、未だ廃藩置県が実施されておらず、各藩の発言力が強かったため、為替会社の設立目的は諸藩による国産専売制などの諸権利を剥奪したり、地方の豪族の支持を得るための利益供与手段であった可能性が高い。当初から移行措置的なものであり、殖産興業は付随的であった」と、やや通説と異なった評価をしている。ただしこのような評価は、ごく少数にすぎない。詳しくは、寺西重郎『戦前期日本の金融システム』岩波書店、2012年の146-151頁を参照のこと。

(3) 詳しくは、日本銀行百年史編纂委員会編『日本銀行百年史』（第1巻）同行、1982年の23頁を参照。

(4) 後藤新一「普通銀行の歩み」東畑精一ほか編『日本の銀行制度確立史』東洋経済新報社、1966年の12頁。

(5) 例えば、山川出版社『詳説日本史B』では、「貨幣制度では、1871（明治4）年に金本位をたてまえとする新貨条例を定め、十進法を採用し、円・銭・厘を単位に新硬貨をつくった。しかし、実際には開港場では銀貨が、国内では紙幣が主として用いられた」（268頁）と認識していたほか、「1897（明治30）年に貨幣法を制定し、（日清戦争の）賠償金の一部を準備金として、欧米諸国にならった金本位制を採用し、貨幣価値の安定と貿易の振興をおこなった」（300頁。なお傍点と（日清戦争の）は筆者が追加）と記述している。さらに大学の教科書でも、杉山伸也『日本経済史―近世～現代』岩波書店、2012年では、「こうして日本は、（新貨条例の公布によって）国内的には金本位制、対外的には銀本位制という変則的な金銀複本位制をとることになったが、78年に貿易銀の国内における無制限通用が認められ、実質的な銀本位制に移行した」（171頁。カッコ内は筆者）と記述しており、やはり1873年時点を金本位制とはみなしていない。

(6) 第一国立銀行に出資した小野組は、江戸時代に南部藩で活躍した豪商であるが、1874（明治7）年に破産した。なお、同年には島田組も破産している。

(7) 「内ニ紙幣アリ、外ニ墨銀アリ」の解釈について、山本有造『両から円へ―幕末・明治前期貨幣問題研究―』ミネルヴァ書房、1994年の第2章では国内・国外の話と見なしているが、それは本書で指摘したように国立銀行内と同銀行外の間違いである。

(8) このような準備制度のことを、滝沢直七『稿本日本金融史論』有斐閣書房、1912年の92頁や杉山和雄「国立銀行」『国史大辞典』第5巻の710頁では「通貨兌換」と呼んでいるが、要するに銀行紙幣を不換紙幣の政府紙幣と交換するだけであるため、この表現はかならずしも適切とはいいがたい。

(9) ちなみに信用創造のメカニズムは、以下の式のとおり。いま S を預金総額、A を最初の

預金（本源的預金）、r を貸出率（預金のうち貸出に利用する割合）、$1-r$ を準備率とすれば、$S = \dfrac{A}{1-r}$ となる。このため準備率の低下にともなう貨幣供給量の増加率は、$\dfrac{\dfrac{A}{0.25}}{\dfrac{A}{0.67}} = \dfrac{0.67}{0.25}$ となる。なお預金総額が貨幣供給量（マネーストック）とみなされる理由は、谷沢弘毅『コア・テキスト　経済統計』新世社、2006 年の第 11 章を参照のこと。

(10) これらの数字は、『明治財政史』第 13 巻、1905 年の 227 頁で記述されているが、その計算根拠は明示されていない。ただし紙幣発行総額は金禄公債の預託額にも一致するため、第 3 章で示したように金禄公債の支給総額 1 億 7464 万円、石禄高（つまり旧年間収入）の公債への換算年数は最低 5 年であったから、華士族全員の石禄高は 3493 万円（＝ 17464 ÷ 5）となる。この金額は本文の紙幣発行予定額にほぼ一致するから、基本的に予定額は華士族全員の石禄高に合わせて決められたと推測される。そして 4000 万円の各府県への振り分けについて、寺西重郎は人口と租税を基準としておこなわれたと推測している（詳しくは、寺西『戦前期日本の金融システム』の 168-169 頁を参照）。そのほか条例改正によって資本金の 80％まで紙幣発行が可能となったため、本来は 3200 万円（＝ 4000 × 0.8）のはずであるが、紙幣発行予定額がそれを上回っている。この理由は、改正前の条例によって設立された 4 行が不利になることから、それらの金札引換公債証書を買い戻して再び新紙幣を貸し下げたことで、紙幣発行額が予定額よりも増加したことによる。もちろんこの予定額は、事前に設立申請をおこなう銀行からの提出金額を積み上げた金額であるため、初めから切りのよい数字となるわけではない点にも注意されたい。この間の事情については、滝沢『稿本日本金融史論』の 93-94 頁を参照。

(11) 銀行類似会社、私立銀行の定義については、朝倉孝吉『明治前期日本金融構造史』岩波書店、1961 年の 187 頁の（注）も参照のこと。

(12) ここで使用されているコルレスとは内国為替網のことであるが、現在は「外国為替の場合」のみでこの用語が使われている。このような日本経済史上の使用法は、現在の使用法と異なる点に注意のこと。

(13) 「鞘取銀行」の名称は、滝沢直七が『稿本日本金融史論』の 591 頁で指摘したことで、使用されるようになった用語である。

(14) このような機関銀行の定義を、財閥銀行を含む日本の銀行に一般化する研究者もいる。例えば、加藤俊彦などだが、どちらかというとそれは少数派である。詳しくは、加藤俊彦『本邦銀行史論』東京大学出版会、1957 年の 143 頁を参照してほしい。

(15) 高校教科書のなかには、「金本位をたてまえとする新貨条例」（山川『詳説日本史 B』の 268 頁の本文）、「このとき旧貨幣の 1 両を 1 円とした。これは金本位制に基づく考え方だが、（以下省略）」（東京書籍『日本史 B』の 257 頁の注書き）など、新貨条例で金本位制が導入されたことを明記していないものが大半である。また『日銀百年史』第 1 巻でも「このように、新貨条例は金本位制を採用しながらも、（中略）実質的には金銀複本位制を採用したものであった、というのが通説となっている」（9-10 頁）と記述している。しかし同条例を読むかぎり金本位制の導入を主眼としたことは明らかであるほか、本位制度はあくまで紙幣の兌換性を基準とすべきであるため、本書では上記の主張をおこなった。同様の主張は、すでに三上隆三『円の誕生』講談社学術文庫、2011 年（原本は 1989 年刊）の第 5 章でおこなわれている。

(16) なお通説では、銀貨に対して国内での無制限の通用力を認めたことで金銀複本位制が開始されたとしている。例えば『日銀百年史』第 1 巻では、9-10 頁で 1871（明治 4）年に「実質的には金銀複本位制を採用した」、64 頁で 1878（明治 11）年に「法制上も金銀複本位制に移行した」と記述しており、新貨条例における法制面の不備を指摘して

第 5 章　信用制度構築の曲折　　*233*

いる。しかし本位制とは、そもそも紙幣を本位貨幣と兌換できることを必要条件とするため、たんに国内での無制限通用力を与えただけでは本位制を採用したことにはならない。1871 年には太政官札等が不換状態にあったほか、1878 年にも明治通宝・国立銀行紙幣が依然として不換状態であったから、両時期とも管理通貨制であったと考えたほうが素直であろう。

(17) なお両とは、もともと重量の単位であったが、清が銀本位制を採用していたため、その銀貨（銀両）の貨幣単位として使用されるようになったものである。下関条約では、銀両 1 両＝銀 37.3 グラムと換算していた。

(18) ここでの金為替とは、金貨と兌換可能な外国為替のことを指している。この考えを採用すると、通貨同士が交換可能であるかぎり拡大解釈して金の準備量を増やすことが可能であるから、通貨発行量の規律を緩めることにもなる。

(19) この分は重量の単位であり、1 分＝1/10 匁＝0.375 グラムである。なお貨幣法の第 2 条は、「純金ノ量目二分ヲ以テ価格ノ単位ト為シ之ヲ円ト称ス」である。

(20) 本位貨幣である 1 円金貨は、造っても小型すぎて流通に適さないとして制定されなかった。これは法制上の不手際である。なお本位貨幣とは、その国の貨幣制度が金もしくは銀に裏づけされている場合に、その平価に相当する一定量の貴金属を含んでいるため、実質価値と標記額面との差のない貨幣のことである。

(21) 白銅貨の白銅とは、銅を主成分としニッケルを含む合金であり、現行の 100 円硬貨が代表例である。また青銅とは、銅を主成分とし錫を含む合金であり、ブロンズともいう。現行の 10 円硬貨が代表例である。

(22) 7 回の通達を具体的にあげると、以下のとおりである。① 1874（明治 7）年 9 月 5 日付け太政官布告第 93 号により、旧貨幣の交換期限を 1875（明治 8）年 12 月までとする。② 1875（明治 8）年 12 月 28 日付け太政官布告第 202 号により、交換期限を 1876（明治 9）年 12 月末までに延長。③ 1876（明治 9）年 12 月 28 日付け太政官布告第 159 号により、交換期限を 1877（明治 10）年 12 月末まで延長。④ 1877（明治 10）年 10 月 11 日付け大蔵省布達甲第 26 号により、交換期限を 1878（明治 11）年 12 月末まで延長。⑤ 1878（明治 11）年 12 月 4 日付け大蔵省布達甲第 67 号により、交換期限を 1879（明治 12）年 12 月末まで延長。⑥ 1879（明治 12）年 12 月 23 日付け大蔵省布達甲第 133 号により、交換期限を追って達しのあるまで延長。⑦ 1888（明治 21）年 11 月 24 日付け大蔵省令第 16 号により、旧貨幣は 1888（明治 21）年 12 月 31 日限りで交換を廃止。

第6章 政策スキームの転換

(1) 維新政府の残した難問

　前章では銀行・本位制度の変遷を説明したが、本位制度はその概略を紹介したにすぎない。本章では、本位制度導入に向けた不換紙幣の整理と本位制度の確立を、大隈重信と松方正義という2人の蔵相の政策スキーム（政策に関する事業計画）を対比して説明していこう。

〈1870年代後半の経済状況〉

　本章では、いわゆる大隈財政と松方財政について言及するが、その内容は不換紙幣の整理と本位制の導入を柱とした通貨制度の再建が中心であり、実質的には金融政策問題のことである。それにもかかわらず「財政」という名称を付ける理由は、当時の金融政策が大蔵省の所管であったためであり、あくまで金融問題であることに変わりはない。

　いま、江戸幕府を倒して近代国家を形成するために実施された、各種の政治的・経済的・社会的・文化的変革の総称を明治維新、それらの変革を達成した中央政府を維新政府と呼ぶことにしよう。この維新政府は、比較的早く地租改正と秩禄処分を断行して財政改革を達成したが、不換紙幣の回収などの通貨制度の改革という難問はなかなか解決できなかった。それを解決したのが、立憲政府のもとで初の大蔵大臣となった松方正義であるため、今回の話はちょうど維新政府の末期から立憲政府の初頭に位置付けられる。

　まず議論に入る前に、明治維新・維新政府の時期について整理しておく。これについては明治維新論争が繰り広げられたこともあり諸説あるが、それらにしたがって始点と終点に関する主要な事象を整理すると以下のようになる[1]。本書では中央官制の形態に着目しつつ、内閣制度が開始される以前の中央官制の時期を明治維新、そのときの政府を維新政府とみなした。このため始点に③、終点に④を採用して1867〜85（明治元〜18）年を明治維新、その時期の政府を維新政府と

し、1886（明治19）年以降の政府を立憲政府と定義する。

始　点

① 1853（嘉永6）年6月説：ペリー来航。

② 1867（慶應3）年10月説：徳川慶喜が大政奉還の上表を朝廷に提出。

③ **1867（慶應3）年12月説**：倒幕派が王政復古の大号令を発する。

④ 1868（慶應4）年閏4月説：政体書により、中央官制が太政官制（七官制）となる。

⑤ 1868（明治元）年9月説：明治に改元。

終　点

① 1871（明治4）年7月説：廃藩置県を断行。

② 1877（明治10）年9月説：西南戦争が終結。

③ 1879（明治12）年4月説：琉球処分（沖縄県の設置公表）。

④ **1885（明治18）年12月説**：中央官制に内閣職権を採用。

⑤ 1889（明治22）年2月説：大日本帝国憲法の発布（立憲体制の確立）。

　この維新政府期のうち1870年代前半は、後述のように大隈財政期に分類される時期と重なっていたが、そこでは大久保政権下で政治経済が比較的安定していたため、大隈には最も幸せな時期であった。すなわち金融面で新貨条例と国立銀行条例を公布（いずれも公布時は参議兼任で大蔵大輔）したり、産業面で殖産興業政策（工部省設立時には大蔵大輔）を推進したりしたほか、財政面では地租改正（大蔵卿兼任で地租改正事務局総裁）と秩禄処分（金禄公債証書発行条例の公布時に大蔵卿）に目鼻が付き、財政改革が軌道に乗ってきた。

　もちろん殖産興業政策に手こずったため、政策をすべて成功であったと評価するつもりはない。しかし1870年代前半は大久保の強力なバックアップのもとで、大隈は思う存分に経済政策を実行できた時代であった。要するに"国家としての体裁"が整わなかったがゆえに、大隈は自らの流儀で財政金融運営を自由におこなうことができた。

　これに対して70年代後半（特に西南戦争後）は、おもに以下の4つの社会経済問題によって大隈の実務環境は極めて不安定になった。表6-1の主要データにもとづき説明しよう。第一に、西南戦争後の1878〜81（明治11〜14）年にインフレが発生したことである。このインフレにともなって、銀貨の高騰も発生した。すなわち銀貨1円と交換するために必要な紙幣価格（銀紙格差）は、図6-1のよう

表6-1 1870年代後半以降（特に西南戦争後）の経済動向

(単位：万円)

年　別	米価(1石当たり円)	貿易収支	輸出	輸入	金銀収支	財政収支	国家歳入	国家歳出
1877(明治10)年	5.55	-407	2,335	2,742	727	391	5,234	4,843
1878(明治11)年	6.48	-689	2,599	3,288	614	150	6,244	6,094
1879(明治12)年	8.01	-477	2,818	3,295	964	183	6,215	6,032
1880(明治13)年	10.84	-823	2,840	3,663	959	23	6,337	6,314
1881(明治14)年	11.20	-13	3,106	3,119	563	3	7,149	7,146
1882(明治15)年	8.93	827	3,772	2,945	-173	3	7,351	7,348
1883(明治16)年	6.26	782	3,627	2,845	-230	0	8,311	8,311
1884(明治17)年	5.14	420	3,387	2,967	-61	1	7,667	7,666
1885(明治18)年	6.53	779	3,715	2,936	-329	104	6,216	6,112
1886(明治19)年	5.60	1,671	4,888	3,217	46	211	8,533	8,322

(注) 1. 1881年以前が大隈財政期、1882年以降が松方財政期に区分される。
2. 金銀収支では、プラスが金銀流出、マイナスが金銀流入を示す。
(資料) 日本銀行編『日本金融史資料：明治大正編』第16巻、『日本貿易精覧』東洋経済新報社、1935年、『大蔵卿年報書』、加用信文監修『改訂日本農業基礎統計』農林統計協会、1977年等より谷沢が作成。

図6-1 銀貨1円に対する紙幣価格（銀紙格差）の推移

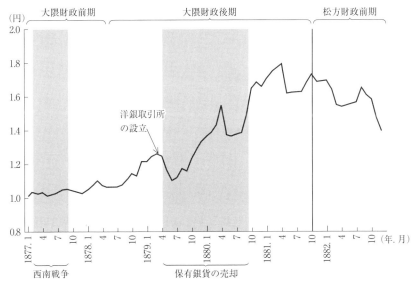

(注) 1878年9月までは洋銀相場、10月以降は円相場である。
(資料) 松方正義報告「紙幣整理始末」『明治前期財政経済史料集成』第11巻の248頁より谷沢が作成。

第6章 政策スキームの転換　237

表6-2　不換紙幣の流通残高の推移

（単位：万円）

年　　末	政府紙幣 第1種政府紙幣①	第2種政府紙幣②		国立銀行紙幣③	不換紙幣の合計④(=①+②+③)	1881年=100とした指数	政府の正貨保有高⑤	兌換準備率⑤÷(①+②)	（参　考）日本銀行券	銀貨1円に対する紙幣の年平均相場(円)⑥
1868（明治元）年	2,404	—	2,404	—	2,404	16	?	?	—	0.748
1869（明治2）年	5,009	—	5,009	—	5,009	33	?	?	—	0.962
1870（明治3）年	5,550	—	5,550	—	5,550	36	?	?	—	1.033
1871（明治4）年	6,027	—	6,027	—	6,027	39	1,123	18.6	—	0.978
1872（明治5）年	6,480	360	6,840	—	6,840	45	1,471	21.5	—	1.018
1873（明治6）年	7,728	110	7,838	136	7,974	52	1,482	18.9	—	1.036
1874（明治7）年	9,080	110	9,190	200	9,390	61	1,848	20.1	—	1.038
1875（明治8）年	9,128	779	9,907	142	10,049	66	1,466	14.8	—	1.029
1876（明治9）年	9,332	1,182	10,515	174	10,689	70	1,517	14.4	—	0.989
1877（明治10）年	9,384	1,196	10,580	1,335	11,915	78	1,512	14.3	—	1.033
1878（明治11）年	11,980	1,962	13,942	2,628	16,570	108	1,784	12.8	—	1.099
1879（明治12）年	11,419	1,612	13,031	3,405	16,435	107	997	7.7	—	1.212
1880（明治13）年	10,841	1,653	12,494	3,443	15,937	104	717	5.7	—	1.477
1881（明治14）年	10,591	1,300	11,891	3,440	15,330	100	1,270	10.7	—	1.696
1882（明治15）年	10,537	400	10,937	3,439	14,375	94	1,673	15.3	—	1.571
1883（明治16）年	9,800	—	9,800	3,428	13,228	86	2,588	26.4	—	1.264
1884（明治17）年	9,338	—	9,338	3,102	12,440	81	3,357	35.9	—	1.089
1885（明治18）年	8,835	—	8,835	3,016	11,851	77	4,227	47.8	365	1.055
1886（明治19）年	6,780	—	6,780	2,950	9,730	63	2,587	38.2	3,903	1.000
1887（明治20）年	5,582	—	5,582	2,860	8,442	55	1,979	35.5	5,324	1.000
1888（明治21）年	4,673	—	4,673	2,768	7,441	49	815	17.4	6,300	1.000

（注）　1. 第1種政府紙幣とは「太政官札、大蔵省兌換証券、新紙幣および改造紙幣、民部省札、開拓使兌換証券」、第2種政府紙幣とは「予備紙幣＝繰替発行紙幣」である。
　　　　2. 1881年＝100とした指数は、松方正義が大蔵卿に就任した年を基準とした指数である。
　　　　3. 正貨保有高は、上記の政府所有分以外に日銀所有分があるが、政府紙幣の発行準備としての性格を考慮して日銀所有分は対象外としている。日銀所有分については、『日本銀行百年史』（資料編）の333頁を参照のこと。
　　　　4. 点線で挟まれた2層目が大隈財政期、一番下層が松方財政期を示す。

（資料）①は「紙幣整理始末」（『明治前期財政経済史料集成』第11巻）の198-199頁、②は「紙幣整理始末」の200頁、③は日本銀行編『明治以降本邦主要経済統計』の166頁、⑤は「紙幣整理始末」の242-243頁、⑥は「紙幣整理始末」の284-285頁より谷沢が作成。

に1877（明治10）年の月平均1円3銭3厘から1881（明治14）年の同1円69銭5厘に上昇した。このように紙幣価格が上昇するほど、紙幣価値が低下したことを意味する。

　第二は、貿易赤字の拡大と正貨流出が引き起こされたことである。貿易収支は1876（明治9）年の375万円から1880（明治13）年のマイナス823万円へ大きく減

少した。また金銀貨の流出は、貿易赤字が拡大したために発生しており、1877～80（明治10～13）年における金銀貨流出高は、累計3264万円に達した。第三として、以上の原因となった不換紙幣が大量に残っており、表6-2でわかるように紙幣残高のピークは1878（明治11）年であった。

　第四として、1878（明治11）年5月に大久保利通が暗殺されたことで、薩長の対立が激化して政局が不安定化したことも忘れることができない。また地租改正事業が実施途上にあったほか自由民権運動も活発であるなど、大隈にとっては極めて高度な政治手腕が要求される時期であった。特に大久保の死は、冷静かつ理論的で有能な人物を失ったというだけでなく、前年5月に木戸孝允が病死し、9月には西郷隆盛が戦死していたため、維新の三傑がすべていなくなったことを示している。これは明治維新の権力者が、第一世代から第二世代へと代替わりした時期に来たことを意味していた[2]。

　もちろん第一世代には、公家出身の三条実美・岩倉具視が存命であったが、両人は表舞台では活躍しなかったため、政治の中枢は実質的に第二世代に移行した。ちなみに第二世代の主要メンバーは、長州閥では伊藤博文・山県有朋・井上馨ら、薩摩閥では黒田清隆・西郷従道・松方正義・大山巌ら、その他集団の板垣退助（土佐。ただし活躍の末期）・大隈重信（肥前）らであり、大半は薩長が占めていた。このため薩長における意見の不一致は、実力者の後ろ盾がないまま両派の抗争に結び付く政治状況にあった。

　以上よりこの時期の経済課題は、内に対してはインフレ鎮静化と紙幣価値の回復・安定化、外に対しては金貨流出の阻止と貿易赤字の縮減であった。これらは、いずれも紙幣・銀貨・金貨の交換比率を内外で再調整させる問題であった。このような経済運営の難しい最中、政権基盤のさほど強くない大隈が1878（明治11）年5月より筆頭参議となって、政治の舵取りをすることとなった。

〈西南戦争後のインフレ〉

　上記の社会経済問題のうち、まず通貨問題を直接反映したインフレについてみておこう。インフレの主要な原因は、西南戦争の戦費調達で政府紙幣を増発したことであった。このほか国立銀行紙幣の増発が加わった点や、輸入超過による円安で輸入インフレをおこした点も無視できない。

　このうち西南戦争は、現在の熊本県・宮崎県・大分県・鹿児島県において西郷

隆盛を盟主として、1877（明治10）年2〜9月に発生したわが国最後の内戦である。この内戦に代表されるように、この時期は政治的不安定性が増大した時期であった。すなわち地租改正が1874（明治7）年にやっと着手され、その関連の農民騒擾の発生で政治的に危うい状況になっていた一方、旧士族内でも不満がくすぶり大きな問題を抱えていた。このためインフレの鎮静化に失敗すると、政権基盤が一挙に弱体化する可能性が大きかった。

西南戦争の原因として、明治政府が旧体制を解体した上で社会的不満分子を一掃したことや、秩禄の支給停止によって財政難を解消することを目的として、士族解体を断行したことがあげられる。これに反発した士族が武力反乱して、西南戦争が発生した。ただし士族反乱の兆候はすでに明治初頭から現れており、政府要人の暗殺事件が相次いでいた。すなわち1869（明治2）年1月の横井小楠［役職は参与］以降、1869（明治2）年9月の大村益次郎［兵部大輔］、1871（明治4）年1月の広沢真臣［参議］、1874（明治7）年1月の岩倉具視［右大臣。ただし未遂］、1878（明治11）年5月の大久保利通［内務卿］まで、10年間に総計5件に上っていた。

この戦争の結果、政治的な国内統一が達成されたが、その代償として政府等がおこなった不換紙幣の増発によって、大インフレが発生した。インフレの状況については、図5-4の米価の動向を参照してほしい。この図の縦軸に対数目盛を使っている点に注意すると、当時のインフレが第1次大戦時ほどではないが、いかに大きなインフレであったか理解できよう。

ただし、ここで1つだけ注意しなければならない。それは、この米価の変動は庶民にとっては物価動向を把握するわかりやすい指標であるが、あくまで紙幣価格ベースの動きである点だ。つまり紙幣価格ベースの米価＝銀貨ベースの米価×銀紙格差であるから、米価の動きは商品の需給を正確に反映した銀貨ベース米価と紙幣の信頼性を反映した銀紙格差の部分で合成されていると考えるべきだ。そこで上記の式によって米価の動きを年別に分解すると、その主要因は1877・81・83・84年で銀紙格差の影響が大きかったが、その他の年は銀貨ベース米価の影響が大きかった。

インフレの原因との関連では、当時の財政部門の特徴について若干、補足しておく。西南戦争の戦費支出は合計4200万円であり、その資金は第十五国立銀行からの借入金1500万円と明治通宝の増発2700万円で調達された。この戦費は1876（明治9）年末の政府紙幣残高1億500万円の4割に相当していたから、政府

財政への影響が大きかったことは推測できよう。

　ただし当時の財政部門は、これをまったく賄えないほど窮乏していたわけではない。むしろ毎年巨額の財政余剰を発生させていた。この余剰分はつねに準備金（一種の特別会計）に組み入れられていたため、常用部（いわば一般会計）の保有現金はわずかばかりであった。政府首脳は常用部だけでは巨額の戦費を賄えないと認識していた。このように準備金を積極的に積み増した背景には、巨額の政府紙幣の価値を安定させ信用を保つ必要があった。それゆえ西南戦争直前の1876（明治9）年6月末には、準備金の残高は2834万円に膨れていたが、それでもこれを取り崩さずにあえて上記のような資金調達をおこなっていた。このように当時の財政部門では、巨額の政府紙幣の増発と準備金の積み増しが同時に実施されていたこと、に注目しなければならない。

　インフレは、インフレ期待の浸透にともなってスパイラル的な悪循環を引き起こした[3]。まず西南戦争は、なんらの生産活動の波及をともなわずに物価水準のみを引き上げる。なぜなら増加した不換紙幣は、正貨と交換されたり海外に流出されたりして減少しないため、そのまま物価水準を引き上げるからである。そうすると地金としての正貨に対する需要が増大し正貨の価格が上昇する反面、紙幣の流通価格を引き下げる。つまり紙幣の打歩（プレミアム）が一段と増大するほか、銀紙の価格差が拡大する。

　また物価上昇を見込んだ米等への投機がおこるほか、安い輸入品を買い求めるために輸入が急増する。この輸入増大にともなって正貨準備が減少すると、国全体の支払い能力の低下を意味するため為替相場が下落していく（詳しくは、図5-10を参照）。この為替相場の下落によって輸入インフレが引き起こされ、さらに物価が上昇してくる。以上の作用が繰り返され、スパイラル的な物価上昇が発生した。

　インフレの影響は、各経済主体によって大きく異なっていた。幕末期の価格革命の事例を想定すればわかりやすい話だろう。まず農民は、農産物が高値で売れた反面、地租公課は固定であったため、可処分所得が増大した。この点は図5-4の米価が急上昇した事実から推測できるはずである。このため輸入繊維品の使用が拡大したり、雑穀から米食への移行が進んだりしたといった変化も報告されている。ちなみに小野武夫は、「明治十二、三（1879・80）年は農産物の売方に取っての黄金時代が出現したとさえ言はれて居る」（カッコ内は筆者）と指摘している[4]。

　一方、金禄公債を所有していた士族の下層部分は、定額の利子を受け取るのみ

第6章　政策スキームの転換　　241

であったため生活は一層苦しくなった。困窮化した士族の一部は、自由民権運動を展開して政府批判を強めた。政府は、地租の実質的減収によって財政危機に直面した。表6-1が示しているように、1877～80年にかけておもに国家歳出の急激な増大によって、財政収支の黒字額が急減している。そのほかマクロ面では、図6-1のように貿易取引で用いられる銀貨に対する紙幣の価値が下落したため、貿易収支の悪化が進んだことも付け加えておこう。

(2) 大隈財政の挫折

　前節で明らかとなった、西南戦後のインフレを鎮静化させ紙幣価格の低下を食い止めるため、政府はいかなる対策を打ったのであろうか。まず戦争直後の財政責任者であった大隈重信から、インフレ対策と紙幣整理を個別に説明していこう。

〈大隈のインフレ対策〉

　まず初めの当事者は、大隈重信（1838～1922［天保9～大正11］年）である。大隈は、肥前（佐賀藩）の上級武士出身の官僚・政治家であり、1869（明治2）年8月に大蔵大輔（ただし民部大輔と兼職）に就いて維新政府における財政の実力者となったほか、1873（明治6）年10月に大蔵卿（ただし参議と兼職）に就任してからは、名実ともに財政の実権者となった[5]。

　大隈のもとには、伊藤博文や井上馨といった若手官僚が集まり、木戸孝允とも結んで近代国家の早期建設を謳って、大久保利通らを牽制した（なお井上は、大隈より3歳年上だが、大蔵大輔に就任したのが大隈よりも2年遅いなど、官僚としての出世が遅かった）。当時、伊藤や井上らは、大隈の築地の私邸「築地梁山泊」に集って政治談義にふけるなど、開明派グループを形成して開化政策を推進した。さらに大隈というと政党政治家としての評価が真っ先に頭に浮かぶが、それは83歳の長い人生のなかの後半部分であり、明治十四年の政変（当時43歳）までは役人としての人生を歩んでいた。本章では、役人としての大隈に焦点を合わせていく。

　大隈は、数度にわたって財政の実権を握っていたため、この時期を大隈財政期と呼んでいる。すなわち表6-3のように、①大蔵卿の大久保利通が欧米視察中であるため、大隈が大蔵卿を兼任した期間（1873［明治6］年5月～同年10月）、②大久保政権のもとで大隈が大蔵卿であった期間（1873［明治6］年10月～78［明治11］年5月）、③大隈政権のもとで大隈が大蔵卿を兼任していた期間（1878［明治11］年5月～80［明治13］年2月）、④大隈政権のもとで佐野常民が大蔵卿であった期間

表6-3 大隈・松方財政期における政権・財政責任者の変遷

時期区分	政権 名称	政権 任期	財政責任者 職名	財政責任者 氏名	財政責任者 任期	主要な出来事
大隈財政前期	留守政府期	1871(明治4)年11月～73(明治6)年10月	大蔵省事務総裁(参議と兼任※)	大隈重信	1873(明治6)年5月～73(明治6)年10月	(※)大蔵卿の大久保が洋行していたため、大蔵大輔の井上馨が大蔵卿の事務代行をしていたが、その井上が5月に辞任したため大蔵省事務総裁の大隈が大蔵卿を代行。
	大久保利通政権	1873(明治6)年10月～78(明治11)年5月	大蔵卿(参議と兼任)	大隈重信	1873(明治6)年10月～78(明治11)年5月	〈明治六年の政変で西郷は追放〉 1874年: 地租改正事業を開始。 1876年8月: 金禄公債証書発行条例の公布。 1876年8月: 国立銀行条例の改正。 1877年2月～9月: 西南戦争。 1878年5月: 新貨条例の改正(金銀複本位制の開始)。
大隈財政後期	大隈重信政権	1878(明治11)年5月～81(明治14)年10月	同上	大隈重信	1878(明治11)年5月～80(明治13)年2月	1878年5月: 大久保の暗殺により、大隈が筆頭参議となる。〈大隈・佐野とも肥前閥〉
			大蔵卿	佐野常民	1880(明治13)年2月～81(明治14)年10月	1880年: 地租改正事業が完了。
松方財政前期	伊藤博文政権	1881(明治14)年10月～85(明治18)年12月	大蔵卿(参議と兼任)	松方正義	1881(明治14)年10月～85(明治18)年12月	〈明治十四年の政変で大隈は追放〉 1882年10月: 日銀の開業。 1883年5月: 国立銀行条例の再改正。 1884年5月: 兌換銀行券条例の公布。 1886年1月: 政府紙幣を銀貨と兌換開始(銀本位制の開始)。
	第1次伊藤博文内閣	1885(明治18)年12月～88(明治21)年4月	蔵相	松方正義	1885(明治18)年12月～88(明治21)年4月	
	黒田清隆内閣	1888(明治21)年4月～89(明治22)年12月	同上	松方正義	1888(明治21)年4月～89(明治22)年12月	
	第1次山県有朋内閣	1889(明治22)年12月～91(明治24)年5月	同上	松方正義	1889(明治22)年12月～91(明治24)年5月	1890年8月: 銀行条例の公布。この時期までに、主要な官営工場の払下げを完了。
松方財政後期	第1次松方正義内閣	1891(明治24)年5月～92(明治25)年8月	蔵相(総理と兼任)	松方正義	1891(明治24)年5月～92(明治25)年8月	第2・第3議会が開催(政府と衆議院の対立)。
	第2次伊藤内閣	1892(明治25)年8月～96(明治29)年9月	蔵相	渡辺国武	1892(明治25)年8月～95(明治28)年3月	〈松方・渡辺とも薩摩閥で、渡辺は大蔵省出身で松方の部下〉 1893年10月: 貨幣制度調査会の設置。 1895年4月: 下関条約の締結。 1895年6月: 貨幣制度調査会で、金本位制が優差で決定。
			同上	松方正義	1895(明治28)年3月～95(明治28)年8月	1895年7月: 貨幣制度調査会の報告書を松方蔵相に提出。 1895年8月: 閣内の意見相違によって蔵相を辞任。
			同上	渡辺国武	1895(明治28)年8月～96(明治29)年9月	
	第2次松方内閣	1896(明治29)年9月～98(明治31)年1月	蔵相(総理と兼任)	松方正義	1896(明治29)年9月～98(明治31)年1月	1897年10月: 貨幣法を公布(金本位制の開始)。

(注) 1. 太政官制では、太政大臣三条実美が総理格に相当するが、実権はその下にいた参議(複数人)が握っていたため、その筆頭参議によって政権が運営されていたとみなした。

2. 松方財政期を、松方が大蔵卿・蔵相に就任していた時期とみなせば、上表の後も続き第2次山県内閣(1898年11月～1900年10月)までであった。その一方で紙幣整理を中心とした時期に限定すれば、1890年代初頭まで(つまり上表の松方財政前期)と考えることができる。

3. 第1次松方内閣では、松方は大蔵大臣のほかに内務大臣を1892年6・7月まで兼任していた。

(資料) 首相官邸編『内閣制度と歴代内閣』の「明治時代の内閣閣僚名簿」(ホームページ)、『近代政治関係者年譜総覧[戦前篇]』第1・2巻、ゆまに書房等をもとに、谷沢が作成。

(1880［明治13］年2月〜81［明治14］年10月）の4期間・9年間を、大隈財政期とみなすことができる[6]。

　ただし④の時期を大隈財政期に含めるにあたっては、若干の留保条件を付けなければならない。それは、1880（明治13）年2月に内閣と諸省の分離が実施された際に、大隈が大蔵卿を解任されて寺島宗則・伊藤博文とともに会計部担当の参議に専任された。その代わりに佐野常民が大蔵卿になったためである。その理由は、大隈が紙幣整理を目的として提示した「減債方案」（後述）などに関して、政府首脳が彼の財政の舵取りに不信感を抱いていたことがあげられる。また佐野自身も、大隈が同年政府に提出した「正金通用方案」（後述）に反対意見を表明していた。これらは大隈の政治力の低下を示しているが、依然として大隈が財政責任者の一人であったから、大隈財政期に含まれるとみなした[7]。

　以上の期間を通じて、新貨条例（第2章）、地租改正・秩禄処分（第3章）、殖産興業（第4章）、国立銀行増設（第5章）など、主要な財政金融問題を軒並み担当してきたため、大隈自身は財政金融の第一人者として、徐々に経済政策に関する自信が膨らんでいったに違いない。

　もっとも以上の期間はかなり長期であるため、経済情勢も大きく変化しており、一貫して同じ経済問題が発生していたわけではない。さらに大隈自身が同じ考えを持っていたわけでもない。そこで通常は大隈財政期を、前期（①と②）と後期（③と④）に分けて論じることがなされている[8]。両時期の主要な特徴については、表6-3の右端「主要な出来事」を参照してほしい。

　とりあえず話を大隈財政後期に限定すると、同期のインフレに対して抱いた大隈の現状認識は、当初は次のようなものであった。まず西南戦争時までは、大量の不換紙幣が流通していたにもかかわらず、銀紙格差は発生していなかったため、西南戦後のインフレが不換紙幣の増発に原因があるとは考えていなかった。インフレによる紙幣価値の下落は、紙幣の過剰のために発生したのではなく、国内産業の未発達による輸入超過が洋銀に対する需要を高め、これが銀価の高騰を誘発して紙幣との間に価格の開きをもたらしたことで発生している。

　それゆえこのインフレは構造的な問題ではなく、国内産業が興隆すればやがて消滅するであろう。このためインフレ対策は、まず銀貨相場の騰貴に対する抑制策という「対症療法的措置」を採るべきである。それゆえ不換紙幣の回収や縮減をおこなうとしても、それはあくまで洋銀相場の高騰を抑制するためにおこなう

べきであり、兌換制度の確立により安定した通貨制度を樹立する目的のためにおこなうのではない、と考えていた。

　以上のような考えにもとづき、大隈財政後期のインフレ対策は短期的対策と長期的対策の2つを想定していた。まず短期的対策としては、洋銀取引所、横浜正金銀行の設立、政府所有銀貨の市中売却で銀貨の供給量を増やし、銀騰貴を抑制するというものであった。このうち洋銀取引所の設立について補足しておく。

　大隈は、1878（明治11）年末より銀貨価格が急騰した理由を、開港場において民間が実施していた洋銀の空取引（投機）であると考えた。このため民間による洋銀取引の監督・統制を目的として、1879（明治12）年3月に洋銀取引所を設立した。しかし実際には、図6-1で確認できるように同取引所の開業によって投機が一時的には鎮静化して銀紙格差が落ち着いたが、その後はかえって投機が盛んになった。その効果は極めて限定的であった。

　政府所有銀貨の市中売却は、1円銀貨の供給を増やして銀貨相場の抑制を図る目的で、1879（明治12）年4月から翌年にかけて準備金（後述）のなかにあった保有銀貨合計900万円弱を売り出した。この売出策によって、図6-1でわかるように一時的には銀貨価格が下落したが、その後は反騰したため、翌1880（明治13）年9月に断念した。そもそもこの売出高は、当時の不換紙幣全体の流通量の5%程度にすぎず、焼け石に水であった。むしろ表6-2のように政府の正貨保有高が大幅に減少したことで、かえって不換紙幣の信用が低下して銀紙格差を拡大させた。貴重な正貨を激減させたことに対して、伊藤博文が激怒したという。

　そのほか第5章で説明したように、1878（明治11）年5月には貿易銀の国内での無制限通用を認めた。ただしこの措置でも、貿易銀は発行枚数が少なく通貨として流通しなかった。むしろ良質ゆえに退蔵されたり国外に流出したりするなど、投機的心理を刺激したにすぎなかった。

　他方、長期的対策としては、殖産興業政策・直輸出奨励政策によって、輸入防遏・輸出促進を図ることであった。ちなみに直輸出とは、外商（つまり外国商人）の手を経ないで日本商社が直接おこなう輸出のことであり、防遏とは「ふせぎ、とめること」という意味である。要するに生産基盤の充実を図り、それを通じて貿易の均衡と通貨価値の安定を図るべきであるという内容であった。大隈のおこなった政策の背景には、短期的には銀貨供給の円滑化を図り、長期的には産業育成によって国際収支の不均衡是正をおこなうべきとの考えがあった。

第6章　政策スキームの転換　　245

〈財政余剰等による紙幣消却〉

　それでは大隈は、紙幣整理をいかに実施しようと考えていたのであろうか。この紙幣整理とは、市中で大量に流通している無価値の不換紙幣を縮減することである。以下では、大隈財政後期における紙幣整理の政策動向を概観するが、結論を先にいうと大隈自身の考え方は徐々に変化していったほか、その内容が政府トップに信頼されていたわけでもなかった。

　紙幣整理に関する動きは、西南戦後のインフレが発生する以前、すでに1873 (明治6) 年3月に、金札引換公債条例を公布したことで始まった。この条例は、市中にある政府紙幣を回収することを目的として販売する公債に関するものであり、新貨条例による金貨供給が不十分であることを認識して作成された。同公債は、記名式と無記名式の2種類あり、流通期間を15年間としていたが、販売高は表6-4の (6) でわかるように1877 (明治10) 年の224万円にすぎず、かならずしも期待したほどの金額ではなかった。

　このような状況で紙幣整理が必要であることを最初に示した文書は、1875 (明治8) 年10月に財政改革に関する意見書として三条太政大臣に提出された「国家理財ノ根本ヲ確立スルノ議」であった。そこでは、幣制統一・財政整理のために紙幣整理が必要であるという視点に立脚しており、紙幣整理がインフレと明確に結び付いていたわけではなかった。

　しかしインフレの進行とともに、紙幣整理の必要性も強まっていった。1878 (明治11) 年5月に大隈の支援者であった大久保が暗殺されたことも、大隈が考えを変えなければならなくなった直接的な原因である。そこで大隈は、1878 (明治11) 年8月に「内外国債償還紙幣支消概算」書を作成し、これを正院へ提出した。同文書では、1905 (明治38) 年までに政府紙幣の全額を消却するとしていた。

　具体的には、前年1877 (明治10) 年12月に布告されていた内容 (西南戦争戦費として発行された政府紙幣2700万円を15年間で補助貨幣と交換すること) を実施するほか、その他の政府紙幣も含めて最終的には政府紙幣全額1億2105万円を1905 (明治38) 年までに消却するとしていた。言いかえると、当初15年間で政府紙幣を補助貨幣と引き換え、その後殖産興業政策の効果が現れ正貨が蓄積されてきた段階で順次、補助貨幣を正貨と交換するという、いわば2段階の予定を立てていた。大隈自身は、紙幣の消却によって通貨量を短期間で実質的に削減させるつもりはなかったため、この時点では抜本的な紙幣整理に関する考えは確認できない。

246

表 6-4　第 1 種政府紙幣の発行・消却額の推移

(単位：千円)

| 第 1 種政府紙幣の流通残高 | | | | (参考) 消却額の内訳 | |
| | 純増減額 | | | 一般会計剰余による消却 | 金札引換及び金札引換無記名公債による消却 |
(1)	(2)=当期の(1)-前期の(1)=(3)-(4)	発行額 (3)	消却額 (4)	(5)	(6)
1875(明治 8)年　91,283	481	2,443	1,962		
1876(明治 9)年　93,323	2,040	510	− 1,530		
1877(明治 10)年　93,835	512	514	1		2,239
1878(明治 11)年　119,800	25,965	27,000	1,035	7,166	
1879(明治 12)年　114,190	− 5,610	2	5,611	2,000	
1880(明治 13)年　108,412	− 5,778		5,778	2,000	131
1881(明治 14)年　105,905	− 2,507		2,507	7,000	3,280
1882(明治 15)年　105,369	− 536		536	3,300	
1883(明治 16)年　97,999	− 7,370		7,370	3,340	710
1884(明治 17)年　93,380	− 4,619		4,619		948
1885(明治 18)年　88,345	− 5,035		5,035		1,573
合　計　　　—	− 2,457	30,469	32,924	24,806	8,881
大隈財政期　—	15,103	30,469	15,364	11,166	2,370
松方財政期　—	− 17,560	0	17,560	13,640	6,511

(注) 1. 年次は、(1)が 12 月末、(2)〜(4)が暦年の年間、(5)(6)が会計年度である。このため点線の上部は大隈財政期、下部は松方財政期を示す。
　　 2. (2)の発行額のうち、1878 年の 27000 千円は西南戦争（1877 年 2〜9 月）の戦費関連と思われるため、1876 年または 1877 年の発行であるべきだが、会計制度の計上基準などの影響でズレている。
　　 3. (4)の消却額とその内訳である(5)(6)は厳密には対応していないが、その理由はおそらく金額の年度別計上方法の違いと推測される。ただし合計額で比較すると概ね一致しているので、消却額の総額は上記の金額と考えて問題なかろう。
　　 4. (4)の 1876 年の消却額がマイナスである点をいかに解釈すべきか判断に迷うが、あえて原資料のままとした。
　　 5. (6)の 1877 年の 2239 千円は、おそらく 1873〜75 年合計の金額と推測されるが、修正していない。その根拠は、杉山和雄「金札引換公債」『国史大辞典』第 4 巻を参照のこと。
(資料) 寺西重郎「松方デフレのマクロ経済学的分析」『松方財政と殖産興業政策』の 159 頁の表 6-1 をもとに谷沢が作成（なお原資料は、(1)は日銀『明治以降本邦主要経済統計』、(3)(4)は『明治財政史』第 13 巻 277-278 頁、(5)は「紙幣整理始末」『日本金融史資料』明治大正編、第 16 巻、(6)は『明治財政史』第 9 巻の 25-30 頁）。

　1879（明治 12）年に入ると、一層インフレが激しさを増して、国民の大隈に対する批判も強まってきた。このため政府は 1879（明治 12）年 7 月に、大隈の上記計画を修正した「国債紙幣消却方法」（いわゆる減債方案）を公布した。この方法では、内国債を原資として紙幣整理を実施することを想定していたが、実際には一般会計の余剰金を原資として、表 6-4 のように紙幣消却を 1878（明治 11）年に

717万円、79・80（明治12・13）年に各200万円実施するなど、大幅に積み増しした（なお当時は、政府所有銀貨の市中売却による資金も900万円弱あったことに注目する必要がある）。

この表は、あくまで歳出決算ベース（つまり会計年度ベース）での金額であり、実際の現金支出ベースでの金額を示しているわけではないが、大まかな動きは把握できる[9]。さらに当時の会計年度が、当年7月より翌年6月までであったため、大隈財政期は1880（明治13）年までとみなしている点に注意してほしい。

この表によると、驚くべきことに大隈財政期の1878〜80年度の合計で1117万円の紙幣消却をおこなったが、これに対して1881年度以降の松方財政期には直接消却分が1364万円であり、さほど大きな差はないことがわかる[10]。つまり財政余剰からの直接消却という点では、大隈財政期が松方財政期に大きく見劣りするわけではない。紙幣整理は通常、松方財政で初めて実施されたと考えられがちだが、すでに大隈財政でも着手されていた点に注目しなければならない。

しかしこれらの紙幣消却によって、大隈財政後期に紙幣整理が急速に進んだと言い切ることはできない。なぜなら同期には、1878（明治11）年に西南戦争の戦費調達のために政府紙幣を2700万円増発したほか、同年5月に殖産興業政策の実施のために起業公債1000万円を調達して、次年度以降に大幅な財政支出を実行したことで、有効需要増から市中への貨幣供給が増大したからである。このため第1種紙幣（後述）は、表6-4のように1877（明治10）年12月末に9384万円であったが、1878（明治6）年には1億1980万円と大幅に増加した。

このように積極的な紙幣消却を実施しても、それを上回る紙幣供給の増加で紙幣整理の効果は実質的に吹き飛んだといえよう。また物価騰貴がおこったほか、紙幣価値の下落が加速した。特に後者を図6-1の銀紙格差の動向でみると、1879・80（明治12・13）年に急激に下落して、国民生活に対して極めて深刻な影響を与えた。

このほかわが国最初の特殊銀行である横浜正金銀行（略称：正金あるいは正金銀行）が、1880（明治13）年2月に開業したことも、紙幣整理に関連した大隈財政後期の重要な出来事である。同行の設立目的は、正貨（当時は銀貨）が退蔵されて価格が上昇したことを解消するために銀貨の供給を図るほか、貿易金融によって銀貨の騰貴を抑えることであった。ちなみに退蔵銀貨の総額は推計1億円であり、特に横浜に集う貿易商は銀貨の不足が悩みの種であったほか、銀貨と紙幣の価値

の変動にも悩まされていた。このような金融の梗塞を解消するには、流通すべき銀貨の求心力として働くべき機関が必要である。つまり国内に退蔵する正貨を動員する機関として、正金銀行を設立すべきであるとの考えに至った。

いま、正金銀行の設立概要をみておこう。まず根拠法は、設立時には専用の法律がなく改正後の国立銀行条例に「準拠」していたが、1887（明治20）年7月に独自条例である横浜正金銀行条例が公布された。「準拠」とは、正金銀行開業の前年1879（明治12）年11月に京都第百五十三国立銀行が認可されたのを最後として国立銀行の認可が打ち切りとなったが、正金銀行の特殊な性格にかんがみて政府が特別に認可を与えたことを意味する。資本金は300万円であり、政府（大蔵省）が100万円、民間が200万円出資したため、政府系の特殊銀行であった。出資の形態では、政府の100万円は銀貨、民間の200万円は銀貨40万円＋紙幣160万円で調達された。

同行の営業内容は、上記のとおり開業時には正貨専業を目標とした国内退蔵正貨動員用の銀行であったが、早くも1880（明治13）年5月に正貨不足に陥った。大隈の目論見は完全に裏切られた。このため同年10月には、政府より紙幣300万円を調達した上で、その目的を「直輸出金融機関」に変更した。ちなみにこの政府資金を元手とした輸出前貸制度は、後述のように松方財政期に正貨を蓄積するために活用され、1889（明治22）年2月に満期廃止となるまで継続された。

〈外債発行に方針転換〉

さらに財政危機が激しさを増すなか銀貨価値の上昇（＝紙幣価値の下落）が続いたため、1880（明治13）年5月に大隈は「正金通用方案」を政府に提出する。これは、5000万円の外債発行に1750万円の国庫貯蔵分を加えた合計6750万円の正貨によって、当時の紙幣相場（銀貨1円＝紙幣1.155円）で時価交換すれば、政府紙幣7800万円分を一挙に消却できるという案（一括消却方式）である。ちなみにタイトルの「正金」とは、上記の正貨すなわち金銀貨を指している。この案は、松方が激しく反対したように、2人の紙幣整理に関する対立点を明示できる内容であった。その具体的な消却方法を、以下で説明しておこう[11]。

話の出発点は、1880（明治13）年度末（つまり1881［明治14］年6月末）に、政府紙幣の流通高が1億533万円になると予想されることである。これを整理するため、7歩利付のポンド外債（償還期限は25ヵ年）を5000万円分募集し、これに国庫

第6章　政策スキームの転換　　249

に保有する正貨1750万円を加えて、総計6750万円を財源とした。ただし当時は紙幣相場が下落していたため、正貨1円を政府紙幣1.155円と引き換えることで、政府紙幣7800万円（≒6750万円×1.155）と交換する。そしてこの方式で政府紙幣が消却されれば、残高は2733万円となる。

　残額の消却にあたっては、国立銀行紙幣の発行に際して大蔵省に預託された金禄公債（総額3442万円）を活用すればよい。すなわち国立銀行紙幣の発行に関する抵当法を改正して、大蔵省に預託されていた金禄公債を金札引換公債に代位（つまり同額で交換）する。各銀行は、市中に残っている政府紙幣を集めて大蔵省に預託されている金札引換公債の返還を要求するため、市中の政府紙幣は容易に回収・消却できるはずである。そして返還された金札引換公債は後日、正貨に換金されることになる。

　以上の措置によって、1億円超あった政府紙幣は一時的に正貨6750万円に縮減するが、その代わり後に正貨が市中で流通し始める。この正貨流通制度が定着すれば、市中で流通している国立銀行紙幣を兌換紙幣に変更することができ、正貨と同位で流通することが可能になる。その理由は以下のとおりである。

　まず当時は、国立銀行紙幣流通高（ただし兌換準備分を除く）が2996万円であったが、それが上記の正貨6750万円に加算されるため、総計9746万円となる。ここで2996万円は、兌換準備率20％、現行の流通高3745万円と仮定して、3745万円×0.8と計算したものである。この9746万円に、さらに新円正貨の退蔵分5271万円、古金銀の退蔵分6158万円が加わるから、総額で2億1175万円となり、当初の政府紙幣を上回るはずである。ちなみに新円正貨の退蔵分は、新円正貨の鋳造開始時から1880（明治13）年までの間で、鋳造総額8769万円から輸出額3498万円を控除した金額である。また古金銀の退蔵額は、現存額1億2316万円のうち半分が市場に復帰すると仮定した金額である。

　大隈の考え方は、あくまで「正貨欠乏→正貨騰貴」理論にもとづいており、「無価値で大量流通している紙幣→正貨騰貴」理論ではなかった。このため銀価騰貴がなぜ一般物価の騰貴を引き起こすのかは説明されておらず、インフレが沈静するとは考えられない。また金札引換公債と交換する正貨の調達方法が不明であるほか、外債等の利子支払いが増税で可能であるとしていること、いままで退蔵されていた新円金貨・古金銀が流通市場に戻ってくることなど、楽観的に想定している点が散見される。たとえ正貨流通制度が実現しても、依然として大幅な

貿易赤字が発生したままであり、これにより正貨流出構造は変化しない問題点も解決されていない。

とはいえ市中の政府紙幣を回収するにあたって、大蔵省に預託されている金禄公債を金札引換公債に代位するという手法を開発した点は注目すべきである。これは、かつて国立銀行紙幣の供給のために、士族が退蔵していた金禄公債を活用した手法を彷彿させるなど、大隈ならではのユニークな考え方である。

しかし同案は、伊藤博文・松方正義や岩倉具視等に猛反対された上、1880（明治13）年6月の勅諭によって否決された。反対理由は、明治天皇とその周辺の保守派が欧米列強に対して、かつて鉄道事業で法外な手数料や担保としての関税収入等を徴求されたことなどに不快感を持っており、外債5000万円に難色を示したためである（外債発行は表8-3が詳しい）。この否決で発言力の大幅に低下した大隈は、大いに慌てたことであろう。

彼は急遽、1880（明治13）年9月に伊藤と連携して「財政更革ノ議」を提案した。この案は、酒造税・たばこ税の増徴、国税から地方税への振り替え、行政費の削減、官業払下げ等によって1000万円の財政余剰を作り、それを政府紙幣の消却に充当するものである。それらは薩摩派の緊縮財政反対派の抵抗をよそに審議の上採用され、具体化していった。以下ではその内容を個別に説明していこう。

まず酒造税の新設に関しては、1880（明治13）年9月に酒類税則に代えて酒造税則を制定し、造石高1石につき2円（酒類税則時より税率が倍増）としたほか、醬麴営業税を新設することを公布した（醬麴とは、醸造酒類のもとになる麴のこと）。地方税の増税では、1880（明治13）年11月に地方税規則を改正し、紙幣整理の財源増加を目的として地租の3分の1以内（従来は5分の1以内）で増税することを令達した。

次に行政費削減の関連では、1880（明治13）年11月に、1881（明治14）年度以降の各省庁経費を、大蔵12万円、文部20万円、工部12万円削減することを具申した。また正貨で支払わなければならない外債元利償還、在外公館経費、派遣留学生経費、外国品購入代などは、一般予算と切り離して関税を原資として支出するように令達した。官営工場の払下げは、1880（明治13）年11月に工場払下概則を制定したが、実際の払下げは高島炭坑のみであり、本格的な処分は次の松方財政期まで待たなければならない。そして1881（明治14）年4月に農商務省を設置して、殖産興業策は大きく転換された。

これらの計画にしたがって、1881（明治14）年の予算案では700万円の紙幣を消却することが決定された。ただしこの実施は、表6-4のように松方財政期に入ってからであるため、「財政更革ノ議」は「松方正義が推進した紙幣整理の原型となった」、「政府が紙幣主義から正貨主義へ転換する指標となった」といった評価がある[12]。

　さらに大隈は、市中にある不換紙幣を早期に回収するため、伊藤との連名で1881（明治14）年7月に金札引換公債5000万円を発行して紙幣整理するほか、中央銀行を設立する案を提示した。このような内国債による紙幣回収の考えは、1872（明治5）年の国立銀行条例で採用された方法であるが、それは1876（明治9）年8月の同条例改正によって頓挫した。その後もこの政策はとりあえず維持されていたが、それを上記のような考えで再度、焼き直したわけである。

　政府は外債発行を内国債発行に切り替えたこの案を採用することに決定したが、明治十四年の政変によってこの案は流れてしまい、実施されることはなかった。このように大隈の紙幣整理に関する考えは、めまぐるしく変更されていった。

　以上のように大隈財政の基調は、地租改正事業を推進して維新政府の財政的基礎を固めるとともに、統一的な貨幣・金融制度を樹立して殖産興業政策を本格化することであった。ただし国内産業の育成（さらに輸入防遏・輸出振興によって正貨流出を防止すること）のために、あくまで貨幣供給による資本増殖にこだわり、紙幣整理による貨幣価値の安定を軽視した面がある。インフレの進行と紙幣価格の低下がなかなか解消できなかった点では、やはり大隈の紙幣整理政策は成功したとはいいがたい。

　ただし従来は、紙幣整理が実施されたのは松方財政期からであり、大隈財政期にはおこなわれなかったといった見方をすることがあるが、実は殖産興業政策の転換と紙幣整理着手の画期は大隈財政下の1880（明治13）年であり、その面では両者は連続性を持つことに注目すべきである。さらに大隈財政に対して、「殖産興業を中心とした積極財政」、「殖産興業政策と積極的通貨政策」といった評価があるが、それらは部分的な評価にすぎず、あまり強調すべきではない。

(3) 大蔵卿松方正義の登場

　政治の世界では、いつの時代も暗闘が繰り広げられる。明治十四年の政変も典型的な政争であったが、この事件を境として閉塞状態にあった通貨（本位）制度

の確立が、松方正義の主導でいっきに進むこととなった。

〈松方の経歴〉

1881（明治14）年10月の明治十四年の政変によって、伊藤博文らが政府から大隈一派を追放したため、大蔵卿は松方正義（1835［天保6］～1924［大正13］年）に代わった。このため紙幣価格の低下を防止しインフレを鎮静化させる政策課題は、松方の手に委ねられることとなった。

ただしこの政変が発生する前年の1880（明治13）年2月には、官制改革によって参議と省卿とが分離され、すでに大隈の権力が制約される動きがおこっていた。またこの政変は、たんに長州閥の伊藤・井上が大隈一派を追放したというだけでなく、政府部内の主導権が従来の薩長土肥閥から薩長閥へ移行したことを意味していた。大隈にとっては、経済専門家から政党政治家へ活動の重心を移した、人生の転換点となった事件であった。

初めに、松方の経歴からみておこう[13]。松方は薩摩藩士の四男として1835（天保6）年2月に生まれ、わずか13歳で両親を亡くした。16歳のとき、御勘定所出物問合方へ出仕し、以後は藩内で異例の出世をしており、幕末期には島津久光の側近として生麦事件、寺田屋事件等に関係した。維新政府になると、日田県知事に転任したほか、大久保利通の評価を得たことで、中央政府では民部大丞や大蔵租税権領に就任する。そして第3章で述べたように、地租改正事務局では、大久保総裁（内務卿）のもとで地租改正の実務責任者の地位にあったほか、その後も大蔵省官僚としての財政畑を歩み、1875（明治8）年11月には租税頭から事務方の中枢ポスト・大蔵大輔となった。

この時点で大隈と比べると、3歳年上にもかかわらず大蔵大輔への就任は9年遅れている。しかもこの昇進は、木戸孝允の推薦によるものであり、大蔵卿であった大隈がおこなったものではなかった。この背景には、大隈が1875（明治8）年に提出した紙幣整理に関する「国家理財ノ根本ヲ確立スルノ議」に、松方が「通貨流通防止意見書」を提出して反対したからといわれる。部下の松方からみると、上司の大隈に（いままで種々の手柄を横取りされた上）冷たい仕打ちをされたのであり、大隈からみると松方に自分の失策を公表されて恥をかかされた。

大蔵大輔時代には、1878（明治11）年2月～翌79（明治12）年1月にフランス・イギリス・ドイツ・オランダ・ベルギー・イタリアを歴訪し、特にフランスでは大蔵大臣レオン・セイ（Léon Say, 1826-1896）から銀行論や通貨制度を学んでいる。

第6章　政策スキームの転換　253

同人は、フランスの自由主義経済学者、実業家、政治家であり、「セイの法則」で有名な経済学者 J.-B. セイ（Jean-Baptiste Say, 1767-1832）の孫にあたる。これらの国々から貴重な情報を得ていたため、インフレ・通貨制度に関する考え方が大隈と決定的に異なっていた。

帰国後に財政方針を巡って大蔵卿・大隈と対立した結果、伊藤博文の配慮によって内務卿に転出する形で大蔵省を去ったが、明治十四年の政変で大隈が失脚すると、参議兼大蔵卿として復帰した。以後はほぼ継続して蔵相となったほか、2度ほど総理にも就任した。余談だが、松方は以上の業績によって公爵となったが、他方の大隈は侯爵が与えられたにすぎなかった。経済政策のみで爵位が決定するわけではなかろうが、この差は明治天皇による信認の厚さを象徴しているように思われる。

ところで松方財政の時期も、大隈財政と同様に明確な定義がない。それでも松方財政を「大蔵卿松方正義がおこなった、不換紙幣整理と兌換制度の樹立を中心とした財政金融政策」として、激しいデフレーション（松方デフレ）が発生しているなか、紙幣整理の終了した 1880 年代半ばまでを指すことが多い。つまり松方財政期＝紙幣整理期＝松方デフレ期とみなしている。ただしそのほかに、大蔵卿・大蔵大臣に継続して就任していた最後の 1892（明治 25）年までや、1890（明治 23）年恐慌時期までとするものもある[14]。

しかし本書では、あくまで松方の実施した通貨制度の確立を重視するため、同人が初めて大蔵卿に就任してから蔵相として貨幣法を公布するまでの期間（ただし一時的な不就任期間を含む）を松方財政期とみなした。

そうすると表 6-2 のように、松方財政期は 1880 年代・90 年代のほぼ 18 年間にわたっている。大隈財政期の 2 倍の期間であり、いかに松方の財政手腕が信頼されていたかが窺われるが、そのなかに初期議会の時期（1890［明治 23］年 11 月〜1894［明治 27］年 6 月）が含まれ、難しい議会運営のもとにあった点も重視しておかなければならない。もっとも 18 年間の前半と後半では政策目的が異なっているため、紙幣整理と銀行制度の確立に没頭した前半を松方財政前期、自らが政権を運営して金本位制の確立に集中した後半を松方財政後期と呼んで区分した。

松方が大蔵卿に就任する直前（役職は内務卿）には、表 6-1 のように輸入超過＝正貨欠乏、紙幣下落＝金銀貨騰貴、財政余剰の減少などの経済危機が発生していた。彼は、これらの原因を通貨制度が確立していないため国内産業が未発達であ

ることに求めていた。すなわち1881（明治14）年5月に三条太政大臣に提出（同年9月に再提出）した「財政議」では、「紙幣ノ下落ハ正貨ノ足ラサルニ原シ、正貨ノ足ラサルハ物産ノ繁殖セサルニ因ル。物産繁殖セサルハ貨幣運用ノ機軸定マラサルニ帰スルモノタリ」と指摘している[15]。

しかも「貨幣運用ノ機軸」＝貨幣信用制度の未発達にもとづく紙幣価値の下落は、不換紙幣の過剰発行と正貨準備の欠乏で発生しているとみなして、経済政策の表看板に金または銀本位制にもとづく通貨安定（貨幣信用制度の確立）を掲げた。つまり貨幣信用制度の確立のためには、財政緊縮・紙幣整理が必要になると考えていた。

松方の大蔵卿就任時（1881［明治14］年10月）には、紙幣流通高が総額で1億5480万円に上っていた。これに対して政府の正貨保有高は正味500万円余にすぎなかったから、紙幣価値の裏付けがほとんど不足していた。そして紙幣の内訳は、第1種政府紙幣1億590万円、第2種政府紙幣1450万円、国立銀行紙幣3440万円で、全体の7割弱が第1種政府紙幣であった（以上の数字は、表6-2の数字と時期が若干異なるため一致しない点に注意のこと）。

ちなみに政府紙幣とは、太政官札、大蔵省兌換証券、明治通宝および改造紙幣、民部省札、開拓使兌換証券などが該当するが、松方財政期には明治通宝と改造紙幣のみであった。これらの紙幣を、以下のような発行目的によって第1種・第2種政府紙幣に分類していた。

まず第1種政府紙幣とは、歳入不足を補填するために発行し、政府の永久負債となったものであり、具体的には太政官札、大蔵省兌換証券、明治通宝および改造紙幣、民部省札、開拓使兌換証券などが該当する。これに対して第2種政府紙幣とは、国庫出納上で歳入が歳出に間に合わない場合に歳出を実行させるために一時的に発行し、歳入が入ってきたときに漸次回収していくものである。いわば「勘定合って銭足らず」の状態にあるため、資金繰りを円滑にするために一時的におこなった借入金であり、予備紙幣（つまり繰替発行紙幣）と呼ばれていた。

とくに第2種政府紙幣が発生した理由として、歳入面では徴税期間の多くが2年にわたるほか、地租の納期が季節的（晩秋から春）に限定されるため、ほぼ年度内に予算の75%しか得られないのに対して、歳出面では各省では年額の12分の1、各府県庁では年額の4分の1を、前渡しする制度となっている等により、年度内に予算の約90%が支出されていたためである。このような出納制度の不備

のため、撒超（つまり歳出超過）構造が常態化していた。

　現代では、借入金は国債の発行等で調達しているが、当時は政府が自ら紙幣を発行できたため、このような発行紙幣残高を一括して管理していた。発行動機にもとづく第1・第2という分類は、よく考えられた債務の管理方法であったといえよう。ちなみにこの方法では、債務残高と同額の財政余剰（つまり紙幣）が入手できた際に、それを廃棄することが債務を返済したことになった。このため紙幣を廃棄（実際には焼却等）することは、日常的におこなわれていたと推測される。

〈紙幣整理の多様な方法〉

　いよいよ松方による紙幣整理の具体的な方法を説明しよう。松方の整理方法は、大隈の方法と異なり紙幣の種類ごとにきめ細かく実施するなど、実に多様な方法を組み合わせていた点に注目しておきたい。

政府紙幣（政府保有分）の整理

　政府保有の政府紙幣については、第1種・第2種別にそれぞれ整理方法が異なっている[16]。松方は、まず収入と支出の発生時期を調整する方法によって、第2種紙幣の整理から開始した。ここで「消却」ではなく、「整理」という用語を使用している点に注目してほしい。これは第2種紙幣の廃棄ではなく、発生原因を解消したことを意味している。

　すなわち1882（明治15）年1月に財政運営制度（「歳入歳出出納取扱順序」）を改正したことで、地域別に納付された租税（現金）を直ちに大蔵省へ電信で連絡して歳入に組み入れることができるようにした一方、各庁経費の前渡制度を廃止したことによって、国庫の資金繰りが大幅に改善された。また地租納入期限は、すでに大隈財政期に繰り上げが決定していたが、それにもとづき1881年度（1881年7月～82年6月）には最終期限が翌82（明治15）年4月から同年2月に繰り上げられた。そのほかに1882（明治15）年8月に、準備金中に保有する公債を売却して得た資金の一部を歳入不足に一時転用する措置もおこなわれた。

　次に、第1種紙幣の消却を実施した。このために歳入を増やす一方、歳出を減らすことで作った財政余剰により消却する方法を利用した。いずれもすでに大隈財政後期に決定された方針であり、それを1881（明治14）年度から実施したにすぎない。歳入を増やす方法として増税が積極的に実施された。

　増税の内訳は、税の増徴（酒造税、タバコ税）、税の復活（醤油税）、税の新設（菓

子税）である。いずれも嗜好品であるほか、当時の代表的な工業品であるなど、国民生活に対する影響をできるだけ抑えるように実施された間接消費税であった。このうち酒造税は、その後1882（明治15）年12月に1石につき4円へ倍増するなど、1890年代より急速に税収の柱として育っていった（図3-6を参照）。

他方、歳出を減らす方法として、支出の見直しと官業の払下げが実施された。まず支出の見直しは、1881（明治14）年度には6省（内務・大蔵・陸軍・海軍・文部・工部）の経費に関して新事業の見合わせ、既存事業の経費見直し、営繕土木費の地方移転などを実施したほか、正貨で支払わねばならない経費（在外公館経費・外債元利金・外国品購入代金など）を削減した。さらに松方による独自の施策としては、1882～84（明治15～17）年度の3ヵ年に限って各庁の経費を据え置く削減措置が実施されている。官業の払い下げは、運転資金の圧縮を目的として実施され、1884（明治17）年以降に本格化した。

以上の方法で捻出した財政余剰は、一部を第1種紙幣の消却（つまり直接消却分）として即時に充当し、残りを準備金に繰り入れて兌換用正貨（金銀貨＋地金銀）の蓄積のために活用した。特に後者の準備金の資金は、正金銀行に輸出荷為替資金として貸与し、輸出代金が正貨で回収されたときに、政府に正貨で返却される方式を採用した。ちなみに準備金から正金銀行に預けられた資金は「御用外国荷為替」と呼ばれ、1880（明治13）年10月～1889（明治22）年2月まで、1年間300万円を限度として支給された。

また準備金とは、1869～90（明治2～23）年まで21年間にわたって政府紙幣の兌換準備を本来の目的としつつ、減債基金、外国為替資金供給、官業および民間産業への投融資などの多様な役割を果たした一種の特別会計であり、その原資は雑収入と剰余金の積み立てで調達されていた。準備金という名称は、一見すると普通名詞のように思えるが、実は固有名詞であることに留意してほしい。

もっとも準備金の資金は、従来も輸出荷為替資金として貸与されていたが、その返済率は低く実質的には補助金の性格となっていた。このため松方は、従来の運用方法を改めて、確実に資金回収できる方法に変更した。また大隈は、先述のとおり銀貨価格の引き下げのために準備金中の銀貨を売却する方法を採用していたため、この点は大隈財政と松方財政の大きな相違点である。

このような正金銀行の海外荷為替による正貨蓄積の方法を、図6-2にもとづいて具体的に説明すると、以下のようになる。ちなみにこの方法は、前田正名が

第6章　政策スキームの転換　　257

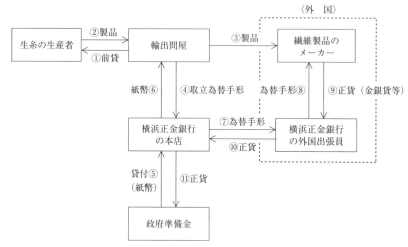

図6-2 横浜正金銀行を利用した輸出荷為替の正貨増殖システム

(注) 1. ③の製品輸出は、メーカーに直接輸送されるのではなく、おそらく代金支払いが完了するまで現地の倉庫等に保管されると考えるべきである。
2. ④、⑦、⑧の取立為替手形には、船荷証券を添付する。このような荷為替手形による資金回収は、戦前期に国内でも広く普及していた金融システムである。
3. ⑤の準備金による貸付は、実務上では1件ごとではなく一括しておこなわれたが、ここでは資金の流れが把握しやすいように、あえて1件ごとに表記した。ちなみに準備金からの貸付は、横浜正金銀行本店内に設置された「御用別段預金」に入金された（加藤俊彦『本邦銀行史論』東京大学出版会、1957年の73頁）。

(資料) 玉置紀夫『日本金融史』有斐閣選書の48-49頁、日本銀行『日本銀行百年史』第1巻の112-114頁等より谷沢が作成。

三井物産の示唆にもとづき構想したものであった（前田正名については、第4章の第4節を参照）。

①輸出問屋が、生糸等の生産者に対して前貸する。

②生糸生産者は、製品（生糸）を輸出問屋に納品する。

③輸出問屋は、海外（米国）の繊維製品メーカーに製品を輸出する。

④輸出問屋は、船荷証券を貼付した取立為替手形（一種の売上債権）を正金銀行に振り出す。なお船荷証券とは、船会社など運送業者が発行し、貨物の引き受けを証明する船積書類の1つであり、当該貨物を受け取る際に必要な書類となる。

⑤政府は正金銀行の本店に、準備金のなかから取立為替手形の買い取り用の現金を貸し付ける。なお政府の貸付金は当初、正金銀行本店内に設置された預金口座（名称は「御用別段預金」）で管理された。

⑥正金銀行の本店は、取立為替手形分の現金を輸出問屋に支払う（正確には取

立為替手形を割り引く）。

⑦正金現行の本店は、同行の海外（米国）にいる出張員に対して為替手形を送付する。

⑧この出張員は、海外（米国）の繊維製品メーカーに対して為替手形を提示する。

⑨繊維メーカーは、為替手形に見合った正貨（金銀貨等）を出張員に支払う。

⑩出張員は、正金銀行の本店に正貨を送金する。

⑪正金銀行は、この送金された正貨を政府準備金から借りた資金の返済原資とする。

以上からわかるように、政府は兌換準備としての正貨等を蓄積するために、正金銀行を活用したわけである。このように直輸出用の資金を専門に供給する金融機関を、先述のように直輸出金融機関と呼んだ。当時は、問屋が外国貿易商を経ずに製商品を輸出（直輸出）することはかならずしも一般的ではなかったから、この政策は正貨蓄積のほか直輸出の促進にとっても重要と位置付けていた。

ただし 1880（明治 13）年には、輸出総額に占める国内商人の割合が 16％にすぎなかったため、正貨蓄積の対策としては限界があった。このため 1883（明治 16）年以降は融資対象を外国商人にも拡大したことで、融資残高に占める外国商人の割合は 70％超に達し、正貨も大幅に蓄積された。

政府紙幣（市中流通分）の消却

次に、政府紙幣（すべて第 1 種紙幣）のうち市中流通分については、当然のことながら回収の対象となるにもかかわらず、従来の解説書ではほとんど説明されてこなかった。以下では、金札引換公債の販売による回収と政府紙幣を直接銀貨に兌換する回収の 2 つの方法による消却を説明していく。

まず金札引換公債の市中販売によって政府紙幣の回収が計画された。先述のとおり市中にある政府紙幣の回収を目的とし、1873（明治 6）年 3 月に金札引換公債条例を公布した。しかし同公債は、記名式と無記名式の 2 種類あり、流通期間を 15 年間としていたため、販売高はかならずしも期待どおりのものではなかった。

そこで大蔵卿に就任していた佐野常民は、1880（明治 13）年 10 月に改正金札引換公債条例を公布した。同条例では、従来の無記名式を記名式にしたほか、元利金の償還を金銀貨でおこなうことなどに改めた。以上のように同措置は、厳密に

第 6 章 政策スキームの転換　259

みると大隈財政期に制定された発行方法の修正にすぎないが、それを松方が引き継ぎ1885（明治18）年まで活用した。

次に銀貨兌換について、『日本銀行百年史』にもとづき日銀によって銀貨との兌換が実施された経緯を紹介する[17]。松方は、正貨準備が大いに充実し日銀兌換銀券が発行された1885（明治18）年5月に、政府紙幣の兌換準備が完了したと考え、太政官に対して「政府紙幣交換ノ議」を提出した。

ここでは、①1886（明治19）年1月1日より政府紙幣の正貨兌換を開始する、②まず政府の保有する正貨によって兌換をおこない、その後は正貨を鋳造して兌換に備える、③ただし政府紙幣の兌換事務はすべて日銀に取り扱わせることが建議された。この内容が直ちに採用されたことで、日銀は1886（明治19）年1月より市中で流通していた政府紙幣を銀貨と兌換する作業を開始した。

これに合わせて、政府紙幣（明治通宝と改造紙幣）の通用期間は1899（明治32）年12月31日限り（表2-7を参照）、日銀券との交換期間はその翌日より満5年間と定められた。すでに1899年4月より金本位制下で日銀兌換券の発行を開始していたため、この交換時期は充分に計算されたものであった。

国立銀行紙幣の消却

一方、国立銀行紙幣の消却に関しては、日銀が開業した翌年の1883（明治16）年5月に、松方大蔵卿より「国立銀行紙幣消却に関する命令書」が下された。そこでは日銀を中心とした合同消却法が採用された。以下では、これを図6-3にしたがって説明する[18]。

①各国立銀行は、紙幣引換準備金（つまり政府から下付された銀行紙幣高の25%に当たる金額）を、2度に分けて指定期限までに日銀に預け入れる。この資金を「準備金」と呼んでいる。

②また各行は毎期、利益金の多少にかかわらず銀行紙幣下付高の1.25%（年換算では2.5%）に相当する金額を、日銀に預け入れる。この資金を「積立金」と呼んだ。なお当時の決算期間は6ヵ月であったため、1.25%を2倍することによって年換算の2.5%が得られる。

③日銀は、これらの両資金を原資（正確には「銀行紙幣消却元資」と呼ぶ）として利付国債を購入する。ちなみに日銀が購入した公債は、「元資公債証書」と称している。

図6-3 国立銀行紙幣の消却方法（合同消却法）の概要

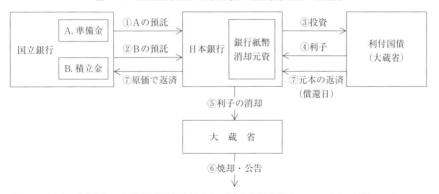

(注) 1. 国立銀行の準備金とは、紙幣引換準備金（政府から下付された銀行紙幣高の25%に当たる金額）のこと。
2. 同じく積立金とは、利益金の中から銀行紙幣下付高の1.25%（年換算では2.5%）に相当する金額を日銀に預入れた資金のこと。
3. 利付国債は、「元資公債証書」と呼ばれた。

(資料) 日本銀行『日本銀行百年史』第1巻の296-297頁より谷沢が作成。

　④日銀は、利付国債の利子を国立銀行紙幣で受け取る。
　⑤日銀は、国立銀行紙幣を消却した上で、それに消印を付けて大蔵省に上納する。つまりこの作業は、国立銀行の預け金には利子を付けないことを意味する。
　⑥大蔵省はこの消却国立銀行紙幣を焼却し、その都度公告する。
　⑦消却を完了したときは、日銀は準備金等で買い入れた利付国債を原価で当該国立銀行に譲渡することによって、準備金等を返還する。

　ここで①の「準備金」は政府の準備金（特別会計）とはまったく別物である。③の利付国債とは、額面で発行され所有者に対して毎年決まった時期に利息が支払われる国債である。また⑤と⑦の「消却」とは償却（会計上の処理として、資産額を減らすこと）という意味であり、⑥の「焼却」は焼き捨てることを意味する。同じ「しょうきゃく」という用語が使い分けられていることに注意してほしい。
　さらに⑤のような方法ではなく、資金を合同で運用して得た毎期の利益を銀行ごとに区別して、その金額に相当する当該国立銀行紙幣を（銀行ごとに）消却する方法も考えられる。しかしこれでは、広範囲に流通している銀行紙幣を取りまとめるのに時間と費用を要する。このため日銀と多数の国立銀行の意見が一致し、紙幣消却を合同（つまり一括）して実施し銀行ごとに分割しないこととした。この

考えから合同消却法という名称が付与された。

　以上のような国立銀行紙幣の消却は、国立銀行の営業期限が到来する1897（明治30）年までにすべて終了し、準備金は各国立銀行に返却するものと計画した。また市中に流通している国立銀行紙幣については、その通用期限を1899（明治32）年12月9日限り、日銀券との引換え期間をその翌日から5ヵ年とした。これらのスケジュールは、政府紙幣とほぼ同一であった。

＊

　最後に、大隈と松方の紙幣整理方法の違いを対比しておこう。大隈は、国債発行により紙幣を全額消却し正貨通用制に変える、いわば急進主義を採用していた。これに対して松方は、一方では財政余剰で得られた紙幣を消却し、他方では財政余剰を原資として正貨を蓄積したり日銀を設立して兌換紙幣を供給したりするなど、信用制度の信頼を徐々に回復させる漸進主義を採用していた、とまとめることができる。このように松方案は、大隈の一括消却案よりも多様な方法を組み合わせていたため、緻密であり説得力があった。

　そして何よりも2人のアプローチの差は、銀紙格差を解消する点に関して、松方は正金銀行を利用した正貨の積み増しで格差を縮小させたが、大隈はむしろ市場で銀貨を売却することで、市中の正貨を増やして格差を縮小させようと試みたことに象徴されていた。

（4）紙幣整理の実態

　松方による紙幣整理事業は、ほぼ5年間で日本経済に劇的な変化をもたらした。以下では、紙幣整理が急速に進んだ実態に加え、その影響を農家収支などのミクロデータと物価指数・SNA統計などのマクロデータで確認していこう。

〈紙幣整理の実施結果〉

　はじめに紙幣整理事業の実態を紙幣別にみておこう（ここでは大隈財政期の実態も含めて説明していく）。まず政府紙幣（政府保有分）は、比較的順調に実施された。すなわち第2種紙幣については、1883（明治16）年1月に、第2種紙幣1450万円を全額回収し整理を完了した。そして表6-2のように、それ以降はまったく第2種紙幣は流通していない。

　一方、第1種紙幣については、表6-5のように1881〜85（明治14〜18）年度計で財政余剰4011万円を捻出した。この財政余剰のうち、1364万円を紙幣消却

表 6-5　財政余剰による政府紙幣の整理内訳

(単位：千円)

年度別	政府紙幣の整理額	直接消却分	準備金への繰入分
1878(明治 11)年	7,166	7,166	0
1879(明治 12)年	2,000	2,000	0
1880(明治 13)年	2,000	2,000	0
1881(明治 14)年	10,832	7,000	3,832
1882(明治 15)年	8,527	3,300	5,227
1883(明治 16)年	8,340	3,340	5,000
1884(明治 17)年	7,006	0	7,006
1885(明治 18)年	5,400	0	5,400
合　計	51,271	24,806	26,465
大隈財政期	11,166	11,166	0
松方財政期	40,105	13,640	26,465

(注) 1. 点線の上部は大隈財政期、下部は松方財政期を示す。
2. 直接消却分とは常用部（いわば一般会計）で消却した金額、準備金への繰入分とは正貨蓄積のために準備金（いわば特別会計）に繰り入れた金額を示す。

(資料)『大蔵卿第 5 回年報書』～『大蔵大臣第 12 回年報書』と大蔵省編『紙幣整理始末』1890 年（ここでは大内兵衛・土屋喬雄編『明治前期財政経済史料集成』第 11 巻、改造社版、1932 年を使用）の 233 頁より谷沢が作成。

（つまり直接消却分）として即時に充当し、残りの 2647 万円を準備金に繰り入れ、海外荷為替による兌換用正貨（金銀貨＋地金銀）の蓄積に活用した。特に後者については、1881（明治 14）年 10 月から 1885（明治 18）年 12 月までで、正貨の純蓄積額が 3359 万円余に達しており、見事に成功した。政府保有の政府紙幣の整理は、ほぼ計画どおり実施されたといえよう。

　さらに第 1 種紙幣の市中流通分に関しては、まず金札引換公債の販売によって、発行総額は表 6-4 のように 1875（明治 8）年から 1885（明治 18）年までで 888 万円に達し、それは同時期の全消却額の 3 割弱を占めていた。このうち 237 万円は大隈財政期に消却していたため、松方財政期には 651 万円が消却されたこととなる。また税金で吸収した分は、財政余剰として 2480 万円を直接消却したが、大隈財政期と松方財政期にさほど大きな差はなかった。しかし大隈財政期には、西南戦争時における巨額の紙幣発行がこの消却額を大きく上回っていた。このため第 1 種紙幣の流通残高は、同期間に 1510 万円増加しており、ようやく松方財政期に入ってそれを上回る 1756 万円を減少させた。

第 6 章　政策スキームの転換　　263

また銀貨兌換のほうは、1886（明治19）年1月より日銀本支店で開始された。しかし当時すでに、表6-2でわかるように銀紙の価値の開きが消滅していたほか、紙幣のほうが使い勝手がよかったため、兌換請求をおこなうものが非常に少なかった。そのため1886（明治19）年1月〜1890（明治23）年3月までに民間人（個人・法人等）が兌換請求した金額は、905万円にとどまった。そのほか政府・日銀が収納した政府紙幣で銀貨と兌換されたのが3430万円あったため、合計で4335万円の政府紙幣が1889（明治23）年3月までに、銀貨兌換された後に消却された。それでも同時期には、4007万円弱が未回収（つまり流通）の状態にあった。

　この未回収分について政府は、額面1円以上の政府紙幣3200万円については、日銀からの借入金2200万円と政府の準備金1000万円の合計3200万円によって消却した。また額面50銭以下の政府紙幣800万円については、政府の一般会計から支出（ただし実際の支出は、特別会計を経由して実施）した800万円によって消却した。このように財政的に厳しい状況のなか、やり繰りをしてどうにか期限の1899（明治32）年12月末までに政府紙幣の回収・消却ができた。

　以上の作業にともなって、表6-2のように政府紙幣の流通高は1881（明治14）年末に1億1891万円であったが、1883（明治16）年末には9800万円になったため、2年間で2091万円減少している。大隈財政期の1879〜1881（明治12〜14）年の2年間には1140万円減少していたため、たしかに松方財政期のほうが紙幣整理のスピードは速くなった。ただしこれを紙幣の種類別にみると、大隈財政期にはおもに第1種紙幣を減らしたのに対して、松方財政期には第2種紙幣を中心に減らした点が異なっている。

　そのほか松方財政期には、表6-2のように政府所有の正貨高が1270万円から2588万円へ増加したため、銀貨1円に対する紙幣価格は1円69銭6厘から1円26銭4厘へ回復した。この銀紙価格の格差解消によって、日銀が兌換紙幣を発行する環境が整った。その反面、財政支出の抑制をともなった不換紙幣の回収が急速に進んだため、深刻なデフレ不況が発生した。表6-6のように、物価指数は1881（明治14）年をピークとして、以降は80年代後半に大幅に低下した（物価動向の関連では、図5-4も参照）。

　さらに国立銀行紙幣の消却は、1883（明治16）年中に日銀が準備金と積立金にもとづく合計1047万円の原資公債証書を購入したことで始まった。翌84（明治17）年2月から合同消却が開始されたが、当初はかならずしも順調には進まなか

表6-6 大隈・松方財政期の物価・金利水準の推移

| | 物価指数 | | 東京の金利 |
	農産物	工業製品	（日歩：銭）
1876（明治 9）年	87.3	99.1	3.29
1877（明治10）年	94.0	100.4	2.74
1878（明治11）年	105.2	109.1	2.85
1879（明治12）年	139.4	122.2	3.33
1880（明治13）年	166.7	146.8	3.59
1881（明治14）年	177.0	177.8	3.84
1882（明治15）年	147.8	161.2	2.77
1883（明治16）年	110.0	127.6	2.08
1884（明治17）年	95.4	113.8	2.99
1885（明治18）年	111.8	110.0	3.12
1886（明治19）年	102.7	106.5	2.49
1887（明治20）年	95.0	112.9	2.39
1888（明治21）年	91.3	113.2	2.69
1889（明治22）年	105.8	117.0	2.79
1890（明治23）年	142.5	121.5	2.88

(注) 1. 物価指数のうち，農産物は1874〜76年＝100，工業製品は1874年＝100とする指数である。
　　 2. 東京の金利は，貸付額1000円以上1万円未満に対する金利の年間平均値である。
　　 3. 点線は，大隈財政期と松方財政期の区分を示す。
　　 4. 網ガケ部分は，数字のボトムを示す。
(資料) 物価指数は大川一司ほか『長期経済統計8 物価』の165, 195頁，金利が後藤新一『日本の金融統計』の273頁より，谷沢が作成。

った。すなわち予定では、10年経過時点（1893［明治26］年末）で、紙幣下付高に対する消却高累計の割合（進捗率）を38.5％と見込んでいた。しかし政府紙幣の急速な整理に起因する景況の沈滞で、国債価格が大幅に上昇したため進捗率は29.2％にすぎなかった。

　そこで1896（明治29）年3月に成立した「営業満期国立銀行処分法」によって、営業満期の日においてその発行銀行券を全額消却できない国立銀行は、消却未済残高に相当する金額を政府に納付することとされた。またその納付金のため借入れを必要とするときは、日銀からの無利子融資を受けることができた。このため国立銀行紙幣は、最終的に期限の1899（明治32）年12月9日までに消却することができ、日銀の合同消却事務も終結した。ちなみに日銀による無利子貸付額は、累計1126万円に上ったが、1905（明治38）年末までに全額が回収された。

　いずれにしても紙幣整理の実施（通貨収縮）にともない、西南戦争後のインフレ

第6章 政策スキームの転換　265

は解消され、むしろ激しいデフレに突入していった。その代わり表6-2に示されているように、1885（明治18）年には銀紙格差がほぼ解消し、通貨制度確立の条件が整った。松方デフレ政策は、とりあえず短期間に目的を達成した。わが国の近代史上では「松方財政」、「井上財政」と2度の緊縮財政を経験したが、松方財政は成功し、他方、井上財政は失敗に終わったことで、松方は日本経済の発展の基礎を築いた大財政家として、長く歴史に名をとどめることとなった。

　室山義正は、この成功要因として「政府が緊縮財政を掲げて抜本的な予算削減に取り組む姿勢を示したことでインフレ期待を急速に鎮静化させた一方、実質ベースで財政支出を大幅に積み増しして民間消費支出の減少を補うなど、政府部門が総需要の下支えをしたこと」を指摘している。なお上記の「実質ベースで財政支出を大幅に積み増しして、（中略）政府部門が総需要の下支えをした」という点は、読者は意外に思われるかもしれない。しかし後に説明するように、軍事支出の増大で下支えされていた。

　ただしインフレ終息の原因については、その要因を紙幣整理以外に求める考えもあり、かならずしも確定しているわけではない[19]。例えば室山義正のように、財政改革のうち地租納期の繰り上げの効果が大きかったという意見がある。また寺西重郎によると、インフレ末期が投機的ブームとなったが、その景気が松方財政の開始以前に反転して後退局面に突入しつつあったと指摘している。すなわち1882（明治15）年には世界恐慌が発生していたから、この世界的な景気後退がわが国のインフレを終息させた可能性は否定できないという。

〈デフレの影響とその後〉

　紙幣整理にともなう厳しいデフレ不況の影響を最も強く受けたのは、農業であった。農業では、米価など農産物価格が下落して収入は大幅に減少したのに、地方税・間接税の増徴、地租が定額であったため、これら租税の重圧によって農業経営が急激に悪化した。例えば米価は、図5-4のように1881（明治14）年にピークであったが、翌82年より大幅に低下して1888（明治21）年まで続いた。

　いま表6-7によって、尾張・上総・近江地域における松方デフレ期前後の農業経営の状況をみてみる。デフレ期に当たる1884（明治17）年度には米価の低迷にともない、3地域とも収入が1880（明治13）年の半分以下になり、支出を若干圧縮しても大幅な減益となった。支出の収入に対する割合では、地租や地方税協

表 6-7　松方デフレ期前後における農業経営の状況

	1反当たり公定価格（円）	年度	収　入		支　出（円）				差引 A－B（円）
			収穫米（石）	売払代 A（円）	肥料および手間代	地　租	地方税協議費	B	
尾　張	90.00	1880	2.173	24.144 100.0	6.000 24.9	2.250 9.3	1.080 4.5	9.330 38.6	14.814 61.4
		1884	2.173	9.877 100.0	4.000 40.5	2.250 22.8	1.350 13.7	7.600 76.9	2.277 23.1
上　総	35.88	1880	1.537	17.083 100.0	8.378 49.0	0.897 5.3	0.271 1.6	9.546 55.9	7.537 44.1
		1884	1.337	6.218 100.0	3.130 50.3	0.897 14.4	0.650 10.5	4.677 75.2	1.541 24.8
近　江	55.00	1880	1.600	18.900 100.0	11.000 58.2	1.610 8.5	0.610 3.2	13.220 69.9	5.680 30.1
		1884	1.600	7.200 100.0	5.550 77.1	1.420 19.7	0.710 9.9	7.680 106.7	-0.480 -6.7

（注）1. 収入・支出の上段は実費、下段は売払代を 100 とした構成比を示す。
　　　2. 差引の数字は、一部に計算ミスと思われるものがあったため、谷沢が修正した。
（資料）小野武夫『農村史』（現代日本文明史）東洋経済新報社、1941 年の 118 頁より、谷沢が作成。

議費が大幅に上昇し、特に地方税協議費の増加が大きかった。

　このような経営悪化から、高利貸からの借入れ増がおこったほか、借入金の返済困難から所有地を売却する農民が続出した。借入に関して、書質入率（民有地総地価に占める書入・質入地価の割合）をみてみよう。書入とは、抵当に入れるが土地管理は借主が続ける借入、質入とは、抵当にとった貸主が土地を管理する借入のことである。そうすると書質入率は、1883（明治16）年の 13.3％から 85（明治18）年の 19.0％へ上昇したほか、耕作売買率（耕地地価合計額に対する売買耕地地価額の割合）は、1883（明治16）年の 3.8％から 1885（明治18）年の 5.2％へ上昇している。

　このため土地が地主・高利貸しへ集積されたり、自作農が小作農へ転落、豪農層が没落したりした。これら地主・小作関係の全国的拡大によって、寄生地主制が形成されていった（ただしこの寄生地主制という用語については、第8章の第4節を参照）。これを裏付けるように、小作地率は 1883・84（明治16・17）年の 35.5％、1887（明治20）年の 39.5％、1892（明治25）年の 40.2％へと一貫して上昇した。

　さらに農民のなかには、農業を継続することが実質的に不可能となり、都会等で賃労働者化する動きが現れた。このため農家戸数は、1880（明治13）年の 550 万戸、85（明治18）年の 548 万戸、1890（明治23）年の 545 万戸へと、徐々に減少していった。このように従来の農民層の一部が、離職などで所得階層の下層に移

動（下層化）する状況を農民層分解と呼んでいるが、松方デフレ期にはこの農民層分解が急速に進行した。

　他方、企業経営では、デフレのもとで企業収益の低迷が続いたが、表6-6のように金利が低下したため金利負担が軽減される予想外の影響もあった。これらの経済環境のもとで、1886（明治19）年より企業の設立ブーム（企業勃興）を誘発したことで、わが国に産業革命がもたらされた。これらの現象は、おそらく松方自身も予想していなかったに違いない。

　以上のようにデフレは当初、どちらかというと企業経営よりも農家経営に大きな打撃を与えた。表6-6から明らかなように、工業製品価格のボトムは1886（明治19）年、農産物価格のそれは1888（明治21）年となり、農産物価格の回復が遅れた。政府では当時、輸出荷為替によって正貨が蓄積できたが、この成功の背後には農家労働の結晶である生糸、茶などの飢餓輸出があり、農家の労働が準備金に変化したことも見落とせない。いわば農家の犠牲のもとで通貨制度の安定が図られた点で、通貨制度の確立が松方の政策のみで成功しただけではないことを、われわれは歴史評価にあたって認識しておく必要がある。

　これら農民の困窮は、政治上からみて福島事件（1882［明治15］年）、高田事件（1883［明治16］年）、群馬事件・加波山事件・秩父事件（1884［明治17］年）、大阪事件（1885［明治18］年）といった、自由民権運動の激化事件に影響を与えた。この時期の農民騒擾の激しさは図3-2でも確認することができる。

　このほか室山義正が独自に推計した表6-8の国民支出等の動きによって、マクロ経済の動向を検討しておこう。この表において、名目国民支出は名目国民総支出（名目GDE）の、実質国民支出は実質国民総支出（実質GDE）の、農産物庭先価格指数（総合）は国内物価指数の、各代理データとみなすことができる。

　はじめに名目国民支出をみると、大隈財政期での増大、松方財政期での減少が確認できるが、その背景には米価変動にともなう農家所得の変動が大きく影響していた。しかし実質国民支出をみると、大隈財政末期には停滞していたが、松方財政期の1882（明治15）年以降は停滞から脱出した。予想外に早い実体経済の回復である。さらに農産物庭先価格指数（総合）をみると、大隈財政期はインフレ、松方財政期の1882～86（明治15～19）年はデフレであったことが確認できる。室山は、大隈財政後期は「一種のスタグフレーションであった」と指摘しているが、この表でも1877・78・81（明治10・11・14）年はその可能性がある[20]。

表 6-8　国民支出・価格指数の推移

(単位：万円、％)

	金　額			対前年変化率		
	名目 国民支出	実質 国民支出	(参考)農産物 庭先価格指数 (総合)(1876年 =100)	名目 国民支出	実質 国民支出	(参考)農産物 庭先価格指数 (総合)(1876年 =100)
1876(明治 9)年	551	551	100	―	―	―
1877(明治10)年	576	501	115	4.5	− 9.1	15.0
1878(明治11)年	597	459	130	3.6	− 8.3	13.0
1879(明治12)年	778	478	163	30.3	4.1	25.2
1880(明治13)年	948	523	181	21.9	9.3	11.5
1881(明治14)年	1,016	503	202	7.2	− 3.7	11.3
1882(明治15)年	969	576	168	− 4.6	14.4	− 16.7
1883(明治16)年	828	626	132	− 14.6	8.6	− 21.4
1884(明治17)年	815	703	116	− 1.6	12.3	− 12.4
1885(明治18)年	880	691	127	8.0	− 1.7	9.8
1886(明治19)年	881	680	130	0.1	− 1.6	1.8
1887(明治20)年	926	757	122	5.1	11.4	− 5.6
1888(明治21)年	981	874	112	5.9	15.4	− 8.2
1889(明治22)年	1,084	864	125	10.5	− 1.1	11.7

(注)　1. 1881年以前は大隈財政期、1882年以降は松方財政期を示す。
　　　2. 国民支出とは、一橋大学経済研究所編『長期経済統計』の関連データをもとに室山義正が推計した、国民
　　　　全体の主要な支出額を足し合わせた概念である。具体的な推計方法は、室山『松方財政研究』の258頁の
　　　　注を参照のこと。
　　　3. 実質国民支出は、谷沢が名目国民支出と農産物庭先価格指数より推計した数値である。
(資料)　名目国民支出は、室山義正『松方財政研究』ミネルヴァ書房、2004年の258頁、農産物庭先価格指数
　　　　(総合)は、梅村又次ほか編『長期経済統計(農林業)』第9巻、1966年の第8表より谷沢が作成。

　一方、松方財政前期には、すばやい実体経済の回復が現れた。ただし景気回復のもとで、1882〜84(明治15〜17)年にはデフレとなっているため、国民が一概に景気回復を実感できたとはいいがたい。とにかくすばやい実体経済の回復は、大隈財政期と際立った明暗を示している。この状況が、松方財政後期(1890年代)でも軍拡財政を実施したことで持続された。

　そこで図6-4で全政府支出純計に占める軍事費の割合をみると、1880年代後半より20％台に増加したのが、日清戦争時より急激に上昇して60％近くに達した。日清戦後もこの水準は容易に下がっていない。名目国民総生産に対する軍事費の比率でも、ほぼ同様の傾向が確認できる。このため表6-9によって国民総生産に占める財政部門の割合をみると、1880年代と1900(明治33)年には11.00％台であったが、1895(明治28)年には18.4％に上昇した。またこのように松方財政後期には、景気回復が達成できたが、その代わり軍事費の増大を主因と

第6章　政策スキームの転換　　269

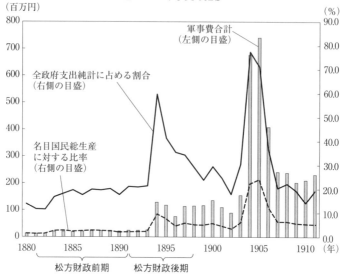

図6-4 軍事費の推移

(注) 1. 軍事費合計とは、常備国防費（主に一般会計分）、戦費（主に臨時軍事費特別会計分）、戦争関係費（主に年金・恩給）の合計額である。
2. 1880～85年までの名目国民総生産は、谷沢が表6-8の（注）2.と同様の方法で推計した。
3. 点線部分は、日清戦争と日露戦争時を示す。

(資料) 軍事費合計は江見康一ほか『財政支出』の186-187頁、全政府支出純計は同書の169-171頁、名目国民総生産は大川一司ほか編『国民所得』の200頁より谷沢が作成。

して財政規模が増大していった。

　軍拡財政をもたらした要因として、日清戦争（1894・95［明治27・28］年）とその後の軍事費増大があげられる。ただし1882（明治25）年の壬午事変から日清戦争へという歴史の流れの過程で、松方財政が迫りくる戦争に向けてスタート当初からつねに軍拡財政の可能性を抱えていたとも考えられる。すなわち1886（明治19）年の海軍公債発行による軍拡方針の採用によって、軍事をベースとした「大きな政府」へと舵を切ったほか、1896（明治29）年には外形標準課税としての営業税を導入するなど、その後も大きな政府の財政的基盤が整備されていった。このような財政の軍事化が松方財政の基本的な特徴であるという見方もある。

　いずれにしてもこれを実施した背景には、紙幣整理を達成して日銀による兌換紙幣の発行が開始されるなど、通貨制度の環境整備が完了したことが無視できない。さらにこの大きな政府のもとで、産業革命、特に第2次企業勃興（1895～1900

表 6-9　財政規模の推移

（単位：百万円）

	中央・地方一般会計支出純計	中央政府	全政府支出純計 A	名目国民総生産 B	政府部門の規模 A/B（％）
1880（明治13）年	87.2	63.1	90.8	868	10.5
1885（明治18）年	89.5	61.1	91.4	806	11.3
1890（明治23）年	119.2	82.1	119.2	1,056	11.3
1895（明治28）年	136.2	85.3	285.8	1,552	18.4
1900（明治33）年	412.1	292.7	464.7	2,414	19.3
1905（明治38）年	543.2	420.7	1,040.4	3,084	33.7
1910（明治43）年	537.3	269.1	1,490.8	3,925	38.0
1915（大正 4）年	862.3	583.2	1,161.1	4,991	23.3
1920（大正 9）年	2,170.5	1,359.9	3,947.1	15,896	24.8
1925（大正14）年	2,694.0	1,524.9	4,549.4	16,265	28.0
1930（昭和 5）年	3,033.0	1,558.0	5,578.0	14,698	38.0
1935（昭和10）年	4,057.0	2,206.0	7,881.0	18,298	43.1
1940（昭和15）年	7,823.0	5,860.0	17,942.0	36,851	48.7

（注）1. A は中央・地方政府における一般会計＋特別会計の純計である。
　　　2. 1880 年の名目国民総生産は、1885 年の名目国民総生産÷（表6-8 の名目国民支出の 1880・85 年伸び率）により推計した。
（資料）1885 年以降の名目国民総生産は大川一司ほか『国民所得』東洋経済新報社、1974 年の 200 頁、1880 年の名目国民総生産は谷沢の独自推計（上記の［注］2.を参照）。財政支出は江見康一ほか『財政支出』同、1966 年の 168-171 頁。以上のデータより谷沢が作成。

［明治28〜33］年）が進んだことに注目すべきである（以上の財政の軍事化については、第 7 章の第 4・5 節で詳しく説明する）。

　ただし軍拡財政は、全体として松方自身の本意とは異なっていた点に注意しなければならない。すなわち周知のとおり 1890〜94 年には 6 回の初期議会が開催されていたが、総じて政府と衆議院が対立して松方の意見がそのまま議会を通過したわけではない。むしろ議会で、予算総額やその配分が大きく修正されていた。このため第 2 次伊藤内閣では、当初予想されていた松方の蔵相就任が見送られ、代わりに大蔵省後輩の渡辺国武にスイッチされるという事情があった。このようにわれわれは、松方が政治的な不安定さのなかで財政後期の経済運営をおこなっていた点に留意しなければならない。

　以上のような松方財政について、「大隈財政はインフレ政策であったのに対し、松方財政はデフレ政策であった」、あるいは「大隈財政は積極財政、松方財政は緊縮財政」という対比で理解されることが広くみられる。しかし現状認識・政策構想に差異はあるが、大隈財政と松方財政には継承性・連続性があるため、大隈

第 6 章　政策スキームの転換　271

財政を必要以上に悪者にする必要はないといえるかもしれない。

　図6-1をみると、すでに1881 (明治14) 年の年央には大隈財政末期にもかかわらず、明らかに紙幣価値の下落が解消し始めていた事実は、この主張を支持している。しかも紙幣整理の基本方策は、大隈の在任時に立てられていたため、大隈財政と松方財政は異なったものではなく、後者は前者を継承し強化したものである、という継続性を強調した見方がある。さらに20年間の松方財政期を一体的にみることはできず、前期は緊縮財政、後期は軍拡財政であるため、松方という同一人物でも時期によって正反対の政策がとられた点に注意すべきである。

　とはいえ上記のような最近の評価を過大視することもできない。なぜなら松方財政は、近代的財政金融制度の基礎を確立することに成功したほか、1886 (明治19) 年以降の本格的な企業勃興の直接的な前提条件を創出するものであったからである。少なくとも松方財政は、近代国家としての金融財政の筋道をつけた点で、大きな影響をあたえた財政運営であった。

　また松方財政は、江戸時代から進み始めた資本の原始的蓄積をさらに進展させたといった、従来からの評価を否定することはできない。ちなみに資本の原始的蓄積 (または本源的蓄積) とは、資本に転化すべき資金・生産手段の所有者と、生産手段から分離されて労働力を販売せねばならない労働者 (賃労働者) とが創出され、両者が結合される過程である (詳細は、第7章の第3節を参照)。このほか同時期におこっていた自由民権運動において、「貧農民権」と呼ばれるような過激な運動が展開される契機となったと指摘されていることも付記しておこう。

(5) 中央銀行の設立

　通貨制度を確立する最終段階は、中央銀行の設立と兌換紙幣の発行である。以下では、それらについて紹介するが、そのなかでは以後の通貨供給量の適切なコントロールとも大きく関連する、発券制度の概要にも立ち入って解説していく。

〈日銀設立の背景〉

　最後に、松方財政にとって紙幣整理事業と密接にかかわる、日銀の設立についても説明しておこう。中央銀行を設立すべきという意見は、すでに1871 (明治4) 年に、吉田清成がイングランド銀行を模倣した中央銀行の設立を主張しており、この案には同調者も多くいた。しかし伊藤博文の国立銀行案が最終的に採用になったため、この案は採用されなかった。その後、1881 (明治14) 年9月に内務

卿・松方が太政大臣・三条に提出した「財政議」では「日本帝国中央銀行」を設立すべきと提案したが、1882 (明治15) 年3月に再び大蔵卿就任後の松方が「日本銀行創立ノ議」を建議したことで、ようやく現実味を帯びてきた。

当時、日銀を設立しなければならなかった理由は、当座の理由と基本的な理由 (目標) に二分することができる。まず当座の理由は、既述のとおり国立銀行紙幣を消却することである。説明は省略する。他方、基本的目標は、「趣旨説明書」において以下の5つが掲げられた。第一は、金融の疎通である。つまり中央銀行が各国立銀行を支店とみなしてコルレスを開き、貨幣流通の網を全国に被せて通貨需要の繁閑を調節する必要性が高まっていた。さらに西南戦争後のインフレ対策のためには、バラバラの国立銀行では紙幣発行の抑制策をとれなかった。第二は会社・銀行の援助。すなわち中央銀行が、貸付や手形割引をおこなって資金を融通しその資力を拡張することで、ひいては商工業一般の拡大を図ることが目標とされていた。

さらに第三は金利の引き下げである。流動性の高い商業手形が不足して金利が高騰していたため、中央銀行が手形割引をして資金の流動性を高めることで金利を引き下げる役割を期待されていた。第四は、国庫出納事務の担当である。すなわち中央銀行が国庫出納事務や国債発行・償却をおこなうことであり、その資金は手形割引や正貨の買い入れに利用することができるようになる。第五は、外国為替手形の割引である。中央銀行がこの業務をおこなうことによって、金銀貨を収集することができる。ただしこの業務は、すでに正金銀行が実施していたが、いずれこの業務を日銀が引き継ぐことが想定された。

ちなみに現在における中央銀行の機能は、①銀行を規制し、銀行システムの健全性を維持すること、②銀行の銀行として行動し、銀行に最後の貸し手 (lender of last resort) として貸し出しをおこなうこと、③貨幣供給を調節して金融政策を実行することであるといわれている。このため現在は、民間の金融機関への資金供給が極めて特別の場合 (金融機関の倒産や取付等) に限られているから、当時の日銀は現代以上に大きな役割を期待されていた。特に (発券業務を除けば) 当時の日銀は巨大な民間銀行に近い業務内容であった、と考えることができよう。

1882 (明治15) 年6月に、松方の建議を受けて日本銀行条例が公布され、これを根拠法として同年10月に日銀は開業された。開業当初の同行は、松方が日本銀行条例のモデルをベルギー国立銀行条例に求めた結果、西欧の中央銀行よりも

第6章

〈コーヒーブレイク：両と円を結ぶ時空〉

日本橋本石町にある日銀本店は、建物を上空からみた形状（平面形状）が「円」という形で印象深い。これは設計者・辰野金吾が、日本の通貨単位「円」に意識的に形状を整えたといわれる（なお辰野は、この建物の建築事務主任をしていた高橋是清が唐津藩の英語学校「耐恒寮」の教員をしていたときの教え子である）。この建物の着工時期は 1890（明治 23）年 9 月、完工時期は 1896（明治 29）年 2 月であるから、すでに円が使用されており納得できる話である。しかし当時の通貨単位の漢字表記は「圓」であったから、建物の形を通貨単位と結びつけられないという主張もしばしば聞かれる。とはいえ円は 1896 年以前から使用されていたという説もあるため、やはり辰野が意識して円の形にした可能性は否定できない。

もっともこの「圓」という通貨単位は、日本だけではなくアジア各国の通貨単位としても使われていた。例えば韓国の「ウォン」の漢字表記は「圓」、中国の「元」は「円」の同音字を当てたもので、この本来の旧字は「圓」である（これらの情報は、笹原宏之『日本の漢字』岩波新書等による）。さらに満洲国の満洲中央銀行券も「圓」を使用していた。これらの点については、下巻の第 4 章（補論）で太平洋戦争時の円ブロック形成に関連して解説する予定である。このように「圓」が、数世紀にわたって東アジアで使われていた事実は非常に興味深い。このため大隈ら当時の政府首脳が、新貨条例で円を採用するにあたってこれらの情報をいかに考えていたのか、いまとなっては不明であるが是非とも知りたいものである。余談ながら、昭和初期に建設された霞が関の官庁建物は、平面形状が旧警視庁（A 字型）、旧内務省（B 字型）、旧外務省（C 字型）、文部省（D 字型：現存）、法務省（E 字型）というようにアルファベットで揃っていたため、霞が関地区のことを「ABCD 街」と呼んでいた。戦前の官庁営繕には遊び心があったというべきかもしれないが、筆者の親世代には懐かしい光景である。

ところで日銀本店の敷地は、近世には金座の敷地であったことはご存じだろうか。家康は、1595（文禄 4）年に京都の金匠であった後藤庄三郎光次を江戸に呼び寄せ、日銀本店の敷地に屋敷をあてがって金座とした。それ以降は、後藤庄三郎家の世襲によって金貨が鋳造され続けた。このため大判には「拾両後藤（花押）」の墨書き、小判には「壱両後藤（花押）」の極印が打たれた。ちなみにこの周辺は、江戸時代のビジネス街であったほか、敷地脇の運河（現在の首都高下）から貨幣を船輸送できるなど地の利がよかった。また地租改正時に東京府内の最高地価点であった日本橋の魚市場（この点は、第 3 章の第 3 節を参照）が、江戸期より近くに立地していた。そして明治時代になっても、貨幣司（貨幣鋳造部局）のもとで引き続き後藤家が二分金を鋳造していたが、1871（明治 4）年 2 月に大阪の造幣局で金貨（本位貨幣）の製造を開始したことによって、大蔵省から立ち退きを命じられた。その 12 年後の 1882（明治 15）年に日銀が設立され、当初は日本橋箱崎町に本店が設置されたが、1896（明治 29）年 2 月に現在地に移転した。

このため日本の通貨は、1590 年代半ばよりほぼ 400 年間にわたって、同一敷地内で営々と発行され続けたことになる（ただし現在の紙幣印刷は、独立行政法人国立印刷局の工場でおこなわれている）。これらは、日本人が変化を嫌う国民性であることを示唆しているのかもしれないが、歴史の重みを感じる事実であろう。

政府（大蔵省）の監督権が強くなった。政府の監督権が強い事例として、例えば日銀総裁の勅任制、大蔵省からの監理官派遣、定款の改正や重要決議の許可制などがあげられる。資本金は開業時には200万円であり、その出資内訳は政府半分、民間半分となっていた[21]。その株主は日本人に限定しかつ大蔵卿の認可が必要であるとしたため、設立時の株主は580人に上った。

　また意外なことに、営業年限が30年と期限付きであり、その営業内容は政府手形および商業手形の割引または買入、地金銀の売買、金銀貨抵当の貸付、手形取立、諸預り、公債・政府手形・政府保証証券を抵当とした当座貸および定期貸、国庫金の取扱、兌換銀行券の発行であった。その反面、不動産や株券抵当の貸金、営業外不動産の所有や工業に関する事業（つまり商業金融を標榜し、産業金融への進出）は禁止された。

　日銀が開業して国立銀行紙幣の整理の受け皿ができたことを受けて、既述のとおり翌83（明治16）年5月には国立銀行条例が再改正された。松方による銀行制度の整備は、これだけではなかった。なぜなら松方（大蔵省）は、すでに明治十四年政変の前後から「銀行分業構想」という独自の見解を主張していたからである。これは、国内資金を効率的に使用するため、短期商業金融は日銀や国立・普通銀行が担当し、貯蓄奨励・長期金融は貯蓄銀行や特殊銀行が担当するなど、それぞれの目的に沿った銀行を設立すべきという主張である。

　ただし農商務省との対立があったため、貯蓄奨励・長期金融の分野では貯蓄銀行の設立に向けて、すでに1890（明治23）年8月に銀行条例と同日付けで貯蓄銀行条例が公布されていた。また特殊銀行の設立は、以下のように日清戦争後にずれ込んだ。すなわち1897（明治30）年6月に日本勧業銀行、1898〜1900（明治31〜33）年に農工銀行、1900（明治33）年2月に北海道拓殖銀行、1902（明治35）年3月に日本興業銀行が、それぞれ設立された。1900年代初頭にこれらの特殊銀行が揃ったことで、ほぼ戦前期の銀行分業形態が完成したといえよう。

〈兌換銀行券の発行開始〉

　日銀開業から1年以上遅れた1884（明治17）年5月、兌換銀行券条例が布告された。この条例は、日本銀行券の発行に関する根拠法規であるため、日銀は設立当初から銀行券を発行したわけではない点に注目しなければならない。このように日銀条例に初めは発券規定がなかった理由は、日銀発足当時はインフレがいま

だ収束しておらず、正貨と紙幣（銀紙）との間にかなりの差があり、兌換券発行が現実的に不可能と予想されたためである。それゆえ国立銀行紙幣を消却することに業務を絞って、事業をスタートさせた。

その後、国立銀行紙幣の消却にある程度の筋道が見えてきたほか、正金銀行の外国荷為替業務の働きによって正貨が加速的に備蓄され、表6-2のように1885（明治18）年に入ると銀紙の開きが無視しうる大きさになって、発券業務を実施できる目処がたってきた。なお表6-2で、政府の正貨現在高が1886（明治19）年より急激に減少しているが、これは日銀への出資等の形で政府保有から日銀保有へと正貨を移動させたためである。この正貨は、最終的には兌換紙幣の準備を積み増しする目的に活用された。ちなみにわが国全体の正貨保有高は、日銀の正貨保有高が急増したため1885（明治18）年の4227万円から1888（明治21）年の5549万円へと、わずか3年間で3割強も増加している。順調に兌換準備が増加していたことがわかる。

これらの環境整備を受けて、1885（明治18）年5月に日本銀行兌換銀券の発行が開始された。このため例えば10円紙幣の表側には、「此券引かへに銀貨拾円相渡可申候也」という文章が明記された。つまり本位銀貨（1円銀貨）10枚との交換を明記していた。すでにしばしば記述したように、1886（明治19）年1月には政府紙幣等（政府紙幣、国立銀行紙幣）の銀貨兌換も開始されたことで、銀本位制による近代的通貨・金融制度が樹立された。

もっとも兌換紙幣を発行する以上、紙幣発行額と正貨蓄積額との間に一定のルール（発券制度）を設定しておかなければ、紙幣の信頼性を維持することはできない。この点について当初は、比例伸縮法が採用された。この制度は、紙幣発行高と準備との比例を法律上で決めておかず、市場の景況によって随時変更することができる制度であった。しかしこの制度は、紙幣供給が正貨の多寡で制約されない反面、紙幣発行額が過剰になる危険性があった。このため1888（明治21）年8月に兌換銀行券条例が改正され、この改正によって発券制度として保証準備発行屈伸制限制度が採用されることとなった[22]。ちなみにこの制度は、以下のようなルールで構成されていた。

① 基本的には、金銀貨および地金銀を兌換準備として、同額の兌換銀行券を発行することができる。これを「正貨準備発行」と呼ぶ。

② 正貨準備発行以外に、（正貨準備を必要とせずに）国債、大蔵省証券その他償

還の確実な証券または商業手形を保証として 7000 万円までは、兌換銀行券を発行することができる。つまり一定限度額までは公債等による「保証準備発行（保証発行限度）」ができる。

③そのほか必要に応じ、大蔵大臣の認可を得て日本銀行が制限外発行税を納めることで、さらに兌換銀行券を増発できる。このような発行形態を「保証準備発行（制限外発行）」と呼んでいる。

この制度は、1931（昭和6）年に高橋是清・蔵相によって赤字国債の日銀引受が開始された後も、②の保証発行限度額を弾力的に引き上げることで使用され続けた。そして 1942（昭和17）年2月に日本銀行法が制定され、そこで「最高発行額制限制度」に変更されるまで、当制度は 50 年以上にわたって機能した。ただし最高発行額制限制度も、1943（昭和18）年度以降は戦時統制経済下で実質的に停止状態となった（詳細は、下巻の第4章の第2節を参照）。

日銀券の発行に関するその後の動きは、以下のとおりである。すでに第5章の第4節で部分的に説明ずみであるが、再確認の意味で書き出しておこう。まず 1897（明治30）年 10 月に、松方正義蔵相が貨幣法を制定した。これにより金本位制への復帰を決定した。そして 1899（明治32）年末に、日本銀行（金）兌換券を発行し、この銀行券と金貨を交換することで金本位制が確立された。

このとき発行された金兌換券は、表 2-7 のように 1899（明治32）年に5円券、10 円券、1900（明治33）年に 100 円券の3種類であった。例えば 10 円券は、裏側にイノシシが描かれていたため「イノシシ」と呼ばれ、その画像の下に「Promises to Pay the Bearer on Demand TEN YEN in Gold」と英訳され、表側には「日本銀行兌換券」、「此券引換ニ金貨拾円相渡可申候也」と印刷された[23]。

さらに金本位制の施行時の年末（1899［明治32］年末）に、政府紙幣（正確には明治通宝と改造紙幣）と国立銀行紙幣の通用停止が言い渡され、これによって市場で流通している紙幣は日銀券のみに統一された。この交換作業の終了をもって、念願の紙幣整理は完了したのである。維新政府を悩ませた最大の難問である通貨制度の確立は、実に 30 年超もかかってやっと達成することができた。ちなみにこの間の紙幣整理の推移を、現金通貨に占める各種紙幣・貨幣の構成比で示すと、図 6-5 のようになる。この図によると、日本銀行券の発行開始とともに政府紙幣は急速に減少しており、特に産業革命の開始直後に両者が入れ換わって、紙幣整理が急速に進んでいたことが確認できる。

第6章　政策スキームの転換　277

図6-5 通貨流通高の種類別構成比の推移

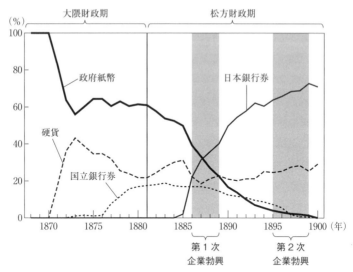

(注)この図では、232頁の図5-11における近世の通貨が全く考慮されていない点に注意してほしい。
(資料)江見康一ほか編『貯蓄と通貨』東洋経済新報社、1988年の218頁より谷沢が作成。

図6-6 日銀の国内民間貸出残高と民間銀行貸出残高に対する比率（対民比率）

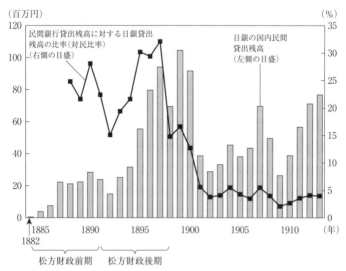

(注)日銀の国内民間貸出残高は、定期貸、当座貸、手形割引の合計額である。
(資料)神山恒雄「財政政策と金融構造」『日本経済史 2 産業革命期』東京大学出版会、2000年の99頁の表2-8より谷沢が作成。

〈重層的金融構造の形成〉

ところで日銀の活動は、たんに日銀券を発行して通貨制度の再構築を達成しただけではない。日銀設立の目的の一つとして示したように、民間銀行を側面的に支えていた。すなわち第1次・第2次企業勃興期の旺盛な資金需要に対して、銀行条例（施行は1893［明治26］年）にもとづき設立された直後の普通銀行だけではとても資金を供給しきれないため、日銀が民間企業に資金供給していた。

いま、日銀の国内民間貸出残高の民間銀行貸出残高に対する比率（対民比率）の推移を、図6-6でみてみよう。この図をみると、1890年代後半以降に急速に日銀の貸出残高が増えており、1899（明治32）年末には1億円を突破した。この動きに合わせて、対民比率もおおむね1897（明治30）年には32％に達した。しかも民間銀行は、日銀からの借入金を企業に再融資することで利鞘を稼ぐ、鞘取銀行としての銀行経営をおこなっていた。ちなみに日銀から民間銀行への資金供給の方法は、有価証券・商品抵当金融でおこなわれており、代表的な事例として製糸金融における生糸担保付手形の再割引があげられる（この製糸金融は、第7章［補論］の第2節を参照）。

ただしこのような行動も、1900（明治33）年までであり、1901（明治34）年からは対民比率がおおむね5％以下に抑えられるようになった。その背景には、1897（明治30）年より松方蔵相・岩崎弥之助日銀総裁のもとで、日銀の貸出制度改革が実施されたことがあげられる。つまり兌換券の膨張を抑制して日銀の金融調整力を確保するため、民間企業・銀行への貸出を資金需要の割に抑制するようになった。このような日銀の政策変更にともなって対民比率が急減したほか、民間銀行は日銀借入金に依存しないように、預金準備を充実するために預金獲得を強化して、預金銀行化を進めていった。

もっともこれによって民間銀行と日銀との関係がなくなったわけではない。なぜなら有力銀行でも、資金不足が発生したときには、預金支払い準備として保有していた大蔵省証券の再割引によって日銀から資金供給を受けるなど、日銀は引き続き一時的な資金供給をおこなっていたからである。ただし日銀と取引できる銀行は、都市銀行と有力地方銀行に限定されていたため、地方圏などの地域的な資金の需給調整などでは、都市銀行・有力地方銀行が日銀に代わって金融調整をおこない、日銀の活動を補完していた。

このため明治後期には、日銀→都市銀行→有力地方銀行→地方中小銀行という

資金系列化が進んだほか、これを可能とした普通銀行の重層的金融構造が形成された。これも 1900 年代に入っておこなわれた、日銀の政策変更にともなう影響である。これらの金融経済の変化は松方財政直後の話であるが、松方財政がその見通しを付けたことで可能となった。

最後に、日銀設立の評価をみておこう。まず日本銀行の設立は、国立銀行による分権的発券制度に代わって集権的発券制度を確立することで通貨価値の安定をもたらすなど、銀本位制にもとづく近代的通貨・金融制度が樹立された。通貨価値の安定をもたらしたという点では、その後の日本経済の発展基盤を構築することになったという指摘が多い。すなわち図 6-5 で確認できるように、政府紙幣の消却に合わせて日銀による紙幣発行が順調に進み、マネー供給量の増加を可能としたことは、その後に到来する産業革命へスムーズに移行できた理由であろう。

また歴史上からみると、田沼意次による南鐐二朱銀の新鋳（1772［明和 9］年）で海外の金銀比価から大きく乖離し始めた。このようなわが国独自の銀重視政策が、日銀による兌換銀券の発行（1885［明治 18］年）によって最終的に修正され、近代的な通貨制度を軌道に乗せることができた。その修正に 1 世紀以上かかったわけである。これは筆者の個人的意見であるが、歴史の流れのなかで前近代の旧弊がようやく払拭できたことを意味する。本書が江戸時代から記述し始めた理由の 1 つとして、このような 1 世紀以上にわたる金銀比価の調整過程を経て、通貨制度の破壊と再生が達成できたことがあった点を再認識してほしい。

註

(1) 明治維新の時期規定を含む明治維新論争全般に関しては、佐々木寛司『明治維新史論へのアプローチ』有志舎、2015 年の第 3 章「明治維新の時期区分」、石井寛治「明治維新論争」石井寛治・原朗ほか編『日本経済史』第 1 巻（幕末維新期）東京大学出版会、2000 年の 43-49 頁。奈良勝司「明治維新」歴史科学協議会編『戦後歴史用語辞典』東京堂出版、2012 年の 292-293 頁がバランスよく解説している。論争のなかには、明治維新の始期を天保改革時に求める考え方もあったが、現在ではこの考えは少数派である。なお筆者の分類によると、大日本帝国憲法が施行されていない 1886～88 年を立憲政府期とみなすことになり、少々都合が悪くなる。しかしこの時期は、実質に憲法施行下の体制が政府内で確立されていたとみなして立憲政府に分類した。

(2) このような実力者の代替わりとそれによる明治維新の時期区分は、成田龍一『近現代日本史と歴史学—書き替えられてきた過去』中公新書、2012 年の 18-19 頁による。もっとも原田敬一『日清・日露戦争』岩波新書、2007 年の 4-5 頁では、三条実美・岩倉具視がともに政治の舞台から消えた 1880 年代後半を世代の変わり目と考えているが、経済史上では成田の考えのほうが都合がよい。また大久保暗殺後の政権に関しては、色川大吉『歴史の方法』岩波書店、1992 年の 74-75 頁も興味深い記述をしているので参照されたい。

(3) インフレ期待の説明は、『日本銀行百年史』第1巻、1982年の59頁等を参考にした。ちなみに同書の考え方は、大蔵省編『貨政考要』1885年（『明治前期財政経済史料集成』第13巻、原書房、1979年に収録）にもとづく主張を整理したものであるが、そこではインフレ期待ではなくインフレ・マインドと呼んでいた。

(4) 小野武夫『農村史』東洋経済新報社、1941年の115頁。

(5) 太政官制期（正確には、各省官制が制定された1886［明治19］年以前の三院制期）における大蔵省の幹部役職は、以下のとおり：大蔵卿→大蔵大輔（大蔵事務次官に相当）・大蔵権大輔→大蔵省事務総裁→大蔵少輔（局長に相当）・大蔵権少輔→大蔵大丞・大蔵権大丞（課長に相当）→大蔵少丞・大蔵権少丞→大蔵大録・大蔵権大録→大蔵中録・大蔵権中録→大蔵少録・大蔵権少録→筆生→省掌。

(6) このほか由利公正が1869（明治2）年3月に財政金融担当の参与を辞任した直後に、大隈は会計官（後の大蔵省）副知事となったほか、同年には大蔵大輔（後の大蔵事務次官）となって、大蔵省の事務を掌握していた。このため1869年3月～73年5月も大隈財政期に入れることが可能であるが、同時期は大蔵省内では発言力が強かったが、大臣ポストには就いていなかったため、あえて大隈財政期から外した。

(7) さらに大蔵卿時代の佐野について、井上馨によると渋沢栄一が「佐野さんは、まるで大隈さんの御名代」などと揶揄していたと記憶していたため、やはり④の時期を大隈財政期に含めることは問題なかろう。この渋沢の発言は、沢田章編『世外侯事歴維新財政談』（下巻）岡百世、1921年の448頁に掲載されている。

(8) 三和良一は、大隈財政期を前期（1873～77［明治6～10］年）、中期（1878～80［明治11～13］年8月）、後期（1880［明治13］年9月～81［明治14］年6月）、末期（1881［明治14］年7月～同年10月）の4区分としている。この考え方の背景には、前期が殖産興業を中心とした積極政策の時期、中期がインフレのもとで積極政策の手直しが進められた時期、後期がインフレ抑制のもとで殖産興業政策を転換する緊縮期、末期が紙幣整理案と中央銀行設立案を提案した時期としている（以上の点は、三和良一『経済政策史の方法』東京大学出版会、2012年の103-104頁を参照）。このように詳細に分類することはかならずしも悪いわけではないが、本書のように紙幣整理を中心として説明するなら2区分でも問題ないと考える。

(9) このような事情がおこる理由は、当時採用されていた予算制度が「甲乙予算制度」と呼ばれ、当年度中に歳入全体を調達して当年度中に全額支出することができず、過年度の予算に計上された資金の一部を当年度以降に分割して支出していたためである。甲乙予算制度については、室山義正『松方財政研究』ミネルヴァ書房、2004年の282-283頁を参照してほしい。また紙幣整理に関する現金支出ベースの数字は、室山義正「松方デフレーションのメカニズム」梅村ほか編『松方財政と殖産興業政策』の141頁の表5-4に掲載されているので参照のこと。

(10) 本書では、室山「松方デフレーションのメカニズム」の140頁の時期区分にしたがって、松方財政期を1881（明治14）年以降としている。ただし『日本銀行百年史』第1巻の111頁では、1881（明治14）年を大隈財政期に加えているなど、かならずしも認識が一致しているわけではない。

(11) 「正金通用方案」の具体的説明は、以下の文献を利用した。室山義正『松方財政研究』ミネルヴァ書房、2004年の78-79頁。山本有造「大隈財政論の本態と擬態—「五千万円外債案」を中心に」梅村又次・中村隆英編『松方財政と殖産興業政策』東京大学出版会、1983年の91-92頁。

(12) 引用文の前者は、『日本銀行百年史』第1巻の82頁、後者は杉山伸也『日本経済史—近世～現代』岩波書店、2012年の201頁による。このうち後者は、「国民から通貨の信任を得るためには、紙幣ではなく正貨をきちんと蓄えておく必要がある。紙幣は回収・

第6章

第6章　政策スキームの転換　*281*

廃棄すべきである」という意味である。

(13) 松方正義の経歴については、三和『経済政策史の方法』の106-107頁の年譜が比較的よくまとまっているので参照のこと。

(14) ちなみに松方財政期の対象期間のうち、1880年代半ばまでとする説は大石嘉一郎「松方財政」『国史大辞典』第13巻の105-106頁であり、1890年恐慌までとする説は神山恒雄「財政政策と金融構造」石井寛治・原朗ほか編『日本経済史　2産業革命期』東京大学出版会、2000年の64頁である。特に神山は、松方財政期を、兌換制度の成立を区切りとして、前期松方財政（1881～86［明治14～19］年）と後期松方財政（1886～90［明治19～23］年）に区分しており、本書の区分と大幅に異なっている点に留意されたい。

(15) この部分の指摘は、三和『経済政策史の方法』の111頁に依拠している。

(16) 政府紙幣（政府保有分）の整理方法については、『日本銀行百年史』第1巻の109-114頁。室山「松方デフレーションのメカニズム」の133-139頁。玉置紀夫『日本金融史』有斐閣選書、1994年の48頁などを参照した。

(17) 政府紙幣（市中流通分）の銀貨兌換方法については、『日本銀行百年史』第1巻の304-305頁に依拠した。

(18) 国立銀行紙幣の消却方法については、『日本銀行百年史』第1巻の295-297頁を参照した。

(19) この指摘については、三和『経済政策史の方法』の126頁に依拠している。

(20) 大隈財政末期がスタグフレーションであったという室山義正の指摘は、室山『松方財政研究』ミネルヴァ書房、2004年の15頁に記述されている。

(21) 余談ながら現在の日銀では、資本金は1億円と日本銀行法により定められており、そのうち5500万円（2013年3月末現在）は政府出資であり、残りは民間等の出資となっている。ちなみに日本銀行法では、日本銀行の資本金のうち政府からの出資の額は、5500万円を下回ってはならないと決められている。

(22) この保証準備発行届伸制限制度という名称は、おもに研究者が使用しており、『日本銀行百年史』第1巻の318頁では「保証発行届伸制限法」と命名している。しかし前者の名称のほうが普及しているため、本書でも同名称を使用した。また以下の同制度の説明は、『日本銀行百年史』第1巻の318頁を参考とした。

(23) これらの情報は、三島四郎・作道洋太郎『貨幣—歴史と鑑賞』創元新書、1963年の150頁による。なおBearerは「紙幣の持参人」のことである。

第7章　産業化の律動

(1) 産業革命の諸相

　日本経済が近代化を進める過程では、他国と同様に産業革命という経済現象を経験した。このため国際比較上等の視点より「日本産業革命」研究が進行しているが、本節では同研究で使用された基本的概念を整理することから始めよう。

〈産業革命観の変遷〉

　産業革命は、高校の歴史教科書にかならず登場する馴染み深い用語であるが、大学（日本経済史）の教科書上でも松方デフレ期がほぼ終息した時期から発生した現象として具体的に解説されている。産業革命とは、そもそも18世紀後期～19世紀前期のイギリスでおこった、めざましい技術進歩・産業上の諸改革（特に工場制工業の出現）と、それによる経済・社会組織の革命的変化のことである。

　この産業革命という名称は、すでにK.マルクスも使用していたが、上記のような意味を最初に与えた研究者は、アーノルド・トインビー（1852～83年）であった[1]。すなわち同人の死後に弟子たちによって出版されたオックスフォード大の講義録『18世紀イギリス産業革命講義』（1908年）のなかで、①産業革命が突発的または激変的に発生したこと（突発性）、②産業革命によって賃労働者や手工業者の生活水準が窮乏化したこと（窮乏化）、の2点が明示された。

　しかし早くも第1次大戦後には、この考えに対して批判がおこった。すなわち突発性と窮乏化の2つを否定するような統計的研究成果が、多数提出されるようになった。このうち突発性に関しては、産業革命期の諸現象はそれに先立つ経済の連続的発展の成果であり、産業革命の過程そのものも長期にわたる緩慢な持続的発展にすぎないとした。後にこの考えは、連続説と呼ばれるようになった。

　また窮乏化の視点では、労働者の生活水準は向上していると批判したことから、トインビーの説を悲観説、それに否定的な意見を楽観説と呼ぶようになった。この生活水準に関する論争（生活水準論争）は、現在も続いており結論が出ていない。

283

このうち連続説かつ楽観説の立場にたって産業革命を整理した代表的研究者として、H. クラッパム、T. アシュトンなどがあげられる。

ただし同一人物がつねに首尾一貫した主張を繰り返すとは限らない。例えばアシュトンの『産業革命』(1948年) では、次のような変化に注目する。①開放耕地の囲い込み、②大きな人口を擁する都市の成長、③煙突の林立、④公道の整備、⑤運河網の整備、⑥鉄道の敷設、⑦定期蒸気船の運行、⑧人口増加と若年者比率の増加、⑨農村から都市への人口移動、⑩家族労働から工場労働への移行、⑪新しい原料源、新しい市場の開拓、⑫新しい商業手段の開発、⑬金本位制の採用、⑭銀行制度の発達、⑮特権や独占の排除、⑯営業の自由の確立、⑰国家の役割の後退、⑱革新と進歩の思想による伝統的観念の駆逐 (岡崎哲二『経済史』の98頁)。

このような18点にも及ぶ事項は、あくまで産業革命期の変化を羅列したにすぎず、因果関係を確定したものではないが、極めて興味深い社会観察である。これらは、いずれも産業革命期がれっきとした非連続説に分類されることを示している。さらに現在の高校教科書でも、論争の動向とは関わりなく、一貫して非連続説が採用されている。

ところで歴史をひもとくと、同様の現象はイギリス以外の国でも発生したとみなされている。たしかにイギリスで発生した現象が、人や情報の波及とともに国境や海を越えて他国に伝播することは大いにありえることである。そこで研究者によって提起されている各国の産業革命の時期を開始時期別に並べてみると、イギリス (1760〜1830年)、フランス (1830〜70年)、アメリカ (1840〜70年)、ドイツ (1848〜70年)、ロシア (1873〜90年)、日本 (1886〜1907年)、イタリア (1896〜1914年) といった流れとなっている。

この流れからイギリスが突出して早く、イギリスの発生から2番目のフランスの発生までに時間がかかっているが、その後は瞬く間に各国に伝わったことがわかる。たしかにイギリスで発生した現象・知識等が、人や情報の波及とともに国境や海を越えて他国に時間差をともない伝播することは、大いに考えられることである。それゆえわれわれがこれら類似の現象を総合的に検討することは、現象の普遍化＝定義化・抽象化をともなった国別の比較分析や波及メカニズムを解明することに通じる。

第2次大戦後に目を転じると、相変わらず連続説と非連続説、悲観説と楽観説の論争は続いていたが、新たなアプローチが提起されてきたことも指摘しなけれ

ばならない。すなわち従来の産業革命が意味していた〈農業支配的な経済から工業化への過程〉という一側面を強調して、たんに「工業化」、「産業化」といったり、近代成長の初期段階を「テイク・オフ」（take-off）と呼んだり「近代経済成長」という概念を提起するなど、連続説に依拠しつつも産業革命を特段強調しない考え方がでてきた。

このうちテイク・オフとは、W. ロストウによって提唱された経済の発展段階を論じた一区分を指している。すなわち一国経済は、伝統的社会、離陸先行期、離陸（テイク・オフ）、成熟化、高度大量消費の5段階で発展し、特に離陸期には貯蓄率と投資率が急速に高まり、1人当たり GNP は持続的な上昇を開始する。そしてこの時期には、投資率が従来の5%以下から10%以上に増加すること、主導産業が現れ他の産業部門の成長を誘発すること、経済成長を持続するための政治的・社会的・制度的な枠組みが成立することを指摘した。

また近代経済成長とは、各国の経済成長を比較研究した S. クズネッツの主張した概念である。すなわち人口が前近代にない高率で長期的に増加し、かつそれを上回る率で国民所得が増加すること、つまり近代経済成長とは1人当たり生産物が持続的に成長すると要約できるというものである。ここでは多数の国で、近代経済成長の初期時点が、ほぼ産業革命の開始期と一致している事実を指摘しておこう。両理論とも、産業革命期を超長期の歴史上で位置付けた点で、旧来の産業革命観と異なる視点を提供した。

このほか A. ガーシェンクロンによる「相対的後進性の有利性」理論も、産業革命と異なった概念である。すなわち同理論は、日本のような後発国は、英米仏などの先進国が長年かかって開発してきた技術や制度を容易に借用、導入できるから、発展のスピードは先進国以上に早くなるという内容である。要するに、近代に至って非先進国で確認できる急激な成長は、その国が到達していた経済水準によっても異なってくるという新たな視点を追加した。

その後も、産業革命イメージの修正とそれに関わる論争は継続されている。例えば1980年代になると、N. クラフツ、K. ハーレイらがイギリスの産業革命期に関して、以下の点を指摘した。まずクラフツは、成長会計分析という新たな統計解析を使用した計測結果から、産業革命期に経済成長が急激に上昇した事実や技術進歩の寄与度が急激に上昇した事実はないと指摘した。例えば表7-1では、右端の残差部分が技術進歩の伸び率を示しているが、産業革命期に入った1760

表 7-1　イギリス産業革命の成長会計分析（年平均）

(単位：%)

	経済成長率	資本投入増加の寄与	労働投入増加の寄与	残差（TFP上昇率）
1700-1760	0.70	0.35	0.15	0.20
1760-1801	1.00	0.50	0.40	0.10
1801-1831	1.90	0.85	0.70	0.35

(注) 1. 残差（TFP上昇率）とは、技術進歩の大きさを示す。
　　 2. 期間の差を調整するため、年平均に調整してある。
　　 3. イギリス産業革命期は、1760〜1831年である。
(資料) 岡崎哲二『経済史』新世社、2005年の102頁（ただし原資料は、N. F. R. Crafts の論文）。

〜1801年がそれ以前よりも伸び率が低下したことが示されている。

　またK. ハーレイは、綿工業生産の経済全体に占める割合が小さく、綿工業がリーディング・セクターであったとはいえない。この割合は、1815年に7%、1841年でも10%にとどまっていたという。つまり産業革命のイメージが、綿工業を中心として急激な経済成長が発生したのではなく、成長があったとしてもそれほど高くはなかったほか、綿工業の貢献度も大きくはなかったとの認識が強まっている。さらにドイツでも、1990年代に入って①産業革命の革命性の否定、②長期経済発展の終了局面としての産業革命、③国家レベルではなく地域的な現象としての産業革命、④資本蓄積の重要性の見直し、といった産業革命像の修正が進んでいる。

　最近ではロバート・C・アレンの議論も注目されている。彼は、イギリス産業革命を論ずるにあたって技術の需要側から説明することを試みている。18世紀当時のイギリスでは、高い賃金、低い資本価格、安価なエネルギーといった物価構造が出現していた。とくに高賃金に関しては、国際貿易で繁栄することで都市化が進むほか、例外的に中世以来の人口停滞が続いていたため、高賃金と生活水準の上昇が発生していた。

　このような状況で、労働節約的、資本集約的、しかもエネルギー使用的な技術が選択された。つまり、より少ない労働者が、石炭で動く機械を使用して生産するという方法が選択された。ここでは、労働、資本、エネルギーの相対価格が説明の鍵となるなど、標準的な経済理論のツールを使った説明がなされている。

　このように産業革命に関連した議論は、周辺領域の新たな研究を誘発しつつ徐々に変化しつつある。とりあえず本章では一般的・普遍的特徴として、①近代

経済成長の開始時期に底堅くかつ不可逆的な経済成長がおこり、②全般的かつ全国的な経済社会構造の転換が達成された時期として、産業革命に注目しておく。

〈日本の産業革命研究〉

　翻って日本では、戦前からマルクス主義史観（つまり唯物史観）の強い影響のもとで、海外の研究とは異なる独自の産業革命研究がおこなわれ、戦後もその影響が強く残っていた。以下ではわが国の産業革命研究の背景にあった考え方を、いわば学説史・研究史として簡単に振り返っておく。

　わが国では長い間、おもに日本の資本制生産がいつ確立したかという歴史的視点の目安として産業革命が注目されていた。このためそれとの関連で、①日本の産業革命はいつ終わったのか、②日本の産業革命は先進国のそれと比較してどのような特質があるのか、に関心が集中した[2]。

　このうち①は、日本が産業革命後に独占資本主義段階へ進んだため、研究者がどの時点・状況でその動きを確定したのかに注目したことを意味する。②については、大塚久雄がイギリスの産業革命を「産業革命中の産業革命」であるため the Industrial Revolution と指摘していた事実や、それゆえ戦後の代表的な研究者である石井寛治が『日本の産業革命』（1997年）という題名の著書を出版した事実をあげておこう。いわば特殊日本的な産業革命像が、根強く支持されてきた。

　ところで産業革命という用語は戦後長いこと、唯物史観にもとづく経済史（マル経）グループが主に使用してきたが、少数派から徐々に増え続けた数量経済史（近経）グループは、あまり使用しなかった。近経グループは、海外で産業革命の革命性に疑念がおこったことを考慮して、当該時期を論じる際に「工業化」、「産業化」、「近代的経済発展」などと呼ぶことが多い[3]。ただし同グループのなかには、南亮進のように「初歩的形態の近代経済成長」と、あえて産業革命期を他の時期と区別して記述する研究者もいる。

　他方、マル経グループは、大塚史学（とくに局地的市場圏論）等にもとづき産業革命を説明しており、欧米の多様な産業革命研究と比べると旧来の解釈を踏襲している。この理由は、戦後の日本産業革命の議論が活発におこなわれていたころ（1970年代まで）に、歴史学界では大塚史学が多方面にわたり強い影響を与えており、その考えが今日まで根強く残っているためである。以上の事実に代表されるように、両派とも産業革命期に成長が加速したことを認めており、欧米のような

第7章　産業化の律動　　*287*

成長率等のデータにもとづく激しい論争は発生していない。両派の産業革命観が
それほど異なっているわけではない。

　もっともマル経グループの研究者が全員、産業革命という用語を戦前より使用
していたわけではない。例えば、マル経グループのうち講座派の先駆者・山田盛
太郎は、『日本資本主義分析』（1934年）のなかで、産業革命に相当する表現とし
て、「産業資本確立過程」を使用している。その理由として山田は、産業革命を
主導する日本資本主義が軍事的半農奴的な性格のもとで正常に育たなかったため、
産業革命が畸形化し萎縮した。このため西欧のような一時代としての典型的な産
業革命が展開しなかったからだとしている[4]。そして同書では、この過程を規定
する（つまり解明する）ことに1つの重要な力点が置かれていた[5]。

　山田（講座派）の主張の背後には、わが国が本家イギリスの成熟した産業革命
の形とは異なる未熟な発展過程をたどったという認識が確認できるが、このよう
な考えは戦後に至っても大塚史学の影響下で圧倒的に支持され、1950〜60年代
には多数の専門論文上で「産業資本確立過程」（それゆえ産業革命終了後は「産業資本
確立期」）といった時代区分が使い続けられた[6]。このため日本の産業革命に関す
る論文を入手する際には、情報検索でこの用語も加えなければならない。

　以上の経緯より日本の産業革命の概要を理解するためには、産業資本という概
念が決定的に重要となる。なぜなら国民経済（つまり国民国家によって形成された経
済）を資本主義的体制へ編成し直す歴史的変革期として産業革命を位置付け、そ
の産業革命が産業資本の確立しつつあるなかで発生すると考えるからである。こ
の産業資本とは、一般的に以下のような3つの資本（利潤を生み出すために用いられ
る価値物とその生み出し方法）の1つと考えられている。

　　A)利子生み資本：貨幣を貸して利子を取る方法。例えば高利貸資本など。

　　B)商人資本（または商業資本）：貨幣で商品を購入して、それを仕入れ値段よ
　　　　　　　　　　　　　　　り高く販売して儲ける方法。

　　C)産業資本：貨幣で設備・機械・原材料などを購入し、労働者を雇用して
　　　　　　　　製品を製造・販売して利潤を得る方法であり、生産過程と流
　　　　　　　　通過程が一体化したもの。

　このうち利子生み資本と商人資本は、もともとマルクスが「資本の大洪水以前
的形態」と表現していたように、単純な商品流通と貨幣流通の発生にともなって
産業革命（資本主義）以前の諸社会に現れた、前近代的資本形態のことである。こ

のため大塚久雄は両者を前期的資本と呼んだほか、農民的な小経営の発展過程で共同体内での社会的分業が進んで、小商品生産者が産業資本に成長していくとみなし、それが局地的（つまり限られた）市場圏内で形成されていくと主張した。

そして前期的資本から産業資本へと移行する（つまり産業革命期に移行する）際に、資本―賃労働関係が作り出されるまでの過程（正確には同関係が成立・完了するまでの要件）として、「資本の本源的（または原始的）蓄積」や「農民層分解」といった概念が研究上で盛んに使用された[7]。ちなみに資本制生産では、資本―賃労働関係が永続的に再生産されながら資本を蓄積していくが、このような過程が当初は歴史的にまったく新しい関係として外部から作り出されるという意味を込めて、「本源的」または「原始的」という表現が使われた。

しかし1970年代に入ると、これらの抽象的な概念が変質してきた。講座派の大石嘉一郎らによって、産業革命に関する実証研究が本格的に進められ、その成果は大石編『日本産業革命の研究』上・下巻（1975年）として出版された[8]。この本で注目すべきは、その序章で繰り返しかつ神経質に、「産業革命―産業資本確立過程」と記述されたことである。いわば「産業資本確立過程」が死亡宣告を受け、講座派内でも山田の考えを修正して「産業革命」を使用し始めた。このような産業革命の普遍性に注目した流れに沿って、石井寛治も『日本経済史』の第1版（1976年）で「産業資本の確立過程」を使用したのに、同書の第2版（1991年）では産業革命を使用している。

とはいえ産業革命を第1次・第2次に分ける欧米流の考え方は、日本経済史では伝統的に採用されていないことも指摘しておく。その理由として、石井は「産業革命が、技術革新一般と等置されると、「革命」的意義が見失われるため」（石井『日本経済史』第2版の175頁）と指摘している。ちなみに「革命的意義」の中身とは、資本制生産様式が全社会的に確立する極めて大きな重要性と言い換えて差支えなかろう。

以上の動きがあったとはいえ、わが国では1970年代まで次のような（おもに講座派による）産業革命の定義が使用されることが多かった。例えば、大石は「機械の発明と応用を起点とする急激な技術革新を基礎として機械制大工業が成立し、それが都市手工業や農村家内工業を駆逐して資本・賃労働関係を全社会的に展開させることによって、近代資本主義の確立を決定づけるに至った画期的社会変革」と指摘する。

また石井は、「マニュファクチュアがその技術的狭隘性の故に駆逐しえなかった小生産者層を機械制大工業が決定的に分解し尽くし、全社会を資本家と賃労働者の両極に分裂せしめていく原始的蓄積の最終局面＝資本制的蓄積の全面的開始期なのである」という。さらに「産業革命は、国民経済全体が資本主義的に編成され終わる画期として把握されなければならない」といった議論もある。あまりに古色蒼然とした定義だが、新しい産業革命像の再構築が完了していないため、現在でもこれらの定義が表現を若干変えて使われ続けている。

　このような考え方の背後にある歴史観とは、いかなるものであろうか。まず考えられるのは、産業革命の前段階にマニュファクチュア（工場制手工業）が存在しているという、段階論的（または単線的）な歴史観である。とはいってもマニュファクチュアと原始的蓄積との関係はかならずしも明確ではない。さらに資本主義の発展として、産業革命を中心としつつ機械制大工業の普及が都市手工業・農村家内工業を駆逐するという、宿命論的な過程を想定しているほか、歴史を下るほど優れた経済システムであるとみなしている。さらに登場人物に、支配階級としての資本家、被支配階級としての賃労働者といった、社会階級的視点を導入して説明されることが多い。

　これらの考えの延長線上では、マニュファクチュアがどの程度発達していたかが産業革命の到来と直接的に結び付いてくることになる。時代は遡るが、講座派の論客であった服部之総が、1933（昭和8）年に雑誌に発表した「幕末についての、厳密な意味でのマニュファクチュア」説（＝厳マニュ説）が日本資本主義論争の1つの論点となった背景には、以上のような考え方があった[9]。もっともこの厳マニュ論争はその後、経済史家の関心が産業革命期に移行したことによって、論争がなし崩し的に終息して決着がつかないままとなっている。

　さすがに以上のような研究アプローチは見直しがおこなわれ、1980年代以降は綿紡績業、製糸業に続いて鉱山・精鉱業、鉄道業、造船業、工作機械工業など、産業革命を牽引した個別産業・企業の事例研究が長いこと大半を占めてきた。さらに2000年代に入ると、丹念な事例収集・分析にもとづく包括的な研究として、中林真幸『近代資本主義の組織』（2003年）、中村尚史『地方からの産業革命』（2010年）などが登場している。前者は、ミクロ経済理論にもとづき産業革命期の製糸業の経営内容を、組織と制度の側面から厳密に分析した数量経済史研究であり、後者は産業革命の展開過程における地方の役割を、地方の人材（地方官僚、地

方資産家等）、人的ネットワーク、工業化イデオロギーに注目しながら解明した地域経済史研究である。

いずれも産業革命像の見直しを迫る意欲的な研究であるが、産業革命の中心課題である技術進歩については従来、綿紡績業、製糸業、造船業など一部の産業研究で注目されてきたにすぎない。しかもそこでは各種政策・制度の整備に注目する経営史的アプローチが中心であり、表7-1のような技術進歩率を計測する数量的研究はいまだおこなわれていない。

なお産業革命を直接扱ったものではないが、産業革命期を対象とした個性的な研究も出ている。例えば、中村隆英は同時期の在来産業に注目して、中村『戦前期日本経済成長の分析』(1971年)、中村ほか編『都市化と在来産業』(2002年) などを発表した。特に前書では、海外から移植された技術と制度にもとづいた産業 (政府部門を含む) を「近代産業」、これ以外の非農林部門を「在来産業」と定義した上で、第1次大戦までは在来産業と近代産業がほぼ同程度で成長したが、第1次大戦後は不均衡成長になったと主張した。同じく在来産業の成長に注目した研究として、谷本雅之『日本における在来的経済発展と織物業』(1998年) もあげられる。この研究は、織物業において問屋制家内工業が長く残った原因を在来技術・在来産業やそれをベースとした家族経営の視点から検討した。

さらに谷本は、在来産業にもとづく「在来的経済発展」のなかに欧米の技術導入にもとづく「近代的経済発展」が積み重なって「複層的経済発展」が発生したという、新たな仮説を提起している。この仮説は、従来の農村工業論等の再論に近く、石井らの主張した原始的蓄積論との差異も明確でないため、いまのところ当人のみが主張しているにすぎない。また在来産業の重要性を強調したものの、経済成長に占める近代産業または産業革命の影響の大きさを否定したわけでもない。このため近代産業が中心となって高成長を達成したという、戦前からの産業革命像がいまだ強固に存在している。

(2) 企業勃興の前提条件

ところで産業革命は、マクロ面における生産量の急増であるとともに、ミクロ面では企業活動の活発化とみることができる。本節では、マクロ面から産業革命期を確定した上で、ミクロ面の企業活動を促進させた各種制度にも注目する。

〈産業革命期の確定〉

まず日本で産業革命が発生していた時期はいつかを、過去の議論にもとづき紹介する。この議論は、開始・終了時を確定するばかりでなく、開始や終了の条件を探ることにもつながる。以下では図7-1にしたがって、従来の産業革命の考え方を資本制生産の発展過程にそって説明しよう。

この図は、産業革命に関連した代表的な産業の経営形態・労働形態などを集約化しており、実際にこのような特徴をすべて持った産業があるわけではない。「産業革命的な要素」を盛り込んだ普遍的な産業を創り上げたほか、関連する概念を意識的に対比している。箱庭のような図であるが、議論の整理には有効な方法であろう。

わが国では、近世において家内制手工業・問屋制家内工業などの小経営的段階から工場制手工業（マニュファクチュア）へという動きがおこり、さらに維新後に工場制機械工業が支配的な資本制社会が現れた。特に工場制手工業では、共同作業場（工場）内で分業と協業による手工業的生産がおこなわれることに注目したい。わが国の工場制手工業は、1830年代（天保年間）に大坂周辺や尾張で綿織物業、桐生・足利などの北関東で絹織物業として開始されたことが知られている。

ただし工場制手工業では、産業資本として発達するには限界があった。なぜなら手工業中心の生産形態であり、生産性を向上させるのに限界があるため、どうしても市場を深く拡大して富を蓄積していく力が弱い。それゆえ機械工業を基盤とした生産形態でないと、市場を拡大していくことができず、その結果として産業資本を強力に機能させることができない。いわば手工業ゆえの限界があった。

以上の流れのなかで、産業革命の始点を確定することは、「わが国で産業資本が本格的に登場するためには、それに先行して資本の本源的蓄積が完了する必要がある。そのためにはいかなる条件が揃う必要があるのか」という疑問を解決することを意味する。ここで資本の本源的蓄積の「資本」とは産業資本のことであり、「本源的」とは基礎的・初歩的といった意味である。

この疑問に対して『資本論』で提示された本源的蓄積の概念は、あくまでも西ヨーロッパで発生した小経営的生産様式を前提とした資本制生産への転化として説明しているため、当時のわが国のような後進国に直接適用することは難しかった[10]。そこでわが国の研究者は、ロシア型の本源的蓄積過程の議論を考慮しつつ、産業資本が登場するためには少なくとも労働力を販売する賃労働者と富（貨

図7-1 伝統的な「日本型資本制生産の発展プロセス」の考え方

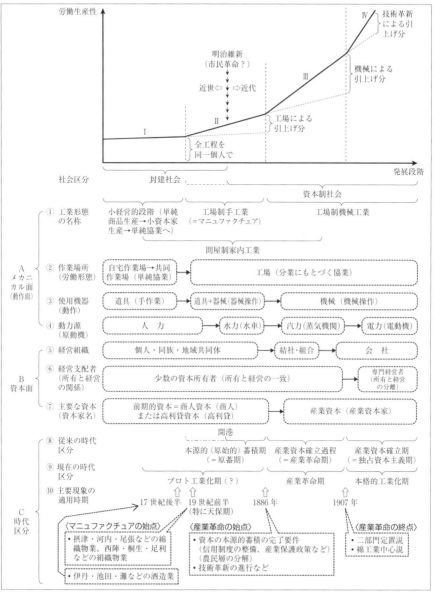

(注) 1. 上図は、あくまで関連する概念を意識的に対比して説明しているため、かならずしも個別研究の成果と一致しない場合がある。利用にあたっては注意されたい。
2. 小経営的段階は、わが国では家内制手工業→問屋制家内工業（農家副業など）等の形態を歩んだが、問屋制家内工業は長い間に渡ってマニュファクチュアなどと併存していた。
(資料) 谷沢が作成した。

第7章 産業化の律動 293

幣）を蓄積する資本家という2つの階層が形成することで、資本の本源的蓄積が完了するとみなした。

　このうち賃労働者が登場するためには農民層分解が、また資本家が登場するためには商品経済の浸透（換言すると国内市場の十分な発展）のもとで、信用制度（中央銀行による発券業務や民間銀行による信用創造）の整備や産業保護政策の実施などの、重商主義的な経済政策が必要であった。なぜならば自らの労働力しか持たない賃労働者は、土地を売り払った農民層から分離・独立して発生するからだ。

　他方、富（貨幣）を大量に蓄積する資本家は、商品経済が浸透するだけで自然と出現するわけではなく、彼らを生み出す独自制度の整備が必要であるからである。そしてこの本源的蓄積の完了する段階が、資本制生産の形成期としての産業革命期の開始に繋がると考えられた。ちなみにわが国における本源的蓄積の開始時は、図7-1のように開港時とする研究者が多いが、それ以前、特に天保期というものもいる。

　以上の議論にもとづいて、日本の産業革命期の開始時を確定できるはずである。この点について山田『日本資本主義分析』の本文では、始期について明確な記述はなかった[11]。しかし戦後になると研究が進み、代表的な主張として、石井は1886（明治19）年の第1次企業勃興の開始時[12]、三和良一も1886年の同勃興時[13]、中村宗悦によると1886年の松方デフレの終息時[14]としており、いずれも1886年で一致している。

　たしかに本書では、地租改正（第3章）と松方デフレ（第6章）によって農民層分解が急激に進行したことを指摘した。他方、資本家の発生条件である信用制度の整備等については、第5章で説明したように1886年に銀本位制への移行が開始され国立銀行等を経由した通貨供給が安定したほか、証券市場（後述）もすでに株式取引所の開設によって整備されている。そして同時期には、大阪紡績・三重紡績といったリング紡績機1万錘以上の大規模工場が設立され工場制機械工業の時代に入ったため、この点でも明らかに産業革命が開始されたとみなすことができよう（大阪紡績等については第7章［補論］が詳しい）。

　一方、産業革命の終了時（つまり産業資本の確立期）については、議論の前後関係から本源的蓄積論よりその条件を導くことができないため、わが国の研究者自身が新たな条件を構築する必要がある。このため研究者間で、若干のズレが生じている。すなわち石井は1907（明治40）年の日露戦後恐慌前後、三和は1900年代

後半、中村は1914（大正3）年の第1次大戦勃発時としている。そのほか山田『日本資本主義分析』では、産業資本の確立期を1897（明治30）年または1907（明治40）年として、一義的には確定していない。本書では、その終了条件に関して現在の代表的な主張である、石井と三和の考えを示しておくこととしよう。

まず石井は、終了条件として生産手段生産部門である造船・工作機械などが国産化する方向（見通し）が確定することと、消費資料生産部門である織物業における力織機化が急激に進み、綿布輸出が初めて輸入を上回ったことにより、中間的利害の完全萎縮化が生ずることをあげている。これは、生産手段生産部門と消費資料生産部門の発達を資本主義確立の要件とした、戦前の講座派から引き継いだ伝統的な考えであり、いわゆる「二部門定置説」と呼ばれている。

ここでは消費財と生産財が、ともに資本主義的な企業経営によって担われていることが必要条件であると主張する。この考えにもとづき、特に民間有力造船所の造船技術や池貝鉄工所の工作機械製造技術が世界水準に達した、1907（明治40）年を終期とした（池貝鉄工所の歴史については、表8-6を参照）。

これに対して三和は、大内力（宇野派）のいわゆる「綿工業中心説」を発展させた考え方を提示した。綿工業中心説とは、衣料生産の工場制工業化が、それまで農業と結合されていた自給的家内工業を決定的に破壊し、商品経済を全社会的に押し広げる梃子となること、そのことを基軸として労働力を商品として支配することが資本にとって可能になる基礎が与えられるという説である[15]。いわば商品経済化の浸透によって農民層分解が進み、それにより農村内から過剰労働力が排出されることに注目する。

三和はこの説を検討し直し、綿工業における機械制工業の発達が自給的衣料生産を解体させて農民を商品経済に巻き込むこと（従来の綿工業中心説の条件）のほか、機械産業の創設と維持に不可欠な機械・装置類とエネルギー源（石炭）の供給が確保されること（輸入で調達することも含む）、軍需工業が確立すること（鉄鋼業のある程度の発達も含む）を追加した。そしてこの3条件をすべて満たした時期は、日露戦争後の1900年代後半であるとした。

この論争では、いかなる産業を念頭において産業資本の確立を確認するかの考えが異なっている。ただしいずれの場合にも、綿工業や機械工業など一部の産業が主導して産業革命が発生したという、旧来の産業革命観が存在している。この背景には、これらの主張が相次いで発表された時期が戦前から1960年代（ただし

三和説は除く）であったことが大きく影響している。残念ながらその後は海外の研究成果を考慮した見直しは、さほど活発にはおこなわれていない。以上のような産業革命の把握方法は、欧米流のマクロ経済データによる分析が遅れているほか、イデオロギーとしての理念系にとらわれている。

　ただし産業革命観をいかに変化させようとも、日本経済に産業革命という概念を導入する必要がないかというと、そうとはいえないだろう。なぜなら1880年代後半より、（高成長とはいえないが）安定的な成長を持続できるようになったほか、企業設立ブームの発生やその新設工場内で機械を使用して製品が生産され始めた、いわば工業化の開始時期が存在している。さらにこの工業化が、国内市場の急速な拡大（つまり商品経済の急速な浸透）も引き起こしたからである。

〈3回の起業ブーム〉

　この辺りでわが国の産業革命の特徴を整理しておこう。これについては、当然のことながら様々な意見が提示されているが、以下では代表的な主張として大石の主張をあげておく。

　第一に、革命が欧米先進国の圧倒的影響下で国家の政策に強く支えられて展開した。ここで国家の政策とは、特に朝鮮・中国への軍事的、政治的侵略といった政策のことである。第二は、諸産業部門が極端に不均等に発展した。つまりいくつかの戦略的産業が国家の政策と外国貿易に依存して突出的に発展し、多くの諸産業が相互に関連して工業化を進める関係が乏しかった。第三に、半封建的諸関係を資本制的関係とからめて社会の隅々に温存させた。半封建的諸関係とは、手工業・家内工業の広範な温存、地主制の全国的拡大・強化、都市下層社会の形成、労使関係における前近代的関係（親方請負制、納屋制度、飯場制度）のことである。

　このほか石井寛治『産業革命』のように、「（国内市場が狭小で海外に販路を求めたため）日本の産業化が戦争とともに進行した」という主張も無視できない。このようにわが国の産業革命は、西欧のそれとかなり異なった展開をした点が指摘されている。繰り返しになるが、これらの諸点は大石・石井の所属する講座派の影響を色濃く反映していることはいわずもがなである。

　ところで産業革命を生産活動の活発化という視点でみるなら、それを担った組織（＝企業）の設立動向にも注目しなければならない。わが国の産業革命期は、第4章で解説した殖産興業の中止（1885［明治18］年）以降に民間企業による近代

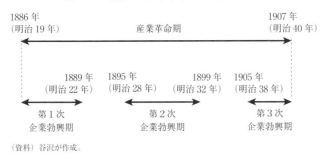

図7-2 わが国の産業革命と企業勃興の関係

(資料) 谷沢が作成。

産業が急速に拡大した時期であり、おおむね明治後半期に相当する。このような近代産業の拡大の動きは、3回発生した民間企業の爆発的な設立ブーム、換言すると起業ブームによって主導されたため、これらのブームは「企業勃興」と呼ばれている。そこでこの企業勃興と産業革命の関係を図で示しておくと、図7-2のようになる。これらのブームが、ある程度の周期をともないながら繰り返し発生したことで、産業の近代化が急速に進行した。

なお起業ブームは、企業動向を示した表7-2によって把握することができる。ただしこの表は、若干の説明が必要となる。すなわち同表は、あくまで年末における企業数やその資本金総額を示しているにすぎず、年間の開業企業・廃業企業に関する数字ではない。通常、年末の企業数と年間の開業・廃業数の間には、以下の式が成立しているため、表7-2の数字だけでは、正確に企業勃興時期を抽出することはできない。

　　　今年末の企業数＝前年末の企業数＋開業数－廃業数

さらに対象企業の定義が、資本金では当初は公称資本金のみであったが1889年から払込資本金も公表されるようになったこと、従来は会社のほか組合名義も含まれていたが、1893年に会社法が施行されたことによって、翌94年から株式・合名・合資会社に限定されるようになったことなど、定義が変更されていることも時系列の比較を難しくしている。この傾向は1900年代に現れており、明確に企業勃興を確認することはできない。このため同表では、数値の動きのほかに従来から指摘されていた個別事情も考慮して、第1次・2次・3次の企業勃興期間を確定したことに注意してほしい。

第7章 産業化の律動　297

表 7-2 　非銀行会社の会社数・資本金の推移

各年末	企業勃興時期	会社数(社)	公称資本金(千円)	払込資本金(千円)	1 社平均資本金（円）	
					公称資本金	払込資本金
1884(明治 17)年		1,298	22,162	?	17,074	?
1885(明治 18)年		1,279	50,660	?	39,609	?
1886(明治 19)年		1,656	50,487	?	30,487	?
1887(明治 20)年	第 1 次	2,038	67,855	?	33,295	?
1888(明治 21)年		2,593	117,670	?	45,380	?
1889(明治 22)年		4,067	183,615	90,821	45,148	22,331
1890(明治 23)年		4,296	225,477	111,457	52,485	25,944
1891(明治 24)年		4,306	199,588	123,244	46,351	28,621
1892(明治 25)年		4,507	(以下省略)	130,884	(以下省略)	29,040
1893(明治 26)年		4,133		137,453		33,257
1894(明治 27)年		2,104		148,353		70,510
1895(明治 28)年		2,458		174,047		70,808
1896(明治 29)年		3,318		251,557		75,816
1897(明治 30)年	第 2 次	4,540		328,948		72,456
1898(明治 31)年		5,238		377,793		72,125
1899(明治 32)年		5,577		408,304		73,212
1900(明治 33)年		6,149		458,710		74,599
1901(明治 34)年		6,067		480,098		79,133
1902(明治 35)年		6,024		515,232		85,530
1903(明治 36)年		6,638		522,900		78,774
1904(明治 37)年		6,340		559,036		88,176
1905(明治 38)年		6,431		597,251		92,871
1906(明治 39)年	第 3 次	6,708		668,629		99,676
1907(明治 40)年		7,421		674,912		90,946
1908(明治 41)年		7,994		759,382		94,994
1909(明治 42)年		8,758		891,444		101,786
1910(明治 43)年		9,429		985,344		104,501

(注) 1. 会社の対象業種は、「銀行及貸金」を除く業種である（ただし統計上では、1895 年までは銀行等が除外されていたが、1896 年より「会社種類別」の商業中に「銀行及貸金」を含めるようになった。このため非銀行会社で統一的に把握した）。
　　 2. 1894 年に会社数が急減した理由は、従来は会社・組合等の名義で営業する組織であり、特に鉱工業では個人・法人を問わず資本金 1000 円以上の事業体を会社とみなしていたが、1893 年 7 月に会社法が施行されたことで株式・合名・合資会社に変更したためである。詳しくは、統計局編纂『第 15 回　日本帝国統計年鑑』東京統計協会、1896 年の 679 頁を参照のこと。
(資料) 統計局編『日本帝国統計年鑑』各年版の「会社種類別」より谷沢が作成。

　ただしこの時期の経済状況を把握するにあたって、産業革命期という一体的な期間に注目するのか、それとも同一期間内で発生した 3 回の企業設立ブームを個別に注目するのかは意見の分かれるところであろう。ちなみに『国史大辞典』には、産業革命は掲載されているが、企業勃興は掲載されていない。同書に企業勃興が掲載されていないのは意外だが、その理由は企業勃興 = 産業革命と読み替え

て差し支えないと考えたためであろうか。さらに高校の教科書では、各書とも企業勃興を産業革命とともに本文中に明記しているが、企業勃興が３回あったことや、その主因が設備投資行動と結びついていたことは言及されていない。

　本書で企業勃興に注目するのは、以下の理由からである。まず産業革命は、一般的に企業形態（特に会社形態）で実行される本格的な工業化過程であるため、その企業数の動向に注目することで、具体的な展開過程（発生・収束の原因など）を業種別に把握しやすいこと。第二は、第一の点に関連して戦争が起爆剤となって企業勃興が発生する事例（日清戦争による第２次勃興の発生、日露戦争による第３次勃興の発生）や、恐慌にともなって企業勃興が終了する事例（株式恐慌による第１次勃興の終了、日清戦後恐慌による第２次勃興の終了、日露戦後恐慌による第３次勃興の終了）など、産業革命の進行原因に着目できること。第三は、産業革命というマクロ概念で日本経済史を解釈すると、ミクロ概念の部分を削ぎ落としてしまう危険性があること。

　以上のような従来型の産業革命論では、型にはまった解釈によって、重要な歴史現象の一部を見落としかねない。それを回避するためには、むしろ企業の多様な活動を素直に観察したほうがよいだろう。例えば、株式会社の増加が勤労観、消費意欲などの経済社会構造の変化を誘発するような個別事例は、従来のようなマクロデータなどよりも確認しやすいはずだ。

〈各種市場制度の整備〉

　企業勃興の背景には、前述のようにそれを可能とさせた仕掛けがあったはずである。いわば民間企業が自生的に発生したのではなく、政府が企業発生に向けた条件整備をおこなった点に注目してみよう。これを検討することで、従来の資本の本源的蓄積、農民層分解といった抽象度の高い概念よりも現実的な視点にもとづき、産業革命の発生メカニズムを探ることが可能となるはずである。

　この点に関連して最近では、ミクロ経済理論の発想を組み込んだ「歴史比較制度分析」などの新たな分析手法が導入され、産業革命を制度面から分析する動きも出ている。具体的には、間接金融市場の整備、直接金融市場（証券市場）の整備、通貨価値・円為替相場の安定、会社制度・商法の整備、近代的な労働市場の形成のような、各種の市場制度（または単に制度）の整備が産業革命の発生に大きな影響を与えた。そこで以下では、これらの制度を簡単に説明しておく[16]。

　まず間接金融市場の整備については、商業金融網の整備、産業金融の発達、銀

行による株式担保金融の3点があげられる。このうち商業金融網の整備とは、第5章の第3節で言及したように1880年代前半までに、異なる銀行間での決済を可能とするコルレスポンデンス契約を結ぶことで、全国主要都市間の為替手形網が整備されてきたことである。

　次の産業金融の発達とは、例えば製糸業において横浜正金銀行、横浜所在の第一・第二・第七十二銀行などが、日銀からの信用供与を背景としつつ事業所に資金を供給し始めたことがあげられる（詳しくは図7補-9を参照）。さらに銀行による株式担保金融は、銀行が株式を担保として株式投資のための資金を貸し付けることだが、その資金は日銀が銀行に対しておこなった株式担保金融に支えられた。このため産業革命期の資金調達方法は、全体として間接金融が直接金融を凌いでいたといわれている。

　なお最後の株式担保金融に関連して、当時の株式払込は以下のように現在と異なっていた点に注意しなければならない。すなわち会社が株式の一部払込のみで設立でき、その後に未払込分の追加払込を数度に分けておこなう方式（株式分割払込制度）を採用しており、第1回目の払込額は4分の1以上とされた。このため全額払込時の資本金を公称資本金、払込済の資本金を払込資本金と分けて呼んでいた。企業活動を分析する際には、払込資本金の動きを観察する必要がある。

　このような個人等が株式払込用の資金を銀行から調達する際には、銀行は手持ち資金が不足していたため（つまり預金銀行でなかったため）、同資金を日銀から借り入れていた。このような仕組みであるため、金融緩和時には株式の値上がりから資金調達が容易になり、ブームを過熱させる傾向があるが、逆に引き締め時には銀行の貸し渋りによって、企業の連鎖倒産を招きやすくなる問題点があった。

　次に、直接金融市場（証券市場）の整備については、以下のような制度の整備がなされた。1878（明治11）年に、東京株式取引所と大阪株式取引所が設立され、その後は紡績会社や鉄道会社の株が活発に売買された。また1890（明治23）年以降、日銀が市中銀行に対して株式担保品付手形割引をおこなったことから、銀行も株式投資の活発化を後押しした。さらに中村政則が地主制研究で発見したように、税法上の誘導がおこなわれたことも指摘しておこう[17]。

　すなわち1899（明治32）年の所得税改正によって配当所得が非課税となり、以後はこの配当所得優遇措置が継続されていったのに対して、地租は同年に増徴（地租率：2.5%→3.3%）され、その後1904・05（明治37・38）年にも所得税とともに

増徴（3.3→5.5%）されるなど、徐々に「土地に重課、資本に軽課」が強まっていった。このような税制改正によって、地主層の蓄積資金が有価証券投資に振り向けられていったこと（中村の表現によると「地代の資本への転化論」）も、側面的に直接金融市場を育成させていった。いずれにしても莫大な費用がかかる紡績業等では、このような証券市場の整備がその後の発展を大きく後押ししていった。

通貨価値・円為替相場の安定に関しては、日銀は以下のような政策を実施した。1886（明治19）年に銀本位制を採用した後、日銀が経常収支に対応した公定歩合の操作によって銀価格に対する紙幣価格を一定にして、通貨価値の安定を保つように努力した。この政策が可能であった背景には、普通銀行がオーバーローン状態にあり、つねに日銀から資金を借り入れていたという事情があった。

実際には円安傾向が進み為替相場は安定しなかったが、1897（明治30）年に金本位制が採用された後は、日銀が円為替相場をイギリスのスターリングポンドに釘付けして、ようやく為替相場が安定した（為替相場の動向は、図5-10を参照）。それによって日本債券のリスクプレミアムが減少して、資本調達費用が大幅に減少した。余談であるが、公定歩合は1882（明治15）年10月の日銀開業時より導入されたが、当時は商業手形割引歩合、定期貸利子、当座貸越利子など、複数の利率が存在していたことに注意されたい。

会社制度・商法の整備に関しては、新商法の施行（1899［明治32］年6月）以前の1893（明治26）年7月に、旧商法における会社法が独自に施行された。そこでは会社の形態が合名会社、合資会社、株式会社の3つとなった。そして日清戦争後の1896（明治29）年には、同法にもとづき会社総数4596社（銀行業を含む）のうち株式会社が2583社で全体の53％に達するなど、わが国では早くから株式会社に注目していた。

この理由は、当時の日本人が西欧の近代産業をその技術と企業組織を結びつけて捉えていたことや、福沢諭吉、神田孝平らの啓蒙活動がおこなわれていたこと、莫大な資金を単独で負担できる資本家が育っていなかったこと、リスクを分散しつつ巨大な事業を継続する上で、株式会社という仕組みが有利であることを理解していたことなどがあげられる。このほか旧商法で株式分割払込制度が採用されたことも、人々が株式会社または株式投資に注目していた理由であろう。

もっともその後の1900年恐慌、日露戦後恐慌等により会社制度の不備が露呈したため、1911（明治44）年に改正商法が公布されるなど引き続き制度改正が続

けられたことで、企業は内実を整えて定着していった。

　最後の近代的な労働市場の形成については、以下の点がその形成に向けた条件整備であった。まず近代産業の発展のためには、近代的な労働に適した労働者が一定の厚みで形成されることが不可欠であった。ちなみに近代的な労働として、規則正しく出勤し勤務する生活態度などの能力が求められていた。しかし当初はこれらの労働者は十分には存在していなかったため、1880年代末には紡績業で労働需給が逼迫し、全国への募集活動が開始されたほか、企業間で引き抜きがおこなわれた。

　それが1900年代に至って、鉄道網の整備によって労働市場が地理的に統合されたほか、義務教育の普及によって、集団生活の訓練と基礎的な教育を受けた世代が市場に供給されてきた。これによって加熱した労働者獲得競争が若干緩和され、市場における取引が安定してきたといわれる。

　以上のような条件整備が完了してきたことが、爆発的な企業設立に結びついたと考えることができよう。特に前半で提示した各種金融市場の整備は、わが国の産業革命が基本的には外資を排除しながら進めていったことを意味しており、この点が他国と大きく異なっていると指摘されることがある。

(3) 松方デフレ直後の第1次勃興

　以下では、企業勃興を3期間に分けて個別に説明していく。最初の企業勃興は1886～89（明治19～22）年に発生したが、この時期はちょうど松方財政前期の後半部分に位置している点に注目しておくべきである。

〈紡績・鉄道・鉱山事業の活発化〉

　まずこの動きを、表7-3で業種別にみておこう。この表は、あくまで各年末における非銀行系の会社数・資本金を示した表7-2と同じストック統計であり、年間の会社設立動向を示したフロー統計ではないが、それでも大まかな傾向は把握できる。1885～89（明治18～22）年には、会社数（非銀行業）で3.2倍、資本金で1.8倍の急激な伸びとなった。

　これを業種別にみると、綿紡績、採鉱・製錬（つまり鉱山・非鉄金属業）、製紙、鉄道などの近代産業のほか、製糸・酒造などの在来産業も増加した（このうち代表的な鉄道会社については、後述の表7-5を参照）。どちらかというと当期の産業化は、おもに紡績業や在来産業などの軽工業中心で達成されたといわれる。しかし三重

表 7-3 企業勃興期別にみた会社数・資本金の業種別内訳

| | 第1次企業勃興 | | | | 第2次企業勃興 | | | | 第3次企業勃興 | | | |
| | 1885 年末 | | 1889 年末 | | 1894 年末 | | 1899 年末 | | 1904 年末 | | 1907 年末 | |
	会社数 (社)	公称資本金 (千円)	会社数 (社)	払込資本金 (千円)	会社数 (社)	払込資本金 (千円)	会社数 (社)	払込資本金 (千円)	会社数 (社)	払込資本金 (千円)	会社数 (社)	払込資本金 (千円)
農 業	78	1,450	430	2,560	118	1,188	176	2,304	238	3,221	309	12,035
鉱工業	496	7,771	2,259	33,774	778	44,590	2,253	147,783	2,384	162,836	2,847	381,815
綿紡績	11	905	41	7,500	53	14,338	60	30,313	40	32,392	37	51,487
製 糸	123	860	704	3,472	158	2,064	296	4,547	269	4,151	273	4,447
電 灯			17	981	22	2,379	54	7,908	70	13,854	103	42,294
製 紙	21	654	48	1,865	19	2,780	45	6,265	39	8,884	56	17,517
船 舶			17	518	4	273	11	5,012	17	10,341	16	12,315
機 械					5	212			32	1,289	29	2,395
採鉱・製錬			130	3,555	30	7,234	36	10,020	39	6,431	56	31,517
鋼鉄工業					3	512			13	950	37	4,534
石 炭			18	550	9	974	24	14,241	20	5,798	43	34,503
酒 造	10	48			38	1,254	190	6,133	198	3,487	257	5,091
製 糖					7	705			6	3,565	9	10,296
麦 酒									8	3,567	4	9,200
肥料製造					2	133			25	1,273	51	5,983
水陸運輸業	80	25,585	299	35,270	210	82,560	583	198,147	682	309,412	734	150,891
鉄 道	2	7,136	15	17,849	32	65,973	73	156,967	58	262,234	54	80,606
商 業	625	15,854	1,079	19,217	998	20,015	2,365	60,071	3,036	83,567	3,531	130,170
保 険			8	902	56	3,759	77	9,829	51	10,793	47	14,229
非銀行業合計	1,279	50,660	4,067	90,821	2,104	148,353	5,577	408,304	6,340	559,036	7,421	674,912
銀行業	1,081	78,613	1,047	79,574	864	86,910	2,054	275,516	2,573	372,256	2,666	439,316
合計（銀行業を含む）	2,360	129,273	5,114	170,395	2,968	235,263	7,631	683,820	8,913	931,292	10,087	1,114,228

(注) 1. 1894年以降と以前には会社の定義が異なるため、比較することができない。やむをえず使用したため、会社の定義は、このため1889年と比較する際には注意されたい。会社と一致する。

2. 1885年末の資本金は、公称資本金であり、1900年末以降は払込資本金の合計である。

3. 鉄道業は、1894年以前はたんなる鉄道業であるが、1900年以降は汽車鉄道と電気鉄道の合計である。

4. 銀行業は、1885・89年は国立・私立銀行と銀行類似会社の合計、1894年は国立、私立・貯蓄銀行の合計、1900年以降は「会社種類別」のなかの銀行及貯金の数字である。

(資料) 統計局編『日本帝国統計年鑑』各年版の「会社種類別」より合計分を作成。

第7章 産業化の律動

紡績（設立は1886 [明治19] 年）、鐘淵紡績・尾張紡績（1887 [明治20] 年）、泉州紡績・平野紡績・攝津紡績・尼崎紡績（1889 [明治22] 年）といった、いずれもリング紡績機1万錘以上の大規模工場が設立された点では、れっきとした近代工業の胎動があったというべきであろう（リング紡績機は図7補-3を参照）。

 第1次勃興が発生した原因としては、様々な事案が考えられる。先述のとおり各種の市場制度の整備が考えられるが、とりあえず以下では勃興の発生と終息の原因に注目するため、これらを除外した景気循環の側面から説明していく。

 第一に、銀価が国際的に下落したことをあげなければならない。金銀比価は、1880（明治13）年の金：銀＝1：18から1889（明治22）年の金：銀＝1：22へ金高銀安傾向となった。銀本位制の日本にとっては為替レートが図5-10で示したように円安となり、輸出の拡大を促すことになった。ちなみにこの時期の貿易収支を図7-3でみると、輸出入がほぼ一致しており、従来の入超体質が改善された。

 この円安を背景とした輸出の増加が、輸入代替企業（代表例は綿紡績業）の成長

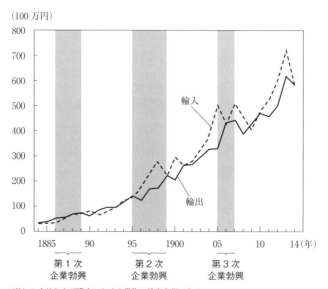

図7-3　輸出・輸入の推移

（注）1. 内地および樺太における貨物の輸出入額である。
　　　2. 1887年までは金・銀円の混計、1888～1897年は銀円、1898年以降は金円で表示されている。いずれも大蔵省の公表数字である。
（資料）東洋経済新報社編『日本貿易精覧』の2頁のデータより谷沢が作成。

を促したことで、1887（明治20）年ごろより景気回復過程に入り、さらに翌88（明治21）年ごろより設備投資が急増したなか企業勃興をもたらした。とにかく金高銀安に合わせて銀本位制が導入された点は、それが意図されたものかどうかは別としても、極めて時宜にあった政策であった。

第二は、物価の安定である。すなわち銀本位制のもとでは、銀貨下落は本来的には輸入インフレを引き起こすはずだが、松方デフレ政策の影響が強かったため、かえって物価を安定させる効果として現れた。この物価安定が、表6-6のように利子率（金利）の低下を引き起こして、日本鉄道、日本郵船など高配当の優良銘柄への株式投資を発生させるなど、株式取引を活発化させた。

ところでこの時期の企業立地を地域別にみると、都市圏では近代産業が集中的に設立していたが、地方圏でも長野・岐阜・山梨などで製糸業や織物業の企業が設立されるなど、地方圏の経済活動が活発化したという第三の要因があった。それゆえ筆者は、この時期に近代初の「地方の時代」が到来したと考えている（〈コーヒーブレイク〉を参照）。もちろん地方圏での工場立地の背後には、松方デフレ政策によって農業経営が厳しくなり、土地を失った農民による低賃金労働力群が形成されたという点も見落とせない。

さらに第四として、通貨政策の影響も無視できない。ここで当時の経済政策の基本的考え方をみると、まず財政政策は軍拡等の財政膨張が見込まれた。しかし税収の大幅増収が期待できないなか、公債（内国債）の発行できる範囲で健全財政を維持していたため、その後の動きと比べれば緊縮財政が維持されていた。またこの公債が、基本的には民間金融市場で消化されていた点も言及しておこう。それに対して通貨政策では、膨張志向（いわゆる積極基調）が採用された。

とにかく紙幣整理が一段落したため、政府が通貨収縮に消極的となったほか、日銀が企業勃興に対応して積極的に兌換券を増発した。とはいえ松方は、外債による通貨膨張には慎重であったが、とにかく通貨政策が膨張志向であったことは景気に刺激を与えた。このように当期のブームは、財政政策ではなく通貨・金融政策によって達成されたといえる。

〈1890年恐慌の発生〉

しかしこの企業設立ブームは、1890年恐慌によって終息することになった。この終息（つまり恐慌）には2つの原因があった。

〈コーヒーブレイク：元祖「地方の時代」〉

　いまから40年以上前、「地方の時代」と称して地方圏がにわかに活気づいた時代があった。同時期には、地域間の所得格差が一時的に縮小傾向となったほか、それが地方圏の産業発展の結果として導かれたため、ヒトや工場のUターン現象とともに地方圏が再活性化される期待を人々に与えた。このような傾向は残念ながら長くは続かなかったが、少なくとも公共投資・農業補助金の地方圏への重点散布や工場の誘導によって発生した所得を世帯内の多就業で獲得して、その格差縮小が達成された点は重視しておく必要があろう。

　ところで地方の時代は、すでに本書の第1章で幕末期に発生したことを指摘したが、近代に限ってみると第2次大戦後に初めて発生したのではなく、産業革命期にも発生していたことはあまり知られていない。この事実は、筆者の著書『近代日本の所得分布と家族経済』（2004年）の第3章で指摘している。すなわち個人所得税の課税所得を加工したデータで府県間の所得格差を計測すると、明らかに格差が縮小傾向にあった（なお当時の納税世帯はかなりの高所得階層に属するが、同様の現象は大工・日雇人夫などの低所得階層でも確認できる）。この格差縮小は、地方圏の成長率＞都市圏の成長率で達成されたとみなすことが順当である。さらにこの縮小要因を計測すると、背後に「田畑」収入が大きな役割を負ったことを発見した。これは、あくまで高額所得者の所得行動の一環としての話であるが、同時期には地主制が確立したほか米作の土地生産性が上昇し始めた事実もあったことを指摘しておこう（これらは第8章の第4節を参照）。

　もし地方の時代が産業革命期に発生しており、その時期が地主制の確立期と一致していたとすると、その延長線上で何がおこっていたのであろうか。その1つの事例として、地方圏で米を原料とした清酒の生産活動が活発化したのではないかと推測できる。この生産活動は、中村隆英の研究（「酒造業の数量史　明治―昭和初期」1989年）で提示された図7-4の造石量と造酒場数の動向で検証が可能である。ただし1875（明治8）年に酒造株が廃止され自由に酒造業が営めるようになったため、1870年代後半に酒造場の設立ブームがあったが、その後の営業税引き上げや松方デフレによって経営力の弱い酒造場が淘汰された。このため1886年前後で生産構造を厳密に比較することは難しいが、1つの目安として景気の底（図のT時点）における造石量を比較すると、産業革命以前には300万石以下であったが、産業革命以降は景気変動を伴いながらも上昇トレンドとなった。一方、酒造場数は、造石量と同様に1870年代後半に一時的に急増していたが、それが松方デフレ期に大幅に減少して産業革命期の後半に再び減少した。

　以上より酒造業では、産業革命期に1酒造場当たりの造石量が増加したが、その背景には経営面で弱小資本の市場退出、優良資本の規模拡大・資本蓄積が同時に進み、自律的成長期に入ったことが推測される。ちなみに日本酒メーカーは、長期的にみてビール・ウイスキー・ワインなどの酒類の多様化で低迷状態が続いている。老舗メーカーといえども、その経営基盤は脆弱であるために倒産が多数発生してきた。そこで2002～2012年の10年間における倒産件数を創業年数別に示した図7-5をみると、100～150年が圧倒的に多い。この期間は、産業革命にともない開業したメーカーが多かったことを示唆している。

　産業革命期は、一般的に特定の産業（特に近代産業）が経済を主導したと思いがちであるが、むしろ地方圏の在来産業を含む多様な産業の発展が、経済に大きな影響を与えていたといえよう。その点で酒造業のデータは、われわれに興味深い事実を提供している。

図7-4 酒造業における造石量と酒造場数の推移

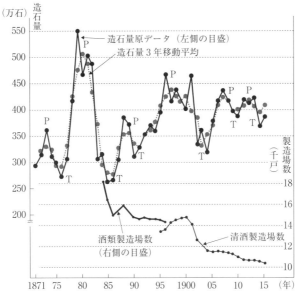

(注) 酒類製造場数には清酒以外の製造場数も含む。
(資料) 中村隆英「酒造業の数量史　明治—昭和初期」『社会経済史学』第55巻第25号、1989年の94頁の図1を一部谷沢が修正(ただし原資料は、主に『大蔵省主税局統計年報書』であり、一部は中村が推計した)。

図7-5 日本酒メーカーの創業年数別の倒産件数(総計71社)

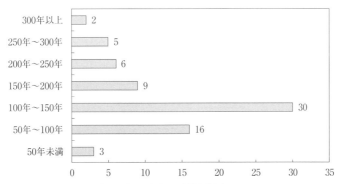

(注) 1. 2002～2012年の10年間に倒産した会社を対象としている。
     2. 全倒産数は74社だが、創業年の判明した71社に限定している。
(資料) 東京商工リサーチ編『「日本酒」メーカー倒産動向調査』2012年による。

第一は、株式恐慌という側面である。すなわち前年1889（明治22）年の後半より、資金需給が逼迫して金利が急上昇し始め、翌90年1月に東京株式取引所の仲買人による投機破綻をきっかけとして、株価が暴落して恐慌が発生した。この株価暴落によって銀行の株式担保金融は阻害され、これがさらに金利高騰や資金逼迫を引き起こして株価暴落を加速させた。

　これに対して日銀は、救済措置として1890（明治23）年5月より担保品付手形割引制度を設置して、株式（主として鉄道株）担保手形や商品（生糸や綿花）担保手形の再割引によって資金供給を開始したが、これには限界があった。ちなみにこの時期に日銀が救済措置をおこなったことが、その後日銀が民間金融機関の産業金融を支援する体制の契機となった（この点は、図6-6を参照）。

　第二は、米の凶作による綿紡績業の過剰生産である。すなわち1889年産米の凶作にともなう農家所得減によって、消費の急激な萎縮が発生した（米の凶作については、図8-1を参照）。このため消費財の過剰生産が引き起こされ、綿糸紡績業では翌90年3月前後より過剰生産が発生し始めた。さらに同年の下半期になると、世界恐慌の影響が現れてきたことも、綿紡績の過剰生産に拍車をかけた。そのほか凶作の影響で米穀投機が発生したほか、米穀輸入が急増したことで貿易決済用の資金需要が急増するなど、貨幣需要が増加したことで金利が急騰した。この金利高騰は、紡績企業の経営に大きな影響を与えたことは容易に想像できよう。

　このように1890年恐慌は、株式恐慌がきっかけとなり、さらに綿糸の過剰生産も影響して発生した。ただし綿糸の過剰生産は、あくまで紡績資本の過剰蓄積から発生したのではなく、不作と米価高騰にともない需要が一時的に冷え込んで発生した恐慌にすぎない。このため1890年恐慌は、かつては大内力らのように「最初の本格的資本主義恐慌」（＝原蓄期の初期恐慌）と評価されていた。

　しかし現在は高村直助のように「産業革命の開始時期に、紡績産業といった中核的産業と一定の関連性を持って勃発し展開した過渡恐慌」という見方が主流となっている。ちなみに過渡恐慌とは、高村によると産業革命の達成を前提とする本格的資本主義恐慌に先行する、「投機恐慌」、「たんなる貨幣・信用恐慌」、「部分的過剰生産恐慌」を指した用語であるという。

　最後に第1次企業勃興の意義について考えてみる。このブームに関して、石井寛治が指摘しているように「一言でいえば、紡績・鉄道・鉱山の三業種を中心に、機械制大工業が民間において本格的に展開しはじめたことを意味しており、日本

資本主義の確立過程の開始を示すものであった」という評価が一般的である。すなわち企業勃興が開始されたことで、日本における産業革命の時代が開幕したことを意味する。またこの時期は、松方財政の前期にあたっていたが、1882（明治15）年以降に清国を仮想敵国として進められた、軍拡の時期に入ってきたことに注目しておくことも重要である。

このような状況にあったとはいえ、全体の財政規模はまだ小さく、いわば「小さな政府」で運営されていた（財政規模については、表6-9を参照）。このため当期には、財政面の影響よりも銀本位制の導入にともなう円安効果を享受できたことを強調すべきであろう。

（4）日清戦争と第2次勃興

日清戦争後にその勝利を原因とした景気上昇局面があり、そこで再び企業勃興ブームがおこった。本節では、まずブームの背景にあった日清戦争の概要について触れ、次に日清戦後に発生した経済運営（日清戦後経営）を説明していく。

〈華夷秩序の終焉〉

日清戦争の概要と日本経済への影響を、はじめに整理しておく。まず日清戦争の概要について。この戦争は、1894（明治27）年7月25日〜95（明治28）年3月30日に、主に朝鮮半島・満洲・黄海を戦場として実施された。

その戦費は、臨時軍事費特別会計に計上された金額だけでも2億48万円に達しており、内訳は陸軍省所管分1億6452万円、海軍省所管分3596万円であった。この金額が、前年1893（明治26）年度の一般会計歳出8452万円の2.4倍、銀行預金1億1182万円の1.8倍に上っていたため、いかに経済的な負担の重い戦争であったか理解できよう。

その資金調達は、内国債1億1681万円、特別資金繰入7896万円、国庫剰余金2344万円など6割弱を借入金に依存し、その他は財政部門の取り崩しや剰余金等で調達した。内国債の募集では、府県知事→郡長→町村長といった行政ルートを使って、地方資産家への勧誘を徹底的におこなった。

兵力として24万人余が動員され、このうち17万人余が戦場に派遣された。戦死者は1万3309人（うち脚気・コレラ等の病死1万1894人）となった。さらに主戦場が朝鮮・満洲等であったため、兵士のほかに軍夫と呼ばれ各種の輸送業務を担当する民間人が15万人超集められ、国内使役のほか戦場に派遣された。彼らは、

笠をかぶり浅黄木綿の筒袖の上に○○組という法被と股引を着て、草鞋ばきという身なりであったが、防寒具は自己調達であった。このため困難な状況に追い込まれた者も多く、一説には7000人以上が戦病死したといわれている。

　この戦争に対して、政府首脳は苦戦を強いられると想定していたが、黄海海戦が完勝するなど予想外の勝利を勝ち取った。ちなみに1897（明治30）年に発表された軍歌「軍艦」（作詞・鳥山啓、作曲・瀬戸口藤吉）では、日清戦争時の海戦の状況が謳われている。このうち1番の歌詞は、「守るも攻むるも黒鉄（くろがね）の、浮かべる城ぞ頼みなる、浮かべるその城日（ひ）の本（もと）の、皇国（みくに）の四方（よも）を守るべし。真鉄（まがね）のその艦（ふね）日の本に、仇（あだ）なす国を攻めよかし」というものであった。このメロディーは、「軍艦マーチ」としてかつてパチンコ屋で盛んに流れていたから、聞き覚えがあろう。このような勇ましい表現から、当時の戦勝気分を理解することができる。

　講和条約は、1895（明治28）年4月に下関で調印された。そして下関講和条約の概要を紹介しておかなければならない。まず清国は賠償金2億両を日本に支払う、清国が朝鮮の独立を承認する、遼東半島、台湾・澎湖（ほうこ）諸島を日本に割譲するという内容であった。ただしその後の三国干渉（ロシア・ドイツ・フランス）によって、遼東半島は返還している。また台湾の統治のために1895（明治28）年5月、台湾総督府を設置した。台湾総督府の設置は、わが国における本格的な植民地支配の開始を意味する。そのほか中国側が、日本に対して新たに沙市（さし）・重慶・蘇州・杭州の4港を開くことも同意した。

　台湾統治の関連では、台湾銀行が設立されたことも説明しておく。同行は、1897（明治30）年7月に台湾の幣制統一、産業開発、華南・南洋諸島との貿易金融を目的として設立された。つまり兌換銀行券の発行（1904［明治37］年6月までは銀兌換券、同年7月より金兌換券）のほか、商業手形割引、為替・荷為替、動産・不動産担保貸付など、広範囲に及んだ。同行は、中央銀行の役割のほか民間銀行の役割も担っていたことがわかる（下巻の第1章では、この民間銀行としての役割に焦点が絞られる）。その支店は、台湾本島のほか、廈門（あもい）、香港、福州、汕頭、広東、上海に開設され、従来中国人やイギリス人のおこなっていた台湾生産物の貿易金融を積極的に取り込んだ。

　なお朝鮮では、すでに1878（明治11）年より第一国立銀行朝鮮支店（後の朝鮮銀行）が立地していた。しかし銀行券の発行は、なかなかおこなわれなかった。ようやく台湾銀行の設立が起因して1902（明治35）年からとなるなど、台湾銀行の

設立が他地域の幣制統一にも大きな影響を与えた。

　以上の日清戦争に対しては、近代日本が体験した初めての本格的な対外戦争であったほか、日本が帝国主義列強の仲間に入る道を固めたといった評価がなされている。すなわちわが国の外交面では、列強への仲間入りを果たした結果、新たに列強との対立を深めて富国強兵の道を選択することとなった。例えばロシア・ドイツ・フランスによる三国干渉など、列強との国際紛争のなかに踏み込むこととなった。その結果として、朝鮮に対する従属化政策と、それに対して朝鮮による反日行動の激化がもたらされた。

　アジアの安全保障面では、日清戦争前までは数世紀に渡って中国を中心として形成されてきた伝統的華夷秩序と近代のヨーロッパ的国際秩序が並存していたが、同戦争後は華夷秩序が終焉を迎えた。そして日本の勝利が、清の軍事力が弱体であることを世界に知らしめ、列強諸国がアジアの植民地化を加速させる契機となった点でも、極めて象徴的な事件であった。

　さらに日清戦争勝利の影響を経済面からみると、①資金調達方法の転換（外資排除から外資・外債の導入へ）、②産業政策の転換（対外関係上から産業政策が組織化し、民間経済への政策的介入へ）、③貿易政策の転換（関税自主権の回復で保護貿易主義的傾向へ）、④貿易における入超構造の定着、といった意味で大きな転換点であったと指摘されている[18]。

　このうち①の外資・外債の導入がおこった背景には、欧米諸国による経済支配を恐れて外資を排除していた方針が、日清戦争後に変更されてきたことがあげられる。しかも日清戦争の賠償金によって1897（明治30）年10月に金本位制が確立したことで、銀本位制のもとで発生していた輸出における優位性はなくなったが、その代わり図5-10のように為替レートが安定化したことで、日本の対外信用が増したことが外資導入を促進させた。

　また②の点では、重工業の育成、政府系特殊銀行の設立など、産業戦略が組織的におこなわれるようになったことがあげられる。ただしこの時期から1930年代後半までは、基本的には民間企業を主体としていたため、市場メカニズムが比較的に機能していた。

　次に③の関税自主権の回復は、幕末に締結された不平等条約が地道な改正交渉の積み重ねによって、すでに1894（明治27）年にイギリスとの間で関税自主権を一部回復させたほか、その他14ヵ国とも同様の条約改正（第1次条約改正）を同年

図 7-6 関税負担率の推移

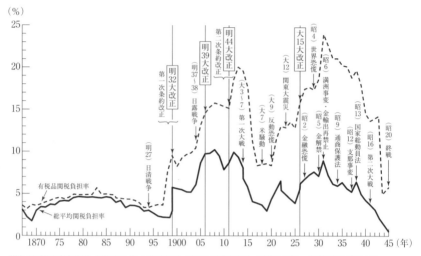

(注) 総平均関税負担率=関税収入額÷総輸入額、有税品関税負担率=関税収入額÷有税品輸入額である。
(資料)『財政金融統計月報』389号、1984年9月号の51頁。

中に締結した。なお同改正の発効は、図7-6でわかるように1899（明治32）年である。この改正によって完成品などの関税が引き上げられ、保護貿易主義を保持することが可能となったほか、当然ながら税収増にも貢献した（税収の点では図3-6を参照）。さらに改正にあわせて、会社法（施行は1893［明治26］年7月）、民法（1898［明治31］年7月）、商法（1899［明治32］年3月）などの主要法規が整備されたことも見逃せない。

最後に、④の点は図7-3を示しておくことで十分であろう。

〈日清戦後経営〉

日清戦争終結直後の1895（明治28）年より1899（明治32）年にかけて、第2次企業ブームが発生した。この時期は、松方財政期に位置付けられるが、3つのブームのなかで最長となった。

表7-2によると、1894〜1899（明治27〜32）年に会社数（非銀行業）は2.7倍、資本金は2.8倍となった。ここまで増加したため企業の乱設が発生したことも特徴である。業種別には、表7-3のように新たに重工業（製鉄・造船・機械工業）や電力業などへの投資が活発化したほか、銀行業が大きく増加した。また前期に引き

続き、紡績・製糸業などの繊維業や鉄道業の増加が目立っている。ちなみに紡績業では、1897（明治30）年に綿糸の輸出量が綿糸の輸入量を上回り、製糸業では1894（明治27）年に器械製糸の生産量が座繰製糸の生産量を追い越した（なお綿紡績業の動向については、特に図7補-4を参照）。繊維で稼ぎ、機械を輸入するという、典型的な戦前期の貿易構造が完成した。

　それではなぜ、再びブームが到来したのであろうか。その原因として、第一に日清戦争の戦勝によって獲得した賠償金をもとに、大規模な財政拡張政策を実施したことがあげられる[19]。つまり第6章の第3節で説明した、松方財政後期における軍拡財政である。その際に、第1次勃興と第2次勃興の間には第6章で説明したとおり初期議会が6回開催されており、松方蔵相の意見のまま予算案が議会を通過したわけではない点を確認しなければならない。第二は、日銀の保有する賠償金が輸入代金の支払額を増額させるために、景気拡張的な役割を果たしたことがあげられる。以下では、後者について補足説明をしておく。

　当時の金本位制下では、景気が過熱してくると物価上昇がおこって輸出価格も上がるため、輸出が減少する。一方で輸入は、所得水準によって決まるため増大する。このように景気が過熱すると国際収支が悪化してくるため、本位制のもとでは正貨が流出して日銀保有の正貨残高が減少する。正貨残高が減少してくると、それに合わせて紙幣流通量を減らさなければならない。なぜなら紙幣流通量を減らさないと、通貨の信頼性が低下するためである。これを回避するため政策当局は、金融を引き締めて（具体的には公定歩合を引き上げて）景気の過熱を抑え、物価を引き下げつつ正貨流出を防ぐ。

　以上のような金本位制の政策動向を「物価正貨流出入メカニズム」と呼んでいるが、この点は下巻第2章の第1節で説明する。賠償金の流入は、このような輸入代金の支払額を増額させるため、景気を拡大させる役目を果たした。さらに日銀の保有する賠償金が、市中銀行への貸出を通じて預金の急増をもたらした、つまり信用創造が発生したことも忘れることができない。

　ちなみに当期の経済政策の基本的考え方を確認しておこう。まず通貨政策は、ほぼ一貫して膨張志向（いわゆる積極基調）となっていた。その際に通貨の供給方法は、様々な方法が考えられるが、そのうち人為的な外資導入（外債発行等）については、もともと大蔵省・日銀幹部は最小限に抑える方針を採っていた。しかし日清戦後好況のなかで民間資金需要が増加して内国債の市中消化が困難となって

第7章　産業化の律動　　313

きたほか、金本位制の導入も決定されていた。このため1897・99（明治30・32）年に、合計1億4000万円の外債発行に踏み切った（外債の概要は、表8-3を参照）。

一方、財政政策は、当初は積極財政であったが後に緊縮財政へ変化していった。すなわち賠償金獲得にともなう積極熱のなかで、「日清戦後経営」として軍拡・産業育成のためのインフラ整備に着手し、その財源として賠償金・内国債のほか新税（法人所得税・営業税）、葉煙草専売の実施、酒税の増徴をおこなった。また対外的には、台湾の経営、朝鮮への支配を強化するなど、財政面では軍拡財政・インフラ整備を推し進めた。

それゆえ石井寛治は、この時期を対露戦に備えての軍拡と経済建設を同時達成した時期とみなした上で、その政策を「一言でいえば、確立しつつある日本資本主義の早熟的な帝国主義転化を実現する政策体系であった」と主張している。ただし1898（明治31）年の第1次恐慌を契機として、内国債の公募が困難となったほか、税収の増加（地租・酒税など）も難航したため、大蔵省は同年度予算から緊縮財政に転換した。

要するにこの時期（特に前半期）には、通貨・金融政策に加えて財政政策によって景気拡大が達成されたことが、企業勃興を下支えしたといえる。

以上の政策のうち、軍拡財政について引き続き具体的事例をみておく。まず陸軍大臣山県有朋が1895（明治28）年4月に上奏した「軍備拡充意見書」があげられる。この計画は、陸軍の兵員規模を現行の平時7万人・戦時21万人から平時15万人・戦時60万人へ増員し、師団を7師団から13師団へ増強するというものである。

一方、海軍では、いわゆる「六六艦隊計画」が作成された。これは1896〜1905（明治29〜38）年にかけて、戦艦（正確には前弩級戦艦）6隻、装甲巡洋艦6隻を配備する軍拡計画であり、これによって艦艇総排水トン数を6万トンから25万トンへ増強した。このため戦艦では、前弩級戦艦がすでに建造中であった「富士」、「八島」のほかに4隻、装甲巡洋艦が6隻建造された。

日露戦争の日本海海戦で東郷平八郎が旗艦とした戦艦「三笠」（起工1899年、進水1900年）は、このときイギリスのビッカース社に発注された戦艦である。この時期における戦艦の整備が、数年後におこなわれた日露戦争の海戦で大活躍することとなった。軍事的視点からは、製鉄等の重工業の必要性が高まった。日清戦後に八幡村（現北九州市）で官営製鉄所の建設が本格的に開始され、1901（明治34）

年に操業を始めた。

次に、インフラ整備の具体的事例としては、鉄道の改良や電信・電話の拡張、治水事業、教育施設の増設などが実施された。

このうち鉄道に関してみると、初期（1870～78年）の官営鉄道は英国の資本と技術者による丸抱えで建設されており、同時期の御雇外国人の半数は鉄道関係者であった。しかし1880年代末から始まった私鉄の建設では、そのほとんどが日本人の手によるものであったほか、1901（明治34）年にようやくレールの国産が始まるなど、第2次ブームでは地方圏を巻き込んだ力強い投資傾向があった。

このように企業勃興に合わせて、国内の関連産業が立ち上がってきたわけだが、鉄道建設が国内の製品・原材料や労働などの各市場を拡張・統合させた点も見逃すことができない。ちなみに1888（明治21）年以降、山陽鉄道、関西鉄道、九州鉄道、北海道炭礦鉄道が設立された結果、1889（明治22）年には民営鉄道の営業キロ数が官営鉄道のそれを上回った。

そのほか海運・造船の奨励として、1896（明治29）年に航海奨励法・造船奨励法が公布されたほか、金融機関では1896（明治29）年に日本勧業銀行法・農工銀行法、1899（明治32）年に北海道拓殖銀行法、1900（明治33）年に日本興業銀行法が公布されるなど、特殊銀行の設立が相次いだ（航海奨励法と造船奨励法については、第8章の第2節を参照）。これらの動きに合わせて、図5-8のように1901（明治34）年には、民間銀行の活発な設立によって全国銀行の行数が2354行と、史上最多になった。

以上の傾向を反映して、日清戦後経営では積極的な財政支出がおこなわれたため、政府の財政規模も「小さな政府から大きな政府へ」と変化した。ちなみに表6-9のように、国民総生産に対する全政府支出純計の大きさは、1890（明治23）年の11.3％から1900（明治33）年の19.3％へと大幅に増加した。

なお工業化が開始されると、地方圏から都市圏に流入した旧農民たちが定着をし始める。もっともすぐに自宅を持てるわけではなく、最初は都市圏の木賃宿に常駐し、その後に借家・持ち家に移っていった。例えば、1890年代後半の貧民に関する優れたルポルタージュである横山源之助『日本の下層社会』（1899年）によると、当時の東京市15区内には本所・深川両区を中心として多数の細民（低所得者）が居住していたが、そのうちの一定割合は木賃宿に住んでいたという。

さらに「東京木賃宿の特色として挙ぐべきは、宿泊者は三年四年同じ畳の上を

第7章 産業化の律動　315

家とし、世間も義理も人情も天井なき方一畳若くは二畳の間に集めて、破れたる壁に天地を界り永住するを見ること是なり（以下省略）」（岩波文庫、1949年の57-58頁）と記述している。この記述は、農民層分解で都市に流入した後の旧農民の姿を示唆しているが、明治初頭に一時的に減少した東京の人口が産業革命によって増加に転じたことを暗示させる。

　ところがこのブームは、日清戦後恐慌（1900・01 [明治33・34] 年）、すなわち1900年恐慌の発生によって終息した。この恐慌は、以下の順番で貿易収支の悪化が進んだことで金融逼迫が発生し、さらに株価が暴落して発生したと考えられている。①インド綿花の不作（旱魃）による価格騰貴を見越して輸入が急増した。②アメリカで恐慌（世界恐慌）が発生したため、生糸輸出が停滞した。③1900（明治33）年6月に発生した北清事変によって対中輸出が途絶した。

　④これらの貿易赤字の急増が金融逼迫・株価の暴落をもたらし、思惑によって急激な生産増をおこなってきた紡績会社に致命的打撃を与えた。そして⑤紡績業で発生した恐慌は、織物業や採炭業など関連産業に波及したほか、⑥銀行の資金が回収不能となり、1901（明治34）年4〜7月に31行の銀行が支払い停止となった。⑦最後に、金本位制を維持するために日銀が公定歩合を数回にわたり引き上げた。その理由は、輸入超過状態で日銀保有正貨が減少していたためである。

　ちなみにこの恐慌については、生産手段生産部門の発展が微弱であったほか、金融市場を通じた恐慌の波及が多かったため、過渡恐慌の一種とみなすべきであるという指摘がある。その一方では、紡績業を中心として発生したわが国最初の近代的・資本主義的恐慌であるという見方もあるなど、いまだ明確な評価が定まっていない。いずれにしてもこの恐慌の発生で、第2次企業ブームが終息した。

(5) 日露戦争と第3次勃興

　3回目の企業勃興ブームは、日露戦争の勝利とともにやってきた。このブームは1905〜07（明治38〜40）年までと短期間であったが、第2次ブームと同様に軍事関連の投資が中心であるなど、近代化を一層進める重要な要素が含まれていた。

〈戦勝感なき大戦〉

　まず日露戦争の概要についてみておこう。この戦争は、1904（明治37）年2月〜05（明治38）年9月に、満洲南部、朝鮮半島沿岸を戦場として発生した。動員総兵力は約80万人、戦死者は約8万4000人、戦傷者は約14万3000人に達する

など、日清戦争を大きく上回る被害となっていた。

このため1905（明治38）年に発表された軍歌「戦友」（作詞・真下飛泉、作曲・三善和気）では、日露戦争時の悲惨な戦場が謳われていた。軍歌としてしばしば歌い継がれてきた曲であるため、知っている読者も多いと思う。歌詞のうち代表的な部分をあげると、以下のとおりである。この歌詞を読むと、日清戦争の際に作られた軍歌「軍艦」と好対照を示しており、当時の世相が理解できよう。

　　イ）ここは御国を何百里、離れて遠き満洲の赤い夕日に照らされて、友は野
　　　　末の石の下（1番の歌詞）。

　　ロ）軍律きびしい中なれど、これが見捨てて置かりょうか、「しっかりせよ」
　　　　と抱き起し、仮繃帯も弾丸の中（4番の歌詞）。

1番の「友は野末の石の下」、4番の「仮繃帯も弾丸の中」といったフレーズから、厳しい戦いを強いられたことが予想され、勝ち戦にもかかわらず全体として暗いトーンの曲となっている。日露戦争の代償はあまりに大きかった。

戦費は、表7-4のように17億3000万円に達した。その内訳もみておくと、陸海軍軍事費15億490万円、各省臨時事件費2億2000万円であり、特に陸軍省関連が全体の7割強を占めていた。ちなみに戦前数年の一般会計規模は2億6000万円にすぎなかったから、この戦費がいかに大きな金額であったかが理解できよう。租税収入では到底賄い切れなかったばかりか、すでに貿易収支の構造的な赤字から正貨危機に直面していたため、大半は外債等の借金で調達された。

ここで外債調達を担当したのが当時、日銀副総裁であった高橋是清である。高橋はロンドン・ニューヨーク金融市場でこの金額を調達した。ただし日本が大国ロシアに敗北すると判断されていたため、苦労の末に日本の関税収入等を担保として調達できたものである。高橋はこのとき50歳の働き盛りであったが、この活躍が認められてその後の大出世に繋がった。

日露戦争は、大方の予想に反して日本の勝利で終わった。1905（明治38）年9月にポーツマスで調印された日露講和条約（つまりポーツマス条約）の内容は、以下のとおりである。まず日本側が強く要求していた賠償金を、ロシアは支払わなかった。これは当時の日本国民にとっては予想外の厳しい結果であり、政府も財政運営で苦境（例えば外債の元利支払いなど）を強いられた。

当時の国民の怒りは、同月に発生した日比谷焼打ち事件に象徴されている。その代わり領土についてはいくつかの成果を獲得できた。すなわち①（北緯50度以

第7章　産業化の律動　　317

表 7-4　日露戦争の戦費・調達内訳

			金額(万円)	構成比(%)
戦費	陸軍省関係	物件費	97,231	56.2
		一時賜金	15,629	9.0
		人件費	14,727	8.5
		その他とも小計	128,332	74.2
	海軍省関係	艦営費	3,954	2.3
		造船及修理費	2,607	1.5
		造兵及修理費	2,242	1.3
		船舶費	2,033	1.2
		その他とも小計	22,515	13.0
	他の各省臨時事件費合計		22,158	12.8
	総　　計		173,005	100.0
調達	増税等の収入		21,287	10.7
	公債・国庫債券一時借入金		155,587	78.3
	（うち外債）		68,959	34.7
	特別会計資金繰入		6,700	3.4
	軍資献納金		150	0.1
	雑収入		50	0.0
	歳計余剰その他		14,838	7.5
	総　　計		198,612	100.0
	差引剰余金		25,607	—

(資料) 戦費は大蔵省編『明治大正財政史』第1巻の230-232頁、調達は同書の228-229頁、外債の金額は246頁より谷沢が作成。

南の）南樺太を日本に割譲するほか、沿海州とカムチャッカの漁業権を獲得。②日本による朝鮮半島の支配をロシアに認めさせる、③遼東半島の先端部（旅順・大連）の租借権を獲得する、④東清鉄道の南満洲支線（長春―旅順間）の鉄道に関する権益を獲得する等であった。

　このうち①の樺太関連では、1905（明治38）年8月に樺太民政署が設置されたが、1907（明治40）年3月には樺太庁が設置された。②の朝鮮支配の関連では、その後の第2次日韓協約にもとづき外交権を接収して大韓帝国を保護国化して、1905（明治38）年12月に韓国統監府が設置、1908（明治41）年12月に国策会社・東洋拓殖（株）（略称：東拓）が設立された。また③の遼東半島を統治するために、1905（明治38）年9月に関東州が設立され、1906（明治39）年9月には旅順に関東都督府が設置された。

　ここで関東州とは、旅順・大連地域の日本租借地に対して日本が付けた呼称である（なお旅順は、天然の良港であったため早くから市街化したが、現在は大連市の一部 ［旅

順口区］となっている）。ちなみに「関東」とは元来、中国語で山海関（万里の長城の東端にある要塞）の東側を指す言葉であり、日本の関東地方とは関係ない。また租借権とは、ある国が条約で一定期間、ある土地を他国に貸し与える権利である。租借期間中は、貸した国には潜在的な主権が存在するが、実質的な統治権は借りた国が持って準領土となるため、立法・行政・司法権は借りた国に移る。かつての香港などが有名である。

④の東清鉄道を運営するために、南満洲鉄道（株）（略称：満鉄）が設立された。この東清鉄道と同鉄道に関する権益について、補足説明しておこう。まず当時の中国（大清帝国）では、外国資本が主要な鉄道を経営しており、各国が競って清国政府から鉄道敷設権を獲得していた。この敷設権にもとづき、鉄道会社が沿線で絶対的かつ排他的な行政権を有する区域を鉄道附属地と呼ぶ。日露戦争前には、ロシアは東清鉄道の鉄道附属地を足掛かりとして、満洲・外蒙古・内蒙古（つまり万里の長城の北側）を実質的に勢力範囲としていたが、日本は日露戦争でその権益を大きく押し下げたことになる。

東清鉄道の路線は、図7-7のようにまず満洲里からハルビンを経て綏芬河へ

図7-7　日本・ロシアの満洲支配（1900年代後半）

（資料）谷沢が既存資料より作成。

第7章　産業化の律動　319

と続く本線（営業開始は 1897［明治 30］年）を敷設した。綏芬河からウラジオストク
まで（ロシア領）は、すでにシベリア鉄道が敷設されていたため、この路線により
ロシアは直線的に東進することが可能となった。しかしウラジオストクは、不凍
港とはいえ真冬には凍る港であったため、1903（明治 36）年にはハルビンから大
連を経て旅順へと続く南満洲支線を敷設した。この南満洲支線で旅順まで南下で
きたことは、地政学上きわめて有利となった。

　なお同路線は、中国側では辛亥革命時（1911・12 年）までは清国の鉄道という
意味を込めて東清鉄道と呼ばれたが、中華民国建国後は「中東鉄道」と呼んだ。
さらに日本側では、『国史大辞典』などで「東支鉄道」と掲載されているが、高
校の教科書では東清鉄道で統一されている。満鉄は、その後も軍閥政権が敷設し
た鉄道を次々と吸収していき、広大な満洲に自社の鉄道網を張り巡らせていった。

　最後に、日露戦争の評価をみておくと、同戦争は以下の 3 つの点で大きな影響
を与えた。すなわち第一に、ロシア帝国の南下を抑えることに成功したこと、第
二に満洲における権益を得たこと、第三に列強諸国の日本に対する評価を高め、
明治維新以来の課題であった不平等条約改正の達成に大きく寄与したことがあげ
られる。特に第三の条約改正は、図 7-6 のようにおもに 1906（明治 39）年と
1911（明治 44）年であるから、日露戦争の勝利は関税自主権の回復に大きな影響
を与えていた。

〈日露戦後経営〉

　日露戦争の終了時より第 1 次大戦の開始までの 10 年間は、いわゆる桂園時代
といわれる政権運営のもとで、「日露戦後経営」という財政経済政策が実施され
た。そして同時期の初期に当たる 1905～07（明治 38～40）年に、第 3 次の企業設
立ブームが発生した。

　このブームは、第 1 次桂内閣と第 1 次西園寺内閣の時期にあたり、政治的に安
定した時代であったものの、3 つのブームのなかで最短であった。また表 7-2 か
らわかるように会社数・資本金（非銀行業）とも 2 倍に達しておらず、企業設立意
欲は緩やかであった（なお表 7-2 で確認できるように、当ブームは 1907 年以降も継続して
いたが、本書では 1907 年に日露戦後恐慌が発生したことを重視して第 3 次企業勃興の終期に
1907 年説を採用する）。表 7-3 によって業種別内訳をみると、水陸運輸業（特に鉄道
業）で資本金が減少しているが、引き続き採炭・製錬（特に製鉄）や電力業を中心

とした増加が確認できる。

戦後経営の特徴として、陸海軍の拡張、植民地経営、製鉄所の建設など、直接・間接に軍事に結び付く投資内容が目立っていたことがあげられる。このため日露戦後経営は通常、日清戦後経営の延長線上で論じられることが多い。このうち製鉄所の建設関連では、1907（明治40）年に北海道炭礦汽船（株）・英国アームストロング・ウィットワース社・英国ビッカース社の出資によって北海道室蘭市に日本製鋼所が設立されるなど、本格的な重化学工業化に向けた事業進出が相次いだ。

そのほか河川・港湾整備事業の再開、電話等の通信事業や運輸事業の拡充、教育施設の拡充などの社会基盤の整備も積極化した。ただし第2次企業勃興とは異なり、企業の乱設が発生しなかった。これは、堅実な経営をしている既存企業を中心に、事業の拡充・新設がおこったからである。

以上より第3次ブームの主要な発生原因は、軍事関連や社会基盤関連の投資が活発化したことがあげられる。また株式会社に対する関心が一般大衆にも広まり、一般大衆も含めた株式ブームが発生したことも、発生原因にあげられる。このため日露戦後経営期における経済政策の特徴として財政政策をみると、賠償金が獲得できなかったのに積極的に財政規模を拡大した点に注目する必要がある。大蔵省は積極財政を堅持していたのである。

通貨政策でも、この積極財政を支えるためにほぼ一貫して膨張志向（いわゆる積極基調）となっていた。そしてその資金調達では、戦時外債の支払いのために国内だけで資金を調達することが困難であったほか、民間企業の資金調達を容易にするため、海外からの資金導入（外債の発行）に踏み切らざるをえなかった（同時期の外債発行は、表8-3を参照）。

さらに財政政策の中身を詳しくみておこう。まず軍拡の関連では、軍部の安定的基盤に支えられた第1次桂内閣のもとで、1906（明治39）年10月に山県有朋が陸海軍の「帝国国防方針案」をまとめて上奏したほか、海軍ではこれにしたがってアメリカを仮想敵国とした「八八艦隊構想」（第一線艦隊として艦齢8年未満の戦艦8隻、巡洋戦艦8隻を整備する構想）などをまとめた。しかし当時の財政ではあまりに負担が大きかったほか、米英仏伊との海軍軍縮条約（ワシントン条約）が1922（大正11）年2月に締結された。その結果として、戦艦6隻、巡洋戦艦4隻と大幅に縮小された（表8-5を参照）。

第7章　産業化の律動　*321*

一方、インフラ整備の具体的事例として、まず鉄道の国有化と拡張があげられる。すなわち1906（明治39）年3月に鉄道国有法が公布され、1906・07年にかけて日本鉄道、九州鉄道、山陽鉄道、関西鉄道、北海道炭礦鉄道等の大手私鉄17社が国有化（つまり買収）された。その詳細は表7-5のとおりであるが、これによって官営鉄道の路線距離は従来の2000キロ超から7000キロ超へと3倍以上増加した。北海道炭礦鉄道が、この国有化措置によって社名を「北海道炭礦汽船」（略称：北炭）に変更したのは有名な話である。先述のように北炭が日本製鋼所の出資会社となった時期は、この社名変更直後であった。

　路線距離や買収額は、都市圏と地方圏といった沿線地域の状況によって大きく異なるが、総じて第1次勃興で設立された主要幹線の私鉄が、第2次勃興で設立された地方圏の私鉄よりも大きくなっている。表7-3において、1904年から1907年にかけて鉄道の払込資本金が大幅に減少したのは、鉄道国有化の理由によることは明白である[20]。この鉄道国有化によって、国内の統一的な鉄道輸送ネットワークが確立して、鉄道運賃の低減や一貫輸送体制の整備が進んだ。

　さらに1907（明治40）年4月には、従来の鉄道作業局が帝国鉄道庁に改組され、翌年12月には鉄道院が設置されるなど、鉄道行政の専門組織が強化されていった。そのほか製鉄所・電信・電話事業の拡張が実施され、治水事業や教育施設の増設なども盛んにおこなわれた。特に電話事業では、日清戦後経営期の第1次拡張計画（1896〜1902年度）に続き、第2次拡張計画（1907〜12年度）が実施された。

　植民地経営の点では、先述のとおり1905（明治38）年12月に韓国統監府が設置されたほか、1906（明治39）年11月に満鉄が設立された。満鉄は、鉄道事業を中心とした半官半民の特殊会社（資本金2億円）であるが、イギリスで社債を募集して鉱山（撫順など）経営に乗り出すなど、きわめて積極的に事業を展開した。

　最盛期には80余りの関連企業を持つなど、満洲植民地経営の中核となったため、この企業集団は「満鉄コンツェルン」とも呼ばれた。本社は一貫して関東州大連市にあったが、1932（昭和7）年に満洲国が成立するとその首都・新京特別市（現、吉林省長春市）に本部が置かれ、そちらが事実上の本社となって国土開発に深く関与していった。このように植民地経営は、一方では広大な大地に新たな絵を描くような自由な魅力を備えていたが、他方では巨額の資金を投入せざるをえない金喰い虫の性格を持っていた。

　以上の理由から財政規模は拡大せざるをえず、表6-9のように国民総生産に

表7-5　鉄道国有法にもとづき買収された私鉄会社17社の概要（設立年月順）

会社名	設立年月	買収年月	買収時の路線距離(km)	買収価格(1000円)	1m当たり買収額(円/m)	買収車輛数(輛) 機関車	客車	現在の路線名
① 日本鉄道	1881年11月	1906年11月	1,385.3	142,495	103	368	857	東北本線・高崎線・常磐線など
② 山陽鉄道	1888年1月	1906年12月	667.7	78,850	118	152	534	山陽本線
③ 甲武鉄道	1888年3月	1906年10月	44.7	14,600	327	13	62	中央線
④ 関西鉄道	1888年3月	1907年10月	442.9	36,130	82	121	571	関西本線・草津線・片町線・紀勢本線・桜井線・和歌山線・奈良線・大阪環状線・筑豊線など
⑤ 九州鉄道	1888年6月	1907年7月	712.6	118,856	167	256	391	鹿児島線・長崎線・日豊線・筑豊線
⑥ 総武鉄道	1889年7月	1907年9月	117.8	12,871	109	24	121	総武線
⑦ 北海道炭礦鉄道	1889年11月	1906年10月	329.1	30,997	94	79	102	函館本線・室蘭本線の一部ほか
⑧ 参宮鉄道	1890年10月	1907年10月	42.0	5,729	136	10	88	紀勢本線・参宮線
⑨ 房総鉄道	1893年9月	1907年9月	634.0	2,157	3	9	32	外房線
⑩ 京都鉄道	1895年12月	1907年8月	35.7	3,341	94	5	60	山陰本線の一部（嵯峨野線）
⑪ 北越鉄道	1895年12月	1907年8月	138.1	7,777	56	18	74	信越本線の一部
⑫ 岩越鉄道	1896年1月	1906年11月	79.7	2,521	32	6	23	磐越西線
⑬ 西成鉄道	1896年2月	1906年12月	7.4	1,705	230	4	23	大阪環状線の一部
⑭ 阪鶴鉄道	1896年4月	1907年8月	113.1	7,010	62	17	44	福知山線
⑮ 七尾鉄道	1898年4月	1907年9月	55.4	1,491	27	4	19	七尾線
⑯ 徳島鉄道	1899年2月	1907年2月	34.6	1,341	39	5	25	徳島線
⑰ 北海道鉄道	1900年5月	1907年7月	255.9	11,452	45	27	44	函館本線の一部
合　計	17社	—	5,096.0	479,323	94	1,118	3,070	1社当たり買収額（1000円）： 28,195
1889年以前（第1次勃興期を含む）	7社	—	3,700.1	434,799	118	1,013	2,638	同　上： 62,114
1890年以降	10社	—	1,395.9	44,524	32	105	432	同　上： 6,361

（注）1. 設立年月は一部、推測を含んでいる。
　　　2. 現在の路線名は、いずれもJR各社（旧国有鉄道）のものである。
　　　3. 点線は、上部が1889年以前（第1次企業興期以前）、下部が1890年以降を示す。
（資料）青木栄一『鉄道の地理学』WAVE出版、2008年の94頁などより合沢が作成。

対する全政府支出純計の比率は、1900（明治33）年の19.3％から1910（明治43）年の38.0％へと大きく上昇した。この動きに加えて戦時公債の元利払いも非常に重い負担となったため、財源確保に頭を悩まされることとなった。まず戦時非常特別税が恒常化され、増税が実施された。これだけでは到底足りないから、財源確保のために外債（国債・地方債とも）が発行された。

　この外債は、金本位制を維持するためにも必要な措置であった。すなわち正貨の確保は、図7-3のように日清戦後経営で貿易赤字が恒常的に発生したことで現れた大きな問題であり、日露戦後経営期の経済運営は最終的には「国際収支の危機」という構造的な問題に悩まされることとなった（この問題は、第8章の第1節でも立ち入って検討する）。1904〜1910年頃は民間社債や外国企業による対日事業投資も増加して資本輸入が活発化したため、「第1次資本輸入期」と呼んでいる。さらに地方でも財政部門が疲弊していたため、戊申詔書にもとづく地方改良運動が進められたことを把握しておく必要がある。

　しかしこのブームは、長くは続かなかった。1907（明治40）年より始まった日露戦後恐慌によって終息を迎えた。この終息原因として、以下のような金融的要因があげられている。これらは国内要因に海外要因が加わったことを示している。第一に、1907（明治40）年1月に株価が暴落して、株式担保で融資していた企業の返済が滞って銀行経営が悪化したため、最終的に破綻に至った銀行が続出した。また銀行が貸出に慎重になったため、資金不足が顕著になって破綻する企業が出てきた。これは国内要因だが、以下は海外要因が影響した内容である。

　第二に、1907（明治40）年10月にアメリカで発生した金融恐慌（取引所恐慌）が世界恐慌となり、その影響で欧米向け生糸輸出が激減した。そして恐慌は、輸出の減少によって大きな影響を受けた紡績業から始まり、急成長してきた製粉・製糖・肥料から海運・造船へ波及し、最終的には電力・ガスを除くほとんどすべての製造業に及んだほか、農業恐慌も引き起こした。

　第三に、銀価暴落によって中国向けの綿糸輸出が不振となったことがあげられる。これは世界恐慌が金価急騰・銀価暴落を引き起こし、銀本位制を採用していた中国の為替レートが大幅下落したため、中国経済が打撃を受け内需が急減したことで発生した。第四に、貿易収支の悪化のもとで金本位制を維持するために、日銀が1907（明治40）年12月に公定歩合を引き上げて、金融引き締めを図ったことがあげられる。

以上のような日露戦後恐慌は、わが国における本格的資本主義恐慌と評価されている。例えば石井寛治は、世界恐慌の波及を契機として、軽工業部門のみならず一定のタイムラグを含みつつ、海運・造船・セメント工業・石炭業などほとんどあらゆる産業部門を捉え、全般的性格を具現化した。このような性質を備えた恐慌は、日本資本主義の確立を示す本格的資本主義恐慌＝全般的過剰生産恐慌であったとみなすべきだとしている。この日露戦後恐慌によって、1909・10（明治42・43）年末に国内金融市場では「金利革命」と呼ばれる低金利状況が出現した。

〈景気循環の特徴〉

　ところで産業革命を経て本格的な資本主義経済に入った日本では、周期的な景気循環が指摘されるようになった。このような経済の体質転換が図られた背景には、資本主義経済が浸透してくると生産者が将来の予想にもとづき生産や在庫投資の増減をおこなったり、消費者が価格に応じて買いだめや買い控え・代替品を購入したりするなど、需要と供給の不一致が大きくなってくる。そして国全体としてみると、これらの行動が周期的に発生して景気循環が強化されるようになったことが考えられる。

　もちろん産業革命期以前に経済の循環的な変動が存在しなかったわけではないが、在庫循環を中心とした短期の景気循環が資本主義経済に入って目立ってきた。先行研究で産業革命期における産業循環とくに恐慌の発生に注目している事実は、上記のメカニズムを示唆している[21]。

　そこで数量経済史家・藤野正三郎がおこなった、戦前期の景気循環に関する一連の研究を紹介しよう。これらの研究では、かならずしも産業革命期に入って景気循環が強化されたことは確認されていない。ただし藤野は、18の主要経済データを統計処理して作成した1860年代末からの累積ディフュージョン・インデックス（DI）を作成している。この指標を示した図7-8（A）にもとづき、いままでの恐慌に関する時点と景気循環の関係を再確認することができる。

　まず②→③の景気下降局面には株式恐慌（1889年）・1890年恐慌があり、③→④の上昇局面に日清戦後経営の時期がほぼ位置付けられる。さらに④→⑤の景気下降局面には第1次恐慌（1897・98［明治30・31］年）と第2次恐慌（1900・01［明治33・34］年）の2つの恐慌が含まれている。このうち第1次恐慌は、第2次恐慌で本格化する前の恐慌であるため中間恐慌とも呼ばれており、第2次恐慌がいわゆ

第7章　産業化の律動　*325*

図 7-8 戦前期の景気循環

(A) 累積ディフュージョン・インデックスの推移

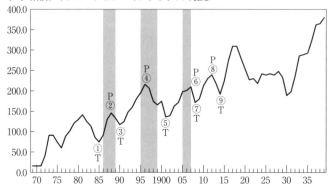

(注) 上図の P は景気循環の山、T は景気循環の谷を示す。
(資料) 藤野正三郎『国際通貨体制の動態と日本経済』勁草書房、1990 年の 323-325 頁のデータより谷沢が作成。

(B) 実質粗国民支出の伸び率と設備投資比率の推移

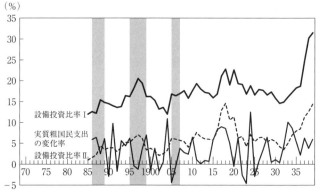

(注) 設備投資比率Ⅰ＝名目粗国内固定資本形成 ÷ 名目粗国民支出、設備投資比率Ⅱ＝民間非 1 次産業粗固定資本形成（住宅を除外）÷ 名目粗国民支出
(資料) 大川一司ほか編『国民所得』東洋経済新報社、1974 年の 178 頁、183 頁、213 頁より谷沢が作成。

る日清戦後恐慌に相当する。⑤→⑥は日露戦後経営の時期にあたり、⑥→⑦には 1907 年の日露戦後恐慌が含まれている。

そのほかにも、それぞれの景気循環局面に固有の名称が付けられている。例えば、⑦→⑧の景気上昇期は「中間景気」、⑧→⑨の景気下降期は「諒闇不況」と呼ばれている。このうち中間景気は、不況期間中に過剰在庫が調整されたこと、

金融緩和が進んだことのほか、1911（明治44）年の関税自主権の回復、内燃機関（蒸気機関、電気、ボイラーなど）の技術進歩が発生したことなどによって出現した。

　これに対して諒闇不況の諒闇とは、諒が「まこと」、闇が「謹慎」の意であり、天皇がその父母の死にあたり喪に服する期間（喪中）のことを意味していた。それゆえ諒闇不況とは、1912（明治45）年7月の明治天皇崩御のころから出現した不況という意味である。当時、外債を発行して財政拡張をおこなっていたが、その効果がなかなか現れないなか、輸入超過となって正貨不足（つまり対外支払い能力の不足）に陥った。この正貨不足から発生した経済停滞が諒闇不況である。これは外債政策の破綻を意味するが、その後の第1次大戦で大幅な債権国に転換できたことを考えれば、外債政策は結果として正しかったともいえる。

　ところで当時の政府は、銀・金本位制のもとで景気循環（上昇・下降）局面に対応して経済政策をいかに運営していたのであろうか。これについては、第2次・第3次勃興の部分で言及したが、以下のような「物価正貨流出入メカニズム」にもとづく通貨政策として再度、整理しておく。

　まず上昇局面では、資金需要の逼迫→利子率の上昇、労働需給逼迫→賃金の上昇、内需（投資・消費）の増大→輸入超過にともない、正貨流出がおこる。日銀は、正貨流出を阻止するため公定歩合の引上げ＋紙幣発行額の減額→利子率の上昇→企業経営に打撃を受ける。その後は倒産の多発により恐慌に突入した。他方、下降局面では、内需の減少→輸出超過にともない、正貨が流入してくる。本位制を維持するため、日銀は公定歩合の引下げ＋紙幣発行額の増額→利子率の低下→企業の投資が活発化する。その後は景気が回復に向かうのが一般的であった。

　要するに日銀は、本位制を維持するために正貨流出を是が非でも食い止めなければならず、企業・銀行の倒産を放任する金融政策を採用していた（以上の本位制下での経済政策は、下巻の第2章の第1節を参照）。政府が心配していたのは、恐慌ではなく正貨流出であった。

　なお企業勃興の背後では、設備投資が活発化したことが推測される。そこで景気循環と設備投資のタイミングを検討するため、図7-8（B）では設備投資循環を示す設備投資比率の推移を示した。ただし同図では、分子に粗固定資本形成を使った設備投資比率Ⅰと民間非1次産業の固定資本形成（ただし住宅を除外）を使った設備投資比率Ⅱが示されている。いま（A）と（B）設備投資比率Ⅰでピーク時を比べると、第1次は（A）(B）とも1888年、第2次は（A）が1896年、

第7章　産業化の律動　　*327*

（B）が 1897 年、第 3 次は（A）（B）とも 1905 年となり、ほぼ景気循環と設備投資循環のピーク時が一致している。

ただし（B）で設備投資比率 II を使用すると、第 3 次のピーク時で設備投資比率 II のほうが DI よりも 2 年先行している。これは予想外の事実である。なぜなら現代の景気動向指数では、設備投資が遅行系列に分類されるなど、設備投資が景気動向よりも若干遅れて発生する特性があると認識されているからである[22]。少なくとも日露戦後期の景気上昇は、非 1 次産業の設備投資が主導しつつもそれ以外の要因も大きく影響していたことがわかる。

註

(1) ちなみにアーノルド・トインビーは、イギリスの歴史家アーノルド・J・トインビー（1889 年 4 月〜1975 年 10 月）の叔父にあたる人物である。ただし産業革命という用語は、フランスの経済学者 J. A. ブランキ（1798〜1854 年）が 1824 年に刊行したイギリス旅行記のなかで、最初に使用したといわれる。また K. マルクスの『資本論』第 1 部（1867 年）でも、第 4 編第 13 章「機械と大工業」（例えば第 1 節など）で産業革命が使用されており、19 世紀半ばにはすでにポピュラーな用語であった。

(2) 高村直助『産業革命』吉川弘文館、1994 年の 264 頁。

(3) もっとも最近は、このような使い分けを厳格にはおこなわれなくなっている。なお中村尚史『地方からの産業革命—日本における企業勃興の原動力』名古屋大学出版会、2012 年の 2 頁では、「1990 年代後半の日本で、「産業革命」ではなく「本格的工業化」という用語が好んで用いられるようになったのは、（以下省略）」（傍点は筆者）という記述があるが、筆者はこのような事実を把握していない。また「本格的工業化」という用語では、第 1 次大戦期の重化学工業化を連想する可能性があるため、かならずしも適切な表現ではないと考えている。

(4) 山田盛太郎『日本資本主義分析』岩波書店、1934 年（本書では、岩波文庫版、1977 年を使用。以下『分析』と略記）の 219-220 頁。この場合に、産業資本の確立を「一般的には、生産手段生産部門と消費資料生産部門との総括に表現せられる社会的総資本の、それ自体の本格的な意味での再生産軌道への定置によって示され、特殊的には、衣料生産の量的および質的な発展を前提条件とする所の、労働手段生産の見透しの確立によって示される」（同書の 31-32 頁）という、極めて難解かつ有名な文章で規定した。なお注意してほしいのは、山田とともに初期の講座派研究者であった野呂栄太郎による『日本資本主義発達史』鉄塔書院、1930 年（83 頁。以下『発達史』と略記）では、第一次・第二次産業革命といった用語が使用されており、講座派の研究者がすべて産業革命という用語を使用しなかったわけではない。ただしその後の研究では山田の影響が圧倒的に強いことを考慮して、明記したまでである。日本の産業革命研究については、神立春樹「日本産業革命の展開（I）——一つの整理」岡山大学経済学会編『岡山大学経済学会雑誌』第 16 巻第 2 号、1984 年、同「日本産業革命の展開 II」『岡山大学経済学会雑誌』第 16 巻第 3 巻が詳しい。

(5) 山田『分析』の 7 頁。

(6) ちなみに「産業資本確立過程」「産業資本確立期」をタイトルに含む代表的な著書・論文として、以下があげられる。石井寛治『産業資本確立過程における日本銀行信用の意義』筑摩書房、1968 年、伊牟田敏充「産業資本確立過程における国立銀行貸付金の構成」大阪市立大学経済研究所編『研究と資料』第 27 号、1969 年 3 月。大石嘉一郎「日

本における「産業資本確立期」について―最近の「通説」批判の検討」東京大学社会科学研究所編『社会科学研究』第16巻第4・5号、1965年。

(7) このうち「資本の本源的蓄積」は現行の『資本論』日本語版(新日本出版社の机上版)第1巻bの第24章で使用されているが、「資本の原始的蓄積」、「農民層分解」はまったく使用されていない。それにもかかわらず「原始的蓄積」は、すでに野呂『発達史』の第3編4や山田『分析』の9頁で使用されていた。特に野呂『発達史』の182頁では、この用語を『資本論』の689-690頁から引用したという注記があるが、野呂らが入手できた高畠素之訳『資本論』改造社、1927年(新改訳版)では該当ページに記載されておらず、しかも第1巻第2冊の708頁では「本来的蓄積」と訳されていた。このため別の翻訳本で使用されていたか、それとも野呂自身による翻訳かもしれないが、少なくとも当時はすでに「原始的蓄積」がある程度普及していたと推測される。しかも「原始的蓄積」は、おそらく『資本論』の第1巻bの第24章第1節で言及されている、アダム・スミスの『国富論』で使用された「先行的蓄積」(previous accumulation)からの意訳と推測される。一方、「農民層分解」は、カウツキー、レーニンなどのマルクス以降のロシアの研究者によって提起された概念であり、それを日本の研究者が使用したものである。わが国では、栗原百寿・大内力・綿谷赳夫らが中心となって研究しており、その全体像については大内力『日本における農民層の分解』東京大学出版会、1969年の第1章(農民層分解の理論)が詳しい。また大内力「農民層の分解」岡崎次郎編『現代マルクス=レーニン主義事典』社会思想社、1981年の1637-1640頁も、丁寧な解説をおこなっている。

(8) 大石による共同研究は、同人の所属する東京大学社会科学研究所の「共同研究」として、1964～67年に「日本産業革命の展開とその構造的特質に関する研究」という名称で、10人の研究者(大石嘉一郎、安良城盛昭、高村直助、水沼知一、石井寛治、中村政則、市川孝正、加藤幸三郎、佐藤昌一郎、村上はつ)によって実施された。この内容は、東京大学社会科学研究所編『社会科学研究所の30年―年表・座談会・資料』同研究所、1977年の121頁による。

(9) ここで「厳密な意味でのマニュファクチュア」という表現は、マルクス『資本論』第1部第12章第1節の冒頭部分にある「本来的マニュファクチュア」という表現を、服部が言い換えたものと推測される。ちなみにその部分を抜き出すと以下のとおりである。「分業にもとづく協業は、マニュファクチュアにおいて、その典型的な姿態をつくり出す。それが、資本主義的生産過程の特徴的形態として支配的なのは、おおよそ十六世紀中葉から十八世紀最後の三分の一期にいたる本来的マニュファクチュア時代のあいだである」(『資本論』[机上版]第1巻bの583頁。傍点は筆者)。なお服部之総が厳マニュ論を提起した背景には、東アジア諸国がいずれも半植民地化されたのに日本のみが独立の資本主義国となりえた理由は何かという疑問に対して、日本はすでに幕末時点でマニュファクチュア段階に達して高い水準の内部的発展をしていたと指摘したことがあげられる。この点については、中村政則「服部之総と近代天皇制」同『日本近代と民衆』校倉書房、1984年の198-199頁が詳しい。

(10) このような日本経済への本源的蓄積論の適用には様々な議論があったが、これについては海野福寿「日本型原蓄論」『講座日本史』第5巻(明治維新)東京大学出版会、1970年の第8章を参照されたい。

(11) ただし山田『分析』の270頁の「年表」では、明治14年のところに「体制的沈静期(明治14ないし18年)」との記述があり、この部分を根拠に大石『日本産業革命の研究』上巻の18頁では始期を1886(明治19)年ごろと断定している。しかし『分析』の本文には始期に関する記述はないから、このような解釈には無理があるように思われる。

(12) 石井寛治『日本経済史[第2版]』東京大学出版会、1991年の181頁。なお大石嘉一

第7章

第7章　産業化の律動　　*329*

郎も同様の時期を指摘している。詳しくは、大石嘉一郎「産業革命」『国史大辞典』第6巻、吉川弘文館の516頁を参照のこと。

(13) 三和良一『概説日本経済史　近現代［第2版］』東京大学出版会、2002年の57-58頁。

(14) 浜野潔ほか編『日本経済史：1600-2000』慶應義塾大学出版会、2009年の107頁。

(15) 綿工業中心説は、綿工業中軸説とも呼ばれているが、その概要は大内力『「経済学」批判』日本評論社、1967年の154頁（その初期段階の考えは、同『日本経済論』上巻、東京大学出版会、1963年）を参照。同学説は、もともと労農派の研究者が楫西光速ほか編『日本資本主義の成立Ⅱ』東京大学出版会、1957年などで主張していたが、その後大内らの宇野派も支持したと考えられる。ただし大石嘉一郎らが、同編『日本産業革命の研究』のなかで「当時の綿紡績産業が輸入機械に多く依存していたため、同産業の確立のみで産業革命が達成されたと主張することは難しい」と批判したため、その後は本文で紹介した三和の主張のように学説が修正された。ただし三和と異なり、高村直助のように綿工業の発展に安定的な機械輸入を可能にする条件（国際金本位制への参加と、外貨獲得産業としての製糸業の成長）を追加する研究者もいる。このような同学説の特徴については、永江雅和「産業革命」歴史科学協議会編『戦後歴史学用語辞典』東京堂出版、2012年。高村直助『日本資本主義史論』ミネルヴァ書房、1980年を参照。

(16) 以下の各種制度は、中林真幸「第6章　産業革命」宮本又郎編『新版　日本経済史』放送大学教育振興会、2008年を参考とした。なお最近の研究動向については、中林真幸「日本経済史研究の展望―「産業革命」研究の現状と将来」『千葉大学経済研究』第16巻第1号、2001年6月を参照のこと。

(17) 以下の中村政則による主張は、中村政則『日本近代と民衆―個別史と全体史』校倉書房、1984年の64-66頁がわかりやすい。

(18) この部分の主張は、杉山伸也『日本経済史―近世～現代』岩波書店、2012年の252-253頁を参照した。

(19) 日清戦争の賠償金の獲得とその利用方法は、高橋誠「清国賠償金の獲得と使途」大石・宮本編『日本資本主義発達史の基礎知識』有斐閣、1975年の135-136頁が詳しい。

(20) 表7-3の1904年と1907年の払込資本金を比較すると、鉄道国有法によって発生した減資額は1億8100万円となるが、表7-5によると国有化した私鉄会社17社の買収総額は4800万円であるため、差し引き1億3300万円の不一致が発生している。この金額は、おそらく国有化にあたり資産の見直しをおこない減額した部分が大半であると推測され、少なくとも帳簿上からみると政府によって大幅な買い叩きがおこなわれたと推測される。なお表7-3の1904年の会社数から、鉄道国有法の対象17社を引くと41社となるが、1907年の会社数が54社であるため、実際は13社が新たに設立されたことになる。この新設会社分の払込資本金が1907年には含まれているはずであるから、実際の減額分は上記の1億8100万円よりも多かったと思われる。

(21) ちなみに日本資本主義における産業循環に注目している経済史文献として、石井『日本経済史［第2版］』の189-190頁があげられるが、産業革命期を中心とした詳細な研究としては、恐慌論の視点から長岡新吉『明治恐慌史序説』東京大学出版会、1971年が注目される。また産業革命以前の景気循環も検討している研究として、とりあえず藤野正三郎『国際通貨体制の動態と日本経済』勁草書房、1990年の第2部を参照のこと。

(22) 景気動向指数（DI）については、谷沢弘毅『コア・テキスト　経済統計』新世社、2006年の第2章の2.3節を参照。ここでの設備投資とは、実質法人企業設備投資のことである。なおこのほかにDIで採用されている遅行系列の指標として、最終需要財在庫指数、常用雇用指数、勤労者世帯の家計消費支出、法人税収入、完全失業率、国内銀行貸出約定平均金利があげられる。

第7章(補論)　近代繊維工業の定着

(1) 綿業の発展

　綿業と絹業は、戦前の産業化を推進した主役の一角と位置付けられていた。以下ではまず綿業の発展を近世から産業革命の終了する 20 世紀初頭まで概観し、開港・産業革命を転換点としてダイナミックに定着していく過程を紹介する。

〈2000 錘紡績政策の挫折〉

　綿業（正確には綿紡績・綿織物業）は、江戸時代を通じて国内市場向け製品を生産して発展した。地域別には、棉花が南関東以西でしか栽培できなかったため、畿内を中心とした西日本で多くの特産地が形成された[1]。

　綿業が各地に普及した背景には、農家の副業として木綿が栽培できたほか、綿糸紡績に手紡糸車が利用され、農家でも簡単に作業がおこなえたことがあげられる。すなわち綿業は、江戸期にその生産工程が棉作（整地、播種、実棉収穫）、綿加工（綿繰、糸繰、撚糸）、染色、機織に大別されていたが、これらの工程を分業にもとづき農家自らがおこなっていた[2]。なお綿繰とは「綿繰り車にかけ、実棉から綿の繊維のみを取り出して繰綿とすること」、糸繰とは「繰綿から綿糸を紡ぎ出すこと」、撚糸とは「綿糸を織糸や縫糸にするために撚りをかけること」である。

　しかし開港後はいっきに棉作が衰退した。その理由は、開港直後に安価なイギリス産綿糸が輸入されたほか、1880 年代後半から紡績会社が原料を価格の上昇していた中国棉花から割安かつ良質なインド棉花に切り替えたことで、引き続き割高な国内棉花の需要を減少させていったからだ。さらに 1896（明治 29）年に、政府が棉花の輸入関税を撤廃したことも国内の棉花栽培農家に大きな打撃を与えた。このような経緯から、農家では商品作物で綿から桑（養蚕）への大きな転換が幕末から明治にかけて発生し、日本の畑に再び棉の花が咲くことはなかった。

　もっともイギリス産綿糸は、機械紡績で作られた薄地布用の細糸であったため、一般的にいえば日本の大衆製品としての在来綿布用の太糸として、需要面で直接

的な競合相手とはならなかった。ただしイギリス産綿糸が、在来織物の経糸(たていと)として用いられたため(3)、イギリス産綿糸・綿布の輸入防遏が大きな問題となった。綿紡績業界ではこれを解決するために、幕末から明治初期にかけて薩摩藩営の紡績所2ヵ所［鹿児島紡績所［操業開始は1867（慶応3）年］・堺紡績所［1870（明治3）年］］と民営紡績所1ヵ所（鹿島万平による鹿島紡績所［1872（明治5）年］）が作られた。ちなみにこれら3紡績所のことを、「始祖三紡績」と呼んでいる。

　このような状況で1876（明治9）年に、臥雲辰致(がうんたつち)（1842［天保13］～1900［明治33］年）が臥雲式綿紡機（略称：ガラ紡）を発明した。この紡績機は、翌77（明治10）年の第1回内国勧業博覧会（上野公園）に出品して最高の賞である鳳紋賞牌を受賞するなど、好評を得た。このガラ紡は、図7補-1を参照してほしい。

　「ガラ紡」という名前は、ブリキの綿筒が回転するときにガラガラと派手な音がすることに由来するが、性能面では優れていた。すなわち旧来の紡車では1人1日で80匁（つまり300グラム）であったのに対して、ガラ紡では1錘が1日で約40グラムであるため、機械1台（390錘の場合）では1万5600グラムとなった。しかも女工1人で十分であり、しかも女工が直接作業をおこなうのは糸が切れたときのみであった(4)。

　このためガラ紡は全国に普及し、1887・88（明治20・21）年にはピークに達した。この時点におけるガラ紡と輸入紡績機の設置数を比較すると、ガラ紡は愛知

図7補-1　臥雲式綿紡機（ガラ紡）の概要

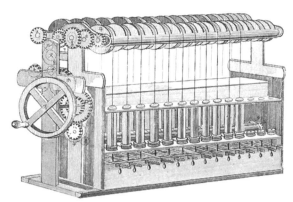

（資料）『明治十年内国勧業博覧会（第1回）出品解説』第四区機械（図式）の43頁（ただし本書では、『明治前期産業発達史資料』第7集（4）、明治文献資料刊行会、1963年より入手）。

県だけでも23万4700錘であったのに対して、洋式紡績機は全国計で11万3856錘にすぎなかった。

　しかしガラ紡による綿糸は、輸入綿と比べて質が劣ったため、輸入防遏の効果はほとんど出ていなかった。イギリス産綿糸の輸入を防ぐためには、どうしても近代的な綿紡績工場（機械製紡績）が必要であった。このため政府は、1876（明治9）年予算で官営2工場を建設する計画を立てた。西南戦争のために一時中断されたが、その後1878（明治11）年にイギリスから2000錘のミュール紡績機2基を購入して、表7補-1のように官営の愛知紡績所と広島紡績所を建設した。

　さらに政府は、1工場2000錘で250ヵ所を設立するという壮大な計画を立てた[5]。この理由は、1878（明治11）年当時、輸入数量2091万斤（1万2546トン）であったのに対して、生産量は7ヵ所（いずれも2000錘）の59万斤（354トン）にすぎなかったため、この生産量程度の工場が全部で250ヵ所必要になると考えていたことによる。いわば輸入を国内生産で賄うという点では、この政策は典型的な輸入代替工業化政策とみなすことができよう。

　なお2000錘という数字について、2点ほど補足説明をおこなっておく。第一は、機械式綿紡績では混打綿工程→梳綿工程→コーマ（精梳綿）工程→練条工程→粗紡工程→精紡工程→仕上工程と7工程あり、19世紀後半には各工程が機械化された。このうち精紡工程の機械としてミュール紡績機が使用されたため、ミュール精紡機というのが正式名称である。けっしてミュール紡績機のみで錦糸が生産できるわけではないが、その生産規模の目安として最終段階の精紡工程の機械における錘数に注目しているにすぎない。

　第二は、上記のミュール紡績機は「2000錘で2基」と記述しているが、1基とは1つの動力源で稼働できる精紡機のセット数を示した単位である。当時は、一般的にミュール紡績機4台＝合計2000錘が1基であったため、同機1台当たりでは500錘であった。錘、台、基という3者の関係に気をつけてほしい。

　その後、大隈財政下で殖産興業政策の一環として、新たにイギリスより2000錘のミュール紡績機10基を買い入れ、上記計画を実施しようとした。しかし財政難により、上記計画は民間事業所の育成に変更され、1880（明治13）年10月より無利息の10年年賦で民間に払い下げる政策が実施され、表7補-1のように1882（明治15）年より全国10ヵ所の綿産地で近代的紡績会社が開業した。これらの紡績会社は現在、「十基紡」と呼ばれている。

表7補-1　2000錘紡政策による主要紡績所一覧（開業年月順）

事業所名	十基紡	総機械数代金の全額立替払い	公営クラスター	所在地	開業年月	経営形態	動力	開業時の錘数		最終的な錘数		経営状況		最終的な措置
								機械種類	錘数	機械種類	錘数	開業直後	その後	
姫路紡績所		◎	■	兵庫県姫路市	1880年?月	県営→民営(1887年)	水車＋蒸気機関	M	2,000	R / D	2,000 / 3,000 / 1,500 / 10,000	赤字累積	増設後に好調	1899年に火災で解散
渋谷紡績所		◎		大阪府大阪市	1880年3月	経営者が変更されるが、いずれも個人	蒸気機関	M / S	2,000 / 448			不振	不振	1905年に破産
岡山紡績所		◎	■	岡山県岡山市	1881年7月	民営(士族授産事業)	蒸気機関	M	2,000	R	4,824	不振	好調	1907年に鐘紡に移管
愛知紡績所	●			愛知県岡崎市	1881年12月	民営	蒸気機関	M	2,000	R	8,000	不振	一応黒字	1896年に火災で解散
玉島紡績所		◎		岡山県倉敷市	1882年1月	民営	蒸気機関	M	2,000	R	20,500	初年度のみ赤字	順調	1899年に資金繰りで破産
桑原紡績所	●			大阪府茨木市	1882年2月	個人	水車→蒸気機関も追加	M	2,000	R	4,000	初年度のみ赤字	順調	1900年に火災で解散
市川紡績所	●			山梨県市川大門町	1882年3月	個人(ただし破産後に経営者変更)	水車	M	2,000	R	2,720	不振	経営は依然厳しい	1914年に工場売却
三重紡績所	●			三重県四日市市	1882年6月	個人→民営(1886年)	水車	M	2,000	M / R	7,000 / 3,440	2年間赤字	新工場稼働後は順調	1914年に大阪紡績と合併して東洋紡績へ
下村紡績所	●			岡山県倉敷市	1882年10月	民営	蒸気機関	M	2,000	R	4,564	原綿不足で不振	操業安定するが借金過多	1903年に関連銀行破綻の影響で破産
広島紡績所	●		■	広島県広島市(市内で移転)	1883年7月	官営→民営(士族授産事業)	水車	M	2,000	R	7,000	不振	同左	官が1902年に解散し、その後民営で再建
豊井紡績所	●			奈良県天理市	1883年12月	個人	水車→蒸気機関へ追加	M	2,000	M	2,000	黒字	安定的	1899年に経営者の多事業破綻の影響で解散
宮城紡績会社		◎		宮城県仙台市	1884年4月	民営	水車	M	2,000	M	2,000	不安定	安定的(ただし1894年に火災)	電力業に展開 事業継続
島田紡績所	●			静岡県島田市	1884年6月	個人	水車	M	2,000	M	2,000	非常に苦境	好調(ただし1894年に火災)	1893年に事故が原因で解散
遠州二俣紡績所	●			静岡県天竜市	1884年11月	民営	水車	M	2,000	R	1,704	建設遅延等で苦境	不振	1890年に過大投資で破産
長崎紡績会社	●			長崎県長崎市	1884年12月	民営	蒸気機関→発電機も追加	M	2,000	M	1,608	好調	同左	
野沢紡績所(＝下野紡績所)		◎		栃木県真岡市	1885年1月	民営	火力	M	2,000	R	5,000	好調	好調で規模拡大	1911年に他企業と合併して三重紡績へ
名古屋紡績会社		◎		愛知県名古屋市	1885年4月	民営	火力	M	2,000	M	4,000	好調	好調	同上
佐賀物産会社	●			佐賀県	開業せず	民営(士族授産事業)	—	—	—	M	30,384	—	—	1884年に保有資産を玉島紡績所に売却

（注）1. 機械種類のうち、M はミュール紡機、S はスロットル紡機、D はドブソン式紡機、R はリング紡機を示す。スロットル・ドブソン式紡機・リング紡機の旧式タイプである。
2. 経営状況は、開業直後とその後に二分しているが、各数年間の平均的な状況を示している。
3. 経営内容は、開業年月から三菱綿糸紡績所誕生まで。『再見島明治の経済』増補房、1995年、中岡哲郎『三菱綿糸紡績史』等に拠る。
（資料）絹川太一『本邦綿糸紡績史』第2巻、第3巻、高村直助『日本綿業史料集成』第2巻、第3巻、中岡哲郎『日本近代技術の形成』朝日選書、2006年の192-193頁の表五-2、等より、谷沢が作成。

このほかにも表7補-1のように、政府が紡績機代金の立替え払いをおこなって6ヵ所（姫路紡績所、渋谷紡績所、岡山紡績所、桑原紡績所、宮城紡績会社、名古屋紡績会社）の民間事業所を設立させるなど、初期紡績政策では主に民営をサポートする政策にシフトされた。このように各事業所とも2000錘のミュール紡績機でスタートしたため、これらの政策を「2000錘紡績政策」と呼んでいる。

ここで2000錘工場の経営状況をみておく。詳細なデータは入手できないが、過去の研究書の記述から推測することは可能である。それを整理した表7補-1によると、民営工場である十基紡の大半は開業直後から苦戦を強いられた。その理由は、政府によって水力を使用することや国産棉花を使用することが強制されたことと関連している。すなわち錘数が小規模であったほか、水車（＝水力）を利用していた場合には、立地が制限されていたり、渇水期に動力が不足するなど不安定であったり、地域農民との水利用でトラブルが発生したからである。

また原料の国産棉花に関して、その繊維が短く機械に適さなかったこと、中国棉花よりも割高であったこと、資金調達面でも各種の障害があったこと、技術者が不足していたことなどもあげられる。このほか原材料が建物内に散らばっており、それから火災がしばしば発生していたことも無視できない。2000錘では当時の世界的水準からみて規模が小さかったため、輸入代替は達成できなかった。輸出額が輸入額を上回り、輸入代替が達成できたのは、後述のとおり1890年代後半になってからであった。

もっとも1885（明治18）年以降になると、経営が安定化した事例が現れてきた。これは、経営者が変更され設備を増設するなど積極経営に転換したり、1885年に工部省が廃止されて動力を水力から蒸気力に変更するなど、政府からの経営に対する干渉がだいぶ少なくなったりしたことがあげられる。さらに大阪紡績（後述）のノウハウを入手できたことも考えられる。ただしこれらの場合にも、最終的には投資過多等で破綻している事例が多かった。

このように導入初期の洋式紡績所では、単なる技術的な問題以外にも、様々な経営上のトラブルに見舞われていた。それゆえ政府は、殖産興業政策を終了したことで、1886（明治19）年に官営2工場を民間に払い下げ2000錘紡績政策を中止した。

第7章（補論）　近代繊維工業の定着　　335

〈大阪紡績の成功〉

ただしこのような相次ぐトラブルにもかかわらず、経営上の成功を獲得した事業所も現れてきた。このうち民間では、1882（明治15）年5月に渋沢栄一が民間資本を集めて資本金25万円で大阪紡績会社を設立し、翌年7月に開業した。

同社は、当初から1万500錘（＝ミュール紡績機15台×1台当たり700錘）と、大規模工場としてスタートした。この操業にあたっては、イギリス留学をした技術者の山辺丈夫（やまのべたけお）(1851［嘉永4］〜1920［大正9］年）を採用し、現場監督とした。同人の採用は、適合技術（後述）の選択上でも重要であった。また照明は当初、石油ランプであったが、1886（明治19）年よりエジソン式発電機による電灯を導入した。これによって深夜業（24時間稼働）が可能となり労働投入量が増加したほか、原料として安価な中国綿を輸入した。

さらに従来の水力に代わって石炭による蒸気力を利用したため、立地制約が緩和されてきた。このため古くから船着場で交通の要衝であった、大阪府西成郡三軒家村（げんや）（現：大阪市大正区三軒家浜通）に工場を建設できた。

なお、2000錘政策以来しばしば登場する、ミュール紡績機について説明しておく。この紡績機（図7補-2）は1779年、イギリスのサムエル・クロンプトンが

図7補-2 ミュール紡績機の概要

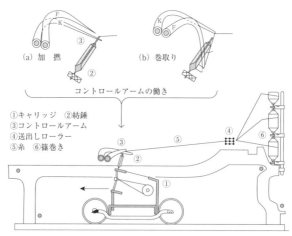

（資料）本宮達也ほか編『繊維の百科事典』丸善、2002年の965頁を谷沢が一部修正（原資料は、中山秀太郎・星野芳郎『科学史体系5 物理技術史 [2]』中教出版、1953年の100頁、安田昭信『紡績法大意』産業図書、1954年の91頁に加筆）。

発明した。ここでは、ハーグリーヴスが発明したジェニー紡績機における糸の引き伸ばしと撚りかけをおこなう可動台の機能と、アークライトの発明した水力紡績機のローラー（巻き取り）の機能を採用している。これらの機能を結合して、糸の撚りかけと巻き取りを交互に反復することにより細くて強い糸が紡げるため、製品の質が向上した。ちなみにミュールとは騾馬のことである。騾馬は雄のロバと雌のウマの交雑種の家畜であるため、上記のような2つの紡績機の合いの子という意味を強調した名称である。

　世界で最も繊維の短い棉花である日本綿は、ミュール紡績機にはかけることができたが、リング紡績機（後述）にはかけられなかったから、ミュール紡績機は製造上では極めて重要であった。また操作に相当の腕力と熟練を必要としたため女工中心では生産能率は上がらず、特に経糸用の堅く締まった太糸生産には不向きであった。ただし緯糸となる甘撚りの柔らかな特太糸を効率的に生産することができた。ここで甘撚りとは、糸の単位当たりの撚り回数が少ないことを指している。

　大阪紡績は、昼夜フル操業をおこない高収益を上げた。このため高率配当を実施したほか、再三の増資（1887年には資本金120万円）を達成するなど、経営的にみて画期的な成功を収めた。その理由として以下のような点があげられる。外国紡績業に対抗しうる規模（1万500錘）を備えていたこと、民間資金で経営したため政府の干渉（つまり水力・国産棉花の使用）を排除できたこと、すなわち動力源に蒸気力を利用したほか、原料を輸入中国棉花に切り替えたこと、二交代制昼夜業で女工を酷使したこと、自前の技術者（山辺丈夫）を擁していたこと、蒸気力を利用したため大阪近郊に立地できたこと（つまり水力にともなう立地制約の解除）、第一国立銀行が運転資金の供給を約束したこと、などが指摘されている。

　以上のうち、おそらく政府の干渉を排除しえたことが最も大きな要因と思われる。また繰り返しになるが、株式会社形態を採用したことによって2000錘紡績とは比較にならない多額の資金を調達できたことも、極めて重要な要因である。

　大阪紡績の成功にともない、1880年代後半より洋式紡績機の時代となった。すなわち松方デフレの終息にともない、大阪・兵庫では泉州紡績、平野紡績、摂津紡績、尼崎紡績（いずれも1889［明治22］年に新設）、東京では鐘淵紡績（1887［明治20］年）、愛知等では三重紡績（1886［明治19］年）、尾張紡績（1887［明治20］年）などの大規模工場が、都市有力綿商を中心とする資本によって株式会社形態で設

立された。このうち三重紡績は、表7補-1にあるように元十基紡の三重紡績所が民営化した後、野沢紡績・名古屋紡績等を合併した後継企業であり、十基紡では珍しく再建に成功した事例である。

上記の紡績工場は、いずれもリング紡績機1万錘以上であり、特に泉州紡績ではリング紡績機2万錘が設置された。つまり大規模紡績工場では、ミュール紡績機からリング紡績機への技術変更といった象徴的な出来事が、急速かつ徹底的におこった。1890（明治23）年には、わが国においてリング錘数がミュール錘数を上回った。これらの事情から明らかなように、ガラ紡は明治前半期までのささやかな自生的産業革命の端緒にすぎなかった。

いま、リング紡績機について若干説明をしておこう。リング紡績機は、1820年代末から30年代初めにアメリカで発明された機械で、図7補-3からわかるように糸の撚りかけと巻き取りを同時におこなうことができた。このため操作が単純で高い労働生産性が得られ、低賃金の若年婦女子労働力への依存を大きく高めることが可能となった。

特に強度の高い経糸用太糸（16番手ないし20番手の太番手）は、国内で販売されていた厚手中心の綿布を織り上げるのに必要となるが、その生産にはリング紡績

図7補-3　リング紡績機の概要

（資料）本宮達也ほか編『繊維の百科事典』丸善、2002年の1007頁（ただし原資料は、篠原昭・白井汪芳・近田淳雄編『ニューファイバーサイエンス』培風館、1990年の55頁）。

機が高生産性を発揮した[6]。また原料となるインド原綿の使用にあたって、わが国で混棉技術という独自技術が確立したことも無視できない。これがミュールからリングへの転換を促進させた理由であった。

このような紡績機の本格的導入によって、わが国の綿紡績業は大きく成長した。図7補-4をみると、まさに綿紡績業がわが国の産業革命を牽引していったことが確認できる。すなわち第1次企業勃興時の1889（明治22）年に、綿糸の生産額が輸入額を恒常的に上回ってきた。これは、国産綿糸が国内綿糸市場を輸入品から奪回し始めた出来事である。それでも当時生産していた綿糸は、イングランドの紡績業との競合を避けるため、手織物業者向けの24番手以下の太糸に特化しており、細い高級糸は輸入に依存していた。

1890（明治23）年には、中国向けを中心に綿糸輸出が開始された。中国向け輸出が好調な理由は、中国でも中部・北部・東北部等で厚手綿布を中心に消費されていたため、わが国の太糸でもこれら地域に輸出できたからである。また同年に

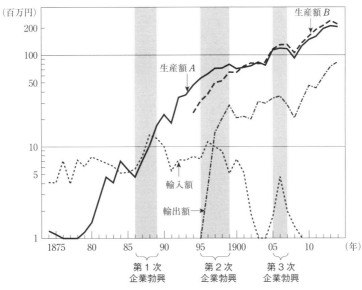

図7補-4　綿糸の生産額・輸出入額の推移

（注）1. 生産額 B は近代的紡績会社のデータ、生産額 A はその他、手紡糸やガラ紡糸の数値も含む。
　　　2. 100万円未満のデータは省略。
　　　3. 1878年生産額、1903・04年と1909年の輸入額は、実際には100万円未満の数字である。
（資料）阿部武司「軽工業」西川俊作・阿部武司『日本経済史4　産業化の時代（上）』岩波書店、1990年の166・167頁の図2⟨3⟩-1を谷沢が一部修正。

は機械制綿糸で生産額が輸入額を上回った。この背景には従来、国内市場が輸入のインド糸に席巻され生産額が輸入額を下回っていたが、1890年恐慌を契機として綿糸価格を引き下げて、インド糸から国内市場を奪還したことがある。

　このほか1890年代に入り、1894年に綿糸輸出関税免除法、1896年に棉花輸入関税免除法が公布されたことで、国際競争力が大幅に強まったことも無視できない。これらの法律が公布された理由は、もともと国内の棉花栽培農家を保護するための棉花輸入税や綿織物生産者を保護するための綿糸輸出税が存在していたが、これらを大日本綿糸紡績同業連合会が廃止する運動（いわゆる両税廃止運動）を実施したことがあげられる。この両法が成立したことで、第2次企業勃興中の1897（明治30）年に綿糸の輸出額が輸入額を上回ってきた。このように新たな法律によって、産業革命が大きく進められることとなった。

　さらに紡績会社の動向を地域別にみると、都市部では1900年代後半には近代的紡績会社である大手7社（大阪紡績、三重紡績、鐘淵紡績、摂津紡績、尼崎紡績、大阪合同紡績、富士瓦斯紡績）が出揃い、それらを「七大紡績会社」と呼ぶなど、紡績業の近代化が急速に進んだ。このうち大阪合同紡績は、日清戦後不況のなか多数の紡績会社を吸収合併して、1900（明治33）年に設立された全国有数の会社である。一方、地方では、1890年代半ばすぎまで地方名望家によって運営された小紡績（1万錘未満）が都市部の大紡績（2万錘以上）とほぼ並行的に発展していたが、日清戦後恐慌後には杜撰な経営が原因で破綻したものが目立った。

　以上よりわが国綿紡績業の近代化は、大阪紡績に代表されるように、①民間の資本家（商人や華族の資本）によって最初から比較的規模の大きな株式会社であったこと、②外国技術の導入（紡績機械や蒸気機関、外国仕込みの高度な知識など）が旺盛であったこと、③低賃金労働者を雇用したこと、によって推進された。特に②に関連して、ミュール・リング並存体制からリングへの急転換は、当時の事業環境に適合した技術（適合技術）を導入した、特筆すべき事例といえよう。そしてリング紡績機の本格的導入により、わが国の綿糸紡績業は国際的地位を確立できたほか、国内市場を奪還することができた。

　このように産業革命期の大規模紡績業は、2000錘紡績とは異なり自力で成立したが、まったく政府による政策上の支援を必要としなかったわけではない。すなわち棉花輸入関税の廃止、ボンベイ航路の補助、鉄道運賃の割引、横浜正金銀行の貿易金融、日本銀行の紡績手形再割引、日本勧業銀行の救済融資など、流

通・金融面での各種優遇措置の恩恵を受けていたからである。これらの政策の背景には、1890（明治23）年より紡績会社がインド棉花を全面的に利用し始めたことと大いに関係している。

　なぜならインド棉花は、それまでの中国棉花より価格が低廉であったこと、戦略的製品となりつつあった20番手綿糸に適合的な長繊維であったことが関係している。さらにこれらの理由から、江戸時代以来関東以南で広く作られていた棉花の需要を決定的に低下させ、国内棉花産地が1890年代に消滅していったことも追加しておこう。いずれにしても厳しい国際競争下で、各種支援があったことを無視することはできない。

　最後に、20世紀に入った綿紡績業の動向について補足しておく。同世紀に入ると、都市部の大紡績会社は合併・吸収を繰り返して規模拡大を図っていった。特に第1次大戦の好況期には、1914（大正3）年に大阪紡績と三重紡績が合併して東洋紡績へ、1918（大正7）年に尼崎紡績と摂津紡績が合併して大日本紡績（戦後は、ニチボー→ユニチカ）となり、鐘淵紡績とともに「三大紡」体制が確立した。

　ちなみに1913（大正2）年当時、最大規模の鐘淵紡績は46万超錘に達しており、この規模は欧米でもトップクラスに相当していた。まさに企業合併を繰り返したことが、短期間で世界的規模の企業となった最大の理由である。また紡績会社は、内部留保を積み増しして設備拡張を進め、国産力織機の導入で織布事業を兼営して、中国北部・満洲・朝鮮へ綿布輸出をおこなった。このため三大紡によって、綿糸生産の50%、兼営織布の60%超のシェアを占めるまでになった。

　もっとも1917（大正6）年ごろから、国内企業の賃金が上昇して輸出価格が騰貴し始めたため、輸出競争力が低下していった。このため低賃金労働力・原料の調達、消費地への近接性等から、輸出に代えて中国本土での現地生産へ転換する動きが現れた。これらの企業を「在華紡」と呼んでいる。このような現地生産は、すでに1902（明治35）年に上海紡績（三井物産系）、1911（明治44）年に内外綿（独立系）などが進出していたが、第1次大戦を契機として3大紡績などの進出が活発化し、1924（大正13）年には中国の綿糸生産の32%、綿布生産の30%にも達した。

〈綿織物業の動向〉

　次に綿織物業は、すでに江戸時代に手織機（地機・高機）を利用して産地が形成されるなど、農村工業として定着していたが、明治時代に入るとこれらの産地が

第7章（補論）

イギリスから安価な機械製綿布が輸入されて大打撃を受けた[7]。まさにインドと同じ状況が発生していた。ちなみに中村哲が推計した国内生産量は、開港前を100とすると、1863（文久3）年は85、1867（慶應3）年は59となり、綿布の生産量は開港とともに急激に減少した。以下では、生産減少の理由を示しておこう。

綿織物は通常、白木綿（しろもめん）とその他に分けられる。前者は、染織または漂白されていない糸で織られた綿布である。後者は染織した糸で織られた綿布で、縞木綿（しまもめん）（縞柄の綿布）・絣（かすり）（文様を織った綿布）・綿縮・厚地木綿などがあるが、大半は縞木綿であった。当時は、おもに生金巾（きかなきん）が大量に輸入されたため、それと競合状況にあった白木綿の消費量が減少して、その生産地であった真岡（もおか）（栃木県）、知多・三河（愛知県）などが打撃を受けた。

ちなみに金巾とは、ポルトガル語のcanequim（カネキン）に由来し、かたく撚った細糸で目の詰んだ薄地に織った白い綿布のことであり、もちろん機械織のため高品質の製品である。この生金巾は、例えばそのままの状態で着物の裏地に利用したり、糊付けしたもの（キャラコと呼ぶ）は子供服や足袋に使用したりした。このためいままで暖簾、半纏、股引、腹巻など多様な用途で使用された手織綿布である白木綿が、品質と価格の両面で勝っていた輸入物の生金巾に置き換えられる動きが活発化した。

ただし以下の要因によって、在来綿織物業が輸入綿布に対抗できる状況も発生してきたことに注目しておきたい。すなわち既述のように綿糸の国内生産が本格化してきたほか、バッタン機が導入されたことである。ここでバッタンとは、1733年にジョン・ケイ（英）によって発明された飛杼（とびひ）（fly shuttle）のことであり、その語源は「打つ」というフランス語の（battant）である。飛杼とは緯糸（よこいと）を通す器具であるため、それを導入して改良した従来型の手織機（高機）のことをバッタン機（図7補-5）という。

バッタン機は、1872（明治5）年11月に佐倉常七、井上伊平、吉田忠七の織物伝習生3人が、フランスのリヨンからバッタン機20挺を購入して持ち帰ったことが始まりである。1874（明治7）年の第2回京都博覧会に出品して知られるようになり、その後は高機に設置されて急速に普及していった。

当機は以下のような特徴を備えていた。第一は、従来の機械と比べて製織の速度がほぼ2倍になったこと。すなわち従来の機械では杼投げをおこなっていた片手がふさがっていたため速度が遅かったが、バッタン機ではそれが解放されたこ

図7補-5　バッタン機の概要

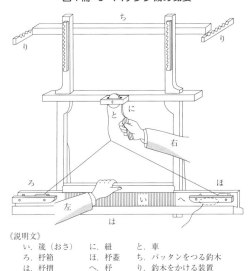

《説明文》
い．筬（おさ）　　に．紐　　　と．車
ろ．杼箱　　　　ほ．杼蓋　　ち．バッタンをつる釣木
は．杼摺　　　　へ．杼　　　り．釣木をかける装置

（資料）服部之総・信夫清三郎『明治染織経済史』白揚社、1937年。

とで速度が増した。第二は、広幅の織物を織れること。なぜなら従来は、手で杼を投げていたため、織物の幅が織機の幅に制限されていたが、その制限がなくなったため広幅の織物を織ることができるようになった。第三は、品質が均一となったこと。いままでは杼投げに要した手先の器用さによって織物のムラがでていたが、バッタン機では杼投げがなくなったことで品質が均一となった。

　以上の長所を備えていたがゆえに、バッタン機は泉州（大阪府南部）に1874・75（明治7・8）年ごろ導入され、ほぼ1880年代には全国に普及した。そしてバッタン機が普及した後も、力織機（動力織機のこと）が急速に普及することはなかった。この事実は、機械化が急速に進んだ綿紡績業の場合と異なっている。その理由は、輸入された大型の力織機が高額であったほか、消費者の嗜好が多様で多品種少量生産を求められたことがあげられる。

　さらに注目すべきは、1880年代以降は在来綿織物業が輸入綿布と対抗できたことである。その理由として、農村の潜在的過剰人口を基盤とする、問屋制家内工業が広範に展開していたことがあげられる。また松方デフレ後の没落農民（＝貧農）の安い加工賃で低価格の織物を供給できたこと、バッタン機の導入で生産

性が向上していたこと、原料を安い洋糸に切り替えたこと、商品開発で消費者の嗜好を汲み取ったことなどがあげられる。開港直後に全滅するかと思われた綿織物業は生き残ったのである。

しかし1890年代後半になると国内で力織機が開発され、さらに日露戦後になると産地綿織物業はこの力織機の採用で大きく変貌していった。この動きに大きな影響を与えたのは、豊田佐吉らの発明による力織機の登場である。豊田はすでに1890（明治23）年に「豊田式木製人力織機」を発明し、従来の生産性を4〜5割上げていたが、1896（明治29）年には「豊田式木製動力織機」（豊田式汽力織機）を発明して、生産性を20倍も高めた。特に豊田式木製動力織機は、回転軸・カム・歯車などを鉄製、フレームを木製とした木鉄混製によって価格を数分の1に抑えたほか、石油発動機（蒸気機関）を動力として着尺用の小幅布を生産できた。

このため1910（明治43）年前後に、原料高・製品安にもとづく経営難を改善すべく国内の数地区（泉南・泉北、知多、遠州など）を中心として、力織機の導入ブーム（第1次力織機化）が発生した。これらのブームに合わせて経営形態も、従来の問屋制家内工業の手織機による「賃機」から力織機を設置した「工場」へと、短期間に大きく変化していった。

さらに第1次大戦後の1920年代には、不況が長引くなかで力織機の第2次導入ブーム（第2次力織機化）がおこった。このブームは、不況下の経営難を改善すべく製品の広幅化の進行に応じて鉄製力織機の導入が活発化していったことが原因とされるが、そのほかに1924（大正13）年に豊田が完全に無停止杼換式の自動織機（G型）を完成したことも影響している。この第2次力織機化を経験することによって、綿織物業は名実ともに近代産業へと変身することになった。このほか経営面では、従来の小幅力織機が中古品として大量に市中に出回ったため、電力の普及のもとで賃機農家が家内工業のまま同機械を購入する事例も現れた。

ところで以上の動きはいずれも、農民に支えられた産地綿織物業の話である。しかし明治以降に定着した近代的紡績業で兼営された織物業（いわゆる兼営織布）も、徐々に位置付けを高めていった。すなわち兼営織布の生産シェアは、1890年代末に約5％にすぎなかったが、日露戦争後の1905（明治38）年には22％に上がり、1914（大正3）年には41％となった。

シェア上昇の背景には、国内の綿紡績業が安価・良質な綿糸を綿布の原料に利用できたため、原糸を手紡糸→輸入綿糸→（機械製）国産綿糸に切り替えること

ができた。このため国内の綿布需要において、農民による自給的な綿織物業の存続の余地がなくなったほか、輸入綿布の割合も低下していった。とくに綿布需要額に占める綿布輸入額の割合は、1874（明治7）年40％、1891（明治24）年11％、1897（明治30）年12％と低下していった。これとともに紡績会社は、綿布の販売組合を結成することにより朝鮮・満洲市場への輸出を活発化したため、1909（明治42）年には綿布輸出額が綿布輸入額を上回るようになった。

（2）絹業（製糸業）の発展

　次に製糸業は、綿紡績業とは異なる発展をした。特に近代的な企業経営がおこなわれないまま輸出主導で発展したなか、それを支えた製糸金融という独自の金融システムも発展した。以下ではこの点も含めて解説していこう。

〈フランス向け輸出の急増〉

　生糸はもともと中世以来海外から輸入されていたが、江戸時代に入ると1680年代後半以降に実施された貿易統制と国産奨励策によって、幕末までに東山地方（主に山梨県・長野県・岐阜県）など米作が振るわない東日本を中心に、製糸業が発展した。原料の繭を作る蚕は、チョウ（鱗翅）目・カイコガ科に属するカイコガの幼虫である。家蚕とも呼ばれるように家畜化された昆虫であり、野生の状態では生息できない。つまり野生回帰能力を完全に失っているため、人間による管理なしでは生育することができない。このため蚕を野外の桑にとまらせても、ほぼ一昼夜のうちに捕食されるか地面に落ちて全滅してしまうという。

　生糸は開港とともに、綿紡績業とまったく正反対の動きとなった。第2章で記述したように、輸出が急増したのである。地域別にみると、表7補-2のように幕末・明治初頭にはイギリスが6割を占めていたが、明治に入るとフランスがトップに代わった。しかも幕末期のイギリス向けの相当部分は同国からフランスなどの欧州絹業地に再輸出されていたため、一貫してフランスが大半を占めていた。当時のフランスは、全世界の生糸消費量の3分の1を消費しており、同国リヨンなどの欧州絹織物業地へ生糸輸出が急増した。

　輸出急増の理由は、1852年に南部フランスで蚕病（微粒子病）が発生して、瞬く間にヨーロッパに広まったことがある。この影響で当時、フランス最大の生糸輸入国であったイタリアからの輸入が途絶えたため、安価な中国産生糸が急増し、開港後の日本にも及んだことによる。また日本の生糸が格段に低価格であったこ

第7章（補論）　近代繊維工業の定着　　*345*

とも理由であった。日本生糸は、大量にヨーロッパ市場に流入し、日本の輸出総額の少ないときでも6割、多いときには8割以上を占めた。

　もっとも日本の生糸が低価格であった理由は、養蚕農家が自家産繭を自ら製糸する家内工業の小経営（養蚕―製糸経営）をおこなっており、マニュファクチュア経営はほんの一部で実施されていたからにすぎない。これが可能であったのは、当時の製糸技術が稚拙であったからである。すなわち製糸作業で不可欠の煮繭から糸繰り工程では、依然として胴繰りや手挽きといった低水準の技術であった。

　このうち胴繰り（または胴とり）とは、江戸時代から使用されていた方法であり、表面の滑らかな木（桐か柳）でできた胴と呼ばれる円筒形の筒を回転させて、糸を巻き取っていく技術であった。また手挽きとは、胴繰りの胴部分を四角の木枠に代えて中をくり抜いた技術であり、これによって糸の水分除去が容易になった。このような技術水準であったため、日本生糸はイタリア等の欧州糸には及ばなかったものの、中国等のアジア糸よりは良質かつ安価であった。

　当時の輸出手続きについてもみておこう。当時の輸出は、外国商館によっておこなわれており、この外国商館への生糸の売り込みをおこなったのが売込問屋である。代表的な売込問屋は、原善三郎、茂木惣兵衛、小野光景、渋沢作太郎（渋沢栄一の縁戚）の4人であった。この4人で、1880年代以降の生糸売込総高の6〜7割を占めていた。そして売込問屋は、おもに①売込業務、②荷為替資金の立替払い、③前貸、といった3つの業務をおこなっていた。

　このうち①が中心業務であったが、②や③のような資金供給もおこなっていた点に留意してほしい（この点は、後の「製糸金融」の部分で詳述する）。この売込問屋が外国商館との間で生糸取引をおこなっていた明治後半期が、おそらく近代において横浜が最も光り輝いていた時期だろう。また八王子等を中心として無数の「絹の道（シルクロード）」が出現したのも、この時期のことである。

　ただし生糸輸出が急増するなかで、新たな製糸技術である座繰り（座繰製糸）が急速に普及していった。従来の手挽きでは、巻き取り枠の軸を直接に取手で回していたが、座繰りでは手回し軸と枠軸が分離して、ベルトか歯車によって増速された。座繰りは地方によって若干、その形態が異なっており、上州座繰り（図7補-6）や奥州座繰りなどの形態がある。ただし座繰製糸による量産化は、品質の軽視を引き起こして欧州市場での日本生糸の評価を低落させた。

　この「粗製濫造問題」のため、糸価格が低落したほか、1875（明治8）年には輸

〈コーヒーブレイク：日本のシルクロード〉

　1859（安政6）年の開港によって生糸の輸出が急増したが、その生糸は主に群馬・山梨・長野・東京・埼玉・福島で作られ、それが陸路で横浜へ出荷された。これらのルートは現在、多数が知られているが、それらを総称して「日本のシルクロード」と呼ぶことがある。

　当時は、国内需要分の生糸までも輸出に回したため、開国は江戸問屋中心の流通機構を破綻させたほか、急激な物価上昇をもたらした。このため1860（万延元）年には、生糸の輸出を規制するために五品江戸廻送令が発せられ、取締がおこなわれた。この取締をかいくぐるため、その道筋は信州・甲州などから横浜までであったため八王子等を中継地としつつ、大道ではなく山深い地域に作られた無数の裏街道が使用された。これらのルートにあたる関八州には、天領・旗本領・大名領などが入り乱れていたため、輸送品の取締が緩やかであった。このためこれらのルートは、商人たちにとって格好の抜け道となり、上記の法令は効果を上げなかったといわれる。

　八王子周辺は、養蚕や機織りが盛んであったほか、江戸時代から生糸取引を専門におこなう鑓水商人（おもに八王子市鑓水地区に居住した商人）がいたこと、輸出港横浜に近かったこと等の地理的条件によって、生糸運搬の起点となるなど絹の道が盛んに活用されていた。この八王子はかつて「桑都」と呼ばれ、八王子銘仙といった玉糸、紡績絹糸などを素材にした日常着としての平織物も盛んに作られたが、現在は夏物上布（麻織物）や紋ウール（柄や地模様を織り出した毛織物）なども生産されている。

　ただし数年後の明治に入ると、五品江戸廻送令の規制が解除されたほか、1889（明治22）年に御茶ノ水を起点とした甲武鉄道（現在のJR中央線）が八王子まで開通したこと、1908（明治41）年には横浜鉄道（JR横浜線）が東神奈川から八王子まで開通したことで、明治後半にはその使命を終えて使用されなくなった。それ以降も生糸は横浜に集められて欧米に盛んに輸出されたが、1915（大正4）年の第1次大戦の勃発では輸出が停滞して生糸価格が暴落した。このとき発生した過剰な生糸を買取るために、帝国蚕糸会社（第1次）が設立され、その後の景気回復で同社は解散した。しかし1920（大正9）年に、大戦後の不況で暴落した糸価を立て直すために再び帝国蚕糸会社（第2次）が設立され、同社も糸価回復とともに解散している（同社については、下巻の第1章第1節で言及する）。そして同社の生糸保管倉庫を母体として帝蚕倉庫会社が設立されるなど、生糸貿易は横浜経済にとって常に大きな位置を占めていた。

　わずか二十数年しか活用されなかった絹の道に再び光を当てたのが、地元八王子の郷土史家・橋本義夫（1902〜85年）である。橋本は、1940年代末に地元でもまったく忘れられていたこれらの道を「絹の道」と命名して、その歴史的使命に着目したため、再び注目されるようになった。現在、われわれが絹の道と呼んでいる最も有名な道は、多摩ニュータウンの外れにある大塚山公園（八王子市鑓水405番地）から柚木街道の京王バスの停留所「絹の道入口」までの1.5キロメートルである。この道は、1996（平成8）年に全国の歴史ある道のうち、特に昔の面影を残す道筋を選んだ「歴史の道・百選」に指定された。大塚山公園には、1957（昭和32）年4月に多摩有志によって「絹の道」の石碑が立てられたほか、道の途中には代表的な鑓水商人・八木下要右衛門の屋敷跡に「絹の道資料館」が開館している。往時を懐かしむため一度、同地を訪れてはいかがだろうか。

第7章（補論）

第7章（補論）　近代繊維工業の定着　　*347*

出量が最低水準となった。ちなみに粗製濫造とは、具体的な状態として原料繭質の劣化、デニールの不斉一、類節の多さ、出荷時における束装の不統一を指している。このうちデニール（denier）とは繊維の密度の単位（繊度）、類節とは生糸の節、束装とは完成品を一定量で束ねることである（詳細は、第3節を参照）。

　この問題を解決するため、政府は1873（明治6）年に生糸製造取締規則、生糸売買鑑札渡方規則を制定して、流通規制と品質検査体制を整備した。しかしこの体制を確立しても織物経糸（＝上級糸）市場で欧州糸に対抗できなかったため、ヨーロッパから製糸技術（製糸機）を導入した。この技術は「器械製糸」と呼ばれた。

　輸入された洋式の製糸機は、おもにフランス式とイタリア式があった。当時の事業場のうち、小野組築地製糸場（1871［明治4］年）・前橋藩営製糸場（1870［明治3］年）はイタリア式、富岡製糸場（1872［明治5］年設立）はフランス式が採用された[8]。富岡製糸場に導入されたフランス式の製糸機（正確には繰糸機）は図7補-7を参照。当時のヨーロッパでは煮繭用に平均100釜であったのに、同場では300釜（1日当たり繭30石を処理）を備えていたから、いかに政府が輸出志向工業化政策にもとづき大規模な施設を作ったのか理解できよう。

　この洋式器械は、メカニクスの面ではあくまで機械（＝一般的・複雑な装置）ではなく、器械（＝限定的、単純・小型の道具）にすぎなかったが、それでも当時の日本では民間業者が導入することは容易ではなかった。このため国内ではその後、この技術を簡便化（つまり改良）した機械が普及していった。とりあえずこの技術を「改良器械製糸」と呼んでおくと、この特徴として以下の5点があげられる[9]。

　第一にフレームに高価な鉄製の代わりに安価な木製を利用したこと、第二は、動力として蒸気機関の代わりに水車または人力を利用したこと、第三として、煮繭には薪炭を用いてボイラーは使わないことである。第四として、依然として女工の手工業的熟練に大きく依存していたとはいえ、女工1人当たりの生産性は座繰製糸よりも高く、良質の生糸を製造することができたこと、以上より第五として資本コストが高く、労働コストが安い日本の現実に合うように、既存の技術を改良した「資本節約型技術」であったことである。

　このように改良器械製糸は、洋式技術を普及しやすいように小規模化・簡素化したものであり、在来技術と近代技術を接合した適合技術を備えていた。同技術は、後進国日本にとって1つの選択肢となったため、1870年代後半には主として豪農ないし中農クラスによって、各地に30人繰未満の小規模な改良器械製糸

図7補-6　富岡座繰（上州座繰り）機の概要

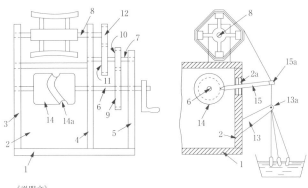

《説明文》
1. 台板　　4. 側板　　7. 中間軸　　10. 歯車　　13. 集緒器
2. 正面板　5. 側板　　8. 糸枠軸　　11. 歯車　　14. 円筒カム
3. 側板　　6. 手回し軸　9. 歯車　　12. 歯車　　14a. カム溝
　　　　　　　　　　　　　　　　　　　　　　　15. 振手

（資料）奥村正二『小判・生糸・和鉄』岩波新書、1973年の93頁。

図7補-7　フランス式繰糸器械（器械製糸）

（注）富岡製糸場で1872年当時使用されていた繰糸機の推定復元模型である。
（資料）群馬県立歴史博物館より提供。

第7章（補論）　近代繊維工業の定着　　349

場が出現した。いわば各地に中小規模の器械製糸マニュファクチュアが簇生した。

地域別にみると、長野・岐阜・山梨の3県が突出しており、1879（明治12）年には場数666、釜数1万6856であったが、666ヵ所のうち長野・岐阜・山梨の3県に87％が集中していた[10]。これら地域ごとの器械種類をみると、信州南部・出羽地方はフランス式、信州北部や美濃・伊勢地方はイタリア式、中山社（後述）を始めとして諏訪地方はフランス式とイタリア式の折衷方式（諏訪式繰糸機）が普及した。いずれにしても器械製糸では、改良型が信州を中心として急速に普及して、1896（明治29）年には場数2283、釜数13万753に急増した。

ただし器械製糸の急速な普及にもかかわらず、1870～80年代には依然として座繰製糸の生産量が器械製糸のそれを上回っていた。その理由は、繭の生産方法や乾繭装置の不備によって、器械製糸が季節的制約を受けており、原料が年間を通じて調達できなかったためである。また座繰製糸の改良が進んだことのほか、そもそも製糸では接緒（繭糸を新たな繭糸とつなぎ足す作業）の工程に工女労働の50％が使用されるなど、労働集約型であるといった産業特性も大きく影響していた。要するに、これらの要因が座繰製糸の必要性を維持していた。

さらに器械製糸でも、生産コスト面で満足のいくものではなかった。すなわち器械製糸場では、地方生糸商人の中間搾取をいかに解消するか、多額の購繭資金をいかに確保するか、品質をいかに引き上げるか、といった生産コスト関連の問題を抱えていた。これらの問題を解決するため長野県諏訪地方では、1870年代央から小規模な器械製糸家を糾合した小規模器械製糸結社が登場していた。

代表的な組織として、平野村（現、岡谷市）に設立された中山社（設立年は1875［明治8］年）、皇運社（1877［明治10］年）、開明社（1879［明治12］年）、碓栄社（設立年不詳）、協力社（同左）などがあげられる。これらの小規模器械製糸結社は、共同出荷の組織となったほか、製糸法指導や製品検査を実施した（つまり各製糸家の品質標準化をもたらした）り、運転資金（購繭資金など）の調達組織ともなっていた。

他方、群馬でも、同時期に結社の動きがおこった。すなわち近隣地域で座繰製糸を行っていた養蚕農家（社員）50～100戸が「組」を形成して共同揚げ返しをおこなうとともに、その組が多数集まって1つの「組合」と呼ばれる結社を形成し、この組合は共同販売によって糸価を引き上げ価格交渉力を強めた。このような結社組織による経営形態を、一般に組合製糸と呼んでいる。

代表的な組合製糸として、碓氷社（設立は1878［明治11］年）、甘楽社（1880［明治

13］年）、下仁田社（1893［明治26］年）などが知られている。これら3組織はいずれも上毛（群馬県）の南部にあったため、上毛南三社と呼称された。この南三社は、大正期に入ると器械製糸に転換していったが、なかには群馬社（1927［昭和2］年）のように大規模製糸場を経営するものも現れてきた。このほか同県には、すでに1884（明治17）年に民間養蚕技術伝習機関として高山社が設置され、同組織も組合製糸とともに生糸の品質向上に貢献したことが特筆される。

〈米国市場への転換〉

　1880年代半ばになると、わが国でも産業革命が開始されてきたが、そのなかで世界の絹織物業の主要生産地がフランスからアメリカに移動してきた。この大転換の背景には、フランスが1882年恐慌を境として需要が急減し、リヨン絹織物業の生産量が1885年まで減少したことがあげられる。この不況は、いわゆる「大不況」期において最も深刻な不況であった。他方、アメリカでは、南北戦争後の急速な景気上昇のなかで大衆向けの絹織物業が発展し生糸需要が拡大した。

　ただしアメリカ市場では、荷口の大量化と品質斉一化（特に繊度）が求められ、わが国としても同市場にしっかりと根付くための対応が急務となった。このため開明社では、共同揚返場の設置、検査工程（生糸品位検査・等級付け）の内部化、加盟製糸家への成績情報の開示、成績に応じた売上金分配・賞罰金の賦課、見番の設置（見番とは、品位成績の情報にもとづき加盟工場を巡回する仕組み）のような施策を実施した（揚返場は第3節を参照）。一方、座繰製糸でも、上記の組合製糸によってアメリカ市場への輸出に向けた経営再編がおこなわれた。

　これらの結社は従来、座繰小経営（養蚕・製糸農家）が個別におこなっていた仕上げ・荷造り作業（検査・等級付け、揚げ返し、捻造）を、共同揚返場に持ち寄り共同で実施することによって、アメリカの要求する生糸の品質向上を達成した。このように組合製糸は、いわば「改良座繰結社」と位置付けられる過渡的な経営形態であったが、従来型の座繰小経営を輸出市場から駆逐していった。

　以上のような経営改善がおこなわれた結果、輸出先別の割合ではアメリカ市場が大幅に増えていった。すなわち表7補-2のように、1877（明治10）年には、フランス46％、イギリス42％（ただし、この大半がフランスへの再輸出分）、アメリカ7％にすぎなかったが、1883（明治16）年には、フランス51％、アメリカ33％、イギリス15％となり、1884（明治17）年には、アメリカ51％、フランス45％、

第7章（補論）　近代繊維工業の定着　　*351*

表7補-2　日本生糸の輸出先の推移

(単位：千貫、%)

	アメリカ		フランス		イギリス		その他		合　計
	輸出量	構成比	輸出量	構成比	輸出量	構成比	輸出量	構成比	輸出量
1860-61(安政6～万延元)年					1,602	18.0	7,308	82.0	8,910
1861-62(万延元～文久元)年					2,511	26.3	7,021	73.7	9,532
1862-63(文久2～3)年	115	0.6			5,490	26.5	15,108	72.9	20,713
1863-64(文久3～元治元)年	44	0.3			8,147	63.9	4,554	35.7	12,745
1864-65(元治元～慶應元)年	164	1.2	3,391	25.7	7,833	59.5	1,782	13.5	13,170
1865-66(慶應元～2)年	44	0.5	3,151	34.2	5,799	62.9	220	2.4	9,214
1866-67(慶應2～3)年	98	0.9	3,673	34.4	6,846	64.0	73	0.7	10,690
1867-68(慶應3～明治元)年	425	4.4	4,928	50.9	4,330	44.7	0	0.0	9,683
1873(明治6)年	66	0.5	3,870	32.2	5,674	47.2	2,411	20.1	12,021
1874(明治7)年	748	7.6	4,007	40.9	3,896	39.8	1,140	11.6	9,791
1875(明治8)年	47	0.4	6,375	54.0	4,261	36.1	1,130	9.6	11,813
1876(明治9)年	342	1.8	8,493	45.6	8,144	43.7	1,663	8.9	18,642
1877(明治10)年	1,236	6.7	8,474	46.0	7,673	41.6	1,058	5.7	18,441
1878(明治11)年	2,865	17.4	8,983	54.6	4,011	24.4	588	3.6	16,447
1879(明治12)年	4,634	29.9	6,576	42.4	4,130	26.6	183	1.2	15,523
1880(明治13)年	5,495	37.6	6,410	43.9	2,515	17.2	196	1.3	14,616
1881(明治14)年	4,342	24.1	10,185	56.5	3,410	18.9	74	0.4	18,011
1882(明治15)年	10,042	34.8	14,065	48.8	4,328	15.0	404	1.4	28,840
1883(明治16)年	10,365	33.2	15,981	51.2	4,737	15.2	136	0.4	31,219
1884(明治17)年	10,603	50.5	9,412	44.9	930	4.4	38	0.2	20,983
1885(明治18)年	13,216	53.8	10,489	42.7	620	2.5	247	1.0	24,572
1886(明治19)年	14,209	53.9	10,858	41.2	1,116	4.2	169	0.6	26,352
1887(明治20)年	17,333	55.8	10,885	35.1	1,556	5.0	1,261	4.1	31,035
1888(明治21)年	23,642	50.5	10,357	22.1	3,632	7.8	1,146	2.4	46,777
1889(明治22)年	22,714	55.0	17,025	41.3	546	1.3	982	2.4	41,267
1890(明治23)年	13,929	66.0	6,757	32.0	97	0.5	320	1.5	21,103
1895(明治28)年	33,478	57.6	20,520	35.3	311	0.5	3,791	6.5	58,100
1900(明治33)年	26,429	57.1	12,008	25.9	456	1.0	7,416	16.0	46,309
1905(明治38)年	54,045	74.6	11,273	15.6	2	0.0	7,099	9.8	72,419
1910(明治43)年	104,182	70.2	24,700	16.6	334	0.2	19,245	13.0	148,461
1915(大正4)年	148,634	83.4	24,115	13.5	973	0.5	4,419	2.5	178,141

(注)　1.　構成比は合計を100とした数字である。
　　　　2.　1860年代の「その他」は上海・香港向けで、同地で積み換えられイギリス等に送られた。
(資料)　石井寛治『日本蚕糸業史分析』東京大学出版会、1972年の41頁の第4表。

イギリス4%と、大きく変化してきた。

　特に1884（明治17）年は、わが国の輸出先の過半がアメリカになった、象徴的な年であった。そのなかで諏訪器械製糸の経営は、製糸女工の低賃金・長時間労働と国際的にみた原料繭の低廉性といった条件で支えられており、特に女工は厳しい労働環境を強いられていた。以下では、経営の中身に立ち入ってみてみる。

　まず労働時間の面では、夏は午前4時30分～午後7時30分（実働14～14.5時

間）、冬は1時間遅れといった勤務時間を設定されていた。このような女工の厳格な監督が可能となった背景には、寄宿制であったことがあげられる。賃金の面では、デニール賞罰点制度と等級賃金制の採用が注目される。このうちデニール賞罰点制度は、糸の目方（糸目）が規定水準を下回ると罰金が科せられる制度であり、1887（明治20）年ごろから諏訪地方で一般化した。

また等級賃金制は、1877（明治10）年前後に諏訪地方で始まり、1900年代以降は全国に広まった制度である。具体的には、まず賃金の支払総額を決めて固定し、次に個別の賃金は一定期間内の作業成績の優劣を平均的な作業成績に対する比率として計算し、それに見合った金額を賃金として支払うというものである。この制度では、女工たちは当然、平均以上の賃金を獲得しようとするため、全体として生産性が上昇傾向となるほか、賃金の総額を固定しているため、生産性の上昇分をすべて賃金の増額に結び付ける必要がなく、費用を抑制できる効果もあった。

原料繭の低廉性が達成できた背景には、以下の理由があげられる。もともと養蚕農家の自家労賃水準が低かったことに加えて、養蚕技術が進歩（夏秋蚕の普及、桑園の兼用化）して生産性が上昇した。また製糸家が、組織的結集の進まない養蚕農家に対して繭の買い叩きをおこなったことも指摘されている。

横道にそれるが、当時の農村風景については1927（昭和2）年に発表された童謡「赤トンボ」（作詞・三木露風、作曲・山田耕筰）のなかで描写されている。この童謡の歌詞は、露風（1889［明治22］〜1964［昭和39］年）が兵庫県揖保郡龍野町（現在、たつの市）で過ごした子供のころの郷愁をベースに、1921（大正10）年に作ったといわれている。その2番の歌詞「山の畑の桑の実を、小籠に摘んだはまぼろしか」に謳われている情景は、製糸業が活発化した産業革命期の地方圏で登場した[11]。農村が桑畑で覆い尽くされたのは、それほど昔の話ではない。

もっともアメリカ市場への転換過程で、1890（明治23）年前後には器械製糸が改良座繰の優位を脅かし始め、表7補-3のように主要製糸県では1891（明治24）年時点で器械製糸による生産量の割合が極めて大きくなった。このような状況のなかで、1894（明治27）年には器械製糸による生産量が座繰製糸の生産量を追い越し、1900（明治33）年には座繰製糸の生産量が減少に転じた。しかも器械製糸の発展パターンが、日清戦争の前後で変化してきたことにも注目しなければならない。すなわち日清戦争以前は、相当数にのぼる企業が新設することで拡大していったのに対して、日清戦争後は諏訪を中心とする有力製糸家が着実に規模を拡

第7章（補論）　近代繊維工業の定着　353

表7補-3　主要製糸業県の生産量の推移

	1891年		1901年		1911年		年平均伸び率 (B／A)
	生産量A (千貫)	うち器械製糸の構成比(%)	生産量 (千貫)	うち器械製糸の構成比(%)	生産量B (千貫)	うち器械製糸の構成比(%)	
長　野	214	84	392	93	861	97	7.2
岐　阜	56	86	74	89	179	75	6.0
山　梨	65	70	78	74	173	82	5.0
愛　知	16	69	68	87	239	93	14.5
山　形	46	37	57	34	107	67	4.3
埼　玉	45	11	80	29	178	72	7.1
福　島	85	8	111	13	144	35	2.7
群　馬	202	6	200	10	260	35	1.3
全国計	1,116	40	1,750	59	3,222	75	5.4
上記8県の合計	729	43	1,060	53	2,141	68	5.5
同構成比(%)	65	—	61	—	66	—	

(注)　1. 年平均伸び率の一部が計算ミスと考えられるため、原数値を修正した。
　　　2. 8県の器械製糸に関して、構成比と年平均伸び率は谷沢が計算した。
(資料)　石井寛治『日本蚕糸業史分析』東京大学出版会、1972年の198頁の第46表より谷沢が作成。

大してきた。いわば企業経営面で、数から質への転換がおこった。

　さらに1890年代後半からは、アメリカ市場で高品質の要求が高まってきたため、器械製糸結社による試みだけでは限界が出てきた。同市場で製品の高級化が進んでいたため、品質の劣る日本生糸の劣位が顕著となり、イタリア糸・上海器械製糸がそのシェアを圧迫しつつあった。この危機を打開するため、従来の織物の緯糸用の普通糸から経糸用の優等糸へと製品を高級化させる必要に迫られた。

　このため品質保持に対応した自社一貫生産の大規模製糸企業の形態が求められ、製糸結社は徐々に解散していった。例えば、最大の製糸結社であった開明社では、創立時のメンバーであった片倉組（1895［明治28］年に片倉兼太郎らが設立した匿名組合）や合資岡谷製糸会社（1897［明治30］年に小口音次郎らが設立）が独立して、大規模製糸会社となっていった。特に片倉組は、原料繭を安く仕入れることにより資本蓄積を活発化させ、1900年代には3000釜以上を有する世界最大規模の製糸家となった。片倉や小口が抜けた開明社は、1907（明治40）年4月に解散した。

　1909（明治42）年には、中国を抜いて日本が世界一の生糸輸出国となった。日本が中国を追い越した理由は、以下のとおりである。第一に日本の糸は太糸であったが、器械製糸の普及と改良座繰製糸の発展によって品質が比較的均一であっ

たため、経糸としても利用できたこと。第二に、中国の糸は大半が座繰製糸であるため、品質が悪く経糸として利用できなかったことがあげられる。第二の点に関連して、中国よりも日本が器械製糸や改良座繰製糸の展開に力を入れることができた理由は、わが国で売込問屋を中心とした「製糸金融」（後述）という独自の資金供給システムが本格化したことがあげられる。

　そのほか第三として、1900年代に入って原動力を水力から汽力（蒸気力）に転換する事業場が多くなった。それによって煮繭の蒸気が豊富に供給されるようになったほか、生産量が大規模化した。ちなみに原動力の採用率は、1892（明治25）年には水力80％、汽力20％であったが、1910（明治43）年には水力40％、汽力58％（残りは電力など）と逆転した。

　1910年代以降も技術革新は続いた。まず煮繰作業の分業化である。従来は、煮繭工程から繰糸工程までを女工1人でおこなっていたが、その工程を分業化することによって生糸の品質と生産性が向上した。この方式は郡是製糸が1911（明治44）年に導入して、全国に広まった。次は、蚕に一代交雑種を普及させた。一代交雑種とは、優れた純系原種の蚕どうしで交雑をおこなって一代限りで得られる繭であり、これによって繭糸の太さが斉一で光沢のよい優れた糸が作られた。片倉組が1914（大正3）年に初めて導入して、その後全国に普及していった。

　さらに、製糸技術に関する専門教育を受けた管理者が、女工に対して技術指導や操業指導をおこなうことによって熟練工の定着を図るようにした。人的資源面での改善である。このほか、多条繰糸機を開発・導入したことである。多条繰入機は、すでに御法川直三郎が1903（明治36）年に開発していた。それを片倉製糸が改良して1929（昭和4）年に導入したほか、郡是製糸は独自に開発して1931（昭和6）年より工場に導入した。これによって、高品質の生糸を生産できたほか、いままでの女工の熟練と集中力に依存してきた生産方法を改善することができた。

　以上のように各種の技術革新が持続的に進められたとはいえ、日本の生糸は基本的には低い繭価、低い賃金の総合的な結果として国際競争力を維持していた。すなわち製糸業では、煮繭から巻き取りまでほとんど女工1人でおこなえたこと、器械に要求された生産技術が比較的単純であったこと、原料繭に要求される品質がさほど厳しくなかったことなど、市場への参入障壁が低かった。換言すると低い繭価は養蚕農家の安価な労働力によって、低い賃金は若年女工の長時間労働によって、それぞれ達成された。

第7章（補論）　近代繊維工業の定着　　355

その際に労働生産性が他国と比べて高ければ、賃金等を引き上げることは可能であったが、残念ながら技術が劣っており、先進国（イタリア、フランス）の２分の１と低かった。このため労働生産性の低さを低繭価格・低賃金がカバーすることで、低い製品価格にもとづく強い国際競争力を達成せざるをえなかった。低い製品価格の背景には、品質面で「優等糸」に及ばない「普通糸」が大半で、海外機業地では織物の緯糸にしか使えなかった。

　ところで紡績業が1900年代に資本集中による独占化が進んだのに対して、製糸業では大手企業である片倉製糸・郡是製糸が独占的地位に達するのは1920年代になってからであるなど、資本集中の点で紡績業より遅れていた。製糸業は生糸の形で輸出され貿易黒字（外貨獲得）をもたらした点で、産業革命を牽引していった綿業が原料棉花を中国・インド・アメリカ等から輸入して貿易赤字（外貨流出）にあったことと対照的であった。まさに「生糸を売って軍艦を買う」状況をもたらした。

　なお絹業関連の貿易では、生糸の形で輸出される以外に、羽二重といった絹織物の形で輸出されることもあった。有名な事例として、力織機で作られた北陸（石川、福井）の羽二重が、19世紀末より欧米にさかんに輸出されていたことがあげられる。

〈製糸金融の仕組み〉

　ところで製糸金融の仕組みも説明しておこう。製糸金融は、おもに荷為替立替金制度と原資金供給制度の２つがあった。以下では、個別に説明していく。

　荷為替立替金制度

　まず荷為替立替金制度とは、国立銀行の設立とともに1870年代後半から活発化した金融方式である。信州の事例をみると、地元の銀行、京浜地方の銀行（以下、市中銀行と呼ぶ）、横浜の売込問屋が関与しておこなわれていた[12]。図7補-8にしたがって基本的な流れを説明すると、以下のとおりである。

　　①信州にいる製糸家は、出荷する生糸を地元銀行に持ち込む。この際には、運送会社の発行する運送保険付き荷物の預り証券（保険受負荷預証）を持参し、生糸の送り先と代金の請求先に横浜の売込問屋を指定した荷為替手形を振り出す。

　　②これに対して地元銀行は、製糸家に対して輸送日数分の利息（荷為替打歩）

図7補-8 荷為替立替金制度（製糸金融Ⅰ）の概要

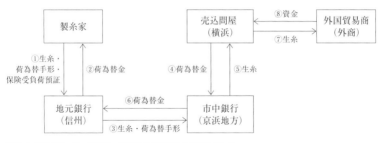

（注）1. 図中の①、②、③等は、本文中の説明部分に対応している。
　　　2. 時間的な前後関係がズレる場合があるが、わかりやすい事例を紹介した。
（資料）中林正幸『近代資本主義の組織』東京大学出版会、2003年の序章、53頁の注（32）、山口和雄編
『日本産業金融史研究―製糸金融篇』東京大学出版会、1966年の第1章の第3節により谷沢が作成。

を割り引いた代金を支払う。
③地方銀行は、コルレス契約関係にある市中銀行に生糸と荷為替手形を送る。
④市中銀行は、売込問屋に荷為替代金を請求する。この請求にしたがって、売込問屋は市中銀行に荷為替代金を支払う（つまり売込問屋がその代金を立替払いする）。
⑤市中銀行は、売込問屋に生糸を渡す。
⑥また市中銀行は、地元銀行に荷為替代金を送る。
⑦売込問屋は、生糸を外国貿易商に販売する。
⑧この販売にしたがって、外国貿易商は売込問屋に生糸代金を支払う。

このような資金の流れからわかるように、売込問屋が市中銀行に荷為替代金を支払うとき、その生糸はまだ販売されていないから、販売されるまでの間の荷為替代金は売込問屋が立て替えている。このため荷為替立替金とは、荷為替資金の立替え払いのための資金供給であり、いわば流通過程の危険を売込問屋が負担する産業金融であった。この金融方式を、明治から大正初期の最盛期には30数店に達した売込問屋がおこなっていた。

原資金供給制度

他方、原資金供給制度とは、製糸家に対して主に購繭資金として「原資金」を無担保で前貸しする制度であり、いわば生産過程の危険を負担するために日本銀行・横浜正金銀行が関与した政策的金融であった[13]。この制度は生糸の輸出が

第7章（補論）　近代繊維工業の定着　357

好調となり、従来の荷為替立替金制度では優良な製糸家を確保することが難しくなったために1880年代末に開始され、1890年代には生糸輸出額の1割近い金額に及んだ。ちなみに開明社は、1888（明治21）年より原資金を借り入れている。

　現在のところ制度の全容が解明されているわけではないため、以下では原資金制度の代表的なルートに限り図7補-9にしたがって説明しよう。

　　①製糸結社は、借用金証書、荷預証書を売込問屋に送り、これに対して売込問屋から原資金の貸付を受ける。そのかわり製糸結社は、売込問屋に対して当年度における出荷債務を負う。

　　②、③、④　売込問屋は、原資金を支給したことによって逼迫する資金繰りにゆとりを持たせるため、荷預証書等を担保として日銀・横浜正金銀行を経由して市中銀行に入った資金を融資してもらう。

　　⑤一方、製糸結社は、出来上がった生糸を地元銀行に持参する。

　　⑥地元銀行は、コルレス契約関係にある京浜地方の銀行（以下、市中銀行と呼ぶ）に生糸と荷為替手形を送る。

　　⑦市中銀行は、この生糸と荷為替手形を売込問屋に送る。

　　⑧売込問屋は、この生糸を外国貿易商に販売する。

　　⑨この販売によって、外国貿易商から売込問屋へ資金が送付される。

　　⑩売込問屋は、この資金のうちから市中銀行に対する荷為替立替金と原資金に関連した政策金融分の返済資金の合計額を、市中銀行へ送る。

　　⑪市中銀行は、政策金融分を横浜正金銀行に返済する。

　　⑫さらに横浜正金銀行は、この政策金融分を日銀に返済する。

　　⑬最後に、市中銀行は地元銀行に対して荷為替金を送る。

　このような金融システムによって、製糸家は春繭の出回り期に一度に大量の原料繭を現金で仕入れることができるほか、それを担保に入れて地方銀行から金を借りられた。一方、売込問屋では、リスキーな貸付ではあったが、製糸家に対して生糸の一手委託販売に向けて荷元をしっかり押さえられるほか、前貸金融の受取利子が販売手数料収入に匹敵するほど得られた。

　さらに市中銀行は、原資金向けの資金を特定の関係にある横浜市内の市中銀行から調達していたが、これらの市中銀行に資金を供給していたのが、日銀や横浜正金銀行であった。いわば日銀や正金銀行による実質的な資金供給が実行されていたことで、市中銀行が問屋に対して安定的に資金を供給しえたのである。

図7補-9 原資金制度（製糸金融Ⅱ）の概要

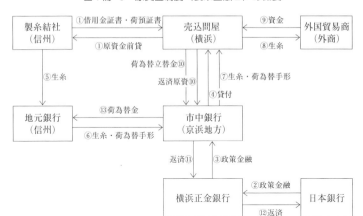

(注) 1. 図中の①、②、③等は、本文中の説明部分に対応している。
　　2. 時期等によって多様な動きがあるほか、時間的な前後関係がズレる場合があるが、代表的な事例を紹介している。
(資料) 石井寛治『日本蚕糸業史分析』東京大学出版会、1972年の第2章の第3節、山口和雄編『日本産業金融史研究―製糸金融篇』東京大学出版会、1966年の第1章の第1・2節、中林正幸『近代資本主義の組織』東京大学出版会、2003年の第8章により、谷沢が作成。

　なお上記の売込問屋と市中銀行との間には、原＝第二国立銀行（母体は横浜為替会社だが、原や茂木によって設立）、茂木＝第七十四国立銀行（茂木らによって設立）、渋沢＝第一国立銀行（渋沢栄一の関連銀行）、といった機関銀行とその出資者（または同族）という親密な関係が構築されていた。また日銀による資金供給は、生糸担保付約束手形・無担保手形の再割引によって実施されたが、正金銀行向けに限ると外国為替手形再割引の流用でもおこなわれていた。

（3）絹業の製造工程

　絹業は、蚕種、養蚕、製糸、染色から製織まで、複雑な分業工程で支えられた産業である。このため絹業の内容を深く理解できるように、以下では養蚕（繭玉を出荷するまでの作業）・製糸・撚糸の各段階における製造工程を解説しておく。

〈養蚕段階〉

　養蚕段階の作業工程は、大半が養蚕農家によっておこなわれる。この作業は、基本的には機械化できないため、戦前から現在まで変化していない。図7補-10にしたがって説明していく。

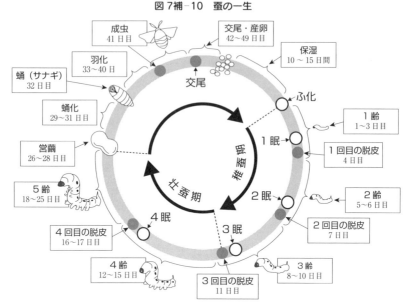

図7補-10　蚕の一生

(資料) 各種資料にもとづき谷沢が作成。

① 蚕卵紙を購入：蚕種製造業者と呼ばれる専門業者から購入する。蚕卵紙は、蚕種・種紙・蚕紙・蚕養紙とも呼ばれているが、蚕品種名などが記入された厚手の紙に、蚕病予防のために1蛾ずつ産卵させるようにした。

② 催青（さいせい）：直径1ミリの卵を適当な湿度で10〜15日保湿すること。この作業によって卵が暗青色となり、その後に孵化して体長3ミリの稚蚕（ちさん）となる（なお稚蚕とは、正式には1齢から3齢［後述］までの蚕のことを指す）。この幼虫は、色が黒っぽく毛が生えていることから、毛蚕（けご）とも呼ばれる。

③ 掃き立て：毛蚕を羽ほうきで蚕座に移す（つまり孵化したばかりの蚕に最初に桑を与える）こと。通常は、この作業を4月下旬から5月に実施するため、この蚕を春蚕（はるこ）と呼ぶ。この期間は、ほぼ1〜3日間である。

④ 給桑（きゅうそう）：約1ヵ月間、桑の葉を継続的に蚕に与えて飼育する。これが最も辛い作業であり、養蚕労働の半分以上がこの給桑作業となる。

給桑の間には、4回の脱皮を繰り返す。このため孵化直後の年齢を1齢（あるいは令とも書く）、その後の脱皮直後の年齢を2〜5齢と呼ぶ。また脱皮

直前には桑を食べずに静止する日があるため、その時期を1〜4眠と呼ぶ。

⑤上族：成長し終わった5齢の蚕（熟蚕）は、体があめ色になってくる。この状態になると、蚕が繭を作りやすくするために藁を折って作った巣穴（蔟）へ移す（なお蚕齢が4齢・5齢の蚕を壮蚕と呼ぶことがある）。

⑥営繭：蚕は糸を吐き始め、約2昼夜で繭が完成する。このように蚕が糸を吐き出す作業を営繭と呼ぶ。蚕が吐き出す1本の糸の長さは、約1200メートルある。

⑦収繭・毛羽取り：蔟から繭を掻き取ること。ただし繭の周囲には蔟のなかで繭を支えた毛羽が付いているため、この毛羽をとってきれいな繭にする。これを毛羽取りという。

⑧出荷：29日目より出荷可能となる。品質で選別して生のまま出荷するため、輸送には速さが求められる。

　以上が養蚕段階の作業概要であるが、蚕はその後も成虫になるまで一定の期間が必要である。通常は41日目で成虫になり、その日の早朝に繭の頭部を酵素で溶かして繭から出ていく。また蚕は1年に3回ほど繭を作るため、春蚕が作った繭を「春繭」、夏蚕が作った繭を「夏繭」、秋蚕が作った繭を「秋繭」と呼んで区別している。このうち春繭が最高の品質であるため、極上品の呉服等の原料として使用されている。この春繭の出荷時期は、おおむね6月末であるため給桑がちょうど田植え時期（6月上旬）に重なるなど、非常に忙しい作業を強いられる。現在は、3齢までを稚蚕人工飼料飼育所に委託しており、養蚕農家はそれ以降の工程をおこなうのが一般的である。

〈製糸段階〉

　製糸段階の作業工程は、座繰製糸や器械製糸など製糸技術によって若干異なるが、代表的な工程を示すと以下のとおりである。

①購繭：原料となる繭を取引所・業者等より購入する。この段階の繭を生繭と呼ぶ。

②乾繭・貯蔵：蚕は繭を作り終わった後、17〜19日たつと発蛾する。こうなると生糸が繰れなくなるので、繭を冷凍または熱を当てて蛹を殺す。その後は常温で長時間保管するが、その過程でカビ等が発生するほか水分率にバラつきがある。このため自社工場内の乾燥室で繭を乾燥させること

（およびその繭）を乾繭と呼ぶ。またそれを貯蔵する。

③選繭：乾繭のなかに混ざっている不良繭を選除する。この不良繭とは、汚れ繭、穴あき繭、薄皮繭等である。

④合併：安定した質の生糸を造るために、品種・産地別に区分けされた乾繭をよく混合する。

⑤煮繭：繰糸の際の繭糸のほぐれをよくするために、乾繭を煮ること。このような煮熟した段階の繭を煮繭と呼ぶ。

⑥索緒・抄緒：煮繭を繰糸機の索緒部に移して、高温の湯のなかで索緒 箒によって表面を軽くこすって糸口を引き出す。この作業を索緒と呼ぶほか、この過程で１本の正しい糸口になるまで糸をすぐることを抄緒という。

⑦繰糸：煮た繭の繊維１本では細すぎるため、何本かの繊維をより合わせて目的の太さの糸にする。当初は、熱湯を満たした繰糸鍋に繭を浮かべて女工が糸を繰っていたが、後には自動繰糸機が導入された。このためこの鍋（これを「釜」と表現）の数が、事業所の生産能力を示している。

⑧再繰（揚返し）：小枠に巻き取られた糸はまだ濡れており、放置すると糸に付着したセシリン（タンパク質）のため固着してしまう。これを防ぐために、繰糸した糸を大枠（周囲 1.5 メートル）に巻き替える。大枠に移しかえられた糸を綛（約 100 グラム）と呼んだ。

⑨荷造り：出荷用に一定の重量でまとめること。すなわち綛に捩りの処理をおこなった後、30 本を集めて括（約３キログラム）とした。ちなみにこの束にまとめる作業のことを束装と呼ぶ。さらに 20 括（約 60 キログラム）を俵に詰めて輸出したため、出荷の単位は「生糸□俵」と呼ばれる。

　なお生糸の重量単位として、尺貫法の「貫」「斤」もよく使用される。１貫 = 6.25 斤であるほか、１貫 = 3.75 キログラム（また１斤 = 600 グラム = 160 匁）である。このため１俵（20 括）= 16 貫 = 100 斤となる。

⑩検査：品質が特に重視されたため、繊度・色沢・類節など、様々な検査が慎重におこなわれた。このうち繊度とは、糸の太さを示す単位であり、デニール、番手と呼ばれる。糸の太さ（断面）を実際に計測することは困難であるため、重さと長さを利用した代替的方法が採用される。デニール（D）の場合には、ある一定の本数（450 メートル × 200 本）について、１本ごとに $D = 9000 \times \dfrac{W(\mathrm{g})}{L(\mathrm{m})}$ の式で計算する。ここで $L(\mathrm{m})$ は糸の長さ、$W(\mathrm{g})$ は

糸の重さを示すため、数字が大きいほど糸が太くなる。また類節とは、繊維と繊維の結び目のことであり、大きさ・形状等によって数種類に分類されていた。当然のことながら、この類節が小さいほど良質の糸となる。

⑪出荷。

〈撚糸段階〉

生糸は、そのままの状態で織物に利用できるわけではなく、さらに以下のような作業工程が必要となる。

①撚糸：生糸1本または2本以上を引いて、これに撚りをかけることで絹糸とする。これをおこなうことにより、作業しやすい太さにするほか、強伸度・弾性を増したり、編み物・織物に独特な外観や感触を与えたりする。

②精練：灰汁や石鹸・ソーダ溶液を利用して、生糸からセリシンその他の不純物を取り除くこと。このように不純物が取り除かれて、柔らかくなった糸を練糸と呼ぶ（それゆえセシリン等を落とさない［練らない］原糸が、生糸［raw silk］である）。なお精練は、生糸の状態でおこなう場合（先練り）と織物（白生地）にしてからおこなう場合（後練り）の2通りある。

③染織：糸を染色して織物とすること。染色は、練糸の段階でおこなう場合（先染め）と織物とした後でおこなう場合（後染め）の2通りがある。

註

(1) ここで紡績とは、棉花、羊毛、麻、蚕糸屑または化学繊維のステープルなどの短繊維（最長1.5メートル程度の繊維）を非常に長い糸にする作業工程のことをいう。一方、長繊維（生糸などでは約1200メートル）を使用する作業工程は、生糸では製糸、化学繊維では紡糸といって区別する。紡績では、①繊維を解きほぐす、②繊維の方向を揃える、③繊維束を引き伸ばす、④繊維束に撚りをかける、の4つの主要操作がおこなわれる。このため新町紡績所（詳しくは表4-5を参照）のように、富岡製糸場から出る屑糸や製糸に適さない屑繭を使用する場合は、絹糸を製造するにもかかわらず紡績所と命名された。この部分については、第4章の註（4）も参照のこと。

(2) 経済史の関連資料では、しばしば棉と綿を使い分けている場面に出くわす。この場合には、棉が「実を収穫して種を取り除いた段階までのもの」、綿が「その後に棉を加工したもの」という使い分けをしている。それゆえ棉作が正解であり綿作は間違いだが、現在は区別しないことも多い。

(3) 織物においては、慣例として縦の方向に通っている糸を経糸、横方向に通っている糸を緯糸と呼んでいる。この使い分けは、地図上で場所を示す緯度・経度の目盛の方向を連想すれば、容易に理解できるはずである。

(4) ここで錘とは、もともと「おもり」という意味であるが、糸をつむぐ機械の付属品であり、鉄製の太い針状の棒で回転して糸を巻き取ると同時に撚りをかける働きをする重り

第7章（補論）　近代繊維工業の定着　　363

（紡錘車）のことである。この錘の数量が糸の生産能力を示すため、しばしば紡績機械の規模を比較する際に使用されている。

(5) この計画については、絹川太一『本邦綿糸紡績史』第2巻、日本綿業倶楽部、1937年（本書では、原書房の1990年復刻版を利用）の128-129頁から入手した。

(6) 番手とは、糸の太さ（つまり繊度）を示す単位であり、〈参考〉における製糸段階の⑩で示したデニールと同種の単位である。ただし綿糸、一般毛糸、麻糸など、糸の種類によって計算方法が異なっている。綿糸では、$S(綿番手)=0.591×\dfrac{W(g)}{L(m)}$ で計算できる。ここで $L(m)$ は糸の長さ、$W(g)$ は糸の重さを示すため、数字が大きくなるほど糸が細くなる。ちなみに綿番手の場合、重さ1ポンド（453.6g）、長さが840ヤード（768.1m）のときに1番手となる。一般的（つまり普及品）には、ワイシャツでは80番手、タオルでは20番手ぐらいである。

(7) 地機とは、わが国の古い織機の1つであり、10センチ程度の低い腰掛に座って足を前方に動かして操作する。別名、「居坐機」とも呼ばれ、現在でも結城紬、小千谷縮で使われている。一方、高機とは、地機よりも構造が進歩しており、高い腰掛に座って足を上下に踏んで操作することで、綾錦などの複雑な織物を織ることができる。わが国では8～9世紀まで使用されていた。江戸時代に西陣で採用され、江戸中期より桐生・足利などの絹業地に伝えられたほか、幕末期には木綿織にも使用されるようになった。

(8) フランス式は、1人の女工が煮繭と繰糸をおこなう煮繰兼業であり、撚りかけは2本の生糸を絡み合わせておこなう共撚式であった。これに対してイタリア式は、煮繭女工1人と繰繰女工2人が一組となる煮繰分業で、撚りかけは1本の生糸を上下の鼓車に掛けて絡み合わせておこなうケンネル式である。

(9) 器械製糸という用語はしばしば、混乱して使用されている。すなわち富岡製糸場のことを「日本初の官営模範器械製糸場」と表現している一方で、本章で指摘したように日本流に改良したものも器械製糸と呼ぶからである。それゆえ本書では、器械製糸・改良器械製糸と使い分けたが、富岡製糸場のような大規模な輸入機械＝機械製糸、小規模な国産機械＝器械製糸といっても差し支えない。いずれにしても改良器械製糸の資本節約型技術に注目する必要があるため、これに適した名称を使用すべきである。さらに器械という用語は、製糸業でのみ使われているにすぎず、たとえガラ紡のような実質的に器械があったにもかかわらず、綿紡績業では使われていないことも指摘しておこう。

(10) 製糸事業所における生産能力は、繰糸作業で使用する熱湯を満たした繰糸鍋（これを「釜」と表現）の数で表示していた。詳しくは、第3節の製糸段階も参照のこと。紡績業の生産能力を錘数で表示していたのと異なる点に注意しなければならない。

(11) 以上の赤トンボに関する内容は、宮本又郎編『新版　日本経済史』放送大学教育振興会、2008年の86頁の指摘に依拠している。

(12) 荷為替立替金制度については、「「荷為替立替金」供給制度」、「荷為替の立替え払い」・「荷為替金立替」とも呼ばれた。前者の呼び方は中林真幸『近代資本主義の組織—製糸業の発展における取引の統治と生産の構造』東京大学出版会、2003年の第7章で、後者の呼び方は山口和雄編『日本産業金融史研究　製糸金融篇』東京大学出版会、1966年の第1章の第1節、40-42頁等でおこなわれている。さらに長岡新吉『産業革命』教育社歴史新書、1986年、121頁には、「荷為替資金の立替払い」と呼ぶ場合もある。

(13) 原資金制度の呼び方として、「原資金」供給制度（中林『近代資本主義の組織』の第8章）、「前貸原資金」（長岡『産業革命』の121頁）、または単なる「前貸金融」か「前貸金の融通」（山口『日本産業金融史研究』の第1章の第2節、40頁）などもあった。

第8章 天佑の経済的帰結

(1) 第1次大戦の衝撃

　初めての世界大戦であった第1次大戦に、日本は三国協商の関係国として参戦した。戦地が遠く離れた欧州等であったため、当初は対岸の火事のように思われたが、結果として日本経済に極めて大きな影響を与えた。

〈塗り替えられた世界地図〉

　初めに、第1次大戦の概要を復習しておこう。これによって1910年代の経済状況が、この大戦の前後で大きく変わったことが理解できるはずである。同大戦は、1914年6月にサラエボでオーストリア＝ハンガリー帝国のフランツ・フェルディナント大公が暗殺されたことが引き金となったが、1918（大正7）年11月までの丸4年にわたり、その戦場はヨーロッパのほか中東、アフリカ、中国、太平洋にも及んだ。

　人類史上初めての世界的規模での大戦争であったため、後にこれを題材として多くの文芸作品がつくられた。小説では、ドイツ西部戦線が舞台となったエーリッヒ・マリア・レマルク『西部戦線異状なし』（1929［昭和4］年）や、イタリア北部戦線が舞台となったアーネスト・ヘミングウェイ『武器よ、さらば』（1929［昭和4］年）がある。また映画では、上記の2作品のほかドイツが舞台となったフランス映画『大いなる幻影』（1937［昭和12］年、主演ジャン・ギャバン）、アラビアが舞台であるイギリス映画『アラビアのロレンス』（1962［昭和37］年、主演ピーター・オトゥール）などがすぐに思い出されよう。

　この大戦の結果、連合国が勝利し、同盟国が負けた。ちなみに連合国（または協商国）とは、イギリス、フランス、ロシア帝国、イタリア王国、アメリカ、セルビア、日本などであり、同盟国とはドイツ帝国、オーストリア＝ハンガリー帝国、オスマン帝国、ブルガリアであった。被害状況をみると、戦死者992万人（連合国553万人、同盟国439万人）、戦傷者2122万人（連合国1283万人、同盟国839万人）、

行方不明者775万人（連合国412万人、同盟国363万人）であり、従来の戦争より桁外れに大きかった。ちなみに終戦の原因は、1918（大正7）年11月にドイツで革命がおこり、帝政が崩壊してワイマール共和国が成立したことである。それによってドイツは休戦協定を締結した。

　なお、講和条約であるベルサイユ条約の内容を、賠償金と主要な領土関連に限ってみておこう。敗戦国ドイツは、賠償額30億金マルク（当初は1320億金マルク）を支払ったほか、全海外領土・海外植民地を没収された。すなわちドイツは、エルザス（仏：アルザス）・ロートリンゲン（仏：ロレーヌ）をフランスに割譲、ポーゼン・西プロイセンをポーランドに割譲し、ザール地方（現、ザールラント州）を15年間国際連盟の管理下におく国際連盟管理地域としたほか、オーストリアとの合併も禁止された。

　この大戦の評価についてもみておかなければならない。軍事面では、いわゆる総力戦体制で戦うため、自国のほか植民地からも兵士や労働力を動員したほか、新兵器の投入（大型の火砲と機関銃の大量投入、航空機・戦車・潜水艦・毒ガス）による大量殺戮がおこなわれた。また政治・外交面では、ヨーロッパの君主制が消滅した（ドイツ帝国のホーエンツォレルン家、オーストリア＝ハンガリー帝国のハプスブルク家、オスマン帝国のオスマン家、ロシア帝国のロマノフ家の没落）ほか、ボリシェヴィキがロシア革命をおこす契機となったり、ベルサイユ条約によりドイツ人が居住する領土を割譲させられたため、ルール問題、ズデーテン問題、ポーランド回廊問題が発生したりした。これらの問題は、後に発生した第2次大戦の直接の原因となった。

　さらに経済面の影響をみると、ドイツが巨額の賠償金を課せられたために、先進国の近代史上最も激しいインフレーションが発生した。日本は、国土が戦場にならないまま戦争特需が得られたほか、ドイツの植民地であった南洋群島の委任統治をおこない、その後は実質的な植民地とした。これらの事情は、井上馨が元老山県有朋・首相大隈重信に提出した意見書において、「今回欧州ノ大禍乱ハ、日本国運ノ発展ニ対スル大正新時代ノ天佑ニシテ、日本国ハ挙国一致ノ団結ヲ以テ、此天佑ヲ享受セザルベカラズ」[1]と記述されていたことからも理解できよう。

　この天佑という用語は、「思いがけない幸運、天の助け」といった意味であり、日清戦争の宣戦詔勅でも使われていたが、今回はその僥倖を満喫しているといったところであった。

〈対外収支の激変〉

　第1次大戦の勃発によって、わが国にはいまだ経験したことのない好況がもたらされた。経済規模を示す名目粗国民支出は、1917・18（大正6・7）両年に前年比30％増を超える伸び率を達成するなど急激な拡大を示した。この大戦がわが国に与えた影響を確認するため、初めに大戦前の対外経済動向をみておこう。一言でいうと、大戦前は「国際収支の危機」に直面していた。

　貿易収支は、図7-3で確認できるように1890年代後半から赤字が継続していたが、1910年代に入ってもこの傾向は続いた。その特徴を表8-1の1912（大正元）年における商品別・地域別貿易収支でみると、中国・朝鮮・台湾は食料品入超・繊維出超（素材輸入・製品輸出で先進国型）で大幅黒字であったが、ヨーロッパは繊維出超、機械・金属等入超（軽工業製品輸出・重工業製品輸入で後進国型）で巨額

表8-1　1912年における商品別・地域別の輸出入収支

		商品別内訳（百万円）							構成比（％）	
		食料品	繊維	機械	金属	鉱物性燃料	その他	合計	輸出	輸入
地域別内訳	アジア	−80.4	−9.1	8.6	8.6	14.3	35.0	−23.1	49.0	47.3
	中　国	−14.7	55.1	2.6	4.4	4.7	9.7	61.9	23.3	11.8
	朝鮮・台湾	−25.5	23.2	3.8	4.0	1.5	14.1	21.0	13.8	9.3
	インド他	−40.3	−87.4	2.2	0.2	8.1	11.2	−106.0	11.9	26.2
	ヨーロッパ	0.4	25.3	−38.5	−38.4	−0.5	−34.5	−86.2	19.3	29.9
	イギリス	0.1	−18.7	−24.3	−23.5	−0.4	−19.5	−86.4	4.9	17.0
	ドイツ	−0.7	−6.6	−12.3	−13.9	−0.4	−13.7	−47.6	2.2	9.0
	その他	1.1	50.6	−2.0	−1.0	0.3	−1.3	47.7	12.2	3.9
	アメリカ	10.1	66.9	−10.5	−10.1	−11.9	1.9	46.3	28.8	19.0
	米　国	7.9	64.2	−10.3	−10.2	−12.0	2.1	41.7	27.6	18.6
	その他	2.2	2.7	−0.2	0.1	0.1	−0.3	4.6	1.2	0.4
	アフリカ・大洋州他	4.1	−7.6	0.0	−2.8	0.0	−1.7	−8.0	3.0	3.8
	オーストラリア	0.3	−3.7	0.0	−2.8	0.0	2.0	−4.2	1.4	1.9
	その他	3.8	−3.9	0.0	−0.1	0.0	−3.6	−3.8	1.6	1.9
	全地域	−65.8	75.4	−40.4	−42.8	1.9	0.7	−71.0	100.0	100.0
構成比	輸　出	11.8	55.3	1.5	5.9	3.6	21.8	100.0	611.1	—
	輸　入	20.2	38.5	7.2	11.6	0.1	22.3	100.0	—	682.1

（注）1. 縦・横とも輸出入収支、同構成比の部分は金額、縦か横が構成比の部分は構成比を示す。
　　　2. オーストラリアにはニュージーランドを含む。
　　　3. 原資料との対応関係は以下のとおり。食料品は「食料品等」、繊維は「繊維品」と「繊維原料」・「繊維製品」、機械は「機械機器」、金属は「金属品」と「金属原料」・「鉄鋼」・「非鉄金属」であり、「金属製品輸入」はその他に入れる。
（資料）行沢健三・前田昇三『日本貿易の長期統計—貿易構造史研究の基礎作業』同朋舎、1978年の140-149頁より谷沢が作成。

第8章　天佑の経済的帰結　　367

入超、インドなどの非東アジア地域は食料品・繊維（特に棉花）で巨額入超、アメリカは繊維（生糸）の巨額出超となっていた。また鉱物性燃料（石油）の輸入の大半がアメリカからである点にも注目しておきたい。

このように地域ごとに製品の輸出入が大きく異なっていたが、全体としてみると非東アジアやヨーロッパでの赤字幅が影響して、12年単年度で7100万円の赤字が発生していた。なおプロレタリア詩人・槇村浩（1912～38年）が、高知県の小学校3年生であった1922（大正11）年ごろに書いた「養蚕の歌」という詩には、当時の経済状況を象徴した内容が記されている[2]。

イ）我が日の本の帝国の　国をば富ます第一は二寸の虫の吐き出づる　白き生糸と知られける（1番の歌詞）。

ロ）生糸の光沢かゞやきて　光は及ぶよろづ国　重なる産地数ふれば　長野に愛知群馬県（3番の歌詞）

ハ）養蚕の業は古くより　御国を富ます業なるぞ　国を思はん者は皆　勉め励めよ養蚕を（4番の歌詞）

ここで1番の歌詞の下線部で示した「国をば富ます」や4番の歌詞の下線部「養蚕の業は古くより御国を富ます業」から、養蚕が重要な輸出産業であることがわかる。また2番の歌詞の「重なる産地数ふれば　長野に愛知群馬県」では、全国の主要産地が示されている。当時は詩人の幼い眼にも、生糸が重要な輸出品目であったことを認識していた。

次に貿易外収支では、日露戦争時の外債発行にともない外債利払いが増加したことによって、大幅な赤字となっていた。このため大戦前には、経常収支（＝貿易収支＋貿易外収支）でも赤字幅が膨れたほか、大幅な正貨不足に陥る状況となっており、この資金不足を長短期の外資輸入と正貨流出（取り崩し）で補っていた。これが「国際収支の危機」の実態であった。

いま、このような正貨等の過不足状況をいかに資金面で繰りまわしていたのかを、国際収支表を組み換えた表8-2で確認してみよう。この表は、あくまで貿易収支の黒字・赤字が資本収支（つまり決済用資金）の増減をもたらすという方向にもとづき経常収支と資本収支をバランスさせた表である。このため外債の借り換えのような資本収支内でおこった資金取引は差引額で表現される。また資金収支を重視したため経常収支の赤字をプラス・同黒字をマイナスで表記していることに注意してほしい。このような限界はあるが、この表で年別の大まかな国内外

表 8-2 外資の調達・運用内訳の推移（日銀開業時〜第 1 次大戦直後）

（単位：百万円）

	経常収支赤字の内訳			決済資金の調達内訳						（参考）総合収支 =②-① +③+④
	経常支出 ①	経常収入 ②	経常収支尻 =①-②	長期資本収支③	短期資本収支④	貨幣用金収支 =⑤+⑥	金銀移動⑤	在外正貨増減⑥	調達資金の合計 =③+④+⑤+⑥	
1882	44.8	43.7	1.1	-1.0	3.6	-1.5			1.1	1.5
1883	44.5	42.2	2.3	-0.5	4.9	-2.1			2.3	2.1
1884	46.9	38.9	8.0	-0.5	8.9	-0.4			8.0	0.4
1885	46.2	43.4	2.8	-0.5	6.6	-3.3			2.8	3.3
1886	49.2	56.1	-6.9	-0.6	-6.4	0.2			-6.8	-0.1
1887	67.8	60.8	7.0	-0.7	5.8	1.9			7.0	-1.9
1888	80.3	76.1	4.2	-0.7	5.8	-0.9			4.2	0.9
1889	79.4	80.2	-0.8	-0.8	9.0	-9.0			-0.8	9.0
1890	97.8	68.0	29.8	-0.8	18.0	12.6			29.8	-12.6
1891	76.5	93.0	-16.5	-0.8	-3.3	-12.4			-16.5	12.4
1892	88.8	106.9	-18.1	-1.0	-3.9	-13.2			-18.1	13.2
1893	105.2	105.4	-0.2	-1.2	-0.1	1.1			-0.2	-1.1
1894	141.0	130.6	10.4	-1.6	4.4	7.6			10.4	-7.6
1895	157.7	275.3	-117.6	-1.9	-137.1	21.4			-117.6	-21.4
1896	211.4	227.9	-16.5	-1.4	13.6	-27.5			-16.5	27.5
1897	299.9	236.5	63.4	42.5	83.2	-62.3			63.4	62.3
1898	376.8	332.8	44.0	0.0	-2.1	46.1			44.0	-46.1
1899	249.6	274.7	-25.1	94.2	-110.2	-9.1			-25.1	9.1
1900	337.3	285.7	51.6	-2.0	8.0	45.6			51.6	-45.6
1901	308.7	324.1	-15.4	-2.9	-16.3	3.8			-15.4	-3.8
1902	321.5	346.0	-24.5	4.0	3.0	-31.5			-24.5	31.5
1903	390.0	383.5	6.5	26.5	-12.2	-7.8			6.5	7.8
1904	528.0	398.4	129.6	97.2	10.5	21.9	73.6	-51.7	129.6	-21.9
1905	744.2	419.8	324.4	591.0	119.7	-386.3	-14.4	-371.9	324.4	386.3
1906	584.0	560.1	23.9	119.9	-74.4	-21.6	-23.1	1.5	23.9	21.6
1907	640.8	647.8	-7.0	25.6	-82.7	50.1	9.8	40.3	-7.0	-50.1
1908	604.8	541.9	62.9	64.2	-57.0	55.7	-15.2	70.9	62.9	-55.7
1909	567.6	571.3	-3.7	128.9	-58.8	-73.8	-74.3	0.5	-3.7	73.8
1910	705.8	620.5	85.3	102.1	-14.2	-2.6	5.0	-7.6	85.3	2.6
1911	759.8	655.8	104.0	-4.4	-6.5	114.9	9.3	105.6	104.0	-114.9
1912	875.9	767.9	108.0	34.4	49.4	24.2	7.7	16.5	108.0	-24.2
1913	985.9	890.2	95.7	95.6	16.8	-16.7	14.8	-31.5	95.7	16.7
1914	850.0	840.5	9.5	-13.8	-18.8	42.1	8.5	33.6	9.5	-42.1
1915	813.4	1,044.0	-230.6	-79.4	8.6	-159.8	6.9	-166.7	-230.6	159.8
1916	1,067.7	1,702.8	-635.1	-449.0	11.0	-197.1	-89.5	-107.6	-635.1	197.1
1917	1,444.5	2,420.3	-975.8	-393.5	-176.9	-405.4	-248.8	-156.6	-975.8	405.4
1918	2,242.0	3,093.3	-851.3	-581.8	232.4	-501.9	-10.3	-491.6	-851.3	501.9
1919	2,937.6	3,334.8	-397.2	-151.0	287.0	-533.2	-325.2	-208.0	-397.2	533.2
1920	3,136.9	3,094.3	42.6	-417.2	602.7	-142.9	-423.7	280.8	42.6	142.9

(注) 1. 経常収支は、商品の輸出入を示す貿易収支のほかに、運輸、保険、旅行、その他サービス、投資収益、民間贈
与、政府贈与、賠償の収支を示す貿易外経常収支を含む。なお民間贈与、政府贈与、賠償の収支を移転収支と
呼ぶ。

2. 経常収支尻のプラスは赤字、マイナスは黒字を示す。このためマイナスの場合には、「決済資金の調達内訳」を
「入手した外資の運用内訳」と読み替える必要がある。

3. 長期資本収支は、国債・地方債・社債等の長期資本の流入（販売）から流出（返済・購入）を引いた純計を示
す。このため民間部門では、直接投資のほか証券投資も含まれる。短期資本収支は、貿易信用や短期インパク
トローン等の短期資本の流入から流出を引いた純計を示す。詳細は、下記資料の152-153頁を参照のこと。

4. 貨幣用金収支のうち、金銀移動のプラスは海外からの金銀の流入、マイナスは海外への金銀の流出、在外正貨
増減のプラスは在外正貨の取り崩し、マイナスは積み上げを示す。

5. 本土のみの数字であり、植民地分は除外されている。

(資料) 山澤逸平・山本有造『貿易と国際収支（長期経済統計第14巻）』東洋経済新報社、1979年の220-226頁の第16
表より谷沢が作成。ちなみに作成方法は、貨幣用金収支の部分のみマイナス1を掛けて符号を変え、その他は
原データのまま組み換えた。

第 8 章 天佑の経済的帰結 369

表 8－3　政府外債・海外売出内国債の明細表（明治初期～大正初期）

公債の名称	発行年月	円建発行額（千円）	構成比（%）	外貨建発行額（千ポンド、千フラン）	利率（%）	償還満期	担保	発行地	引受先	目的など
日露戦前										
①9分利付英貨公債	1870年3月	223,824	11.6	1,000	9.0	1882年	関税収入・鉄道収益	ロンドン	ヘンリー・シュレーダー商会	新橋－横浜間の鉄道建設のため・線路の買上げ。
②7分利付英貨公債	1873年1月	9,763 23,431	0.5 1.2	2,400	7.0	1897年	税制改革による余剰金で買上げ 余米40万石	ロンドン	オリエンタル銀行	
③5分利付軍事公債	1897年6月	43,000	2.2	4,404	5.0	1910年	―	ロンドン	キャビタル・カウンティ銀行、チャーター銀行、ホンコン銀行	大蔵省預金の資金運用のための他の所得する軍事公債の売出。
④第1回6分利付英貨公債	1899年6月	97,630	5.0	10,000	4.0	1953年	―	ロンドン	パーズ銀行、ホンコン銀行	鉄道その他の事業資金。
⑤5分利付英貨公債	1902年10月	50,000	2.6	5,121	5.0	1910年	―	ロンドン	ベアリング銀行、ホンコン銀行	鉄道その他事業資金運達のため預金部所有公債の売出。
日露戦争時										
⑥第1回6分利付英貨公債	1904年5月	1,044,641 97,630	54.0 5.0	10,000	6.0	1911年	関税収入	ロンドン・ニューヨーク	パーズ銀行、ホンコン銀行、クーン・ローエブ商会（注2）	日露戦争の戦費調達。
⑦第1回4分利付英貨公債	1904年11月	117,156	6.1	12,000	6.0	1911年	関税収入	ロンドン・ニューヨーク	（注2）	〃
⑧第1回4分半利付英貨公債	1905年3月	292,890	15.1	30,000	4.5	1925年	煙草専売益金	ロンドン・ニューヨーク・ドイツ	（注3）	〃
⑨第2回4分半利付英貨公債	1905年7月	292,890	15.1	30,000	4.5	1925年	煙草専売益金	ロンドン・ニューヨーク・ドイツ・フランス	（注4）	〃
⑩第2回4分利付英貨公債	1905年11月	244,075	12.6	25,000	4.0	1931年	―	ロンドン・ドイツ・フランス	（注4）	国庫債券の償還用。
日露戦後										
⑪5分利付英貨公債	1907年3月	666,479 224,549	34.4 11.6	23,000	5.0	1947年	―	ロンドン・パリ	ロッチルド商会（注5）	日露戦争時の外債（第1回・第2回英貨公債）の償還用。
⑫4分利付仏貨公債	1910年5月	174,150	9.0	450,000	4.0	1970年	―	パリ	ロッチルド商会	5分利付内国債の償還用。
⑬第3回4分利付英貨公債	1910年5月	197,393	5.6	11,000	4.0	1970年	―	ロンドン	英国銀行団	海外売出内国債の償還用。
⑭第1回英貨鉄道債券	1913年3月	14,645	0.8	1,500	5.5	1914年	―	ロンドン	英国銀行団	鉄道特別会計に属する短期負債の償還用。
⑮英貨鉄道債券	1913年3月	14,645	0.8	1,500	5.0	1923年	―	パリ	ロッチルド商会	第1回英貨鉄道証券および国内鉄道短期証券の償還用。
⑯仏貨国庫債券	1913年4月	77,400	4.0	200,000	5.0	1923年	―	パリ	〃	第2回英貨鉄道証券および英貨国債の償還用。
⑰第2回英貨鉄道証券	1914年2月	24,408	1.3	2,500	5.0	1915年	―	ロンドン	英国銀行団	
⑱第3回英貨鉄道証券	1914年3月	29,289	1.5	3,000	5.0	1916年	―	〃	〃	貨鉄道債券の一部の償還用。
合　計	―	1,934,944	100.0					―	―	―

（参考）目的別分類

既発行債の借り換え	376,571	19.5
軍事費（③＋⑥＋⑦＋⑧＋⑨）	843,566	43.6
うち事業費（①＋④＋⑤）	157,393	8.1
線路買上げ（②）	23,431	1.2
内国債借り換え（⑪＋⑫＋⑬の1億6533万円分）	372,892	19.3
うち事業費（⑩＋⑫の1億2882万円分）		
うち事業費（⑬＋⑭＋⑰）	161,091	8.3

（注）1. 外債の円換算は、全平価すなわち1ポンド＝9円76銭3厘、1フラン＝38銭7厘のレートによる。
　　　2. 整理の半分がイギリスで、それ以外がアメリカで発行された。
　　　3. 整理の3分の2がイギリス、3分の1がアメリカ、およびフランスの3か国で発行された。
　　　4. 整理の3分の1がイギリス、それ以外がドイツ・フランスで、650万ポンドはイギリス、325万ポンドがそれぞれアメリカとドイツで発行された。
　　　5. 整理の半分がフランス、それ以外がイギリスで発行された。

（資料）台帳作成。それ以外は、それぞれ資料が『現代日本の独占資本主義』第7巻、至誠堂、1965年の第2表より谷沢が作成（たとえば原資料は、大蔵省編『明治大正財政史』第12巻より入手）。ただし（参考）は同書の14頁の第3表を利用した。『ロンドン金融市場における外国政府債の発行（1870–1913年）』（中西滋学論叢）第35巻・3・4合併号。

での資金の流れを把握できる。

　この表によると、1900年代半ばから1910年代前半にかけて、資金不足を外資流入と正貨流出（つまり正貨支払い）で対応する傾向が強くなったことがわかる。この時期は、「第1次資本輸入期」と呼ばれており、表8-3のように政府が1904・05（明治37・38）年に日露戦争の戦費調達に向けた外債のほか、1910〜14（明治43〜大正3）年にも既往内外債の償還用とした外債を発行していた。このため同表下部の（参考）目的別分類によると、既発外債の借り換えが全体の2割、純発行額では軍事債が同4割強に達していた。既発外債の借り換え分も軍事用が多かったから、結果的に軍事が財政部門の大きな負担となっていた。

　地方自治体でも、東京・横浜・名古屋・京都・大阪などで、電気・ガス・水道・電車敷設・道路拡幅など、インフラ整備のための資金手当てが困難になってきたことから、1906〜12（明治39〜大正元）年に外債を発行してそれを日銀で兌換紙幣と交換する方式を採用していた。同方式は、たんに国内の資金不足の隘路を切り開くのみならず、日銀にとって兌換準備のための正貨不足を解消できる点で有効な方法であった。さらに民間企業でも、資金・技術の導入のために積極的に外資導入を図っており、東京電気（設立：1905年）、日本製鋼所・帝国製糸（1907年）、ダンロップ護謨・芝浦製作所（1909年）、大阪電球（1913年）が、外資の合弁会社として設立された。

　以上のような外債発行等にもかかわらず、正貨現在高は1906（明治39）年末の4億9500万円から、1912（大正元）年末には3億5000万円に減少したほか、対外債権・債務関係では1914（大正3）年7月に約15億1600万円の債務超過国に膨れ上がっていた。ただし日露戦争時までは、外債の発行にあたって担保を徴求されていたが、日露戦後になると要求されなくなった。国際環境が厳しいなかで徐々に改善していたことがわかるが、それでも事業環境は厳しさを増していた。

　このような借金化によって、当然のことながらわが国のカントリーリスクは大幅に増大したことが予想されよう。そこでカントリーリスクの代表的な指標であるデッド・サービス・レシオ（DSR）を、表8-4によってみてみる。この指標は、対外債務元利支払い額を財貨・サービス輸出額で割った比率であり、この比率が高いほどカントリーリスクが大きくなり、おおむね20％を超えると危機的状況といわれている。この表によると、日露戦争直後の1906（明治39）年に36.9％に達したほか、翌07年と10年にも20％を超えているなど、貿易収支が危険水域

第8章　天佑の経済的帰結　　*371*

表 8-4　デッド・サービス・レシオの推移

(単位：百万円、%)

年　別	外資輸入残高	対外債務元利支払額			輸出額②	DSR ①/②
		合計①	元本償還	利子支払		
1904 (明治 37) 年	422	15	—	15	384.7	3.9
1905 (明治 38) 年	1,409	33	—	33	405.2	8.1
1906 (明治 39) 年	1,325	201	130	71	544.4	36.9
1907 (明治 40) 年	1,383	201	143	58	622.1	32.3
1908 (明治 41) 年	1,439	65	2	63	511.4	12.7
1909 (明治 42) 年	1,537	65	2	63	544.7	11.9
1910 (明治 43) 年	1,749	139	66	73	593.0	23.4
1911 (明治 44) 年	1,738	117	40	77	628.5	18.6
1912 (明治 45) 年	1,825	91	10	81	737.6	12.3
1913 (大正 2) 年	1,943	96	10	85	856.9	11.2
1914 (大正 3) 年	1,950	108	24	84	811.3	13.3

(資料) 原田泰『世相でたどる日本経済』日経ビジネス人文庫、2005 年の 138 頁 (ただし原資料は、山澤逸平ほか『長期経済統計 14 巻　貿易と国際収支』東洋経済新報社)。

を続けていたことがわかる。

　もっともこのような状況のなかでも、貿易上の環境整備は徐々に進んでいた。例えば関税自主権の回復が、1911 (明治 44) 年の日米新通商航海条約でほぼ回復した。特に同年 7 月に施行された改正関税定率法を経て、関税率は 1898 (明治 31) 年の 3.7% から 1913 (大正 2) 年の 19.8% へ大きく増加した (関税率の動向は、図 7-6 を参照)。さらに貿易活動における外国企業の優位も、日本企業の発達とともに後退し、商権回復が進んだ。直貿易の割合は、1880 (明治 13) 年の輸出 13.4%、輸入 2.6% から、1900 (明治 33) 年の輸出 35.9%、輸入 39.2% へと着実に増加した。外国貿易貨物に占める日本船 (内国船) の積取比率も、1885 (明治 18) 年の 9.2% から、1900 (明治 33) 年の 30.7%、1914 (大正 3) 年の 56.9% へ上昇した。

　このようななかで第 1 次大戦が勃発し、一転して大戦ブームが到来した。輸出は、おもに以下の理由から急増していった。①連合国 (英・仏・露) の軍需品・食料品の需要が増加したこと、②中央同盟国 (ドイツ・オーストリアほか) の輸出が減退して、代わりに日本の輸出が増加したこと、③アジア諸国で、戦略物資 (スズ、生ゴムなど) の輸出が好調となり、それにともない日本製品の需要が増加したこと、④アメリカでも大戦景気にともなって生糸需要が増加したこと。そして大戦による対外関係の好転は、具体的には以下のような形で現れてきた。すなわち 1915 (大正 4) 年から 5 年間は経常収支が大幅な黒字となり、5 年間の合計黒字額は 30

億 5900 万円に達した。

　このため政府と日銀の保有する正貨は、1913（大正 2）年末の 3 億 7600 万円から 1920（大正 9）年末の 21 億 7800 万円へ増加した。また対外債権・債務関係でも、1918（大正 7）年末に 2 億 8700 万円の債権超過になり、「国際収支の危機」はひとまず切り抜けられた。表 8-2 をみてもわかるように、資本収支では 1915（大正 4）年以降は長期資本収支のマイナス（つまり資本輸出）と短期資本収支のプラス（つまり資本輸入）が同時に発生し、このうち資本輸出では外国債の購入や対中国投資などが促進された。

　対中国投資の関連では、この時期に寺内正毅内閣が中華民国の段棋瑞政権を援助するために、1917・18（大正 6・7）年に総額 1 億 4500 万円の借款（いわゆる西原借款）が供与された。この借款は、外交上の目的は別としても当時期の正貨積み増しで財政面にゆとりができたために可能となったものである。以上の事情より第 1 次大戦期は、いわゆる「第 1 次資本輸出期」と呼ばれている。

　他方、企業活動の面でも、この時期に国内賃金の上昇によって輸出競争力が低下した。これをカバーするため、大手紡績会社による中国内での中国企業の買収・自社工場の建設といった、海外直接投資が活発化した。これらの工場は、「在華紡」と呼ばれている。また大戦にともなって、商社・輸入代理店が急成長した点が注目される。鈴木商店、古河商事（株）、（資）高田商会などが急成長し、これらの企業が貿易黒字を演出した象徴となった。ただしいずれもその後に経営破綻しており、無理な経営拡大の影響が現れている。

　まず鈴木商店は、1877（明治 10）年に神戸で砂糖商として開業したが、1899（明治 32）年に台湾の樟脳油販売権を獲得した後、番頭の金子直吉のもとで急成長し、この時期には貿易業を軸に樟脳製造、製糖、製鋼、製粉などでコンツェルン化した。1917（大正 6）年の年商は三井物産を凌いだが、1927（昭和 2）年 4 月に金融恐慌の影響で経営破綻した。古河商事は、1917（大正 6）年 11 月に古河合名の営業部が分離独立した、古河財閥傘下の商社である。取扱品目は従来の銅・電線・石炭のほか鉄・鉛・亜鉛・錫・雑貨類が加わり、販売地域は朝鮮・台湾のほか欧米まで拡大されたが、1920（大正 9）年の反動不況等が原因で経営破綻した。

　さらに高田商会は、もともと外商のもとにいた高田慎蔵が、内商優遇策のもとで独立して 1880（明治 13）年に個人商店・高田商会を設立したのが始まりである。その後、日清戦争時には機械・船舶・軍需品などを輸入して業容が拡大し、1899

第 8 章　天佑の経済的帰結　　*373*

（明治 32）年よりウェスティングハウス（米国の大手電機メーカー）の日本総代理店となった。第 1 次大戦時には、電気機械、紡績機械、鉱毒機械の輸入を中心とした大手貿易商として、三井物産をはるかに上回る機械輸入額となった。しかし関東大震災後の為替差損の影響で、1925（大正 14）年 2 月に経営破綻した。

(2) 重化学工業の興隆

次に、貿易収支を黒字に導いた近代産業の成長の中身をみておこう。この時期には重化学工業化が進展したため、本節ではその代表例として海運・造船業、鉄鋼業、化学工業、工作機械工業を取り上げ、維新以降の産業発展を紹介する。

〈海運業と造船業〉

大戦景気のなかで急速に拡大した産業として、まず造船業があげられる。造船業の動向は海運業と密接な関係があるため、海運業の概要から紹介しておく。同産業では、明治初期より日本郵船（または三菱会社）を中心とした一部の大手海運会社に対して、特段の基準がないまま産業育成のもとで巨額の補助金が投入されてきた。このため 1885（明治 18）年の汽船保有船腹のうち 4 分の 3 が日本郵船の所有であったが、日清戦後経営のなかで 1896（明治 29）年に航海奨励法等が施行され一般法規にもとづく補助政策の時代となり、その産業構造も変化してきた。

航海奨励法は、日本の海運会社による海外航路の拡張を促進するため、新造後 5 年以内の大型優良鉄鋼船（総トン数 1000 トン以上、最大速力 10 ノット以上）を保有する海運会社に、就航船のトン数・速度・航海距離に応じて一定金額の奨励金を交付するものである。この法律を利用した船舶として、日本郵船がわが国初の欧州航路に使うため 1898（明治 31）年に三菱長崎造船所に発注した常陸丸（総トン数 6127 トン）や、東洋汽船（浅野総一郎が創設）が太平洋航路の豪華客船として使用するため 1908（明治 41）年に三菱長崎造船所に発注した天洋丸（総トン数 1 万 3454 トン）などがあげられる。

このような状況のなか、当時はおもに 2 つの勢力が業界内に形成されていった。すなわち社船グループと社外船グループである。前者は日本郵船、大阪商船、東洋汽船、日清汽船を指しており、政府などから命令航路を受命して運航し、いくつかの定期航路を抱える規模の大きな会社集団である。これらの会社は政府の保護と同様に規制も強く、運賃や航路の変更が自由におこなえなかったが、その代わり当然ながら優秀船を多く所有していた。後者は、主に不定期航路を主体とし

た会社集団であり、経営規模も小さく低性能船を多く所有していた。

第1次大戦は、世界的な船舶不足を発生させ、その燃料である石炭とともに、運賃・船価の暴騰をもたらした。そのため不定期船の運行を中心とする社外船グループにもビジネスチャンスが訪れて急成長した。また海運業は絶好の投機の場となり、貨物積載権取引を行うスペース・ブローカーが登場したほか、造船注文引受証が高額取引の対象になった。当時有名になった成金の多くは、こうした海運系ブローカー（船成金）であった。とくに山下汽船（現、商船三井）の山下亀三郎、勝田汽船の勝田銀次郎、内田汽船の内田信也は、「三大船成金」と呼ばれていた。

このような業界の急成長を反映して、わが国の船舶保有数は1909（明治42）年の115万総トンから、1914（大正3）年の171万総トン、1919（大正8）年の233万総トンへと急激に増加した。世界に占める比率も、1909年の3.2％から1919年の4.9％に上昇した。

次に造船業は、紡績業とともにわが国工業の先導的役割を果たした点を強調しておく。そのスタートは幕末に国防の観点から幕府や各藩が外国人技術者に頼って生産した汽船であり、全国に14ヵ所の洋式造船所があったが、それらの造船所はいずれも維新直後に政府に移管された。これらの造船所では、いずれも艦船修理や小汽船が造られていたが、外国人技術者の技術指導によって1880年代初頭までに在来技術の経験を有した日本人職工を造船の熟練工へ育てたほか、蒸気機関を製造できる民間機械工場を育成していった。

わが国で最初の鉄船は1871（明治4）年に新潟税関によって造られた新潟丸（64トン）であったものの、これは外国企業の設計であった。このため国内企業の設計による鉄船の建造はさらに遅れ、1886（明治19）年に兵庫造船所が吉野川丸（380トン）を、1887（明治20）年に長崎造船所が夕顔丸（206トン）をそれぞれ竣工しており、これらが初期の鉄船であった。いずれも大阪商船の発注した貨客船であり、国内の定期航路で運航された。

このように1887（明治20）年前後より鉄船の建造が一般化したが、この時期を境として政府も造船業の振興に本格的に取り組むようになった。この方針は、1880（明治13）年にすでに決定していたが、それにもとづいて1887年には官営の大型造船所であった長崎造船所が岩崎弥太郎に、兵庫造船所が川崎正蔵に、横浜造船所が平野富二に、それぞれ払い下げられた。

当時、民間の大手造船所は石川島平野造船所、藤永田造船所（戦後、三井造船に

第8章

第8章　天佑の経済的帰結　　375

吸収)、大阪鉄工所(現、日立造船)ぐらいであったから、この払下げは造船業の振興に大きな影響を与えた。もちろんこの払下げの時期は、民間側が技術面で外人依存から脱却できたこと、資金面で大造船所の経営に耐えうる資本蓄積がおこなえたことが、大きく関係している。さらに政府は、洋式船舶の普及に本格的に乗り出し、翌1888(明治21)年には大型の日本型船舶の建造禁止令を出した。

もっとも鉄船の時代は長く続かなかった。世界の潮流に合わせて、わが国も数年を経ずに鋼船の建造時代へ移っていったからである。すなわち1890(明治23)年には大阪商船の発注により、三菱長崎造船所で筑後川丸・木曽川丸(各600トン級)が、川崎造船所で多摩川丸・富士川丸(各500トン級)が、いずれも鋼船で建造された。わが国が造船技術を着実に蓄積していたからこそ、このような動きが可能となった。その後は、日清戦争および外航海運の発展にともなって建造量が飛躍的に伸び、1887(明治20)年の年間1000総トン台から1897(明治30)年には6611総トンに上昇し、翌98(明治31)年には初めて1万総トンを超えた。

このような記録的な上昇の背景には、1896(明治29)年10月に航海奨励法と同時に施行された、造船奨励法があげられる。この法律は、日本国内の造船業を育成するために、総トン数700トン以上の国産鉄鋼船の建造に対して奨励金を与えるというものである。すなわち法律の有効期間に、総トン数1000トン未満の船舶には1トンにつき12円、1000トン以上の船舶には20円、内燃機関をも併せて製造した船舶には同機関1馬力につき5円の奨励金が交付された。当法律の有効期間は、当初15年間としていたが、その後1919(大正8)年まで延長された。

また同法令の目的として、対外収支を圧迫していた外国船の輸入を抑制することにあったが、上記の奨励金だけでは輸入を抑制できなかった。そこで上記の航海奨励法を一部改正して国産船舶に有利な条件(輸入船の補助金を国産船の半額としたこと)を与えたほか、1909(明治42)年には遠洋航路補助法を制定して国産船の使用を強要する政策が、合わせて実施された。

これら各種政策の結果、1900(明治33)年ごろより大型船の新造は国内でおこなわれるのが一般的となってきた。上記の常陸丸、天洋丸とも、この奨励金を利用しながら長崎造船所で建造された純国産の船であり、特に天洋丸は世界有数の客船であるとともに、わが国初の蒸気タービン船であった。これは、わが国の造船技術が世界レベルに達したことを示している。このためわが国の汽船自給率は、1906〜10(明治39〜43)年平均で63%になり、同時期の三菱長崎造船所は所員約

1000人、職工数約1万人の大造船所となった。そこに第1次大戦による海運ブームが訪れたため、各造船所は大量生産の可能な「標準船」（いわば統一規格の船舶）を設定してそれに対応した。

この結果、大戦前の進水高は年間8万トンにすぎなかったが、大戦時には65万トンに急増した。特に川崎造船は、社長松方幸次郎の三菱への対抗意識から、請負生産から見込み生産に踏み切り、1919（大正8）年には71隻のストックボート（見込生産の船）を抱えるまでになった[3]。また原料不足を解消するために製鉄所（川崎製鉄）を新設したり、金子直吉の斡旋によるアメリカとの船鉄交換契約をしたりして、この生産増に対応した。

しかし大戦の終結による反動不況の結果、川崎は多くの売れ残りを抱えることになり、その後の経営悪化の原因となった。一方、三菱は大戦中、海軍の受注に特化し、規模拡大を抑制したため、反動不況の影響は軽微であった。

〈鉄鋼業と電力・化学工業〉

工業部門では、その基盤となる鉄鋼業や電力業が徐々に整備されてきたことが注目される。まず鉄鋼業は、すでに幕末に幕府や諸藩が海防を固めるために、反射炉による製鉄や大砲の鋳造をおこなっていた。

維新後は、工部省が官営釜石鉱山、中小坂鉱山において製銑事業をおこなったが、これら鉱山で採用した各種技術が不適合であったほか、鉱脈の断絶等も加わり成功しなかった。このため当時の銑鉄は、わが国古来の和鉄を生産するための「たたら吹」で少量生産されていた。しかし1887（明治20）年に、鉄商・田中長兵衛が払下げによって得た釜石鉱山の操業に成功したことで、銑鉄は年間2万トン程度となった。他方、製鋼事業は、旧幕藩工場を受け継いだ陸海軍工廠でのみ実施されていた。すなわち築地海軍兵器局でクルップ式坩堝鋼、横須賀海軍造兵廠ではフランス式平炉、大阪陸軍砲兵工廠ではシーメンス・マルチン平炉によって戦艦・砲弾等の製鋼を製造していた。

日清戦争を契機として製鋼能力は拡充されていったものの、増大する鉄鋼需要には到底及ばなかった。このため1896（明治29）年に、国家目標として官営八幡製鉄所の建設が決定され、「製鉄所官制」が公布された。1901（明治34）年の操業では、高炉・平炉・転炉および圧延の各部門が開始したが、当初は採算が合わず、1910（明治43）年に初めて黒字に転じた。

黒字化の要因として、最新技術の積極的導入（ソルベー・コークス炉、再製鋼製錬法）、低賃金、労働強化と熟練労働者の育成（奨励割増給制度の導入、幼年職工養成所の設立）、重工業化にともなう鉄鋼需要の増大と販路の確保、植民地からの原材料の確保（中国・朝鮮の鉄鉱石輸入）などがあげられる。このうち中国では、大冶鉱山（湖北省黄石市）から積極的に輸入された。このような植民地からの鉄鉱石輸入は、東日本に立地する釜石鉱山（釜石市）、赤谷鉱山（新発田市）からの輸送コストの軽減や必要量の確保を目的としておこなわれていたが、原料を海外に求めたことは東アジアへの進出を加速することになった。

　その後、1906〜09（明治39〜42）年の第1期拡張工事、1911〜16（明治44〜大正5）年の第2期拡張工事によって飛躍的に生産能力を拡大し、1913（大正2）年には国内需要のうち銑鉄では48％、鋼材では34％が自給化されたほか、八幡の全国生産に占める比率は銑鉄73％、鋼材85％となった。第1次大戦になると、需要の急増と輸入の困難により飛躍的に生産量を増やしたが、それでも鋼材不足を解消できなかったほか、質の面でも機械工業に必要な鋼材を供給できなかった。

　一方、民間企業でも、1900（明治33）年ごろより相次いで鉄鋼業に参入する動きが現れた。1901（明治34）年6月に住友鋳鋼所が製鋼事業に進出したが、これは1899（明治32）年4月に設立された日本鋳鋼（民間製鋼の草分けであった合資会社）が経営難に陥ったため、これを買収したものである。1907（明治40）年には北海道炭礦汽船とビッカース社（英）の合弁で日本製鋼所が設立されたほか、同年には川崎造船所も製鋼事業に進出した。さらに1911（明治44）年に神戸製鋼が製鋼事業に進出したほか、1912（大正元）年には日本鋼管が設立されている。もっともこれら民間企業の大半は、外国製銑鉄やスクラップを使用して、平炉—鋳鍛鋼設備、平炉—鋼管製造機といった、平炉以降の設備を設置したにすぎなかった。

　このように民間企業が平炉メーカーに甘んじていたのは、当時、すでに銑鋼一貫メーカーの優越性が認識されていたものの、資金面で一貫メーカーを建設することが困難であったこと、国内に釜石以外の有望な鉄鋼資源を持っていなかったこと等の理由のためである。ただし第1次大戦中には、財閥系の平炉メーカーが銑鉄を確保するために小型の高炉を建設する動きがおこったが、大戦後に休止してしまったため長らく一貫メーカーとして発展しなかった。

　このほか民間企業では、鉄鋼資源の確保を目的として第1次大戦前後に植民地で製銑企業を設立する動きもみられた。すなわち大倉組が1915（大正4）年に本

渓湖煤鉄公司を、三菱が1918（大正7）年に兼二浦製鉄所を、満鉄が1919（大正8）年に鞍山製鉄所を、それぞれ操業開始している。特に兼二浦製鉄所と鞍山製鉄所は、銑鋼一貫工場として計画されており、国内よりも進んだ工場であった。

第1次大戦は、海外市場との一時的遮断によって製鉄業に活況をもたらしていたが、それも1918（大正7）年の休戦協定によって消滅した。銑鉄のトン当たり価格は1918年の406円から1921（大正10）年の78円へと、5分の1以下に低下した。この戦後恐慌のなか、鉄鋼会社の半数以上は閉鎖され、八幡と財閥系企業への集中が進んだ。

ところで重工業が本格的に立ち上がるためには、鉄鋼業とともに電力業の発展が不可欠である。わが国では電気事業が1880年代後半から火力発電を中心に開始されたが、日露戦後は大容量の水力発電所が建設されるようになった。そして1911年に水力発電量が火力発電量を上回り、「水主火従」時代に入った。1910年代には、水力発電が急速に普及し電力業が成長してきたことが、重化学工業化の原動力となった。1915（大正4）年には、猪苗代水力発電所から田端変電所までの215キロメートルをつなぐ、長距離送電が開始された。これ以降、水力発電による長距離高圧送電時代となった。

東京電灯会社は、1921（大正10）年に横浜電気会社を、1923（大正12）年には猪苗代水力電気会社を合併し、京浜工業地帯への電力供給を独占した。装置産業であるがゆえに、合併による規模拡大は電力の価格低下・安定供給に大きな影響を与えた。そして1920〜30年代初頭には、五大電力（東京電灯、東邦電力、宇治川電気、大同電力、日本電力）とよばれる大規模電力会社を中心として、電力価格の低下をともなった激しい需要家獲得競争、いわゆる「電力戦」が繰り広げられた。

電力が整備されてきたのにともない、新たな移植産業である化学工業が発展してきた。ただし化学工業は、極めて広範な産業であるため主要製品をみておくと、わが国では硫酸が金銀分析用として大蔵省造幣局で、苛性ソーダ・晒粉（次亜塩素酸カルシウム）が洋紙製造用として同省印刷局で、火薬が軍工廠で製造されるなど、いずれも官営の大規模事業所で出発した。一方、マッチ・石鹸・ヨード・セルロイド・顔料・ペイントなどは、民間事業として家内企業でスタートした。これらすべてを紹介することは不可能であるため、以下では典型的な電力多消費型の装置産業であるソーダ工業を論じていく。

ソーダとは、一般的に炭酸ナトリウムなどのナトリウム化合物のことを指して

いる。日本語の「ナトリウム」はもともとドイツ語の「natrium」であり、英語で表現すると「sodium」になる。「ソーダ」というカタカナ用語はこの英語読みに由来するが、日本では慣習的に実験・研究段階では「ナトリウム」、製造段階では「ソーダ」と呼ぶことが多い。いずれにしてもソーダ工業は、その製品が幅広い産業分野の原料などに使われており、各種の化学薬品を製造する基礎素材産業の１つである。

製品は、おもにソーダ灰（最終製品は、硝子・グルタミン酸ソーダ・醤油・アミノ酸・無機薬品・洗濯ソーダ等）、苛性ソーダ（同、化学繊維・紙パルプ・石鹸・アルミニウム・染料・無機薬品等）、塩素製品（同、塩化ビニル・紙パルプ・グルタミン酸ソーダ・醤油・染料等）として生産された。このようにソーダ製品は、末端の製品分野が極めて広い中間原料であった。

ソーダの製造方法として、戦前期にはルブラン法、アンモニア法（正確にはソルベー法）、電解ソーダ法の３つが開発されていた。まずルブラン法は、1791年にフランスで開発された方法であり、食塩に濃硫酸を加えて加熱して塩化水素を追い出すと、あとに硫酸ソーダ（これを芒硝という）が残る。この硫酸ソーダに石炭と石灰石を加えて加熱溶融し、次に水でソーダ灰を抽出して煮詰めることで完成する。この方法では、原料として多量の硫酸を使用した。

次に、アンモニア法が開発された。この方法は、1866年にベルギーで工業化された方法である。食塩水にアンモニアガスを飽和させ、これに炭酸ガスを吹き込むと重炭酸ソーダ（いわゆる重曹）が沈殿するため、この重曹を焼くことでソーダ灰が得られる。使用した炭酸ガスの半量が回収できるなど、炭酸ガスを循環的に使用することが可能となるため、ルブラン法と比べてコストが安く製品の純度にも優れていた。

さらに電解ソーダ法は、1890年にドイツで工業化された方法であり、電解槽のなかで食塩水を電気分解することによって、苛性ソーダと塩素が一挙に得られるものである。この電解槽の形状によって、さらに隔膜法と水銀法に大別できる。まず隔膜法では、陽極室と陰極室の間に石綿製の隔膜があるのでこの名前が付けられた、水銀法では、陽極室と陰極室との区別がなく、陰極に使われる水銀にナトリウムが溶解してできるナトリウムアマルガムを取り出して水で分解することで、苛性ソーダと水素が得られる製法である。水銀法のほうが、隔膜法よりも純度の高い製品を造ることができるといわれる。

わが国のソーダ工業は、1881（明治14）年に大阪の造幣局でルブラン法によって硫酸を使用してソーダ類、晒粉等を工業的に製造したことが始まりである。ちなみに硫酸は、金銀地金の分析、精製に必要となったため、1872（明治5）年にイギリス人ローランド・フィンチを招いて、鉛室法によって製造していた。

　一方、民間ではそれよりも遅れ、1889（明治22）年に日本舎密製造株式会社（現、日産化学）が、瀬戸内海の食塩を使用して山口県小野田市で硫酸、ソーダ、晒粉を製造した。また1896（明治29）年には、関東酸曹（現、日産化学）が政府工場の払下げを受けて東京府王子村で、同じく硫酸、ソーダ、晒粉を造ったことでスタートした。ただし両社は、第1次大戦まで事業を継続していたにすぎない。そして1910年代前半まで、需要量の大半をドイツやイギリスの企業からの輸入に頼っていた。

　しかし第1次大戦によって、輸入が途絶したことで製品価格が高騰した。このような事業環境のもとで、1910年代後半には国内でソーダの製造法が確立し、民間のソーダ製造企業が相次いで設立された。すなわち1915（大正4）年に程谷曹達（現、保土谷化学工業）と大阪曹達（現、ダイソー）、1918（大正7）年に徳山曹達（現、トクヤマ。ただし設立時の社名は「日本曹達工業」）、1920（大正9）年に日本曹達（略称：日曹）が設立された。このうち日曹は、中野友禮が1913（大正2）年に電解ソーダ法の特許を取得した専業メーカーであり、一種のベンチャー企業であった。

　各企業の製造方法は、程谷曹達が隔膜法、大阪曹達が水銀法、日曹が中野式食塩分解法（電解ソーダ法の一種）、徳山曹達がアンモニア法であり、電解ソーダ法とアンモニア法がほぼ同時に導入された。1910年代末には、電解ソーダ法を採用した企業20社、アンモニア法を採用した企業2社となる一方、ルブラン法は他の方法と比べて割高であるため採用した企業は姿を消した。

　もっとも第1次大戦が終結すると、再びイギリス本土やアフリカ（東アフリカのマガジ湖）からの低価格品の輸入が活発化したほか、需要急減も加わって価格が低落して廃業する企業が相次いだ。それが1924（大正13）年に企業間で販売面の調整をして価格が安定したほか、1929（昭和4）年には旭硝子・日本曹達工業で設備の改善や技術向上が進んだため、ようやくアンモニア法によるソーダ工業の基礎が確立した。1930年代後半の準戦時体制に入ると、人絹等の繊維工業の発展にともなってソーダ工業が発展していった。けっして一本調子で化学工業が定着したわけではないが、経済変動にもかかわらず確実に技術力を蓄積していった。

第8章　天佑の経済的帰結　*381*

なお1910年代には、ソーダ工業以外の化学企業も多数設立されている。例えば日本窒素肥料（略称：日窒）は、野口 遵 が1908（明治41）年に設立したカーバイド・メーカーであったが、1914（大正3）年から化学肥料・硫安（アンモニアと窒素の化合物）を製造・販売して急成長した。同社は、現在のチッソの前身である。また房総水産は、森矗昶が1908（明治41）年に設立したヨードメーカーであったが、後に東信電気に吸収合併され水力発電に進出したほか、化学肥料（硫安・石灰窒素）・アルミニウムの製造にも手を広げた。

以上のように第1次大戦前はドイツやイギリスの企業が独占的な地位を築いて国内産業の成長を阻んでいたが、大戦によって輸入圧力が後退したことで、わが国に多様な化学工業が定着していった。

〈軍艦と工作機械産業〉

ところでわが国の重化学工業化は、軍事面とも深く結びついていたことが特徴である。例えば造船業、製鉄業、機械工業等の進展にともなって、いままでイギリス等に発注していた軍艦類を自国で建造できるようになった。そこで1920年代初頭までわが国が保有していた主要軍艦の建造状況は表8-5のようになる。

同表で1920年代初頭までに限定した理由は、ネイバル・ホリデー（軍艦の建造休止期間）の実施によって主力艦（戦艦・巡洋戦艦）の建造が停止されていたためである[4]。すなわちわが国では、ワシントン海軍軍縮条約が調印された1922（大正11）年2月からロンドン軍縮条約を廃棄した1936（昭和11）年12月までの15年間、主力艦の建造が休止された。このため本章の対象期間としては、1920年代初頭までで問題がない。

まず初期のころ（起工時が1892～1904年）は、世界のうち戦艦（大砲を主要兵器とする軍艦のうち最大最強のもの）を製造していた国はイギリス、フランス、ドイツ帝国、アメリカ、イタリア、ロシア帝国、オーストリア＝ハンガリー帝国の7ヵ国のみだった。日清戦争の黄海海戦で活躍した松島、千代田、厳島、橋立などは、イギリス・フランスで製造された防護巡洋艦（戦艦よりも小型の軍艦）であった。

日清戦後でも、海軍工廠を軍艦の修理工場、中小艦船製造所として整備したにすぎなかったほか、砲熕（大砲、機関銃など）のほとんどを輸入に依存していた。日露戦争までに、巡洋艦の主砲である8インチ砲を国産化できたが、主力艦はおもにイギリスからの輸入に頼っていた。このため日露戦争に向けて、六六艦隊計

表 8-5 わが国の主要軍艦一覧（初期より 1920 年代初頭までに竣工したものに限定：竣工順）

時期区分	軍艦名	軍艦整備計画	装甲巡洋艦	前弩級戦艦	弩級戦艦	超弩級戦艦	起工	竣工	製造所	基準排水量(t)	全長(m)	最大速度(ノット)	兵員(人)	特徴
I 外国依存期	扶桑（初代）	●	○				1875年9月	1878年3月	サミューダ社	3,717	67.1	13.0	377	イギリスから最初に購入した戦艦。日清戦争に間に合わせ。
	富士	●		○			1894年8月	1897年8月	テームズ鉄工造船所社	12,533	114.0	18.3	726	イギリス海軍の近代戦艦第1号。日清戦争に間に合わせ。
	八島	○		○			1894年12月	1897年9月	アームストロング社	12,320	113.4	18.3	741	日清戦争で沈没。
	浅間	○	○				1896年10月	1899年3月	アームストロング社	9,700	134.7	21.5	726	北清事変で出撃。
	常磐	●	○				1897年1月	1899年5月	アームストロング社	9,700	134.7	21.5	836	日露戦争で活躍。
	敷島	○		○			1897年3月	1900年1月	テームズ鉄工造船所	14,850	133.5	18.0	648	日露戦争の主力艦。
	八雲	●	○				1898年9月	1900年6月	（独）シュテッティン・フルカン社	9,695	124.7	20.0	644	ドイツから最初に購入した装甲巡洋艦。
	吾妻	●	○				1898年2月	1900年7月	（仏）ロワール社	9,326	135.9	20.0	836	フランスから最初に購入した装甲巡洋艦。
	初瀬	○		○			1898年5月	1901年1月	アームストロング社	15,200	129.6	18.0	672	日露戦争で活躍。
	出雲	●	○				1898年5月	1900年9月	アームストロング社	9,750	121.9	18.0	648	日露戦争・第1次大戦に活躍。
	朝日	○		○			1898年8月	1900年7月	ジョン・ブラウン社	15,000	131.9	20.0	859	日露戦争で沈没。
	磐手	●	○				1898年11月	1901年3月	アームストロング社	9,750	132.3	18.0	562	日露戦争で活躍。
	三笠	○		○			1899年1月	1902年3月	ヴィッカース社	15,140	131.7	18.0	568	イタリアから購入。大正末まで使用。
	春日	●	○				1902年3月	1904年1月	（伊）アンサルド社	7,700	105.0	20.0	864	アルゼンチン海軍が使用する予定の船を購入。
	日進	●	○				1902年3月	1904年4月	（伊）アンサルド社	7,700	105.0	20.0	864	日露戦争に備える予定だったが、日露戦争に間に合わず。
	香取	○		○			1904年4月	1906年5月	（英）アームストロング社	13,950	128.0	18.5	879	同
	鹿島	○		○			1904年2月	1906年1月	（英）ヴィッカース社	16,400	143.3	18.5	879	国産最初の大艦。建造期間が2年間という短期。
II 前弩級期・準弩級期	筑波		○				1905年1月	1907年1月	呉海軍工廠	13,750	134.1	20.5	844	同
	生駒		○				1905年3月	1908年3月	呉海軍工廠	13,750	134.1	20.5	887	建造当時は世界最大級。
	伊吹		○				1907年5月	1911年3月	呉海軍工廠	14,636	137.2	21.3	844	長門の建造造船所で建造。完成時には旧式艦となった。
	鞍馬		○				1905年5月	1909年11月	横須賀海軍工廠	14,636	137.2	21.3	931	同
	薩摩			○			1905年5月	1910年3月	横須賀海軍工廠	19,372	137.2	18.3	999	30センチ砲を12門設置した。後に大改装された。
	安芸			○			1906年3月	1911年3月	呉海軍工廠	19,800	140.2	20.0	986	ワシントン軍縮で退役。同時期に同様の設計艦があり。
	河内				○		1909年4月	1912年7月	横須賀海軍造船所	20,800	152.4	20.0	1,221	当初は超弩級戦艦として竣工。
	摂津				○		1909年1月	1912年7月	呉海軍工廠	20,800	152.4	20.0	1,221	第1次大戦時に東シナ海に出動。
III 超弩級期	金剛	■				○	1911年1月	1913年8月	ヴィッカース社	26,330	214.6	27.5	1,221	主力艦として初めて民間造船所で建造。
	比叡	■				○	1911年11月	1914年11月	横須賀海軍工廠	26,330	214.6	27.5	1,221	金剛とともに、真珠湾攻撃、ミッドウェー海戦に参加。
	榛名	■				○	1912年3月	1915年4月	神戸川崎造船所	26,330	214.6	27.5	1,193	完成時には世界最大の戦艦だが、設計は旧式。
	霧島	■				○	1912年3月	1915年11月	三菱長崎造船所	26,330	214.6	27.5	1,193	日本独自の設計による超弩級戦艦。
	扶桑（2代）	■				○	1912年3月	1915年11月	呉海軍工廠	29,330	205.1	22.5	1,360	第2次大戦最大の戦艦の一つ。後に航空戦艦に改装。
	伊勢	■				○	1915年5月	1917年12月	神戸川崎造船所	29,900	208.2	23.0	1,360	長門型1番艦。連合艦隊旗艦。40センチ砲を初めて搭載した戦艦。
	日向	■				○	1915年5月	1918年4月	三菱長崎造船所	29,900	208.2	23.0	1,333	非常に高速の戦艦。後に航空戦艦に改装。
	長門	■				○	1917年8月	1920年11月	呉海軍工廠	32,720	213.4	26.5	1,333	長門とともに国民に愛された象徴的戦艦。
	陸奥	■				○	1918年6月	1921年10月	横須賀海軍工廠	32,720	213.4	26.5	1,333	—

（参考）

区分	基準排水量(t)	全長(m)	最大速度(ノット)	兵員(人)	（建造期間）
I. 外国依存期（ただし初期の小規模な扶桑を除く）	11,920	126.2	19.4	735	29.4ヶ月
II. 前・準弩級艦（ただし時期区分の金剛を除く）	17,193	140.6	20.4	—	43.9ヶ月
III. 超弩級艦（ただし外国製の金剛を除く）	29,210	210.8	25.2	1,271	37.3ヶ月

画にもとづき戦艦6隻と装甲巡洋艦6隻のすべてを輸入で賄っており、表8-5のようにそのほとんどがイギリスからの輸入であった。このような準備のもとでおこなわれた日露戦争（特に日本海海戦）は、意外なことに世界で最初の戦艦同士でおこなった本格的な戦闘だった。

　ただし日露戦争直後から、日本は主力艦の国産化に成功し、基本的に主力艦を国内建造できるようになった。特に薩摩は、日本人が建造した最初の戦艦であり、しかも建造当時、世界最大級の戦艦であったため、欧米人は東洋人が独自設計で戦艦を建造すること自体を驚異的に思っていた。もっとも1906（明治39）年2月に、イギリス海軍が圧倒的に強力な戦艦・ドレッドノートを竣工した。この戦艦は、主砲の大量搭載と推進機関として蒸気タービンを装備したことで、砲弾の一斉射撃（斉射）を開発し機動力を増したため、各国ともこの戦艦を意識した技術革新を求められるようになった。いわゆる「ドレッドノート・ショック」である。

　これにより薩摩は旧式の烙印を押され、その直後に起工した河内以降はいずれも弩級戦艦以上の規模となった。ちなみに大きさや迫力が「他を圧倒している」という意味に使用される「ド級（弩級）」「超ド級（超弩級）」は、このドレッドノート級から転じた用語である。そして大口径砲の生産に向けて日本製鋼所が日英の合弁会社として設立（1907年）されたほか、海軍工廠と民間業者でタービン機関を共同開発する方針に変更されたことで、大艦巨砲主義が大きく進んだ。

　特に1913（大正2）年に竣工した金剛以降の超弩級期に入ると、全長200メートル以上、兵員1200人前後の規模となった。表の（参考）からわかるように、超弩級期には前・準弩級期と比べて工期の短縮化が進む一方、排水量・全長・兵員の大規模化と高速化が達成された。さらに1915（大正4）年4月に竣工した榛名は、民間造船所で初めて建造された戦艦であり、以後は民間企業の育成という観点から三菱・川崎の両造船所でも戦艦を建造した。この動きは第1次大戦下で急激に造船業の技術進歩が達成された時期にあたる。そして両社は、使用材料の一部を海軍から供与されることによって、割高な輸入原材料の使用にともなう収益の圧迫を部分的に免れることができた。他方、海軍内では、戦艦は原則として呉・横須賀両鎮守府所属の海軍工廠で建造されることとなった。

　次に、軍艦を建造するために必要となる、種々の技術の発展状況をみてみよう。しばしば「艦艇は機械のデパート」と呼ばれるように、艦艇（大小各種の軍艦）には機械・装置・機器（兵装）がぎっしり詰め込まれている。一般的に機械類を製

造するためには、極めて高精度の工作機械が必要となるため、工作機械は"機械を作るために必要な機械"という意味でマザーマシンと表現されている。そして工作機械業界の定着は、当該国の近代化にとって極めて重要な意味を有している。このため第7章の第2節で言及したように、工作機械の国産化する見通しが立った時点を産業革命の終期とみなす考えが提起された。

わが国では、1888（明治21）年に新潟鉄工所が創業し、1889（明治22）年には池貝鉄工所が設立された。特に後者は、1889（明治22）年に最古の国内工作機械である英式旋盤の製作に成功したほか、1901（明治34）年には池貝旋盤が陸海軍工廠に納入され始めた。さらに1893（明治26）年には、芝浦製作所（東芝の前身）が設立されたが、同社は1909（明治42）年にゼネラル・エレクトリック社と資本・技術の提携をしている。

いま、表8-6によって、工作機械業界の特徴を確認しておく[5]。同業界では、ほぼ1880年代末より大手5社の専業メーカー（新潟鉄工所、池貝鉄工所、大隈鉄工所、若山鉄工所、唐津鉄工所）が設立された。これら5大メーカーは、陸海軍工廠からの受注を大きな支えとして、その製品の高精度化・大型化を達成していき、大正中期までの軍艦技術の向上に大きな影響を与えた。尾高煌之助の集計によると、このような動きを反映して陸軍工廠小銃製造所が備え付けた工作機械の製造元の構成比は、1870～80年代にかけて輸入品が急速に減少したのに対して、自製品（自家製品のこと）の割合が増加していった[6]。また1880年代後半からは、国産品も設置されるようになった。

このような工廠と民間企業の関係から考えると、表8-5で1900年代後半から主要軍艦の国産化が可能となった背景には、工作機械の国産化が達成されたことも影響していたと推測される。また民間企業には工廠から技術移転があったと推測されるが、実際には民間企業は技術開発を自社内でおこなうことが一般的であり、軍工廠との技術交流など親密な関係はなかった。ただし工廠内で自製品の製作に携わった技術者や職工たちが後に民間企業へ移動したことで、長期的にみると民間への技術移転が達成された。

さらに戦前日本では、一部の事例を除いて、陸海軍間で技術協力はおこなわれていなかった。一部の事例とは、時代はかなり下るが防弾鋼の溶接技術、中口径対空砲などを指している。他方、戦闘機のダイムラー社製・液冷エンジンでは、陸軍と海軍で別々に高額なライセンス料を支払い、陸軍は東京自動車工業（現、

表 8-6　主要な工作機械事業所の動向（軍工廠関連の動向を中心に）

事業所名	創業年次	内　　容
〈専業メーカー〉		
新潟鉄工所：400 人 （2001 年倒産、会社整理）	1888 年	1888 年：日本石油の鑿井機械の修理、新機械の製造を開始。 1904 年：東京陸軍砲兵工廠から、砲弾旋盤（心高 300 mm、床長 2120 mm）50台を受注。 1908 年：ダン式の漁船用石油発動機を製作開始。 1913 年：東京砲兵工廠から、弾丸旋盤 130 台を受注。 1914 年：第 1 次大戦勃発で、英式旋盤年産 300 台を受注。フライス盤、形削盤の製造にも進出。 1918 年：発電機直結用 300 馬力ディーゼル機関を完成。
池貝鉄工所：700 人 （現：池貝→中国企業）	1889 年	1889 年：英式 9 ft 旋盤を 2 台作成。→日本最古の国産工作機械。 1895 年：自家動力用 4 馬力蒸気機関を製造。 1897 年：シンシナチ 2 番万能フライス盤とバーンズ 20 in ボール盤を購入し、歯車の機械切削を開始。 1905 年：東京砲兵工廠に、弾丸旋盤、卓上フライス盤等を数百台納入。 1907 年：アメリカ式旋盤の完全製作、池貝式標準旋盤の創製を達成。 1910 年：この時期（1910 年代）より、工具の製造・販売も開始。 1914 年：海軍から、心高 20 in×床長 30 ft 大形旋盤 20 台を受注。これは初の大型工作機械の受注。 　　　　その直後に、心高 30 in×床長 21 ft 旋盤、心高 50 in×床長 45 ft タービン旋盤、8 ft および 10 ft 立旋盤、60 in×20 ft オープンサイドプレーナ、シンシナチ型 No. 4 および No. 8 大型フライス盤などを受注。 1915 年：イギリスより心高 8.5 in×床長 8 ft 旋盤 5 台、ロシアより心高 10 in×床長 8 ft 旋盤 75 台、さらにロシアより同型旋盤 175 台を受注。 1921 年：第 1 回日本工作機械展覧会で、G 型旋盤（心高 12 in×床長 12 ft）が 1 等賞首席となる。
大隈鉄工所：270 人 （現：オークマ）	1898 年	1898 年：製麺機の製造・販売を開始。1903 年の第 5 回内国勧業博覧会に出品。 1904 年：工作機械の製造を開始。陸軍から、弾丸削り用旋盤、縦削盤、卓上フライス盤を受注。 1914 年：第 1 次大戦勃発により、陸軍造兵名古屋工廠から 9 in 縦削盤（砲弾製造機）、英式 8.5 in 旋盤を 24 台受注。 同　年：ホーン商会から、セバスチャン型旋盤と形削盤を 4 台受注。 同　年：東京砲兵工廠から、填薬装弾機 13 台を受注。 1918 年：OS 旋盤の製造・販売を開始。
若山鉄工所：150 人 （現：新日本工機）	1898 年	1898 年：足踏式手工ポンスを製造・販売。ポンスとはパンチ（打抜）のこと。 1904 年：陸軍から、砲弾・ねじ切り用ギアボックス付英式旋盤を受注する。 1905 年：ロシア方面に、旋盤 1000 台を輸出。
唐津鉄工所：480 人 （現：同上）	1909 年	1909 年：芳谷炭鉱の機械工場として、鉱山用機械の製造・修理を開始。 1911 年：Pratt & Whitney モデルの 14 in スイング旋盤 6 台の試作が完成。 1913 年：36 in ラジアルボール盤 1 ロット 6 台、30 in×30 in×8 ft 平削盤 1 ロット 3 台を完成。 1913 年：海軍佐世保工廠から、モータ直結型 8 ft（最大 2502 mm）立旋盤を受注。 1913～14 年：海軍（舞鶴・佐世保工廠）から受注した工作機械は、大型機の比率が高い。また三菱長崎造船所の工作機のほとんどが当社製であった。 1915 年：72 in、84 in スイング旋盤を完成。大型機メーカーへ。 同　年：ブラウン＆シャープ型 No. 1.5 番万能フライス盤 1 ロット 6 台を完成。
〈兼業メーカー〉		
東京瓦斯電気工業：260 人（いすゞ自動車、日野自動車等に分割）	1913 年	1913 年：ガスメーター、ホウロウ鉄器の製造を開始。 1915 年：大阪砲兵工廠から、大量の信管を受注。 1918 年：大森工場を新設し、工作機械、自動車、航空機、計器、兵器のほか、自転車、自動織機、光学機器、火薬まで網羅する巨大企業となる。 同　年：横浜船渠（株）に、16 ft 立旋盤（高さ 6 m、重量 85 t）を納入する。 1921 年：第 1 回日本工作機械展覧会で、電動 8 ft 旋盤、万能研削盤、卓上フライス盤が 1 等賞となる。特に最も精度の厳しい万能研削盤は当社のみが受賞。

（注）1. このほかに芝浦製作所などもあるが、とりあえず工作機械専業メーカーを中心に作成した。
　　　2. 企業名の右側は第 1 次大戦直後の職工数（滝本誠一ほか編『日本産業資料大系』第 7 巻の 72-73 頁の「金属工機械製造場」）、下のカッコ内は現在の社名等の現況を示す。
　　　3. in はインチ（吋）、ft はフィート（呎）を示す。また各種工作機械の概要は、沢井『マザーマシンの夢』の 480-482 頁の「用語解説」を参照。
（資料）長尾克子『工作機械技術の変遷』の第 1 章、沢井実『マザーマシンの夢』の第 1・第 2 章などより谷沢が作成。

いすゞ自動車）川崎製造所、海軍は三菱重工業名古屋航空機製作所で開発生産させる非効率な体制となっていた。

　その理由として、日清戦争後に軍隊が官僚組織としてガチガチに確立され、両組織間で情報交換がまったくおこなわれなかったことがあげられる。さらに日清戦後の製図で、陸軍が引き続きメートル表示であったのに、海軍はインチで表示した時期があったこと、海軍造兵がフランス式からイギリス式へと切り換わったことも影響していた可能性がある。

　次に、軍艦用の蒸気タービンの歴史もみておく。1908（明治41）年に、長崎造船所で通報艦・最上が竣工した。通報艦とは、情報の伝達を主目的とする小型の軍艦のことである。当時は国産のタービンが完成していなかったため、この艦船には長崎造船所がライセンス契約したパーソンズ式反動タービンを搭載した。ただし他の機種と比較した上で決めかねていたため、その後は戦艦によってタービンの機種が異なる状況が続いた。

　すなわち1909（明治42）年に呉海軍工廠で巡洋戦艦・伊吹が竣工したときにカーチス式衝動タービンを輸入し据付け、1912（明治45）年に横須賀海軍工廠で戦艦・河内が竣工したときにはブラウン・カーチス式タービンを輸入し据付け、1915（大正4）年に川崎造船所で竣工した巡洋戦艦・榛名には、ライセンス契約したブラウン・カーチス式タービンを搭載していた。

　ようやく大正末に至り艦本式タービンが完成し、本格的なタービン国産の時代へと入った。ちなみに「艦本式」とは、海軍艦政本部で開発された蒸気タービンの型式のことである。もっとも国産タービンが完成したとはいえ、戦艦大和・武蔵向けの蒸気タービンの減速歯車を製造する際の工作機械にはライネッカー社（独）製の大型ホブ機を使用しているなど、軍艦製造で使用する工作機械の完全な国産化までは到達できなかった[7]。

　以上のように明治末から大正年間に、造船・造機の技術は急速な進歩を遂げた。しかし舶用タービンのように、素材に高品質が求められ、工作機械に高技術・大型化が求められる場合には、一部で唐津・池貝・大隈・新潟・若山などの鉄工所や芝浦製作所・東京瓦斯電気工業といった電気機械企業を利用できたものの、大半は欧米からの輸入品で賄われていた。急激に差が縮まったとはいえ、いまだ技術水準に開きがあった。このため工作機械市場は、外国機が独占する市場、内外国機が競合する市場、国産機が独占する市場、中古品市場といった重層的構成で

第8章　天佑の経済的帰結　　*387*

あった。またその需要は、日露戦争時、第1次大戦時に急増し、反対に日露戦後、第1次大戦後に激減するなど、振幅の大きな業界でもあった。

(3) 政商から財閥への深化

　財閥という組織形態は、1900年代初頭に個人資産の蓄積の点で注目されるようになったが、1920年代初頭には経済のなかでその地歩が確立していった[8]。以下では、財閥が経済のなかで注目され始めた背景とその形成要因を紹介する。

〈財閥の基本形態〉

　産業構造の高度化にしたがって、企業の経営形態も異なってきた。その代表例は財閥の形成である。わが国は、日清・日露戦争を経験していくなかで、財閥といった形態で重工業を基盤とした独占的経営が確立していった。つまりいままで政商と呼ばれていた個人事業体のなかから、財閥と呼ばれる複合事業体へ変質するものが現れてきた。

　ただし財閥の定義は、様々な研究者が提示しておりいまだ確定していない。そのうち代表的な財閥研究者である森川英正は、財閥を「富豪の家族ないし同族の封鎖的な所有・支配の下に成り立つ多角的事業経営体」[9]と定義している。この定義によると、封鎖的所有支配と多角的事業経営体という2つの条件が整えば、財閥とみなされることになる。封鎖的所有支配とは、外部資本を入れていないということだが、同族出資が100％でなくてもよい。また多角的事業経営体とは、本業のほかに最低でももう1つ別業種の事業を持っていることを意味する。

　これに対して橘川武郎は、森川の定義では当該事業体がその所属産業内において寡占的地位を占めること（いわば寡占規定）を追加していないため、財閥の範囲が限定できないと指摘した。この第三の条件を追加すべきかどうかは意見の分かれるところであるが、少なくとも製商品の販売シェアは把握できない場合も多々あるため、特に断らないかぎり本書では森川の定義を採用する。

　次に、財閥における基本的な展開構造を示しておく。一般的に、財閥を形成する場合には、持株会社、事業会社の2種類の企業で形成され、それらの企業がコンツェルン形態で結び付いている。このうち持株会社とは、いわゆる事業運営上の司令塔の役割を担う企業（または事業体）のことで、特定の親族などに株式が所有されている場合が多い。事業会社とは、中核的な事業会社のほかに単なる投資収益の獲得を目的とした投資先としての投資事業会社まで、様々な会社で構成さ

れている。通常は中核的事業会社が１つか２つで、投資事業会社が複数あること が多い。さらにコンツェルン形態とは、「異業種産業部門に属する諸企業が、単 一の資本系列に統括されて形成する縦断的・多角的な企業集団」のことである[10]。

　さらに、株主である親族と持株会社との特殊な関係についても言及しておく。 それは持株会社の資産（株式を含む）の所有形態が、一般的に総有制または実質的 にそれに近い形態を採用していた点である。この総有制とは、資産を持分比率で 所有（つまり共有）しているが、それは収益の分配比率にすぎず、その資産の処分 権は認められていないような権利である。このような権利を設定しておかないと、 何らかの理由で株主になっている親族が、その持株を個人の判断によって第三者 に譲渡してしまうおそれがある。この権利は、民法で認められたものではないが、 財閥の運営にあたっては無視できない機能といえよう。

　戦前日本の財閥の一般的分類としては、大手財閥、二流・三流財閥、地方財閥 の３種類に分類されている。このうち大手財閥とは三井・三菱・住友・安田の４ 大財閥を指すことが多く、二流・三流財閥とは古河、藤田、大倉ほかの財閥を指 している。特に二流・三流財閥は、その名称にもかかわらず中核的事業はその所 属産業内に極めて強大な影響を及ぼしている。これらの財閥は、いわば全国的規 模で事業展開をおこなっていた企業集団といえよう。

　これに対して地方財閥は、特定の地方経済圏内のみで影響を与えるような小規 模な企業集団を形成している。この地方財閥は、森川が熱心に主張しているが、 かならずしも研究者全員が認知しているわけではない。例えば上記の橘川の財閥 定義によると、地方財閥は市場支配力を持っていないから、単なる「地方事業 家」「実業家」と呼べばよいことになる。しかし戦前期の資産家を事業活動の視 点からみると、地方財閥も小規模とはいえ立派な事業体であるため、本書では森 川と同様に財閥に含めるべきと考えている。これは、先述の森川による財閥の定 義を採用する理由にも繋がる話である。

〈財閥形成への条件整備〉

　1870年代から80年代前半にかけては、政商活動（御用ビジネス）と鉱山業によ って後に財閥となる資産家が原資を蓄積していった。例えば政商としては、三井、 三菱（岩崎弥太郎）、安田善次郎、大倉喜八郎、藤田伝三郎、浅野総一郎などが代 表例である。このうち三井、三菱、藤田は政商活動の資金を鉱山業に投入して、

第８章　天佑の経済的帰結　　*389*

その財を蓄積していった。また住友、古河は、政商という形態をとらずに鉱山業を中核として事業を拡大していった。

　ここで重要なことは、三井を除くと江戸時代の豪商が直接、財閥に移行したという事例が見当たらないことである。それはすでに第2章で若干触れたように、幕末の御用金重課、維新後の藩債整理などの衝撃によって、多くの有力商人・金貸が倒産し、あるいは三井・住友も含めて、資力を消耗したからである。また住友・安田以外は官業払下げを受けていたが、払下げ事業のうち三井の三池炭礦以外はもともと経営難で政府自体も持て余していたことから、官業払下げが財閥の業容拡大に大きく寄与したとはいえない。

　これらの財閥は、1880年代後半から近代工業経営を中核的な事業の1つとしつつ多角化を進めていった。多角化を進めた背景には、財閥一族よりもむしろ財閥内のトップマネジメントやミドルマネジメント等の技術者が強く要求したことがある。ここで中核的な事業とは、三井では電機（芝浦製作所）・綿紡（鐘紡、中途で放棄）・石炭化学、三菱では造船・製紙、住友では製鋼・電線・鋼管、安田では製釘（安田工業、深川で開始）、浅野ではセメント・石油精製、古河では電線、大倉では製鉄であった。また多角化の特徴として、第1次大戦中に大手・中堅財閥が商社を設立したことも注目される。つまり明治期には三井と大倉にすぎなかったが、第1次大戦中になると三菱、浅野、古河などで、商社を設立する動きがおこった。

　さらに大手財閥は、1900年代後半から第1次大戦末に、持株会社を会社形態に改組するなどコンツェルン形態を整えていった。すなわち三井財閥では、1909（明治42）年に三井家同族11家によって持株会社の三井合名会社を設立したほか、三井銀行、三井物産、東神倉庫(11)、三井鉱山を株式会社に改組して、全株式を三井合名が所有するコンツェルン形態になった。三菱財閥では、1893（明治26）年に岩崎弥太郎・弥之助によって三菱合資会社が設立され、1908（明治41）年には鉱業部、造船部、1911（明治44）年からは営業部、地所部が、それぞれ独立採算制の事業部となり、実質的にコンツェルン形態になっている。

　さらに住友財閥では、1909（明治42）年に住友本店を住友総本店（個人組織）と改称したうえで、住友銀行、住友別子鉱業所、住友伸銅場、住友鋳鋼場、若松炭業所、住友倉庫を統括する体制（コンツェルン形態）となった。そして1921（大正10）年には、住友総本店を住友合資会社に改組している。

　このようにこの段階の持株会社は、同族による個人組織か合名・合資会社にす

ぎず、多数の第三者からの資本提供が可能な株式会社形態にはなっていない。し
かし傘下の事業会社は、第1次大戦前後より株式会社への改組が目立ってきた。
このような形態で大手財閥がコンツェルン化を進めたのには、いくつかの理由が
あげられる。

　まず、事業多角化に向けた統括方式が必要となったことである。すなわち閉鎖
的な経営のもとで、多角化する事業を一体的に統治するために、専門経営者の所
属する持株会社を別途設立しておくことが重要であった。第二は、傘下企業（特
に造船や金属部門など）の投資規模が巨大化し、従来の閉鎖的な自己金融では対応
できなくなった。つまり株式を借入の担保とする資産証券化が進み、株式会社へ
変更することによって、各事業の規模が拡大しやすくなったことである。第三と
して、1918（大正7）年の戦時利得税によって、株式会社（あるいは配当等の資本所
得）に対する軽課のために節税が可能となったこと。すなわち税制上から、株式
会社の設立が誘導されたことである。この関連では、特に1905（明治38）年の非
常特別税と1918（大正7）年の戦時利得税に注目する必要がある。

　第三の影響を説明するために、まず戦時利得税を説明しなければならない。戦
時利得税は別名、成金税と呼ばれていた。すなわちこの税制では、戦時下の利益
金が平時の平均所得（具体的には第1次大戦開戦前2年間の平均所得）の1.2倍以上ある
場合には、その超過分に対して法人の所得では20%、個人の所得では15%の比
例税率が課税された。ここで個人の所得とは、第三種所得のうち俸給、給与、手
当、歳費、年金、恩給などを除外した所得である。このため配当所得を得るより
も、事業体を法人化してそこから俸給等を得たほうが大幅な節税が可能となった。
このような理由から、傘下の事業を相次いで法人化させることとなった。

　このほか1920（大正9）年の所得税改正によって、個人の所有株式を会社の保
有に変えるために持株会社の急増がもたらされた。この改正は、法人所得（第1
所得）を超過所得とそうでないものに分け、さらに後者を配当所得と留保所得に
分類し、それぞれ別個の税率が適用されたほか、（画期的なことであるが）個人所得
（第3所得）のなかに配当所得を加えて総合課税されることとなった。そして各税
率を比較すると、個人所得に配当所得を加えるよりも、新たに同族会社を設立し
て、そこで配当所得分の所得を蓄えておいたほうが、結果として多く節税できる
ようになった。

　このため1920年代初頭に一斉に資産家が、いわゆる「保全会社」という名称

第8章　天佑の経済的帰結　　*391*

の新たな資産保全会社を設立する動きが活発化した。このような傾向は「法人成り現象」と呼ばれた。さらにこの保全会社に、関連会社の株式を移すことで事業統括機能を持たせることもおこなわれたため、小規模な企業集団が多数形成されるようになった。これも財閥の歴史上では無視できない。

　以上のような動きを反映して、1900年代後半から1920年代初頭には、徐々に大財閥を追うかたちで大都市や地方都市に本部を置く新財閥（弱小財閥・地方財閥）が台頭した。各財閥の所在地と主要事業は、以下のとおりである（以下では、財閥という名称を略している）。すなわち久原（持株会社の所在地：東京、中核事業：久原鉱業所[日立銅山]、以下同様）、鈴木（神戸、鈴木商店［砂糖商社］）、岩井（大阪、岩井商店［鉄鋼商社］）、村井（東京、村井銀行）、野村（大阪、大阪野村銀行）、松方＝川崎（神戸、川崎造船）、渋沢（東京、第一銀行）、安川（福岡、安川電機［鉱山用機械］）、貝島（福岡、貝島鉱業［石炭業］）、中野（新潟、中野興業［石油精製］）、片倉（長野、片倉製糸）、伊藤（名古屋、松坂屋［デパート］）などがあげられる。

　これらの財閥のうち、久原、鈴木、村井、松方＝川崎は大戦中・大戦後の強気すぎる経営方針によって崩壊するなど、財閥ごとに激しい浮沈を経験した。

(4) 地主制の確立と変質

　一方、産業の高度化とは無縁と思われる農業でも、1900年代より地主制が変質してきた。以下では、わが国の地主制に関する議論の癖を指摘したうえで、地主制の変質と深く関わる中農標準化と米作の長期動向を説明していく。

〈「寄生地主制」と「地主制」〉

　地主制の歴史的性格に関しては、1920年代から60年代に至るまで数回の論争が繰り返されてきたが、ここではそれに深く立ち入る余裕はない。その代わりわが国でなされてきた地主制の捉え方を若干紹介しておこう。

　農業経営は通常、地主制にもとづく農業経営と、非地主制にもとづく農業経営の2つに分けられる。前者は生産構造のなかに土地所有者と非所有者との賃貸関係が組み込まれているのに対して、後者はそれが組み込まれていない自作経営形態であり、経営規模から大農・中農・小農に分類される。三和良一によると、さらに地主制にもとづく農業経営は、資本制的大規模経営、豪農（地主手作）経営、貸付地主（寄生地主）経営の3形態に分けられる[12]。

　まず資本制的大規模経営は、会社組織が農業労働者を雇用して借地を経営する

方式である。これに対して豪農経営は、所有地を年雇や季節雇、日雇労働力を用いて耕作する方式であり、地主自らが農業経営をおこなっているため、地主手作経営とも呼ばれた。さらに貸付地主経営は、おもに貸金業等の経営者がその所有地を小農経営者に賃貸する方式であり、別名では寄生地主経営とも呼ばれている。

　三和は上記3つのうち、近代に入ると貸付地主経営が普及していったと指摘しているが、日本経済史等の議論では地主、寄生地主、地主制、寄生地主制といった用語が、かならずしも上記のような意味で使用されているわけではない。そこでこれらの用語が各歴史辞典でいかに扱われているかを、初めに確認しておこう（刊行年はいずれも初版年、×は未掲載、○は掲載、○のカッコ内は執筆者氏名）。

　　①『経済学辞典［第2版］』岩波書店、1976年：地主×、寄生地主×、地主制○（安孫子麟）、寄生地主制×。

　　②『国史大辞典』吉川弘文館、1986年：地主×、寄生地主×、地主制○（古島敏雄）、寄生地主制×［ただし地主制に送り項目］。

　　③『日本史大事典』平凡社、1993年：地主○（近代分は暉峻衆三）、寄生地主×、地主制×、寄生地主制○（安孫子麟）。

　　④『日本史広辞典』山川出版社、1997年：地主×、寄生地主○（不詳）、地主制○（不詳）、寄生地主制×。

　　⑤『日本史辞典』岩波書店、1999年：地主×、寄生地主○（不詳）、地主制○（不詳）、寄生地主制×。

　次に代表的な高校教科書（日本史B）に関して、同様に地主と地主制の記述を確認しておくと、以下のとおりである。

　　①山川出版社編『詳説日本史B』：305頁（産業革命期部分）で寄生地主、寄生地主制を記載。

　　②東京書籍編『日本史B』：256頁（地租改正部分）で寄生地主・寄生地主化を記載。

　　③実教出版編『新訂版　日本史B』：297頁（産業革命期部分）で寄生地主、361頁（農地改革の部分）で寄生地主制を記載。

　上記の辞典・教科書の扱いから、まず高校教科書では寄生地主・同地主制の記載が多いが、辞典類ではほとんど採用されていないことがわかる。次に寄生地主・同制度の定義を個別に比較してみよう。

　代表的な歴史辞典である『国史大辞典』では、寄生地主制に代わって地主制が

第8章　天佑の経済的帰結　　393

解説されている。これは、両者を同一とみなしていることを意味する。また『日本史広辞典』の寄生地主の解説冒頭では、寄生地主を「小作料収入だけで生活しうる大地主」と定義しているため、これでは地主制との差異がわからないが、所得基準が加わっている点は注目される。さらに『日本史大事典』の寄生地主制の解説冒頭では、「一般に寄生地主とは、小作農民に土地を貸し付けて地代（小作料）をとることを主としている地主経営の総称であって（以下、省略）」(671頁。カッコ内は筆者、以下同様）と記述している。これも地代をとる地主が、在村・不在のいずれでもかまわない点が注目される。

　以上の説明は、いずれも賃貸関係を前提として成立する地主一般に通じる話であるから、特段、寄生地主の説明とはなっていない[13]。説明として不十分である。そのほか最新の解説書では、以下のような説明がなされている。「（寄生地主制とは）明治期に形成され、戦後農地改革によって解体された、日本農村部における社会構造を示す。田畑を賃貸する地主小作関係そのものは江戸時代以前にも質地小作という形で存在したが、一般的に寄生地主制と呼ぶ場合には、明治の地租改正による土地所有権付与と、江戸時代以来の農地賃借関係の継承と、松方デフレによる自作農の地主・小作への分解の進行を経て確立され、社会構造として定着したものを指して議論されている」(『戦後歴史学用語辞典』の311頁）。

　戦後の歴史用語に焦点を絞っている辞典であるため、この説明は従来よりも踏み込んだ書き方をしている。ただし田畑の所有権をみると、江戸期にも土地所持権という形で所有権が実質的に存在していた。また田畑の賃貸関係も、江戸期の賃貸関係は地租改正後に永小作権に置き換わるなど、明治以降の賃貸関係と実質的に同質であった。過去の研究者が質地小作という用語を作っても、そこには現代の質権とは似て非なる法律関係が存在していたことを承知したとは考えづらい。

　このため上記の説明でも、両制度を区別する属性要件が経済学・法学上から明確に提示されているとはいえない。このため突き詰めると、寄生地主制の採用基準はたんに対象時期にすぎないことになる。歴史学が現象を多時点間で比較する研究手法を採用するかぎり、同質と差異を何で線引きするか明確にすべきである。

　このほか塩澤君夫のように、「上層農民のうち経営規模の拡大を止めて、商工業や土地所有（つまり地代収入）に蓄積基盤を移行したもの」(塩澤君夫『寄生地主制論』のⅳ頁を筆者が要約）を寄生地主とみなす、三和と類似の定義を使用する研究者

もいる。それでも同書の分析対象は、近世後期よりマニュファクチュアが広範に確認された尾西地方（尾張地方の西部）における、特定農村の全農家世帯であった。当時の特定地域で上層農民が農業以外に多様な事業を兼営していた事実に注目する必要は否定しないが、それなら寄生地主のみを対象とした分析を別途おこなうべきではなかろうか。要するに、近代の地主制は寄生地主制であると初めから決めつけているように思われる。やはり疑問は解けないままである[14]。

　以上より寄生地主・寄生地主制は、過去において頻繁に使用された専門用語であるが、現在では残念ながらその定義が不明確である。また非農業の事業主を含む地主が小作農の労働に寄生しているという意味で使うなら、内容的には地主制で十分にカバーできる。それでも寄生地主を使用するのなら、通常の（農業）地主といかに異なる属性を有した集団か峻別した定義を提示すべきだが、現在のところこの点にこだわった解説書等は見当たらない。

　ちなみに『国史大辞典』では、寄生地主制が項目として掲載されているものの、①「寄生地主制→地主制」と送り項目で処理されていること、②その「地主制」の執筆者は、地主制研究の第一人者・古島敏雄であること、③その「地主制」の解説でも寄生地主制がまったく言及されていないこと、が確認できる。以上３つの事実は、代表的な研究者の寄生地主制に対する評価の一端を示している。

　もちろん地主制には膨大な研究蓄積があるが、現状では知識の適切な継承がおこなわれていない。それゆえこの概念を使用し続けるなら、比較経済史（あるいは国際比較）上からいかなる特性があるかを明示すべきであり、たんに「特殊日本的である」、「寄生（パラサイト）＝畸形」といった視点のみで寄生地主制を使うなら、いたずらに議論を混乱させるだけであろう。現状のまま寄生地主・寄生地主制という用語を使い続けることは、研究・教育の国際的な孤立化を進めるように思うが、いかがなものであろうか。

〈中農標準化の動き〉

　近代に限ってみると、地主制の対象期間はおおむね地租改正（1873［明治6］年）によって旧来の石高が所有権と認められて一筆ごとに地券が発行された時期から、第2次大戦後のGHQによる農地改革（1946〜50［昭和21〜25］年）までの時期、と考えられている。

　ただしこの「期間」とは、あくまで地主制が確認された時期であり、同制度が

一定量の厚みを持って存在していたというわけではない。そこで農地の集積に注目して地主制の形成状況をみると、地主制は地租改正によって形成し始め、それが松方デフレ・日清戦争を経て1890年代後半（明治30年代前後）に確立したと考えられている。この確立時期はかつて論争を引き起こしたテーマであるが、それを1890年代後半とすれば産業革命開始のほぼ10年後にあたっていた[15]。

しかし1900年代になると、事情が変わってきた。まず1900（明治33）年に衆議院議員選挙法が改正されて、直接国税の納付額が15円から10円へ引き下げられたことで、都市有力商工業者にも選挙権が与えられるようになった。これによって政治的・経済的基盤としての地主の地位がやや低下してきた。さらに地主が株や国債など有価証券への投資（いわば財テク）を積極化したことで、地主制自体が変質していった。

その背景には、1899（明治32）年に税制が改正されたことがあげられる。すなわち同年に所得税が改正され、第三種所得（いわゆる個人所得）に分類された配当所得が非課税となったほか、第二種所得に分類された利子で非常に軽い税金となるなど、全般的に利子・配当所得の税金が軽減化された。これと同時に地租が増徴（地租率：2.5%→3.3%）され、さらに1904・05（明治37・38）年にも、日露戦争の戦費調達のために増徴（3.3%→5.5%）された。

このため地主は、土地を買い増して地主制を強化するのではなく、有価証券投資を活発化させる金利生活者の方向に変質していった。この有価証券投資の対象は、おもに米の商品化を有利とする地方鉄道の敷設資金となった。つまり農村部の余剰資金が商工業部門に誘導されて、工業化を促進させることになった。以上のように、租税政策上から地主層に対して有価証券への投資を刺激したため、中村政則はこれを「地代の資本転化」と命名した。その上で、このような税制改正によって1900年代初頭から、資本主義に対して寄生地主制が従属的な位置になったと結論付けた。

もっとも以上のような意見に対して、若干の異論もある。例えば安孫子麟は、地主制が1900年代に完成したと指摘した。その理由として、産業革命が急速に進行するなか、地主がおこなっていた在来型の諸事業が解体したことや、農事改良による生産性の上昇によって地主手作が放棄されて貸付地に代わったことで、地主の生産者的性格が消滅（換言すると寄生地主化が強化）したことを指摘している。その一方では、1反当たりの収量（つまり土地生産性）が上昇していくなかで借地

を巡る競争が激しくなり、農地の投資利回り（＝｜実収小作料－（租税負担＋管理取立費）｜÷耕地売買価格×100）が高い水準にあったという指摘もある。

　いま、地主制普及のバロメーターとして小作地率（全耕地ベース）を採れば、1883・84（明治16・17）年35.9％、1887（明治20）年39.5％、1892（明治25）年40.2％、1903（明治36）年44.5％、1913（大正2）年45.5％、1920（大正9）年46.3％、1930（昭和5）年47.7％、1940（昭和15）年45.5％となる。

　これらの動きから、1900年初頭には地主制がだいぶ完成したことが確認できるものの、小作地率のピークが1930年である点は安孫子の主張とも異なっている。しかも上昇スピードが緩慢であった点にも注意すべきである。地主制が1900年代に変質してきたことを認めたとしても、安孫子のようにそれ以降（特に1920年代）に変化が止まったと想定することはできない。

　さらに地主制の構造的特徴を、耕作規模別の農家戸数でみてみよう。表8-7は、農家規模を示す代表的なデータから作成された構成比の表であるが、いつの年次でも圧倒的に1町未満の零細農家が多い。この事実は、わが国の地主制が地主対小作といった単純な階層構造にあるのではなく、中小規模の農地しか持てない自小作農が大半を占めていたことを示唆している。例えば、1908（明治41）年における全国（内地）の農家形態構成比は、自作32.9％、自小作39.9％、小作

表8-7　耕作規模別農家戸数の構成比の推移

（単位：％）

年　次	農家総戸数 (1000戸)	（構　成　比）						
		～0.5町	～1町	～3町	～5町	～10町	～50町	50町以上
1908(明治41)年	4,803	47.2	26.6	18.8	4.7	2.0	0.7	0.0
1912(明治45)年	4,758	48.9	25.8	18.0	4.6	1.9	0.7	0.1
1917(大正 6)年	4,697	50.1	24.7	18.4	4.2	1.8	0.7	0.1
1922(大正11)年	4,707	50.2	24.9	18.2	4.2	1.8	0.6	0.1
1927(昭和 2)年	4,777	50.5	25.0	18.1	4.1	1.7	0.6	0.0
1932(昭和 7)年	4,871	50.7	25.7	17.7	3.8	1.6	0.6	0.0
1937(昭和12)年	4,873	50.6	26.0	17.7	3.7	1.5	0.5	0.0
1940(昭和15)年	4,833	48.6	27.0	18.7	3.8	1.4	0.5	0.0
〈実　数〉								
1908(明治41)年	4,803	2,267	1,278	900	227	94	34	2
1940(昭和15)年	4,833	2,351	1,305	902	182	68	23	2

（注）1. 北海道・沖縄を除く全国（内地）の数値。ちなみに1908年の50町以上所有戸数は2217戸である。
　　　2. 不耕作地主を含む。
　　　3. 網ガケ部分は、前年次よりも構成比が増えた部分である。
（資料）加用信文監修『日本農業基礎統計』農林水産生産性向上会議、1958年の97、99頁より谷沢が作成。

第8章　天佑の経済的帰結　　397

27.2%であった。

　ここで自小作が4割もあり、しかも小作より多かったほか、その数値が戦前期を通じてほとんど変化しなかった事実は、地域生活が小規模農地の貸し借りで共存しつつ、長期にわたって広範に営まれていたことを示している。戦前期の農村内部のイメージが少し明らかになろう。これは、農地を貸す側と借りる側に二分される一般的な地主制のイメージとかけ離れているばかりか、他国の事情（例えば、ロシア・イギリスなど一部の大規模地主が多数の零細農民を支配していた構造）を前提とした、戦後の農地改革のイメージとも異なっていた。

　次に、経時的な変化を明らかにするため、前年次よりも構成比が増えた場合に網ガケをしてみた。0.5町未満が1912（大正元）〜32（昭和7）年まで継続して増加しているほか、0.5〜1町では1927（昭和2）年以降に毎年構成比が増加した。1町以上では、1940（昭和15）年に1〜5町歩が増加したほか、1912（大正元）年に50町歩以上、1917（大正6）年に1〜3町歩が増えている。以上より、1908（明治41）〜12（大正元）年に零細層と大規模層に向けて分散したが、それが1927（昭和2）年ごろから少しずつ1町前後に集中し始め、特に第2次大戦中は統制経済にもとづく工業化のなかで、中規模層（1〜2町歩層）に急速に集中したことがわかる。

　戦前の農業経済学者・栗原百寿は、このような農民層分解で中規模層が増加傾向となる状況を「中農標準化傾向」と名付けた。この中農とは1〜2町歩層のことであり、厳密には中農層とはいいがたいが、これが普及しているためとりあえずこの名称を使用する。かつてカウツキーやレーニンらは、農民層分解に関連して資本主義の発展とともに中農層が減少し、それ以下と以上の階層（両極）が増加していく「両極分解論」を主張していた。上記現象はこのような動きと異なるため研究者の注目するところとなった。

　栗原は、同現象がおこる背景を「一方より大規模の中農層は分解・落層してこの層（1〜2町歩層）にまで到って漸く安定し、他方より小規模の過小農層（1町歩未満）は上向してこの層にまで至るやその発展性を喪失して固定化」（栗原『日本農業の基礎構造』の19頁）するためと説明している。また大内力は、1900年代に入って資本主義が独占段階に達し、過剰人口の圧力、農業恐慌の深化、植民地農業の圧迫等によって農業に対する重圧が加わり、零細農民が経営者として1町歩以上に上昇する力が弱くなった。また分家等によって外部から流入することも制限されてきた。さらに一部の大経営も、経営を縮小し自家労働力で経営できる水準（1

～2町歩層）まで後退してきたため発生した、と指摘している。

いずれにしてもこのような主張の背後には、以下のような日本の農家経済の特徴がある。すなわち戦前日本の農家は、①自家労働力中心に小規模な農地を耕作する小農制である、②それゆえ家計維持を第一の目標とする（つまり利益獲得を経営目標としない）、③耕地のかなりの部分は中小地主の貸付地（小作地）である。先述のとおり自小作が一定の割合を占めている点も、地主・小作という対立構造と異なっている理由としてあげられる。

なお、このような地主制度の歴史的性格を巡っては、戦前に日本資本主義論争の一環として講座派と労農派の間で論争がおこった。まず講座派は、地主制度は江戸時代以来続く封建制度の残存であるとの解釈をして、いわゆる「封建遺制論」を主張した。これは、小作料の高率現物納、農村における小作農の人格的支配、小作権の第三者対抗力の未整備（つまり小作権が物権でなく債権のため、登記できずに第三者への対抗力を持てなかったこと）等を根拠として、封建的な制度が残存しているとした半封建的土地所有説である。

一方、労農派は、地租改正により近代的土地制度が成立したとして、「近代的賃貸論」を主張した。ただし工業部門の労働需要が、農民層分解で生じた余剰労働力を十分に吸収するほど多くなかったため、その余剰労働力が農村に滞留して小作地の超過需要を発生させ、それが高率の小作料を発生させたと解釈した。つまり高率の小作料は、農地の賃貸市場における需給関係から説明されるとした。

このため小作料の性格を、講座派が半封建地代、労農派が近代的借地料とみなしていた。さらに小作料が、上記のとおり小作農が現物で収納（現物納）であった点も注目しておかなければならない。すでに第3章で指摘したように、地租改正によって地租が金納化されたため、それに合わせて小作料も一時は金納化される可能性があったが、実際には現物納のままであった。それが完全に金納化されるのは、戦後の農地改革を待たねばならなかったことを注記しておこう。

〈米作の長期動向〉

地主制について説明した以上は、その産業基盤である米作の長期動向にも言及しておこう。いま、明治以降における米の土地生産性に関する長期的傾向を、図8-1の上半分の実線の1反当たり収量（石）の5ヵ年移動平均値でみると、1900年代に入って上昇しており、それがほぼ1910年代を通じて達成された[16]。

第8章　天佑の経済的帰結　　399

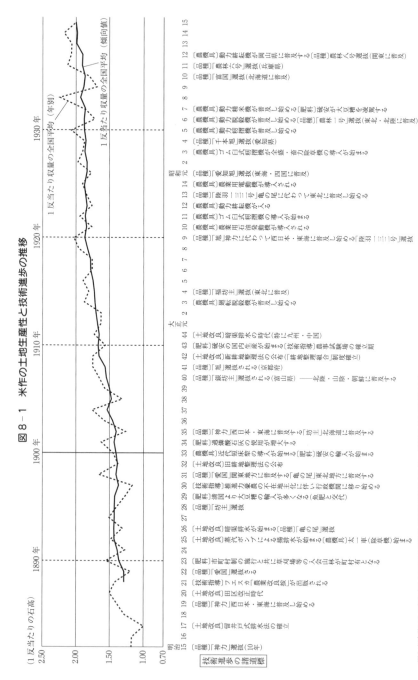

図8-1 米作の土地生産性と技術進歩の推移

(注) 傾向値はその年を含めた過去7年間のうち最凶最悪の2年間を除いた残り5年の平均値である。
(資料) 地方史研究協議会編『地方史必携』岩波書店、1952年の第6表より谷沢が作成（なお原資料は、『農商務統計表』『農林統計表』『明治以降における農業技術の発達 ―品種・肥料・農機具・土地改良・農業作物』全国農業改良所協議会、1952年）。

このような事実より、20世紀初頭の20年間に、あるいは地主制の確立直後の1900（明治33）年頃を起点として、米作環境が大きく変化したことに注目しなければならない[17]。この理由として、在来農法（いわゆる明治農法）が全国的に普及したり、民間でも老農が活躍したほか、農商務省が後押しして府県の勧業課による農事改良がおこなわれたりしたことがあげられる。特に農事改良が象徴しているように、1890年代以前には体系的な農業政策がほとんど実施されていなかったが、この時期になると農業振興による税源確保のほか地租軽減運動を支持する地主層を政府の側に引き寄せる目的で、多様な農業政策が開始された。

　ここで明治農法と農事改良について補足説明をしておく。まず明治農法とは、水稲作にあたって旧来の常時湿田・浅耕・少肥（刈敷施用依存）の農法に代えて乾田・畜力耕・金肥施用を導入することで、収量を増大させた技術革新のことである。もともと旧来の農業技術を整理・体系化したにすぎないが、以下のような特徴がある。

　第一は、水田の乾田化のために図8-1の下半分にあるように、1890年代より暗渠排水（後述）を敷設し始めたことである。乾田化をおこなうと、土中の窒素成分をイネに取り込み増収を図ることができるほか、裏作によって土地の利用率を上げることができた。

　また乾田化にともない、第二として畜力耕を利用することが可能となり、無床犂（正確には短体無床犂）を用いた馬耕が導入された。この無床犂とは、もともと福岡・熊本で多く使用されていた犂であり、抱持立犂と呼ばれていた。図8-2

図8-2　代表的な無床犂（短体無床犂）の概要

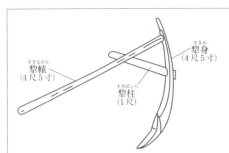

（補足説明）
1. 犂とは「作物の種まきをおこなう前段階として、牛馬で土壌を耕起するための農具（つまり英語名の「plow」）」であり、同音の鋤は「同様の作業を人力でおこなった場合の農具」である。
2. 無床犂には、短体無床犂と長体無床犂があるが、深耕の可能な無床犂とは左図のような短体無床犂（抱持立犂など）である。
3. 犂轅の轅とは、「牛車などの前方に長く突き出ている2本の棒のことであり、先端に軛をつけて牛や馬にひかせる部分」を指す。
4. 左図は、明治期における福岡県筑前地方の抱持立犂である。

（資料）上図は清水浩「和犂の形成過程と役割」大日本農会編『日本の鎌・鍬・犂』農政調査委員会、1979年の716頁の第53図と筑後市郷土資料館のHP。（補足説明）は河野通明「「民共からの歴史学」への30年」神奈川大学経済学会編『商経論叢』第45巻第4号、2010年と同博士の説明にもとづき谷沢が作成。

のように<ruby>犁床<rt>すきどこ</rt></ruby>がなく安定が悪く操作しにくい欠点があったが、深く耕すことができるため農業生産力の発展に大きく寄与した。そしてこれら2つの技術を組み合わせた「乾田馬耕」と呼ばれる方法が九州で生まれて、その後は中部・関東の犁を使用していなかった地域や新潟・東北地方など、東日本に普及していった（なお1900年代になると、図8-1のように近代短床犁が開発されて従来の犁に代わっていった）。

　第三は、施肥技術の改良や輸入・製造である。この背景には、地租改正によって入会山がなくなり自給肥料を生産できなくなったため、日清戦争以前は魚粕・油粕、同戦後は大豆粕など、いわば購入肥料（金肥）が使用されていた。しかし20世紀に入ると、図8-1のように硫安等の化学肥料が輸入・国内生産を開始したことで生産性が上昇してきた。

　そして第四に、図8-1の下半分にある「神力」、「亀ノ尾」といった米の品種改良があげられる。「神力」は兵庫県の老農・丸尾重次郎が1877（明治10）年に、「亀ノ尾」は山形県の老農・阿部亀治が1896（明治29）年に、それぞれ完成した品種であり、地方ごとに品種の統一化を進めた。これらはいずれも、選抜・比較栽培試験という在来の品種改良技術を基礎として完成したものであった。

　このほか塩水選（播種に先立ち、良好な生育の望める充実した種子を選別する選種法）、短冊苗代（水田または畑に短冊型のまき床を作った苗代のこと）、<ruby>雁爪<rt>がんづめ</rt></ruby>打ち（雁爪という農具で田を耕したり、草を取ったりすること）なども、この時期から実施され始めた明治農法である。

　次に農事改良について。この関連では、1896（明治29）年以降に治水・利水・耕地整理が実施されるようになった点が重要である。この背景には、図8-1のように河川法（1896年）、森林法・砂防法（1897年）の河川三法が施行されたことで、水田用の水利問題が積極的に解消されるようになったことがある。例えば静岡式田区改正・石川式田区改正は、いずれも静岡県・石川県の篤農による在来農法が注目を集めて普及された耕地整理法であるが、これらは河川法等の施行によって実施が活発化した。それでも一部の地主の反対がその推進に大きな障碍となっていたが、それも1899（明治32）年に耕地整理法（いわゆる旧耕地整理法）、1909（明治42）年に新耕地整理法が公布されたことで解決した。また従来は耕地の形状を変更するのみであったのが、耕地整理法によって灌漑排水を主体とする工事がおこなえるようになった。

　さらに1910（明治43）年には、大蔵省預金部資金が日本勧業銀行を通じて貸し

下げられ、これらの資金で作られた暗渠排水、揚水機場の設置、そのためのセメントの利用などによって、用排水施設の変革が実現した。もっとも以上の各政策は、1899（明治32）年に施行された農会法にもとづき、町村農会—郡農会—府県農会—帝国農会といった系統的な組織体制により上から強制的に実施されたため、いわゆる「サーベル農政」とも呼ばれていた。

　ところで1890年代以降は、生活水準が向上し米の消費が増大してきたことも大きな変化である。そして消費量が生産量を上回る状態が続いたことで、食糧需給が逼迫し始め、図5-4で確認できるように米価が上昇してきた。このためわが国は、1897（明治30）年を境として米の輸入国に転じ、それ以降は米の輸入量が増加し始めたほか、各産地の米が格付けされてブランド化の端緒となった。特に米の輸入の関連では、移入米（朝鮮米、台湾米）が全流通量の10％を占めるようになった。ただし1914〜17（大正3〜6）年春ごろは、連続豊作によって米価は暴落したが、1918（大正7）年より特に米価の騰貴が激しくなった。

　このような状況のなか大問題が発生した。1918（大正7）年7月にこの米価高騰を阻止しようと、富山県魚津町で米騒動が発生したのである。この米騒動は、富山県内では魚津のほかの地域でも発生したほか、兵庫県内では富山県内よりも早い段階で発生しているなど、最終的には全国に波及して大きな社会問題となった。

　米騒動の発生原因については、様々な理由があげられている。まず上記のとおり米需要が増加傾向にあり、米価を引き上げつつあったことを第一にあげておこう。ちなみに米の需要量は、1920（大正9）年に1人当たり米消費量がピークとなっていた。また第1次大戦の長期化によって軍用米の需要が増したこと、商人がシベリア出兵を当て込んで米穀投機をおこなったこと、地主による売り惜しみがおこなわれたこともあげられる。日本の出兵期間は、1918（大正7）年8月〜22（大正11）年10月であった。

　さらに新聞が米価の高騰を連日煽り、社会不安が増大した。この関連では、大阪朝日新聞が「鈴木商店は米の買い占めを行っている悪徳業者である」と攻撃したため、鈴木商店の本店が焼き打ちにあった話が有名である。

　米騒動に対して、政府は1917（大正6）年9月に暴利取締令を出し、米・鉄・石炭・綿等の買い占めや売り惜しみを禁止したが、その効果は現れなかった。その後1920年9月には、一転して恐慌下で米価が暴落したため、政府は1921（大正10）年4月に、米価調節を目的として米穀法を公布・施行した。さらに1920

第8章　天佑の経済的帰結　　403

年代には、米作の技術進歩が停滞し、図8-1のように土地生産性が伸び悩んだ。このため政府は、植民地における産米増殖計画を進めて米の移入による米価安定策を整備した。

なお1920年代には、小作争議も激化した。そこでは小作農が地主に小作料の減額を要求し、特に1922（大正11）年の日本農民組合（日農）設立後は、全国的な組織的農民運動が高揚して、小作料減免・耕作権確立を掲げた。また地主の利益に制限を与えるべきとの意見が多くなってきた。

(5) 金融経済の肥大化

さらに、この時期の金融動向を説明しておこう。そのキーワードは「マネーサプライ」である。マネーサプライとは、経済全体に供給されている通貨の総量のことであるが、初めにその全体の動向から説明する。

〈マネー急増と金輸出禁止〉

マネーサプライは、表8-8でわかるように1910年代に一貫して急増した。なお現在の経済統計では、マネーサプライを"マネーストック"と呼んでいるが、以下では過去の議論に倣いマネーサプライと呼ぶ。

このようにマネーサプライが急増した理由として、第1次大戦前は日露戦後恐慌の影響が長期化していたなか、政府が積極的な外資導入をおこなったこと（表8-2を参照）、第1次大戦にともなって貿易黒字が28億円（1914～18［大正3～7］年計）となったことで、外国為替銀行の円資金供給が活発化したことがあげられる[18]。そのほかコール・マネー市場（銀行間短期信用）や証券市場が急速に整備されたことも、マネーサプライを増加させる要因となった。政府は、正貨を対外支払や対外投資用として買い取ったほか、一部を発券準備から外したが、マネーサプライの大幅な圧縮とはならなかった。

マネーサプライの急増は、図5-4の米価で代表されるように1918（大正7）年以降の物価騰貴（インフレ）をもたらしたほか、その物価騰貴が投機熱を煽ったため、「バブル経済」の発生を引き起こした。さらにここで大きな問題が発生した。それは、第1次大戦下で欧米諸国が金輸出や金兌換を禁止したことである。これらの禁止は金本位制の停止を意味するが、それは第1次大戦によって増大した対外支払い用として、政府に金貨を集中させる必要があったため生じた。このため大戦の進展につれて、イギリスが正貨準備を擁護するために金の対外流出に厳し

表 8-8　マネーサプライの推移

(単位：百万円、％)

年　末	現金通貨		マネーサプライ(M1)		マネーサプライ(M2)	
	金　額	対前年比	金　額	対前年比	金　額	対前年比
1907(明治40)年	519	6.6	1,402	−7.1	1,845	−2.1
1908(明治41)年	510	−1.8	1,350	−3.7	1,816	−1.6
1909(明治42)年	529	3.8	1,494	10.6	2,036	12.2
1910(明治43)年	594	12.3	1,613	8.0	2,244	10.2
1911(明治44)年	640	7.8	1,743	8.0	2,418	7.7
1912(明治45)年	658	2.7	1,796	3.1	2,600	7.5
1913(大正2)年	638	−3.0	1,810	0.8	2,749	5.7
1914(大正3)年	582	−8.8	1,771	−2.2	2,795	1.7
1915(大正4)年	637	9.5	2,067	16.7	3,207	14.7
1916(大正5)年	835	31.1	2,847	37.7	4,302	34.1
1917(大正6)年	1,119	34.0	4,082	43.4	6,271	45.8
1918(大正7)年	1,542	37.8	5,296	29.7	8,788	40.1
1919(大正8)年	2,086	35.3	6,664	25.8	10,836	23.3
1920(大正9)年	1,936	−7.2	7,064	6.0	10,787	−0.5
1921(大正10)年	2,115	9.2	7,624	7.9	11,631	7.8
1922(大正11)年	2,096	−0.9	7,501	−1.6	11,690	0.5
1923(大正12)年	2,164	3.2	7,459	−0.6	11,917	1.9
1924(大正13)年	2,131	−1.5	7,425	−0.5	12,447	4.4
1925(大正14)年	2,097	−1.6	7,368	−0.8	13,038	4.7

(注) 1. 現金通貨は、日銀券、台銀券、朝銀券、政府小額紙幣、補助貨の流通高または発行高。
　　 2. マネーサプライ M1 は、現金通貨＋当座性預金。
　　 3. マネーサプライ M2 は、M1 ＋定期性預金。定期性預金の範囲とした金融機関は、普通銀行、貯蓄銀行、特殊銀行、無尽会社、市街地信用組合、産業中金。
(資料) 朝倉孝吉・西山千明編『日本経済の貨幣的分析』創文社、1984 年の 35-36 頁より谷沢が作成。

い規制を加え、最終的にはロンドン（シティ）の為替決済市場が活動を停止した。

　このようなイギリスの規制のため、金取引の自由なアメリカ（ニューヨーク）で貿易決済がおこなわれるようになり、アメリカから決済代金としての金が流出することとなった。これを阻止するために、アメリカもついに 1917（大正 6）年 9 月に金輸出を禁止したことで、各国間での為替手形の輸送が途絶していった。

　これらの動きに対応して、日本も金輸出の禁止を決断した。もっともわが国では、上記の動き以外に金輸出を禁止しなければならない様々な理由があった。すなわちアメリカの金輸出禁止前は、かなりの金額の金がアメリカから日本に流入していたが、金輸出禁止後は流入してこなくなったため、為替銀行が為替資金の欠乏問題に直面した。この状況で日本のみが金本位制を維持していたため、円投機がおこって円の為替相場が金現送点を超えて騰貴したにもかかわらず、その円

第 8 章　天佑の経済的帰結　　405

を金に兌換して国際収支が黒字のもとで金が流出するおそれが生じた。

　さらに近い将来に発生する対中国投資のために、正貨を蓄積しておきたい政治的判断があった。ちなみに金輸出を禁止しないと正貨が減少しかねなくなったこともあげられる。ちなみに金輸出禁止までの期間における金貨兌換高（つまり金貨流出高）の内訳は、表8-9のとおりである。この表から、1916・17両年に銀価格の高騰と対中国為替相場の下落によって、中国人への金貨流出額の割合が急増したことがわかる。

　金本位制からの離脱は、以下の各法律によって実施された。まず1917（大正6）年9月に、金輸出禁止令（大蔵省令第28号。正式名称は「金貨幣又ハ金地金輸出取締ニ関スル件」）を制定した。これによって金銀貨と金銀地金の輸出は禁止された。ただしこの法令の施行後も、兌換銀行券の兌換が禁止されていなかったため、銀行券を金貨に換えたり地金を収集したりして、それらで器物を製造して輸出する者が現れた。これを防止するために、1918（大正7）年8月に金銀製品・同合金輸出禁止令（大蔵省令第38号）が出された。これらの法律によって、わが国は金本位制から離脱し管理通貨制度に移行した。また日銀も事実上、金貨兌換を停止した。

　ここで、1つの疑問が発生するはずである。なぜ、金本位制廃止ではなく、金輸出禁止令なのか？　この理由は、金本位制を廃止するためには、貨幣法に関す

表8-9　請求者別金貨兌換高の推移

（単位：千円、%）

	1912年	1913年	1914年	1915年	1916年	1917年	1918年
外国銀行	21,474	23,408	27,942	39,977	1,000	1,002	—
	93.2	98.1	92.7	95.9	3.2	1.2	—
中国人	232	41	252	198	28,357	56,150	193
	1.0	0.2	0.8	0.5	90.0	69.8	5.5
国内貴金属商	1,069	195	37	1,229	1,474	251	—
	4.6	0.8	0.1	2.9	4.7	0.3	—
本邦為替銀行	—	—	—	—	—	22,260	1,350
	—	—	—	—	—	27.7	38.5
その他	267	209	1,901	300	670	749	1,962
	1.2	0.9	6.3	0.7	2.1	0.9	56.0
合　計	23,042	23,853	30,132	41,704	31,501	80,412	3,505
	100.0	100.0	100.0	100.0	100.0	100.0	100.0

（注）1. 上段は金貨兌換高、下段は構成比を示す。
　　　2. 1917年の計数に不突合があったが、原計数のままとした。
（資料）日本銀行編『日本銀行百年史』第3巻の414頁の表6-1（原資料は、日本銀行保有資料である）。

る国会の審議・議決が必要となる。この手続きは、野党の反対にあって面倒であるほか機動的に対応できないため、大蔵省令で迅速に対応した。すなわち金本位制は継続しているが、その運用面で輸出にあたっては大蔵大臣の許可が必要となるため、それを許可しなかったことで実質的には廃止と同じ効果が得られたわけである。法律上では、この措置は金本位制が「一時的に停止された状態」を意味していた。また余談ながら、貨幣法は第2次大戦後も停止され続け、その廃止は何と 1988（昭和63）年であった。

〈大正バブルの発生〉

　マネーサプライの急増は、いつの時代も必然的にバブルに結び付くものである。1919（大正8）年の景気も、一言でいうとバブル経済であった。図7-8をみても、この時期の景気上昇が過去の上昇局面と比べていかに激しいものであったか、理解することができるはずである。このため最近は、同年の景気上昇は「大正バブル」と呼ばれて、1990年前後の平成バブル期と対比させて論じられることが多い。ただしバブルのピークを厳密にみると、図7-8では多数の経済指標を統計処理しているため 1917・18（大正6・7）年の両年になっており、上記の主張と一致していない。とりあえず以下では、株価・米価等の代表的な景気（金融）指標の動きに注目するため、バブルのピークを表8-10のように 1919（大正8）年 10月〜20（大正9）年 3月ごろとみなして話を進めていく。

　このバブルは、図8-3のようなメカニズムで発生した。すなわち大戦中の戦時需要によって綿紡績等の輸出量が増大したほか、それを輸送したり戦争当事国に代わって需要を掘り起こしたりした海運が活況を呈した。これらの需要好調は新たな設備投資の活発化に結び付き、他方では輸入の途絶が国内需要の真空状態を作り出し、これらを契機として重化学工業化が進んで産業構造の高度化がもたらされた。輸出の好調が続くことで正貨の蓄積が急速に進んだほか、債権国化に転じたことも重要である。

　さらに好調な企業収益や労働運動の激化から賃金の上昇がおこり、それが消費支出の増加を引き起こした。ただし消費支出の増加は、いままでと異なった動きをしつつあった面も無視できない（コーヒーブレイク「近代日常生活の登場」を参照）。労働需給の逼迫は、終身雇用、年功序列型賃金制度の形成ももたらした。また売上高の増加が継続されることで、強気の見通しやインフレ・マインドが形成され、

第8章　天佑の経済的帰結　*407*

表8-10　第1次大戦後の諸商品および株式価格の推移

	内外物価指数(第1次大戦前の1914年7月=100)			大阪綿糸先物(円)		横浜生糸先物(円)		東京米穀定期先物(平均,円)	株価指数(日銀調べ)
	東京	ロンドン	ニューヨーク	高	低	高	低		
1918年8月	216	244	221	419.9	369.0	156.5	150.3	27,750	190.10
9月	222	243	220	424.9	385.5	155.0	147.5	26,980	187.98
10月	227	242	220	419.5	358.6	164.8	149.0	33,230	180.78
11月	225	242	220	361.1	299.9	167.7	153.8	34,250	192.12
12月	225	235	220	341.5	288.0	156.4	146.5	37,610	183.89
1919年1月	221	228	214	338.9	309.5	151.5	129.8	38,480	178.20
2月	219	226	204	340.9	319.8	141.6	126.3	38,180	173.81
3月	213	223	199	340.9	314.0	144.5	133.0	30,670	176.18
4月	213	225	200	362.1	315.4	162.5	142.0	30,710	182.56
5月	221	233	199	439.8	342.6	194.0	154.5	33,790	189.71
6月	235	241	209	497.5	418.9	228.8	179.0	36,020	208.16
7月	254	251	218	520.1	459.9	238.4	194.0	36,960	222.45
8月	258	254	231	522.5	475.5	221.9	204.1	37,280	223.41
9月	265	257	225	547.2	502.0	232.0	215.0	36,620	244.38
10月	280	265	226	596.0	542.9	279.8	237.1	40,710	244.17
11月	294	272	230	699.0	587.0	324.6	277.5	47,840	233.51
12月	303	287	233	659.4	521.6	347.0	305.1	50,810	233.64
1920年1月	317	303	235	597.0	532.8	444.0	356.0	50,600	250.84
2月	330	318	241	643.0	570.9	384.9	333.0	50,010	246.85
3月	338	326	240	649.1	605.5	362.5	310.6	49,930	225.41
4月	316	321	239	595.5	399.9	228.6	210.0	42,120	165.68
5月	286	320	240	434.2	345.7	243.1	143.0	40,360	149.18
6月	261	306	230	394.7	260.0	190.6	127.5	31,710	113.11

(注) 1. 1919年10月～1920年3月の点線で囲まれた部分は、1919年の大正バブルを指す。
　　 2. 網ガケは、ピークの時期を示す。
(資料) 高橋亀吉『大正昭和財界変動史』(上巻) 東洋経済新報社、1954年の164頁の第1表をもとに谷沢が作成。

　それが一般物価の上昇を引き起こした。このような好況を背景とした強気の見通しは、株式の増資や企業の新設などに向けた株式投機や商品投機を発生させ、既述のような金融経済の急激な拡大と逼迫をもたらした。

　このようにバブル経済期の特徴として、投機思惑、企業熱(つまり企業の新設や拡張)、過剰生産、激しいインフレが同時に発生していた。まず投機思惑に関して、高橋亀吉は著書『明治大正期財界変動史』上巻で、「その規模、その範囲、その熱狂度、その急激性等において、国内的にはもちろん、世界史上においても未曾有といってよいほどの激しいものであった」(172頁) と指摘している。

　投機の動向については表8-10を参照してほしい。この表によると、綿糸布、生糸、米などの商品投機(大阪綿糸先物相場、横浜生糸先物相場、東京期米[先物]相場)、株式投機などが、1919 (大正8) 年の年末から1920 (大正9) 年の3月にかけてピークを迎えた。また企業熱に関しては、事業の新設拡張計画が1919・20年に倍

図8-3　大正バブルの発生メカニズム

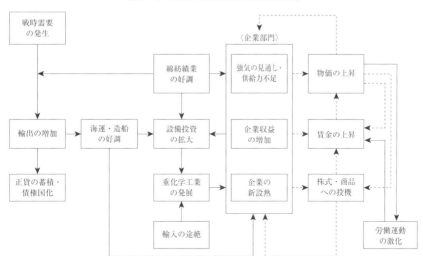

(注)　実線は実体経済現象や社会運動の因果関係、点線は金融現象の因果関係を示す。
(資料)　谷沢が作成。

増または数倍増した。土地投機については、日銀『本邦財界動揺史』が東京市では日本橋付近の地価がバブル前に坪1000円であったのが、3000円前後に達したと記述している。

　余談ながら、大阪の株式仲買人・岩本栄之助が大阪市中之島にネオ・ルネサンス様式の公会堂（現、大阪市中央公会堂）を寄贈したのも、この時期の話である。ただし同人は、第1次大戦による相場の変動で大きな損失を出し、公会堂の完成を見ないまま1916（大正5）年に自殺した。その一方で、日銀井上準之助総裁は、バブルの動向に対して以下のような認識を記述している。「其の景気の拡がる力と範囲の広いことは、昔の言葉に『燎原の火』といふことがありますが、……冬の初めに広き野原に行って、枯れ草に火を点けて、風が吹くとぱつと拡がる、其の時の様子とちっともかわりませぬ」[19]。それゆえ井上は、激しく燃え上がった大正8年の好況を根拠のない空景気である、と繰り返し述べていた。

　それでは投機過熱が発生した理由は何だったのか。国内・海外の側面から様々な要因が考えられる。まず国内の要因としては、大戦景気の間に蓄積された国民の購買力による需要の増加が根強かった。そして清算市場や信用取引によって商品の空売買がおこなえたことや、農産品価格や賃金給料等が時間的にズレて引き

第8章　天佑の経済的帰結　409

上げられてきたといった要因も指摘されている。他方、海外要因としては、アメリカの好景気から生糸・絹製品を中心として輸出が好調であり、これが第1次大戦の終結にともなう輸出減少をカバーしていた。ただし当時、貿易収支は赤字に転落していたが、貿易外を含めた経常収支が黒字を示すなど、第1次大戦中の国際収支のパターンを維持していた。しかしアメリカが1919（大正8）年6月に金輸出禁止措置を解除したため、第1次大戦中に蓄積した在外正貨の流入が進み、これが景気の先行きにとって好材料となったこともあげられる。

　政府・日銀は、投機抑制政策として以下の政策を実施した。まず1919（大正8）年10月6日に、日銀は公定歩合を日歩1銭8厘（年利6.57%）から2銭（同7.30%）へ引き上げたほか、同年10月20日には大蔵次官が、各地方長官に対して金融業者の投機資金貸出の取締に関する通牒を出した[20]。また翌11月11日には、政府による生活物資（綿糸布・大豆・生牛肉・鳥卵等）の輸入税を減免（特に綿糸布は投機思惑の中心であった）したほか、綿糸の輸出を禁止した。これは物資の直接的需給調整を目的とした思い切った措置であった。さらに11月19日には、日銀が公定歩合の再引き上げをおこない、日歩2銭2厘（年利8.03%）になった。

　これらの日銀による2度にわたる公定歩合の引き上げと大蔵次官による警告にもかかわらず、著しい投機熱と企業熱は鎮静しなかっただけでなく、翌年にはいよいよ白熱化した。わずか40日間に2度、矢継ぎ早に公定歩合の引き上げをおこなったが、そのタイミングを逸していたことは否めない。当時の日銀総裁・井上準之助が指摘しているように、1919（大正8）年8月に最初の引上げをおこなうべきであった。ただしこの時期に素早く引き上げたとしても、市中の資金が潤沢にあったため投機熱を確実に抑えられたかどうかは疑問である。つまり金利引き上げ効果は著しく制限されていた可能性が強い。

　このほか投機資金貸出の取締に関する通牒を出して、かなり激しい言葉を使って厳重に取り締まるように要請していたが、投機熱の抑制にはほとんど効果がなかった。すでに投機人気が熱狂化し始めていたので、このくらいの投機抑制対策では効果なく、投機思惑は加速度的に進行したのである。

〈コーヒーブレイク：近代日常生活の登場〉

　現代のわれわれが日常生活でおこなっている様々な行動や事象は、意外に歴史の浅いものであることに驚かされる。全国至るところにある「銀座商店街」は、1920年代の消費活動の活発化にあたって大きな影響を与えたが、実は関東大震災後の復興のなか東京市内で同時発生的に現れてきたものである。この事例に代表されるように、近代日本では第1次大戦や関東大震災といった歴史の転換点を経験することで、消費支出や余暇活動など日常の生活行動が大きく変化してきた。それゆえある研究者は、この時期になって「行楽」という用語が普及し始めたことを指摘するが、別の研究者は「日常生活の時代」と呼んでいる。いわば第1次大戦を経て、命を繋ぐことに精一杯であった「日常」から、暮らしに潤いを求める「日常」へと、日常を客観的・冷静に見つめ直す生活上の視点が現れてきた。

　もちろん消費支出や余暇時間の増加は、経済理論の教えるように所得水準の上昇で発生した部分もある。この点は、1人当たり粗国民支出と個人消費支出がともに上昇傾向にあったことから確認できる。しかし、そればかりではない。エンゲル係数も1920年代に入って明確に低下してきた（詳しくは、谷沢『近代日常生活の再発見』の9頁の図序を参照）。この事実は、人々の消費活動に構造変化が発生したことを示している。おそらくこの背景には、新商品を前面に押し出したポスター、女優をつかった宣伝・広告など、消費を刺激する多数の仕掛けがあったほか、企業側が新たな風習・慣習を作り出すことさえ積極的におこない、消費者側もそれに応じたからであろう。これらは農村部の住民に対する新たな購買意欲を掘り起こしたほか、都市部では大手鉄道会社による住宅地・行楽地の開発・デパートの開業など、多様な消費シーンを創出しながら進んでいった。特にデパートに代表される都会の新たな消費文化の登場は、人々に日常生活の夢を提供し続けていくことで、戦後に通じる新たなライフスタイルを提供することとなった。

　柳田國男は、『明治大正史：世相編』（1931年）のなかで、このような流行の発生を以下のように的確に記述している。「洋銀といふのは銀で無い金属であつたが、銀と名が付く為に相応に売れた。新縮緬といふ名は絹糸織で無いものを、沢山に買はしめる宣伝名であつた。大正に入つてからはさういふ品の多数が、必ず文化といふ二字を頭に置いたのも一現象であつた。買物の興味を普遍ならしめるが為に、都市はあらゆる力を傾けて地方と個人との趣味を塗り潰した。その大きな武器は亦、他でも多数の人が之を喜んで居るという風説であつた。斯ういふ点にかけては元は我々は気の毒なほど従順であった」（360頁）。ここで洋銀（または洋白）は、銀白色をした銅・亜鉛・ニッケルの合金であり、銀の代用品として使用された。

　一度、このような仕組みができあがると、人々の噂話・風評が商品の販売増加に結び付いてくる。例えば、上記の「文化」といった用語に「斬新な、おしゃれな」といった新たなイメージを与えると、「文化住宅」「文化生活」といった名称を使用しただけで売れるようになった。都市部の中産階級は、これらの新たな消費活動の主役となっていった。筆者は、以上のような状況を上記の自著のなかで「近代日常生活」と命名して、それ以前の消費活動と大きく変質したことを指摘した。消費はあくまで、所得の単純な増加関数ではなく、欲望の達成手段としての複雑性を備えているのである。第1次大戦前後の消費行動では、このような大きな構造変化が発生していた点に留意する必要があろう。

第8章　天佑の経済的帰結　411

註

(1) 井上馨侯伝記編纂会編『世外井上公伝』第5巻、1934年の367頁。

(2) この詩は、畑中章宏『蚕 絹糸を吐く虫と日本人』晶文社、2015年の74-75頁より入手した。なお19世紀末から20世紀初めにかけてのわが国の貿易構造については、奥和義「日本貿易の発展と構造―1885～1913年」『関西大学商学論集』第56巻第2号、2011年がコンパクトにまとめている。

(3) ストックボートとは、新規造船の受注がない間に、社員や設備を遊ばせることを避けるために独自に造られた船のことである。船主となる販売先が募られるため、ストックボートの造船後に船価が上がれば造船所の利益となるが、船価が下がれば損失となるおそれがある。

(4) ネイバル・ホリデーの具体的内容は、以下のとおり。すなわち既存の戦艦については、1艦が3万5000トン以下、主砲は40センチ砲以下に制限され、日本の保有量は合計基準排水量を31万5000トンと決められた。また発効時点で建造中であるか、もしくは艦齢10年以上の戦艦・巡洋戦艦は（一部の例外を除いて）廃棄処分されたほか、新規建造は10年間凍結（以後は艦齢20年以上経過した艦の代替となるもののみ建造を認める）とした。なお巡洋戦艦とは、船体と主砲は戦艦のそれに準じていたが、装甲は巡洋艦並みであったほか、機関の出力は戦艦を上回っていた。つまり軽装甲と引換えに高速力を得ており、あくまで装甲巡洋艦から進化した軍艦であった。

(5) 以下の工作機械業界の情報は、おもに長尾克子『工作機械技術の変遷』日刊工業新聞社、2002年より入手した。

(6) 尾高煌之助『職人の世界・工場の世界』リブロポート、1993年の214頁の図6-1を参照。

(7) 長尾『工作機械技術の変遷』の202頁。なお呉海軍工廠にあったこのホブ盤は、第2次大戦直後に急遽、賠償前引渡として中国によって上海・天津に移動されたという。

(8) 『日本国語大辞典』小学館によると、財閥という用語が使用されている文献で最も古いのは、『直言』2・8号、1905年のなかの「吾人の見る所に依れば、日本紳士閥は左の六閥を以て組織せらる。曰く藩閥、曰く党閥、曰く財閥、曰く宗閥、曰く門閥、請ふ少しく之を語らん」であるという。この使用例からわかるように、当初は資産家集団といった意味で使用されたにすぎない。

(9) 森川英正『財閥の経営史的研究』東洋経済新報社、1980年の4頁。

(10) コンツェルンとは本来、独占的な巨大企業集団でありその構成会社はいずれも株式会社形態とみなされているが、本書ではこれらの表現をあえて除外している。その理由は、家族経済史や経営史の視点から地方圏でファミリービジネスをおこなっている小規模資産家集団も視野に入れていこうと考えているからである。この視点からの財閥等（正確には資産保全集団）の再定義については、谷沢弘毅『近代日本の所得分布と家族経済―高格差社会の個人計量経済史学』日本図書センター、2004年の第2章第2節が詳しい。

(11) 東神倉庫の前身は元三井銀行倉庫部であり、現在の三井倉庫のことである。社名は、主要な営業所が東京、神戸にあったことから、益田孝が両地の頭文字をとって「東神」と名付けた。

(12) このような分類は、三和良一『概説日本経済史 近現代［第2版］』東京大学出版会、2002年の80頁で紹介されたものである。

(13) このような説明の背景には、戦前・戦後に圧倒的な影響力を保った山田盛太郎『日本資本主義分析』1934年（本書では、岩波文庫本を利用）に記述されている、以下のような戦前の地主制に関する強烈なイメージが影響しているのかもしれない。「日本資本主義の根本的特徴は、厖大なる半農奴制的零細耕作の地盤の上に、広汎なる半隷農的零細耕作農民および半隷奴の賃銀労働者の労役土壌の上に、巨大なる軍事機構＝鍵鑰産業

の体制を強作用的に構築するに至っている必然性に基く基本矛盾」(199頁)。

(14) このほかに寄生地主制を江戸時代の質地地主制と異なる制度とみなす考え方もある。この代表例は中村政則『近代日本地主制史研究』東京大学出版会、1979年であり、そこでは「幕末・維新段階では、地主の支配的形態はなお質地地主段階にとどまっており、これを寄生地主としてとらえることは許されないと考える」(86頁)と指摘している。また「生産的機能を営まずに、小作料に寄生して、財産的富を蓄積する農民的存在を「寄生地主」と規定するだけなら、そのような存在は幕藩体制社会にもいくらでも見出すことができる」(82-83頁)ため、「寄生地主範疇は帝国主義の歴史的所産であるという観点を明確にしなければならない」(83頁)と力説している

(15) 地主制の確立時期については、安良城盛昭の主張する「明治20年代初頭説」と中村政則の主張する「明治30年代説」があるが、今日では中村説を支持する研究者が多い。このため本書でも、明治30年代説を採用したが、後述の安孫子麟のようなニュアンスの異なる議論も紹介しておいた。安良城の説は、安良城盛昭「日本地主制の体制的成立とその展開—明治30年における日本地主制の地帯構造を中心として」同『天皇制と地主制』(下巻)塙書房、1990年。中村の説は中村「地主制」大石嘉一郎編『日本産業革命の研究』(下巻)東京大学出版会、1975年を参照のこと。なお寄生地主制についてはそのほかにも論争があるが、それについては大石嘉一郎「マニュファクチュア論争と寄生地主制論争」塩澤君夫・後藤靖編『日本経済史』有斐閣大学双書、1977年の197-200頁が詳しい。

(16) なお図8-1の実線は、図中でも説明されているように、対象年次を含めた過去7年間のうち、最凶・最豊の2ヵ年を除いた残り5ヵ年の単純平均として計算されている。このような方法で算出された平均値をトリム平均(あるいは刈り込み平均)と呼んでいるが、これは異常値によって傾向値が影響を受けないようにする手法であり、実務上ではしばしば利用されている。トリム平均については、谷沢弘毅『コア・テキスト　経済統計』新世社、2006年の123頁も参照のこと。

(17) このように1900年頃を起点として米作が変質したという主張は、守谷志郎「農業生産力の展開と地主制」楫西光速編『日本経済史体系』第6巻(近代下)東京大学出版会、1965年の297頁でも指摘されている。

(18) ここで当期における日銀券の増発は、正貨準備を積み増したために発生したのではないことに注意すべきである。すなわち外為銀行が日銀から企業向けの外為貸付金を調達するにあたって、日銀に「外為貸付受領書」(これは日銀の保証準備となる一種の「証券」)を差し入れて同資金を調達した時点で、日銀券の増発がなされていた。しかも外為銀行がこの資金を日銀に返済する際には、正貨(金地金・外貨)によっておこなわれたため、前後関係からみると、日銀券の増発後に正貨準備の積み増しがおこなわれていた。以上の事情は、伊藤正直『日本の対外金融と金融政策—1914〜1936』名古屋大学出版会、1989年の110-111頁が詳しい。

(19) いずれも、『日本銀行百年史』第2巻、1983年の505頁(ただし原資料は、井上準之助「戦後に於ける我国の経済及金融」の28頁)。

(20) 公定歩合は、日歩(元金100円に対する1日当たりの利息)で表示される。単位は、銭(1/100円)、厘(1/10銭)、毛(1/10厘)である。ゆえに、日歩(銭)=年利(%)×100/365であるため、年利(%)=日歩×365/100となる。なお公定歩合という用語は、1919(大正8)年の日銀『営業報告』からであり、それ以前は「割引日歩」「割引料」「定期貸ノ利息」などの用語が使用されていた。この情報は、泉川節「日本銀行公定歩合制度・政策の推移」東畑精一ほか監修『わが国金融市場の形成』(財)金融経済研究所、1980年の11頁(ただし原資料は、吉野俊彦『日本銀行史』第4巻、春秋社、1978年の708頁)より入手した。

参 考 文 献

各章にまたがる通史・統計・辞典類

明石照男・鈴木憲久『日本金融史』全3巻、東洋経済新報社、1957・58年

朝倉孝吉『新編　日本金融史』日本経済評論社、1988年

安藤良雄編『両大戦間の日本資本主義』東京大学出版会、1979年

石井寛治『日本経済史［第2版］』東京大学出版会、1991年

石井寛治・原朗ほか編『日本経済史』全6巻、東京大学出版会、2000～2010年

宇田川勝・中村青志編『マテリアル日本経営史』有斐閣、1999年

大石嘉一郎編『日本帝国主義史』全3巻、東京大学出版会、1985～94年

大石嘉一郎・宮本憲一編『日本資本主義発達史の基礎知識』有斐閣、1975年

大石慎三郎・津田秀夫ほか『日本経済史論』御茶の水書房、1967年

老川慶喜・仁木良和ほか『日本経済史—太閤検地から復興まで』税務経理協会、2002年

塩澤君夫・後藤靖編『日本経済史』有斐閣大学双書、1977年

新保博『近代日本経済史』創文社、1995年

嶋田隆・矢木明夫『日本経済史』山川出版社、1978年

杉山伸也『日本経済史—近世～現代』岩波書店、2012年

高木久史『通貨の日本史—無文銀銭、富本銭から電子マネーまで』中公文庫、2016年

竹中靖一・作道洋太郎『図説　日本経済史［第8版］』学文社、1988年

玉置紀夫『日本金融史』有斐閣選書、1994年

土屋喬雄『日本資本主義史上の指導者たち』岩波新書、1939年

寺西重郎『戦前期日本の金融システム』岩波書店、2011年

中西聡編『日本経済の歴史—列島経済史入門』名古屋大学出版会、2013年

永原慶二『日本経済史』岩波全書、1980年

中村隆英『戦前期日本経済成長の分析』岩波書店、1971年

中村隆英編『戦間期の日本経済分析』山川出版社、1981年

西川俊作『日本経済の成長史』東洋経済新報社、1985年

西川俊作・尾高煌之助・斎藤修編『日本経済の200年』日本評論社、1996年

浜野潔ほか『日本経済史：1600-2000』慶應義塾大学出版会、2009年

原朗『日本経済史』放送大学教育振興会、1994年

三島四郎・作道洋太郎『貨幣—歴史と鑑賞』創元新書、1963年

南亮進『日本の経済発展［第3版］』東洋経済新報社、2002年

宮本又次ほか編『日本経済史』青林書院新社、1977年

宮本又郎・阿部武司ほか『日本経営史［新版］』有斐閣、2007年

宮本又郎・阿部武司ほか編『新版　日本経済史』放送大学教育振興会、2008 年

三和良一『概説日本経済史　近現代［第 2 版］』東京大学出版会、2002 年

谷沢弘毅『コア・テキスト　経済統計』新世社、2006 年

山口和雄『日本経済史［第 2 版］』（経済学全集、第 5 巻）筑摩書房、1976 年

山口和雄『日本の紙幣』保育社カラーブックス、1984 年

山崎志郎『新訂　日本経済史』日本放送出版協会、2003 年

山崎隆三編『現代日本経済史』有斐閣ブックス、1985 年

山田盛太郎『日本資本主義分析』岩波文庫、1977 年

山本弘文ほか『近代日本経済史』有斐閣新書、1990 年

梅村又次・新保博ほか編『日本経済史』全 8 巻、岩波書店、1988〜90 年

石井寛治・原朗ほか編『日本経済史』全 6 巻、東京大学出版会、2000〜10 年

明治財政史編纂会編『明治財政史』全 15 巻

大蔵省編『明治大正財政史』全 20 巻

日本銀行百年史編纂委員会編『日本銀行百年史』全 6 巻、1982〜86 年

日本銀行金融研究所編『〈増補・改訂版〉日本金融年表（明治元年〜平成 4 年）』同研
　　究所、1993 年

日本銀行統計局編『明治以降本邦主要経済統計』同局、1966 年

日本銀行貨幣博物館編 HP『貨幣の散歩道』全 54 話

日本銀行貨幣博物館編 HP『わが国の貨幣史』全 25 編

大川昌利編『貨幣の歴史学』日本銀行情報サービス局、2011 年

日本貨幣商協同組合編『日本貨幣カタログ　2014 年版』紀伊國屋書店、2013 年

大内兵衛・土屋喬雄編『明治前期財政経済史料集成』全 21 巻、改造社、1931〜36 年
　　（復刻版は、明治文献資料刊行会より 1962〜64 年に刊行）

内閣統計局編『日本帝国統計年鑑』第 1〜14 次

朝倉孝吉・西山千明ほか編『日本経済の貨幣的分析』創文社、1974 年

三和良一・原朗編『近現代日本経済史要覧［補訂版］』東京大学出版会、2010 年

安藤良雄編『近代日本経済史要覧［第 2 版］』東京大学出版会、1979 年

一橋大学経済研究所編『長期経済統計　推計と分析』全 14 巻、東洋経済新報社、
　　1965〜88 年

アンガス・マディソン（政治経済研究所訳）『経済統計で見る世界経済 2000 年史』柏
　　書房、2004 年（ただし原著は、2001 年刊行）

岩波書店編集部編『近代日本総合年表［第 4 版］』岩波書店、2001 年

社会経済史学会編『社会経済史事典』丸善出版、2021 年

高橋泰蔵・代表編『体系　金融大辞典』東洋経済新報社、1966 年

館龍一郎編『金融辞典』東洋経済新報社、1994 年

宮地正人ほか編『明治時代史大辞典』全 4 巻、吉川弘文館、2011～13 年

国史大辞典編纂委員会編『国史大辞典』全 15 巻、吉川弘文館、1979～97 年

『日本史大事典』全 7 巻、平凡社、1992～94 年

永原慶二編『日本歴史大事典』全 4 巻、小学館、2000 年

川北稔・樺山紘一ほか編『歴史学事典』全 16 巻、弘文堂、1994～2009 年

大阪市立大学経済研究所編『経済学辞典［第 3 版］』岩波書店、1992 年

岡崎次郎ほか編『現代マルクス＝レーニン主義事典』（上・下・別巻）社会思想社、1980～82 年

資本論辞典編集委員会編『資本論辞典』青木書店、1961 年

歴史科学協議会編『戦後歴史学用語辞典』東京堂出版、2012 年

『近代政治関係者年譜総覧［戦前編］』全 8 巻、ゆまに書房、1989 年

『近代政治関係者年譜総覧［追補戦前編］』全 2 巻、ゆまに書房、1998 年

日本産業技術史学会編『日本産業技術史事典』思文閣出版、2007 年

第 1 章　近代経済への助走

明石茂生「近世後期経済における貨幣、物価、成長」一橋大学経済研究所編『経済研究』第 40 巻第 1 号、1989 年

飯田泰之『歴史が教えるマネーの理論』ダイヤモンド社、2007 年

梅村又次「幕末の経済発展」近代日本研究会編『幕末・維新の日本』（年報・近代日本研究 3）山川出版社、1981 年

大石慎三郎「「正徳四年大阪移出入商品表」について」学習院大学経済学部編『経済論集』第 3 巻第 1 号、1966 年

大塚英樹「江戸時代における改鋳の歴史とその評価」日銀金融研究所編『金融研究』1999 年 9 月号

菊地利夫『新田開発』（上巻）古今書院、1958 年

鬼頭宏『文明としての江戸システム』講談社学術文庫、2011 年

小谷汪之「時代区分」『歴史学事典』第 6 巻、弘文堂、1998 年

斎藤修『プロト工業化の時代』日本評論社、1985 年

坂本賞三「江戸時代を「近世」ということ」日本歴史学会編『日本歴史』第 769 巻、2012 年 6 月

E. ジョーンズ（天野雅敏ほか訳）『経済成長の世界史』名古屋大学出版会、2007 年（ただし原著は、1988 年刊行）

新保博『近世の物価と経済発展—前工業化社会への数量的接近』東洋経済新報社、1978 年

新保博・斎藤修「概説 19 世紀へ」新保・斎藤編『近代成長の胎動』岩波書店、1989 年

高槻泰郎『近世米市場の形成と展開—幕府司法と堂島米会所の発展』名古屋大学出版会、2012 年

滝沢武雄『日本の貨幣の歴史』吉川弘文館、1996 年

谷本雅之「厳マニュ論争とプロト工業化論」石井寛治・原朗ほか編『日本経済史 1 幕末維新期』東京大学出版会、2000 年

近松鴻二「和暦の西暦表示についての提言」『東京都江戸東京博物館紀要』第 1 号、2011 年

辻善之助『田沼時代』岩波文庫、1980 年

成田龍一『近現代日本史と歴史学—書き替えられてきた過去』中公新書、2012 年

日本銀行貨幣博物館編 HP『貨幣の散歩道』の「第 24 話　元禄・宝永の改鋳」、「第 25 話　正徳・享保の改鋳」、「第 27 話　米将軍吉宗と元文の改鋳」「第 29 話　明和南鐐二朱銀の発行」

速水融「近世日本の経済発展」一橋大学経済研究所編『経済研究』第 30 巻第 1 号、1979 年

坂野潤治・大野健一『明治維新— 1858-1881』講談社現代新書、2010 年

古島敏雄『日本農業技術史』（下巻）時潮社、1949 年

古島敏雄『日本農業史』岩波全書、1956 年

本城正徳「近世の商品市場」桜井英治・中西聡編『流通経済史』（新体系日本史 12 巻）山川出版社、2002 年

三上隆三『江戸幕府・破産への道—貨幣改鋳のツケ』NHK ブックス、1991 年

三上隆三『江戸の貨幣物語』東洋経済新報社、1996 年

宮本又郎『近世日本の市場経済—大坂米市場分析』有斐閣、1988 年

宮本又郎「概説 17-18 世紀」速水融・宮本又郎編『経済社会の成立』岩波書店、1988 年

宮本又郎・上村雅洋「徳川経済の循環構造」速水・宮本編『経済社会の成立』岩波書店、1988 年

村井淳志『勘定奉行荻原重秀の生涯』集英社新書、2007 年

谷沢弘毅『経済成長の誕生—超長期 GDP 推計の改善方向』白桃書房、2019 年

第 2 章　移行期の通貨問題

浅井良夫「円の国際史とアジア」上川孝夫・矢後和彦編『国際金融史』有斐閣、2007 年

石井寛治・中西聡編『産業化と商家経営』名古屋大学出版会、2006 年

石井寛治『経済発展と両替商金融』有斐閣、2007 年

岩橋勝「徳川時代の貨幣数量—佐藤忠三郎作成貨幣有高表の検討」梅村又次ほか編『日本経済の発展』（数量経済史論集 1）日本経済新聞社、1976 年

梅村又次・中村隆英編『松方財政と殖産興業政策』東京大学出版会、1983 年

梅村又次・山本有造「概説一八六〇-八五年」梅村・山本編『開港と維新』（日本経済史 3）岩波書店、1989 年

大倉健彦「洋銀流入と幕府財政」神木哲男・松浦昭編『近代移行期における経済発展』同文舘出版、1987 年

岡田俊平『幕末維新の貨幣政策』森山書店、1955 年

奥村正二『小判・生糸・和鉄―続江戸時代技術史』岩波新書、1973 年

落合弘樹『秩禄処分―明治維新と武士のリストラ』中公新書、1999 年

小野一一郎「日本におけるメキシコドルの流入とその功罪（一）（二）（三）（完）」『経済論叢』第 81 巻、1958 年

オールコック（山口光朔訳）『大君の都―幕末日本滞在記』（上巻）岩波文庫、1962 年

鹿野嘉昭『藩札の経済学』東洋経済新報社、2011 年

佐藤誠朗『幕末維新の民衆世界』岩波新書、1994 年

芝原拓自『世界史のなかの明治維新』岩波新書、1977 年

高橋亀吉『日本近代経済形成史』第 2 巻、東洋経済新報社、1968 年

竹田陽介『コア・テキスト　金融論』新世社、2005 年

武田晴人「「両」制度の崩壊―幕末の金流出」日本銀行情報サービス局編『貨幣の歴史学』第 10 章、2011 年

鼇見誠良『日本信用機構の確立―日本銀行と金融市場』有斐閣、1991 年

寺西重郎「松方デフレのマクロ経済学的分析」梅村・中村編『松方財政と殖産興業政策』東京大学出版会、1983 年

日本銀行貨幣博物館編 HP『わが国の貨幣史』の「19. 幕末の金流出」「21. 円の誕生」

日本銀行貨幣博物館編 HP『貨幣の散歩道』の「第 35 話　両替商と銀目手形」、「第 40 話　開港と金流出」、「第 41 話　銀目廃止と太政官札」、「第 42 話　円の誕生」、「第 43 話　政府紙幣の発行と旧貨の整理」、「第 47 話　日本銀行の創設」

坂野潤治・大野健一『明治維新― 1858～1881』講談社現代新書、2010 年

福沢諭吉、富田正文校訂『新訂　福翁自伝』岩波文庫、1978 年

松尾正人『廃藩置県の研究』吉川弘文館、2000 年

三上隆三『円の誕生』講談社学術文庫、2011 年

安国良一「三貨制度の成立」日本銀行情報サービス局編『貨幣の歴史学』第 5 章、2011 年

山口和雄「藩札史研究序説」『経済学論集』第 31 巻第 4 号、1966 年 1 月

第 3 章　財政再建の抜本策

有島生馬「山の手麹町」東京日日新聞社編『大東京繁昌記　山手篇』平凡社ライブラ

リー、1999 年（ただし初版は 1928 年に春秋社）

飯田恭「日本とプロイセンの土地制度史的比較をめぐる新たな論点―近世農民の土地所有に関する相違」政治経済学・経済史学会編『歴史と経済』第 199 号、2008年 4 月

飯沼二郎『石高制の研究』ミネルヴァ書房、1974 年

磯田道史『武士の家計簿―「加賀藩御算用者」の幕末維新』新潮新書、2003 年

伊藤史雄『大隈重信』上下巻、中公新書、2019 年

岡田俊平「明治初期における荷為替金融」成城大学経済学部編『経済研究』第 8・9合併号、1958 年 9 月

小木新造『東京時代―江戸と東京の間で』講談社学術文庫、2006 年

落合弘樹『秩禄処分―明治維新と武士のリストラ』中公新書、1999 年

柏崎敏義「会計年度と財政立憲主義の可能性」明治大学法学部編『法律論叢』第 83巻第 2・3 合併号、2011 年 2 月

加藤幸三郎「政商資本の形成」楫西光速編『日本経済史体系』第 5 巻（近代上）東京大学出版会、1965 年

北島正元編『土地制度史Ⅱ』山川出版社、1975 年

経済企画庁編『平成 5 年版　経済白書』1993 年

小岩信竹『近代日本の米穀市場―国内自由流通期とその前後』農林統計協会、2003 年

佐々木寛司『地租改正―近代日本への土地改革』中公新書、1989 年

佐藤甚次郎『明治期作成の地籍図』古今書院、1986 年

佐藤正男「土地税制史―評価を中心として」税務大学校編『税大論叢』第 39 号、2002 年

鮫島信行『新版　日本の地籍―その歴史と展望』古今書院、2011 年

庄司吉之助「地租改正前後における農民運動―地代金納と地価修正をめぐって」福島大学経済学会編『商学論集』1955 年

陣内秀信『東京の空間人類学』ちくま学芸文庫、1992 年（ただし初版は 1985 年に筑摩書房）

滝島功『都市と地租改正』吉川弘文館、2003 年

地租改正事務局「地租改正報告書・地租改正例規沿革撮要・地租関係書類彙纂」大内兵衛・土屋喬雄編『明治前期財政経済史料集成』第 7 巻、1979 年

富田俊基『国債の歴史』東洋経済新報社、2006 年

丹羽邦男『明治維新の土地変革―領主的土地所有の解体をめぐって』御茶の水書房、1962 年

丹羽邦男「地租改正と秩禄処分」家永三郎他編『岩波講座日本歴史』第 15 巻（近代 2）岩波書店、1962 年

丹羽邦男『形成期の明治地主制』塙書房、1964 年

丹羽邦男「秩禄処分」大石嘉一郎・宮本憲一編『日本資本主義発達史の基礎知識』有斐閣、1975 年

E. H. ノーマン（大窪愿二訳）『日本における近代国家の成立』岩波文庫、1993 年（ただし原著は、1940 年刊行）

林健久・今井勝人ほか編『日本財政要覧［第 5 版］』東京大学出版会、2001 年

藤村通『明治財政確立過程の研究』中央大学出版部、1968 年

福島正夫『地租改正』吉川弘文館、1968 年

福島正夫『地租改正の研究［増訂版］』有斐閣、1970 年

古島敏雄『近世経済史の基礎過程』岩波書店、1978 年

山本義彦「日本資本主義論争に関する若干の覚書」『静岡大学経済研究』第 3 巻第 1 号、1998 年 6 月

第 4 章　未熟な勧業政策

有田博之・橋本禅・福与徳文・九鬼康彰「「町村是」における計画理念と技術」農村計画学会編『農村計画学会誌』第 33 巻第 3 号、2014 年 12 月

石塚裕道『日本資本主義成立史研究』吉川弘文館、1973 年

植村正治「明治前期お雇い外国人の給与」『流通科学大学論集―流通・経営編』第 21 巻第 1 号、2008 年

大蔵省編『工部省沿革報告』同省、1889 年（本書では、大内兵衛・土屋喬雄編『明治前期財政経済史料集成』第 17 巻、改造社、1931 年を使用）

大島清・加藤俊彦・大内力『殖産興業』（人物・日本資本主義［2］）東京大学出版会、1974 年

尾高煌之助『職人の世界・工場の世界』リブロポート、1993 年

柏原宏紀『工部省の研究』慶應義塾大学出版会、2009 年

加藤幸三郎「模範工場」大石嘉一郎・宮本憲一編『日本資本主義発達史の基礎知識』有斐閣、1975 年

絹川太一『本邦綿糸紡績史』全 7 巻、日本綿業倶楽部、1937～44 年

清川雪彦「殖産興業政策としての博覧会・共進会の意義―その普及促進機能の評価」『経済研究』第 39 巻第 4 号、1988 年

小林正彬「近代産業の形成と官業払下げ」楫西光速編『日本経済史体系』第 5 巻（近代上）東京大学出版会、1965 年（第 5 章）

小林正彬『日本の工業化と官業払下げ―政府と企業』東洋経済新報社、1977 年

小山弘健『日本軍事工業の史的分析』御茶の水書房、1972 年

佐々木正勇「官行鉱山の収支について」日本大学人文科学研究所編『研究紀要』第

18 号、1976 年

沢田章『明治財政の基礎的研究』柏書房、1966 年

新保博『日本近代信用制度成立史論』有斐閣、1968 年

鈴木淳編『工部省とその時代』山川出版社、2002 年

トマス・C・スミス（杉山和雄訳）『明治維新と工業発展』東京大学出版会、1971 年
（ただし原著は、1955 年刊行）

祖田修『前田正名』吉川弘文館、1987 年

高橋誠『明治財政史研究』青木書店、1964 年

高村直助「官営鉱山と貨幣原料」鈴木淳編『工部省とその時代』山川出版社、2002
年

武田晴人『談合の経済学』集英社文庫、1999 年

永井秀夫「殖産興業政策論―官営事業を中心として」『北海道大学文学部紀要』第 10
号、1961 年

服部一馬「明治二〇年代の産業発展」楫西光速編『日本経済史体系』第 6 巻（近代
下）東京大学出版会、1965 年（第 1 章）

R. H. ブラントン（徳力真太郎訳）『お雇い外人が見た近代日本』講談社学術文庫、
1986 年（ただし著者の日本滞在期間は、1868 年 8 月〜76 年 3 月）

柳田國男『時代ト農政』聚精堂、1910 年

山本弘文「初期殖産政策の展開」大石慎三郎・津田秀夫ほか『日本経済史論』御茶の
水書房、1967 年

第 5 章　信用制度構築の曲折

朝倉孝吉『明治前期日本金融構造史』岩波書店、1961 年

伊藤修『日本型金融の歴史的構造』東京大学出版会、1995 年

伊牟田敏充『明治期金融構造分析序説』（講義用テキスト）法政大学出版局、1976 年

小野一一郎「日本における金本位制の成立（Ⅱ）」京都大学経済学会編『経済論叢』
第 92 巻第 5 号、1963 年

加藤俊彦『本邦銀行史論』東京大学出版会、1957 年

上川孝夫「国際金本位制」上川・矢後和彦編『国際金融史』第 2 巻、有斐閣、2007 年

神山恒雄「財政政策と金融構造」石井寛治・原朗ほか編『日本経済史　2 産業革命
期』東京大学出版会、2000 年

小島仁『日本の金本位制時代―1897-1917』日本経済評論社、1981 年

後藤新一「普通銀行の歩み」東畑精一ほか編『日本の銀行制度確立史』東洋経済新報
社、1966 年

新保博『日本近代信用制度成立史論』有斐閣、1968 年

杉山伸也「明治日本の貿易環境―「貨幣制度調査会報告」を読む」『三田商学研究』第48巻第5号、2005年

滝沢直七『稿本日本金融史論』有斐閣書房、1912年

靏見誠良『日本信用機構の確立―日本銀行と金融市場』有斐閣、1991年

寺西重郎「松方デフレのマクロ経済学的分析」梅村又次・中村隆英編『松方財政と殖産興業政策』東京大学出版会、1983年

東京銀行編『横浜正金銀行全史』第1・第2巻、東洋経済新報社、1980・81年

日本銀行貨幣博物館編HP『貨幣の散歩道』の「第43話　政府紙幣の発行と旧貨の整理」、「第44話　為替会社と為替会社紙幣」、「第45話　国立銀行の創設」、「第48話　金本位制の確立」ほか

野口建彦「19世紀国際通貨会議の歴史的意義」日本大学編『経済科学研究所紀要』第36号、2006年

山本有造『両から円へ―幕末・明治前期貨幣問題研究』ミネルヴァ書房、1994年

第6章　政策スキームの転換

石井寛治「明治維新論争」石井寛治・原朗ほか編『日本経済史　1幕末維新期』東京大学出版会、2000年

伊藤正直「日露戦争後の日本金本位制と中央銀行政策」藤瀬浩司・吉岡昭彦編『国際金本位制と中央銀行政策』名古屋大学出版会、1987年

梅村又次・中村隆英編『松方財政と殖産興業政策』東京大学出版会、1983年

梅村又次「創業期財政政策の発展」梅村・中村編『松方財政と殖産興業政策』東京大学出版会、1983年

大石嘉一郎『自由民権と大隈・松方財政』東京大学出版会、1989年

大蔵省編『紙幣整理始末』（本書では、大内兵衛・土屋喬雄編『明治前期財政経済史料集成』第11巻、改造社版、1932年を利用）

大蔵省（農商務省会計検査院）編『準備金始末』（本書では、大内・土屋編『明治前期財政経済史料集成』第11巻、改造社版を利用）

大蔵省編『準備金始末参考書』（本書では、大内・土屋編『明治前期財政経済史料集成』第11巻、改造社版を利用）

岡田俊平『明治前期の正貨政策』東洋経済新報社、1958年

小野武夫『農村史』（現代日本文明史）東洋経済新報社、1941年

神山恒雄「財政政策と金融構造」石井ほか編『日本経済史　2産業革命期』東京大学出版会、2000年

佐々木寛司『明治維新史論へのアプローチ―史学史・歴史理論の視点から』有志舎、2015年

杉山和雄「日本銀行・正金銀行の創設」大石嘉一郎・宮本憲一編『日本資本主義発達史の基礎知識』有斐閣、1975 年

高垣寅次郎『近代日本金融史』地銀協銀行叢書、1955 年

寺西重郎「松方デフレのマクロ経済学的分析」梅村ほか編『松方財政と殖産興業政策』東京大学出版会、1983 年

中村尚美『大隈財政の研究』校倉書房、1968 年

奈良勝司「明治維新」歴史科学協議会編『戦後歴史学用語辞典』東京堂出版、2012 年

松方正義「紙幣整理概要」『日本金融史資料』明治大正編、第 16 巻（紙幣整理・幣制改革資料）、大蔵省印刷局、1957 年

三和良一『経済政策史の方法』東京大学出版会、2012 年（特に、第 5 章「松方財政」）

室山義正「松方デフレーションのメカニズム」梅村・中村編『松方財政と殖産興業政策』東京大学出版会、1983 年

室山義正『松方財政研究―不退転の政策行動と経済危機克服の実相』ミネルヴァ書房、2004 年

山本有造「大隈財政論の本態と擬態―「五千万円外債案」を中心に」梅村・中村編『松方財政と殖産興業政策』東京大学出版会、1983 年

第 7 章　産業化の律動

青木栄一『鉄道の地理学』WAVE 出版、2008 年

T. S. アシュトン（中川敬一郎訳）『産業革命』岩波文庫、1973 年（ただし原著は、1948 年刊行）

石井寛治「企業勃興」大石嘉一郎・宮本憲一編『日本資本主義発達史の基礎知識』有斐閣、1975 年

石井寛治『日本の産業革命』朝日選書、1997 年

石塚裕道『日本資本主義成立史研究』吉川弘文館、1973 年

海野福寿「日本型原蓄論」『講座日本史』第 5 巻（明治維新）東京大学出版会、1970 年

大石嘉一郎「産業革命期（日本における「産業資本確立期」について―最近の「通説」批判の検討）」東京大学社会科学研究所編『社会科学研究』第 16 巻第 4・5 合併号、1965 年 3 月（本書では、武田晴人・中林真幸編『近代の経済構造』（展望日本歴史：第 18 巻）東京堂出版、2000 年に転載された論文を利用）

大石嘉一郎編『日本産業革命の研究』（上・下巻）東京大学出版会、1975 年

大内力『日本経済論』（上巻）東京大学出版会、1963 年

大内力『「経済学」批判』日本評論社、1967 年

大内力『日本における農民層の分解』東京大学出版会、1969 年

岡崎次郎ほか編『現代マルクス＝レーニン主義事典』（上・下・別巻）社会思想社、1980〜82年

岡崎哲二『コア・テキスト　経済史』新世社、2005年

神山恒雄『明治経済政策史の研究』塙書房、1995年

神山恒雄「財政政策と金融構造」石井寛治・原朗ほか編『日本経済史　2産業革命期』東京大学出版会、2000年

神立春樹「日本産業革命の展開（Ⅰ）──一つの整理」岡山大学経済学会編『岡山大学経済学会雑誌』第16巻第2号、1984年

神立春樹「日本産業革命の展開（Ⅱ）──一つの整理」『岡山大学経済学会雑誌』第16巻第3号、1984年

ロバート・C・アレン『世界史のなかの産業革命─資源・人的資本・グローバル経済』名古屋大学出版会、2017年（Allen, R.C. (2009) *The British Industrial Revolution in Global Perspective (New Approaches to Economic and Social History)*, Cambridge University Press）

斎藤修『比較経済発展論』岩波書店、2008年

サイモン・クズネッツ（塩野谷祐一訳）『近代経済成長の分析』（上・下巻）東洋経済新報社、1968年（ただし原著は、1966年刊行）

杉山伸也「「日本の産業革命」再考」『三田学会雑誌』第108巻第2号、2015年7月

高橋誠『明治財政史研究』青木書店、1964年

高村直助『日本資本主義史論─産業資本・帝国主義・独占資本』ミネルヴァ書房、1980年

高村直助『企業勃興─日本資本主義の形成』ミネルヴァ書房、1992年

高村直助『会社の誕生』吉川弘文館、1996年

高村直助編『産業革命』（近代日本の軌跡8）吉川弘文館、1994年

武田晴人「解説・近代の経済構造」武田・中林編『近代の経済構造』（展望：日本歴史）東京堂出版、2000年

武田晴人編『地域の社会経済史』有斐閣、2003年

谷本雅之「厳マニュ論争とプロト工業化論」石井ほか編『日本経済史　1幕末維新期』東京大学出版会、2000年

永江雅和「産業革命」歴史科学協議会編『戦後歴史学用語辞典』東京堂出版、2012年

長岡新吉『明治恐慌史序説』東京大学出版会、1971年

長岡新吉『産業革命』教育社歴史新書、1979年

長岡新吉・石坂昭雄編『一般経済史』ミネルヴァ書房、1983年

中林真幸「日本経済史研究の展望─「産業革命」研究の現状と将来」千葉大学編『経済研究』第16巻第1号、2001年

中村隆英「酒造業の数量史　明治—昭和初期」『社会経済史学』第 55 巻第 2 号、1989
　　年

中村尚史『地方からの産業革命—日本における企業勃興の原動力』名古屋大学出版会、
　　2010 年

中村政則「Ⅱ. 産業革命と日本資本主義の確立：総説」大石・宮本編『日本資本主義
　　発達史の基礎知識』有斐閣、1975 年

野呂栄太郎『日本資本主義発達史』鉄塔書院、1930 年

藤野正三郎『国際通貨体制の動態と日本経済』勁草書房、1990 年

村上勝彦「貿易の拡大と資本の輸出入」石井ほか編『日本経済史　2 産業革命期』東
　　京大学出版会、2000 年

谷沢弘毅『近代日本の所得分布と家族経済—高格差社会の個人計量経済史学』日本図
　　書センター、2004 年

山田盛太郎『日本資本主義分析』岩波書店、1934 年

山本義彦「日本資本主義論争に関する若干の覚書」『静岡大学経済研究』第 3 巻第 1
　　号、1998 年 6 月

山本義彦「日本資本主義論争」歴史科学協議会編『戦後歴史学用語辞典』東京堂出版、
　　2012 年

柚木学『酒造りの歴史』雄山閣、1987 年

第 7 章（補論）　近代繊維工業の定着

阿部武司「綿工業」西川俊作・阿部武司編『産業化の時代』（上巻）岩波書店、1990 年

石井寛治『日本蚕糸業史分析—日本産業革命研究序論』東京大学出版会、1972 年

石井寛治「産業資本（2）絹業」大石嘉一郎編『日本産業革命の研究』（上巻）東京大
　　学出版会、1975 年の第 4 章

石井寛治『日本の産業革命—日清・日露戦争から考える』朝日選書、1997 年

石塚裕道『日本資本主義成立史研究』吉川弘文館、1973 年

大石嘉一郎編『日本産業革命の研究』（上・下巻）東京大学出版会、1975 年

奥村正二『小判・生糸・和鉄—続江戸時代技術史』岩波新書、1973 年

神山恒雄『明治経済政策史の研究』塙書房、1995 年

神山恒雄「財政政策と金融構造」石井寛治・原朗ほか編『日本経済史　2 産業革命
　　期』東京大学出版会、2000 年

上坂西三ほか編『商品大辞典』東洋経済新報社、1976 年（特に、ⅩⅢ. 天然繊維の 5.
　　繭、生糸の部分）

絹川太一『本邦綿糸紡績史』全 7 巻、日本綿業倶楽部、1937〜44 年（特に第 2・3
　　巻）

清川雪彦『近代製糸技術とアジア—技術導入の比較経済史』名古屋大学出版会、2009 年

高村直助『日本紡績業史序説』（上・下巻）塙書房、1971 年

中岡哲郎『日本近代技術の形成—〈伝統〉と〈近代〉のダイナミズム』朝日選書、
2006 年

中林真幸「横浜正金銀行の製糸金融—「原資金」供給制度の形成」横浜近代史研究会・
横浜開港資料館編『横浜の近代—都市の形成と展開』日本経済評論社、1997 年

中林真幸『近代資本主義の組織—製糸業の発展における取引の統治と生産の構造』東
京大学出版会、2003 年

西村はつ「産業資本（1）綿業」大石編『日本産業革命の研究』（上巻）東京大学出版
会、1975 年の第 3 章

花井俊介「軽工業の資本蓄積」石井ほか編『日本経済史　2 産業革命期』東京大学出
版会、2000 年

古島敏雄『産業史Ⅲ』山川出版社、1985 年

松村敏『戦間期日本蚕糸業史研究—片倉製糸を中心に』東京大学出版会、1992 年

村上勝彦「貿易の拡大と資本の輸出入」石井ほか編『日本経済史　2 産業革命期』東
京大学出版会、2000 年

村山高『世界綿業発展史』青泉社、1961 年

山口和雄編著『日本産業金融史研究—製糸金融篇』（東京大学産業経済研究叢書）東
京大学出版会、1966 年

山口和雄編著『日本産業金融史研究—紡績金融篇』（東京大学産業経済研究叢書）東
京大学出版会、1970 年

横浜市編『横浜市史』第 4 巻上、横浜市、1965 年

第 8 章　天佑の経済的帰結

安良城盛昭「日本地主制の体制的成立とその展開—明治 30 年における日本地主制の
地帯構造を中心として」安良城『天皇制と地主制』（下巻）塙書房、1990 年（な
お初出は、『思想』岩波書店、574・582・584 号、1972 年 4・12 月、73 年 2・3
月）

有沢広巳編『現代日本産業講座』第Ⅱ巻（各論Ⅰ、鉄鋼業付非鉄金属鉱業）岩波書店、
1959 年

有沢広巳編『現代日本産業講座』第Ⅳ巻（各論Ⅲ、化学工業）岩波書店、1959 年

有沢広巳編『現代日本産業講座』第Ⅵ巻（各論Ⅴ、機械工業 2）岩波書店、1960 年

石崎昭彦「日本の外資」宮崎義一編『現代日本の独占資本』第 7 巻、至誠堂、1965
年

石渡幸二編『日本戦艦史』（『世界の艦船』第 391 集）海人社、1988 年

伊藤正直『日本の対外金融と金融政策―1913〜1936』名古屋大学出版会、1989年

大内力『農業史』東洋経済新報社、1960年

大豆生田稔『お米と食の近代史』吉川弘文館、2007年

奥和義「日本貿易の発展と構造―1885〜1913年」『関西大学商学論集』第56巻第2号、2011年9月

粕谷誠『ものづくり日本経営史』名古屋大学出版会、2012年

橘川武郎『日本の企業集団―財閥との連続と断絶』有斐閣、1996年

栗原百寿『日本農業の基礎構造』中央公論社、1943年

栗原百寿『現代日本農業論』中央公論社、1951年

河野通明「「民具からの歴史学」への30年」神奈川大学経済学会編『商経論叢』第45巻第4号、2010年

小山弘健『日本軍事工業の史的分析―日本資本主義の発展構造との関係において』御茶の水書房、1972年

沢井実「機械工業」西川俊作・阿部武司編『産業化の時代』（上巻）岩波書店、1990年

沢井実『マザーマシンの夢―日本工作機械工業史』名古屋大学出版会、2013年

塩澤君夫・川浦康次『寄生地主制論』御茶の水書房、1979年

清水浩「和犂の形成過程と役割」大日本農会編『日本の鎌・鍬・犂』農政調査委員会、1979年

鈴木淳『明治の機械工業―その生成と展開』ミネルヴァ書房、1996年

鈴木淳「重工業・鉱山業の資本蓄積」石井寛治・原朗ほか編『日本経済史　2 産業革命期』東京大学出版会、2000年

高橋亀吉『大正昭和財界変動史』（上巻）東洋経済新報社、1954年

武田晴人「景気循環と経済政策」石井ほか編『日本経済史　3 両大戦間期』東京大学出版会、2002年

地方史研究協議会編『地方史研究必携』岩波全書、1952年

暉峻衆三『日本農業史―資本主義の展開と農業問題』有斐閣選書、1981年

永江雅和「寄生地主制」歴史科学協議会編『戦後歴史学用語辞典』東京堂出版、2012年

長尾克子『工作機械技術の変遷』日刊工業新聞社、2002年

中村政則「地主制」大石嘉一郎編『日本産業革命の研究』（下巻）東京大学出版会、1975年

中村政則『近代日本地主制史研究―資本主義と地主制』東京大学出版会、1979年

畑中章宏『蚕―絹糸を吐く虫と日本人』晶文社、2015年

原田泰『世相でたどる日本経済』日経ビジネス人文庫、2005年

坂野潤治『近代日本の出発』新人物文庫、2010年

福島大学経済学会編『寄生地主制の研究』御茶の水書房、1955 年

古島敏雄『日本農業史』岩波全書、1956 年

宮下武平「造船工業の発展と構造」有沢編『現代日本産業講座』第Ⅴ巻（各論Ⅳ、機械工業 1）岩波書店、1960 年

森川英正『日本財閥史』教育社歴史新書、1978 年

森川英正『財閥の経営史的研究』東洋経済新報社、1980 年

守田志郎「農業生産力の展開と地主制」楫西光速編『日本経済史体系』第 6 巻（近代下）東京大学出版会、1965 年

八木宏典「農業」西川・阿部編『産業化の時代』（上巻）岩波書店、1990 年

谷沢弘毅『近代日常生活の再発見―家族経済とジェンダー・家業・地域社会の関係』学術出版会、2009 年

山本義彦「金輸出禁止と金解禁論争」大石嘉一郎・宮本憲一編『日本資本主義発達史の基礎知識』有斐閣、1975 年

索　引

ア　行

秋繭	361
預り手形	71
新井白石	19
改三分定銀	62
鞍山製鉄所	379
安政二朱銀	61
維新政府	235
池貝鉄工所	295, 385
一地一主の原則	120
井上財政	266
入会慣行	121
インフレ的成長仮説	30
打歩	16
売込問屋	346, 356, 358-9
撰銭	13
江戸地廻り経済圏	42
江戸停滞史観	1
円銀	78, 201
遠洋航路補助法	376
大石嘉一郎	289
大岡忠相	23
大きな政府	270
大久保独裁体制	157
大隈財政期	242
大隈財政後期	244
大隈財政前期	244
大阪紡績	336
大塚史学	287
荻原重秀	14
押付反米	122
汚職	166
御雇外国人	176

カ　行

外延的成長	4, 8
会計基立金	71
会社法	312
外商	68

改造紙幣	83
臥雲辰致	332
臥雲式綿紡機	332
価格革命	30, 32, 64
書入	134, 267
掛屋	39
片倉組	354
過渡的政策	144
鐘淵紡績	304, 337, 340
貨幣条例	78, 222
貨幣制度調査会	226
貨幣法	227, 254, 277
樺太庁	318
ガラ紡⇒臥雲式綿紡機	
為替会社	190
為替会社紙幣（為替札）	191
官営鉱山	176
官営工場	149
寛永通宝	13
官営八幡製鉄所	378
韓国統監府	318
関税自主権の回復	312
間接金融市場の整備	299
神田孝平	108
乾田馬耕	401
関東州	318
官有物払下方法	170
機械	348
器械	348
器械製糸	348
生金巾	342
機関銀行	218
起業公債	159, 248
企業勃興	297
技術進歩	285
寄生地主制	134, 267, 392
旧商法	301
窮乏化	283
享保の飢饉	22, 33
寄与度	5

寄与率	5, 8, 22, 29	国債紙幣消却方法	244, 247
金貨流出	54, 200	石高知行制	97
金為替本位制	228	国法銀行制度	195
金銀比価	27, 56, 200, 216, 223, 225, 304	石盛	97
銀行条例	215	国立銀行紙幣	197, 260
銀行分業構想	275	国立銀行条例の改正	203
銀行類似会社	210-1, 216-7	国立銀行条例の再改正	210
金座	48	国立銀行条例の制定	194
銀座	48	沽券地	102
金札引換公債	196, 198, 250-1	小作地率	134, 268, 397
近代経済成長	285	小物成	95
勤勉革命	10	御用外国荷為替	257
銀目廃止令	71	コルレス契約	215, 273, 300

サ　行

金輸出禁止令	406		
金禄公債	204		
金禄公債証書発行条例	138	サーベル農政	403
組合製糸	351	在華紡	341, 373
蔵元	39	財政更革ノ議	251
グレシャムの法則	28	財閥の基本形態	388
軍拡財政	269	在来産業	291
郡是製糸	355	在来的経済発展	291
原価法	108, 114	座繰製糸	346
減債方案⇒国債紙幣消却方法		鞘取銀行	213, 218, 279
現在割引率	115	三貨制度	47
景気循環	325	産業化	287
計数貨幣	25, 48	産業資本	288, 292
計数銀貨	26	産業資本確立過程	288
ゲルマン札	83	産業資本確立期	288
原資金供給制度	357	三大改鋳	14
厳マニュ説	290	三大飢饉	33
コア・サテライト構造	41	三大紡	341
航海奨励法	315, 374	地押丈量	112
工学開明	154	直貿易	372
交換方程式	23	直輸出	158, 245, 259
『興業意見』	185	地所質入書入規則	134
工業化	287	士族授産事業	138
工廠	150	始祖三紡績	332
工場制機械工業	292	時代区分（3期）	1
工場制手工業	290, 292	時代区分（4期）	1
工場払下概則	169, 252	質入	134, 267
合同消却法	260	質地取扱の覚	100
工部省	152	シニョリッジ	16
コール市場	217	渋沢栄一	195

索引

430

資本節約型技術	348	第1次力織機化	344
資本の原始的蓄積	272	第1種政府紙幣	255
資本の本源的蓄積	292	大規模製糸会社	354
社外船グループ	374	第3次企業勃興	316
社船グループ	374	第十五国立銀行	207
収益還元法	108, 114	第2次企業勃興	309, 339
重層的金融構造	279	第2次力織機化	344
自由民権運動	268	第2種政府紙幣	255
酒造業	306	台湾銀行	310
十基紡	333	台湾総督府	310
準備金	162, 257	高請地	95
小規模器械製糸結社	350	高外地	95
正金通用方案	249	高田商会	373
小経営的段階	292	兌換銀行券条例	223, 229, 276
商人資本	288	太政官札	71, 151, 191
商法会所	151, 189	田沼意次	25
商法司	151, 189	地租改正事務局	129
秤量貨幣	25, 48	地租改正条例	111
初期豪商	39	地租改正反対一揆	125, 128, 199
エリック・ジョーンズ	4	地租改正法	111
私立銀行	192, 207, 210, 216, 218	地代の資本転化	396
新貨条例	77, 219	地方改良運動	186
新紙幣	83	地方財閥	389
新商法	301	地方の時代	31, 305-6
壬申地券	106	中農標準化傾向	398
身代限り	134	長距離高圧送電時代	379
新田開発	9, 12, 22, 29	町村是	185
鈴木商店	373	直接金融市場(証券市場)の整備	300
成長会計分析	285	貯蓄銀行条例	216
製鉄所官制	377	通商会社	151, 190
西南戦争	133, 160, 236, 239, 265	通商司	151, 190
1900 年恐慌	316	テイク・オフ	285
前期的資本	289	鉄道国有法	322
戦時利得税	391	デッド・サービス・レシオ	371
1890 年恐慌	305	デニール賞罰点制度	353
造船奨励法	315, 376	出目	16
「相対的後進性の有利性」理論	285	田畑永代売買禁止令	99

タ 行

		天保の飢饉	30, 33
		天明の飢饉	22, 33
第一国立銀行	199, 203	天佑	366
第1次企業勃興	302, 339	問屋制	39
第1次資本輸出期	373	アーノルド・トインビー	283
第1次資本輸入期	371	等価通用	16, 19, 24

投機思惑	408	納税資金為替取組	126
等級賃金制	353	農談会	162
胴繰り	346	農民層分解	135, 268, 294
同種同量の法則	54-5, 62		
東清鉄道	319	**八　行**	
同盟国	365		
徳川吉宗	21	賠償金	227
十組問屋	40	廃藩置県	86, 103, 108, 126
土地生産性	8, 11, 22, 29, 399, 403	羽賀瀬船	38
突発性	283	八八艦隊構想	322
取引事例比較法	108, 114	バッタン機	343
		バブル経済	116, 404
ナ　行		バブルの時期	116
		春繭	361
内国勧業博覧会	183	藩札	14, 30, 88
内商	68	半植民地	71, 147
内包的成長	4, 22	版籍奉還	85
内務省	157, 183	藩専売制	35
夏繭	361	半封建的諸関係	296
七大紡績会社	340	悲観説	283
南鐐二朱銀	25, 50	非常特別税	391
西原借款	373	百工裏勧	154
荷為替立替金制度	356	標準船	377
2000 錘紡績政策	159, 335	品種改良	401
日露戦後恐慌	324	複層的経済発展	291
日露戦後経営	320	普通銀行	210, 216, 279
日露戦争	316	普通糸	356
日清戦後経営	314	物価正貨流出入メカニズム	327
日清戦争	227, 270	振手形	71
二部門定置説	295	古河商事	373
日米修好通商条約	54, 58, 64	プロト工業化	35
日本銀行	272, 279, 300, 305,	米価	14, 199, 240
313, 316, 327, 358-9		弁才船	39
日本銀行条例	275	貿易1円銀	222
日本銀行創立ノ議	274	貿易銀	201, 220
日本坑法	155	貿易用銀貨	201, 222, 231-2
日本製鋼所	321	保証準備発行届伸制限制度	276
日本曹達	381	保全会社	392
日本窒素肥料	382	北海道炭礦汽船	321-2, 378
ネイバル・ホリデー	382	北海道炭礦鉄道	315, 322
ネットワーク構造	42	北国船	38
撚糸	363	本格的の政策	144
農工銀行	275	本途物成	95
農商務省	160, 185		

マ　行

前田正名	184, 258
マザーマシン	385
増歩交換方式	16, 23
松方財政後期	255, 269
松方財政前期	255
松方正義	111, 172, 226, 253
アンガス・マディソン	2
マニュファクチュア⇒工場制手工業	
万延小判	63
三重紡績	302, 337
三岡八郎⇒由利公正	
三井銀行	126, 205, 390
三井財閥	390
三井物産	126, 390
南満州鉄道	319
ミュール紡績機	336
無床犂	401
陸奥宗光	110, 129, 185
村請制	98
明治十四年の政変	161, 242, 253
明治通宝	83, 193, 240, 255
明治農法	401
綿工業中心説	295

ヤ　行

山田盛太郎	288
優等糸	356

輸出インフレ	66
輸出志向工業化	143
輸出荷為替	257
輸出荷為替資金	257
輸入代替工業化	143, 333
由利公正	71, 103, 151, 189
由利財政	71
洋銀	54, 201, 222, 245
洋銀取引所	245
用水の開鑿	10
預金銀行	213, 279
横浜正金銀行	162, 215, 228, 248, 257, 357-8

ラ　行

楽観説	283
力織機	344
立憲政府	236
リフレ政策	17
理論地価	116
リング紡績機	338
歴史比較制度分析	299
連合国	365
連続説	283
労働生産性	11
老農	162
禄制改革	137
六六艦隊計画	315, 384

【著者紹介】

谷沢　弘毅（やざわ　ひろたけ）

所　　属　神奈川大学　経済学部
専門分野　日本経済史　個人計量経済史
主要著書（いずれも単著）

『超長期 GDP 推計―再推計に向けた研究集団の長期
戦略』白桃書房、2021 年

『近代日本の所得分布と家族経済―高格差社会の
個人計量経済史学』日本図書センター、2004 年

『近代日常生活の再発見―家族経済とジェンダー・家
業・地域社会の関係』学術出版会、2009 年

『近現代日本経済史』上下巻、八千代出版、2020 年

『経済成長の誕生―超長期 GDP 推計の改善方向』白
桃書房、2019 年

『近現代日本の経済発展』上下巻、八千代出版、2014 年

「小売商は事業資金をいかに調達したのか？―戦前東
京の問屋金融を中心として―」『商経論叢』第 52
巻第 4 号、2017 年 6 月

「『小売業経営調査』のデータベース作成上の留意点
―満薗勇論文を手掛かりとして（3）―」『商経論叢』
第 52 巻第 1・2 合併号、2017 年 1 月

［全訂版］近現代日本経済史　上巻

2020 年　5 月 20 日　第 1 版 1 刷発行
2024 年 10 月　7 日　全訂版 1 刷発行

著　　者―谷沢　弘毅
発行者―森口恵美子
印刷所―シナノ印刷㈱
製本所―㈱グリーン
発行所―八千代出版株式会社
　　　　東京都千代田区神田三崎町 2-2-13
　　　　　　　TEL　03-3262-0420
　　　　　　　FAX　03-3237-0723
　　　　振替00190-4-168060

＊定価はカバーに表示してあります。
＊落丁・乱丁本はお取り替えいたします。

ISBN 978-4-8429-1876-1　　Ⓒ2024 YAZAWA Hirotake